HEYNE BÜCHER SACHBUCH

D1857030

Merete van Taack

KÖNIGIN LUISE

Die unbesiegbare Liebe

WILHELM HEYNE VERLAG
MÜNCHEN

HEYNE SACHBUCH
Nr. 19/436

Dieser Titel erschien bereits in der Reihe Heyne Biographien
unter der Bandnummer 12/83.

8. Auflage
1. Auflage dieser Ausgabe
Genehmigte, ungekürzte Taschenbuchausgabe
im Wilhelm Heyne Verlag GmbH & Co. KG, München
Copyright © 1978 by Rainer Wunderlich Verlag Hermann Leins, Tübingen
Printed in Germany 1995
Zeittafel und Stammtafeln wurden erarbeitet von Dr. Hubert Fritz
Umschlagillustration: Archiv für Kunst und Geschichte, Berlin
Bildnachweis: Archiv für Kunst und Geschichte, Berlin
Bildteildruck: RMO, München
Umschlaggestaltung: Atelier Adolf Bachmann, Reischach
Gesamtherstellung: Presse-Druck Augsburg

ISBN 3-453-09758-0

Erstes Kapitel

An deutschen Fürstenhöfen blüht im achtzehnten und zu Beginn des neunzehnten Jahrhunderts unbekümmert fröhliche Sittenlosigkeit. Le prince s'amuse, die turbulenten Freuden mit Maitressen, bei Empfängen, Redouten, Jagden, an Spieltischen und auf Reisen lassen dem Regenten kaum Zeit, die Minister zu empfangen, die wichtigsten Staatsgeschäfte zu erledigen, die Einnahmen und Ausgaben in vernünftiger Relation zu halten. Die legitime Gattin, betraut mit der ehrenvollen Aufgabe, den Fortbestand der Dynastie zu sichern, kämpft sich mühsam durch zahllose Schwangerschaften und ein trübes Dasein. Als Prinzessin das Licht der Welt zu erblikken, ist keineswegs ein beneidenswertes Los.

»Verzeihen Sie mir, mein lieber Prinz«, schreibt Karoline von Hessen-Darmstadt, die große Landgräfin, wie Goethe sie in Dichtung und Wahrheit nennt, an ihren in Pirmasens residierenden Gatten nach der Geburt ihrer fünften Tochter, »daß ich weiter nichts geleistet habe als eine solche Kleinigkeit.«

Achtzehn Jahre später, 1775, heiratet die ›Kleinigkeit‹ den gleichaltrigen Herzog Karl August von Weimar. Durch den Tod der Mutter, 1774, heimatlos geworden, erhofft sich die Prinzessin an der Seite ihres Mannes, den sie einem anderen Bewerber vorzog, ein stilles häusliches Glück im Rahmen der höfischen Etikette. Sehr schnell jedoch entgleitet ihr der hochbegabte, ungestüme Jüngling, der ohne Illusion eine Konventionsehe geschlossen hat, als einen Monat nach der

Heirat Johann Wolfgang Goethe in Weimar eintrifft – im Werther-Habit, mit Werther-Allüren. Der geniale, großzügige, geistreiche, um acht Jahre ältere, schon berühmte Schriftsteller wird zum Idol Karl Augusts, zum unentbehrlichen Freund, zum Kumpan wilder Zechereien, heiterer Liebesabenteuer und ausgelassener Streiche. Überall, an allen Ecken und Enden der kleinen Residenz wispert der Klatsch, tolldreiste Geschichten dringen über die Grenzen des Herzogtums, erregen die Gemüter an auswärtigen Höfen. Die junge Herzogin, in ihrem Stolz tief verletzt, zieht sich in eine erbitterte Abwehr zurück und gerät im Laufe der Jahre in die ausweglose Situation der stumm Leidenden und vereinsamt. Die Ehe wird für sie zur lebenslangen Qual.

Wie man sich bettet, so liegt man; die große Landgräfin – Wieland möchte »einen Augenblick Herr des Schicksals sein, um sie zur Königin von Europa erheben zu können« –, sie wußte das sehr genau. An ihr hätte die Herzogin von Weimar sich ein Beispiel nehmen sollen, an der eigenen Mutter, die es wahrhaftig nicht leicht hatte mit dem Landgrafen, ihrem Gatten. Mit dem vom Exerzierteufel besessenen Ludwig IX. von Hessen-Darmstadt, der, als er 1768 zur Regentschaft gelangt, auch weiterhin seinen Wohnsitz in Pirmasens, damals »ein kleines Städtchen in wüster Sand- und Waldgegend« beibehält, um ungestört, fern lästiger Verpflichtungen, seine Truppe zu drillen bis zu einer Exaktheit, daß »man glaubt eine Maschine zu sehen, die durch Räder und Triebwerk bewegt und regiert wird«, berichtet ein Tourist 1789. Des Landgrafen Hobby ist das Trommeln, worin er es zu einem bemerkenswerten Rekord gebracht hat: er gilt als »der beste Trommelschläger im ganzen heiligen römischen Reich«, und sein Trommelschlägercorps ist im In- und Ausland weithin berühmt und unübertroffen. Die Freude, tagtäglich das Grenadierregiment zu kommandieren, hindert den Landgrafen nicht, von heute auf morgen von der Bildfläche zu verschwinden, wochenlang nichts von sich hören zu lassen, um ebenso überraschend eines schönen Tages wieder in seiner

Soldatenkolonie zu erscheinen und das Exerzieren fortzusetzen, als habe er gestern damit aufgehört. Anzunehmen, daß er den geheimnisvollen Urlaub genossen hat. Ein Brief von Johann Heinrich Merck an Goethe vom 8. September 1775 deutet an, daß er sich in Paris herumtreibt, incognito versteht sich, da er dem Adel weder zu Hause noch in anderen Ländern gewogen ist. Bis an sein Lebensende hält sich der Landgraf Maitressen, die er gelegentlich zwecks Aufbesserung ihrer Toiletten und Manieren seiner Frau schickt, und nachts sieht er Gespenster wie einige seiner Vorfahren. Die Geisterfurcht verleidet ihm den Aufenthalt im Darmstädter Schloß. Die hohen, düsteren Säle, die weitläufigen Korridore ängstigen ihn. Er taucht so selten dort auf, daß er von seinen Kindern, insbesondere von den Töchtern, nur eine vage Vorstellung hat, und diese ihn kaum kennen.

Nein, leicht hat es die Landgräfin mit ihm, weiß der Himmel nicht gehabt, aber gemurrt hat sie nicht, sie hat sich arrangiert. Bis 1767 lebt sie in Buchsweiler, dem freundlichen Hauptstädtchen der Grafschaft Lichtenberg, und siedelt dann nach Darmstadt über, da der alte Landgraf, ihr Schwiegervater, zu kränkeln beginnt. Sie führt eine rege Korrespondenz mit einem großen Freundeskreis, widmet sich ihren literarischen Neigungen und den Zukunftsplänen für die Kinder.

Während die drei Söhne, vor allem der Erbprinz, durch sorgfältig gewählte Lehrkräfte eine ausgezeichnete Erziehung erhalten, vernachlässigt die Landgräfin die geistige Entwicklung der Mädchen gänzlich. Hierin folgt sie der Gepflogenheit der Zeit: den jungen Frauen, die meist ohne eigenen Wunsch in ein neues Milieu, unter fremde Menschen versetzt werden, bleibt es überlassen, allein zu entscheiden, was sie aus sich und ihrem Leben zu machen gedenken. Kein Wunder, daß die meisten in den Kinderschuhen steckenbleiben, ein Opfer ihrer Unerfahrenheit, Gutgläubigkeit und schließlich ihrer Enttäuschungen.

Selbst eine relativ so unabhängig denkende und urteilende Frau wie die Landgräfin ist fest verhaftet in den dynastischen

Prinzipien. Ihr ganzes Sinnen und Trachten ist darauf gerichtet, dem hessendarmstädtischen Hof durch die Prinzessinnen gute, wenn möglich glänzende verwandtschaftliche Beziehungen zu sichern. Ohne Skrupel, ja mit Freude und Genugtuung stimmt sie daher der preußischen Werbung zu und verheiratet die älteste Tochter Friederike 1769 mit dem Kronprinzen und späteren König Friedrich Wilhelm II., obwohl sie durch ihre Freundschaft mit seinem Onkel Friedrich II., dem Großen, über das skandalöse Vorleben des Kronprinzen, seinen wankelmütigen Charakter, seine seltsame Liaison mit Wilhelmine Enke genau informiert ist. Friederike, eine Frau ohne jegliche Bedeutung, gewinnt nur durch ihre Nachkommen historisches Gewicht. Sie ist die Mutter König Friedrich Wilhelms III., die Großmutter König Friedrich Wilhelms IV. und Wilhelms I., des ersten deutschen Kaisers.

Durch keinerlei Standesvorurteile läßt Landgräfin Karoline sich beeinflussen in der Auswahl der Menschen ihrer nächsten Umgebung. Sie schätzt Persönlichkeiten, die nicht in den Rahmen einer schablonenhaft festgefahrenen Hofclique passen, die eigenwillig, aufgeschlossen, unorthodox sind. Da ist in der hessischen Residenzstadt in erster Linie ein Mann, der ihre Aufmerksamkeit fesselt: Johann Heinrich Merck, Sohn eines Apothekers, reich, klug, gebildet, voller Witz und Sarkasmus, Freund jenes Goethe, der mehr und mehr von sich reden macht.

1768, als Karoline nach dem Tod des Landgrafen Ludwigs VIII., ihres Schwiegervaters, die Repräsentation am Darmstädter Hof übernimmt, während ihr Mann in Pirmasens bleibt, bedeutet Merck für sie eine große Hilfe. Gerade das, was Goethe später an ihm rühmt – »mit Leichtigkeit trat er überall ein, als ein sehr angenehmer Gesellschafter« –, kommt ihr zugute. Mehrmals wöchentlich verbringt er die Nachmittage, die Abende in ihrem Salon und erleichtert ihr die Aufgabe, Gäste zu unterhalten, die wie üblich eine Durchreise mit einem Besuch bei Hof verbinden, Gäste, die mitunter mehr Geduld als Scharfsinn erfordern.

Aber nicht nur die Gabe der Konversation mit Esprit macht Merck der Landgräfin unentbehrlich. Er, der um zwanzig Jahre jüngere, ist gleichzeitig der ideale Mittler zur Außenwelt, zu der neuen Generation eines Bürgertums, das sich aufrafft aus der Erstarrung steriler Teilnahmslosigkeit, das seine geistigen Kräfte überraschend schnell und gut entwickelt. Mercks erstaunlich sicherer Instinkt für Qualität befähigt ihn, ein unbestechlicher Kritiker zu sein. Dalberg hält ihn für »den einzigen festen, gründlichen und doch gefühlvollen Kunstkritiker«, und Goethe erzählt, er habe erst auf Mercks ermunternde Zustimmung: »Bei Zeiten auf die Zäun', so trocknen die Windeln«, gewagt, den Götz in die Welt hinauszusenden, und sei drauf und dran gewesen, den Werther zu verbrennen, als Merck achselzuckend meinte: »Nun ja, es ist ganz hübsch.«

Die Landgräfin steht mit Friedrich dem Großen – sie gehört zu den wenigen Frauen, denen er Achtung und Verehrung zollt –, mit Voltaire, Gleim, Wieland, Klopstock und mit vielen anderen geistvollen Männern in lebhaftem schriftlichem Gedankenaustausch. Durch Merck jedoch nimmt sie unmittelbar teil an den rasch wechselnden, sich vielfach überschneidenden Zeitströmungen, die sich bald in zarten Seelenergüssen, bald im heftigen Meinungsstreit um Aufklärung und Aberglaube äußern oder im ersten Gären sozialer Unzufriedenheit. Deutlich spürbar beginnt ein Wandel sich anzubahnen, vor allem dort, wo um eine neue, eine überzeugende Ausdrucksform gerungen wird. Das schwingt, drängt, stürmt einem Aufbruch entgegen, einem Genius, in dem oder jenem glaubt man schon ihn gefunden, es gibt so viele dichtende, schreibende, kunstbeflissene Jünglinge. Auch er ist ja einstweilen nichts anderes, der schmale, gutaussehende, intelligente, verliebt tändelnde, aber nicht einzufangende, bezaubernd arrogante junge Mann, der unbekümmert fröhlich verkündet: »Und ich, ich bin Goethe!«

Nicht nach dem Geschmack der Landgräfin Karoline ist die in Darmstadt ansässige Verwandtschaft, ihr Schwager

Prinz Georg und seine Frau, der jüngere Bruder des Landgrafen. Auch die geschwisterliche Liebe ist nicht sonderlich groß, da Georg sich weder fürs Exerzieren noch fürs Trommeln zu begeistern vermag und außerdem der Gunst des Vaters manchen pekuniären Vorteil verdankt, was der Landgraf übel vermerkte.

Nach gründlichen Um- und Erweiterungsbauten zieht Prinz Georg mit seiner Familie 1764 in die nahe dem Schloß, am Markt, gelegenen Uetterodischen Burgfreien Häuser, im Volksmund das Alte Palais genannt.

»Die Zimmer sind angenehm und gut eingerichtet«, erzählen die 1782 erschienenen *Neuen Fragmente zur Kenntnis des Menschen in Briefen.* »Sehr schön ist der Saal, welchen der Prinz neuerlich erbauen ließ. Überhaupt kann man sagen, daß dieser Herr in allen Stücken große und schöne Einrichtungen macht, auch hält er gute Tafel und ansehnliche Dienerschaft. Freunde und Einheimische empfangen sehr viel Gnade und Höflichkeit daselbst. Er und seine Gemahlin sind die angenehmsten Hauswirthe, voll Attention, liebreich und menschenfreundlich.«

Gemahlin seit 1748: Marie Luise Albertine zu Leiningen-Heidesheim. Sie stammt aus einer der angesehensten Familien des Reiches, die der Kaiser in den Fürstenstand erheben wollte, doch Graf Christian lehnte ab und ließ den Kaiser wissen, er »wäre lieber der erste deutsche Graf als der letzte deutsche Fürst«.

Prinz Georg war bis über beide Ohren verliebt in das urwüchsige Pfälzer Mädel, achtzehn Jahre alt, hübsch, schlank und hochgewachsen. Als er bald nach der Hochzeit geschäftlich nach Paris reisen mußte, schrieb er die zärtlichsten Briefe und ließ sie für mehrere Wochen nachkommen. Die über dreißig Jahre dauernde ungetrübt glückliche Ehe schenkt der heranwachsenden Jugend die Nestwärme, die andere Fürstenkinder meist schmerzlich vermissen.

Vier Prinzen und vier Prinzessinnen werden geboren. Marie Luise Albertine, in Darmstadt Prinzessin George genannt, ist in Stadt und Land populär, weitaus populärer als Landgräfin Karoline. Mit ihrem munteren Pfälzer Dialekt – Französisch spricht sie nur bei Hof – versteht sie beim einfachen Volk den richtigen Ton zu treffen. Ihr vom Vater ererbtes Standesbewußtsein, ihre Freude am Repräsentieren sind frei von Konvention, verbinden natürliche Würde mit kerniger Originalität und einem lebhaften Temperament. Alles in allem eine prachtvoll warmherzige, mütterliche Frau, wie geschaffen, die müd-dekadente Aristokratie mit frischem Blut zu regenerieren. Ihre Kraft im Wechsel der Generationen liegt in ihrer schlichten, gradlinigen, unbestechlichen Natur, nicht in geistigen Fähigkeiten. Sie ist weder intellektuell noch bildungsbeflissen, das häusliche Leben im Alten Palais unterscheidet sich nicht wesentlich von dem eines wohlhabenden Bürgers ohne musische Ambitionen. So spart denn Merck auch nicht in Briefen an den Weimarer Hof mit ironischen und sarkastischen Bemerkungen, wenn er von dort berichtet.

Der gesellige Verkehr zwischen Landgräfin und Schwager und Schwägerin beschränkt sich auf offizielle Anlässe. Hier wie dort besteht kein Wunsch nach Annäherung. Die eigene Stärke ist die Schwäche des anderen, die man gern kritisiert, über die man sich gelegentlich mokiert. Die Kinder dagegen, Vettern und Cousinen, wachsen zusammen auf, spielen im Hof des Schlosses oder im Georgschen Garten.

Vier Töchter standesgemäß, ohne standesgemäße Mitgift, unter die Haube zu bringen, ist gar nicht einfach, auch wenn man im Alten Palais nicht so hochfliegende Pläne hat wie im Schloß, wo übrigens in puncto Mitgift die gleiche Misere herrscht. Doch im Gegensatz zur Landgräfin Karoline schmiedet Prinzessin George keine Heiratsprojekte, sie läßt den Dingen ihren Lauf, und diese regeln sich für ihre Älteste schnell und vortrefflich.

Im März 1768, auf einer Reise durch Deutschland, besucht der in Hannover lebende Prinz Karl Ludwig von Mecklenburg-Strelitz mit zwei Freunden Darmstadt. Ein Prinz und zukünftiger Herzog, dem nichts fehlt als eine Frau. Äußerlich und innerlich comme il faut, formvollendete Manieren, liebenswürdig, weltoffen, mit genau dem Schuß Leichtsinn, der ihn interessant, aber nicht suspekt macht, fortschrittliche Ansichten, sofern sie kein Tabu verletzen. Mit sechsundzwanzig Jahren Generalleutnant. Die militärische Blitzkarriere hat ihm die Politik, man kann fast sagen, in die Wiege gelegt. 1745, einen Monat nach seinem vierten Geburtstag, ernennt ihn König Georg II. von England, zugleich Kurfürst von Hannover, zum Kapitän eines hannoverschen Regimentes zu Fuß. Der englische Hof will sich einen mecklenburgischen Prinzen sichern gegen die immer wieder auftauchenden Machtgelüste Friedrichs des Großen, der seine voneinander getrennt liegenden niederrheinisch-westfälischen Besitzungen gern gegen das einheitliche mecklenburgische Gebiet getauscht hätte. Vierzehn Jahre alt ist Prinz Karl, als er Major, neunzehn, als er Oberstleutnant wird. König Georg III. von England, der sein Kurfürstentum Hannover nie betreten hat, heiratet ein Jahr darauf, 1761, Charlotte, die jüngere Schwester des Prinzen, worauf dieser zum Obersten und 1762, während eines Aufenthaltes in London, zum Generalmajor befördert wird. Von seinen militärischen Kenntnissen oder gar Erfolgen ist nirgends die Rede, auch nicht, als er auf eigenen Wunsch mit dem englischen Heer nach Portugal geht, um dort die Artillerie zu kommandieren. Seine Rückkehr belohnt König Georg mit der Beförderung zum Generalleutnant, und stopft dem jungen Mann, dessen Großspurigkeit schon einigen Ärger heraufbeschworen hat, die Taschen voller Geld.

In Darmstadt wird den Gästen eine Fülle von Zerstreuungen geboten: Bälle, Diners, musikalische Soiréen, Spazierfahrten in die Umgebung, an die Bergstraße, nach dem Jagdschloß Kranichstein, nach Braunshardt, dem Landsitz des Prinzen Georg, in dessen Familie sich der Mecklenburger offenbar von Anbeginn wohlgefühlt hat. Da ist Friederike, die älteste Tochter, fünfzehn, blond, blauäugig, lebenslustig, ein attraktives Geschöpf. Jedenfalls für einen Prinzen, der hinreichend Zeit hatte, sich an europäischen Höfen umzuschauen und Erfahrungen zu sammeln. Ihre impulsiv-natürliche Wesensart, die sich reizvoll verbindet mit der Sicherheit ihres gesellschaftlichen Auftretens, gefällt ihm.

»Das beste Herz der Welt und den besten Charakter« besitzt Friederike nach dem Urteil der Landgräfin, ihrer Tante. Das sehr ansprechende Äußere der Nichte erwähnt Karoline nicht. Ein wunder Punkt, denn alle Georgschen Töchter sind weitaus hübscher, anmutiger, liebenswerter als die landgräflichen.

Da obendrein die harmonische Atmosphäre im Alten Palais den Prinzen beeindruckt und anzieht, werden erste Absprachen über eine Heirat geführt, noch ehe er abreist, um nach Hannover zurückzukehren. Weitere schriftliche Verhandlungen folgen. Man einigt sich schnell. Die prekäre finanzielle Frage bereitet keine Schwierigkeiten. Der Prinz ist gut situiert. England läßt es sich nach wie vor etwas kosten, ihn bei der Stange und bei guter Laune zu halten. Auf eine ansehnliche Mitgift ist er weder angewiesen noch versessen.

Acht Wochen später ist er schon wieder in Darmstadt. Am 28. Mai 1768 wird im weißen Saal des Schlosses während einer Festlichkeit die Verlobung des Prinzen Karl Ludwig Friedrich von Mecklenburg-Strelitz mit Prinzessin Friederike von Hessen-Darmstadt bekanntgegeben. Am 18. September ist die Hochzeit. Doch erst im Frühjahr 1769 reist Friederike mit ihrem Mann in die Stadt, die nun ihre Heimat werden soll: Hannover.

In Hannover wohnen sie während der Wintermonate im Palais in der Leinestraße, im Sommer in Herrenhausen, einem in der Nähe gelegenen Lustschloß mit weiten, schönen Gärten und einer großen, nach Plänen des Philosophen Leibniz angelegten Fontäne. Friederike, gewandt und schmiegsam, paßt sich offenbar ohne Schwierigkeit der neuen Umgebung, der norddeutschen Mentalität an. Auch die Geselligkeit stellt hier andere Anforderungen, ist mondäner, kecker, snobistischer. Die »Assembléen« gehören zu den wichtigsten gesellschaftlichen Ereignissen der Stadt.

In einem Brief des Ritters von Zimmermann, königlich großbritannischer Leibarzt und Hofrat in Hannover – derselbe, den Friedrich der Große während seiner letzten Krankheit nach Sanssouci berief –, findet sich eine Beschreibung dieser wöchentlichen Zusammenkünfte des Adels:

»Man versammelt sich da in vier großen und prächtigen Zimmern, die in einer Reihe nacheinander folgen und mit einigen hundert Wachslichtern erleuchtet sind. Von den achtzig Personen spielen dreißig bis vierzig. Die übrigen sitzen und machen entoilages und réseaux, indes sie sich von uns Andern schöne Sachen vorplaudern lassen, oder man geht Hand in Hand und Arm in Arm von einem Zimmer ins andere und von einem Sopha zum anderen. Am Ende dieser Zimmer ist ein Vorzimmer, wo sich insgeheim eine Musik findet.

Herren und Damen erscheinen da in äußerster Pracht, die Damen itzt alle in Kleidern von Atlas, die über und über mit ›blondes‹ und Spitzen besetzt sind, und in ›mantilles‹ von Flandrischen Spitzen, die aber von einer Achsel zur anderen, und von dem Kinn bis an das Herzgrüblein offen sind; in den Haaren, an den Ohren und am Halse tragen sie alle Diamanten; alle sind nach der neuesten Pariser Art frisiert, keine trägt ein Kleid, das nicht nach den neuesten aus Paris gekommenen Mustern geschnitten ist; kein anderes Wort wird gesprochen als französisch; auf französisch wird kokettiert, auf französisch gescherzt und auf französisch geküßt.«

Prinz Karl ist Gouverneur der Stadt geworden, eine hohe Stellung, der die blutjunge Frau an seiner Seite gerecht werden muß. Weder hochmütig noch intrigant, liebenswürdig, heiter, zuvorkommend, eher kühl als leidenschaftlich, ein wenig farblos – was will man mehr? Verwirrung wird Friederike nicht stiften, eine Welle der Sympathie schlägt ihr entgegen. Sie ist überdies eine zärtliche Gattin, ganz im Stil der Rokokozeit, überschwenglich und romantisch in den flüchtig hingekritzelten Briefchen an »mon petit époux«, »mon cher et charmant petit époux«. All diese Billets doux sagen nichts aus über den Menschen, der sich dahinter verbirgt, ebenso wenig wie die spärlichen Tagebuchnotizen Intimes preisgeben. Ohne Zweifel aber hat Friederike, besonnen und geschickt, es von Anfang an verstanden, den lebenslustigen Prinzen Karl zu fesseln, unvermeidliche Gegensätze und Spannungen auszugleichen und taktvoll ihre Position als First Lady zu wahren. Die zahlreichen Repräsentationspflichten erfüllt sie mit Grazie und einer für ihre Jugend überraschenden Souveränität. Freundschaftlich gestaltet sich der Verkehr mit den Adelsfamilien Kielmannsegg, Ompteda, Lenthe, Walmoden, Platen, Hardenberg-Reventlow. Karl August von Hardenberg, der spätere preußische Staatskanzler, ist damals Kammerrat in Hannover.

Das Los der Frauen jener Zeit bleibt auch Friederike nicht erspart, sie ist fast unausgesetzt schwanger. Am 17. November 1769 wird Charlotte Georgine Luise Friederike geboren, im Februar 1771 eine Tochter, die bald stirbt. Am 5. April 1773 kommt Therese Mathilde Amalie zur Welt, und auf den Tag genau ein Jahr später ein Prinz, der nicht lebenskräftig ist. Im September 1775 erfüllen sich die Hoffnungen auf einen Erbprinzen wieder, doch wird er nur zwei Monate alt.

10. März 1776: »Accouchée pour la 6éme fois, á 7 heure du matin, d'une 4ème fille.«

Verbirgt sich hinter dieser nüchternen Tagebucheintragung ein Seufzer? Sechs Geburten in acht Ehejahren! Und wieder kein Stammhalter! Friederike ist erst dreiundzwanzig, ihre Konstitution eher zart als robust.

Charlotte von Stein bekennt nach ihrer siebten Niederkunft: »Von Tränen ermüdet schlief ich ein... und schwer lag der Gedanke auf mir, warum die Natur ihr halbes Geschlecht zu dieser Pein bestimmt habe.«

Friederike, im Gegensatz zu Frau von Stein, liebt ihren Mann, sie wünscht nichts sehnlicher als ihm, als dem Hause Mecklenburg-Strelitz den Erben zu schenken, doch ihre Kräfte sind begrenzt und werden nicht geschont. Das kleine Wurm in der Wiege neben ihrem Bett im hohen, düsteren

Zimmer des Leinestraße-Palais, was wird aus ihm werden?! Wird es überhaupt am Leben bleiben? Schon drei Kinder sind gestorben. Nun, Friederike wäre zufrieden gewesen, hätte sie das Schicksal dieser Tochter vorausahnen können, die Kronprinzessin und Königin von Preußen wird.

Am 25. März wird die Prinzessin in der Garnisonskirche Zum heiligen Geist auf die Namen Luise Auguste Wilhelmine Amalie getauft. Luise heißt sie nach der Markgräfin von Baden, einer Tochter Ludwigs VIII. von Hessen-Darmstadt.

Prinz Karl ist ein unruhiger Geist, der die Abwechslung liebt. Er vertauscht gern das ermüdende Hannover mit dem amüsanten Modebad Pyrmont oder mit einem Aufenthalt in Celle bei seinem jüngeren Bruder Ernst von Mecklenburg-Strelitz. Friederike begleitet ihn stets, auch auf einer Reise in die Schweiz, und immer wieder bleiben sie Wochen, Monate in Darmstadt.

Solange Landgräfin Karoline lebt, bedeuten ihre bescheidenen Empfangsräume im Darmstädter Schloß – bescheiden, da die Landeseinnahmen bereits über Gebühr von dem Soldatenfimmel ihres Pirmasenser Gatten strapaziert werden – für alle einheimischen und auswärtigen Besucher ein geistiges Zentrum. Aber schon am 30. März 1774, drei Monate nach der Rückkehr aus Petersburg, wo die Hochzeit ihrer Tochter Wilhelmine mit Großfürst Paul stattfand, stirbt sie mit dreiundfünfzig Jahren. Friedrich der Große schickt eine Urne aus weißem Marmor, eingemeißelt der Name, das Datum von Geburt und Tod und die Inschrift: »Femina sexu, ingenio vir« – »Weib von Geschlecht, an Geist ein Mann« –, am Fuße der Urne: Fridericus Rex. Man stellt sie auf den Grabhügel im Herrngarten, den Efeu überwuchert und Bäume und Sträucher überschatten.

Bereits am 28. Juni 1774 klagt Merck in einem Brief an Christoph Friedrich Nicolai: »Seit dem Tod der Landgräfin hat sich alles hier so gewaltig verändert, daß unser kleiner, sonst nicht unangenehmer Ort einer völligen Wüstenei gleich sieht. Die Prinzessinnen gehen weg, und der ganze Hof wird aufgehoben...«

Tatsächlich denkt der Landgraf nach dem Tod seiner Frau nicht daran, Pirmasens zu verlassen oder auch nur einige Wochen im Jahr in seiner verwaisten Residenz zu verbringen. Und der Erbprinz ist auf Reisen im Ausland. Also bleibt die Repräsentation des Darmstädter Hofes Prinz Georg und seiner Frau überlassen. Pflichten, die sie mit Freuden wahrnehmen. Insbesondere Prinzessin George fühlt sich in ihrem Element und am Ziel ihrer Wünsche, ohne daß sich im Alten Palais an den meist anspruchslosen Gesprächen und der fröhlichen Ungezwungenheit der Vergnügungen etwas ändert. Eine Atmosphäre, in der Mercks sarkastische Bemerkungen, seine mit einer guten Portion Bosheit gepfefferten Pointen ohne Resonanz verpuffen. Er versucht nicht, in diesem Kreis heimisch zu werden, er zieht sich in seine eigenen vier Wände zurück.

Das Interregnum dauert fast drei Jahre. Dann tritt ein Ereignis ein, das dem höfischen Leben in Darmstadt einen neuen, unerwarteten Impuls gibt: Die Rückkunft des Erbprinzen und seine Heirat.

Erbprinz Ludewig, intelligent, fleißig, musikalisch außergewöhnlich begabt, hat von der Mutter erhalten, was bei der Erziehung der Töchter versäumt wurde: eine sorgfältige Förderung seiner geistigen Entwicklung und seiner Talente. Durch die besten Lehrer von frühauf unterrichtet, konnte sie bereits 1769 den Sechzehnjährigen auf die Universität nach Leyden schicken. Nach einem dreijährigen Studium folgten Reisen nach England und Frankreich. In Paris schloß Ludewig mit Schriftstellern und Gelehrten wie Diderot, d'Alembert, Melchior von Grimm Freundschaft. 1773 fuhr er nach Petersburg zur Hochzeit seiner Schwester Wilhelmine mit Großfürst Paul. Katharina die Große ernannte ihn zum Brigadier. Als russischer Offizier nahm er am Krieg gegen die Türken teil und zeichnete sich durch Mut und Umsicht aus.

Zwei Jahre blieb er in Rußland. Auf der Heimreise traf er in

Potsdam zur Zeit der Herbstmanöver ein. Das damals berühmteste Militär exerzieren zu sehen, faszinierte ihn. Friedrich II., sein Pátenonkel, lohnte das Interesse mit besonderem Wohlwollen, was den König jedoch nicht hinderte, wenige Monate später in das Privatleben des jungen Mannes rücksichtslos einzugreifen, ihn vor aller Welt zu brüskieren.

Am Hof von Kassel lernte Ludewig, als er seine Reise fortsetzte, Prinzessin Dorothea Auguste, Tochter des Herzogs Friedrich Eugen von Württemberg, kennen. März 1776 verlobte er sich mit ihr in Mömpelgard, Hauptstadt einer württembergischen Grafschaft im Elsaß. Mitte April starb in Petersburg seine Schwester, Großfürstin Wilhelmine, an den Folgen einer Geburt.

Die letzten Wochen vor dem für Juli festgesetzten Hochzeitstermin verbrachte Ludewig in Weimar. Hier erreichte ihn die Nachricht, seine Braut habe sich in Berlin auf Wunsch Friedrichs des Großen und der Zarin Katharina bereit erklärt, seinen kürzlich zum Witwer gewordenen Schwager, den Großfürsten Paul von Rußland, zu heiraten. Die Verlobungsfeierlichkeiten in der preußischen Hauptstadt seien bereits in vollem Gang. Ludewig war außer sich. Doch da Prinzessin Dorothea Auguste sich widerspruchslos dem Willen der Monarchen und der Erkenntnis einer weitaus glänzenderen Partie gefügt hatte, blieb ihm nichts übrig, als gute Miene zum bösen Spiel zu machen und sich mit der Tatsache abzufinden. Herzog Karl August, Gatte seiner jüngsten Schwester, behielt ihn »zur Erleichterung und Beruhigung« den ganzen Sommer über in Weimar.

Goethe schätzte den Prinzen: in einem Brief an Merck nennt er ihn »eine große, feste, treue Natur, mit einer ungeheueren Imagination und einer geraden, tüchtigen Existenz.«

Endlich im Herbst 1776 bezieht Ludewig die für ihn hergerichtete Wohnung im Darmstädter Schloß, die seit dem Tod der Mutter, der großen Landgräfin, leersteht.

Im Alten Palais wird er freudig begrüßt und herzlich aufgenommen. Prinzessin George ist beim Scheitern der erbprinzlichen Ehe ein Stein vom Herzen gefallen, denn unter dem Zepter der energischen Württembergerin hätte sie zweifellos die ihr liebgewordene Repräsentation des Hofes gänzlich verloren. Mit der Lösung des heiklen Problems kann sie zufrieden sein: Prinzessin Luise Karoline Henriette, ihre Tochter, fünfzehn Jahre alt, richtet sehr bald die begehrlichen »hellblauen Augen unter dunkelbraunen Augenbrauen« auf den Erbprinzen, ihren Vetter. Sie ist »eine von den seltenen Schönheiten mit schönen dunkelbraunem Haar..., dabei von feinem Wuchs und liebreichen Gesichtszügen...« Die Verlobung findet im Januar, die Hochzeit im Februar 1777 statt.

Alle an einem Rokoko-Hof üblichen Freiheiten nimmt die Erbprinzessin, spätere Landgräfin und erste Großherzogin von Hessen-Darmstadt, für sich in Anspruch, ohne daß es zum Eklat kommt. Sie kann nicht treu sein, nicht einmal ihren Liebhabern. Mit äußerster Geduld, mit Zartgefühl und vielleicht echter Liebe balanciert Ludewig über die Klippen dieser Ehe, die über fünfzig Jahre dauert.

Zwei Monate nach der Heirat der Schwester mit dem Erbprinzen beenden Friederike von Mecklenburg-Strelitz und ihr Mann einen fast dreivierteljährigen Aufenthalt in Darmstadt und kehren nach Hannover zurück. Am 2. März 1778 kommt im Leinestraßen-Palais wieder ein Mädchen zur Welt, Friederike Karoline Sophie Alexandrine, und am 12. August 1779 ein Sohn, der gesund und kräftig heranwächst. Acht Tage nach der Geburt des Stammhalters ist der Geburtstag der Mutter. Die Töchter führen ein Singspiel zur Feier des Tages auf. Bei dieser Gelegenheit wird Luise zum erstenmal erwähnt. Dreijährig wirkt sie, als Amor herausgeputzt, mit.

Ein im Januar 1781 geborener Junge lebt nicht lange. Abermals verbringen die Eltern den Sommer, den Herbst, das Weihnachtsfest in Darmstadt und reisen erst Ende April 1782 zurück. Friederike ist wieder schwanger. Kaum in Hannover angekommen, erkrankt sie schwer an einer Grippe. Eine Frühgeburt ist die Folge. Das Kind stirbt nach wenigen Stunden; zwei Tage später, am 22. Mai 1782, stirbt auch die Mutter. Friederike ist neunundzwanzig Jahre alt geworden, und die letzte Geburt war ihre zehnte Niederkunft. Charlotte, die älteste Tochter, ist zwölf, Therese zehn, Luise sechs, Friederike vier, Georg zwei. Der Vater verbringt den Sommer mit den Kindern in Herrenhausen, zurückgezogen von jeder Geselligkeit. Im Herbst fährt er nach Darmstadt. Prinzessin George, seine Schwiegermutter, ist seit einigen Monaten Witwe; im Alten Palais wohnt sie mit ihren beiden Töchtern Charlotte und Auguste. Karl von Mecklenburg-Strelitz soll schon damals an seine Schwägerin, die bereits siebenundzwanzigjährige Charlotte, als zweite Frau gedacht haben. Sie ist öfters in Hannover gewesen, sie liebt die Kinder und die Kinder lieben sie.

Goethe hat Charlotte, als er sich mit Herzog Karl August auf dem Heimweg von der Schweiz in Darmstadt aufhält, in einem Brief an Frau von Stein erwähnt: sie gefalle ihm gut, er sehe sie gerne an. In den *Neuen Fragmenten* wird sie beschrieben als »ausgezeichnet gewachsen, von edlem Anstande, blond und weiß, mit großen blauen Augen, von sehr angenehmen Umgang...«

Wieder zieht der Aufenthalt des Mecklenburgers sich in die Länge. Nirgends fühlt er sich so wohl, so heimatlich wie im Kreis der Darmstädter Verwandtschaft. Dem Erbprinzen ist er stets willkommen, ja unentbehrlich für die musikalischen Veranstaltungen, die er mit viel Können und Sorgfalt inszeniert, da Prinz Karl einen schönen Tenor und schauspielerische Begabung hat.

Die anschaulichste Schilderung des höfischen Lebens in Darmstadt findet sich in den schon erwähnten *Neuen Fragmenten zur Kenntnis des Menschen in Briefen*. Der anonyme Verfasser – es ist Friedrich Justinian von Günderode – hat sich im Jahr 1781 dort längere Zeit aufgehalten.

»... Es schwinden hier die Tage unter beständiger Abwechslung von stillen Vergnügungen. Die Zeit verfliegt unbemerkt bei so gesellschaftlichem Leben; denn in Wahrheit kann man unter seinesgleichen nicht viel gesellschaftlicher und ungezwungener leben als unter dieser fürstlichen Familie... Alle Sonntage ist eine zahlreiche Mittags- und Abendtafel bei dem Herrn Erbprinzen, wobei das ganze anwesende hochfürstliche Haus erscheint; auch werden einige Damen aus der Stadt und die Ersten des Militär- und Zivilstandes dazu eingeladen... Sehr erfreulich ist das ganz ohne alle Höhe liebreiche Betragen im Schloß sowohl als auch im Palais. Und wie diese fürstlichen Personen wechselweise miteinander umgehen, daran sollten viele Familien ein Beispiel nehmen... Täglich ergötze ich mich an der Einigkeit, die in dieser Familie herrscht, erfreue mich an dem freundschaftlichen Betragen der Eltern mit ihren Kindern, der Kinder mit ihren Eltern...

Man belustigt sich hier öfters mit Spazierfahrten auf Wurstwagen, wovon ich aus der Ursach ein großer Liebhaber bin, weil man für's erste dabei nicht eingesperrt wird, und zum anderen es auch ein sehr gesellschaftliches Vergnügen ist, indem mehrere Personen miteinander fahren und sprechen können. – Es werden bisweilen Konzerte teils bei Hof, teils aber auch in dem Opernhaus aufgeführt...« Der Erbprinz »spielt dabei allemal selbst die erste Violine; der größte Teil der Musik besteht aus Liebhabern, und es kommen mehr denn vierzig Instrumente zusammen. Es wird sehr gute Musik aufgeführt, und die Präzision, womit das Ganze zusammengeht, ist zu bewundern...

Auch vergnügen sich die Herrschaften bisweilen mit Aufführung einer Komödie oder Operette, und zwar großer und schwer aufzuführender Stücke: *Gaston et Baillard*, *Henri IV*, *Robert und Caliste*... Die Frau Erbprinzessin spielt dabei allemal die erste Rolle... Prinz Karl von Mecklenburg-Strelitz die ersten männlichen Rollen... Die übrigen weiblichen Rollen übernehmen Prinzeß Charlotte und Prinzeß Auguste, die männlichen die Prinzen, die zugegen sind und einige Kavaliere... Der Herr Erbprinz dirigiert auch hier und spielt die erste Violine... Eine solche Vorstellung übertrifft in Wahrheit alle Erwartung und wird öffentlich im Opernhaus gehalten. Das

Theater ist groß; es finden sich öfters weit über tausend Zuschauer ein...«

Darmstadt zählt damals etwa zehntausend Einwohner. Ein biederer, solider Menschenschlag mit einem kräftigen Schuß rheinisch-pfälzischer Fröhlichkeit. Ein lustiger Streich, ein munteres Geplänkel – niemand wittert dahinter gleich ernste Absichten oder gar Heimlichkeiten. Es lebt sich leichter, unbekümmerter, harmloser in dem westdeutschen Residenzstädtchen als in Norddeutschland, in Hannover und – Kronprinzessin Luise wird es zu ihrem Kummer erfahren – in Preußen, in Berlin und Potsdam.

Eine Geschichte ist überliefert, 1865 abgedruckt in der Zeitschrift *Die Gartenlaube* –, eine Geschichte, so typisch für die heitere, lebensfrohe Atmosphäre jener Darmstädter Jahre, daß sie anspricht wie ein leuchtender Farbfleck auf der Palette der Geschehnisse, den man nicht missen möchte:

Weihnacht 1784. Den ganzen Tag über hat es geschneit, erst in den Abendstunden hört das Schneetreiben auf. Zwei Freundinnen, Katharina und Karoline, gehen heimwärts über den Marktplatz vor dem Schloß und dem Alten Palais. Die unberührt weiße, die Dunkelheit aufhellende Schneedecke verlockt sie zu einer Schneeballschlacht, die in vollem Gang ist, als zwei Jünglinge aus dem Palais heraustreten und die beiden Mädchen eine Weile belustigt beobachten, ohne daß diese sie bemerken. Plötzlich setzen die jungen Herren sich in Trab, fangen die Überraschten ein, küssen sie nach Herzenslust und lassen sie lachend wieder frei. Eilends verschwinden die Mädchen in den dunklen Gassen der Stadt.

Am nächsten Tag ist großer Empfang bei Hof. Auf der Galerie dürfen Frauen und Töchter der Angestellten zuschauen. Katharina entdeckt, wie erwartet, ihren Kavalier unter den Gästen. Er wird von den anwesenden Fürstlichkeiten mit großer Auszeichnung behandelt. Ein junger Dichter: Friedrich Schiller. Und zeitlebens wird Katharina Korndörfer, im Alter eine sehr gestrenge Dame, stolz sein auf diesen Kuß von Schiller. Der Kavalier, der Karoline einfing, ist ihr vom Sehen längst bekannt: Prinz Friedrich von Hessen Darmstadt, vierter Sohn von Prinz Georg und Prinzessin George. Am 3. September 1788 wird Karoline, die Tochter des Kammerdieners Seitz, die Frau des Prinzen Friedrich. Er hat seine Wahl nie bereut.

Unter den Gästen jener Weihnachtsfeier befinden sich auch Herzog Karl August von Weimar und seine Frau. Um seinem Schwager etwas Außerordentliches zu bieten, hat der Erbprinz, wahrscheinlich auf Empfehlung Dalbergs, Schiller eingeladen, den ersten Akt seines *Don Carlos* vorzulesen. Im Verlag Cotta ist 1850 ein schmales, rotes Bändchen mit Lederrücken, goldenen Lettern und Ornamenten erschienen: *Schillers Leben, verfaßt aus Erinnerungen der Familie, seinen eigenen Briefen und den Nachrichten seines Freundes Körner.* Über den Aufenthalt in Darmstadt berichtet es:

»An die liebenswürdige damalige Frau Landgräfin von Darmstadt (gemeint ist die Erbprinzessin, Landgräfin erst 1790) und den aufmunternden Anteil, den sie bei dieser Vorlesung gezeigt, erinnerte sich Schiller mit Vergnügen. Des Herzogs von Weimar Güte, die ihm den Rathstitel verlieh, gestaltete seine Zukunft: und der Beifall eines Fürsten, der, wie Körner mit Wahrheit sagt, ›an das Vortreffliche gewöhnt war‹, mußte Schiller höchst erfreulich sein.«

Auch Prinz Karl von Mecklenburg-Strelitz verbringt das Weihnachtsfest 1784 in Darmstadt mit Charlotte, seiner zweiten Frau. Drei Monate zuvor, am 28. September, ist endlich die längst geplante Ehe geschlossen worden, fast zweieinhalb Jahre nach dem Tod Friederikes. Charlotte ist der Entschluß schwergefallen. Sie reiste zunächst mit der Mutter für mehrere Monate nach Paris, um ihr dort bei der Regelung einer finanziellen Angelegenheit behilflich zu sein. Doch in erster Linie wollte sie wohl Zeit gewinnen, Abstand legen – Erbprinz Ludewig, ihr Schwager, läßt sie ungern ziehen. Merck spricht in einem Brief nach Weimar von einer »platonischen Freundschaft« und meint, daß die Heirat noch nicht zustandegekommen wäre, wenn Ludewig allein darüber zu entscheiden gehabt hätte.

Charlotte trennt sich schweren Herzens von Darmstadt, erst im Frühsommer reist sie mit ihrem Mann nach Hannover. Die Kinder schließen sich innig an die Tante und neue Mutter an.

Im Herbst wird die Hochzeit der ältesten, fünfzehnjährigen Tochter des Prinzen Karl mit Herzog Friedrich von Sachsen-Hildburghausen in Hannover gefeiert. Der Herzog ist ein kleiner unscheinbarer Mann, dessen Herzogtum obendrein über und über verschuldet ist. Für die blutjunge Herzogin, die eine schöne Stimme und künstlerische Interessen hat, beginnt ein Leben, dessen Freuden sie sich mühsam erkämpfen muß.

Am 30. November 1785 wird in dem Palais in der Leinestraße der Stiefbruder der vier Prinzessinnen und des Prinzen Georg geboren. Nach dem Vater wird er Karl genannt. Charlottes Befürchtungen, die sie in einem Brief an Königin Marie Antoinette äußert, mit der sie seit dem Pariser Aufenthalt in Korrespondenz steht, erfüllen sich. Nach Komplikationen bei der Geburt stellt sich Kindbettfieber ein. Charlotte stirbt am 12. Dezember.

Merck an Herzog Karl August von Weimar am 18. Dezember 1785: ».Die große Nachricht... ist der Tod der Prinzessin von Mecklenburg. Es ist hier noch dabey der traurige Umstand, daß man schon vor drei Wochen, als die Nachricht von ihrer schweren Niederkunft hier anlangte, sogleich in der Familie ahndete, daß sie sterben würde, aus dem hinreichenden Grunde, weil es ihr aus dem Caffeesaze vorhergesagt worden, daß sie im 30sten Jahre sterben würde. Die Fürstin George hat diese ihre Besorgniß wegen der Prophezeyung jedermann geklagt...«

Eine Delikatesse für Merck, den Spötter und Freigeist, seinen Brief nach Weimar mit der Kaffeesatz-Geschichte zu würzen, denn auch am Musenhof trägt der Gesellschaftsklatsch zur Unterhaltung und zum Vergnügen bei.

Abermals ist Prinz Karl von Mecklenburg-Strelitz Witwer

und bleibt es bis an sein Lebensende. Der Tod von Mutter und Stiefmutter hat offenbar bei keinem der Kinder, die alt genug sind, die Tragik des Geschehens zu begreifen, das Gefühl geweckt, etwas Unersetzliches verloren zu haben. Eine schmerzliche Lücke ist nicht entstanden. Das erklärt sich aus der oft monatelangen Abwesenheit der Eltern. Fräulein von Wolzogen, die Erzieherin, spielt für sie von frühester Jugend an die wichtigste Rolle.

»Ich kenne niemand, dem wir soviel verdanken wie ihr«, schreibt Luise an ihre Schwester Therese, als sie schon Königin von Preußen ist.

Luise ist von den Geschwistern die lebhafteste und verursacht Fräulein von Wolzogen immer wieder Schwierigkeiten. Ihr übermütig rheinisch-pfälzisches Temperament stößt sich wund an dem, was man in Hannover von einer wohlerzogenen Prinzessin erwartet. Jeder Zwang ist ihr verhaßt, sie ist wild, eigenwillig, aufsässig, trotzig, gegen die älteren Schwestern oft widerspenstig und vorlaut, wobei eine unbewußte Eifersucht mitgespielt haben mag. Die Älteste, Charlotte, Lolo genannt, wird wegen ihrer schönen Stimme von allen bewundert, insbesondere von Fräulein von Wolzogen, deren erklärter Liebling sie ist. Aber auch Therese, die in der Familie Röschen gerufen wird, ist Luise in vielem überlegen. Klug, wißbegierig und strebsam, entwickelt sie sich frühzeitig zu einer charmanten, gebildeten jungen Dame, deren rasche Auffassungsgabe und geistige Beweglichkeit das Entzücken der Erzieherin und des Lehrers Schrage ist. Luise dagegen findet die Lernerei höchst überflüssig, ist unaufmerksam, fahrig und verspielt.

Als Lolo heiratet, verläßt Fräulein von Wolzogen mit ihr Hannover; sie begleitet sie als Hofdame nach Hildburghausen. Noch zu Lebzeiten der Stiefmutter wird eine neue Erzieherin engagiert. Der erste Versuch mißlingt, wird schnell abgebrochen, und es erscheint nunmehr aus dem damals preußischen Neuchâtel Fräulein Salomé von Gélieu. Klein und zierlich, wahrt sie die Würde, die sie für angemessen hält, durch gerade Haltung, hohe Absätze und die Sorgfalt, mit der sie sich kleidet. Sie ist alles andere als eine Autorität, weder geistige noch pädagogische Qualitäten rechtfertigen ihre Wahl, aber sie ist gütig, heiter und voll des besten Willens. Die Sympathie der Kinder gewinnt sie schnell und, was in Zukunft wichtiger, die Sympathie der Großmutter, der Prinzessin George.

Um sie ist es in Darmstadt still und einsam geworden, seit auch die jüngste Tochter Auguste den Prinzen Maximilian von Pfalz-Zweibrücken geheiratet hat, der als Oberst in französischen Diensten steht und in Straßburg lebt. Nur der Sohn Georg, wenn er nicht auf Reisen ist, wohnt noch bei ihr im Alten Palais am Schloßplatz. Sie vermißt die Jugend, die jahrzehntelang das Haus mit fröhlichem Lärm erfüllt hat. Und oben, im Norden sind drei mutterlose Enkelinnen! Ihr Anerbieten, die Mädchen zu sich zu nehmen, akzeptiert Prinz Karl mit Freuden, da er nicht willens ist, der Kinder wegen seßhaft zu werden und auf sein Hobby, das Reisen, zu verzichten. Ganz im Gegenteil: er quittiert den hannoverschen Militärdienst, um von nun an auf keinerlei Bindung mehr Rücksicht nehmen zu müssen, und ist ständig unterwegs – in London bei der Schwester, in Strelitz beim Bruder. Am liebsten fährt er nach Hildburghausen zu Lolo, der ältesten Tochter. So kommt es, daß schon knapp ein halbes Jahr nach dem Tod der Stiefmutter, im Frühjahr 1786, die drei Prinzessinnen von Mecklenburg-Strelitz, Therese, vierzehn, Luise, zehn, Friederike, acht, mit Mademoiselle Gélieu das Leinestraße-Palais in Hannover verlassen und nach Darmstadt übersiedeln.

Die erste einschneidende Zäsur in Luises Leben, ein Wendepunkt von entscheidender Bedeutung: es beginnen sechseinhalb Jahre ungetrübt glücklicher Jugend, es beginnt eine Freiheit der Entwicklung, die sie vorher nicht gekannt und nachher nie wieder genossen hat. Fast ist man versucht, Luise eine Darmstädter Prinzessin zu nennen, so stark verwurzelt ist ihre Wesensart in diesem Landstrich, so unmittelbar ergreift sie Besitz von der neuen Umwelt, die für sie zur echten

Heimat wird. Die Unebenheiten ihres Charakters mildern sich in der Geborgenheit einer Nestwärme, die sie schmerzlicher entbehrt hat als die übrigen Geschwister. Gewohnt, im Schatten Lolos und Thereses zu stehen, gewohnt, mit ihrem lebhaften, unausgeglichenen Naturell überall anzuecken, blüht sie auf in der unbeschwerten, zwanglosen Atmosphäre des Alten Palais und unter dem Lächeln der Großmutter, die an ihre eigene Jugend denkt. Das quirlende kleine Ding mit der unbändigen Freude am Dasein ist ihr am ähnlichsten im Temperament und in der Gradlinigkeit des Denkens und Fühlens. Therese ist geistig anspruchsvoller, berechnender, gesetzter; sie ist schön und weiß es. Friederike, die jüngste, ist die reizvollste der Schwestern. Sie ist der Mutter in Anmut und Liebenswürdigkeit am ähnlichsten, doch hat sie einen eigenen Zauber, der später sogar den – wie er selbst gesteht – »höllisch blasierten« Ritter Friedrich von Gentz in einem Brief an Johannes Müller zu den Worten hinreißt, sie sei »ein mit nichts zu vergleichender Engel«. Eduard Vehse in seiner *Geschichte der Höfe* hält sie allerdings für einen »gefährlichen Engel« und kommt damit der Wahrheit wohl erheblich näher. Friederike ist sanft und kokett, Eigenschaften, die sie gewiß nicht von den Leiningern geerbt hat, und die Luise beide völlig abgehen.

Luises größter Charme ist die unbekümmerte Frische, mit der sie sich gibt. Sie ist hübsch, attraktiv ist sie nicht, weder eitel noch ehrgeizig. Anziehend wirkt ihr lebhaftes Mienenspiel. Sie spricht, wie sie denkt und fühlt. Heuchelei kennt sie nicht. Warmherzigkeit, ein Grundzug ihres Wesens, ist verbunden mit einem erstaunlich sicheren Instinkt für ihre Umwelt, der sie sich in Darmstadt leicht und ohne Unterwürfigkeit anzupassen versteht.

Fräulein von Gélieu und einige Darmstädter Lehrer unterrichten die Mädchen im Alten Palais. Der Unterricht ist nicht besser und nicht schlechter als üblich in Fürstenhäusern, nach unseren Begriffen miserabel. Die Allgemeinbildung der Tochter aus bestem Haus ist höchst mangelhaft. Wenn es trotzdem in jener Gesellschaftsschicht geistvolle und hochgebildete Frauen gibt, so haben sie in reiferen Jahren durch Lektüre und den Umgang mit Gelehrten, Dichtern, Künstlern nachgeholt, was ihnen in der Jugend vorenthalten wurde. In bürgerlich-intellektuellen Kreisen beginnt die Frau bereits eigene Wege zu gehen, sich ihres Wertes und ihrer Fähigkeiten bewußt zu werden. Doch auch hier ist eine solide Vorbildung selten. Die rühmliche Ausnahme: Dorothea von Schlözer. 1787 wird ihr mit siebzehn Jahren in Göttingen an der Georgia Augusta »nach vorausgegangenem drittehalbstündigen Examen über den Horaz, Berg-Werks-Wissenschaft, Algebre, Baukunst etc., der philosophische Doktorhut einstimmig und feierlich erteilt«. Ein Erfolg der sorgfältigen Erziehungsmethode ihres Vaters, des Historikers und Publizisten August Ludwig von Schlözer, aufgebaut auf den Grundprinzipien der Lehren Rousseaus, die natürlichen Anlagen des Kindes frühzeitig zwanglos zu fördern, den Beschäftigungstrieb zu wecken und in fruchtbare Bahnen zu lenken. *Emile ou de l'éducation*, Rousseaus Erziehungsroman, 1762 erschienen, hat ungeheueres Aufsehen in Frankreich, im Ausland, insbesondere in Deutschland erregt, begeisterte Zustimmung und heftige Kritik. Kritik auch am Autor, der die eigenen fünf Kinder ins Findelhaus gebracht hat, vier ohne Erkennungsmarke. In der Praxis versagt Rousseau, versagt schon als Hauslehrer in Lyon. Die vielseitigen Talente, die erforderlich sind, um pädagogische Aufgaben erfolgreich durchzuführen, besitzt er nicht. Auch Pestalozzi scheitert an der Realität, am Neuhof, an der von ihm gegründeten Armenanstalt. Seine Schriften jedoch dringen weit über die Grenzen der Schweiz, wirken fort in der Bildungsreform des 19. Jahrhunderts, sind aktuell geblieben bis in unsere Tage. An der Tamagawa-Universität in Japan werden noch heute die Lehren Pestalozzis auf eine fast wörtliche Weise in die Tat umgesetzt.

Selbstverständlich hat Mademoiselle de Gélieu ihren Rousseau gelesen. Sie bewundert den *Citoyen de Génève*, wie

Rousseau sich mit Stolz auf seine Vaterstadt gern nennt, sie bewundert den Mut, mit dem er gegen die Idole der Epoche ankämpft, gegen Zivilisation und Wissenschaft, gegen den viel gepriesenen Fortschritt, den er verantwortlich macht für die Verderbtheit der Gesellschaft, die Sittenlosigkeit, die Geldgier, das Böse schlechthin. Also: Zurück zur Natur! Schon das Kind soll nicht in die Zwangsjacke herrischer Erziehung gepresst werden, soll sich frei, spielerisch seinen Neigungen folgend, ohne Übereilung entwickeln, soll Kind sein dürfen, solange es Kind ist. Prinzipien, zu denen Mademoiselle nicht erst bekehrt werden muß, sie entsprechen ihrer schlichten, christlichen Denkart und weiten gleichzeitig das Feld ihrer begrenzten Fähigkeiten. Natur ist ein dehnbarer Begriff, mit dem sich vieles erklären, beschönigen, entschuldigen läßt. So kann sie später mit gutem Gewissen Friedrich Wilhelm versichern, sie habe vor allem Sorge getragen, an dem unbeschwerten heiteren Naturell Luises nichts zu verderben. Eine Erziehung ganz im Sinne des großmütterlichen Regimes, aber reich an Versäumnissen. Ironie des Schicksals: Gerade die Versäumnisse tragen in Zukunft wesentlich bei zu Luises äußerem und innerem Glück. Geistige Prätentionen hätten den Kronprinzen gleich bei der ersten Begegnung irritiert und in die Arme der jüngeren Schwester Friederike getrieben, die ihm anfangs besser gefiel. Und eine Frau mit einem fundierten Bildungsniveau hätte dem Leben an der Seite Friedrich Wilhelms III. nicht standgehalten, jedenfalls nicht ohne das königliche Wohlwollen zu verlieren und somit an Glanz einzubüßen.

Französisch, die Diplomatensprache des damaligen Europas, muß eine Prinzessin beherrschen. Französisch ist daher das wichtigste Unterrichtsfach in der Schulstube des Alten Palais. In Darmstadt wie in Hannover die gleichen Klagen und Seufzer über Luises Zerstreutheit, Flüchtigkeit, über ihre Unlust zu lernen. Sie ist und bleibt eine schlechte Schülerin. Nicht aus Mangel an Intelligenz, einfach aus Gleichgültigkeit gegen alles, was ihr Interesse und ihre quicklebendige Phantasie nicht unmittelbar fesselt. Mit munterer Unbefangenheit entzieht sie sich jeder ernsthaften Beschäftigung, legt übermütig Hefte an »für die Aufsätze, die mehr als zwölf Fehler haben« und bekennt mit dreizehn Jahren halb belustigt, halb bekümmert: »Inhalt geschmiert... Schand über alle Schande.« Zahlreiche Beweise ihrer Unaufmerksamkeit finden sich auf vielen Seiten zwischen dem »Geschmier«: Skizzen von Modedämchen in den neuesten Créationen aus Paris, übrigens anmutig gezeichnet, wie überhaupt Zeichnen eins ihrer gern, aber selten geübten Talente gewesen zu sein scheint.

Treibt Luise es zu toll, verfügt Mademoiselle die übliche Strafe: Luise erhält keinen Nachtisch, den sie für ihr Leben gern ißt. Doch nachhaltigen Eindruck hinterläßt die Maßnahme offenbar nicht. »Louise l'étourdie« – etwa: Luise der Wirbelwind –, wie sie im Familienkreis gern genannt wird, kennt vermutlich Quellen, die Ersatz liefern. Sie ist Liebkind in Küche, Keller, Garten und zu Streichen jederzeit aufgelegt.

Nach sieben Jahren sind Luises Kentnisse im Französischen höchst mangelhaft, ihr Wortschatz gering, ihre Orthographie haarsträubend. Schuld an dem Fiasko trägt vor allem Mademoiselle de Gélieu. Nicht der leiseste Hauch Rousseauschen Geistes weht durch ihre Unterrichtsstunden. Sie hält sich streng an althergebrachte Methoden: Grammatik, Vokabeln, Diktat, Auswendiglernen von Gedichten und Texten. Freude an der Mitarbeit kann die ermüdend langweilige Einpaukerei nicht wecken, bestimmt nicht bei einem so lebhaften Geschöpf wie Luise. So kommt es, daß Mademoiselle, statt die guten Anlagen Luises zu fördern, ihren Schwächen Vorschub leistet, der Neigung zur Trägheit, zum Laisser-aller, zur Oberflächlichkeit. Wißbegierde, der Wunsch sich weiterzubilden, erwacht erst sehr viel später in Luise, gewinnt eine gewisse Bedeutung, bleibt jedoch im Dilettantischen stecken.

Auch Englisch unterrichtet Mademoiselle. Deutsch, Geschichte, Geographie Darmstädter Lehrer, die ins Alte Palais kommen und denen diese Ehre zweifellos wichtiger ist als der Erfolg ihres Auftrages. Allerdings scheint die Gelehrsamkeit der Herren auch äußerst dürftig gewesen zu sein. Anregend jedenfalls wirken sie nicht auf die Lernlust ihrer Schülerin.

Im Deutschen ist es wiederum die Rechtschreibung, die Luise unüberwindliche Schwierigkeiten bereitet. Nie wird sie imstande sein, einen Brief in ihrer Muttersprache fehlerfrei zu schreiben. Aber was macht das schon?! Kinder, die eine höfische Erziehung in der damaligen Zeit erhalten, korrespondieren selbst mit den Geschwistern französisch. Von dem großartigen Aufbruch der deutschen Literatur und Philosophie ahnen sie nichts, er rauscht an ihnen vorüber.

In den Fächern Geographie und Geschichte hat Luise wohl von vornherein den Kopf in den Sand gesteckt. Unmöglich, sich all die Namen der Meere, Seen, Flüsse, Gebirge, Länder, der Daten aus vergangenen Zeiten von Kaisern, Königen, von Schlachten und Friedensschlüssen einzuprägen. Wozu auch?! Niemand ist ungehalten oder gar überrascht, wenn sie sie nicht weiß. Wozu, denkt mit gleichem Recht der Lehrer, eine Prinzessin wie diese, hübsch und lebhaft, heiratet, heiratet sehr bald, und nichts wird von ihr verlangt werden, als daß sie der Dynastie gesunde Erben schenkt. Weshalb also sie plagen, sich womöglich ihren Groll zuziehen mit dem Resultat, daß ein anderer, der sich klüger und geschickter verhält, einem den Posten wegschnappt?!

Der einzige Unterricht, der Luise beeindruckt,in dem sie aufpaßt und sich sogar Mühe gibt, die Schulhefte sauber zu führen, ist der Religionsunterricht. Luise ist fromm, nicht bigott. Sie besitzt ein Gottvertrauen ohne jedes Pathos, einen schlichten, unbeirrbaren Glauben an ein höheres Wesen, das die Geschicke der Menschen lenkt – zum Guten lenkt, oft auf Umwegen, die uns rätselhaft bleiben, die aber notwendig sind im Wirken göttlicher Weisheit. Ein Gottvertrauen, das gerade in ihrem Leben eine vielfache Bestätigung findet.

Luises Frömmigkeit, ihre tief innerliche Verbundenheit mit der kirchlich religiösen Tradition hindert sie keineswegs, jede Zerstreuung, jede Aufhellung des Alltags in vollen Zügen zu genießen. Die geselligen Veranstaltungen im Schloß und im Alten Palais bieten dazu reichlich Gelegenheit. Da wie dort nimmt man es mit der Etikette nicht allzu streng. Es herrscht eine liebenswürdig-herzliche Atmosphäre zwischen den fürstlichen Verwandten und eine ungezwungen heitere zwischen diesen und den bürgerlichen Gästen: höhere Beamte, Professoren, Industrielle, Künstler. Man musiziert miteinander, man unterhält sich auf Empfängen, amüsiert sich auf Bällen und Redouten, tanzt bis in die frühen Morgenstunden, und niemand nimmt Anstoß, wenn im Trubel der fröhlichen Ausgelassenheit die jungen Prinzessinnen am fröhlichsten und ausgelassensten sind. Schlittenpartien im Winter sind ein herrlicher Spaß, und im Sommer Ausflüge nach Frankfurt zur Messe und zu Einkäufen, nach Auerbach an der Bergstraße, dem Sommeraufenthalt der erbprinzlichen Familie, nach dem nahegelegenen Jagdschloß Kranichstein und dem Schlößchen Braunshardt.

Das Dorf Braunshardt mit dem gleichnamigen herrschaftlichen Gutshof liegt in einer weiten Ebene, zwei Pferdewagenstunden nordwestlich von Darmstadt. 1760 schenkte Landgraf Ludwig VIII. das Gut seinem zweiten Sohn Georg Wilhelm, dem Gatten der Prinzessin George. Der Prinz reorganisierte den landwirtschaftlichen Betrieb, der bald rentabel arbeitete, und erbaute schon Anfang der sechziger Jahre das Schlößchen im Stil des Petit Trianon: einstöckig mit einem wie schützend darüber gelagerten Mansarddach. Er richtete die Räume geschmackvoll ein und ließ den Park nach den Prinzipien der landschaftlichen Perspektive des französischen Gartenarchitekten Lenôtre anlegen.

Die große Kiesterrasse vor der Front des Gebäudes »gewährt«, erzählt Karl Esselborn, »über die sich an sie anschließende freie Rasenfläche hinweg eine scheinbar unbegrenzte Fernsicht... Das dem Rasen vorgelagerte halbmondförmige Wasserbassin liegt vertieft... Den Rasenplatz begleiten auf seinen Längsseiten zwei hohe Lindenalleen, die sich der Form des Rasens folgend immer weiter voneinander entfernen...«, so daß das niedere Schloß aus der Entfernung »bedeutender erscheint, als es in Wirklichkeit ist...«

Braunshardt gehört zu den glücklichsten Jugenderinnerungen der Kinder und Kindeskinder von Prinz Georg und Prinzessin George, und auch König Friedrich Wilhelm III. denkt später gern an das Schlößchen und den Park zurück. Ein idealer Rahmen für vergnügliche Nachmittage und Abende mit und ohne Besucher, für intime Feiern, für Theaterspiel im Freien, für Festlichkeiten im großen Stil. Nur eine dieser Festlichkeiten sei erwähnt, da sie gleichzeitig ein Schlaglicht wirft auf ein Ereignis, das die Zeitgenossen mit reger Anteilnahme verfolgten.

Prinzessin George war schon Witwe, als ihre jüngste Tochter Auguste Anfang Oktober 1785 den Prinzen Maximilian Joseph von Zweibrücken heiratete. Nach der Trauung begab sich die Hochzeitsgesellschaft nach Braunshardt, wo die Festtafel mit über sechzig Gedecken wartete. Von dort fuhr gegen Abend eine lange Wagenkolonne nach Frankfurt, denn für den nächsten Tag hatte der berühmte Blanchard seinen dritten Ballonaufstieg angekündigt, eine Sensation, die keiner versäumen wollte. Schon früh am Morgen strömte eine riesige Menschenmenge zur Bornheimer Heide. Pünktlich um zehn Uhr vormittags startete Blanchard. Neununddreißig Minuten später landete er auf einer Wiese des sechsunddreißig Kilometer entfernten Städtchens Weilburg. Herzog Karl August von Weimar holte ihn in seinem Wagen nach Frankfurt zurück, wo er jubelnd empfangen und mit einer Galavorstellung im Theater gefeiert wurde.

Luise hegt von frühauf eine innige Zuneigung für die fröhliche, warmherzige Tante Auguste. Als Prinzessin George 1788 ihre Tochter in Straßburg besucht, dürfen Luise und Friederike sie begleiten. Sie fühle sich wie im Himmel, berichtet die zwölfjährige Luise dem Bruder Georg – nicht nur unter den liebevollen Fittichen von Tante Auguste. Jede Unterbrechung des Alltags und des lästigen Schulbetriebes ist ihr willkommen. Das Münster macht keinen überwältigenden Eindruck auf sie; sie bleibt zeitlebens wenig empfänglich für die Schönheit von Bauten, Skulpturen, Bildern.

Der anderen Tante, der Erbprinzessin von Hessen-Darmstadt, bringt Luise nicht mehr entgegen als die formelle Höflichkeit erfordert. Hier zeigt sich schon ihre instinktive Abneigung gegen die Hintertreppen-Romantik eines Lebenswandels, der zur Unaufrichtigkeit zwingt. Die Erbprinzessin ist übrigens die einzige nahe Verwandte, die in Luise eine gewisse Gefühlsreserve herausfordert. Im allgemeinen hat sie einen stark ausgeprägten Familiensinn.

Ihre Freude ist daher groß, als der Vater 1787 den offiziellen Wohnsitz in Hannover aufgibt und in Darmstadt, in der Rheinstraße, ein Haus kauft, in dem er Luises Bruder Georg, damals acht Jahre alt, mit Hauslehrer, ihren Stiefbruder Karl, der erst zwei Jahre alt ist, und das erforderliche Personal etabliert. Als dieser Plan auftaucht, ist die erbprinzliche Familie im Schloß alles andere als entzückt über die bevorstehende Übersiedlung. Die Erbprinzessin befürchtet vermutlich eine Beeinträchtigung ihrer gesellschaftlich beherrschenden Position in Darmstadt, eine Einstellung, die wiederum Luise in ihrer Zurückhaltung gegenüber der Tante bestärkt. Nichts liegt dem Mecklenburger ferner, als sich in das kleine Residenzstädtchen zurückzuziehen. Er will lediglich die Geschwister an einem Ort vereint und die Knaben nicht ausschließlich der Fürsorge Fremder überlassen wissen, wenn er ein gut Teil des Jahres auf Reisen ist. Je älter die Mädchen werden, um so dankbarer ist er, daß sie unter der Regie der Großmutter aufwachsen, die trotz aller naiven Redseligkeit mit ihrem gesunden Menschenverstand und ihrer Lebenserfahrung eine nicht zu unterschätzende Hilfe bedeutet, denn in absehbarer Zeit wird das Problem der Heirat für alle drei Prinzessinnen akut. Daß Prinz Karl für seine älteste Tochter eine glückliche Wahl getroffen hätte, kann niemand behaupten. Das fühlt er wohl selbst. Immer öfter, immer länger hält er sich in Hildburghausen auf, bemüht, Charlotte, seiner begabten, reizvollen Lolo, über die menschliche und geistige Trostlosigkeit des

Hofes hinwegzuhelfen und zumindest die verworrenen pekuniären Verhältnisse zu klären. Finanziell unterstützen kann er sie nicht, da er nach Quittierung der Ämter in Hannover nur noch über ein für seine Ansprüche bescheidenes Einkommen verfügt.

Das merken auch die Töchter in Darmstadt, wenn die Kleider immer wieder im Saum verlängert oder gar angesetzt werden, wenn da und dort gespart wird, weil die Ausgaben das knapp bemessene Budget nicht übersteigen dürfen. Therese jedenfalls ist gewarnt. Ein Los wie Charlotte wird sie sich nicht aufhalsen lassen. Aber leicht ist es nicht, einen Ehemann mit standesgemäßem Titel zu finden, der gleichzeitig die Annehmlichkeiten einer großzügig gestalteten, sorgenfreien Zukunft garantiert.

Mit vierzehn Jahren lernt Therese Karl Alexander von Thurn und Taxis kennen, den siebzehnjährigen Erbprinzen der Postdynastie, der sich Hals über Kopf in sie verliebt. Therese bleibt zurückhaltend. Dieser Prinz erbt nach dem Tod des Vaters nur einen Fürstentitel, steht also im Rang unter der Prinzessin von Mecklenburg-Strelitz. Andererseits bietet sich in ihm eine der pekuniär glänzendsten Partien. Der Chef des Hauses Thurn und Taxis, Fürst Karl, ist über die Absicht seines Sprößlings, Therese zu heiraten, keineswegs erfreut. Geld soll zu Geld. Die ihm für seinen Sohn angebotene Prinzessin aus dem alten Genueser Adelsgeschlecht der Doria wird mit einer halben Million Gulden ausgestattet, während die selbstbewußte junge Dame aus Darmstadt ein glattes Zusatzgeschäft ist. Obendrein ist sie evangelisch und fordert volle Bekenntnisfreiheit für ihren Glauben.

Die mecklenburg-darmstädtische Sippe sitzt jedenfalls auf hohem Roß, das geht aus einem Brief an Karl August von Weimar hervor, in dem Merck ihn im Namen eines Freundes um Unterstützung für das Ehevorhaben des jungen Fürsten von Thurn und Taxis bittet. Merck schreibt:

»... Der Erbprinz hat die seltene und höchst bewunderungswürdige Qualität, in seine künfftige Gemahlin sterblich verliebt zu seyn. ... Die Fürstin George aber behauptet, er habe nicht Verstand genug. Alle klugen Leute sind indessen der Meynung, diese Heurath würde dem Prinzen von Mecklenburg, der noch mehrere Töchter hat, wohl anstehen und der Prinzessin noch mehr, die an Taschengeld und Juwelen nirgend eine reichere Erndte finden kan... Der Prinz von Mecklenburg, wie Sie wissen, seegelt in allen seinen Entschlüssen wie ein Fischerboot zu Scheveningen, das jeder Wind greifft, und das, weil es keinen Kiel hat, nicht gerade Straße hält... Und die Hof-Dames behaupten, der Gemahl dieser Prinzessin müsse ein englischer Prinz seyn, weil die Tante eine englische Königin ist, und man müsse warten, biß sich der Prinz von Wallis oder wenigstens der Prinz Edward erklärt haben...«

Doch ausgerechnet diese Tante, die Schwester des Vaters, protegiert die Heirat mit Karl Alexander. Aus gutem Grund: um 1790 wird der Reingewinn der Thurn und Taxis'schen Post auf eine Million Thaler geschätzt. Und diesem Erben der Millionen, dessen kürzlich verstorbene Mutter, eine württembergische Prinzessin, sich auch nicht zu vornehm dünkte, Fürstin von Thurn und Taxis zu werden, diesem gut aussehenden, attraktiven jungen Mann zeigen Bruder, Nichte und deren Anhang die kalte Schulter, statt an die Ebbe in der eigenen Kasse zu denken! Die englische Königin warnt vor der Torheit, das günstige Projekt durch Standesdünkel zu gefährden. Womit sie geschickt durchblicken läßt, daß mit dem Antrag einer ihrer Prinzen nicht zu rechnen ist.

Der erste Dämpfer auf die hochgeschraubten Erwartungen in Darmstadt. Andere Bewerber um Thereses Hand finden sich ein und werden abgewiesen. In der deutschen Hocharistokratie bietet sich nicht eine Partie mit annähernd gleichwertigen Auspizien. So verstummen im Alten Palais nach und nach die Argumente gegen die Thurn und Taxis'sche Ehe.

Unterdessen hat Karl Alexander energisch um die Zustimmung des Vaters gekämpft. Zwei Jahre vergehen, ehe der Fürst nachgibt und die Religionsfrage sich befriedigend löst.

Therese willigt nunmehr ein, wenn auch bis zuletzt zögernd, ihren hartnäckigen, nicht völlig ebenbürtigen Verehrer zu heiraten. Am 25. Mai 1789 ist die Hochzeit.

Schweren Herzens trennen sich die Geschwister.

Ein nicht geringer Trost für Therese: der Hof von St. Emeran in Regensburg gehört zu den prächtigsten, glanzvollsten deutschen Höfen. Ihren gesellschaftlichen Ambitionen gewährt er ein weites Spielfeld. Schön, gut gewachsen, elegant, gebildet, geistig interessiert, ist sie die geborene First Lady. Sie wird bewundert, verwöhnt, begehrt und – nachdem das erste Glück vorüber ist – begehrt nicht ohne Erfolg.

Im gleichen Jahr 1789, am 14. Juli, bricht in Frankreich die schon lange angestaute Wut der Volksmassen sich mit Gewalt Bahn. Die Erstürmung der Bastille, des alten Pariser Staatsgefängnisses, ist das Fanal für eine neue Ära. Die Staatsgewalt hat eine erste schwere Niederlage erlitten. Die Anarchie greift rasch in Stadt und Land um sich, entfesselt grausame Instinkte.

Die deutsche Aristokratie horcht überrascht auf, ohne sich ernstlich zu beunruhigen,ist überzeugt, daß Militär und Miliz Ruhe und Ordnung wiederherstellen werden. Prinzessin George kann erzählen, daß ihre Tochter Prinzessin Auguste von Zweibrücken Ende Januar mit ihrem Mann das französische Königspaar in Versailles besuchte, die beide in bester Stimmung waren, von ihrer Umgebung geliebt und angebetet, insbesondere Marie Antoinette, die nur glücklich sei, wenn sie andere beglücken könne, wenn sie alle um sich herum fröhlich und zufrieden wisse.

Die deutsche Öffentlichkeit reagiert auf die Nachrichten aus Frankreich unterschiedlich. Konservative Kreise mehr oder minder ungehalten, die Intellektuellen und die Jugend mit leidenschaftlicher Emphase für die Forderungen des Tiers Etat: Freiheit und Gleichheit.

Bereits im Spätsommer 1789 beginnt die Emigration des französischen Adels, zunächst nach Italien, nach Turin als Hauptsitz, erst 1791/92 tauchen die Flüchtlingsscharen am

Rhein auf, in Mainz, Frankfurt, Köln, voll irrealer Hoffnungen, die aus Unkenntnis des wahren Sachverhalts von den Exil-Bietenden für bare Münze genommen werden.

Einstweilen jedoch hat man andere Probleme, die die dunklen Wolken aus dem Westen zurückdrängen.

Joseph II., der geniale, aber allzu ungestüme Reformator – einen gekrönten Revolutionär nennt ihn Johannes Müller –, stirbt am 20. Februar 1790 in Wien kinderlos. Sein Bruder Leopold, Herzog von Toscana, tritt das Erbe an, ein vortrefflicher Mann, klug, zielbewußt, diplomatisch geschickt. Zur Kaiserwahl braucht er die Stimme Preußens, ein Trumpf in der Hand König Friedrich Wilhelms II. bei den Verhandlungen in Reichenbach. Er spielt ihn nicht aus, er ist ohnehin bereit, den Österreicher auf den deutschen Thron zu setzen.

Die letzte Kaiserkrönung, diejenige Josephs II., 1765 in Frankfurt, hat den sechzehnjährigen Goethe tief beeindruckt. Er schildert das Ereignis mit einer Fülle von Einzelheiten Jahrzehnte später in *Dichtung und Wahrheit.* Die ältere Generation kann sich noch gut an das prächtige Schauspiel erinnern, um so begieriger ist die Jugend – Luise, Friederike und ihr Bruder Georg –, die Krönung Leopolds II. im Oktober 1790 mitzuerleben. Und Großmutter George darf selbstverständlich im Rampenlicht einer so illustren Schau nicht fehlen.

Doch dieses Mal kann man nicht wie sonst im Hotel Zimmer bestellen, kann nicht bei Verwandten oder Freunden wohnen. Alle verfügbaren Räumlichkeiten bis zur kleinsten Kammer sind beschlagnahmt und unter Kontrolle des Reichsquartiermeisters, dem Stadtbeamte unterstehen, die die Einweisung der prominenten Teilnehmer und ihrer Gefolgschaft überwachen. Kein angenehmes Geschäft, weder für sie noch für die Betroffenen. So schreibt Frau Rat Goethe am 12. Juni 1790 an Fritz von Stein:

»Bei mir waren die Quartierherren noch nicht, ich traue mich deswegen nicht vor die Thür zu gehen und sitze bei dem herrlichen Gotteswetter wie in der Bastille, – denn wenn sie mich abwesend fänden, so nähmen sie vielleicht das ganze Haus, denn im Nehmen sind die Herren verhenkert fix, und sind die Zimmer einmal verzeichnet, so wollte ich's keinem rathen, sie zu anderem Gebrauche zu bestimmen.«

Frau Aja ist eine bekannte Persönlichkeit in Frankfurt, überdies die Mutter eines Dichters, auf den seine Vaterstadt schon damals stolz ist. Daher denken die Quartierherren, die endlich doch gekommen sind, ein wenig sorgsamer nach, wen das stattliche Bürgerhaus am Hirschgraben beherbergen soll.

Jugend! Mit der Jugend hat Frau Aja es immer gut verstanden. Und da sind die Kinder des Prinzen Karl von Mecklenburg-Strelitz, in Hannover geboren und deshalb, wie es im *Wahl- und Krönungsdiarium* heißt, dem »Chur-Braunschweigischen« Quartier zuzuweisen, das für den Hirschgraben zuständig.

Kinder sind sie wirklich noch, glückliche, unbeschwerte Kinder, auch Luise, nun schon vierzehneinhalb Jahre alt, ist noch keine junge Dame, sondern ein verspielt herumtollendes Ding. Dank der weisen Umsicht der Großmutter wird sie von allen gesellschaftlichen Veranstaltungen ferngehalten. Im Nu gewinnen die beiden Mädchen und der elfjährige Georg das Herz der Frau Aja und sie das ihre. Die Geschichte vom fröhlichen Pumpen, Spritzen und Planschen am Brunnen im Hof ist oft genug erzählt worden. Mademoiselle de Gélieu kommt schlecht dabei weg. Die Anekdote will, daß Frau Aja sie in der oberen Etage einsperrte, aus Sorge, die Erzieherin könnte ein so rustikales Vergnügen ihren Schutzbefohlenen verbieten. Eher hätte die gute Gélieu selbst mitgemacht, als daß sie eine Spielverderberin gewesen wäre. Hier hat sich offenbar eine Verwechslung eingeschlichen mit der gestrengen späteren Oberhofmeisterin Gräfin Voß, die viel zu tadeln fand an der lebenslustigen, freiheitsdürstenden Kronprinzessin Luise von Preußen.

In einem Brief an den Sohn am 19. August 1806 schildert Frau Rat diese Tage. Goethe hat in Karlsbad Luises Schwester Friederike, damals Prinzessin Solms, getroffen.

Frau Aja schreibt:

»Das Zusammentreffen mit der Prinzessin von Mecklenburg hat mich außerordentlich gefreut – Sie – die Königin von Preußen – der Erbprintz werden die Jugendliche Freuden in meinem Hauße genoßen nie vergeßen – von einer steifen Hoff-Etikette waren Sie da in voller Freyheit – Tantzendt – sangen und sprangen den gantzen Tag – alle Mittag kamen Sie mit 3 Gablen bewaffnet an meinen kleinen Tisch – gabelten alles was Ihnen vorkam – es schmeckte herrlich – nach Tisch spielte die jetzige Königin auf dem piano forte und der Printz und ich waltzen – hernach mußte ich Ihnen von den vorigen Krönungen erzählen auch Mährgen u.s.w. Dieses alles hat sich in die jungen Gemüther eingedrückt daß sie alle 3 es nie bey aller Herrlichkeit nimmermehr vergeßen.«

Der neue Herrscher trifft mit demonstrativer Machtentfaltung am 4. Oktober 1790 in Frankfurt am Main ein.

»Voran ziehen... in prunkvollem Geleit die geistlichen, dann die Botschafter und weltlichen Kurfürsten... Man kann dieser Pracht nichts gleichsetzen und sich nicht vorstellen, was diesem Aufwand von Livreen, Pferden, reichgeschmückten Bedienten, Leibjägern, Schweizern, herrlichen Leibgardisten, prachtvollen Karossen gliche, die eine die andere an Reichtum und Geschmack übertreffen. Es genügt zu sagen, daß achtundachtzig sechsspännige Wagen einherfuhren,... nicht weniger als sechstausend reichstgekleidete Bediente erschienen da, eine Pracht, die man erst verstehen kann, wenn man denkt, daß es neun sehr mächtige Souveräne sind, die ihren Ehrgeiz darein setzen, selbst oder durch ihre Botschafter in all dieser Aufmachung aufzutreten.«

Fünf Tage später, am 9. Oktober, wird Leopold II. zum Kaiser gekrönt.

Wenn Luise und Friederike sich mehrere Tage in Frankfurt aufhalten, besuchen sie gelegentlich auch Frau von Vrints im Thurn und Taxis'schen Palais an der Bockenheimer Landstraße. Ihr Mann vertritt die Postinteressen des Hauses in

Frankfurt. Nach einem dieser Besuche schreibt Frau von Vrints an Therese:

»Ich hatte das Vergnügen, hier Ihre beiden Schwestern zu sehen, und eine entzückende Stunde mit ihnen zu verleben, wobei wir von Ihnen sprachen. Es sind reizende Kinder, beide gleich hübsch, geistvoll, gut, aber ich weiß nicht warum, mein Herz spricht mehr für Friederike.«

Das geht vielen so, und auch Friedrich Wilhelm wird anfangs mehr von den Reizen Friederikes eingefangen. Sie ist nicht nur anmutiger, sie ist auch unterhaltender, schlagfertiger, gewandter, bezaubert durch einen verführerischen Charme. Luise wirkt neben ihr eher bieder: ihren offenen, ehrlichen Antworten fehlt jede Spur von Koketterie, sie gibt sich nicht die leiseste Mühe zu gefallen, aufzufallen, Eindruck zu machen. Neid ist ihrem Wesen fremd, so wird auch ihre weibliche Eitelkeit nicht berührt durch die Erfolge der jüngeren Schwester.

Die Rückkehr in das stille Darmstadt nach den ereignisreichen Tagen fällt allen schwer. Frau Aja erhält als Dank für die Freuden, die sie bereitet hat, eine goldene Dose mit Brillanten von Prinz Karl von Mecklenburg. Nobel, der Herr Papa, wenn es um die Reputation geht. Für die steigenden Ausgaben der heranwachsenden Jugend im Alten Palais hat er wenig übrig. Kleidung, Taschengeld, Geschenke müssen in bescheidensten Grenzen gehalten werden, weil das väterliche Hobby, das Reisen, eine Menge Geld verschlingt. Prinz Karl ist ständig unterwegs, wenn er sich nicht gerade für einige Zeit in Hildburghausen bei seiner ältesten Tochter Charlotte aufhält. Meist taucht er überraschend im Familienkreis, bei Verwandten oder Freunden auf, immer ist er zur Stelle, wenn es etwas zu feiern gibt. Nie bleibt er lange. Drohen unbequeme Probleme, verschwindet er von der Bildfläche, ehe der Zwang zu einer Stellungnahme ihn in Nöte stürzt. Mit bemerkenswertem Geschick geht er Entscheidungen aus dem Weg, überläßt sie anderen und ist mit jedem Resultat zufrieden, das seine Dispositionen nicht stört. In diesen Dispositionen spielt die große Familie mit den zahlreichen Geburts- und Festtagen eine entscheidende Rolle. Doch nicht minder wichtig ist Pyrmont, das er schon mit seiner ersten Frau gern aufgesucht hat. Dort tritt er mit höfischer Grandezza auf, dort trifft er die Hautevolee, bei der er sich heimisch fühlt. Im Salon brilliert er nicht, aber er ist ein liebenswürdiger Causeur, ein vollendeter Kavalier, ein geschätzter, gern gesehener Gast bei Soireen, Diners, Bällen und eine prominente Erscheinung auf der Kurpromenade.

Prinz Karl ist den Formen seines Herkommens streng verhaftet und doch aufgeschlossen für die fortschrittlichen Ideen aus Frankreich, jedenfalls solange die geforderten und gepriesenen Freiheiten nicht ausarten in ein mörderisches Chaos. An seinem Schwager Georg hat er einen Gleichgesinnten gefunden, dem er seine Ansichten mitteilen kann, ohne gleich als Revolutionär zu gelten. In einem Brief an ihn schreibt er:

»Meinetwegen mag Geburtsadel sein, nur muß solcher nicht Verdienste und Talente unterdrücken oder verdrängen. Überhaupt aber nach meinem wenigen Dafürhalten ist der bürgerliche und noch mehr der Bauernstand oder -Klasse die, die am mehrsten geschützt werden sollte, denn ohne solche, was wären die Großen und Edlen?«

Den Kindern und Kindeskindern von Prinz Georg und Prinzessin George ist ein derartiges Denken und Verhalten längst vertraut, denn sie sind frei von Dünkel und Hochmut groß geworden. Diese heitere Ungezwungenheit im täglichen Leben fesselt den Mecklenburger über den Tod seiner beiden Frauen hinaus an das hessisch-darmstädtische Milieu. Auch politisch ist man einer Meinung. Prinz Karl begrüßt den Thronwechsel, er prophezeit, daß Leopold, der sein toskanisches Großherzogtum fünfundzwanzig Jahre vorbildlich verwaltet hat, die Scherben der Hinterlassenschaft Kaiser Josephs II. wieder zusammenflicken wird. Und er behält recht. Leopold besänftigt die erregten Gemüter, indem er auf viele der zu weit greifenden Reformen verzichtet, den Niederlanden die einstigen Privilegien zurückgibt, mit den Türken den Frieden von Sistowa schließt und es sogar versteht, der Beziehung zwischen Österreich und Preußen einen freundlichen Anstrich zu geben.

Für seine Schwiegermutter Prinzessin George hegt Prinz Karl eine aufrichtige Verehrung und Dankbarkeit. Den Dank stattet er ihr später auch ab. Als sie vereinsamt in Darmstadt im Alten Palais zurückbleibt und er 1794 regierender Herzog geworden ist, holt er sie zu sich nach Neu-Strelitz, seiner Residenz. Er hat nicht vergessen, welche Last und Verantwortung sie ihm nach dem Tod der zweiten Frau abnahm, mit wieviel mütterlicher Wärme sie die Enkelinnen umsorgte, zu deren Glück *er* herzlich wenig beigetragen hat, was die innige Liebe, mit denen die Töchter, insbesondere Luise, an ihm hängen, nicht beeinträchtigt hat.

Von den Auswirkungen der französischen Revolution bleibt das Land südlich der Maingrenze einstweilen verschont, während die Städte zwischen Frankfurt und Köln von dem Strom der Flüchtlinge aus dem westlichen Nachbarland überflutet werden. Mit hochbepackten Wagen, einem Troß von Dienerschaft, verarmt, aber anspruchsvoll, treffen sie ein und finden bereitwillige Aufnahme. Vor allem in Mainz beim Kurfürsten Friedrich Carl Joseph von Erthal. An seinem Hof herrscht »das weltlichste, prunkvollste Leben, renaissancehafte Üppigkeit, Farben – und Frauenpracht... freigeistiges Salonleben wie im Ancien régime Frankreichs« (Srbik). Man plänkelt mit den Ideen der Aufklärung, die Mainzer Universität gilt als fortschrittlich, wer ›in‹ ist, sympathisiert mit der Französischen Revolution. Der Student Clemens Lothar Graf Metternich tut es nicht. In Straßburg, wo er zwei Jahre zuvor seine juristischen Studien begann, hat er die Schrecken der blutigen Ausschreitungen elsässischer Jakobiner, die die Pariser an Grausamkeit zu übertreffen suchten, kennengelernt. Was er in Mainz von den Emigranten hört, steigert seinen Abscheu gegen »die Absurditäten und Verbrechen, denen eine Nation unvermeidlich verfällt, wenn sie die Grundlagen des gesellschaftlichen Baues untergräbt«, schreibt er später über seine Erfahrungen in dieser Zeit. Aber das Benehmen derer, die sich in Sicherheit gebracht haben, gefällt ihm ebensowenig. »Aus der Schule des Radikalismus verfiel ich in jene der Emigranten und lernte die Mitte zwischen den Extremen schätzen.«

Als Aufruhr und Exzesse in Straßburg bedrohliche Formen annehmen, stranden die ersten Flüchtlinge in Darmstadt im Alten Palais. Prinzessin Georges jüngste Tochter Auguste wird von ihrem Mann mit den Kindern zur Mutter in Sicherheit gebracht. Prinz Maximilian von Zweibrücken kehrt zu seinem Regiment zurück. Doch ausgerechnet das Regiment Royal Alsace ist eines der ersten in der Provinz, das sich gegen seine Offiziere erhebt, Zucht und Ordnung zerschlägt. Seine Position als Oberst wird unhaltbar, er muß fliehen, verbringt einige Wochen in Darmstadt, da sein ältester Sohn, der spätere König Ludwig I. von Bayern, schwer an den Blattern erkrankt. Nach der Genesung des Jungen übersiedelt er mit der Familie nach Mannheim.

Im Frühjahr 1791 beschließt Prinzessin George, die Nachfolge in Broich an der Ruhr, die ihr Sohn Georg antreten soll, zu regeln und im Schloß die Sommer- und Herbstmonate mit den Enkelinnen zu verbringen. Die ›Herrlichkeit Broich‹ gehörte zum Besitz der Grafen Leiningen. Offiziell hat Prinzessin George die Erbschaft 1766 angetreten. Doch im Laufe der nächsten beiden Jahrzehnte gab es mit dem Erbgut allerhand Ärger, bis die »Durchlaucht Fürstin Marie Luise Albertine durch landesmütterliche Sorgfalt für die Wohlfahrt ihrer lieben Untertanen... angetrieben« im Jahr 1787 durch persönliche Anwesenheit und »nach vielfältiger Unterredung der fürstlichen Räte und der Gemeindedeputierten« endgültig die Meinungsverschiedenheiten aus dem Weg räumte und das gegenseitige Einverständnis mit einer langen Urkunde besiegelte.

Schon damals hat sie die Enkelinnen nach Broich mitgenommen und auch zu einem kürzeren Aufenthalt 1789. Stets bemüht, der Jugend etwas Neues, Abwechslungsreiches zu bieten, wird die Fahrt dieses Jahr nicht im Pferdewagen, sondern an Bord eines Schiffes zurückgelegt. Vier Tage und drei Nächte, vom 1. bis 4. Juni, geht es rheinabwärts, für die Mädchen und den fünfjährigen Stiefbruder Karl – Bruder Georg ist mit dem Vater nach Pyrmont gereist – ein fast abenteuerliches Vergnügen, das Schlafen in den Kojen und das Leben an Deck, während die Städte, Dörfer und die mit Weinbergen überzogenen Hügel an den Ufern immer neue, reizvolle Aspekte bieten. Alle Mahlzeiten werden auf dem Schiff eingenommen – mit einer Ausnahme: in Koblenz hat Gräfin Metternich zur Mittagstafel geladen, die Mutter jenes Studenten Clemens Lothar, der zur Zeit in Mainz die Rechte und die Frauen studiert. Wahrscheinlich ist er zum Empfang der Gäste nach Koblenz gekommen, denn im Hause Metternich werden Beziehungen zu Fürstenhäusern sorgsam gepflegt, und es wird nicht mehr lange dauern, bis er sich an die hübsche Prinzessin Luise von Mecklenburg-Strelitz erinnert und sie zum Tanze führt.

Clemens Lothar betet seine Mutter an, die kluge, geistvolle Maria Beatrix Aloisia, aus dem alten breisgauschen Geschlecht der Grafen Kagenegg, deren Schönheit und Schlagfertigkeit bei den Krönungsfestlichkeiten Leopolds II. in Frankfurt Furore machte, deren »witzige Zunge nicht immer den Nächsten schont, ebenso aber auch über sich selbst scherzt«. Einst von Kaiserin Maria Theresia protegiert, kennt die bedeutende und ehrgeizige Frau jeden, der Rang und Namen besitzt. Geschickt nutzt sie ihre Verbindungen, erst um ihren Mann zu lancieren, an dessen Unfähigkeit und törichter Eitelkeit alle Chancen zunichte werden, dann ihren Sohn Clemens Lothar, dessen kometenhaft glanzvolle Laufbahn ihre kühnsten Wunschträume erfüllt.

Prinzessin George und Gräfin Metternich beherrschen alle Nuancen des höfischen Spiels, beide sind tatkräftige Frauen, klug im Abwägen der Möglichkeiten und zielbewußt, wenn der Einsatz sich lohnt. Und er lohnt sich wieder einmal: 1803 als österreichischer Gesandter in Berlin wird Graf Metternich von König Friedrich Wilhelm III. und Königin Luise wie ein guter Freund empfangen und genießt während seiner fast zweieinhalb Jahre dauernden Geschäftsführung am preußischen Hof eine bevorzugte Stellung.

In Köln geht das Schiff noch einmal für einige Stunden vor Anker. Die Stadt wird besichtigt. Unter dem Jubel der Bevölkerung treffen die Reisenden in Broich ein.

Lange hat dort die Erinnerung an Luise und Friederike fortgelebt in zahlreichen Anekdoten, rührseligen, von der Phantasie überwucherten Geschichten ihrer Hilfsbereitschaft. Eine dieser Geschichten charakterisiert Luises ungezwungene Einstellung zu ihrer Umgebung: Einmal hat sie ihre gesamte, gewiß bescheidene Barschaft einem guten Zweck geopfert, braucht aber Geld für eine dringende Ausgabe und bittet einen Kammerdiener, ihr vorübergehend auszuhelfen. Das Unstandesgemäße der Bitte ist ihr gar nicht bewußt, auch nicht, daß sich der Klatsch dieses Fauxpas bemächtigen wird. »Mabuscha«, die Großmutter, erfährt alsbald, was geschehen ist, eilends spendet sie den fehlenden Betrag in die leere Kasse. Kein Wunder die Ebbe darin, denn mit dem monatlichen Taschengeld von fünf Gulden und dreißig Kreuzern müssen alle persönlichen Wünsche und kleinen Geschenke bestritten werden. Ein wahres Kunststück!

Schloß Broich stammt aus dem zwölften und vierzehnten Jahrhundert und wurde Mitte des siebzehnten umgebaut. 1780 ließ Prinzessin George einen Gebäudeteil restaurieren und wohnlich machen. In diesem Trakt befindet sich das Gläserne Kabinett, in dem sie die Gäste empfängt, dahinter die Zimmer der Enkelinnen, anspruchslos eingerichtet, ohne jeden Komfort. Im Schlafzimmer außer den Betten, »ein Spiegel mit Glasrahmen, ein Tannener Toiletten-Tisch, vier rot und gelbe Strohstühle«, im angrenzenden Aufenthaltsraum »zwey grün und weiß laquirte Straßburger Stühle, ferner noch vier dito ordinaire Strohstühle, ein Toilette-Tisch von

Tannenholz, ein Quintofen so zwey Zimmer heizet... (Lonke).«

In dem großen Prunksaal des Ostbaues wird die feierliche Staatsaktion vollzogen: Prinzessin George läßt ihrem Sohn Georg als dem künftigen Besitzer der Herrschaft Broich von allen Beamten und Obmännern im voraus huldigen. Die Regentschaftsrechte behält sie sich bis zu ihrem Tode vor.

Der Aufenthalt in Broich bietet wenig Zerstreuung, und manchmal wird den Mädchen das Herz schwer, wenn sie daran denken, wie der Bruder in Pyrmont sich vergnügen mag. Die Nachrichten, die sie von ihm erhalten, beschäftigen Luises Phantasie lebhaft.

Am 19. Juli schreibt sie ihm: »... Du kannst Dir überhaupt nicht ausdenken, was für eine Freude uns Deine Briefe machen... Du amüsierst Dich wie ein König, während Deine armen Schwestern das allerschlechteste Wetter hatten und dabei des Aufenthaltes in Broich fast überdrüssig waren... Sag mir, Georg, legst Du Frack oder Deine Uniform an? Tanzest Du viel? Wer gefällt Dir am besten von allen Damen, die Du in Pyrmont siehst?...«

Der Dreizehnjährige hat offenbar seine ersten gesellschaftlichen Erfolge. In dem gleichen Schreiben erwähnt Luise, daß eine Fahrt nach Aachen erwogen wird, damals eines der bekanntesten Modebäder Europas.

»... 699 Fremde stehen dort in den Listen, unter anderen der Herzog von York. Es ist mir eine große Freude ihn wiederzusehen... auch der König von Schweden ist dort und eine Menge Engländer und Franzosen. Denke Dir... welch ein Vergnügen es mir machen muß, mich plötzlich aus der Einsamkeit in die größte Pracht versetzt zu sehen...«

Nun, aus diesem Traum wird nichts. Sicherlich ein Vorschlag Onkel Georgs, dessen extravagante Pläne das Entzükken seiner Nichten sind. Ein Onkel zum Pferdestehlen, ein Lebenskünstler, ein Mann von Welt, für sie eine Art Playboy, l'homme entre deux ages, obendrein Junggeselle, ständig in Geldverlegenheiten, dabei unbekümmert und sorglos, faszinierend für erlebnishungrige junge Geschöpfe. Seine glühende Bewunderung Frankreichs, des französischen Hofes – fast jedes Jahr hat er mehrere Monate in Versailles verbracht –, seine schwärmerische, hoffnungslose Liebe zu einer Dauphine, all das umgibt ihn mit einem geheimnisvoll fesselnden Reiz.

Über die Nachricht von dem mißglückten Fluchtversuch des Königspaares, die Anfang Juli in Broich eintrifft, ist er tief bestürzt. Er verehrt die bezaubernde Marie Antoinette und ihren Gatten, den guten Ludwig XVI. Sein Wohlwollen und Verständnis für die sozialen Reformen des Nachbarstaates geraten ins Wanken. Brutale Gewalt gegen Menschen, die ihm, seiner Mutter und seinen Geschwistern nur Gutes erwiesen haben und seiner Meinung nach schuldlos sind, verabscheut er.

Ebenso wie unerquickliches Spintisieren! Daher bedarf er dringend einer Aufmunterung. Weder Bootsfahrten auf der Ruhr noch Landpartien mit Picknick, auch nicht die Gesellschaft der devoten Broicher Bürger vermögen ihn von seinen trüben Gedanken abzulenken und die ihm verhaßte Langeweile zu vertreiben. Zu seinem Bedauern ist die Aussicht auf eine vergnügliche Zeit in Aachen zerronnen. Sein unruhiger Geist hält Ausschau nach einer anderen angenehmen Zerstreuung. Holland liegt sozusagen vor der Türe, bietet Interessantes, Sehenswertes in Hülle und Fülle, so schlägt er eine Fahrt dorthin vor und erntet den stürmischen Beifall seiner Nichten, während Prinzessin George ernste Bedenken hat. Aachen lehnte sie ab, weil der Luxus dieses Spielplatzes der High Society lediglich Wünsche weckt, die ein apanagierter Prinz seinen Töchtern nicht erfüllen kann. Der holländische Plan hingegen würde die geistige Entwicklung der Mädchen fördern, ihr Gesichtsfeld erweitern, ohne den gewohnten Rahmen zu sprengen. Vorteile, die sie anerkennt und, unternehmenslustig wie sie ist, hätte sie liebend gern zugestimmt, wenn eine solche Reise die ihr zur Verfügung stehenden Mittel nicht weit überschreiten würde. Für Onkel Georg, Experte in Finanzierungsfragen, bedeutet dieses Problem keinen Hinderungsgrund. Er ist überzeugt, Tante Polyxenia, Gräfin Leiningen, die Schwester seiner Mutter, werde mit Freuden ein kleines Darlehen gewähren. Nach angemessenem Widerstreben läßt Prinzessin George sich überreden, an die Schwester zu schreiben, sie um Hilfe zu bitten, daß man die günstige Gelegenheit wahrnehmen könne, den Enkelinnen einen Eindruck dieses Landes zu vermitteln, dessen Kenntnis ihnen fürs ganze Leben ein bleibender Gewinn sein werde. Sie erhält eine freundliche Zusage und die gewünschte Summe.

Am 21. August ist es soweit, die Reisewagen stehen vor der Türe des Schlosses von Broich. Selbstverständlich fährt Mademoiselle de Gélieu mit. Und Kammerdiener Ewald. »... Ewalt zieht an mir herum wie ein Unglücklicher...«, berichtet Luise ihrem Bruder aus Amsterdam. Dieser Ewald wird später Kammerdiener der Kronprinzessin und Königin Luise von Preußen in Berlin.

Über Xanten geht es nach Kleve. In einem hübsch gelegenen Gasthof wird übernachtet. Freiherr von Spaen lädt in sein Schloß Bellevue zu einem Lunch ein. Luise und Friederike, wahrlich nicht verwöhnt, staunen über die geschmackvolle, großzügige Innenausstattung der Räume.

Arnheim, Utrecht werden kurz besichtigt, am Abend des 26. August erreichen sie mit der Fähre Amsterdam. Alle sind sie angetan von der holländischen Sauberkeit selbst in der kleinsten Ortschaft. In Amsterdam beeindruckt die Mädchen in erster Linie der Reichtum der Handelsstadt, die prächtigen Auslagen der Geschäfte, die erleuchteten Schaufenster. Abends gehen sie mit Mademoiselle de Gélieu ins französische Theater, während die Großmutter es vorzieht, sich im Hotel auszuruhen. Soviel Eleganz und kostbaren Schmuck wie hier haben sie noch nie bei Theaterbesuchen in Darmstadt oder Frankfurt gesehen. Ihre Ankunft hat sich herumgesprochen, neugierige Blicke mustern sie. Die Aufmachung der Schwestern entspricht schwerlich der Vorstellung, die sich die wohlhabenden Kaufmannsfrauen von Prinzessinnen machen.

Der Geschäftsführer der hessen-darmstädtischen Vertretung in Amsterdam nimmt sich der Gäste an, zeigt ihnen das Stadthaus, die Synagoge, das Haus der Indischen Kompagnie, das Armenhaus, die Marineschule, den Hafen. Überraschend, daß Luise in all dem Trubel Zeit findet, an Georg nach Pyrmont zu schreiben.

»Amsterdam, den 30. August 1791. ... Denk Dir, lieber, vielgeliebter Bruder, wir sind auf dem Meer gewesen... ich fürchtete krank zu werden, aber weder meine Schwester noch ich dachten daran. Das Meer war äußerst bewegt, und der Wind legte unser Schiff immer auf die Seite und warf es manchmal von einer Seite auf die andere. Ich wurde naß wie ein Pudel von den Wogen, die sich an unserem Schiff brachen, und die Wellen waren auch von ganz außerordentlichen Höhe. Unsere Überfahrt verlief gut und wir waren sehr vergnügt. Ich wünschte bei Dir zu sein, und möchte, daß Du bei uns wärest...«

Am 1. September setzen sie bei stürmischem und regnerischem Wetter mit der Fähre nach dem Haag über. Dort bleiben sie drei Tage, besuchen das Naturalienkabinett, das Haus im Busch, die Gemäldegalerie. In Luises Aufzeichnungen wird nicht ein einziges Bild erwähnt, dessen Schönheit sich ihr eingeprägt, sie tiefer beeindruckt hätte. Ihr sprödes Naturell gewinnt keine Beziehung zur Kunst. Mit Ausflügen nach Scheveningen, Delft und Rotterdam wird ein beachtliches Programm absolviert.

Die Rückreise treten sie auf einer Jacht an, die die Kanalstraßen entlang nach Utrecht fährt. Wie durch einen Park gleitet das Schiff, wenn hüben und drüben die Ufer mit dichtem Gesträuch, mit Bäumen, Rasen oder hohen Hecken umsäumt sind. In Utrecht warten die Wagen. Am 6. September sind sie wieder in Broich, und der Alltag beginnt, der etwas eintönige Alltag von Broich. Onkel Georg entschwindet bald und mit ihm viel von der Fröhlichkeit und dem Humor, die man in den vier Wänden des düsteren Schlosses bitter nötig hat. Jedem ist die Sehnsucht nach Darmstadt anzumerken, nur Prinzessin George nicht, die beschlossen hat, bis Mitte Oktober in ihrer Residenz auszuharren. Der Grund: am 10. Oktober ist der fünfzigste Geburtstag ihres Schwiegersohnes Prinz Karl, kostspielige Festlichkeiten sind im Alten Palais unumgänglich, und nach der holländischen Reise scheut sie Ausgaben dieser Art. Sie lädt Prinz Karl nach Broich ein, und der Tag wird im engsten Familienkreis gefeiert.

Mademoiselle de Gélieu hat die Schulstunden gleich nach der Rückkunft wieder aufgenommen, zwei jeden Vormittag. Sonntags morgens ist Kirchgang, die Großmutter fährt mit den Enkelinnen nach Mühlheim und nimmt abwechselnd in der lutherischen und der reformierten Kirche am Gottesdienst teil.

In der Freizeit dürfen die Mädchen, was wenigen Fürstentöchtern vergönnt ist, ohne Zwang und Aufsicht in der Gegend umherstreifen, dürfen die Kinder im Dorf besuchen, dürfen mit ihnen spazierengehen und spielen. Gelegentlich lädt Prinzessin George die Broicher Jugend ins Schloß zum Tanz. Sie versteht vorbildlich mit Würde zu repräsentieren, ohne daß Standesdünkel und Etikette das Vergnügen der Gäste einengt.

Nirgends sitzen Luise und Friederike so gern wie unter der alten Linde am Mühlberg, einem sanft ansteigenden Hang östlich des Schlosses. An einem runden Steintisch zeichnen sie, malen und lesen. Literarisches Niveau haben die Bücher, die ihnen in die Hand gedrückt werden, nicht. Es sind Produkte jener Schriftsteller, von denen, nach dem spöttischen Urteil Lichtenbergs, »zuverlässig in Deutschland mehr sind, als alle vier Weltteile nötig haben«. Diese Romane und Erzählungen, von der breiten Masse begierig konsumiert, schwelgen in den Taten frommer, edler, tugendhafter, tapferer Männer und Frauen, die allen Fährnissen und Versuchungen zum Trotz rechtschaffene Bürger bleiben. Die Phantasie der Leser verlangt nach der Illusion einer heilen Welt. Die Wirklichkeit sieht sehr anders aus.

Auch die Lektüre, die Mademoiselle im französischen und englischen Unterricht diktiert oder übersetzen läßt, beschränkt sich auf banale kleine Geschichten von braven Mädchen und bösen Verführern. Wobei sich unwillkürlich die Frage stellt: Wer hat die Prinzessinnen aufgeklärt? Die Großmutter? Die Erzieherin? Die älteren Schwestern? Daß Luise hinreichend instruiert ist, beweist ihre Tagebucheintragung in Amsterdam. Dort erschreckt sie der Anblick der »filles de mauvais vie« im Armenhaus.

Alle Schriften, die das sittlich-religiöse Bewußtsein stärken, sind gut und wichtig nach Ansicht der Großmutter, wichtiger als jene, die den Intellekt wecken und den Sinn für die deutsche Sprache, die endlich die Fesseln der französischen Vorherrschaft gesprengt hat. Ob allerdings Prinzessin George überhaupt je unterschieden hat zwischen literarisch wertvollen Büchern und solchen, die kurzlebig auf den Wellen des Publikumsgeschmackes schwimmen, sei dahingestellt. Ihre Allgemeinbildung ist dürftig. Sie hat nicht das Interesse für Literatur und Wissenschaften, wie ihr Gatte Prinz Georg es besaß, dessen ganzer Stolz die umfangreiche, kostbare Bibliothek war, die er in Braunshardt in einem eigens dafür geplanten, prachtvoll gestalteten Raum neben den Empfangssälen untergebracht hat. Dem Mangel an geistiger Aufgeschlossenheit ist auch zuzuschreiben, daß die Bekanntschaft mit Goethes Mutter einstweilen nur die Spuren freundlichen Erinnerns hinterläßt. Erst später gewinnt für Luise diese Bekanntschaft die Bedeutung, die ihr zukommt.

Luise ist im letzten Jahr ungewöhnlich schnell gewachsen, sie ist hochgeschossen, fast einen Kopf größer als die um zwei Jahre jüngere Schwester. Sie ist auch verändert, ihre Züge haben das Kindliche abgestreift, sind ausgeglichener, regelmäßiger geworden. Fein gezeichnet ist das Profil, die Nase schmal, die Stirne hoch und klar, ein festes kleines Kinn, der Mund drückt früh schon eine gewisse eigenwillige Entschlossenheit aus, im Blick der blauen Augen unter schön geschwungenen Brauen liegt etwas Wach-Beobachtendes, aber auch Zutrauliches, eine seltsame Mischung von Kühle und Anteilnahme. Hübsch, sehr hübsch sogar, – bisweilen. Der Ausdruck wechselt rasch durch die Lebhaftigkeit des Mienenspiels, und oft nicht zu Luises Vorteil.

Sie ist sehr schlank, ihre Gesundheit durch eine späte Entwicklung angegriffen. Vor Weihnachten und im Januar 1792 ist sie mehrere Wochen krank. Statt wie gewohnt die Treppenstufen im Alten Palais hinauf- und hinunterzuspringen auf der Jagd nach Zeitvertreib und Zerstreuung, muß sie im Bett liegen. Die erzwungene Ruhe macht sie nachdenklicher, ernster. Dazu kommt, daß nach der Heimkehr aus Broich der Konfirmationsunterricht, an dem auch Friederike teilnimmt, begonnen hat.

Zum erstenmal tritt Luise eine Persönlichkeit entgegen, die sie tief beeindruckt, vor der sie sich scheut, durch Unaufmerksamkeit und mangelnden Eifer zu versagen: Johann Wilhelm Lichthammer, Pfarrer der Stadtkirche in Darmstadt, ein Geistlicher, der es versteht, durch die gesammelte Kraft seiner religiösen Überzeugung auf die Jugend zu wirken, dessen Güte und Geduld Vertrauen einflößen. Er hat schon Therese unterwiesen und konfirmiert. Luise schreibt ihr am 28. Februar: »... Ich bin nie glücklicher, als wenn ich ganz überzeugt bin, daß L[ichthammer] mit mir zufrieden ist...«, was durchaus nicht immer der Fall ist. Friederike hat eine schnellere Auffassungsgabe und lernt leichter.

Lichthammers Stunden bedeuten für Luise den Anfang einer neuen Entwicklung. Es dämmert ihr die Existenz einer Welt, zu der ihr der Zugang fehlt, eine Welt, die mehr bietet als die seichten Geschichten, mit denen die gute Gélieu ihre Schülerinnen bis zum Überdruß füttert. Scheu verschließt sie in sich den Wunsch, dem kaum Faßbaren nachzuspüren, wohl in der Erkenntnis, daß sie der Führung bedarf, die sie in nächster Umgebung nicht findet. Um so intensiver beschäftigt sie die christliche Lehre, wie Lichthammer sie interpretiert. Die Wegweisung zum Glauben, zur Verinnerlichung bietet Ersatz für das, was sich als Ahnung in ihr zu regen beginnt.

Schlicht fromme Protestanten wie Prinzessin George sind selten geworden in den Familien des Adels und gehobenen Bürgertums. Gottesfurcht und Gottesanbetung sind gut für das Volk, es wird angehalten, fleißig in die Kirche zu gehen, die die Intellektuellen, und was sich dazu zählt, kaum noch besuchen. Herders Schicksal in Weimar ist bezeichnend für die freigeistig, weltlich orientierte Einstellung der führenden Schichten. Trotz seiner angesehenen Position als Generalsuperintendent und Oberpfarrer findet er an Karl Augusts Musenhof nicht die erhoffte Resonanz. Goethe, der Herder die Stellung vermittelte, steht in ständigem regem Gedankenaustausch mit ihm, geht aber nie in die Kirche, hört sich nicht eine einzige seiner Predigten an.

Die Divergenz der Geistesströmungen reicht dazumal von krassestem Rationalismus bis zu mittelalterlichem Aberglauben an die Kommunikation mit Verstorbenen, an Botschaften aus dem Jenseits, an das Wirken magischer Kräfte, ein weites Feld, auf dem alle Arten und Abarten von Geheimbünden, Logen, Sekten blühen und gedeihen, Scharlatane und gerissene Betrüger ihr Unwesen treiben.

In Darmstadt erregt die Gemüter jahrelang der Fall des Dr. Johann August Starck, der 1781 aus Mitau kam. Er folgte einem Ruf des damaligen Erbprinzen Ludewig, der ihn zum Oberhofprediger an der Schloßkirche ernannte. Friedrich Justinian von Günderode beschreibt ihn als einen »Mann, der sehr erbaulich und so angenehm predigt, daß man ihm mit Bewegung und innerem Vergnügen zuhört«.

Bereits seiner Anstellung voraus gehen Gerüchte, die ihn der Schwarzen Magie und des Umgangs mit Geistern bezichtigen. In einem gegen ihn angestrengten Prozeß wird er als Kryptokatholik [geheimer Katholik] angeklagt, ohne daß ihm etwas nachzuweisen ist. Er gibt ein dreibändiges Buch »Über Kryptokatholizismus« heraus, worin er nur zugibt, zu den Freimaurern strikter Observanz zu gehören. Der unterdessen Landgraf gewordene und spätere Großherzog Ludewig schätzt ihn, diskutiert mit ihm oft stundenlang hinter verschlossenen Türen philosophische und religiöse Fragen. 1811 wird Starck baronisiert. Als er 1816 stirbt, zeigt sich, daß die meisten der offenen und versteckten Anschuldigungen gegen ihn zu Recht bestanden haben, insbesondere die des Kryptokatholizismus. In seinem Heim entdeckt man ein zum Messelesen eingerichtetes Zimmer, und Dokumente beweisen, daß er am 8. Februar 1766 in der Kirche Saint Sulpice in Paris zum katholischen Glauben übergetreten ist. Vermutlich ist er insgeheim Jesuit gewesen.

Die Gradlinigkeit, mit der Prinzessin George unbeirrt die Spreu vom Weizen trennt, bewahrt die Enkelinnen vor der Verstrickung in diese und andere Probleme der Erwachsenen. So erhält sie ihnen den Zauber ungetrübter Jugendfrische, setzt sie jedoch gleichzeitig der Gefahr eines irgendwann unvermeidlich erfolgenden Zusammenpralls mit den Realitäten der Umwelt aus, bewußt oder unbewußt auf die guten Anlagen und das glückliche Fundament vertrauend, das ihnen die Natur und ihre Obhut mitgegeben hat.

Zur Konfirmation der Töchter kommt Prinz Karl nach Darmstadt. Am 15. Juni 1792 werden Luise und Friederike von Pfarrer Lichthammer in der Stadtkirche eingesegnet. »Heute ist der wichtigste Tag meines Lebens... Gott gebe mir die Stärke, alle Versprechungen zu erfüllen, die ich ihm gemacht habe«, schreibt Luise in ihr Tagebuch.

Am 10. März ist sie sechzehn und Friederike am 2. März vierzehn Jahre alt geworden.

Es ist Zeit, Luise in die Gesellschaft einzuführen. Und die Gelegenheit wäre günstig. Leopold II., der hervorragend kluge, nüchtern-überlegene Herrscher, ist am 1. März im Alter von fünfundvierzig Jahren nach zweitägiger Krankheit plötzlich gestorben. Nachfolger wird sein ältester Sohn Franz, und ergo ist wieder eine Kaiserkrönung in Frankfurt in Sicht. Wieder wird sich all der Glanz und die Pracht entfalten, wieder wird es bei Hof große Empfänge geben, Bälle für die Jeunesse dorée in den Palais der Stadt, und dieses Mal hofft Luise an den gesellschaftlichen Ereignissen teilnehmen zu dürfen. Aber...

»... Wir werden nur einen Tag hinfahren«, berichtet sie am 19. Juni Therese, »und den Einzug ansehen und am nächsten zurückfahren, dann die Krönung ansehen und gleich darauf zurückfahren; wir werden auch nicht die Hoffestlichkeiten besuchen, was mir sehr schmerzlich ist. Papa hat uns erlaubt auf einen Ball zu gehen, wenn Fürst Esterhazy oder ein Kurfürst oder ein Gesandter einen gibt; aber Du mußt zugeben, um dahinzugehen, muß man eingeladen sein, und um eingeladen zu werden, muß man bekannt sein, und gewiß wird man sich keine Mühe geben, so unbedeutende Wesen wie Friederike und mich auszugraben. Ich kann Dir nicht verbergen, daß mir das ein wenig Kummer macht; aber ich bitte Dich, schreibe ja nichts davon an Papa, weil, wenn es ihm seine Finanzen erlaubten, er gewiß gerne das Vergnügen seinen Kindern machte. Er hat mir aber selbst gesagt, daß er dieses Jahr unmöglich könnte, und wer, der Papa kennt, wer von seinen Kindern, wird ihn wohl nur das Geringste empfinden lassen, daß es ihm leid tut, weil er sonst gewiß es zwingen würde und die Ordnung in seinen Affairen stören würde. Papa wird uns nun bald verlassen und nach Pyrmont fahren, und Du weißt, wie kostspielig diese Reise immer ist...«

Abgesehen von der Erwähnung der fürstlichen Gastgeber könnte diesen Brief ebensogut eine Tochter aus gut bürgerlichem Haus geschrieben haben. Überraschend deutlich kommt darin zum Ausdruck, in welch bescheidenem Milieu die Mädchen aufwachsen, wie befangen sie sind in der Beurteilung ihrer gesellschaftlichen Stellung, wie ahnungslos hinsichtlich der Möglichkeiten, die das feinmaschige Netz bietet, das die Angehörigen der Aristokratie miteinander verknüpft. Ein paar Zeilen von Prinzessin George an Gräfin Metternich, an die gute Freundin, die man in Koblenz im Frühling vergangenen Jahres besuchte, genügen, und alsbald trifft im Alten Palais die Einladung zu dem Ball des Fürsten Esterhazy ein.

Der Weg ist denkbar einfach: Graf Metternich leitet, wie schon während der Krönung Leopolds, auch diese Krönungsfeierlichkeiten als zweiter kurböhmischer Wahlgesandter, und Sohn Clemens Lothar ist wieder Zeremonienmeister des katholischen Teils des westfälischen Grafenkollegs. Als solcher wird er beauftragt, den Ball zu arrangieren, den Fürst Esterhazy am Abend des Krönungstages gibt. Ein Wink seiner Mutter, und die mecklenburgischen Prinzessinnen stehen auf der Einladungsliste.

In Frankfurt wohnen Luise und Friederike dieses Mal zusammen mit der Großmutter unweit des Römers im Hause des einem alten Patriziergeschlecht angehörenden Kaufmanns Manskopf. Die Krönung ist zunächst auf Montag, den 16. Juli 1792, festgesetzt, wird aber vorverlegt auf Samstag, den 14. Juli, den Jahrestag der Erstürmung der Bastille in Paris.

Um acht Uhr in der Frühe unter dem Läuten aller Glocken setzt sich der feierliche Zug in Bewegung, der den Kaiser zum Dom geleitet. Angeführt wird er von der »ganzen mainzischen Dienerschaft« in prächtigsten Livreen, immer zwei und zwei nebeneinander herschreitend. »Nach dieser in einer sechsspännigen über und über vergoldeten Kutsche der Kurfürst von Mainz im erzbischöflichen Kleid mit bloßem Kopf, den erzbischöflichen Hut in der Hand. Zu jeder Seite der Kutsche vierundzwanzig Schweizer. Hinter der Kutsche die mainzische Leibgarde.«

Nach dem Kurfürsten von Mainz folgen die Kurfürsten von Trier und Köln, ebenfalls in vergoldeten Wagen, sechsspännig und mit der gleichen prunkvollen Eskorte.

Es dauert eine halbe Stunde, ehe Vivatrufe das Nahen des Kaisers und seiner Begleitung ankündigen. »Eine Pracht zum Erstaunen, durchaus von Gold und Silber gewirkte Kleider, mehr oder weniger mit Brillanten besetzt. Die Gesandtschaften zu Pferd, zu beiden Seiten einer jeden sechs Schweizer und hinter einer jeden die Leibgarde zu Fuß.«

Die Gesandten im spanischen Habit, mit Ausnahme des böhmischen Gesandten, des Fürsten Esterhazy, der ungarische Uniform trägt, die kostbarste von allen. Jeder Knopf und auch die Sporen sind mit außerordentlich großen Brillanten geschmückt. Anschließend die kaiserliche Suite, etwa dreihundert Personen in erlesener Tracht. Endlich der Kaiser zu Pferd unter einem Baldachin, den zwölf Ratsschöffen der Stadt Frankfurt tragen. An der Decke des Baldachins der kaiserliche Adler, ringsherum in goldenen Lettern VIVAT FRANCISCUS II. Das Pferd des Kaisers führen zwei Nobelgardisten. Auf dem Kopf trägt der Kaiser die erzherzogliche Krone. Die Nobelgarde zu Fuß beschließt den Zug, der sich auf Umwegen durch die Stadt zum Dom bewegt.

»Ewig schade, daß es regnete«, seufzt der anonyme Verfasser in seinem Reisetagebuch, ein Zuschauer aus Biber.

Die Feierlichkeiten im Dom nehmen mehrere Stunden in Anspruch. Gegen zwei Uhr tritt Kaiser Franz II. aus dem Domportal, gekleidet in die Gewänder Karls des Großen, die Krone Karls des Großen auf dem Haupt. Von den drei Kurfürsten geleitet, gefolgt von den Gesandten und Würdenträgern, geht er zu Fuß zum Römer. Ein schmächtiger Jüngling von vierundzwanzig Jahren, von Natur weich, ängstlich, unentschlossen, ein Monarch, der einer starken Hand bedarf, eines Ratgebers, der ihn lenkt, ohne seinen ausgeprägten Sinn für kaiserliche Würde zu verletzen.

Dieser Ratgeber, der ihn über ein Vierteljahrhundert begleiten wird, geht bereits mit im Gefolge, eine blendende Erscheinung im scharlachroten goldgestickten Malteserkleid. Schon zwei Jahre zuvor bei der Krönung des Vaters hat er die Freundschaft des Thronfolgers gesucht und gefunden: Clemens Lothar Graf Metternich, später Fürst und österreichischer Staatskanzler, einstweilen ein cleverer Bursche von neunzehn Jahren. »Attisches Äußere, adligste Haltung... Das feine Gesicht mit der sanft gebogenen Nase, umwallt von blondem, auf die Schultern sich ringelndem Haar,... große blaue Augen... stolze und doch in seltsamer Harmonie sich wiegende Figur... Sicherheit in jeder Bewegung... kindlich spielende, überlegene Gewandtheit... feiner Anstand im ganzen Wesen...«, lautet das Urteil der Zeitgenossen.

Dieser junge Mann, der begehrteste von allen Tänzern im Saal, eröffnet den Krönungsball Arm in Arm mit einer blutjungen Debütantin, der Prinzessin Luise von Mecklenburg-Strelitz. Ein hinreißendes Paar, beide hochgewachsen, beide schlank, blond, blauäugig, beide voll Anmut im Rhythmus der Musik. Sehr effektvoll der Auftritt, genau das, was der stets auf Wirkung bedachte Clemens Lothar beabsichtigt, zugleich eine Verbeugung des »bien aimé« vor »maman« und ihren Wünschen. Sie hat ihn immer gut beraten. Der Tanz ist ein Passepartout für die Zukunft.

Mehr nicht. Die Prinzessin ist nicht nach seinem Geschmack. So erfreulich ihr Anblick, es hapert an fast allem, was eine Frau für ihn anziehend macht. Zu brav, weder kokett noch kapriziös, auch geistig zu unbeweglich für einen perfekten Kavalier wie ihn, der dem französischen Esprit huldigt und ein Meister der galanten Konversation ist. Kein Vergleich mit Constanze, der von ihm angebeteten Constanze de Caumont de La Force, seiner ersten großen Leidenschaft: welch ein Sprühregen verführerischer Reize, welch graziler Charme, wie köstlich prickelnd amüsant ihre Repliken, ihre Einfälle, ihre Schlagfertigkeit!

Luise gehört gewiß nicht zu den elegantesten jungen Damen des Abends, aber fraglos zu den hübschesten, strahlend vor Freude über die unerwartete Auszeichnung, die sie vor knapp einem Monat noch für undenkbar gehalten hätte. Zum erstenmal fühlt sie die neugierigen Blicke der Öffentlichkeit auf sich gerichtet, zum erstenmal umgibt sie der Glanz der großen Welt, von der sie bisher nur träumte und in der sie später mit Freuden und Geschick repräsentiert.

Aus jenen Frankfurter Tagen ist eine Geschichte überliefert, die charakteristisch ist für Luises unüberwindliche Neigung zur Unpünktlichkeit. Die Großmutter, im Begriff sich zu seiner Festlichkeit im Römer zu begeben, erscheint auf die Minute genau zur verabredeten Zeit in der Halle des Manskopfschen Hauses, Luise nicht. Sie ist wieder einmal nicht rechtzeitig mit ihrer Toilette fertig geworden. Streng wie Prinzessin George in Dingen der Disziplin ist, verläßt sie die Villa, besteigt den Wagen und befiehlt abzufahren. In diesem Moment kommt Luise die Treppe heruntergelaufen. Als sie ins Freie tritt, rollt die Kutsche bereits dem nahen Ziel entgegen. Kurz entschlossen rafft sie ihr weißes Atlaskleid zusammen und rennt dem Wagen durch das erstaunte, lachende Publikum nach, mit dem Erfolg, daß sie gleichzeitig mit der Großmutter das Portal des Römers erreicht.

Wie ein Tanz auf dem Vulkan mutet die letzte der Kaiserkrönungen in Frankfurt an, eine der imposantesten, während im Nachbarland die Revolution von Monat zu Monat immer ungeheuerlichere Verbrechen verübt und schließlich die Monarchie in einem Rausch von Blut ertränkt. Mahnende Sorge, die da und dort aufflackert, wird beschwichtigt, am eifrigsten von jenen, die Grund genug zur Sorge hätten, von den französischen Emigranten. In unverantwortlichem Leichtsinn haben sie in wenigen Monaten für persönlichen Luxus sechsundvierzig Millionen Livres verschwendet, geborgte Gelder, von europäischen Fürstenhäusern zur Verfügung gestellt. Nach Eröffnung der Feindseligkeiten zwischen Frankreich und den Verbündeten im August 1792 berechnen sie die Dauer ihres Exils auf acht Wochen.

»Nach ihrer Meinung genügte die Absendung einiger Bataillone, damit die weiße Flagge auf allen Thürmen Frankreichs aufgezogen würde. Ohne Zweifel trug diese hochgradige Täuschung zu der Niederlage bei, welche die preußische Armee bald darauf erlitt«, dies die Auffassung Metternichs in seinen *Nachgelassenen Papieren.*

»Der Spaziergang nach Paris« endet für die preußische Armee auf halbem Weg in der Champagne bei Valmy und mit einem tragischen Rückzug. Anhaltende Regenfälle, Verpflegungsschwierigkeiten, Krankheit dezimieren die Truppe. Bevor die Reste des Heeres den Rhein wieder erreichen, geht die Revolutionsarmee zum Angriff über. Der Exmarquis General Custine besetzt rasch hintereinander Speyer und Worms. Am 21. Oktober kapituliert Mainz. Kurz darauf rücken französische Truppen auch in Frankfurt ein. Darmstadt, Heidelberg, Mannheim sind nun unmittelbar bedroht. Angst und Verwirrung herrscht überall in den Städten und auf den Straßen. Die gespannte Lage, die allgemeine Unsicherheit schildert ein Brief Luises an ihre Schwester, die Fürstin von Thurn und Taxis.

»Darmstadt, den 2. Oktober 1792.

Großer Gott, liebe Therese, was für Nachrichten, zum Erschrecken! Ich sterbe vor Furcht, seitdem wir vorgestern abend gehört haben, daß die Franzosen in einer Stärke von zwanzig- oder fünfzehntausend vor Speyer ständen. Gestern morgen bestätigte sich die Nachricht, und gestern nachmittag kam ein Bote nach dem anderen mit den trübsten Meldungen: Speyer ist eingenommen und in Brand gesteckt, fünfzehnhundert Mainzer und fünfzehnhundert Österreicher getötet und gefangengenommen. Nach dem Kampf machen sie sie alle mitsamt den Offizieren nieder. Der Bischof von Speyer ist gestern auf der Flucht hier durchgekommen, seine Kasse ist mit zwei Dragonern hiergeblieben. Er hat den Landgrafen gestern abend um sechs Uhr darum gebeten, als der von einer Spazierfahrt zurückkam. Durch das Neue Tor konnte man garnicht hereinkommen wegen der vielen Flüchtlinge aus Worms und Speyer, unter ihnen befinden sich auch verwundete Franzosen, die zu Wagen oder zu Fuß geflohen sind.

Als ich die Nachricht von dem Tode der Österreicher und der Mainzer hörte, konnte ich mich einiger unwillkürlicher Tränen nicht erwehren. Ich dachte: Gott ist doch gerecht, wie kann er denn diese Schrecken, diese Freveltaten dulden?

Als ich zurückkam, setzte ich mich auf den Balkon. Rechts

stand eine entzückende viersitzige Emigrantenkutsche, daneben Gatzert (Freiherr von Gatzert, hessen-darmstädtischer Staatsminister), der in aller Eile unter großem Lärm für die Abreise packen ließ; links der Landgraf, der nach Gernsheim abfuhr. Düring mit seinen Chevauxlegers (neu errichtetes Regiment) brach auf, um zu rekognoszieren, alle Husaren galoppierten mit großer Geschwindigkeit vorbei, unaufhörlich erklang das Hufgeklapper der Eilboten.

Alles das bringt mich in Todesangst; mein furchtsames Herz möchte jeden Augenblick zerspringen. Wir wissen noch nicht, wo diese Brigantenhorden eigentlich hinauswollen. Sie sind ungefähr noch zwölf Stunden von uns entfernt. Wenn sie auf Darmstadt marschieren und die geringste Gefahr sich zeigt, werden wir fliehen. Gott weiß, wohin und wann...«

Wann?! – Schon wenige Tage später befindet sich Luise mit der Großmutter, mit Friederike und den beiden Brüdern auf der Flucht nach Hildburghausen zu Charlotte, der ältesten der Geschwister und ihrem Gatten, dem Herzog von Hildburghausen. Dort verleben sie gemeinsam mit dem Vater Weihnachten und bleiben bis März 1793. Am 14. März ist es wiederum Prinzessin George, die trotz aller Wenn und Aber der Verwandtschaft energisch die Initiative ergreift und mit Luise und Friederike nach Frankfurt fährt, wo bald nach der Ankunft die Entscheidung über die Zukunft der Prinzessinnen fällt.

Zweites Kapitel

Friedrich II., der Große, der Einzige, stirbt in Sanssouci am 17. August 1786 nachts um zwanzig Minuten nach zwei in seinem Schlafkabinett, in dem das Bild Gustav Adolfs hängt und eine Büste Marc Aurels auf dem Kaminsims steht, umgeben von zwei Kammerdienern, einem Lakai und seiner Lieblingshündin. Um Mitternacht bemerkt er, daß die Hündin vom Stuhl gesprungen ist, er befiehlt, sie wieder auf ihren Platz zu setzen und zuzudecken. Schmerzen, Frostschauer, Auswurf peinigen ihn, zehren an seinen letzten Kräften, die rasch abnehmen. Der Atem geht schwer. »Cela sera bon, la montagne est passée«, seine letzten Worte, ehe er das Bewußtsein verliert. Der Lakai stützt ihn, hält ihn in den Armen, bis alles vorüber ist.

Im Nebenraum warten Graf Schwerin, Graf Görtz, Minister Hertzberg. So allmächtig ist die Autorität auch des Sterbenden noch, daß keiner von ihnen wagt, unaufgefordert das Zimmer zu betreten.

Der Thronfolger, Friedrich Wilhelm, offizieller Titel: Prinz von Preußen, ältester Sohn seines Bruders August Wilhelm, hat ein dem Schloß nahegelegenes Palais bezogen, um zur Stelle zu sein, wenn der König, sein Onkel, nach ihm verlangt. Er wartet vergebens. Um halb drei meldet der Kammerdiener den Tod des Herrschers. Im ersten Morgengrauen begibt sich Friedrich Wilhelm nach Sanssouci. Als er im Sterbezimmer neben dem schmächtigen Körper, über den ein alter Mantel gebreitet ist, steht und in das ernste, stille, edle Gesicht blickt, weint er.

Die Nachricht vom Tode des Königs lähmt die Menschen wie ein Schock. Sein unsterblicher Ruhm schien ihn selbst unsterblich zu machen. Bis in den hintersten Winkel Europas ist die Kunde von seinen Heldentaten gedrungen. Goethe schreibt am 28. April 1787 aus Caltanisetta auf Sizilien: »Wir müssen den Einwohnern von Friedrich II. erzählen und die Teilnahme an diesem großen König war so lebhaft, daß wir seinen Tod verhehlten, um nicht durch eine so unselige Nachricht unseren Wirthen verhaßt zu werden.«

Die Ferne verleiht dem Genius den Glorienschein, doch ein Leben mit und unter dem Genius erweist sich meist als beschwerlich und selten als beneidenswert. »König Friedrich ist zwar ein großer Mann, aber vor dem Glücke unter seinem Stocke (sive Scepter) zu leben, bewahre uns der liebe Herrgott!«, ein freimütiges Geständnis Wielands in einem Brief an Merck vom 16. Juni 1780. Es kennzeichnet das Unbehagen der Zeitgenossen, insbesondere der Intellektuellen während der letzten Jahre der L'état-c'est-moi-Regierung des Preußenkönigs, deren charakteristisches Merkmal, nach Lord Malmesbury, eine »buntscheckige Mischung von Barberei und Humanität« ist.

Friedrich hat nicht erwartet, so alt zu werden. Vierundsiebzig Jahre! Schon 1763 erwidert er einem Gratulanten, der ihn zu dem Hubertusburger Frieden als dem schönsten Tag seines Lebens beglückwünscht: »Le plus beau jour de la vie est celui ou on la quitte.« Und 1769 bereits übergibt er dem Herzog von Braunschweig sein Testament. Wenn das Altwerden mit einem Abnehmen der geistigen Fähigkeiten verbunden ist, will er lieber »stande pede morire«. Er bleibt jedoch bis zuletzt völlig klar. Noch am 15. August diktiert er, wenn auch mit schwacher Stimme, Briefe und Depeschen, darunter eine wohldurchdachte Gesandteninstruktion von vier Quartseiten und die Dispositionen zu dem Manöver der Potsdamer Garnison. Erst als am nächsten Tag die Stimme versagt und er nicht mehr imstande ist, den Kopf zu heben, gibt er auf.

Seiner Umgebung hat er in den letzten Jahren viel zugemutet, mißtrauisch, ungeduldig, heftig wie er war gegen alle, auch gegen Freunde und engste Mitarbeiter. Man respektiert ihn, nicht ohne Bewunderung für das Phänomen, dem man preisgegeben ist, man fügt sich ohne aufzubegehren, aber man liebt ihn nicht. Er weiß es. Als der Fürst von Ligne ihm 1780 bei einem Besuch in Potsdam schmeichelhafte Komplimente macht, erwidert er: »Sie sehen nur meine schöne Seite; fragen Sie nur die Herrn Generale nach meinem Eigensinn und meinen Launen, sie werden ein anderes Lied anstimmen.« So kommt es, daß sein Tod zwar die Gemüter wie ein gewaltiges Beben erschüttert, doch bei denen, die ihm untertan, verebbt das Beben schnell, weicht dem Gefühl der Erleichterung, von dem Giganten befreit zu sein.

So meldet Graf Sergej Romanzow, seit 1786 russischer Gesandter in Berlin, am Todestag Friedrichs des Großen dem russischen Außenminister: »Die Todesnachricht hat hier nicht das Aufsehen gemacht, das man hätte erwarten können. In der Stadt herrscht die größte Ruhe, und das Bedauern scheint äußerst gering zu sein...«

Am 17. August abends acht Uhr fährt der achtspännige Leichenwagen von Sanssouci nach dem Potsdamer Schloß. Kopf an Kopf, dicht gedrängt steht die Menge in den Straßen. »Alles war todtenstill, aber Niemand war traurig«, berichtet Mirabeau, damals in geheimer Mission in Berlin, »alles war beeindruckt, aber Niemand betrübt. Nicht ein Bedauern, nicht ein Seufzer, nicht ein Lob bekam man zu hören, weil Friedrich diejenigen mehr geliebt hat, denen er zugehörte, als diejenigen, die ihm zugehörten.«

Im kostbar ausgeschlagenen Audienzzimmer des Schlosses steht der Katafalk. Der tote König wird in der Uniform des Gardebataillons aufgebahrt, Degen, Krückstock und Schärpe liegen auf einem Schemel neben dem Sarg. Am 18. August abends wird er in der Potsdamer Garnisonskirche beigesetzt. Jede Säule der festlich geschmückten, hell erleuchteten Kirche trägt den Namen von zwei Siegen. Als der Sarg in die Gruft gesenkt wird, reicht man dem neuen Herrscher die königlichen Insignien.

Zwei ausdrückliche Weisungen Friedrichs des Großen sind nicht erfüllt worden. Er wünschte in seinem alten Militärmantel und ohne Prunk dicht bei dem Boskett, wo seine Lieblingshunde begraben liegen, beerdigt zu werden. Sein Neffe und Nachfolger Friedrich Wilhelm II. ordnet jedoch ein Begräbnis mit allen herkömmlichen Zeremonien an.

Die *Berlinische Zeitung* vom 19. August meldet das Ereignis ohne das sonst übliche Pathos: »Vorgestern früh um drei Uhr endigte sich das große tatenvolle Leben Seiner Majestät... Wenn die allergerechteste Bewunderung reden will, so macht der allergerechteste Schmerz verstummen.«

Am 9. September findet eine mit der erdenklichsten Pracht hergerichtete Trauerfeier für das Volk statt. Von den Prinzen und Prinzessinnen des königlichen Hauses, die sich zur letzten Ehrung des Toten versammelt haben, empfindet vermutlich nur ein einziger echte Trauer, ein hochgewachsener, schlanker Jüngling, über dessen fein geschnittenen Zügen ein auffallender Ernst liegt. Es ist der älteste Sohn Friedrich Wilhelm II., der Kronprinz, nach dem Vater Friedrich Wilhelm genannt. Vierzehn Tage vor dem Tode seines Großonkels Friedrichs II. ist er am 3. August 1786 sechzehn Jahre alt geworden.

Das Urteil Mirabeaus über ihn in den Berichten nach Paris ist bemerkenswert:

»Der Kronprinz wird bald der Betrachtung sich werth machen. Nicht sowohl deshalb, weil sein Großoheim ihm das Horoscop mit den Worten gestellt hat: ›Il me recommencera‹, denn damit wollte er wahrscheinlich nur seine Verachtung für seinen Vater bezeichnen, sondern weil Alles was man von ihm hört, beweist, daß er einen schönen Charakter besitzt, wenn auch unangenehme Formen; er ist linkisch, aber alles hat bei ihm ein bestimmtes Gepräge; er ist unhöflich, aber er ist wahr; er verlangt bei Allem nach dem Grunde; er ergibt sich niemals als auf ein vernünftiges Weil; er ist hart und zäh bis zur Rauheit, aber doch ist er nicht unfähig des Gefühls und der Liebe. Er versteht schon wohl zu achten und zu verachten. Seine Abneigung gegen seinen Vater geht bis zum Hasse und er verbirgt diesen garnicht. Seine Verehrung für Friedrich den Großen dagegen geht bis zur Anbetung und er spricht sie laut aus. Vielleicht hat dieser junge Mann eine große Zukunft.«

Mirabeau hat überall seine Ohren und ist ein guter Beobachter, doch irrt er, wenn er glaubt, der Kronprinz hasse seinen Vater. Dieser wortkarge junge Mensch mit dem nüchtern wägenden Verstand ist einer solch leidenschaftlichen, aufwühlenden, Tradition und Gesetz mißachtenden Regung gar nicht fähig. Ein Vorbild allerdings vermochte und vermag der Vater ihm nicht zu sein, wohl aber der große Einsame in Sanssouci. Er wurde zum Idol des Knaben, des Jünglings, des Mannes. Als der Kronprinz elf Jahre später, 1797, das Erbe seines Vaters antritt, fragt man ihn, wie er genannt zu werden wünscht. Er antwortete: »Friedrich Wilhelm, Friedrich ist mir unerreichbar.«

Nur selten war dem Knaben vergönnt, mit ihm zu sprechen. Bekannt ist die Anekdote – si non e vero, e ben trovato – von dem spielenden Kind, dessen Ball immer wieder auf dem Schreibtisch des gestrengen Friedrich landet, bis dieser, irritiert durch die Störung, ihn an sich nimmt. Worauf der Knirps sich vor ihm aufpflanzt und den Ball zurückverlangt, den der König nicht hergeben will. Er wird böse, klammert sich an die Hand des alten Königs und will ihr den Ball entreißen. Eine Weile weidet sich Friedrich an der Szene, dann lächelt er und sagt: »Jetzt sehe ich, daß dir der Kaiser dein Schlesien nicht nehmen wird. (Oncken)«

Authentisch überliefert ist nur die letzte Unterredung zwischen Friedrich II. und seinem Großneffen fast drei Jahre vor dem Tode des Königs. 1823 hat Friedrich Wilhelm III. sie selbst seinem Biographen, dem Bischof Eylert, an einem Sommerabend im Park von Sanssouci erzählt:

»Eben auf dieser Stelle hier, auf dieser Bank war es, wo ich ihn zum letztenmal sah und sprach. Mich beglückte sein Wohlwollen, das in Zärtlichkeit überging. Er prüfte mich in den wissenschaftlichen Gegenständen, in welchen ich damals unterrichtet wurde, namentlich in der Geschichte und Mathematik. Ich mußte in französischer Sprache mit ihm reden; dann zog er aus der Tasche Lafontaine's Fabeln, von denen ich eine übersetzte. Zufällig war es gerade eine solche, die ich beim Informator eingeübt hatte und die mir geläufig war. Dies sagte ich, als er meine Fertigkeit lobte. Sein ernstes Angesicht erheiterte sich, er streichelte mir sanft die Wangen und setzte hinzu: ›So ist's recht, lieber Fritz; nur immer ehrlich und aufrichtig! Wolle nie scheinen, was du nicht bist; sei stets mehr, als du scheinst!‹ Diese Ermahnung hat auf mich einen unauslöschlichen Eindruck gemacht und Verstellung und Lüge sind mir von Kindesbeinen an zuwider gewesen und geblieben...

Als mich Friedrich entließ, sprach er: ›Nun, Fritz, werde was Tüchtiges par excellence. Es wartet Großes auf dich. Ich bin am Ende meiner Karriere und mein Tagewerk ist bald absolviert. Ich fürchte nach meinem Tode wird's Pêle Mêle geben. Überall liegen Gärungsstoffe, und leider nähren sie die regierenden Herren, vorzüglich in Frankreich, statt zu calmiren und zu exstirpiren. Die Massen fangen schon an, von unten auf zu drängen und wenn dies zum Ausbruche kommt, ist der Teufel los. Ich fürchte, du wirst mal einen schweren, bösen Stand haben. Habilitire, rüste dich; sei firm; denke an mich. Wache über unsere Ehre und unseren Ruhm. Begehe keine Ungerechtigkeit; dulde aber auch keine!‹

Unter solchen Äußerungen war er in Sanssouci bis zum Abgang gekommen, wo der Obelisk steht. ›Sieh ihn an‹, sprach er zu mir, ›schlank, aufstrebend und hoch, und doch fest im Sturm und Ungewitter. Die Pyramide spricht zu dir: Ma force est ma doiture! Der Kulminationspunkt, die höchste Spitze, überschauet und krönet das Ganze; aber trägt nicht, sondern wird getragen von Allem, was unter ihr liegt, vorzüglich vom unsichtbaren, tief untergebauten Fundament. Das tragende Fundament ist das Volk in seiner Einheit. Halte es stets mit ihm, daß es dich liebe und dir vertraue; darin nur allein kannst du stark und glücklich sein.‹ Er maß mich mit festem Blick von der Fußsohle bis zum Scheitel, reichte mir die Hand, küßte mich und entließ mich mit den Worten: ›Vergiß diese Stunde nicht!‹ Ich habe sie nicht vergessen.«

Als zehn Jahre später Kronprinz Friedrich Wilhelm und Prinzessin Luise in Frankfurt einander begegnen, stoßen zwei grundverschiedene Welten aufeinander. Eine Biographie der Königin Luise kann der Darstellung ihrer Persönlichkeit und der Darstellung der Zeit nicht gerecht werden, wenn lediglich das Milieu gezeichnet wird, in dem *Luise* groß geworden ist. Ebenso wichtig ist die Kenntnis des Milieus, in dem Friedrich Wilhelm aufgewachsen ist, und in das sie von einem Tag auf den anderen verpflanzt wurde. Erst aus der Vertrautheit mit beiden Welten erwächst das Verständnis für das Glück dieser Ehe, das ihnen siebzehn Jahre lang nicht aus den Händen glitt.

Die Thronfolge machte Friedrich dem Großen jahrelang Sorgen. Da er selbst kinderlos war, ging der Anspruch an seinen ältesten Bruder August Wilhelm und als dieser 1758 starb, an dessen ältesten, damals vierzehnjährigen Sohn Friedrich Wilhelm über. Dieser entwickelte sich schnell zu einem leichtsinnigen, genußsüchtigen jungen Mann, der sich unüberlegt in haushohe Schulden stürzte. Gegen seine Verschwendungssucht und seine Ausschweifungen ging der König mit Härte, Strenge, mit Verboten und Demütigungen vor. Vergebens. Zynisch scharf war Friedrichs Urteil über den Neffen: »... grossu, têtu, capricieux, débouché, dépravé, sans moeurs, sot et désagréable... Cet animal est incorrigible.«

Nach zahlreichen, rasch wechselnden Affären lernte der Prinz von Preußen 1764 die zwölfjährige Wilhelmine Enke kennen. Er nahm sich der Erziehung und Bildung des auffallend hübschen und intelligenten Mädchens an, unterrichtete sie selbst in Literatur und Geschichte, las mit ihr Homer, Vergil, Rousseau, Shakespeare und gab ihr eine französische Gouvernante. Alles in allem erhielt sie eine weitaus sorgsamere geistige Ausbildung als die meisten höheren Töchter in jener Zeit. 1766 schickte Friedrich Wilhelm sie ein Jahr nach Paris, wo sie als Geliebte des preußischen Thronfolgers bei Hof empfangen wurde. Nach ihrer Rückkunft wohnte sie in der Nähe von Potsdam bei einem Förster. Er besuchte sie nur nachts, wodurch er den Spitzeln seines Onkels zu entgehen hoffte, was ihm natürlich auf die Dauer nicht gelang.

Aus dynastischen Gründen hatte er auf Wunsch des Königs 1765 seine Cousine Prinzessin Elisabeth von Braunschweig-Wolfenbüttel geheiratet, die, jung, schön, temperamentvoll, witzig, sogar dem frauenfeindlichen Friedrich gefiel. Im Mai 1767 kam eine Tochter zur Welt: Friederike. Doch schon war der Kronprinz wieder auf Abwege geraten. Insbesondere seine täglichen Besuche bei Wilhelmine Enke brachten die Kronprinzessin in Rage. Sie fühlte sich gekränkt und kompromittiert, sie begann sich zu amüsieren, zu trösten. Eine Zeitlang konnte ihr Bruder das Schlimmste verhüten, ihr »Gemahl wußte noch nichts, als er auf einem glänzenden Balle... am 24. Januar (1769) zur Feier des Geburtstages des Königs... unter die Versammlung trat, wo ihn eine der anwesenden Masken bei Seite zog und mit hinlänglichen Beweisen versehen, den Schleier vor seinen Augen lüftete... (Vehse)«

Friedrich Wilhelm forderte Scheidung – aus dynastischen Gründen! Sollte ein Sohn geboren werden, wer garantierte ihm und der Welt, daß er der Vater war?! Die Brüder des Königs schlossen sich der Forderung an, sie weigerten sich, auf ihr Thronrecht zu verzichten zugunsten eines Thronprätendenten, dessen Geburt auch nur möglicherweise angezweifelt werden könne. Mitte April 1769 wurde die Scheidung ausgesprochen, die die Prinzessin von ihrer am preußischen Hof zurückbleibenden Tochter trennte und sie mit geringer Pension nach Stettin verbannte. Nach einem Fluchtversuch, der mißlang, blieb sie dort bis an ihr Lebensende. Sie wurde sehr alt: vierundneunzig.

Der König erkannte nach dieser fatalen Ehe-Episode nolens volens die Enke als Maitresse seines Neffen an. Auf seinen Wunsch hin wurde sie verheiratet, der Kammerdiener Rietz stellte sich für diese nur dem Namen nach vollzogene Ehe zur Verfügung. Der König verbot Wilhelmine zwar, nach Berlin oder Potsdam zu kommen, um sie dem Hof fernzuhalten, doch schenkte er ihr ein Landhaus bei Charlottenburg und gewährte ihr eine Rente von dreißigtausend Talern im Jahr.

Die Großzügigkeit des im allgemeinen sparsamen Oheims hatte der Prinz mit der Bereitschaft zu einer zweiten Eheschließung zu honorieren. Die dafür erforderlichen Schritte wurden unverzüglich nach der Scheidung eingeleitet und ließen Friedrich Wilhelm nicht einmal Zeit, seine Braut persönlich kennenzulernen. Er mußte schriftlich um sie anhalten, was er, wie er dem Onkel mitteilte, »nicht leicht« fand. Die Wahl des vom König auf Brautschau geschickten Grafen Schulenburg fiel auf Prinzessin Friederike von Hessen-Darmstadt, Tochter der »großen Landgräfin« Karoline, eine der wenigen Frauen, der Friedrich uneingeschränkte Achtung und Bewunderung zollte. Möglich, daß er sich von der Tochter dieser Mutter ein Wesen von Charme und Esprit versprach. Er täuschte sich und konnte die zweite Frau des Kronprinzen, obwohl sie hinsichtlich der Nachkommenschaft alle seine Hoffnungen erfüllte, nie leiden.

Bereits im Juli 1769 wurde die neue Ehe geschlossen, die der Prinzessin von Preußen und späteren Königin Friederike an der Seite ihres Mannes wahrlich keine beneidenswerte Rolle bescherte. Eine Rolle, die – immerhin mit Anstand – vermutlich nur ein Geschöpf durchzuhalten vermochte, das, sich seiner äußeren und geistigen Mängel bewußt, letzten Endes dankbar und überrascht war, doch noch unter eine so exzellente Haube geschlüpft zu sein. Nur ein einziges Mal begehrte sie auf und setzte ihren Willen durch. Nach der Geburt des sechsten Kindes und vierten Sohnes, 1783, fand sie, sie habe für die Erhaltung der Dynastie genug getan und verweigerte hinfort dem flatterhaften Gatten die eheliche Gemeinschaft.

Favoritin des Gatten blieb nach wie vor Wilhelmine Enke-Rietz, die preußische Pompadour, wie der Hof sie nannte. Lord Malmesbury beschreibt sie 1776: »Sie ist groß..., munter von Aussehen, nachlässig in ihrer Kleidung und gewährt die Vorstellung von einer vollkommenen Bacchantin... Indem sie ihm [dem Prinzen] versichert, daß er im alleinigen Besitz ihrer Liebe und Zärtlichkeit stehe, verlangt sie keineswegs dieselbe Treue von ihm, sondern bemüht sich im Gegenteil, soviel sie kann, seine Wünsche zu befriedigen, so oft dieselben aus Unbeständigkeit oder Übersättigung an einem anderen Gegenstande haften...«

Auch als der Prinz Anfang der achtziger Jahre auf Gebot des Geheimbundes der Rosenkreuzer seine körperliche Bindung zu Wilhelmine löste, gelang es ihr, ihn an sich zu fesseln. Sie war klug genug, ihm keine politischen Ratschläge zu erteilen und ihm ein Heim zu schaffen, in dem sich alles nach seinen Wünschen und Bedürfnissen richtete. Auf diese Weise überdauerte sie mit Erfolg auch die beiden morganatischen Ehen, die Friedrich Wilhelm 1787 und 1790 schloß.

Wilhelmine schenkte ihrem fürstlichen Liebhaber fünf Kinder. Eines wurde 1770 fast gleichzeitig mit dem ältesten Sohn des Kronprinzenpaares geboren, doch starb es bald, ebenso starben zwei weitere Kinder früh. 1779 kam ein Sohn zu Welt, 1780 eine Tochter, die von Friedrich dem Großen zum Grafen und zur Gräfin von der Mark erhoben wurden. Den Sohn Alexander liebte Friedrich Wilhelm über alles, sein Tod 1787 schmerzte ihn tief. Ein Denkmal Schadows schmückt sein Grab in der Dorotheenstädterkirche in Berlin.

Auf die unerfreulichen, oft peinlichen familiären Beziehungen am königlich preußischen Hof ausführlich einzugehen, ist unerläßlich, da sie auf das Gemüt des Knaben, der am 3. August 1770 als Erstgeborener und Thronfolger in die kronprinzliche Wiege gelegt wurde, gravierend gewirkt haben.

Am 4. August nachmittags verkündet Geschützdonner den Berlinern das freudige Ereignis. Im Potsdamer Schloß tauft Hofprediger Sack am 8. August den Prinzen auf den Namen Friedrich Wilhelm. In der Familie kurz Friedrich oder Fritz genannt, wird er als Friedrich Wilhelm III. nach dem Tode seines Vaters 1797 den Thron besteigen, wird der Gatte der Königin Luise werden und der Vater König Friedrich Wilhelms IV. und Kaiser Wilhelms I. Eine ungeheuere Zeitspanne, in der er herrscht und im Erbe seiner Söhne fortlebt.

1773, drei Jahre später, kommt sein Bruder Prinz Ludwig zur Welt, der ihm, bis zu seinem frühen Tod, von allen Geschwistern am nächsten steht. Die Eltern, ohne sonderliche Zuneigung füreinander, betrachten jede Niederkunft lediglich als das Ergebnis einer mit Erfolg absolvierten Pflichtübung. Um die Kinder kümmern sie sich herzlich wenig. Der Vater ist vollauf beschäftigt mit seinem turbulenten Lebenswandel, seinem Hobby, der Musik; später bevorzugt er die illegale Nachkommenschaft. Die Mutter liegt in ständigem Kampf mit ihren Finanzen. Schlecht gelaunt, verbittert, nervös, läßt sie oft tagelang die Kinder nicht zu sich kommen.

Die Schwester des Prinzen Louis Ferdinand schreibt in ihren Memoiren: Die Prinzessin von Preußen »ermangelte so sehr des Ordnungssinnes in ihrer Zeiteinteilung, ihrer Toilette und all ihren Gewohnheiten, daß der Prinz von Preußen sich... dazu entschlossen hatte, die Verfügung über ihre beiderseitigen Tage völlig zu trennen. Er nahm sein Diner und Souper stets bei sich ein. Friedrich II. deutete der Prinzessin an, was für Folgen daraus entstehen könnten, doch als sie wieder einlenken wollte, war es zu spät. Auch ihre Mutter, die ›Große Landgräfin‹, hatte sie gewarnt. In ihren Briefen aus Darmstadt mahnte sie immer wieder ihre Tochter, sich die Zähne zu putzen, reine Wäsche zu tragen, sie solle sich die

Haare gleich nach dem Aufstehen machen lassen, sie solle sich nicht am Kopf kratzen, nicht in der Nase bohren.«

Nichts ändert sich, weder ihr Betragen noch ihr Desinteresse an einer harmonischen Häuslichkeit.

Als daher Friedrich der Große wünscht, die Erziehung des künftigen Thronfolgers selbst in die Hand zu nehmen, stößt er auf keine elterlichen Ein- oder Ansprüche. Schon mit drei Jahren erhält der Prinz einen Hofmeister, den vierunddreißigjährigen Schlesier Behnisch, den Gesundheitsrücksichten zwingen, aus dem diplomatischen Dienst auszuscheiden. Er ist groß, hager, kränklich, daher griesgrämig und befolgt pedantisch genau die königlichen Instruktionen. Für kindliche Freuden, jugendlichen Enthusiasmus hat er kein Verständnis, doch geht aus den Berichten, die er regelmäßig an Friedrich II. sendet, hervor, daß er sich ehrlich müht, der Mentalität des Prinzen gerecht zu werden. So stellt er schon verhältnismäßig früh fest, daß vernünftiges Zureden und Begründen mehr über den Knaben vermag als Gewalt und Strenge. Zunächst gehört zu seinen wichtigsten Aufgaben, gegen jede Verweichlichung einzuschreiten, für Leibesübungen und Abhärtung des Körpers zu sorgen, denn aus dem Jungen soll ein tüchtiger Soldat werden.

Mit vier Jahren wird der Prinz von seinen Eltern getrennt. Er verläßt mit dem Erzieher das altertümliche, düstere Haus am Neuen Markt in Potsdam und zieht ins Potsdamer Schloß in eine kleine möblierte Wohnung. Ein Kammerdiener, zwei Lakaien sorgen für den Haushalt. Jede Nestwärme fehlt. Zweifellos hat er sie vermißt, bitter vermißt, dafür gibt es genug Beweise in seinem späteren Leben. Behnisch unterrichtet ihn in Lesen, Schreiben, Rechnen und Französisch, eine Sprache, in der er sich einmal gewandter ausdrücken wird als im Deutschen, obwohl er das Deutsche, wie er Eylert mitteilt, lieber habe.

Aus dem Jahr 1777 ist zum erstenmal authentisch überliefert, daß der König seinen Großneffen zu sehen verlangt. Man steckt den kleinen Kerl in ein kurioses Kostüm: »Nach französischer Mode erhielt ich einen violettseidenen Rock, eine mit Gold, Silber und Flitter bedeckte Weste mit breiten Schößen, schwarzseidene Kniehosen, weißseidene Strümpfe und Schuhe mit großen Schnallen. So geputzt, frisiert und gepudert, den Haarbeutel im Nacken, einen Degen an der Seite und ein Chapeaubas unterm Arm, erschien ich vor Friedrich. Er empfing mich freundlich und muß mit meinen Antworten zufrieden gewesen sein, denn er strich mir die Backen und fragte mich: ›Was wünschst du dir?‹ – ›Eine Uniform, Majestät‹, erwiderte ich. – ›Sollst du haben‹, entgegnete der König. ›Wünschst du noch etwas?‹ Da ich mehrere Hunde im Zimmer sah, antwortete ich: ›Ich möchte gern einen Hund haben.‹ – ›Auch den sollst du bekommen‹, sagte mein Oheim und entließ mich hierauf.«

Bereits am nächsten Morgen in aller Frühe erscheint der Schneider, um Maß zu nehmen und bald darauf ein Lakai mit sechs Hunden, von denen er sich einen wählen darf. Am 1. August wird ihm ein vom König unterzeichnetes Patent zugestellt, das ihn zum Fähnrich bei dem »ersten Battallion der Leibgarde zu Fuß« ernennt und zwei Tage später, an seinem Geburtstag, erhält er die Uniform, um die er den König gebeten hat. Der Dankesbrief, den er schreibt, ist so formvollendet im Gegensatz zu den kindlichen Tagebucheintragungen, daß man annehmen muß, der Hofmeister sei wohl der Autor gewesen.

Das Tagebuchführen hat Behnisch aus erzieherischen Gründen angeordnet, alles muß eingetragen werden, auch die Unarten, *die* vor allem, weil Behnisch weiß, daß das schriftliche Eingeständnis der Schuld seinen Zögling belastet und beschämt. Denn in den Instruktionen des Königs steht, daß schlechte Gewohnheiten sofort auszurotten sind, ebenso Eitelkeit, Stolz und Launen. Der Eigenwille ist zu brechen. Kein Wunder, daß der Kronprinz, wie die *Vertrauten Briefe* von Cölln berichten, »kein Vertrauen zu sich selbst« gewinnt.

Aus den Aufzeichnungen des Prinzen: »Bei Mama war ich zuerst sehr wild und ungezogen, aber alsdann dachte ich an mein Tagebuch. Und ich wollte sehr ungern meine Schande schreiben. Deshalb erzählte ich meinem Bruder eine Geschichte.«

Wie viele ähnliche kleine Episoden mag er in sich hereingefressen haben! Auch bedrückt ihn und beeinträchtigt die Sicherheit seines Auftretens, daß er schlecht angezogen ist. Meist läuft er in abgetragenen Sachen herum, und da er schnell hochschießt, sind Ärmel und Beinkleider zu kurz, Hemden und Jacketts zu eng. »Ich wurde rot und redete wenig«, gesteht er nach einem Besuch von Freunden im Tagebuch. Wie könnte es anders sein: das Produkt des königlichen Erziehungsprogrammes bei dem von Natur sensiblen, leicht verletzlichen Wesen des Knaben ist ein in sich gehemmter Mensch mit »unangenehmen Formen... linkisch«, wie Mirabeau sich ausdrückt, Cölln meint, der Prinz sei »in sich gekehrt, verschlossen, menschenscheu und verlegen in der Gesellschaft«. Sein Bruder Ludwig, nach den gleichen Vorschriften erzogen, entwickelt sich dank der Wendigkeit und Unbekümmertheit seines Charakters zu einem fröhlichen, ungezwungenen, galanten Jüngling, der ohne Gewissensbisse sich geschickt zu arrangieren versteht.

Mit zehn Jahren bekommt Friedrich Wilhelm endlich, auf mehrfaches Nachsuchen von Behnisch, ein monatliches Taschengeld von zehn Thalern, ausgezahlt in kleinen Silbermünzen auf Wunsch des Königs, damit der ansehnliche Haufen ihn den Wert des Geldes lehre. Über jede Ausgabe muß er Buch führen. Die spartanische Lebensführung läßt gewiß viele Wünsche unerfüllt, trotzdem gibt er fast die Hälfte des Geldes an Bedürftige. Im gleichen Alter lernt er reiten, und von seinem zwölften Jahr an begleitet er den Vater zu den Truppenmusterungen. Er ist nunmehr täglich in ein festes Unterrichtsschema eingespannt: Französisch ist die einzige Fremdsprache, Deutsch kann man fast als Nebenfach bezeichnen, außerdem Geschichte, Geographie, Naturkunde, Religion, Geometrie. Geometrie ist wichtig für die militärischen Wissenschaften, ebenso wie Zeichnen, die Lieblingsstunde des Prinzen. Reiten und Tanzen ergänzen den Studiengang, der der Ausbildung in den Pageninstituten entspricht.

Doch die Söhne des Adels haben es im allgemeinen besser als der, der eines Tages ihr Regent sein wird. Verwöhnt wird dieser Prinz nie, nicht einmal am Geburtstag. Ein paar Blumen oder Kleinigkeiten, die man gerade zur Hand hat, genügen. Nach seinen Wünschen erkundigt sich niemand. Daher ist die Freude, als Behnisch ihm den heiß ersehnten Malkasten schenkt, so groß, daß er sich noch nach Jahrzehnten dankbar an diese Gabe erinnert und auch an die seltenen Begebenheiten, da der Erzieher auf einem Spaziergang in einem Wirtsgarten einkehrt und ihm als Leckerbissen eine Handvoll Kirschen spendiert. Bei militärischen Darbietungen sehen ihn seine künftigen Untertanen nicht auf einem Ehrenplatz sitzen, sondern an der Hand des Hofmeisters mitten unter den Zuschauern stehen, fasziniert von dem Schauspiel, das ihn von frühauf lebhaft interessiert.

In den *Vertrauten Briefen* von Cölln heißt es, daß das »Schätzbarste« an dem jungen Thronfolger »sein Gemüt ist. Er kann niemand leiden sehen, er kann niemand beleidigen, alles in ihm ist Bescheidenheit und Resignation, nicht der kleinste Anstrich von Bosheit, Rache, Hochmut und Arroganz ist ihm zu Teil geworden.«

Bei Eylert findet sich eine Anekdote, die Cöllns Charkteristik bestätigt und ergänzt. Ein Kammerdiener erzählte sie ihm:

»Als der König [Friedrich Wilhelm III.] ein Knabe war von zehn Jahren und ich die Aufwartung bei Ihm hatte, brachte eines Tages im Monat Januar, bei strenger Kälte, ein Gärtnerbursche ein Körbchen mit schönen, reifen, im Treibhaus gezogenen Erdbeeren. Beim Anblick derselben freute sich der Prinz und wünschte, die in dieser Jahreszeit seltene Frucht zu genießen. Als ihm aber bemerklich gemacht wurde, daß sie fünf Thaler kosten sollten, fragte Er verwundert: ›Wie, für eine Handvoll Erdbeeren fünf Thaler?!‹ Und drehte sich dann fest um, mit den entschiedenen Worten: ›Ich mag und will sie nicht.‹ Bald darauf ließ sich ein Bürger und Schuhmachermeister aus Potsdam melden und ich referierte dem Kronprinzen, der arme Mann sei lange am Nervenfieber elend krank gewesen, und dadurch herabgekommen in seinem Berufe, und so bedürfe er, um ihn wieder beginnen zu können, zum Lederankauf zwanzig Thaler, die er nicht hätte, und um welche er in seiner großen Noth den Kronprinzen, als um ein gnädiges Geschenk bäte. ›Wieviel habe ich noch in Kasse?‹ fragte der Kronprinz. Als ich antwortete: ›Fünfzig Thaler‹, befahl Er, ich solle dem armen Manne die gewünschten zwanzig Thaler in Seinem Namen geben, und damit Glück wünschen. Erfreut und tief gerührt empfing der Handwerker diese Gabe, mit dem Wunsche, der Königlichen Hoheit seinen Dank selbst aussprechen zu dürfen. Diese Bitte aber refüsierte der Prinz mit den Worten: ›Ist garnicht nötig; würde den armen Mann nur beschämen.‹«

1782 wird dem zwölfjährigen Prinzen von Friedrich II. neben Behnisch ein Gouverneur für militärische Instruktionen zugeteilt: Oberst von Backhoff, ein kluger, durch und durch integerer Mann. Außergewöhnliche Fähigkeiten weist er nicht auf. Seine kirchliche Frömmigkeit stört den zynischen Alten in Sanssouci nicht. Die kann keinen Schaden anrichten, ist überdies eine schlaue Konzession gegenüber dem Vater des Jungen, der sich in der Öffentlichkeit gern christlich geriert. Nur wenige Eingeweihte wissen, daß er dem Orden der Rosenkreuzer beigetreten ist, verführt von Mystizismus und Magie, der modernen Zeitströmung, die seinem Onkel, dem aufgeklärten Monarchen, suspekt und zuwider ist. Der rechtschaffene und biedere Backhoff jedenfalls wird nie anfällig sein für die Verlockungen der ominösen Geheimbünde, mit einer der Gründe, weshalb der König ihm die Aufgabe der Prinzenerziehung anvertraut.

Backhoff, der in seiner Jugend Page am preußischen Hof gewesen ist, erscheint die karge Lebensführung seines Zöglings allzu spartanisch, in der Ernährung oft sogar unzureichend. Er bittet den König um Aufbesserung des »Hofstaates«, wie er sich in seinem Schreiben ausdrückt. »Von einem ›Hofstaat‹ ist hier nichts bekannt, den kennt man hier nicht«, mit diesem Bescheid fertigt der Herrscher ihn ab und alles bleibt beim alten. Das einzige Zugeständnis des Gestrengen: »Sind dagegen bei dem Wachstum seines [des Prinzen] Geistes und zu dessen weiterer Ausbildung mehrere Bücher nötig, so zeigt mir solche näher an, damit ich beurteilen könne, ob... er solche nötig habe oder nicht.«

Bezeichnend für die kühlen, im Zeremoniell erstickten Umgangsformen im engsten Kreis der königlichen Familie ist der Bericht von Paulig über die Taufe, des jüngsten Bruders von Friedrich Wilhelm, am 10. Juli 1783:

»... Alle Stabsoffiziere der Garde waren dazu geladen. Um vier Uhr kam der König mit seinem Neffen, dem Prinzen von Braunschweig, vor das Taufhaus geritten. Er wurde von dem Prinzen von Preußen, dem Minister Graf Finkenstein und den Offizieren empfangen. In dem Vorzimmer der Prinzessin standen Prinz Friedrich Wilhelm, seine Brüder Ludwig und Heinrich und seine zwei Schwestern. Prinz Friedrich Wilhelm küßte dem Großoheim die Hand, und sein Vater geleitete ihn in das Gemach seiner Gemahlin, woselbst die feierliche Handlung vollzogen werden sollte. Der König begrüßte die Mutter und empfing dann aus den Händen der Hofdame, Fräulein von Pannewitz, das Kind. Graf Finkenstein verlas die Namen der Paten, und der Hofprediger Bamberger vollzog die Taufe mit wenigen Redewendungen. Hierauf reichte der König dem Prinzen von Preußen und dessen Gemahlin die Hand und empfahl sich. Als er im Vorzimmer bei den kleinen Prinzen vorbeiging, schien es ihm, als wenn ihn der Prinz Ludwig bittend ansah. Er blieb stehen und fragte kurz: ›Was fehlt Ihm?‹ ›Nichts, Majestät‹, erwiderte der zehnjährige Ludwig. ›Ach so‹, sagte der König, ›ich merke, Er will den Soldatenrock haben. Er soll ihn bekommen, aber halte Er sich ebenso brav darin, wie sein Bruder Fritz.‹ Prinz Ludwig küßte ihm dankbar die Hand. Der König ging, vom Prinzen von Preußen geleitet, die Treppe hinunter und stieg zu Pferde. Der ganze Besuch und die Taufe hatten kaum zehn Minuten gewährt...«

Das Lob, das er indirekt dem ältesten der Knaben erteilt hat, beweist, wie genau Friedrich II. sich über die Fortschritte und das Verhalten des jungen Thronfolgers informieren läßt.

Höchst erstaunlich ist das kurze Zwischenspiel, 1784, das Franz Michael Leuchsenring, Elsässer von Geburt, als Lehrer des Prinzen gibt, erstaunlich deshalb, weil der König für ein derartiges Experiment sicherlich schwer zu gewinnen war. Allerdings: nach Ansicht der von Friedrich so geschätzten Landgräfin Karoline von Hessen-Darmstadt – ihr Todestag liegt nun bereits zehn Jahre zurück – hatte sich Leuchsenring als geistiger Mentor und Reisebegleiter ihres ältesten Sohnes, des Erbprinzen Ludewig, bewährt. Das mag ihn bei dem Monarchen empfohlen haben. Möglich auch, daß der Erbprinz selbst sich für den sicherlich gescheiten und gebildeten Schöngeist eingesetzt hat. Leuchsenring gehörte in Darmstadt der »Gemeinschaft der Heiligen« um Merck an, in die 1772 auch Goethe eingeführt wurde, der sich später im *Pater Brey* und im *Jahrmarktsfest von Plundersweilern* über den gefühlvollen Schwärmer und Phantasten lustig machte.

Leuchsenring gibt sich mit Vorliebe originell, um aufzufallen und die Bedeutung seiner Persönlichkeit herauszustreichen. So wünscht er, dem Prinzen den Unterricht in Dialektik und Redekunst unentgeltlich zu erteilen, da er, wie er erklärt, sich seine Freiheit bewahren wolle. Eindruck hat er offenbar auf seinen Schüler nicht gemacht, wohl aber einen ungünstigen auf dessen Umgebung. Schon nach zwei Monaten fordert Leuchsenring seine Entlassung mit der Begründung, er werde überwacht. Inwiefern das stimmt, ob Behnisch und Backhoff tatsächlich ihre Aufsichtspflicht so weit getrieben haben, ihn während der Schulstunden zu kontrollieren, steht nicht fest. Möglich, daß es sich lediglich um Verdächte des Überempfindlichen handelt, der einer Atmosphäre erliegt, die ihm fremd und unheimlich ist. Der König versucht nicht, den seltsamen »Heiligen« zu halten, zahlt ihm ein mäßiges Gehalt, dessen Annahme nicht verweigert wird, und entläßt ihn eher verwundert als enttäuscht.

Geheimrat Moulines wird statt seiner verpflichtet, er nimmt die großen Reden von Cicero und Demosthenes mit dem Prinzen durch und gibt ihm einen Überblick über die historische Entwicklung der philosophischen Lehre.

Mit vierzehn Jahren, am 4. November 1784, tritt Friedrich Wilhelm als Secondeleutnant bei dem ersten Garde-Bataillon in Potsdam ein und lernt den Soldatenberuf von Grund auf kennen. Dafür sorgt General von Scheelen, sein Vorgesetzter. Die Strenge dieses »übermenschlichen Exerzierteufels« ist der Schrecken der Truppe. Der General erspart ihm nichts, auch nicht die »lästigen Einzelheiten des kleinen Dienstes«, berichtet Paulig. Friedrich Wilhelm ist so beschäftigt, daß er zum Lernen die Abende benutzen muß. Die Ausbildung im militärisch-theoretischen Fach, die von 1786 bis 1790 erfolgt, liegt bei dem klugen und erfahrenen Oberstleutnant von Tempelhoff in besten Händen.

Die Versuche, literarische und künstlerische Interessen im Prinzen zu wecken, schlagen meist fehl. Sein Vater, ein leidenschaftlicher Musiker und hervorragender Cellospieler, besitzt eine eigene Kapelle und verlangt, daß seine Kinder an den Konzerten, die er gibt, teilnehmen. Friedrich Wilhelm langweilt sich tödlich und stöhnt über die Stunden, die er ruhig dasitzen und zuhören muß. Dabei ist er nicht unmusikalisch. Er lernt Klavierspielen und spielt recht gut, aber Musik wird ihm nie mehr bedeuten als ein gelegentlicher Zeitvertreib. Für das Schaffen des jungen deutschen Schrifttums, für das Geistesleben in Deutschland, das sich damals neu und kräftig entfaltet, ist er nicht zu gewinnen, während die Anregungen, die ihm Backhoff auf naturwissenschaftlichem Gebiet gibt, auf fruchtbareren Boden fallen. Er besichtigt mit ihm die berühmte ichthyologische und Amphibien-Sammlung des Dr. Bloch, die ihn so beeindruckt, daß er sie als König, 1802, für viertausendfünfhundert Thaler ankauft, damit sie nicht durch Einzelverkäufe auseinandergerissen wird.

Ferner hat Backhoff seinen Zögling und dessen Bruder Ludwig in die damals Aufsehen erregenden Vorlesungen des jüdischen Arztes und Hofrates Marcus Herz geführt, Gatte der Henriette Herz, deren Salon ein Treffpunkt des geistigen und künstlerischen Berlins ist. Die Vorträge, nur einem auserlesenen Kreis zugänglich, befassen sich mit Versuchen über Elektrizität, mit der Beschaffenheit und Zusammensetzung der Luft und anderen physikalischen Problemen. Die meisten Hörer kommen, weil es fashionable ist, in dieser Gesellschaft gesehen zu werden. Für Friedrich Wilhelm sind die Referate bedeutungsvoll geworden; sein Interesse für naturwissenschaftliche Erkenntnisse wurde dort geweckt und ist lebendig geblieben. Das zeigt sich vor allem in der finanziell großzügigen Unterstützung, die er als Regent Alexander von Humboldt für seine Reisen und Forschungsarbeiten bewilligt.

Vermutlich ist der Prinz sich schon relativ früh über die zerrütteten Eheverhältnisse seiner Eltern im klaren gewesen. Der Vater verbringt in der Woche mehrere Abende bei Wilhelmine, daran ist der Sohn von frühauf gewöhnt, wenn auch die Mutter anfangs in Ausflüchten zu verbergen sucht, wo er sich befindet. Das schmerzlichste aber für das empfindliche Gemüt des Knaben dürfte gewesen sein, daß gerade in seinen Entwicklungsjahren die Gefühle des Vaters sich ausschließlich auf den Sohn von Wilhelmine, den kleinen Alexander, konzentrieren, an dem er wie an keinem seiner anderen Kinder hängt. Zärtlichkeit, nach der der Heranwachsende sich zweifellos sehnt – selbst ein Streicheln vom alten Fritz beglückt ihn –, Zärtlichkeit sucht er auch bei der Mutter vergebens.

Die Lieblosigkeit, die seine Jugend verdüstert, macht Friedrich Wilhelm immer scheuer und in sich gekehrter. Je reifer er wird, je besser er begreift, was um ihn herum vor sich geht, desto peinlicher berühren ihn viele Vorkommnisse, mit deren Auswirkungen er allein fertig werden muß.

An den regelmäßigen Kurtagen der Königin, der Frau Friedrichs des Großen im Schloß Niederschönhausen, ist der künftige Thronfolger verpflichtet teilzunehmen. Als vierzehn-, fünfzehnjähriger Jüngling trifft er dort oft den Vater, und selbst als zunächst harmlosem Beobachter muß ihm aufgefallen sein, daß dessen häufige Besuche Julie von Voß gelten, einer jungen Hofdame der Königin. Das neueste Liebesabenteuer des Prinzen von Preussen, das bald in aller Munde ist. Die Beständigkeit der fürstlichen Werbung ist überraschend: drei Jahre! Der Prinz betrachtet sich als freien Mann, seit seine Frau sich ihm verweigert und die Beziehung zu Wilhelmine eine freundschaftliche geworden ist, was ihn allerdings nicht hindert, sie weiterhin täglich zu besuchen. Nach dem Tode Friedrichs des Großen endlich kapituliert die schöne Julie und willigt in eine Ehe zur linken Hand, verlangt aber die schriftliche Einwilligung der Gattin, der nunmehrigen Königin Friederike. Da man am Hof hofft, durch diese Heirat Friedrich Wilhelm II. endgültig von Wilhelmine zu trennen, erteilt die Königin ihre Genehmigung. Wider Erwarten erklärt Hofprediger Sack sich bereit, die Trauung im Mai 1787 zu vollziehen, ohne daß eine offizielle Scheidung erfolgt ist.

Prinz Friedrich Wilhelm – nach dem Tode Friedrichs II. Preußens Kronprinz – ist siebzehn Jahre alt, ein junger Mann, der beginnt, in der Gesellschaft eine Rolle zu spielen. Die morganatische Ehe des Vaters empfindet er als schwere Kränkung, die seine Mutter, die Geschwister und ihn vor der Öffentlichkeit bloßstellt. Auch seine religiösen Gefühle sind verletzt. Sein Respekt verbietet es ihm, mit dem Vater darüber zu sprechen, sein Stolz, sich Freunden oder Bekannten anzuvertrauen, und er ist nicht imstande, wie sein Bruder Ludwig mit einem Achselzucken und ironischem Lächeln dem Zeitgeist, der Schönheit der Dame, der Sinnlichkeit des Monarchen die Schuld zuzuschieben. Er wird noch schweigsamer, noch zurückhaltender. Sein Charakter neigt zur innerlichen Vereinsamung. Die Erziehung hat diese Veranlagung, statt ihr entgegen zu wirken, in vieler Hinsicht gefördert.

Es ist zu spät, den Kronprinzen von Grund auf zu ändern, das muß Graf Brühl, der Nachfolger Backhoffs, einsehen.

»Wie der Kronprinz in Brühls Hände kam«, heißt es in den *Vertrauten Briefen,* »da war nichts mehr gut zu machen; er war und blieb verschlossen, ohne Selbstvertrauen, daher verlegen..., wo er öffentlich auftrat; alle Repräsentation war ihm ein Ekel, alle feierlichen Akte in seiner ihm zugeteilten Rolle waren ihm zuwider. Er war am liebsten für sich allein und unter seinen Bekannten.«

Aus verständlichen Gründen. Bei offiziellen Anlässen fühlt er sich gehemmt und unsicher, denn seiner Auffassung nach ist es Pflicht des Königs, Vorbild für sein Volk zu sein, was der Vater wahrlich nicht ist. Daher fühlt er sich beschämt, sobald er die Würde des Königshauses repräsentieren muß. Im vertrauten Familien- und Freundeskreis hingegen gibt er sich fröhlicher, unbeschwerter, hier ist er frei von Verantwortung, hier ist er unter seinesgleichen. So schildert ihn Dr. Erich Bleich aus seiner sehr eingehenden Kenntnis jener Zeit:

»Der Kronprinz war gleich während des ersten Vierteljahres der Brühl'schen Amtsführung gesellschaftlich aufs stärkste in Anspruch genommen. Bälle, Konversationen, Diners und Soupers wechselten miteinander ab, und immer wurde getanzt. Der Kronprinz war zu jung, um an diesem gesellschaftlichen Trubel nicht einigen Gefallen zu finden. Zwar erfüllte ihn eine ältere Gräfin, die in ihrer Gefallsucht rot und weiß auflegte, mit Abscheu; und jüngere Damen, die mit ihrem Putz und ihren Kleinodien gar zu augenfällig prunkten, stießen ihn zurück... Allein diese Damen waren die Ausnahme; und so fand der Kronprinz reichlich Gelegenheit natürlichere und bescheidenere Partnerinnen aufzufordern: seine Halbschwester Prinzessin Friederike, seine Cousine Prinzessin Luise, Gräfin Brühl, die Tochter seines Oberhofmeisters... und immer wieder Frau von Sauermas, ohne die der Kehraus fast nicht möglich ist... Der Kronprinz hatte, neben seinem zeichnerischen, auch das Talent zu silhouettieren. Er hat manche Dame seiner Bekanntschaft ausgeschnitten und die Schattenrisse in seiner Brieftasche aufbewahrt; Frau von Sauermas ist mehrfach nachgebildet.«

Wer ist nun dieser Graf Brühl, der von 1787 an das Leben des Kronprinzen neu aufbaut und ihm eine seinem Rang angepaßte Grundlage gibt?

So lange Friedrich der Große regierte, hätte Karl Adolf Reichsgraf von Brühl weder die Stellung eines Prinzenerziehers an seinem Hof erhalten noch irgendeine andere Position, da er der Sohn seines ärgsten Feindes ist, der Sohn jenes Ministers Brühl, der unter August III., Kurfürst von Sachsen und König von Polen, ein allmächtiges Regime führte und mit seiner antipreußischen Politik Friedrich in den Siebenjährigen Krieg trieb. Der Herr Minister nutzte die Allmacht für sein Vermögen und seine beiden Söhne bedenkenlos aus. Die Blitzkarriere Karl Adolfs – mit einundzwanzig Jahren war er Generalleutnant – endete 1763 sehr abrupt mit dem Tode des Vaters, dessen Andenken im Volk durch die Aufdeckung großzügigster Zahlungen in die eigene Tasche empfindlich getrübt wurde.

Vor der Laufbahn des Sohnes, dem alle Türen offenstanden, schloß sich jäh eine Barriere, die sich nie wieder öffnete. Eine bittere Pille für den aufstieggewohnten Junker, der bereits mit fünf Jahren im Infanterieregiment Brühl zum Fähnrich ernannt worden war. Das Bedrohlichste aber: die Veruntreuungen des Vaters gefährdeten das Vermögen.

Karl Adolf von Brühl ist schwer verschuldet, als ihm mit fünfundvierzig Jahren das Amt des kronprinzlichen Gouverneurs in Preußen angeboten wird. Verlockend sind die Bedingungen hinsichtlich seiner pekuniären Lage, doch gibt es Bedenken genug, die er freimütig dem König unterbreitet. Vor allem: er ist Katholik!

»Was Eure Religion betrifft«, schreibt ihm Friedrich Wilhelm II., »so ist man hier aufgeklärt genug, als daß dies Erregung hervorrufen sollte.«

In Wahrheit aber geht es bei dieser Wahl gar nicht um den katholischen Brühl, sondern um den Rosenkreuzer Brühl.

Seit 1781 gehört Friedrich Wilhelm II. dem Orden der Rosenkreuzer an, einem Geheimbund, der mit mystischen Beschwörungen, mit göttlichen Zeichen und Geboten »Millionen von Seelen vor dem Untergang retten und das ganze Land wieder zum Glauben an Jesum zurückbringen« will. Die Mitglieder verpflichten sich zu unbedingtem Gehorsam, die höchsten Oberen bleiben im geheimnisvolles Dunkel gehüllt und übermitteln ihre Befehle durch auserwählte Ordensbrüder. Einer dieser Auserwählten ist Hans Rudolph von Bischoffwerder, des Königs intimster Ratgeber und sein General-Adjutant. Eine gefährliche Situation für einen Landesfürsten, doch gemessen an der ungeheuren Macht, die zu Gebote steht, ausgenutzt und mißbraucht werden kann, hat der Orden in Preußen relativ wenig Unheil gestiftet, nicht zuletzt deshalb, weil der König geschickt versteht, unliebsame Vorschriften und lästige Bevormundung zu umgehen oder selbstherrlich umzumünzen.

Bischoffwerder hat Brühl, der schon in jungen Jahren dem Orden beigetreten ist, dem König empfohlen, wohl mit dem Hintergedanken, auch den Kronprinzen für die Ideen und Ziele des Ordens durch ihn zu gewinnen. Brühl erkennt vermutlich sehr schnell, daß an seinem Zögling, der nur nüchterne Tatsachen gelten läßt, alle Bekehrungsversuche scheitern müssen. Wohlweislich vermeidet er auch jede Einmischung in Glaubenssachen.

Wenn jemand eine grundlegende Änderung im Verhalten und Auftreten des Prinzen hätte zuwege bringen können, Brühl, dem klugen, geistig und künstlerisch orientierten Grandseigneur, wäre es gelungen. Doch die Erziehungsmethoden von Behnisch und Backhoff, die den Anlagen des Knaben nur allzusehr entsprachen, sind tief verwurzelt.

Deutlich wahrnehmbare Spuren hat der Einfluß Brühls nicht hinterlassen. Doch sechs Jahre ständiger Gemeinschaft gehen nicht wirkungslos an einem jungen Menschen vorüber. Manche Eigenheit wird Brühl ausgeglichen, manche Ecke abgeschliffen haben.

Jedenfalls verdankt Friedrich Wilhelm ihm viel. Zunächst werden die Kosten für den kronprinzlichen Hofstaat – nun darf von einem »Hofstaat« gesprochen werden – von ihm kalkuliert und von dem erfahrenen Weltmann gewiß nicht engherzig. Mit den bewilligten Geldern organisiert er die Hofhaltung und leitet sie vorbildlich. Er trifft die Auswahl der Professoren für den Unterricht, eine Aufgabe, der er viel Sorgfalt widmet. Eine stattliche Anzahl hervorragender Männer, bekannte Namen in Berlin, verpflichtet er zur Unterweisung des Prinzen und zu Vorträgen: Hertzberg, Minister und Mitglied der Akademie, behandelt staatstheoretische Fragen, preußische Geschichte und die damit verknüpfte Familiengeschichte. Suarez, der als »der größte preußische Gesetzgeber« gilt, Carmer und Kircheisen lehren Staats,- Zivil-, Völkerrecht, womit die Teilnahme des Thronfolgers an den Sitzungen des Kammergerichtes und des Tribunals verbunden ist. Zur Ergänzung seiner militärischen Studien wohnt er ab Februar 1788 allen Zusammenkünften des Oberkriegskollegiums bei, einer Behörde, die König Friedrich Wilhelm II. geschaffen hat, um sämtliche Probleme der Heeresverwaltung zentral zu leiten.

»Bildung des guten Geschmackes, schöne Wissenschaften, Rhetorik« steht auf dem Stundenplan des Kronprinzen, die Beschäftigung mit Literatur und Poesie. Man fängt dort an, wo Moulines aufgehört hat, jedoch im Einvernehmen mit dem König erfolgen die literarischen und philosophischen Lehrstunden nicht mehr auf französisch, sondern auf deutsch. Ramler und Engel werden herangezogen, Männer, die damals »ein Stück Berliner geistigen Lebens« repräsentieren. Doch Ramlers Glanzzeit, als er mit Gleim und Lessing befreundet war, ist längst vorüber, er ist über sechzig, in Form und Inhalt ist das, was er noch produziert, erstarrt; ein Verseschmied, nicht geeignet, einen durch und durch poesielosen Jüngling für Lyrik zu begeistern. Und Engel, der »fern von allem Verstiegenen und Gekünstelten, jeder unnützen und geheimnisvollen Spekulation abhold, klar in seinem Wesen und sauber in seinen Dichtungen und Darlegungen« ist, nennt Dr. Bleich den »für Friedrich Wilhelm wie geschaffenen Lehrer in der Philosophie«. Sicherlich entspricht Engel mit seinem gesunden Wirklichkeitssinn, seinem Streben nach dem Guten und Vollkommenen völlig den natürlichen Anlagen seines Schülers. Ein Fundament, das Behnisch und Backhoff gelegt haben, das Engel festigt und auf dem er aufbaut. Aber neue Wege, die Friedrich Wilhelm aus der Enge seines Bildungskreises hätten herausführen können zu einer geistigen Souveränität, weist er ihm nicht. Dazu hätte es bei der spröden, schwer zugänglichen Mentalität des Prinzen einer starken, überragenden Persönlichkeit bedurft, imponierend im Wissen und in der Diktion.

Am 4. Juli 1787, also im ersten Jahr der Brühlschen Ära, wird der Kronprinz konfirmiert von Hofprediger Sack im Königlichen Schloß zu Berlin. An der großen Feier nehmen die Familie des Königs, die Prinzen und Prinzessinnen des königlichen Hauses, Minister, Generäle und die angesehensten Geistlichen der Hauptstadt teil. Sie hören sein Glaubensbekenntnis, in dem es heißt: »Ich erkenne mich für verpflichtet, meinen Glauben an Christum vor der Welt zu bekennen. Ich halte es für unrecht, sich dieser Erkenntnis aus Menschenfurcht zu schämen. Ich weiß aber, daß die Frucht des Glaubens ein gottgefälliger Wandel sein muß.«

Ein gottgefälliger Wandel! Keine zwei Monate ist es her, da hat Sack die morganatische Ehe des Vaters getraut! Alle Anwesenden wissen es. Dem Konfirmanden ist es ernst mit dem Bekenntnis, sein späteres Leben beweist es, trotzdem dürfte ihm vor diesem Publikum bei den Worten etwas beklommen zumute gewesen sein. Ebenso wie dem Herrn Hofprediger, dem die Ehre dieses Amtes ein ständiges Lavieren aufbürdet durch das Chaos von Glauben und Aberglauben, von Freigeisterei, Moral und Unmoral, das dieser Hof wie die meisten übrigen Höfe Europas in fröhlicher Eintracht beherbergt.

1788 wird der Kronprinz volljährig und macht seine erste größere Reise. Er begleitet den Vater im Juni nach Holland, dessen Thron durch das Eingreifen preußischer Truppen im Jahr zuvor verteidigt und gerettet worden war. Tante Wilhelmine, Schwester des Vaters, ist mit dem Erbstatthalter Prinz Wilhelm von Oranien verheiratet. Auf Schloß Loo, wo man aus Platzmangel bei herrlichem Sommerwetter in Zelten kampiert, reiht sich Fest an Fest. Der König kann außerordentlich charmant sein, im allgemeinen ist er trotz seines riesigen Leibesumfanges bei Damen sehr beliebt, so auch hier. Aber auch der Kronprinz ist lockerer, freier in dieser Umgebung, amüsiert sich. Er kehrt nicht mit dem König nach Berlin zurück, er bleibt einige Tage länger, fährt dann mit Graf Brühl über Utrecht nach Amsterdam, – inkognito als Graf Lingen. Doch bei der Ankunft der Jacht in Amsterdam säumen Tausende von Menschen die Ufer der Amstel. Sie begrüßen ihn jubelnd als den Sohn des Königs, der im Herbst vergangenen Jahres im Land Ruhe und Ordnung wiederhergestellt hat. Endlich einmal kann er stolz auf den Vater sein und das Gefühl genießen, Mittelpunkt der ihm zu Ehren stattfindenden Empfänge und Bälle zu sein. Auf der Rückfahrt in Schloß Loo überrascht man ihn am letzten Tag mit dem improvisierten Spiel einer ländlichen Maskerade.

Zwei Monate später nimmt er an der Seite des Vaters in Schlesien an einer Truppenschau teil, ebenso in den folgenden Jahren. Während einer dieser Inspektionen besucht er das Schlachtfeld von Leuthen, ein anderes Mal schickt der Vater ihn nach Magdeburg, um stellvertretend für ihn die militärische Revue abzuhalten. Man beginnt von ihm Notiz zu nehmen in der Öffentlichkeit: am 23. Oktober 1790 melden die Zeitungen zum ersten Mal, Kronprinz Friedrich Wilhelm habe die Aufführung von Mozarts *Hochzeit des Figaro* im Nationaltheater besucht; am 31. Oktober desselben Jahres gibt er sein erstes großes Diner.

Unterdessen haben Familienereignisse abermals unliebsames Aufsehen erregt. Im März 1789 ist die morganatische Gattin des Königs, Gräfin Ingenheim, einige Wochen nach der Geburt eines Sohnes gestorben. Er betrauert sie lebhaft und fühlt sich von nun an als Witwer. Bereits im Herbst verliebt er sich aufs neue in eine Hofdame der Königin, in die junge, schöne Gräfin Dönhoff, hält um sie an und heiratet sie im April 1790. Die Gräfin ist intelligent, aber ehrgeizig; sie wünscht, daß er sich von Wilhelmine Enke-Rietz und seinem zwielichtigen Ratgeber Bischoffwerder trennt. Nach allen Richtungen hin intrigierend, sitzt sie bald in einem Netz von Anfeindungen. Der König kühlt merklich ab. Vorübergehend bessert sich die Beziehung, als ein Sohn zur Welt kommt; im Juni 1792 jedoch verläßt die Gräfin Berlin, geht in die Schweiz nach Neuchâtel, wo im Januar 1793 eine Tochter geboren wird. Ende des Jahres taucht sie plötzlich noch einmal in Berlin auf, inszeniert während eines Konzertes vor dem König mit beiden Kindern im Arm einen theatralischen Kniefall, um alsdann endgültig von der Bildfläche zu verschwinden – ohne die Kinder, die der König seiner Pompadour zur Erziehung anvertraut.

Der Eklat ist beträchtlich, um so mehr, als der König keinen Hehl aus dem Verhältnis macht, das er mit der Sängerin Baranius von der Berliner Staatsoper seit geraumer Zeit unterhält.

Die zweite morganatische Frau des Vaters ist dem Kronprinzen offenbar im höchsten Grad unsympatisch gewesen: er geht ihr, wo er nur kann, aus dem Wege. Seinen Abscheu gegen Skandale steigert die Affäre lediglich. Klatsch, Gerüchte, Zweideutigkeiten haßt er.

Mit einer, fast möchte man sagen, pedantischen Vorsicht vermeidet er, ins Gerede zu kommen, während sein Bruder Ludwig frühzeitig und unbekümmert die Freuden des Dolce vita genießt.

Seit Graf Brühl 1787 sein Amt als Gouverneur und Oberhofmeister übernommen hat, wohnt der Kronprinz nur noch im Frühjahr und Sommer in Potsdam. Die Wintermonate verbringt er in Berlin in dem von Friedrich Wilhelm I. für seinen Nachfolger erbauten Palais gegenüber dem Zeughaus. Dort stehen ihm ein Empfangssalon, ein Arbeits- und Schlafzimmer zur Verfügung. In zwei weiteren Kammern sind die Garderobeschränke und das Rüstzeug untergebracht. Stets herrscht überall vorbildliche Ordnung.

Nur einmal zieht der Kronprinz für einige Wochen zu seinem Bruder Ludwig in das Palais in der Wilhelmstraße, das dieser von der Schwester Friedrichs des Großen, Prinzessin Amalie, geerbt hat. Der Anlaß ist nicht uninteressant.

Im Herbst 1789 mehren sich die Fälle von schwarzen Pokken in Berlin. Der König läßt den englischen Arzt Dr. Brown kommen, um seine beiden ältesten Söhne gegen die Seuche impfen zu lassen. Sie werden am 12. November im Palais des Prinzen Ludwig isoliert, erhalten eine Woche lang Abführmittel und eine vom Arzt vorgeschriebene Diät. Am 19. November zwischen zehn und elf Uhr vormittags findet die Inokulation im Schlafzimmer des Kronprinzen statt. Die Königin ist in Begleitung ihrer Hofdame, Frau von Keith, gekommen, um der »Operation« beizuwohnen. Brown impft den Prinzen die Pocken eines jungen Menschen ein, bei welchem die Krankheit besonders leicht verlaufen ist. Schmerzen verursacht er, zum Erstaunen aller, nicht. Nun folgt eine strenge Diät, jeder Genuß von Fleisch und Fisch ist untersagt, dagegen müssen beide sich viel im Freien bewegen, reiten, ausfahren, spaziergehen. Der Kronprinz bekommt vier, fünf Tage hintereinander Fieber gegen Abend, die Nächte sind unruhig. Endlich zeigen sich sechs oder sieben Pocken im Gesicht und einige am Körper. Am 12. Dezember, also nach Monatsfrist, sind die Prinzen wieder völlig gesund.

Über einen Mangel an Besuchen können sich die Patienten in diesen vier Wochen nicht beklagen. Eltern, Geschwister, die ganze Verwandtschaft nimmt regen Anteil an der sensationellen »Kur«. Man ist pro und contra und erleichtert, als der gewünschte Erfolg sich zeigt, ohne daß Komplikationen eintreten.

Die militärischen Vorgesetzten haben an dem Kronprinzen einen willigen und gelehrigen Schüler, der sich den schnellen Rangerhöhungen, die er durchläuft, gewachsen zeigt. 1787 wird er Stabskapitän beim ersten Bataillon Garde und 1790 Oberst, womit er die Führung des in Potsdam garnisonierten Regimentes Preußen übernimmt. Im gleichen Jahr läßt der König die Truppen gegen Österreich mobilisieren, im Jahr darauf gegen Rußland, Ereignisse, die der Kronprinz mit wachem Interesse verfolgt.

Im August 1791 trifft der König im sächsischen Pillnitz mit Kaiser Leopold II. zusammen, um sich mit ihm über die bedrohliche Entwicklung in Frankreich zu beraten. Der gescheiterte Fluchtversuch von Ludwig XVI. und Marie Antoinette zwei Monate zuvor war ein Menetekel, wie gefährdet der Thron der Bourbonen ist. Der Kaiser, bestrebt die Monarchie in Frankreich aufrechtzuerhalten und die königliche Familie zu schützen – Marie Antoinette ist seine Schwester –, sieht sich nach Bundesgenossen um. Und ausgerechnet Preußen, seit Jahrzehnten Staatsfeind Nr. 1, ist einem Bündnis nicht abgeneigt, weil es ebenfalls nach Bundesgenossen Ausschau hält, um die Isolierung zu durchbrechen, in die es sich hineinmanövriert hat. Der anti-österreichische Minister Hertzberg wird im Juli in Berlin entlassen. Als Sonderbeauftragter geht Bischoffwerder, General-Adjutant des Königs, nach Wien. Er agiert geschickt bei dem Kutscher Europas, dem österreichischen Staatskanzler Kaunitz, dem alten Preußenhasser. Ihm verdankt der König die Zusammenkunft in Pillnitz und den guten Willen des Kaisers, der, nach dem Frieden mit den Osmanen in Sistowa, die Hände frei hat, um im Westen eingreifen zu können – notfalls! Der Politiker Leopold läßt sich zu nichts drängen, ist auf keine kriegerischen Auseinandersetzungen versessen, ehe alle Versuche gescheitert sind, die Konflikte auf diplomatischem Weg zu lösen.

Zu dem Treffen in Pillnitz hat der König den Kronprinzen mitgenommen, einzig aus Gründen der Repräsentation und nicht, um den Nachfolger mit den Problemen der Außenpolitik vertraut zu machen. Schließlich hat Friedrich der Große ihn auch von allen außenpolitischen Plänen und Maßnahmen ferngehalten – sehr sorgsam sogar. Ein Fehler, das hat er oft genug erfahren, doch daraus die Konsequenz zu ziehen, dazu fehlen ihm Einsicht, Mut und Größe.

Beide Souveräne, der Kaiser und der König, sind angetan voneinander, wenn auch der Kaiser sich in den Verhandlungen zurückhaltender verhält, als Friedrich Wilhelm erwartet hat. Ein Bündnis zwischen Österreich und Preußen kommt nicht zustande, man faßt lediglich den Beschluß, ohne das »Konzert der europäischen Mächte« keine militärische Aktion zu starten. Denn eine Intervention in Frankreich ist, nach Meinung des Kaisers, von so grundsätzlicher Bedeutung, daß sie alle Herrscher in Europa angeht und sie zur Hilfe verpflichtet. Auf die Sachbearbeiter im Gefolge des Kaisers macht der preußische König keinen günstigen Eindruck. Ein Urteil des österreichischen Staatsreferendares von Spielmann: »... Er [der König] zeigt handgreiflich einen großen Mangel an Kenntnis der Geschäfte. Sichtbar hängt alles bei ihm von der Impulsion ab, die er von diesem oder jenem Ratgeber erhält.«

Im September 1791 erkennt Ludwig XVI. die französische Verfassung an, nicht unter Zwang, wie Kaiser Leopold in der Öffentlichkeit ausdrücklich betont. Grund für eine Intervention ist also nicht mehr vorhanden.

Leider, seufzen diejenigen in Preußen, die für den Einmarsch in Frankreich sind, die Militärs, in Berlin tonangebend. Sie möchten mit Waffentaten glänzen, sich auszeichnen. Die Früchte des Hollandfeldzuges 1787, die ihnen in den Schoß fielen, haben sie ungeduldig, übermütig, siegesgewiß gemacht. Und die französischen Emigranten schüren fleißig die Heldenstimmung. Die »Sansculottes«, die unausgebildeten, schlecht ausgerüsteten Soldaten der Revolutionsarmee werden in Scharen überlaufen, prophezeien sie, mit dem Feind gemeinsame Sache machen. Keine ernstzunehmenden Gegner für die besten Truppen Europas, die glorreichen Regimenter Friedrichs II. Das französische Volk wartet auf seine Befreier!

Intellektuelle in der sich langsam kräftigenden Schicht des Bürgertums denken anders. Seit Jahrzehnten ist man gewohnt, voll Bewunderung nach Frankreich zu blicken, in das kulturell überlegene Land. Zugegeben, die Ideen der Revolutionäre bergen reichlich Zündstoff, die fortschrittliche Intelligenz aber ist nicht bereit, sie in Bausch und Bogen abzulehnen. Andere wieder halten die Einmischung in die inneren Angelegenheiten eines Fremd-Staates für unnötig und unzweckmäßig. Zu ihnen gehört der Kronprinz. Hier zeigt sich zum ersten Mal seine Abneigung gegen kriegerische Auseinandersetzungen, obwohl er die militärischen Aufgaben als die ihm angemessensten betrachtet und seine gründlichen Kenntnisse ebenso gern wie andere Offiziere erprobt hätte. Außerdem mißfällt ihm der Snobismus und die Arroganz der Emigranten, für die man zu Felde ziehen soll. Sie nutzen die Gutmütigkeit und Eitelkeit des Königs aus, der ihnen auf ihre windigen Schuldscheine Unsummen borgt, die sie achtlos mit großen Gesten und Ansprüchen vertun. Gelder, die, nach Ansicht des Kronprinzen, dem preußischen Volk gehören und nur zu dessen Schutz und Gemeinwohl verwendet werden sollten.

In Frankreich nimmt die Feindseligkeit gegen Österreich rasch zu, während die Gesinnung Preußen gegenüber loyal bleibt. Selbst die Nachfolger Hertzbergs raten dem König, sich neutral zu verhalten. Wozu sich durch ein Bündnis mit Österreich künstlich Feinde schaffen?!

Trotz all dieser Warnungen und ohne jede Aussicht auf die große Koalition, das »Konzert der europäischen Mächte«, schließt Preußen im Februar 1792 ein Bündnis mit Österreich. Gegen Frankreich! Gegen die Revolution! König Friedrich Wilhelm II. demonstriert unmißverständlich die Unabhängigkeit seiner Entscheidungen, die Macht des Absolutismus.

Am 1. März 1792 stirbt Kaiser Leopold plötzlich, sein Sohn Franz tritt in die Fußstapfen des Vaters, äußert sich befriedigt über die Allianz mit Preußen.

Die Reaktion des Unruhestifters läßt nicht lange auf sich warten. Am 20. April erklärt Frankreich überraschend Österreich den Krieg. Nicht Preußen! Alle besonnenen Ratgeber in der Umgebung Friedrich Wilhelm II. empfehlen ihm, sich aus dem Zwist herauszuhalten. Aber der König bleibt bündnistreu. Er betrachtet sich als Protektor der Monarchie in Europa, dessen Pflicht es ist, Frankreich in die sicheren Bahnen seiner traditionellen Regierungsform zurückzuführen; ein Vorhaben, das er auf höchstens zwei bis drei Monate veranschlagt. Im Heer herrscht Jubel: »Am Rhein, am Rhein, da wachsen die Lorbeeren«, singen sie und schwören: »Es wird eine Treibjagd geben wie zu Roßbach.«

Herzog Karl Ludwig Ferdinand von Braunschweig übernimmt den Oberbefehl über die verbündeten Streitkräfte. Im Grunde hat der Siebenundfünfzigjährige wenig Elan für diesen Krieg. Ein Leben lang hat er sympathisiert mit dem französischen savoir-vivre und gegen Österreich gekämpft. Kein Wunder, daß er Österreich nun für einen fragwürdigen Bundesgenossen hält. Er gilt als der fähigste, erfahrenste Feldherr Europas. Tatsache ist, daß er nie eine Schlacht gewonnen hat und daß sein legendärer »militärischer Ruf einzig auf einer von Friedrich dem Großen über ihn gebrauchten schmeichelhaften Phrase (N. P. Metternich)« beruht und auf den 1787 in wenigen Tagen erzielten Erfolgen in den Niederlanden, ein Waffengang, der mehr einer Polizeiaktion glich. Zweifellos ist der Herzog ein hervorragender Offizier, aber ihm fehlt das geniale Führungstalent des großen Alten von Sanssouci, sein scharfer Blick für das Wesentliche, sein sicherer Instinkt, auch den kleinsten Vorteil schnell und geschickt wahrzunehmen. Der Herzog ist zu vorsichtig, zu unentschlossen, er ist immer ängstlich bedacht, sein Ansehen nicht aufs Spiel zu setzen.

Nach der Krönung Franz' II. am 14. Juli 1792 in Frankfurt treffen sich Kaiser Franz und der König von Preußen in Mainz zu Besprechungen über Kriegsentschädigungen als Folge des gemeinsamen Sieges über Frankreich. Schon über diesen Punkt, der den Ereignissen weit vorausgreift, ist keine Einigung zu erzielen, was jedoch den Genuß an den sich bietenden Zerstreuungen nicht schmälert. Noch prunkvoller als die Krönungsfeierlichkeiten sind die Feste, die Friedrich Carl Joseph von Erthal, Kurfürst des erzbischöflichen Stuhls von Mainz, zu Ehren der Gäste gibt. Ein Tanz auf dem Vulkan. Vier Monate später ist der Spuk erloschen, vier Monate später residiert General Custine im Schloß des Kurfürsten, und in dem Prachtsaal tagt der deutsche Jakobiner-Klub.

Aber einstweilen denkt man nur ans Vergnügen, und der Kronprinz von Preußen eröffnet einen Ball mit Kaiserin Marie Therese.

In der Turbulenz dieser Tage scheint der junge Metternich keinen befriedigenden Kontakt mit dem drei Jahre älteren preußischen Thronfolger gefunden zu haben, denn er schreibt in seinen nachgelassenen Papieren:

»Von Mainz begab ich mich nach Coblenz, wohin die französischen Prinzen zurückkehrten. Die preußische Armee hatte ein Lager beim Dorfe Metternich, das eine Meile von der Stadt entfernt liegt. Daselbst trat ich zum erstenmal mit dem Kronprinzen von Preußen in Verkehr...«

An gleicher Stelle findet sich auch ein Urteil Metternichs über Friedrich Wilhelm II: er »bot das Bild eines Königs dar. An Wuchs näherte er sich der Größe eines Riesen und mit demselben stand seine Beleibtheit im Verhältnisse. In allen Versammlungen ragte er um Kopfeslänge über die ihn umgebende Menge hinaus. Seine Manieren waren edel und einnehmend. Die Emigrierten versicherten, es würde genügen, daß er allein an der Grenze erschiene, damit die ›Sansculottes‹ die Waffen streckten...«

Das einzige Ergebnis der kaiserlich-königlichen Verhandlungen in Mainz ist das unglückliche, von dem Herzog von Braunschweig unterzeichnete Manifest der Verbündeten, das ein Emigrant verfaßt hat. Der Vertreter Ludwigs XVI. in Koblenz, Mallet du Pan, warnt. Er kennt die Stimmung in Frankreich besser und beurteilt die Wirkung des Manifestes richtig: die darin enthaltenen Drohungen werden das Schicksal der Monarchie besiegeln.

Törichte Drohungen: »Die Anarchie in Frankreich muß aufhören. Der König muß die Sicherheit und die Freiheit und die gesetzliche Autorität haben, die ihm zusteht. Nationalgarden, die gegen die Truppen der beiden verbündeten Höfe kämpfen und mit den Waffen ergriffen werden, werden als Rebellen gegen ihren König und als Störer der öffentlichen Ruhe bestraft. Die Stadt Paris wird angehalten, sich sofort und ohne Verzug dem König zu unterwerfen. Ihre Kaiserlichen und Königlichen Majestäten machen für alle Ereignisse persönlich und gnadenlos haftbar alle Mitglieder der Nationalversammlung, des Distriktes, des Gemeinderates und der Nationalgarde von Paris. Wenn die Tuilerien vergewaltigt und überfallen werden, so wird eine beispielhafte und ewig denkwürdige Rache genommen werden, indem die Stadt Paris militärischer Exekution und gänzlicher Zerstörung ausgeliefert wird.«

Das Manifest erreicht das Gegenteil von dem, was es bezwecken soll. Statt den Gegner einzuschüchtern, löst es in Frankreich wilde Empörung aus, entfesselt die nationalen Ressentiments des Volkes. Noch kennt man keine Interventionskriege aus weltanschaulichen Gründen. Der Druck von außen ist Zündstoff, der den Terror zur Explosion bringt. Nun erst beschuldigt man offen den König der Konspiration mit dem Ausland und erklärt ihn zum Staatsfeind. Der Nimbus seiner Herrscherwürde, seines Gottesgnadentums zerrinnt. Die mitreißende Melodie der Marseillaise, in den Morgenstunden des 26. April nach einem Gelage zur Feier der Kriegserklärung an Österreich in Straßburg von Kapitainleutnant Rouget de Lisle komponiert und am 22. Juni bei einem Bankett für fünfhundert Freiwillige in Marseille aus der Taufe gehoben, ist auf allen Lippen, klingt in allen Ohren. »Allons, enfants de la patrie / Le jour de gloire est arrivé!« Der faszinierende Zauber des Liedes verdrängt überraschend schnell den populären Revolutionsschlager »C'à ira!«

König Friedrich II. trifft am 23. Juli in Koblenz ein, wohin er seine Armee beordert hat, nur 50000 von 200000 Mann, die zur Verfügung stehen, obendrein nicht die besten Truppen: viele angeworbene Söldner befinden sich unter ihnen. Das in den Garnisonen zurückbleibende Militär dient zum Schutz der Ostgrenze gegen etwaige Angriffs- und Eroberungsgelüste der Polen oder gar der – Österreicher! Insgesamt beträgt die gegen Frankreich mobilisierte Streitmacht der Verbündeten einschließlich des mangelhaft ausgerüsteten Emigrantenheeres rund 100000 Mann, eine Armee, die schlagkräftigen Operationen nicht gewachsen ist.

Noch ein letztes Mal wagen der Kronprinz und ein preußischer General in Koblenz, den König, der auf einmischende Kritik an seinen politischen Plänen stets höchst unwillig reagiert, auf die Risiken des Unternehmens hinzuweisen. In erster Linie auf die unzulängliche Truppenstärke, aber auch auf die vorgerückte Jahreszeit. Die Hälfte des Sommers ist beinahe verstrichen. Doch unter dem Einfluß der ihn umgebenden französischen Flucht-Aristokratie hält der König den Krieg – von dem er noch kurz vor seinem Tode dem Grafen Haugwitz gesteht, daß er ihn nie hätte führen dürfen – für einen »Spaziergang nach Paris«. Im Herbst will er wieder in Berlin sein. Er drängt zum Aufbruch, der am 28. Juli erfolgt.

Eine Schlechtwetterperiode setzt gleichzeitig ein. Sie behindert von Anfang an den Vormarsch und führt schließlich zur Katastrophe. Am 20. September endet der Feldzug, ohne daß es zu einer Schlacht gekommen ist, in der Champagne mit der Kanonade von Valmy, die militärisch nichts entscheidet. Doch der Herzog von Braunschweig gibt auf, schließt mit Dumouriez einen Waffenstillstand und befiehlt den Rückzug. Die Gründe? Es ist viel an ihnen herumgerätselt worden. Des Herzogs eigene Worte: »Wir sind nicht vom Feind, sondern von den Elementen überwunden worden.« Das Offizierskorps wirft ihm vor: Fehlen einer straffen Führung, insbesondere das Versagen der Versorgung durch den Nachschub und Unentschlossenheit, wo zügiges Vorgehen erforderlich gewesen wäre. Die Emigranten beschuldigen ihn, von den Franzosen mit Geld bestochen worden zu sein. Möglich auch, daß er, gewarnt, seinen Soldaten den Hexenkessel Paris ersparen wollte. »Herein werden sie kommen«, schreien dort die mordlustigen Massen, »hinaus nicht!« Bei den Waffenstillstandsverhandlungen zeigt der Braunschweiger diplomatisches Geschick: der Feind stört den Rückzug nicht.

Trotzdem wird dieser Rückzug zu einer unvorstellbaren Tragödie für Mensch und Tier. 19000 Mann sterben an den durch Regengüsse, schlechte Ernährung, schlechtes Trinkwasser hervorgerufenen Typhus-, Ruhr-, Dysenterie-Epidemien und als Opfer des von der Heeresverwaltung sträflich vernachlässigten Sanitäts- und Lazarettdienstes. Der Pferdebestand ist bei der Ankunft in den Quartieren um Koblenz dezimiert.

Von Ludwig XVI., den zu retten man auszog, ist nicht mehr die Rede. Am 10. August, nach der Erstürmung der Tuilerien, hat die Revolution ihn vom Thron gefegt und ins Gefängnis geschickt. Die Nachricht von seiner Hinrichtung im Januar 1793 verweht wie ein böser Traum im rauschenden Festtaumel des Frankfurter Winters.

Zurück zu dem Feldzug. Sein prominentester Gast in Zivil trifft mit Diener und Sekretär in eigener Chaise Ende August im Lager des Herzogs von Weimar ein: Goethe. Bis zum bitteren Ende steht der Dichter das waghalsigste Abenteuer seines Lebens mit bewunderungswürdiger Ausdauer durch. Daß er regelmäßig Buch führt über die Ereignisse, die sich um ihn herum abspielen, über Beobachtungen, Gespräche und eigene Gedanken, ist für Goethe selbstverständlich. Doch zurückgekehrt an den Rhein, zerreißt er in Düsseldorf die Notizen und verbrennt sie. Ihr Besitz ist gefährlich in unsicheren Zeiten. Fallen die Papiere in fremde Hände, wäre die Versuchung groß, seine intimen Kenntnisse der Vorgänge zu mißbrauchen, wodurch bekannte Persönlichkeiten kompromittiert würden. Aus dem gleichen Grund ist auch an eine Veröffentlichung der Kriegserinnerungen einstweilen nicht zu denken.

Erst dreißig Jahre danach erscheint die *Kampagne in Frankreich 1792* als fein ausgewogene Erzählung mit vielen persönlichen Details, stilistisch ein Kunstwerk. Doch von den »Spuren des wilden Kriegslebens«, die Goethe damals »an sich getragen hat«, so Jacobi, bei dem er sich anschließend in Pempelfort erholte, haftet dem kleinen Opus nichts mehr an. Die Unmittelbarkeit fehlt.

In dieser Unmittelbarkeit liegt der Reiz eines Dokumentes, das weder literarisch noch historisch wertvoll ist: es sind die Tagebuchaufzeichnungen des Kronprinzen. Sechs Jahre nach dem Tod König Friedrich Wilhelms III. werden sie im *Beiheft 2 zum Militär-Wochenblatt pro November und Dezember 1846* abgedruckt, ohne irgendwelche Beachtung zu finden, da für Wissenschaftler und Gelehrte der Beitrag nichts Neues bringt. Bemerkenswert ist er lediglich für den, der sich ein Bild machen möchte über das Wesen, die Ideenwelt des jungen Thronfolgers.

Die Tagebucheintragungen hat Friedrich Wilhelm einige Jahre danach mit der ihm eigenen pedantischen Genauigkeit geordnet und zusammengefaßt. Doch hegte er nie die Absicht, in der Öffentlichkeit damit hervorzutreten. Ausdrücklich betont er in dem Schriftstück: »Dieser Aufsatz ist für mich ganz allein, und kann sonst Niemanden interessieren, weil er bloß dazu dienen soll, mich des mir individuell Begegneten zu erinnern.«

Unbefangen offenbart er in dem Bericht seine Stellungnahme zum Anlaß und zur Führung dieses Krieges. Tief beeindruckt ihn das Leiden des Einzelnen, das sinnlose Sterben, eine Warnung fürs ganze Leben. Sympathische Menschlichkeit, klare Urteilsfähigkeit, Unabhängigkeit im Denken und Fühlen von den Konventionen seines Standes sind Qualitäten, die das Verständnis näherrücken für die aufrichtige Liebe, die Luise bis zu ihrer letzten Stunde für diesen Mann empfunden hat.

Ein kurzer Auszug aus den zwanzig Seiten umfassenden *Reminiscenzen* folgt, geschrieben in der Zeitspanne zwischen dem 19. August und 23. Oktober 1792. Berücksichtigt wurden in erster Linie jene Mitteilungen, die zur Charakterisierung der Persönlichkeit des Kronprinzen beitragen.

Einmarsch in Frankreich.

1792. 19. August: Um fünf Uhr brach die Armee aus dem Lager bei Bettenburg auf.– Das erste französische Dorf, die Einwohner standen vor ihren Häusern. Ob unser Anblick ihnen sehr erfreulich gewesen ist, will ich nicht behaupten; sie verhielten sich indeß ganz ruhig.– Das Wetter wurde nun immer übler. Die Elemente schienen gleich bei unserem Eintritt, uns den Krieg erklären zu wollen.– Unsere Husaren bringen Gefangene, meist alle sehr blessiert. Einer von ihnen, dem beinah die Kinnbacke gelöst war, antwortete mir, als ich ihn danach frug: ils m'ont rasé un peu trop près. Dieser witzige Einfall von dem armen Teufel hat so etwas echt Französisches, daß ich ihn hier anzuführen nicht unterlassen mochte.

20. August: Erster Anblick von Longwy. [Das am 23. 8. kapituliert]

30. August: Starker Marsch auf Verdun.– Schöner Anblick von der Côte St. Michel des beinahe mit Weinbergen umgebenen Verduns. Gerade vor uns im Grunde die befestigte, ziemlich ansehnliche Stadt mit ihren schön begrenzten Wällen an den Ufern der Maas.

1. September: Anfang des Bombardements.– Der Herzog glaubt nicht an die baldige Übergabe. Wir haben kein Belagerungsgeschütz.– Zufällige Unterredung des Herzogs mit dem Prinzen von Nassau, General Lambert und noch einigen Emigrierten. Sehr ernstlich hielt er ihnen alles dasjenige vor, was sie immer über die Leichtigkeit einer Expedition nach Frankreich geäussert, von ihren Einverständnissen im Land, den royalistischen Gesinnungen des größten Teils der Nation. Der Herzog sagte ihnen viel derbe Wahrheiten. Da der Herzog sehr laut redete, konnten mehrere der außerhalb dem

Zelt stehenden daran teilnehmen, und sich herzlich darüber freuen, daß ihnen einmal Recht widerfuhr.

2. September: [Verdun kapituliert. Sein Bruder und er begleiten Graf Kalckreuth incognito nach Verdun.] Auf dem Rathaus befanden sich die versammelte Municipalité nebst dem Vice-Kommandanten, weil der eigentliche, Beaupaire, sich kurz zuvor aus Desperation eine Kugel durch den Kopf gejagt hat.– Die meisten Einwohner schienen bonne mine à mauvais jeu zu machen.– Wir kamen glücklich nach dem Lager zurück, nicht so der Leutnant Graf Henkel. Dieser wird meuchelmörderischerweise in der Vorstadt erschossen.

5. September: Mehrere Einwohner kamen unser Lager besehen.– Ich begegnete einige wohlgekleidete Damen auf der Chaussee, redete sie mit vieler Höflichkeit an und begleitete sie eine Strecke zu Fuß, mein Pferd führend. Ich bat ihnen meine Aufwartung machen zu dürfen, und habe hernach, solange wir bei Verdun standen, fast täglich nachmittags ein paar sehr angenehme Stunden in diesem Hause zugebracht. Madame Morlan wohnte mit ihren zwei hübschen Töchtern in einem kleinen unansehnlichen Hause. Die Jüngere der Schwestern, ein blondes Mädchen von 17 bis 18 Jahren hatte, ohne gerade schön zu sein, etwas sehr Angenehmes in dem Ausdrucke ihrer Physiognomie, und schien von sanftem, gefühlvollem, weiblichem Charakter zu sein. Ich denke noch jetzt mit Dankbarkeit und lebhaftem Vergnügen an jene Zeiten zurück. Wer weiß, was aus ihr und ihrer Familie seitdem geworden!

8. September: Souper beim Prinzen Nassau. Ich befand mich unter lauter Emigranten, und daher sehr deplaciert.– Ich besehe die schöne Kathedral-Kirche.– Das Lazarett wird in einer großen Kaserne etabliert.– Trauriger und ekelhafter Anblick desselben. Die Ruhr macht Fortschritte.

11. September: Das erbärmlichste Wetter. Jämmerlicher Anblick der durchnäßten französischen Prinzen, die dem Könige zu Pferde folgen. (Da der König keinen Mantel trug,

konnten sie auch keinen anziehen, worüber sie höchst verstimmt waren.)

13. September: Wir sind en face der Dumouriezschen Armee, die uns gegenüber bei St. Juvin und Grandpré steht.

15. September: Der Prinz von Hohenlohe verfolgte den zurückgehenden Feind bis über Grandpré.

(Mehrere Tage im Lager von Landres.)

19. September: Die Armee brach schon vor fünf Uhr auf.– Da nicht völlig bestimmte Rapports über die Stellung des Feindes eingelaufen, so mußte die Armee so lange liegenbleiben, bis der Herzog von dem Rekognoszieren zurückkam.– Diesen ganzen Morgen herrschte viel Ungewißheit. Plötzliche Ordre um drei Uhr nachmittags wieder aufzubrechen.– Alle marschierten mit leerem Magen, an kein Abkochen war zu denken gewesen.– Jetzt waren wir in den weiten kreideartigen Plainen der Champagne.– Der schleunige Aufbruch gründete sich auf eine erhaltene Nachricht von dem Abzuge der großen französischen Armee, die nachher falsch befunden wurde.– Etwas Ungewöhnliches für mich war der Anblick eines kleinen, bei einer Windmühle gelegenen Müllerhauses, das ganz von großen Kreidestücken erbaut war.

20. September: Abmarsch etwa um fünf Uhr. Es war sehr trüb und regnete immerfort. Der Prinz von Hohenlohe suchte sich der Höhe von La Lune zu bemeistern, was ihm auch ohne große Mühe gelang.– Nun bekam die Armee Ordre die Gewehre zu revidieren und zu laden. Da unsere Leute merkten, daß es Ernst wurde, so fing manchem an, das Gewissen zu schlagen, und sie warfen allmählich alles geraubte Gut von sich. Mancher eifrige Katholik unter unseren Oberschlesiern suchte wohl gar im geheimen seinen Rosenkranz hervor, um sich mit unserem Herrgott zu versöhnen.– Die Direktion unseres Marsches ging mit der Spitze auf die Windmühlen-Höhe vor Valmy.– Bald konnte man die Position der vereinigten großen französischen Armee erblicken, die sich zu beiden Seiten der, das ganze Terrain dominierenden Valmyer Höhe extendierte.– Alles dieses kam mir noch so Revue- und

Manövermäßig vor, daß ich bei ganz heiterer Laune und Zuversicht blieb.– Der König war noch unentschlossen, was er tun wollte. Er und der Herzog waren gespannt zusammen, denn keiner wollte die große Frage des Angriffes und seiner Folgen entscheiden. Jeder beratschlagte und rekognoszierte für sich. In dieser Ungewißheit standen die Sachen in dem aller entscheidensten Augenblicke.– Mit eins hieß es: Gewehr auf, Marsch. Indem kommt Manstein mit den Worten auf mich zu gallopiert: Der König hat befohlen, wir werden angreifen, Ihre Hoheit folgen mit Ihrer Brigade dem ersten Treffen.– Dies war also unsere ganze Disposition und damit Gott befohlen.– Die ganze Armee trat an. Wir hatten aber nicht über zweihundert Schritte mit klingendem Spiel avanciert, so wurde Halt gemacht. Vor uns im ersten Treffen stand das Regiment Thadden. An dieses ritt ich heran. Kaum hatte ich einige Worte mit den Offizieren gewechselt, als wir Kugeln sehr nah pfeifen hören und indem fährt eine unter das achte Peloton.– Da lagen drei Mousquetiere und ein Tambour mit zerschmetterten Schenkeln und Beinen und wimmerten jämmerlich. Ich leugne nicht, daß mich dieser Anblick heftig erschütterte und daß mir anfing, etwas wunderlich ums Herz zu werden.– Höchst traurig war der Anblick der zurückgeschleppten Blessierten, die nachher meist alle aus Mangel an Anstalten und Pflege gestorben sind.– Der König ritt unterdessen mit größter Kaltblütigkeit und Contenance vor dem ersten Treffen auf und nieder und bezeigte ab und zu Mißfallen, wenn er bemerken konnte, daß sich die Leute bückten oder gar auseinandersprangen, um den ricoschettierenden Kugeln auszuweichen.

Nach einer vierstündigen Kanonade nahm endlich das Feuer auf beiden Seiten ab, und hörte zuletzt ganz auf.– Wie es finster zu werden anfing, wurde die Armee zurückgenommen.– Die Nacht wurde sehr kalt und windig.

21. September: Den anderen Morgen erhielten wir die Nachricht, der Feind habe in der Nacht die Höhe von Valmy verlassen, sich mehr zurückgezogen.– Viele unserer Blessier-

ten starben noch heute an ihren kaum verbundenen Wunden.

23. September: General Kalckreuth okupiert die Höhen Côtes de l'Hyron genannt. Die Armee folgt.– Das Lager wird auf diesen kahlen Höhen abgesteckt.

24. bis 28. September: In diesem Lager nun ging erst unsere Not recht an. Die Ruhr, die seit Verdun in der Armee immer zunahm, erreichte ihren Gipfel. Wenig Dörfer in der Nähe, keine Einwohner darin, also garkeine Lebensmittel zu haben. Kein Brot von der Bäckerei und wenn etwas herankam, so war es gemeiniglich ungenießbar. Unsere Not wuchs täglich.– Die ganze Zeit über fiel zwischen uns und dem Feind nichts Erhebliches vor.

Unsere Lage wurde mittlerweilen bedenklicher, es blieben nur zwei Fälle übrig, entweder wir lieferten Bataille, oder wir gingen zurück.– Unser Rückzug ward beschlossen.

30. September: Der Feind beunruhigte unsere Retraite nicht im geringsten. Das Wetter war sanft und schön.– Zum Zeitvertreib rauchte ich ein Pfeifchen und zwar quod bene notandum mit gutem Erfolg.

1. Oktober: Die Armee passierte die Tourbe bei Laval und Wargemoulin. Auf unserem ganzen Marsch sah man überall krepierte Pferde am Weg liegen. Alles Folgen der schlechten Pflege und der entsetzlichen Wege. Beim Einrücken ins Lager hörte ich ein neues, mir unbekanntes Stück blasen, was mir so gefiel, daß ich es gleich auswendig behielt und am Abend vergnügte ich mich damit, die Trompeter bei der Retraite anzuhören.

4. Oktober: Einer, wo nicht der allermühseligste und beschwerlichste unserer Märsche. Beim Schlosse Grandpré wurden die Kranken, die dort gelegen, alle aufgeladen. Ein erbarmungsvoller Anblick.– Überhaupt sind keine Worte hinreichend, um den Jammer und das Elend zu schildern, welches in diesem Lazarett herrschte.– Es regnete immerfort.– Unterwegs überall Gegenstände des Jammers und Bilder des Todes.– Einige Leute traf ich in einem Gehölz bei einem Feuer, die sich mit Holzbirnen nährten, ich versuchte sie,

fand sie indessen abscheulich sauer und häßlich schmeckend. Ich habe diese Frucht sonst nirgends gesehen.– Den Nachmittag erreichten wir endlich unser Lager.– Meine Brigade stand dicht vor Sivry les Buzancy. Mein Bruder in diesem Dorfe. Es war kalt und feucht. Man schlug mir vor, mich bei ihm einzuquartieren.– Gutes Kaminfeuer, gefällige Menschen, das Bett auf die Erde gelegt, aber doch im Trocknen, was konnte man Besseres wünschen, und ich war wie neu geboren.

5. Oktober: Wir blieben hier einen Tag stehen.– Ein ärgerlicher Anblick für einen Preußen war das wohlbespannte österreichische Fuhrwesen, wo die Pferde dick wie Kasten waren. Es ist alles verpachtet.

7. Oktober: Ich begegnete einigen Emigrierten, die mit mir ritten, ohne mich zu kennen und mir vielerlei indiskrete Fragen machten, warum wir zurückgingen und dergleichen mehr.– Etwas ärgerlich antwortete ich kurz, weil sich Nichts von all dem bestätigt hat, was uns die Emigrierten verheißen und weil ihrenthalben die Armee nicht geopfert werden sollte.

12. Oktober: [kurz vor der Rückgabe von Verdun an die Franzosen.] Den Nachmittag ritt ich ein letztes Mal nach Verdun.– Die meisten Einwohner trugen bereits die drei farbige Kokarde, auch begegnete ich einzeln mehrere französische Soldaten in den Straßen, die allerhand einkauften. Die Porte de france war schon gemeinschaftlich besetzt. Mehrere, die mich begegneten, sprachen mich, ich sie an, alle schienen den Preußen sehr gewogen, schwatzten viel, waren fröhlich, zutunlich und schimpften wacker auf die Österreicher.– Zu guter Letzt aber konnte ich nicht umhin noch einmal vor das Haus zu reiten, wo die Mutter mit den hübschen Töchtern wohnte. Mit einem Sprung war ich im Hause, wo sie am Kaminfeuer standen. Ein paar höfliche Worte zum Abschied, der Jüngsten ein paar herzhafte Küsse auf die Lippen gedrückt, die wohltuend und herzlich erwidert wurden und nun mit etwas wehmütigem Herzen ebenso schnell wieder zur Tür hinaus, zu Pferde, – und Adieu Verdun!

13. Oktober: Die Pferde waren so ermattet und entkräftet, daß man befürchtete, wir würden die Kanonen im Stich lassen müssen. Da befahl der König zwei Kürassierregimentern je hundert Mann absitzen zu lassen und deren Pferde dem Artillerie-Train abzugeben. Die Reiter sollten aber das Sattelzeug zu Fuß mit forttragen.– Man stelle sich das beschwerliche Fortkommen dieser armen belasteten Fußgänger vor. Ich litt sehr an Zahnschmerzen. Der Regen hielt fast den ganzen Tag an.

15. und 16. Oktober: Die Armee blieb in der Stellung bis 17. des Morgens ohne Zelte und ohne Bagage. Wir hatten uns einige Bund Stroh zur Schlafstelle unter einem Baume zurecht legen lassen, allein das Wesentliche war ein gut unterhaltenes Feuer, was bei den ziemlich kalten Nächten unentbehrlich wurde. Ich besuchte die österreichische Armee in ihrer Position. Dabei hatte ich hinlänglich Gelegenheit zu bemerken, daß unsere beiderseitigen Armeen sich wegen ihres gänzlich abgerissenen, zerlumpten, besudelten Zustandes einander nichts vorzuwerfen hatten.– Fürst Hohenlohe (Befehlshaber der österreichischen Truppen) schien sehr verdrießlich und mißvergnügt über den Ausgang unserer Kampagne zu sein, übrigens ein alter, gerader, biederer Mann. Während wir zur Parole beim Zelte des Königs versammelt waren, lag ganz nahe dabei ein Offizier an einen Baum gelehnt und mit seinem Mantel kümmerlich zugedeckt, im hitzigen Fieber in den letzten Zügen. Seine zwei jammernden Brüder standen um ihn herum, ohne ihm helfen zu können, eine seltsam traurige und rührende Gruppe.– Daß ich die Zeit über nichts sonderliches zu genießen hatte, brauche ich wohl hier nicht erst zu erinnern.– Manchem schien es daher befremdlich, den König nebst Bischoffwerder, Prinz von Nassau und Lucchesini bei Tische vor dem Zelte sitzen zu sehen, ohne auf mich Rücksicht zu nehmen.

17. Oktober: Ordre zum Abmarschieren. Ich sah einen Soldaten, der mit nackten Füßen und Beinen unterm Gewehr stand; alles abgerissen, und vieles von der beständigen Nässe

abgefault. Der Prinz von Baden löste meine Brigade ab: er sprach mit mir in einem Ton, wie Jemand, der einer Sache recht überdrüssig geworden, und dem die Strapatzen nicht mehr schmecken wollten.

(Nach einem Ruhetag Marsch der Armee bis in die Nähe von Longwy.)

21. Oktober: Heute verließen wir das französische Territorium. Der größere Teil dankte Gott über die Grenze zu sein.– Sonderbar kam es uns vor, hier so nahe der französischen Grenze wieder Deutsch reden zu hören.– Unsere Leute konnten sich aber nicht darin finden, in einem befreundeten Lande zu sein [Luxemburg]. Es fehlte an Holz, als wie an Lagerstroh, was denn die Freude über die Grenze zu sein, verminderte, da sie keines mehr holen oder wegnehmen durften.

22. Oktober: Der König ließ Verdienstorden verteilen, unter anderen am Kapitän Bork von Waldeck, weil er einer von den wenigen Kapitains war, die für Schuhe und andere Montierungsstücke gesorgt, woran es in dieser Kampagne sehr gefehlt hatte. Kapitän Bork weigerte sich dieserhalb lange den Orden anzunehmen, bis Oberst Manstein ihm denselben beinah mit Gewalt aufdrang.– Gefaßter Entschluß mit Prinz Louis Ferdinand zusammen nach Longwy zu reiten, um dort die Franzosen einrücken zu sehen.– Longwy war noch durch unsere Füsiliere besetzt, allein die Straßen bereits mit französischem Militär gefüllt. Wir reiten zum General Kalkreuth, der hier geblieben, um das Nötige wegen der Rückgabe Longwys zu besorgen. Er erwartete in wenig Augenblicken die französische Besatzung. In einem Eckhause gegenüber waren bereits mehrere Franzosen abgetreten, unter anderen der bekannte Sillery, General Kellermann und andere mehrere. General Valence wurde mit seiner schönen Frau erwartet, die Tochter der Madame Genlis. Wir wollten sie gerne abwarten, allein sie kam nicht. General Kellermann ließ bei Kalckreuth anfragen, ob er wohl zu ihm kommen dürfe, uns zu sehen. Es wurde wie natürlich gerne bewilligt. Er kam also,

ein Mann von etlichen 50 Jahren, etwas feierlich und pathetisch, höflich, aber ohne sich zu genieren.

Wie die Truppen einmarschierten, gingen wir mit General Kalckreuth auf den Marktplatz herunter, um sie zu sehen. Der Anblick war aber nicht schön, aber desto buntscheckiger und seltsamer, weil er so ganz und garnichts Übereinstimmendes mit dem hat, woran unser Auge einmal gewöhnt ist, und was man zu erwarten pflegt, wenn man regelmässig, dressierte Truppen sieht.

Der ganze Marktplatz hatte sich allmählich mit französischem Militär gefüllt. Um uns herum stand ein großer Haufen Offiziere, wovon sich die meisten mit uns sehr zutraulich, offen, jedoch überaus artig und höflich unterhielten, und keine Gelegenheit verabsäumten, um ihre Achtung für Preußen, aber zugleich ihren bestimmten Haß gegen Österreich zu äußern. Sie redeten viel von Allianz zwischen Preußen und Frankreich, gegen Österreich, und was dergleichen mehr war. Auch kam die Reihe an ihre ehemaligen Prinzen, sie zogen Parallelen zwischen den Preußischen und jenen, wo sie denn viel Schmeichelhaftes zu unserem Vorteil zu sagen wußten. Am Ende ging es so weit, daß sie mich mit dem Antrag beehrten, mich zu ihrem König zu wählen, nur eine Redensart, doch immer seltsam genug in dem Munde dieser Leute. Wie der Tag anfing sich zu neigen, nahm ich sehr höflichen und freundlichen Abschied, und ritt weg.

General Kalckreuth gab uns aus Fürsorge seinen Ordonanz Offizier und einen Trompeter an die Grenze mit.

23. Oktober: Den folgenden Tag wurde Longwy ganz von unseren Truppen geräumt, und so war denn unsere mißlungene Kampagne auf französischem Grund und Boden geendigt.

Der Kronprinz, das geht eindeutig aus den Aufzeichnungen hervor, ist nicht besser orientiert gewesen als jeder x-beliebige Offizier seines Dienstgrades.

Nichts deutet darauf hin, daß der älteste Sohn vom König

zur Nachfolge erzogen wird. Nie wird er ins Hauptquartier befohlen, um an Lagebesprechungen teilzunehmen; der Vater, dessen Erbe er einst verwalten wird, weiht ihn nicht in seine politischen und militärischen Pläne ein, auch von den gescheiterten Friedensverhandlungen wird er erst nachträglich erfahren haben. Von den Friedensverhandlungen in Aubange am 25. Oktober, wo die Franzosen unmißverständlich zeigen, daß sie sich als Sieger fühlen. Sie fordern Anerkennung ihrer Republik, Austausch der Niederlande gegen Bayern, Friedensvertrag zwischen Preußen und Frankreich und Preußens Neutralität bei weiteren Kriegshandlungen zwischen Frankreich und Österreich. Auf diese Bedingungen kann Preußen nicht eingehen, sie sind demütigend. Der Herzog von Braunschweig erreicht lediglich, daß auch die letzten Rückzugsoperationen nicht vom Feind gestört werden. Statt die Revolutionäre niederzuzwingen, hat man ihr Selbstbewußtsein gestärkt. Dazu kommt, daß die Franzosen weitere Erfolge zu verzeichnen haben: die Armee unter Custine nimmt Speyer ein, am 21. September ergibt sich ihm Mainz, am Tag darauf Frankfurt am Main. Die Österreicher werden in Belgien bei Jemappes Anfang November besiegt, worauf sie das Land verlassen.

Rund 20000 Soldaten hat Preußen geopfert. Für wen?! Für was?! Und der von Friedrich dem Großen eisern gesparte Staatsschatz ist fast verbraucht, so daß Preußen bald in den Druck einer finanziellen Zwangslage gerät.

Nichtsdestotrotz, der König ist bester Laune, als die Reste der Armee Koblenz erreichen. Alle Strapazen, die er redlich mit der Truppe geteilt hat, sind vergessen. Er läßt die Verbände umgehend auffüllen, neu bekleiden und neu ausrüsten und ist fest entschlossen, die Franzosen vom rechten Rheinufer zu verdrängen. Custine, der bei Höchst und Frankfurt steht, muß angegriffen und vertrieben werden.

Der König verlangt nachdrücklich die Rückeroberung Frankfurts.

Der Braunschweiger, nach der Schlappe von Valmy noch zaghafter, warnt und zögert.

Doch der König insistiert.

Der Erfolg gibt ihm recht und macht ihn populärer als je zuvor. Berlin erfährt erst nach und nach, was sich zugetragen hat. Gerüchte von Dumouriez' Siegen, vom Rückzug preußischer Truppen, von einem mißglückten Feldzug werden lange nicht geglaubt. Als das volle Ausmaß der Katastrophe allmählich bekannt wird, »gerät das Publikum außer sich über die Ereignisse«, berichtet die Schwester von Prinz Louis Ferdinand.

In der Rhein-Main Metropole aber feiert man bereits den König als Befreier von Frankfurt, ein Sieg, den er den tapferen Hessen und den Frankfurter Handwerksburschen zu verdanken hat.

Drittes Kapitel

Hildburghausen liegt »mitten zwischen den Bergen des Thüringer Waldes und den fruchtbaren Gefilden des lieblichen Frankenlandes an sanfter Anhöhe auf mehreren Hügeln am rechten Ufer der Werra, die sich mit Erlen und Eschen umbüscht in mäandrischen Schlingungen durch das Hochtal zieht... in der Mitte zwischen Gotha und Bamberg, 35 km von Meiningen, 94 von Eisenach... 371,5 m über dem Meeresspiegel«, berichtet die Chronik aus dem Jahre 1886.

Die ersten urkundlichen Aufzeichnungen stammen aus dem Jahr 1315. Nach mannigfaltigem Besitzwechsel fällt die Stadt 1680 durch Erbteilung an den sechsten Sohn Ernsts des Frommen. Vier Jahre später wird Hildburghausen Residenz des mit ihr verbundenen Fürstentums. Eine Ehre, die die Bürger teuer zu stehen kommt. Zunächst müssen sie für den Bau eines Schlosses und für eine großzügigst geplante Parkanlage Grund und Boden teils kostenlos, teils gegen geringes Entgelt zur Verfügung stellen. Das bedeutet, daß viele Einheimische Wiesen, Weiden, Äcker, Gärten, ja sogar Haus und Hof verlieren und meist lange warten müssen, ehe sie die ohnedies knapp bemessene Vergütung für ihren Verlust erhalten. Die Zahl der sogenannten Extrasteuern steigt schnell von 5 auf 14. Gleichzeitig wächst die Schuldenlast ständig durch die unbesonnene Prachtliebe der Herzöge. Alle Regenten sind besessen von dem Wahn, Ludwig XIV. nachzueifern, ihn zu imitieren. Versailles ist das Vorbild für Schloß und Park, für den Pomp der Hofhaltung. Ausgaben, die das kleine Land unmöglich verkraften kann. Nach und nach wird das Finanzchaos unübersehbar und auch der geduldigste Gläubiger rabiat. Die Gläubiger wenden sich an den Kaiser, der eine Untersuchung von Soll und Haben des Herzogtums Sachsen-Hildburghausen anordnet. Es stellt sich heraus, daß 4 000 000 fl Schulden vorhanden sind, die jährlich 200 000 fl Zinsen kosten. Dem gegenüber steht ein Jahreseinkommen des Mini-Staates von 71 827 fl, wovon 12 000 fl auf die Zivilliste des Herzogs entfallen. Eine Debitkommission wird 1769 eingesetzt, jedoch Ordnung in den zerrütteten Haushalt zu bringen, gelingt auch ihr im Laufe einer 35jährigen Tätigkeit nicht. Man laviert sich durch, so gut es geht.

Siebzehn Jahre ist Erbprinz Friedrich alt, als 1780 sein Vater stirbt. Sein Urgroßoheim und Vormund übernimmt die Regierung: Prinz Joseph Maria Friedrich Wilhelm Hollandinus, ein Original. Schon sein Einzug in Hildburghausen im sechsspännigen Staatswagen mit Postillons und fürstlicher Gefolgschaft in Gala- und Staatsuniform zu Pferde, Kanonendonner und paradierendem Militär verrät, daß auch er ein Freund aufwendiger Hofhaltung ist. Gleich zu Beginn seiner Regentschaft führt er eine hochtrabende Rangordnung in dreizehn Klassen ein, von den Exzellenzen bis herab zu den Lakaien. Die strenge und komplizierte Hofetikette hat zur Folge, daß gelegentlich sich Vorfälle ereignen, die für Experten höchst amüsant, für die Betroffenen jedoch peinlich sind. So erzählt Jean Paul, Wieland sei in Bescheidenheit zurückgeblieben, als man in den Speisesaal ging, hätte aber mit dem Vortrupp gehen müssen, da er im »Nachtrab zugleich mit dem Fürstenpaar ankam«.

Der englische Tourist Swinburne besucht Prinz Joseph 1780 und notiert über ihn: »Er ist 80 Jahre alt und kann 300 Pfund wiegen. Er zieht sich jeden Abend acht Uhr in seine Appartements zurück. Wenn er von seinem Salon in sein Schlafzimmer geht, sind Leute aufgestellt, welche ihm seine Perücke und seine Kleider abziehen, dergestalt, daß, wenn er in die Türe seines Schlafzimmers tritt, er allezeit fertig zum Bett ist. Er braucht kaum 2 Minuten für seine Toilette.«

Eine Beobachtung, die auch Goethe macht, als er ihn 1782 im Mai aufsucht. »Der Alte«, wie er ihn nennt, »war sehr munter und freundlich, gab mir Audienz im Bett und war nachher gleich angekleidet zur Tafel«, schreibt er an Frau von Stein.

Die Volljährigkeit des Mündels entthront den Alten nicht, er regiert weiter, fühlt sich lediglich verpflichtet, den Erbprinzen zu verheiraten. Man sollte annehmen, er hielte nach einer reichen Partie Ausschau, damit zumindest im privaten Sektor der künftige Herzog der ewigen Geldnot entgeht. Prinzessinnen mit ansehnlichem Vermögen sind rar, und ihre Eltern haben anderes mit ihnen im Sinn als die Verbindung mit einem über und über verschuldeten Schwiegersohn. Doch eine Prinzessin muß es sein, vor allem! Prinz Joseph hat seine unumstößlichen Grundsätze. So wendet er sich an Prinz Karl von Mecklenburg-Strelitz, der vier Töchter hat. Die Älteste, Charlotte, ist fünfzehn. Das Projekt kommt Prinz Karl gelegen. Ein ebenbürtiger Gatte, der mit einer bescheidenen Mitgift zufrieden ist, wird sich so schnell nicht wieder melden. Obendrein kommt gerade eine Stiefmutter ins Haus, die Schwester seiner verstorbenen Frau, die er erst kürzlich in Darmstadt geheiratet hat. Bei dieser Konstellation ist es daher nur zu begrüßen, daß das Heiratsproblem der ältesten seiner Töchter sich schnell und befriedigend löst. Ernstliche Gedanken über ihre Zukunft, über den Erbprinzen, seine geistigen Fähigkeiten und finanziellen Verhältnisse hat er sich wohl nie gemacht, was ganz seiner Art entspricht, unbequemen Überlegungen aus dem Wege zu gehen.

Im Herbst 1785 wird Prinzessin Charlotte von Mecklenburg-Strelitz in Hannover, wo sie aufgewachsen ist, mit Erbprinz Friedrich von Sachsen-Hildburghausen getraut und folgt ihm in seine Residenz, die noch unter der Fuchtel des bärbeißigen Alten steht.

Charlotte, schön, hochmusikalisch – ihre Stimme wurde

von dem damals bekannten Giuliani geschult –, anmutig, liebenswürdig, großgeworden in einem kultivierten Milieu, in der Atmosphäre eines glücklichen Familienlebens, liebevoller Eltern und Geschwister, heiterer Geselligkeit, unerfahren, voller Ideale, dabei klug, selbstbewußt, ehrgeizig, muß zutiefst erschrocken gewesen sein über die neue Umgebung. Der rüde Ton ist ihr ebenso fremd wie das lächerlich steife Hofzeremoniell; Anregungen, musikalische oder literarische, gibt es nicht. Vieles ist veraltet, ungepflegt und verwahrlost, aber für Anschaffungen und Renovierung fehlen die Mittel. Ungeheuer sind die Schwierigkeiten, die es zu überwinden gilt, um das Ziel zu erreichen, an dem Charlotte von nun an unentwegt arbeitet: Hildburghausens Fürstensitz in einen Musenhof zu verwandeln.

Erst zwei Jahre später, erst als Prinz Joseph 1787 stirbt, kann an Änderungen gedacht werden. Herzogin Charlotte ist es zu danken, daß die Etikettevorschriften alsbald eine wesentliche Lockerung erfahren, daß man bemüht ist, Künstler an den Hof zu ziehen, Musiker, Maler, Dichter. Der bekannteste unter ihnen ist Jean Paul, der seinen *Titan* den vier schönen Schwestern, Charlotte, Therese, Luise, Friederike, widmet. Welch prachtvollen, welch idealen Rahmen hätte der herzogliche Besitz für die Entfaltung von Charlottes Plänen gegeben, wenn nicht die meisten ihrer Wünsche und Vorhaben der scharfen Kontrolle der Debitkommission zum Opfer gefallen wären.

Das Schloß ist ein schöner, symmetrischer Bau im französischen Stil, mit hellen, großen Repräsentationsräumen im Erdgeschoß.

Die Schloßbibliothek ist umfangreich, in ihr stehen viele wertvolle alte Folianten. Eine eigene Schloßkirche, mehrere Wirtschaftsgebäude, Marställe, ein Trakt für den Bataillonskommandanten mit Offizierskasino gehören zu dem herzoglichen Wohnkomplex.

Der Park war und ist auch noch um 1880, wie aus der Chronik ersichtlich, trotz manchen Verfalls eine Sehenswürdigkeit. Das ausgedehnte Terrain ist gleich einer Insel umflossen von Wasser, einerseits vom Flußbett der Werra, andererseits von einem daraus gespeisten Kanal, der ebenso wie der sogenannte Irrgarten à la Versailles Anfang des 18. Jahrhunderts mit großen Kosten angelegt wurde. Ferner entstanden zu jener Zeit nach dem Plan eines kaiserlichen Geographen aus Nürnberg ein Sommerspeisepavillon, ein Naturtheater, ein Orangerie- und Glashaus, Muschelgrotten, die Eremitage und »Monbijou«, eine kleine Villa mit Blumengarten.

Der schönste Schmuck des Parkes aber ist der Baumbestand. Zu seltener Größe und Üppigkeit haben sich die importierten Lebensbäume entwickelt. Ein breiter Zufahrtsweg führt vom Haupteingang des Parkes bis zum Schloßportal.

Über den knirschenden Kies dieses Weges fährt Mitte Oktober 1792 ein hochbepackter Reisewagen, dem die Herzogin über die Freitreppe glücklich entgegeneilt. Die Nachricht von dem Vordringen des französischen Revolutionsheeres, von dem bedrohten Darmstadt, von der Flucht der Großmutter mit den Geschwistern erhielt Charlotte erst kurz zuvor. Schnell hat man alles zum Empfang der Gäste hergerichtet. Es treffen ein: Prinzessin George, ihre Enkelinnen Luise und Friederike, ihre Enkel Georg und Karl und Mademoiselle de Gélieu, die Gouvernante der Mädchen.

Trotz aller Liebe und Fürsorge, mit der Charlotte die Großmutter während des mehrmonatigen Aufenthaltes verwöhnt, fühlt Prinzessin George sich nicht glücklich. Sie sehnt sich nach dem heimatlichen Darmstadt und möchte so schnell wie möglich zurückkehren zu den Menschen ihrer gewohnten Umgebung und zu ihrer heiter-legeren Lebensweise. Von dem nach ihren Begriffen immer noch reichlich übertriebenen Hofzeremoniell des Zwergstaates hält sie ganz und gar nichts, auch nichts von dem Herzog, der von seinen Pflichten lediglich die eheliche mit Eifer betreibt. Charlotte, die diesen Mann nie geliebt hat, ist unentwegt schwanger. Abgesehen von den Fehlgeburten, hat sie elf Kindern das Leben geschenkt, von denen vier frühzeitig sterben. Vier Prinzen, drei Prinzessinnen wachsen heran, die Prinzessinnen waren für ihre Schönheit weithin bekannt.

Im Gegensatz zur Großmutter genießen Luise und Friederike die Wintermonate, die sie bei Schwester und Schwager verbringen, in vollen Zügen. Die angstvollen letzten Tage in Darmstadt sind schnell vergessen. Und Hildburghausen, idyllisch gelegen, friedlich, bemüht, sich im besten Licht zu zeigen, bietet eine Fülle amüsanter Zerstreuungen. Schlittschuhlaufen, Eisfeste auf dem Kanal, umleuchtet von Fackeln, Lampions, Pechpfannen, begleitet von Hoboisten- und Janitscharenmusik, Maskenfeste, Theateraufführungen, Schlittenpartien und natürlich Soireen, bei denen die älteren Erwachsenen sofort nach der Begrüßung an den Spieltischen Platz nehmen. Die Spielleidenschaft ist das Fieber der damaligen Zeit. Keine Gesellschaft ohne Kartenspiel, aber auch kein Zirkel ohne Falschspieler. Casanova und seinesgleichen existieren – und zwar gut – ausschließlich von raffiniertesten Falschspieltricks. Sie sind ständig unterwegs von Schloß zu Schloß, um die Fürstlichkeiten zu charmieren und nach Strich und Faden zu schröpfen. Unsummen gehen verloren – die Fürstin Auersperg verspielt ihre ganze Mitgift von 12000 Dukaten an einem einzigen Abend –, aber auch Unsummen werden gewonnen. Goethe ist der Ansicht, sein Vater habe ihm großen Schaden zugefügt, weil er ihn vom Spiel abgehalten habe, und er empfiehlt jungen Leuten, sich darin zu üben und eine gewisse Fertigkeit zu erlangen, da eine Gesellschaft ohne Kartenspiel sich gar nicht denken lasse. Reisende, die Amerika besuchen, berichten, sie seien sehr überrascht gewesen, daß nirgends gespielt worden sei, selbst nicht während eines mehrtägigen Aufenthaltes in den großen und eleganten Landhäusern.

Junge, arme Verwandte haben nicht die geringste Chance am Spieltisch, auch wenn die Einsätze in Hildburghausen sich in relativ bescheidenen Grenzen halten. Luises und Friederikes Taschengeld reicht kaum für die kleinen Geschenke zu Weihnachten und für die Geburtstage. Einmal verkauft Luise einen

Granatschmuck, da sie hin und wieder der Verlockung erliegt, hübsche Accessoires zu erstehen, um ihren schlichten Kleidern wenigstens einen modischen Effekt zu geben.

Ein flüchtiges Interesse für Herder scheint Luise damals gehabt zu haben, sie macht sich Aufzeichnungen aus seinen *Zerstreuten Blättern.* Alle betrachten offenbar den Aufenthalt als willkommene Ferienzeit. Der dreizehnjährige Georg verfügt aus Mangel an Lehrkräften über eine ungetrübt zwanglose Freiheit. An ihm haben die Schwestern einen starken Verbündeten, so daß Mademoiselle de Gélieu schließlich auf geregelte Unterrichtsstunden verzichtet. Die Spielgefährtin des siebenjährigen Stiefbruders Karl ist seine um zwei Jahre jüngere Nichte, die älteste Tochter der Herzogin Charlotte.

Zum erstenmal seit Jahren ist die Familie wieder für einige Wochen unter einem Dach vereint, denn auch Therese trifft mit ihrem Mann Karl Alexander, dem Erbprinzen von Thurn und Taxis, bald nach der Ankunft der Darmstädter in Hildburghausen ein. Wenige Tage später der Vater, Prinz Karl von Mecklenburg-Strelitz. Therese und Karl Alexander kehren Anfang Dezember nach Regensburg zurück, doch der Vater bleibt den ganzen Winter über in Hildburghausen, so lange, bis die sich zuspitzenden Ereignisse in Frankfurt und Darmstadt seine Anwesenheit dringend erfordern.

Prinz Karl liebt das Städtchen und seine Umgebung. Er kennt jeden, und jeder kennt ihn. »Man sieht ihn selten im Wagen oder zu Pferde«, erzählt ein Zeitgenosse, »desto öfter aber in einem einfachen, ganz zugeknöpften Oberrock gehüllt, unter welchem er ein einfaches Kleid, mit ebenso einfachem Stern geziert, trägt, durch Stadt, Feld und Wald lustwandeln, alle ihm Begegnenden freundlich grüßend, öfters Unterhaltungen anknüpfend, Werkstätten wie Kollegien unerwartet besuchend, sich für alles Gewerbsame interessierend, wie für Wissenschaften und Philosophie.«

Er ist Präsident der Debitkommission. Das bedeutet, daß er seinen Einfluß geltend machen kann, wenn allzu scharfe

Maßnahmen drohen oder Gelder für Instandhaltung bewilligt werden müssen. 1786 gründet er in Hildburghausen die Loge »Carl zum Rautenkranz« mit Konstitutionspatent von der Großloge zu London. Er ist Meister vom Stuhl. Schon im Kurfürstentum Hannover war er englischer Großmeister.

Zu Weihnachten kommt der Sohn der Großmutter, Onkel Georg, wie seine Nichten und Neffen ihn nennen. Der Besuch ist eine freudige Überraschung für sie, sie ahnen nichts von den schwerwiegenden Gründen, die Anlaß zu dieser Reise waren. Onkel Georg umgibt ein neuer Glorienschein. Als Kommandeur der Hessisch-Darmstädtischen Reiterei hat er zusammen mit den Hessen-Kasselschen Grenadieren und den Preußen am 2. Dezember die Franzosen aus Frankfurt vertrieben. Der König, der nach der Einnahme das Hauptquartier für den Winter 1792/93 nach Frankfurt verlegen kann, zeichnete ihn aus.

Kaum ist Friedrich Wilhelm II. in die Stadt eingezogen, blüht das gesellschaftliche Leben auf. Es spielt sich vor allem in den Häusern der alten Frankfurter Patrizierfamilien ab, bei denen der in Darmstadt aufgewachsene Prinz Georg seit frühester Jugend aus- und eingeht. So lernt er den König näher kennen, den man überall auf Empfängen, bei Soupers, auf Bällen, beim morgendlichen Spazierritt trifft und jeden Abend im Theater. Der Kronprinz, sein Bruder Prinz Ludwig und die Offiziere ihrer unmittelbaren Umgebung werden ihm vorgestellt. Er macht die Bekanntschaft von Herrn von Schack, dem Adjutanten des Kronprinzen, und erfährt von ihm, der König wünsche, daß der Kronprinz, nunmehr zweiundzwanzig Jahre, sich nach einer Frau umsehe. Zur Zeit bemühe sich der Herzog von York, den Kronprinzen für eine Heirat mit einer englischen Prinzessin zu gewinnen, der Tochter der Königin Charlotte. Der König hätte zwar seinem Sohn auf dessen Bitte freie Hand bei der Wahl seiner Frau zugesichert, Ebenbürtigkeit vorausgesetzt, sei aber gegen diese Ehe. Er fürchte, England bezwecke damit in erster Linie, Einfluß auf die preußische Politik zu erlangen.

In Berlin sei schon mehrmals gemunkelt worden, der Kronprinz beabsichtige die Schwester des Prinzen Louis Ferdinand zu heiraten, da er sich gut mit ihr verstehe. Auch von einer oranischen Cousine und von einer badischen Prinzessin sei die Rede gewesen. Kürzlich habe nun der Kronprinz, vorsichtig wie er sei, andeutungsweise zu verstehen gegeben, er hoffe, während eines Besuches in Darmstadt, den sein Vater in Aussicht gestellt habe, die mecklenburgischen Prinzessinnen kennenzulernen, von deren Schönheit und Anmut er schon viel gehört habe.

Ein Wink mit dem Zaunpfahl! Ganz unbeabsichtigt wird Herr von Schack ihm die Äußerung des Kronprinzen nicht wiederholt haben, ihm, dem Onkel dieser Prinzessinnen. Die Vermutung bestätigt sich, als Frau von Ohlenschlager, die Frau des Bürgermeisters, eine gebürtige Mecklenburgerin, ihn um seinen Besuch bittet, um Wichtiges mit ihm zu besprechen. Sie hat die gleichen Informationen aus der gleichen Quelle erhalten. In wohlmeinendem Eifer fühlte sie sich verpflichtet, sozusagen als Landsmännin, Prinz Karl von Mecklenburg sofort zu benachrichtigen, damit er seine Vorkehrungen treffen kann. Sie ist überzeugt, daß er unverzüglich mit Schwiegermutter und Töchtern nach Darmstadt zurückkehrt, um den Besuch des Königs nicht zu verpassen.

Prinz Georg ist es nicht. Er kennt seinen Schwager und darüber hinaus die Bedenken, die die Verwandtschaft gegen diese Verbindung geltend machen wird. Bedenken, die nicht ohne weiteres von der Hand zu weisen sind. Er selbst teilt sie, und er würde nichts unternehmen, um den Plan zu fördern, wenn der Kronprinz ihm nicht gefiele. Doch er gefällt ihm, ist ihm sympathisch trotz seiner Zurückhaltung, Verschlossenheit, obwohl er gesellschaftlich nicht so gewandt ist wie seine galante Umwelt. Aber in diesem Fall ist gerade das ein Vorzug.

Kurz entschlossen fährt Prinz Georg nach Hildburghausen. Die Festtage sind ein willkommener Vorwand.

Wie er schon ahnte, hatte der Brief von Frau von Ohlenschlager nicht den von ihr erwarteten Erfolg. Zu viert verhandelt man hinter verschlossenen Türen. Nur Prinzessin George, Prinz Karl und Herzogin Charlotte sind in das Geheimnis eingeweiht – nicht einmal der Herzog, da niemand von ihm eine eigene Meinung oder wertvolle Ratschläge erwartet. Die Aussicht, sich mit dem preußischen Hof zu verschwägern, ist keineswegs verlockend. Berlins Hofgesellschaft, unter Friedrich dem Großen in den Fesseln eines strengen Regimes, ist unter dem lebenslustigen König Friedrich Wilhelm II. schnell entartet und verrufen wegen ihrer Sittenlosigkeit. Das sind auch die Einwände, die von seiten der Verwandten zu erwarten sind, Einwände, die die Frage aufwerfen, ob eine solche Heirat in Frage kommt oder besser von vornherein verhindert werden soll.

Abgesehen davon, ist Prinz Karl nicht gut zu sprechen auf die preußische Politik, auf den König und seine Minister. Von Anfang an war er gegen das Bündnis mit Österreich, gegen den Krieg. Wozu sich einmischen in etwas, was Frankreich allein angeht? Er mißbilligt daher auch, daß die Hessen sich den Preußen angeschlossen haben, so daß über dem früher so guten Einvernehmen zwischen ihm und Prinz Georg ein Schatten liegt.

Prinz Karl bleibt unzugänglich, beharrt auf einer abwartenden Haltung, die er mit der Unsicherheit der künftigen Entwicklung der militärischen Operationen begründet. So lange Mainz noch in den Händen der Franzosen, sei Darmstadt viel zu gefährdet und an eine Rückkehr nicht zu denken. Er nehme kein Risiko auf sich, erklärt Prinz Karl, lediglich um festzustellen, ob eine seiner Töchter Gnade vor den Augen des preußischen Kronprinzen finde.

Alles das ist de facto richtig. Doch Prinzessin George läßt sich nicht täuschen. Mit diesen Argumenten entgeht ihr Schwiegersohn vor allem einer präzisen Stellungnahme, zu der er sich nicht entschließen kann. Was ihr Sohn über den Kronprinzen berichtet, wird allerdings auch von ihr und der Herzogin Charlotte skeptisch aufgenommen. Es nützt nichts, daß er versichert, keine einzige Liaison, kein einziger Skandal sei von ihm bekannt. Das klingt so unwahrscheinlich, daß diesem Ondit die Glaubwürdigkeit fehlt. Mit Recht hält man ihm vor, er kenne den Kronprinzen kaum vierzehn Tage, wie wolle er da ein verläßliches Urteil über ihn fällen, außerdem begegne er ihm nur auf gesellschaftlichen Veranstaltungen oder bei offiziellen Anlässen, die keinerlei Rückschlüsse auf das Privatleben des Prinzen zuließen. Und mit Äußerungen über seine Person werde man gerade ihm gegenüber vorsichtig sein.

Als Prinz Georg Hildburghausen verläßt, hat er wenig erreicht. Immerhin ist ihm gelungen, Mutter und Nichte zu überzeugen, daß eine Chance wie diese nicht das Opfer emotionell vorgefaßter Meinungen werden dürfe, sondern sorgfältig nach allen Seiten hin überprüft werden müsse. So hat auf Bitten und Drängen von Prinzessin George und Herzogin Charlotte Prinz Karl sich zu guter Letzt entschlossen, Geheimrat Kümmelmann als Beobachter und Vertrauensmann nach Frankfurt zu senden. Er soll diskret Erkundigungen einziehen, soll sich ein objektives Urteil bilden und laufend Bericht erstatten. Geheimrat Kümmelmann ist ein Logenbruder und Mitglied der Debitkommission. Nach Schilderung eines Zeitgenossen ist er »ein Mann von imposantem Äußeren, fürstlichem Anstand, feinsten Umgangsformen, durch und durch voll Geschmack und vertraut mit Wissenschaft und Kunst.« In jeder Hinsicht die geeignete Persönlichkeit, um eine so delikate Aufgabe zu übernehmen.

Wenn auch in Hildburghausen das Problem mit größter Exklusivität erörtert wird, fühlt man sich doch genötigt, den Darmstädter und Regensburger Hof zu unterrichten, was zur Folge hat, daß die Nachricht im Familienkreis schnell die Runde macht. Täglich treffen Briefe von Verwandten ein, die mehr oder weniger warnend klingen. Am empörtesten und heftigsten reagiert die landgräfliche Familie in Darmstadt. Schließlich ist die preußische Königin eine Schwester des Landgrafen. Man ist also aus erster Quelle informiert über alles, was ihr im Laufe der Jahre zugemutet wurde, über die zahllosen Liebschaften des Königs, über die beiden morganatischen Ehen, über Wilhelmine Enke-Rietz, die preußische Pompadour, die alle Seitensprünge ihres königlichen Liebhabers überdauerte. Sie ist zur Zeit in Frankfurt mit ihrer Tochter, der Tochter des Königs, und tätigt auf der Zeil promenierend Einkäufe. Tatsächlich hat der König sie kommen lassen, während die Königin im fernen Berlin in Schloß Monbijou residiert und der Klatsch ihr zugetragen wird. Nur wenige wissen, daß Wilhelmine längst nicht mehr die Geliebte des Königs ist, daß sie jedoch für ihn eine unentbehrliche Freundin wurde. In Frankfurt »erfreut sich der besonderen Gunst des Königs«, wie es im Jargon der damaligen Zeit heißt, Demoiselle Kneisel, eine junge Schauspielerin des dortigen Theaters. Nicht lange wird es dauern, bis eine neue ernsthaftere Affäre sich anspinnt, die den König abermals in ihren Bann zieht.

Luise und Friederike, völlig ahnungslos über den Wirbel hinter den Kulissen, freuen sich unbekümmert an den Vergnügungen, die für die Gäste arrangiert werden und mit denen man vor allem bemüht ist, Prinzessin George zu erheitern und zu zerstreuen. Das Heimweh nach Darmstadt und die Verantwortung für die Zukunft ihrer Enkelinnen lasten auf ihr. Der Zwiespalt zwischen pro und contra einer Verbindung mit dem preußischen Hof irritiert und beschäftigt sie unentwegt. Was dafür spricht, ist in erster Linie der finanzielle Vorteil; er ist bestechend. Wenn der Kronprinz eine Neigungsehe eingehen will, ist die bescheidene Mitgift, die Prinz Karl seinen Töchtern geben kann, gewiß kein Hinderungsgrund. Und als Kronprinzessin und spätere Königin von Preußen eröffnet sich einem der Mädchen ein so glanzvoller Lebensstil, wie sie es bisher nie gewohnt waren. Prinzessin George, die selbst gern repräsentiert und stolz ist auf ihr Geschlecht, würde überdies, vom dynastischen Standpunkt aus betrachtet, am liebsten sofort Ja und Amen zu der Heirat sagen. Eine Konstellation, so günstig wie diese, kehrt nicht wieder. Verspielt man sie leichtsinnig, indem man sich – zwar aus wohlerwogenen Gründen – zurückhält, oder wird durch die von allen Seiten empfohlene Vorsicht und Besonnenheit ein Unglück vermieden? Eine Wiederholung der Demütigungen, denen die jetzige Königin ihr Leben lang ausgesetzt war. Wird der Kronprinz, selbst wenn er jetzt noch keinerlei Neigung dazu zeigt, früher oder später ein Bonvivant wie der Vater? Sein Bruder Prinz Ludwig ist für jedes Abenteuer zu haben, erst recht jener Vetter Prinz Louis Ferdinand, von dem man sich die tollsten Geschichten erzählt.

Seitdem die französischen Emigranten sich in Scharen um den König sammeln, ist der Ton am preußischen Hof noch freier, noch lockerer geworden. Hinzu kommen die Rosenkreuzer mit ihrem undurchsichtigen Einfluß auf den König. Ein Dunstkreis von Intrigen, Heimlichkeiten, von Heuchelei, Verleumdung, Haß und Liebe, politischen Ambitionen und niedrigsten Instinkten. In einer derartigen Atmosphäre muß man aufgewachsen sein, um ihre Gefahren zu durchschauen.

Luise und Friederike sind fern von Zuchtlosigkeit, Bosheit, fern vom Machtkampf um Positionen, von Schmeichelei und Ränken groß geworden. Sie haben sich ihren Glauben an die Aufrichtigkeit und Ehrlichkeit der Menschen bewahrt. Friederike ist kokett, geschmeidig, amüsant, zerbrechlich – nach außen hin. Doch innerlich zäh wie Juchtenleder, gerade das, was Männer lieben. Mit ihrer Anpassungsfähigkeit wird sie es vermutlich leichter haben, sich im neuen Milieu zurechtzufinden. Aber Luise, echt, klar, aufrichtig, eher spröde als anschmiegsam und gefügig, charakterlich fester gefügt als die Schwester, verankert im Glauben an eine sittliche Kraft – es fällt der Großmutter schwer, sich Luise in einer Gesellschaft vorzustellen, der nichts heilig ist.

Aus Frankfurt schreibt Prinz Georg an seinen Schwager: »Du kannst versichert sein, Alles, was ich für Dich und die Deinen tun kann, geschieht ebenso, als wäre es für mich und die Meinigen; Dir dienen, heißt mir selbst dienen.« Prinz Karl nimmt es zur Kenntnis, an seiner abwartenden Haltung ändert sich nichts. Auch nicht, als nach und nach die Berichte von Geheimrat Kümmelmann immer deutlicher zu verstehen geben, daß er den Kronprinzen für einen durch und durch integren jungen Mann hält, ernst, fast zu ernst, ohne weiblichen Anhang trotz des Überangebotes von verführerischen Frauen, das ihn umgibt.

Januar und Februar verstreichen, ohne daß ein Entschluß gefaßt wird. Der Besuch Friedrich Wilhelms II. mit seinen Söhnen in Darmstadt muß in Kürze erfolgen, denn das Winter-Hauptquartier in Frankfurt geht seinem Ende entgegen.

Am 2. März wird Friederike fünfzehn, am 10. März Luise siebzehn Jahre alt, und aufwendige Vorbereitungen sind im Gange, um den Geburtstag von Prinzessin George festlich zu feiern, die am 16. März dreiundsechzig wird. Ihr ist nicht zum Feiern zumute.

Da trifft die alarmierende Nachricht ein, der König habe sein Kommen in Begleitung seiner Söhne im landgräflichen Palais in Darmstadt für Montag den 11. März angekündigt. Zu spät trifft sie in Hildburghausen ein, als daß der Termin an Ort und Stelle noch wahrgenommen werden könnte. Prinzessin George stimmt lebhaft dem Bedauern darüber zu, das ihr Sohn und auch Geheimrat Kümmelmann in ihren Schreiben äußern. Endlich rafft sich Prinz Karl zu einem Entschluß auf: Er willigt ein, daß die Großmutter mit den Enkelinnen abreist und den Weg über Frankfurt nach Darmstadt nimmt – aber ohne ihn. Er lehnt es auch weiterhin ab, sich einzumischen, womit er endgültig seiner Schwiegermutter den Schwarzen Peter zuschiebt.

Die eifrig Mitwirkenden an dem für den 16. März geplanten Fest sind schockiert, als sie hören, Prinzessin George habe befohlen, die Koffer zu packen. Sie selbst ist nun, da die Entscheidung gefallen ist, ruhig, umsichtig und sehr bestimmt.

Bald darauf rollt der schwer bepackte Reisewagen, flaschengrün mit rotem Untergestell, aus dem Schloßhof von Hildburghausen und biegt auf die Landstraße in Richtung

Frankfurt ab. Daß man dort Onkel Georg wiedersehen und ins Theater gehen wird, wie die Großmutter versprochen hat, tröstet Luise und Friederike ein wenig. Der Abschied von der fröhlich unbeschwerten Zeit, die hinter ihnen liegt, fällt ihnen schwer.

Viertes Kapitel

Mainz hat am 20. Oktober 1792 vor den französischen Truppen kapituliert, Frankfurt öffnet ihnen am Tag darauf die Tore. Die französische Armee steht unter dem Oberbefehl des Generals Custine. Von Herkunft Aristokrat, hat er mit der Revolution paktiert, was ihn auch nicht rettet: im August 1793 wird er in Paris guillotiniert.

Die Frankfurter behaupten, die neidischen Mainzer hätten Custine gegen die durch zwei Kaiserkrönungen reich gewordene Stadt aufgewiegelt. Tatsächlich verlangt Custine von Frankfurt Kontributionszahlungen in Höhe von 2 Millionen Gulden, eine unerhörte Summe in der damaligen Zeit. Um sie aufzubringen, wird nur eine Frist von 12 Stunden gewährt. Noch am gleichen Abend nach der gestellten Forderung wird ein Aufruf an die Bevölkerung von Haus zu Haus getragen, alle verfügbaren und entbehrlichen Barmittel gegen eine Verzinsung von 4 % zur Verfügung zu stellen, da die Stadtkasse über keinen nennenswerten Betrag verfügt. Wie erwartet, finden sich vom frühen Morgen an die Bürger auf dem Römer ein, um mit ihren Ersparnissen und flüssigen Kapitalien dem bedrängten Magistrat zu Hilfe zu kommen. Viele wollen auf eine Verzinsung des Darlehens verzichten.

Unterdessen wird mit Custine über eine Reduzierung der Summe verhandelt. Erfolglos, der General droht mit Brandschatzung, so daß die erschrockene Stadtverwaltung ihm zunächst 300000 Francs, (nicht Gulden!) und dann noch einmal 150000 Francs überbringen läßt. Durch Geiselnahme erpreßt Custine schließlich insgesamt 1 Million Francs, über eine zweite Million soll in Paris entschieden werden, wohin drei Deputierte der Stadt gesandt werden. Doch bereits bevor die Verhandlungen zu einem Ergebnis gelangt sind, ist Frankfurt wieder frei, und Custine hat sich nach Mainz zurückgezogen.

Die Freiheit verdankt Frankfurt König Friedrich Wilhelm II., der sich gegen die Bedenken des ewig zaudernden Herzogs von Braunschweig energisch für die Rückeroberung einsetzt. Er bestimmt den Sturmangriff für den 2. Dezember und wird selbst anwesend sein, um wichtige Entscheidungen persönlich zu treffen. Das Kommando wird dem preußischen Oberstleutnant von Rüschel übertragen. Bereitgestellt wird das 6600 Mann starke Korps von Hessen-Kassel, verstärkt durch hessen-darmstädtische und preußische Reiterei.

Der 2. Dezember ist ein Sonntag, der 1. Advent. Während des Gottesdienstes in den Kirchen beginnt die Schießerei.

Zur Überraschung der angreifenden Hessen wird das Friedbergertor geöffnet, um einen Wagen hinaus zu lassen. Doch ehe die Soldaten die Gelegenheit wahrnehmen können, in die Stadt einzudringen, sind die Tore wieder zugeschlagen, und auf beiden Seiten wird das Feuer eröffnet. Die irrige Nachricht verbreitet sich, daß der Überfall gelungen sei. Prinz Karl von Hessen-Philippsthal stürmt daraufhin mit seinem Grenadier-Bataillon auf das Friedbergertor zu, erreicht aber nur das geschlossene Tor, gegen welches er und seine Grenadiere durch die nachdrängenden Kolonnen gepreßt werden. Ein leichter, sicherer Fang für die Kugeln der durch die Mauerscharten schießenden Franzosen. Tote und Verletzte, darunter auch der Prinz, der wenige Tage später stirbt, sind das einzige Resultat des Angriffes. Der Herzog von Braunschweig will das Unternehmen abbrechen, Oberstleutnant von Rüschel beschwört den König, die Attacke fortzusetzen. Der König gibt Befehl, weiter vorzugehen.

Im Innern der Stadt ist der französische Kommandant, General van Helden, im Grunde von vornherein bereit, sich zu ergeben. Die ihm zur Verfügung stehenden Besatzungsstreitkräfte und die Kriegsmaterialien sind ungenügend, darin stimmt Custine mit ihm überein; er hat diese Meinung bereits nach Paris geschrieben. Obendrein hat er, anders als in Mainz, die Stimmung der Bevölkerung gegen sich. Anfangs macht van Helden einen kläglichen Versuch, die beiden Kanonen, mehr besitzt er nicht, auf den Stadtwall schaffen zu lassen. Weit kommen sie nicht; die Seile der Pferde, die sie vorwärtsziehen, werden durchschnitten und die Räder zertrümmert. Man erinnert nun van Helden daran, daß Custine versprochen habe, die Stadt keiner Beschießung auszusetzen, worauf er bereit ist, die Kapitulation anzubieten. Er schickt einen Trompeter an das Friedbergertor, um seine Absicht anzukündigen, doch der Trompeter wird durch die Wachen an seinem Vorhaben gehindert, ein zweiter Trompeter bläst auf dem Wall am Hanauer Tor vergebens, das Gewehrfeuer übertönt ihn.

»Doch die gesamte Einwohnerschaft Frankfurts sieht mit Sehnsucht der Befreiung entgegen. Dies ist namentlich der Fall bei den Tausenden von Handwerksburschen, welche in der Stadt als Gesellen beschäftigt sind. Sie alle, von den Zimmergesellen und Schlossern an bis zu den Bäckern, Schneidern, Perückenmachern usw. sind entschlossen, den deutschen Truppen auf jede Weise Hilfe zu leisten. Sie haben sich verabredet, die Tore gewaltsam zu öffnen, und da sie jede freie Zeit, namentlich den ganzen Freitag vorher, an welchem die Feier des Buß- und Bettages gewesen ist, zum Besuch der um Frankfurt herumstehenden deutschen Truppen benutzt haben, so haben sie auch diesen eine solche Mithilfe zugesagt und halten am 2. Dezember Wort... Sie sammeln sich mit Äxten und Stöcken bewaffnet auf der Zeil, und dies setzt die daselbst aufgestellte französische Reserve so sehr in Schrecken, daß dieselbe, als mehrere Granaten prasselnd bei ihr einschlagen, größtenteils in wilder Flucht davonrennen. Nun eilen die Handwerker teils nach dem Friedberger, teils nach dem Hanauer Tor und suchen die Wachen derselben zu übermannen. (Nach einem Bericht von G. L. Kriegk In: *Deutsche Kulturbilder aus dem 18. Jahrhundert*).«

Es dauert nicht lange, da rasseln die Zugbrücken hinunter, die Tore öffnen sich. Mit Vivatrufen begrüßen die Handwerksburschen die eindringenden Hessen.

Die fliehenden Franzosen werden verfolgt. Die meisten entkommen dem Tod, da die Einwohner mit ihnen Mitleid haben, sich ihrer annehmen, sie verstecken und erst später als Gefangene ausliefern. Auch General van Helden wird gefangengenommen. Die Franzosen haben wenig Verluste gehabt, sieben Tote findet man in den Straßen.

Custine hingegen berichtet nach Paris, daß etwa 300 Franzosen mit Messern niedergemetzelt worden seien, schickt sogar eines der Mordmesser an den Konvent. Die Empörung der Pariser richtet sich gegen die drei Deputierten, die wegen der Kontributionsverhandlungen sich noch dort aufhalten. Sie müssen in Haft genommen werden, um der Wut der Massen zu entgehen. Erst Ende Januar kehren sie nach Frankfurt zurück.

18 Offiziere und 168 Soldaten haben die Hessen verloren. Anfang 1793 läßt der König »den tapferen Hessen« ein Denkmal vor dem Friedberger Tor setzen, an der Stelle, wo die meisten von ihnen gefallen sind.

Der König nimmt Quartier im Roten Haus auf der Zeil und beschließt, den Winter in Frankfurt zu verbringen. Das bedeutet den Auftakt für eine Saison heiterster Geselligkeit. Die reichen, vornehmen Patrizierfamilien suchen den fürstlichen Gästen den Aufenthalt so angenehm wie möglich zu machen. Man trifft sich zum Déjeuner – heute würden wir Lunch sagen –, trifft sich wieder beim Diner, bei Soireen, im Konzert, im Theater und auf den nächtlichen Bällen. Das Theater, das im vorigen Jahr mit einem durch private Initiative ausgeglichenen Defizit abschloß, profitiert nun von der Vorliebe des Königs sowohl für Oper und Operette als auch für Schauspiel und Komödie. Er versäumt keine Vorstellung, und die Künstler spielen Abend für Abend vor ausverkauftem Haus.

Der Strom der Reisenden nach Frankfurt reißt nicht ab. Frauen, Töchter, Geliebte und Damen, die ein Abenteuer suchen, Emigranten, Diplomaten, hohe Militärs, Minister finden sich ein und auch jene, die verstehen, den Herrschaften das Geld zwischen den Fingern zerrinnen zu lassen. Die Hinrichtung des Königs von Frankreich geht trotz Anordnung einer Trauer kaum beachtet im Trubel der Vergnügungen unter.

Der König ist außerordentlich beliebt. Seine Amouren beschäftigen die Phantasie, ohne daß sie ihm verübelt werden. Er ist ständig umgeben von Frauen. Schon als er in Frankfurt einzieht, reiten in seinem Gefolge Amazonen, dann wieder sind es die hübschen, jungen Damen vom Theater und Ballett, die ihn begleiten. Und last not least sieht man ihn mit Wilhelmine Rietz in Gesellschaft ihrer und seiner jetzt dreizehnjährigen Tochter.

Viel Sympathie wird dem Kronprinzen, der, wie es seine Art ist, still, ernst und reserviert bleibt, von den angesehenen Familien der Stadt entgegengebracht. Die einfache, prätentionslose Form seines Auftretens gefällt ihnen. Und ihm gefällt, daß er bei den Bethmanns, Gontards, Willemers, Ohlenschlagers, Vrints und wie sie alle heißen, ohne die steife Konvention verkehren kann, die in Berlin jeden menschlichen Kontakt so erschwert.

Anders Prinz Ludwig, sein Bruder. Er ist dem Vater nachgeschlagen, leichtsinnig und leichtlebig. Ein guter, tapferer Offizier, aber außer Militär, Frauen und Amüsement hat er keine Interessen und sehnt sich durchaus nicht wie der Kronprinz nach einer harmonischen, soliden Häuslichkeit. Er hat seine Freundin aus Berlin kommen lassen, was nicht bedeutet, daß er auf Freuden mit anderen Damen verzichtet.

Die glänzendste Erscheinung des Winters ist Prinz Louis Ferdinand, Sohn des Prinzen Ferdinand, eines Bruders von Friedrich dem Großen. Ob dieser sicherlich genialste Sproß der königlichen Familie tatsächlich ein legitimer Nachkomme ist, das zu ergründen gelang niemand. Die Ehe Ferdinands war lange kinderlos geblieben. Endlich nach sechs Jahren kam eine Tochter zur Welt. In den folgenden Jahren wurde der Prinz mehr und mehr zu einem ewig kränkelnden, wehleidigen Hypochonder, von dem Fortpflanzungsbemühungen nicht zu erwarten waren. Plötzlich jedoch nach vierzehnjähriger Ehe wurden schnell hintereinander sechs kräftige, gesunde Kinder geboren, Louis Ferdinand als viertes 1772. Bald schon munkelte man, daß sich für dieses Wunder der Fruchtbarkeit eine sehr reale Erklärung finden lasse in Gestalt des vitalen, gut aussehenden, galanten Grafen Wilhelm von Schmettau, Adjutant des Prinzen Ferdinand und Freund des Hauses.

Louis Ferdinand erhält den Befehl, sich in Frankfurt einzuquartieren. Er wäre lieber zu weiterem Einsatz auf einen der Kriegsschauplätze gekommen, aber der König wünscht, daß die Offiziere bei ihren Truppen bleiben, da zu befürchten ist, daß die Mannschaften nach dem schweren Rückzug bei dem nunmehr bequemen Leben über die Stränge schlagen. Der Prinz ist groß, schlank, die ausdrucksvollen, schönen, klaren Züge seines Gesichtes fesseln jeden, der mit ihm zusammentrifft. Die eigenartige Mischung von tollkühnem Draufgängertum, künstlerisch sensiblem Naturell, Verstand, Geist und Witz hebt ihn weit über das durchschnittliche Niveau der Fürstensöhne seiner Umgebung.

Ohne Musik kann er nicht leben. Im Gepäckwagen seiner Feldausrüstung befindet sich stets ein Piano. In Frankfurt im Salon der Frau von Vrints, im Kreise von Menschen, unter denen er sich wohlfühlt, setzt er sich gerne ans Klavier, begeistert die Zuhörer mit seinem virtuosen Spiel. Am hinreißendsten ist er, wenn er improvisiert, völlig versunken in seine Melodien.

Schnell hat sich eine Schar von Musikern um ihn gesammelt, er ist freigebig, großzügig, freundlich, ohne herablassend zu sein, und immer bereit zu helfen. Einmal beteiligt er sich an einem Benefizkonzert für einen in Not geratenen

Künstler, das durch die Ankündigung seines Auftretens zu einem großen Kassenerfolg wird.

Geld ist für ihn ein leerer Begriff. Er hat nie gelernt, damit umzugehen. Seine Gutmütigkeit wird ständig ausgenutzt, und die unbekümmerte Nonchalance, mit der er sich ausbeuten läßt, nehmen insbesondere die Emigranten wahr, um sich mit seiner Unterschrift bei den Banken Kredit zu verschaffen. Schon die standesgemäße Lebenshaltung eines Prinzen ist kostspielig. Mit dem, was der geizige Vater ihm zuteilt, kann er unmöglich auskommen. So gerät er, ohne sich Rechenschaft zu geben über seine Einnahmen und Ausgaben und die Summen, für die er mit einem Federzug bürgt, tiefer und tiefer in Schulden.

Neben den Prinzen aus dem königlichen Haus haben sich die Schwiegersöhne des Königs, der Herzog von York und Prinz Wilhelm von Oranien eingefunden, ferner der Herzog von Weimar, der den Frankreichfeldzug mitmachte und an der Belagerung von Mainz teilnehmen wird, sowie Prinzen von Hessen, Württemberg, Coburg und Nassau. Der spätere Staatskanzler und Fürst Karl August von Hardenberg, der seit 1791 als preußischer Minister die Markgrafschaft Ansbach-Bayreuth verwaltet, Finanzminister Freiherr von Struensee und auch der zwielichtige Wöllner sind vorübergehend anwesend, wie viele andere, die aus allen Teilen des Reiches kommen, um die günstige Gelegenheit nicht zu versäumen, Kontakte aufzunehmen, zu pflegen und sich in Erinnerung zu bringen.

Solange Mainz, Worms, Speyer sich noch in der Gewalt der »neuen Franken« befinden, so lange fürchten die Einwohner, daß die Stadt abermals angegriffen, womöglich bombardiert wird. Eine Besorgnis, die immer wiederkehrt in den Briefen der Frau Rath Goethe an ihren Sohn nach Weimar. Doch was die Einquartierung anbelangt, mit der französischen war sie weit zufriedener als mit der deutschen.

»Ich habe einen Officier und 2 gemeinen«, berichtet sie am 14. Dezember 1792 dem Sohn, »es sind Hessen – gute Leute aber (unter uns gesagt) sehr arm – ich muß sie füttern, – die Frantzsosen hatten die Hüll und Füll – daß das Füttern sehr incomdirt kannst du leicht denken – doch da es jeder thun muß so ists nicht anders.«

Und am 7. Februar: »Wir haben jetzt die Königliche Garde aus Potsdamm hir – ich habe einen Kapitän, und einen Leutnandt – desgleichen vier gemeinen! Im Vertrauen seye es dir gesagt – ich fange an das Ding hertzlich müde zu werden –... Mein Hauß sieht zum Erbarmen schmirig aus – und ist die Historia zu Ende – so brauche ich ein volles Jahr biß alles wider in vorigen Stand kommt. Übrigens befinde ich mich aber wohl –...«

Sehr zufrieden ist sie, daß der König das gleiche intensive Interesse wie sie für das Theater zeigt, denn das füllt »der anterprіße den Beutel,... da der König und alle Generälle – Herzogen und Printzen alle Abend drinnen sind – so ist dir das ein Leben wie die Krönung... Jetzt hangt hir der Himmel voller Geigen – alle Tage wird gedanzt – Ihro Durchlaucht [gemeint ist der Herzog von Weimar] diverdiren Sich nebst den übrigen überaus wohl.«

Am 6. Januar geben der Kronprinz und Prinz Ludwig den Honoratioren der Stadt einen Ball im Thurn und Taxisschen Palais. Nach dem Theater erscheint auch der König. Er will sich zeigen, will gesehen werden, man soll glauben, er habe nichts anderes im Sinn, als sich zu vergnügen. In der kurzen Zeit seiner Anwesenheit wird ihm Sophie von Bethmann-Metzler vorgestellt, Tochter des bekannten Frankfurter Bankiers. Der Anblick des blendend schönen Mädchens weckt sofort leidenschaftliche Gefühle in ihm. Offenbar bleibt der Eindruck, den sie auf ihn macht, nicht unbemerkt, denn während der nächsten Wochen geht Sophie einer erneuten Begegnung mit ihm sorgsam aus dem Wege.

Um ein Uhr pünktlich verläßt der König ohne Aufsehen das Fest, setzt sich in den vor dem Palais wartenden Schlitten und fährt, von Fackelträgern begleitet, zu den preußischen Stellungen bei Hochheim, da von dort Truppenzusammenziehungen des Feindes gemeldet wurden. Sein Eintreffen ist das Signal zum Angriff. In heftigem Gefecht werden die Franzosen zurückgeworfen und vertrieben, zahlreiche Gefangene gemacht und 24 Geschütze erbeutet. Ein persönlicher Erfolg für den König, der am Nachmittag des 7. Januar bei seiner Rückkehr von der Bevölkerung jubelnd empfangen wird.

Das *Frankfurter Staats-Ristretto* bringt am Samstag, dem 19. Januar, eine genaue Schilderung der »vorgefallenen Aktion«. Im selben Mitteilungsblatt wird am 24. Januar bekanntgegeben, daß der Kronprinz vom König zum Generalmajor befördert worden ist.

Die Fastnachtszeit mit den Maskenbällen ist der glanzvolle Höhepunkt der Saison.

Anfang März bereits beginnen die Vorbereitungen für die Belagerung von Mainz. Die Truppendurchzüge häufen sich, verstopfen die Straßen. Infanterie, Artillerie, Reiterei, Nachschub drängen durch die Tore der Stadt herein und hinaus, bewegen sich schwer und zähflüssig über das holprige Pflaster.

Am 13. März gegen fünf Uhr nachmittags hält eine flaschengrüne Equipage mit rotem Untergestell vor dem Gasthaus zum Weißen Schwan, einem stattlichen, dreistöckigen Gebäude. Über dem rundbogigen Einfahrtstor ein von Konsolen getragener Balkon mit Steinbrüstung, die Erdgeschoßfenster des Speisesaales gegen das grelle Außenlicht geschützt durch weit hinausgewölbte rote Markisen, damals für Hotels das Zeichen vornehmer Eleganz.

Die Zimmer für Prinzessin George und ihre Begleitung sind reserviert. »Nur für eine Nacht«, hat Prinzessin George angeordnet, als sie ihrem Sohn aus Hildburghausen mitteilte, sie werde die Fahrt nach Darmstadt in Frankfurt unterbrechen. Doch Prinz Georg hat bei der Bestellung der erforderlichen Räume durchblicken lassen, unter Umständen würden die Herrschaften einige Tage länger bleiben. Seit der Anwesenheit des Königs sind Hotelzimmer rar.

Geheimrat Kümmelmann, der zur Beobachtung von Hildburghausen nach Frankfurt entsandte Vertraute des Prinzen Karl, ist zum Empfang erschienen mit genauen Anweisungen von Prinz Georg. Gräfin Leiningen-Guntersblum, eine Schwester von Prinzessin George, lebt in Frankfurt. Sie hat in Dauermiete eine der vergitterten Logen im Theater, die dem Adel vorbehalten sind. Prinz Georg hat sie gebeten, die Loge für den Abend zur Verfügung zu stellen. Ihre Tochter, Gräfin Polyxenia, wird die Gäste abholen und ins Theater begleiten. Alles ist trefflich arrangiert, die Regie klappt minuziös. Der König ist kaum im Komödienhaus eingetroffen, als Prinzessin George mit den Enkelinnen das Foyer betritt. Er kommt auf sie zu, begrüßt sie, und sie stellt ihm Luise und Friederike von Mecklenburg-Strelitz vor.

»Also der Königin von England ihre Nichten«, wie der König acht Tage später nach Berlin berichtet. »Wie ich die beiden Engel zum ersten Mal sah,... so war ich so frappirt von ihrer Schönheit, daß ich ganz außer mir war, als die Großmutter sie mir präsentierte. Ich wünschte sehr, daß sie meine Söhne sehen möchten und sich in sie verlieben...«

Er denkt sofort an beide Söhne, den Kronprinzen und Prinz Ludwig. Das sind die Schwiegertöchter, die er sich wünscht. Noch am gleichen Abend im Theater bittet er Prinzessin George, ihren Aufenthalt in Frankfurt zu verlängern.

Auch der Kronprinz ist im Theater und erfährt dort, daß die jungen Damen, die er zu seinem Bedauern in Darmstadt nicht kennenlernte, auf der Durchreise in Frankfurt angekommen sind und in der Loge ihrer Großtante sitzen.

Das Erleben jener Tage hat König Friedrich Wilhelm III. am 10. Dezember 1810, ein halbes Jahr nach dem Tode seiner Frau, der Königin Luise, aufgezeichnet. Das Dokument ist in deutscher Sprache abgefaßt, die er im Gegensatz zum Französischen grammatikalisch und stilistisch nicht beherrscht, doch waren seine Gedanken an Luise und die Vertrautheit des alltäglichen Lebens untrennbar mit dieser Sprache verbunden. Und gerade das ist der Reiz der Erinnerungen: Die Schilderung der Ereignisse und der wechselnden und aufkeimenden Gefühle ist nicht beeinträchtigt durch eine Übersetzung, ist einfach, dabei lebendig, offen, sachlich, beschönigt nichts, charakterisiert die Situation treffend und mit der Unmittelbarkeit der eigenen Anteilnahme.

Historiker und Biographen lasten Friedrich Wilhelm III. viele Versager, viele Schwächen an, und so nimmt es fast wunder, daß Luise, der man eine kluge Wertung menschlicher Qualitäten, guter und schlechter, nicht absprechen kann, ihn so liebte..

Eigenhändige Aufzeichnungen König Friedrich Wilhelms III. Geschrieben im X br (Dezember) 1810.

»... Da ich in mein 23tes Jahr ging, so fühlte ich wohl, obgleich ich der unabhängigen freyen Lebensart nicht abhold war, ohne sie jedoch eigentlich mißbraucht zu haben, daß mein Stand und Alter mich aufforderten eine Ehegefährtin zu wählen, jedoch keine andere als eine solche mit der ich glücklich zu werden hoffen konnte, da ich immer Gefühl für Häuslichkeit gehabt hatte. Auch der König, Dank sey es ihm gesagt, hatte stets in diesem Sinn zu mir über jenes Kapitel gesprochen.

Ohne jedoch von ihm jemals auf die (wie man sie damals gemeinhin nannte) Prinzeßinnen von Mecklenburg aufmerksam gemacht worden zu seyn, so hatte ich wie eine Art Vorgefühl daß eine von ihnen meinem Herzen ansprechen würde, und ich war ordentlich neugierig geworden sie durch irgend einen Zufall einmal kennen zu lernen.

Einmal im Schauspiel gleich nach Weynachten 1792 machte mir ein gewisser Sombreuil, ein Emigrant in Russischen Diensten, der zur Suite des sogenannten Prinzen von Nassau gehörte, und später bey Quiberon füsillirt wurde, auf zwei gegenüber sitzende Damen, von denen die Eine vorzüglich hübsch war, aufmerksam, die er für die Prinzeßinnen von Mecklenburg ausgab, und sprach zugleich vieles von ihrer Schönheit und ihren Vorzügen. Sobald das Schauspiel geendigt war, stellte ich mich am Ausgang so daß sie nothwendig bey mir vorbeigehen mußten. Da ich im schlichten Offizier Ueberrock angezogen war, so konnte ich es ziemlich unbemerkt, und ohne Aufsehen zu erregen thun. Sie kamen, und die Eine die mir schon im Hause besonders auffiel, gefiel mir noch weit mehr in der Nähe, so daß sie einen großen Eindruck auf mein Herz machte. Als ich mich aber des anderen Tages nach die vermeintlichen Prinzeßinnen erkundigte wußte Niemand etwas von ihnen: ein paar Tage später aber, am Neujahrsabend traf ich diese nämlichen Damen in einem großen, steifen Zirkel, auf dem sogenannten Braunfels, und erfuhr, daß es keineswegs jene Prinzeßinnen wären, wohl aber zwey Fräulein von Barkhausen, von denen die jüngere Lisette, trotz dem, daß sie keine Prinzeßin war, mich während meines ganzen Aufenthalts in Frankfurth ungemein beschäftigte, obgleich ich sie nur äußerst selten zu sehen bekam.

Ein anderesmal reiste ich zugleich mit dem König, nach Darmstadt, auch hier hoffte ich die Prinzeßinnen kennen zu lernen da ich sie dort noch wohnhaft glaubte. Allein hier erfuhr ich daß sie seit dem Vorrücken der feindlichen Armeen sich mit ihrer Groß Mutter nach Hildburghausen zu ihrer ältesten Schwester begeben hatten. Ich mußte mich also dieser Neugier begeben.

Endlich in der Mitte des Monats März (Am Rande: 13ten März) als ich wieder im Schauspiel war, erfuhr ich, ich weiß nicht mehr durch wen, daß die Prinzeßinnen ganz bestimmt angekommen, und im Schauspielhause, uns, die wir in einer sogenannten grilliirten (vergitterten) Theaterloge waren, schräm über (schräg gegenüber). So viel sich in der Entfernung beurtheilen ließ, schienen sie recht hübsch zu seyn; sie befanden sich mit ihrer Groß Mutter in der Loge ihrer Groß Tante, der alten scheußlichen Gräfin Leiningen Gundersblum, die aber nicht selbst, wohl aber ihre, eben so scheußliche Tocher, die Gräfin Polixene gegenwärtig war. Ich erinnere mir noch daß beide Prinzeßinnen mit einmal als ihr Onkel der Prinz Georg von Darmstadt zu ihnen hereintrat mit vielen eigenthümlichen Anstand aufstanden um ihn zu bewillkommen, und daß mir die Art wie dieses geschah selbst in der Ferne sehr wohlgefiel. Sobald das Stück endigte ging ich um mir ein Geschäft in ihrer Nähe zu machen in die Nebenloge, in der sich von mir gekannte Personen befanden, jedoch gelang es mir nicht sie eigentlich recht sehen zu können.

Den anderen Morgen wurden wir zum Déjeuné bey dem Oberbürgermeister v. Ohlenschlager eingeladen, deßen Frau, eine geborene v. Kettenburg aus Mecklenburg, die Prinzeßinnen schon länger kannte, und als Landsmännin sich besonders für sie intereßirte. Ich wußte, daß sie in der Gesellschaft erwartet wurden, meine Neugier und Erwartung war also auf das lebhafteste gespannt. Endlich – erschienen sie. Ich war gerade in einem Salon zur linken der Entrée, zur rechten war das Zimmer in dem sich die Gesellschaft versammelte. Graf Medem, der Flügeladjutant (des Königs und Bruder der Herzogin von Kurland) hatte die Prinzeßinnen, ich weiß nicht wo schon früher gesehen und da er gerade mit mir sprach als sie hereintraten, zeigte er sie mir. Zuerst kam Prinzeß Friederike, dann meine ewig unersetzliche und unvergeßliche Luise. Beide recht hübsch, traten mit gefalligem Anstand in die Thüre. Letztere fiel mir wegen ihres schlanken Wuchses auf, und wegen einer flüchtigen Aehnlichkeit die sie mir im ersten Augenblick mit 2 jungen Damen meiner Bekanntschaft zu haben schien, von denen die Eine Julie Münchhausen vor Zeiten großen Eindruck auf mein Herz gemacht hatte. Kaum daß sie sich zu den übrigen Damen gesetzt hatten, als ich den Graf Medem aufforderte mich ihnen zu präsentiren. Er that es und zwar zuerst vor Prinzeß Friederike die ich daher, und da sie mehr formiert schien, obgleich nicht so groß als ihre Schwester, für die ältere hielt, auch widmete sie der Unterhaltung mehr Aufmerksamkeit als jene, und ich fand mich daher um so mehr darinn bestärkt.

Das Resultat dieses Déjeunés war, daß sie mir beide recht wohl gefielen, und daß ich schon innerlich den Endschluß faßte eine von ihnen, allein welche von beiden, das wußte ich noch nicht, zu wählen.

Den Abend war Ball beim Kammerherr v. Wrede, die Prinzeßinnen erschienen, ich tanzte mit beiden, wir wurden näher bekannt, die Verlegenheit verlor sich und sie gefielen mir immer mehr, doch hatte ich keine Wahl getroffen. Der König war auch in der Gesellschaft, er sah sehr vergnügt aus, und frug, wie mir die Prinzeßinnen gefielen, ich gestand ihm die Wahrheit, er munterte mich auf, und setzte hinzu, Frische Fische, gute Fische.

Den Tag darauf speisten die Prinzeßinnen mit ihrer Groß Mutter beim König im Rothenhause. Ich saß neben meiner nachherigen Frau. Die Unterhaltung ging gut von Statten, sie gefiel mir immer mehr, die Schwester aber nicht minder.. Gegen Abend ließ mir der König rufen, ich errieth leicht die Ursache. Er redete mir sehr vertraulich und freundlich an, und eröffnete mir nun förmlich seinen Wunsch, eine der Prinzeßinnen zu wählen. Ich willigte auch ohne Umstände ein, jedoch konnte ich über die Wahl noch immer nicht mit mir einig werden. Endlich gab er mir auch noch den Auftrag zu meinem Bruder Ludwig zu gehen, und ihm in seinem Namen aufzufordern, gleichfalls eine der Prinzeßinnen zu wählen, die Wahl selbst überließ er uns, sie unter uns abzumachen. Ich eilte also mit meinem Auftrage zu meinem Bruder, der meinen Auftrag sehr lakonisch, ohne weder Freude noch Mißfallen zu erkennen zu geben, blos mit den Worten aufnahm — Doch jetzt gleich nicht. — Seine Gesundheit war in einem nicht ganz guten Zustand. Wie denn der zu wählende Gegenstand aufs Tapet kam, sagte er mir ihn gälte es gleich.

Abends war Ball bey Henri Gontard. Marquis Lucchesini (Diplomat unter Friedrich Wilhelm II. und Friedrich Wilhelm III.), der von dem König in das Geheimniß eingeweiht war, sprach mir darüber sehr lange und verständig, und suchte meiner Ungewißheit in der Wahl zu Hülfe zu kommen. Nach sorgfältigster Prüfung und Überlegung faßte ich meinen Endschluß, – und, er reute mich nie, Gottlob! ...

Daß mir die Wahl schwer wurde ist ganz natürlich. Beide Prinzeßinnen gefielen mir sehr wohl ohne gerade in sie was man so eigentlich nennt verliebt zu seyn. Beide waren recht hübsch, hatten einen angenehmen Ton, und schienen dem Aeußeren nach sich nichts nachzugeben. Das übrige kannte ich eigentlich noch zu wenig; hätte ich eine ohne die andere kennen gelernt, so würde ich mich ohne Bedenken, für sie, bestimmt haben. Hiezu kam noch daß die jüngste Prinzeßin in ihrem ganzen Wesen viel Grazie und was man sagt séduisantes (Verführerisches) hatte, daß der älteren damals nicht so eigen war.

Genug meine Wahl fiel Gott sey gedankt zu meinem Glück aus; auch damals schon fielen alle Erkundigungen die ich über den Karakter und die Eigenschaften beider Prinzessinnen anstellen ließ, einstimmig insbesondere zu Gunsten der älteren aus, und somit war der entscheidende Schritt in meinem Herzen gethan. Nun mußte aber das weitere folgen.

Der König dem die Prinzeßinnen wie ich schon gesagt zu haben glaube, auch recht gut gefielen, und der sie gern zu Schwiegertöchtern machen wollte, hatte bereits die Groß Mama veranlaßt ihre Abreise nach Darmstadt noch um ein paar Tage in der Hoffung aufzuschieben die er ihr vertraute. Am Nachmittag des anderen Tages (Am Rande: 18ter März) begab er sich nun zu ihr, und hielt förmlich für uns beide Brüder um die Schwestern an. Die jungen Prinzeßinnen mußten das Zimmer verlaßen, und nun fingen auch sie an zu merken, daß so etwas auf dem Tapet seyn möchte, späterhin hat mir dieß meine Frau eingestanden. Die Groß Mama nicht wenig erfreut ihre Enkelinnen so gut versorgt zu wißen, sagte nicht nein zu diesem Antrag. Den Abend war Konzert und Soupé bey Metzler-Fingerling, ich saß wieder neben meiner quasi Braut, und unsere Bekanntschaft gewann von beiden Seiten, so daß ich mir einiger Aeusserungen erlaubte die auf unser künftiges Verhältniß Anspielung machten, und auch zu Devisen [Erklärungen durch die Blume] meine Zuflucht nahm, um meinen Erklärungen noch mehr zu Hülfe zu kommen. Sie antwortete auf alles mit Vorsicht, Klugheit und ohne alle Affektation, wie dieß insbesondere geschah als ich frug ob ich nicht Hoffnung hätte sie einmal in Berlin zu sehen und dergleichen mehr.

Den Abend des darauf folgenden Tages (Am Rande: 19ten März) machten wir, mein Bruder und ich, einen Besuch bey der Groß Mama... Sie empfing uns sehr gütig und nachdem wir ihr vorläufig für ihre Einwilligung gedankt hatten, verstattete sie uns, ein jeder mit seiner auserlesenen in ein angrenzendes Zimmer zu gehen, um unseren beklommenen Herzen zu lüften.

So froh ich war, so verlegen war ich dennoch, und nach vielem Stottern und unzusammenhängenden Phrasen, faßte ich endlich Mut und trug ohne viele Umstände mein Anliegen vor. Wir standen am Fenster, meine Frau mit dem Rücken an die Fensterwand gelehnt. Mit jungfräulicher Bescheidenheit, aber herzlichem Ausdruck willigte sie ein, ich frug, ob ich dürfte, und ein Kuß besiegelte diesen feierlichen Augenblick. Abends war Ball bey Metzler-Bethmann, wer war glücklicher als ich, keinen Augenblick verließ ich meine erkohrene und unser Vertrauen zu einander wuchs mit jedem Augenblick. Den anderen Morgen wurden die schönsten Blumen angeschafft ich ging selbst bey Wendel auf dem Braunfels, und kaufte einen goldenen mit facetten geschlieffenen Anneau und eine Evantaille [Fächer], wie sie die damalige Mode mit sich brachte. Auf die Evantaille schrieb ich seitwärts – Rien ne me console que Vous, puisque mon coeur est à Vous. Es war der Inhalt einer Devise, die ich meiner Braut Tages zuvor gegeben und die ihr sehr gefallen hatte. Die Wahrheit dieser Devise fühle ich noch jetzt, eben so, vielleicht noch lebhafter als damals.

Diese kleinen unbedeutenden Geschenke, die Ersten die ich ihr darbrachte, nahm sie mit herzlicher Freundlichkeit auf. Den Anneau hat sie niemals von ihrem Finger gelaßen, und hat ihn bis zum Tode getragen. Sie erwiderte mein Geschenk durch einen dem meinigen ganz ähnlichen Anneau den sie selbst trug, indem sie ihn vom Finger nahm und mir verehrte. Diesen Abend war Ball bey Moritz Bethmann, der dann wie gewöhnlich recht vergnügt für mich glücklichen ablief. Ein neuer Englischer Contredance, the Hornpipe genannt gefiel meiner Braut besonders wohl, ich merkte ihn mir, und setzte ihn gleich mit Bleystift auf Noten, auf ein Kartenblatt. Auch unsere ersten Tänze, die wir miteinander bey Wrede getanzt hatten, und die dort zum erstenmal vorkamen, mußte ich ihr verschaffen. Sie hat sie später noch immer mit zufriedener und froher Rückerinnerung gespielt.

Den folgenden Morgen (Am Rande: 21ten März) reisten sie alle nach Darmstadt ab, es versteht sich daß wir noch dabey zugegen waren, und sie in den großen, antiken und schwer bepackten Wagen der Groß Mama führten; zu ihnen gehörte noch ihr Bruder Karl, der damals ein Kind von 7 bis 8 Jahren war. So endigte sich unsere erste in Frankfurt a/M. gemachte Bekanntschaft. Mein Bruder war und blieb sehr kalt gegen seine Braut, so zärtlich und zuvorkommmend sie auch gegen ihn war.«

Selbst die von Anfang an günstig verlaufenden Ereignisse in Frankfurt, über die Geheimrat Kümmelmann laufend Bericht erstattet, veranlassen Prinz Carl nicht, Hildburghausen zu verlassen, um an dem für seine Töchter, für die Familie, ja für die Geschichte bedeutungsvollen Geschehen teilzunehmen. Durch einen Eilkurier erfährt er die Nachricht von der Doppelverlobung, und gleichzeitig erhält er einen Brief von Prinzessin George, geschrieben am 18. März, während sie in Unruhe auf den entscheidenden Besuch des Königs wartet. In diesem Brief spiegelt sich das auf gegenseitiger Achtung und Rücksicht beruhende Verhältnis der Familienmitglieder eindrucksvoll wider. Mit keinem Wort deutet Prinzessin George an, daß sie es war, die die Initiative ergriff, und kein Vorwurf trifft den Schwiegersohn, an dessen Verhalten alles fast gescheitert wäre.

Prinzessin George schreibt: »Kaum kann ich Ihnen sagen, daß die Dinge schnell gehen und daß es scheint, daß anstatt einer Gattin Sie zwei Heiraten auf einmal für die zwei Prinzessinnen haben können. Der König ist ganz entzückt von den beiden, und er macht sich ein Vergnügen aus seinem Arrangement, daß die zwei Schwestern zusammen bleiben können. Der Graf Loucousinie [Graf Lucchesini] hat mir beim Frühstück gesagt, daß seine Majestät denkt, mir diesen Abend davon zu sprechen, bevor er zum Speisen geht, zu dem ich bleiben muß wie auch morgen zu einem Ball bei Bethmann dem älteren. Ich schwöre Ihnen, daß ich mehr von diesem Strudel nicht ertragen kann, aber ich hoffe, übermorgen endlich abreisen zu können. Empfangen Sie meine Glückwünsche zu den brillanten Partien, welche man Ihnen bestimmt. Aber obgleich ich weiß, daß Sie zufrieden, werde ich nicht zu bemerken verfehlen, daß Ihre Einwilligung nötig ist. Wenn heute abend nach dem Besuch und der Unterhaltung, die ich mit dem Könige haben soll, ich Ihnen nicht mehr sagen kann, ob es nur Luise ist oder alle beide, um die er anhalten wird, werde ich Herrn Kümmelmann bitten, Ihnen die Einzelheiten mitzuteilen.

Niemals habe ich eine so allgemeine Billigung gesehen, wie sie Ihre Kinder hier gefunden haben. Gott wolle, daß sich alles mehr und mehr zu Ihrer Genugtuung wende.«

Der Kronprinz hat umgehend nach der Aussprache mit Luise im Weissen Schwan an ihren Vater geschrieben, der ihm in einem Schreiben vom 24. März dankt für »die so schmeichelhafte wie ehrenvolle Aussicht, die Eure Königliche Hoheit meinem Herzen eröffnet, indem Sie mich um die Hand einer geliebten Tochter bittet.«

Am 27. März trifft Prinz Carl in Darmstadt ein und besucht von dort aus am 4. April den König. Bei diesem Besuch wird entschieden, daß die Verlobungsfeierlichkeiten in Darmstadt am 24. April stattfinden werden.

Die Zurückhaltung des Vaters trotz der »brillanten Partien«, wie die Großmutter schreibt, ist letzten Endes begreiflich, denn den finanziellen Belastungen, die er auf sich zukommen sieht, ist er nicht gewachsen. Eine Hochzeit in Darmstadt und die Aussteuer für beide Töchter in einem dem königlichen Haus entsprechenden Rahmen, diese Ausgaben übersteigen bei weitem seine Mittel. Er ist also auf die Großzügigkeit des Königs angewiesen. Wann die Auseinandersetzung über das heikle Thema stattgefunden hat, ist nicht überliefert. Jedenfalls löst sie alle Probleme und enthebt Prinz Carl aller Sorgen.

Fünftes Kapitel

Die Schau, die in Frankfurt über die Bühne rollt, ist brillant. Hinter den Kulissen gehen die diplomatischen Verhandlungen und die Vorbereitungen für die Fortführung des Krieges weiter. Doch was man mit Emphase begann, möchte man am liebsten so bald wie möglich beenden. Der mißglückte Feldzug, der mit der Kanonade von Valmy statt mit der Eroberung von Paris einen unrühmlichen Abschluß fand, war ein teures Kriegsspiel. Während der Wintermonate muß die ramponierte Armee aufpoliert werden – tatsächlich steht sie im Frühjahr voll einsatzbereit zur Verfügung –, auch das kostet Unsummen. Die Kassen sind leer. In Berlin wird in den Ministerien eifrig diskutiert, wie man sich am schnellsten und geschicktesten aus den Verpflichtungen am Rhein lösen könne, um sich mit voller Kraft den für Preußen wichtigeren und insbesondere einträglicheren Aufgaben im Osten zuzuwenden.

Frankreich bemüht sich um einen Separatfrieden mit Preußen. Der König lehnt alle Vorschläge dieser Art entschieden ab, er bleibt bündnistreu. Schließlich ist er ausgezogen, um die Revolution, nicht Frankreich zu bekämpfen, und die Revolution wütet grausiger denn je zuvor in Paris und den Städten des Landes. Ludwig XVI. ist enthauptet, Marie Antoinette im Gefängnis vom gleichen Schicksal bedroht; die Guillotine arbeitet weiterhin Tag für Tag, die Massen schließen sich überall, auch in den Provinzen, zu wahren Mörderbanden zusammen. Friedrich Wilhelm hat klar erkannt: eine

Brücke gibt es nicht von dem geordneten Staatssystem, dessen Monarch er ist, zu dem blutdürstigen Chaos der neuen Republik.

Preußen und Österreich, das ist ausschlaggebend für ihn, ziehen am gleichen Strick, verteidigen die gleiche Regierungsform, die gleichen Prinzipien und Rechte, wenn auch ihre Kooperation als Bündnispartner zu ständigen Schwierigkeiten und Ärgernissen Anlaß gibt. Schon am 25. 10. 1792 hat Friedrich Wilhelm dem Kaiser geschrieben, er werde in Zukunft lediglich das vereinbarte Kontingent von 20000 Mann für den Krieg in Frankreich stellen, wenn Preußen nicht eine befriedigende Entschädigung in Polen zugesichert werde. Eine leere Drohung; Wien wertet sie dementsprechend. Die Antwort des Kaisers ist nichtssagend. Polen wird gar nicht erwähnt. In der Entschädigungsfrage also ist man nicht weitergekommen, und vom militärischen Standpunkt aus betrachtet, hat die Koalition von Anfang an unter keinem guten Stern gestanden. Jeder schiebt dem anderen die Schuld an Fehldispositionen, an mangelnder Organisation, am Versagen des Nachschubes in die Schuhe. Nur höchst widerwillig unterordnen sich die Österreicher dem Oberbefehl des Herzogs von Braunschweig, dessen Unentschlossenheit, Zaghaftigkeit, Pedanterie immer erneut Kritik herausfordern – gelegentlich auch beim König, der, hin und wieder ungeduldig, selbst die Initiative ergreift wie bei der Rückeroberung Frankfurts im Dezember letzten Jahres. Doch da der Herzog stets »vor dem König zum allerdemütigsten Höfling« wird (Luise von Radziwil, in ihren Memoiren) und der König wiederum sich scheut, selbst die Zügel in die Hand zu nehmen – wogegen auch des Kaisers Fernbleiben vom Kriegsschauplatz spricht –, klagt man mit Recht nicht nur im österreichischen, auch im preußischen Lager über das Fehlen einer straffen Führung in der obersten Heeresleitung.

Lorbeeren am Rhein sind nicht mehr zu holen. Die geplante kurze Strafexpedition hat sich zu einem regelrechten Krieg ausgeweitet, dessen Ende nicht abzusehen ist. Die Sansculottes, dieser verwahrloste Haufen schlecht ausgerüsteter Soldaten, sind nicht, wie erwartet, beim Nahen geordneter Truppen in panischem Schrecken auseinandergelaufen, sondern sind dem Gegner verdammt nahe auf den Pelz gerückt. Eine fatale Situation, in der der König weder den Bundesgenossen noch die am Rhein bedrohten Gebiete im Stich lassen kann, um im Osten mit mehr Nachdruck seine Ziele zu verfolgen. Noch ist Mainz in Händen der Franzosen!

Bereits im Februar 1793 findet unter dem Vorsitz des Königs im Roten Haus in Frankfurt eine Besprechung zwischen dem Herzog von Braunschweig und dem österreichischen General von Wartensleben statt. In dieser wird der Operationsplan für die verschiedenen Heeresteile festgelegt und die Belagerung von Mainz beschlossen. Preußische Truppen und ein österreichisches Korps sollen die Zernierung der Stadt unter dem Oberbefehl des Generals von Kalckreuth durchführen. Beginn: 22. März.

Mainz zu befreien ist nicht nur aus militärischen Gründen wichtig. Die Stadt ist in den letzten Monaten zu einer gefährlichen Brutstätte revolutionären Gedankengutes und zum Ausgangspunkt staatsfeindlicher Propaganda geworden. Diese ist von dort leicht nach Deutschland zu infiltrieren und findet unter der Arbeiterbevölkerung, insbesondere in Hamburg, eine langsam, aber stetig wachsende Anhängerschaft. Die Regierungen sehen sich gezwungen, schärfer durchzugreifen. Angeordnet wird strenge Zensur von Zeitungen, Zeitschriften, Broschüren, Traktaten, die Überwachung verdächtiger Personen, von Reisenden und fahrendem Volk. Haussuchungen sind an der Tagesordnung, das Verbot, in Gasthäusern und auf der Straße zu raisonnieren, lockt Spitzel und Angeber auf den Plan.

Unter den gutsituierten Bürgern und den Intellektuellen macht sich hingegen eine reaktionäre Strömung bemerkbar. Die Hinrichtung Ludwigs XVI. und die Berichte von den Greueltaten in Frankreich haben diesen Kreisen einen Schock versetzt, der ihre Begeisterung, sofern sie vorhanden war, für »liberté, égalité, fraternité« erheblich gedämpft hat.

In England wurde 1790 das Buch von Edmund Burke *Reflections on the Revolution in France* ein Bestseller. Burke, ein leidenschaftlicher Gegner der Französischen Revolution, warnt davor, »ein Gebäude niederzureißen, das den Zwekken der Gesellschaft seit Generationen in einem wenigstens leidlichen Maße genügte, und sollte man ein solches Gebäude nicht neu errichten, es sei denn, man hätte Vorbilder von erprobter Gediegenheit...«

Friedrich Gentz, damals noch ein unbekannter Berliner Journalist, übersetzt das Buch. Es erscheint 1793 in deutscher Sprache. Gentz, als Schüler Kants noch vor kurzem ein enthusiastischer Verteidiger der neuen Freiheitsideen, spottet in der von ihm verfaßten, vorzüglich geschriebenen Einleitung über die »geheime Sehnsucht nach Revolution, die ja in den Gemütern eines großen Teiles der Menschheit unauslöschlich ist«.

Die Furcht vor Aktionen radikaler, umsturzsüchtiger Elemente wird in Deutschland sicherlich vielfach übertrieben und von Behörden bewußt hochgespielt. Mainz jedoch unter dem Einfluß der Besatzung des französischen Revolutionsheeres und einiger fanatisierter politischer Ignoranten ist tatsächlich ein bedrohlicher Unruheherd.

Die Übergabe von Kurmainz an Custine erfolgte am 21. Oktober 1792. Unmittelbar danach wird dort die »Gesellschaft der Freunde der Freiheit und Gleichheit« gegründet. Mitte November tritt dem Klub Georg Forster bei, kurfürstlicher Bibliothekar in Mainz, vorher Professor der Naturwissenschaften in Kassel und Wilna, weithin berühmt durch seine Reisebeschreibungen, die literarisch und völkerkundlich für dieses Sachgebiet neue Wege weisen.

Der Kurfürst des erzbischöflichen Stuhles, Friedrich Carl Joseph von Erthal, hat schon zwei Wochen vor der Einnahme der Stadt heimlich und in aller Eile die Flucht ergriffen. Eitel und ehrgeizig wie er war, führte er ein sehr weltliches Regime, einen prunkvollen Hof, an dem Maitressen, Favoriten, Scharlatane, Künstler, witzige und kluge Köpfe mit der Gabe leichter, amüsanter, geistvoller Unterhaltung, ein sorgloses Leben führten. *Die* Zeiten sind vorüber, die lockeren Vögel erschrocken auseinander gestoben.

Forster ist geblieben, in erster Linie um seine umfangreiche Bibliothek und seine wertvollen Sammlungen vor den Übergriffen einer zerstörungswütigen Soldateska zu schützen. Forster ist hochgebildet, politisch jedoch völlig unerfahren, ein gutgläubiger Idealist, der die von den Jakobinern gepredigten menschheitsbeglückenden Thesen für bare Münze nimmt und beginnt, sie mit Feuereifer zu verteidigen und als das alleinseligmachende Ziel zu preisen.

In seiner besten Zeit zählt der Klub, wie die »Gesellschaft der Freunde der Freiheit und Gleichheit« genannt wird, rund 450 Mitglieder. Die meisten Bürger verhalten sich ablehnend. Wahlen sollen ausgeschrieben werden in allen französisch besetzten Territorien, in denen die bisher regierenden Fürsten als abgesetzt erklärt werden. Eine neue Verfassung wolle man schon, antwortet die Kaufmannsgilde von Mainz, die vornehmste der Stadt, den neuen Herren, aber keine auf republikanischer Grundlage. Die überwiegende Mehrheit der Einwohner ist der gleichen Meinung, das zeigt sich, als Ende Februar die Wahlen stattfinden. Von 12000 Stimmberechtigten erscheinen etwa 300.

Im März treffen Kommissionäre aus Paris ein, Merlin, Haußmann und Reubell, überzeugte Revolutionäre. Die Einverleibung der rheinisch-deutschen Gebiete in die Republik Frankreich wird beschlossen. Drei Abgeordnete gehen nach Paris, einer von ihnen ist Forster, um dort die Aufnahme in den Verband der Republik zu erbitten und zu vollziehen. Forster ist an seinen Erlebnissen in der französischen Hauptstadt, an dem, was er dort sah und hörte, zerbrochen. Geächtet vom Reich, mißachtet von denen, an die er glaubte, stirbt er verlassen und elend in Paris bereits zehn Monate später, im Januar 1794.

Es ist höchste Zeit, den »festen Mainzern« zu Hilfe zu eilen, von denen Jean Paul sagt, sie hatten »nicht nur Segel, sondern auch Anker«, als am 22. März die preußischen Truppen aus Frankfurt abrücken zur Belagerung von Mainz.

Der König ist bester Stimmung, er ist verliebt.

In seinen Aufzeichnungen erwähnt der Kronprinz, der König habe am 14. März auf dem Ball beim Kammerherrn Wrede »sehr vergnügt« ausgesehen. An diesem Tag ist ein lang gehegter Wunsch des Königs in Erfüllung gegangen. Auf der die Stadt umsäumenden Lindenallee hat er Frau Bethmann-Metzler mit ihrer Tochter getroffen und Gelegenheit gehabt, einige Worte mit der neunzehnjährigen Sophie zu wechseln, die auf dem Fest am 6. Januar im Thurn und Taxisschen Palais einen tiefen Eindruck auf ihn machte. Wieder hat die Schönheit des Mädchens ihn fasziniert, ihre stolze, kühle Zurückhaltung ihn erregt. Sofort spielt er mit dem Gedanken, anstelle der Dönhoff, die er nicht mehr zu akzeptieren bereit ist, Sophie morganatisch zu ehelichen.

Am 21. März kreuzt er abermals ihren Weg. Am Vormittag während eines Spazierrittes trifft er im Frankfurter Wald Mutter und Tochter Bethmann auf ihrem Morgenritt. Er begleitet die beiden Damen ein Stück des Weges, ebenso am Nachmittag, als man auf der Promenade einander begegnet. Abends sieht er Sophie im Theater. Das genügt, um sein Herz vollends in Aufruhr zu versetzen. Er beschließt alles zu versuchen, um sie für sich zu gewinnen. Und das ausgerechnet zu einem Zeitpunkt, der ihn zwingt, Frankfurt schon am nächsten Tag zu verlassen.

Am 22. März! Um 8 Uhr früh läßt der König die preußische Garde vor dem Forsthaus an sich vorbeidefilieren. Trotz der frühen Stunde sind die Frankfurter zahlreich erschienen. Zu Pferde mischen sich auch Frau Bethmann und Sophie unter die Zuschauer. Der König wertet diese Aufmerksamkeit höher, als sie – vermutlich – gemeint ist. Zuletzt verabschiedet sich der König mit einer liebenswürdig grüßenden Geste von dem Publikum, das ihm freudig zujubelt, und reitet, gefolgt von dem Kronprinzen, von Prinz Ludwig und dem Herzog von Braunschweig, bei klingendem Spiel davon, womit eine Wintersaison ihren Abschluß findet, die eine der glanzvollsten in der Geschichte der Stadt Frankfurt ist.

Friedrich Wilhelm befindet sich bei dem Korps Hohenlohe und nimmt abends Quartier in Kelsterbach. Von dort schreibt er den ersten Brief an Sophie. Er bittet sie um einen Briefwechsel, »um auf diese Weise wenigstens von Zeit zu Zeit etwas von Ihnen zu hören... Ich werde unruhig sein, bis ich Ihre Antwort erhalte. Adressieren Sie bitte ›bei der Armee‹. Diese Briefe erreichen mich sicher...« Er weiß sie auf dem Ball bei Chiron...« Wie ist mir dieser Abend lang geworden. Ich starb fast vor Verlangen zu Chiron zu kommen. Da das so nahe war, war die Versuchung groß, aber unglücklicherweise hatte ich Abhaltungen. Hoffentlich ist der Reitausflug von heute morgen gut bekommen. Haben Sie sich vielleicht an denjenigen erinnert, der Sie gestern begleitete? Ach, wenn es doch immer und immer so wäre! Der Morgen von gestern, das Ende der Theatervorstellung und das Forsthaus von heute morgen werden nie aus meinem Gedächtnis verschwinden... Ich bin auf ewig, mein Fräulein, Ihr ergebener Diener F. W.«

Um äußerste Vorsicht bemüht, läßt der König den Brief in einem anderen Dorf, in Hattersheim, aufgeben. Sophie erhält ihn am nächsten Tag.

Sie ist überrascht – offenbar mit geteilten Gefühlen. Die Aufmerksamkeiten des Königs schmeicheln ihr, doch scheint sie ernstlich für ihn nie eine Zuneigung empfunden zu haben. Rein äußerlich entspricht er schwerlich der Vorstellung, die sich ein so schönes, anziehendes Geschöpf von einem Ehemann macht; dem Alter nach wäre sie eine geeignete Partnerin für einen seiner Söhne. Obendrein ist Sophie von einer Cousine, die in Neufchâtel verheiratet ist, wo die Gräfin Dönhoff lebt, seit sie Berlin verlassen hat, hinreichend orientiert über das »Glück« einer morganatischen Ehe und über die amourösen Abenteuer Friedrich Wilhelms. Auch über seine Beziehung zu Wilhelmine Rietz muß sie Bescheid wissen, deren Anwesenheit in Frankfurt der Gesellschaft einen unerschöpflichen Gesprächsstoff liefert.

Die Erwiderung Sophies auf den Brief des Königs ist so diplomatisch geschickt abgefaßt, daß die Vermutung nahe liegt, der als Bankier in der Formulierung von Schriftstücken erfahrene und routinierte Vater habe zumindest assistiert. Kein Wort zuviel, aber auch keine direkte Absage. Die Türe bleibt genau so weit offen wie vertretbar, womit eine Verletzung der Etikette vermieden wird. Den Hinweis auf die »sorgliche Entfernung«, in der sich Sophie von ihm gehalten habe, würde sie im Alleingang dem König gegenüber wohl kaum gewagt haben. Wiederum ist sicher, daß sie auf einen derartigen Brief keinem anderen geantwortet hätte.

Die Korrespondenz zwischen dem König und Sophie wird französisch geführt. Sie zieht sich über drei Jahre hin, ist erhalten geblieben und erschien, übersetzt von dem Frankfurter Historiker Richard Schwemmer, 1930 in deutscher Sprache.

Sophie antwortet dem König am 24. 3.: »Sire, ich habe schon recht viele Briefe geschrieben in meinem Leben. Aber ich gestehe, daß mir bei keinem so schwer geworden ist, ihn aufs Papier zu bringen, als bei diesem. Die besondere Nachsicht die Ihro Majestät mir immer bewiesen haben, und an die ich auch heute appeliere, beruhigt mich ein wenig.

Gestern zwischen 9 und 10 Uhr habe ich den Brief erhalten, den Ihro Majestät mir zu schreiben geruht haben. Ich war außer mir vor Erstaunen. Der Inhalt läßt mir keinen Zweifel über den Absender, aber --- ich erkläre mir die Güte, die Ihro Majestät für mich haben, mit der Güte, die Sie für alle Welt haben, nur daß ein so unbedeutendes Wesen, wie ich es bin, sich dieser Güte nicht würdig fühlt. Ich habe gestern tausendmal zu schreiben versucht und habe immer wieder das Geschriebene zerrissen, aber diesen Brief habe ich angefangen mit der festen Entschliessung ihn zu beenden und abzusenden, es koste, was es wolle...

Wie traurig ist die ganze Stadt über die Abreise Euerer Majestät, wie öde das Theater durch die Abwesenheit Eurer Majestät – das hört man allgemein sagen. Wenn alle Wünsche, die man herzinnigst zum Himmel sandte für das Glück der Unternehmen von Euer Majestät erhört werden, so wird Euer Majestät nichts mehr zu wünschen übrig bleiben. Man spricht nicht nur vom ›guten König‹ und dem ›guten General‹, man bewundert auch den guten, väterlich gesinnten Fürsten, der, obwohl von Lärm und Getümmel des Krieges umgeben, sich wie ein gewöhnlicher Sterblicher bemüht, das künftige Glück seiner Kinder zu sichern. Wie bedauere ich im Anfang von Euer Majestät eine so irrtümliche Ansicht gehabt zu haben, die mich von Euer Majestät immer in sorglicher Entfernung hielt. Da das Wetter so schlecht ist, so glaube ich, wird nun ein kleiner Ausflug nach Hochheim um einige Tage verschoben.

Ich beschwöre Euer Majestät meine Fehler gegen Kalligraphie, Stil und Formeln in diesen Zeilen mir zu verzeihen und ewig überzeugt zu sein von der vollendeten Ehrfurcht und Verehrung derer, die sie geschrieben hat.«

Die Preußen überschreiten bei Bacharach den Rhein. Am 26. 3. erfolgt Feindberührung mit dem Korps des französischen Generals Neuwinger. Der König, der die Avantgarde befiehlt, greift am 27. März an. Mit Erfolg: Neuwinger wird gefangengenommen, der Rheinübergang bei Bingen ist in preußischer Hand, wodurch Mainz vom Westen her umzingelt werden kann.

Der König hat Sophies Brief, der von unbekannter Hand Lucchesini übermittelt wurde, erhalten. Wahrscheinlich hat Sophies Vater diesen Weg schicklicher gefunden als die Zustellung über die angegebene Adresse, die wohl auch gewisse Frankfurter Damen benutzen, die während des Winters die königliche Gunst genossen haben. Der betont konventionelle Stil des Schreibens hat den König nicht ernüchtert. Im Gegenteil, nun läßt er keinen Zweifel über seine Gefühle, als er nach dem siegreichen Gefecht ihr erwidert:

»... Bei unserer Begegnung am letzten Tag auf der Promenade, war ich in diesem Augenblick, in dem ich Sie hätte sprechen können, so ergriffen, daß es mir unmöglich war, meine Gedanken zu sammeln. Wenn wir bald näher an Mainz herangekommen sind, wird die Schiffsbrücke, die bei Bacharach zu unserem Übergang gedient hat, nahe an Mainz herangebracht werden, und ich werde sie oft benutzen, um mich nach Kastel, vielleicht auch Hochheim, vielleicht auch nach Frankfurt zu begeben. Welch ein Glück, wenn ich Sie dann wiedersehen könnte!«

Unterdessen hat der Kronprinz, schon zwei Tage nachdem er an der Spitze der Garde Frankfurt verlassen hat, Luise in Darmstadt besucht. Das Erlebnis, mit natürlicher Herzlichkeit in einem glücklichen Familienkreis aufgenommen zu werden, muß ihn tief beeindruckt haben. Zeitlebens hat er vermißt, was ihn hier umgibt, echte Liebe, warmherzige Zuneigung untereinander, gegenseitiges Vertrauen, Offenheit und Fröhlichkeit. Er fühlt sich sehr bald heimisch in Darmstadt und zu Hause im Georgschen Palais am Markt.

Der erste Besuch ist kurz, er muß zur Truppe zurück. Als Generalmajor kommandiert er unter Kalckreuths Oberbefehl die Reserve. Anfangs mit dem König gemeinsam vorgehend, trennt sich sein Truppenteil alsbald und marschiert über Wiesbaden, Ober-Ingelheim nach Guntersblum.

In Wiesbaden schreibt der Kronprinz den ersten Brief an Luise: »Ich benutze sobald es mir möglich, die Erlaubnis, die Sie mir gegeben haben, Ihnen zu schreiben und ohne Komplimente, wie Sie wünschen, meine entzückende Freundin. Verzeihen Sie mir diesen letzten Ausdruck, aber er kommt von Herzen, denn nichts ist wahrer. Ich weiß nicht, ob ich Ihnen alles das wiederholen soll, was ich Ihnen mündlich während der kurzen Zeit gesagt habe, die ich wagte, Ihnen von dem zu sprechen, was mir in der Tat das Teuerste auf der Welt ist.«

In der Nachschrift bittet er sie um ein Wort der Erwiderung, das würde »mich trösten für einige Augenblicke über den Kummer, mich von Ihnen vielleicht für lange getrennt zu sehen.«

Statt einer langen Trennung erleben Friedrich Wilhelm und Luise eine für Fürstenkinder ungewöhnlich glückliche Brautzeit. Das verdanken sie der wider Erwarten vier Monate dauernden Belagerung von Mainz und der Toleranz der Großmutter. Prinzessin George hat sich trotz aller aristokratischen Ambitionen nie den streng etikettierten Grundsätzen der Gesellschaft verpflichtet gefühlt. Unter ihrer heiter-verständnisvollen Ägide hat das junge Paar Gelegenheit, sich menschlich näher zu kommen, sich kennen- und lieben zulernen. Im Laufe der kommenden Monate spiegelt sich diese Entwicklung in ihrer Korrespondenz deutlich wider.

Der Pendanterie des späteren Königs Friedrich Wilhelm III., oft bespöttelt und geschmäht, verdanken wir, daß er alle Briefe und Zettelchen, die Luise ihm hat zukommen lassen, von Anfang an sammelt und aufbewahrt. Ihre Jugendbriefe, in denen das Französische von deutschen Redewendungen immer wieder unterbrochen wird, sind voller orthographischer und grammatikalischer Fehler. Eine Bildungslücke, die ihr keinen sonderlichen Kummer bereitet, ebensowenig wie ihre Unpünktlichkeit und ihr mangelnder Sinn für Ordnung, beides Eigenschaften, gegen die später der äußerst pünktliche und ordnungsliebende Gatte vergebens ankämpft.

Die romantisch-süßlichen Koketterien der Billets doux ihrer Mutter an »mon cher et charmant petit époux« gehören einer verflossenen Epoche an. Luises Briefe sind frisch von der Leber weg geschrieben, zeugen von natürlicher Klugheit, Menschenkenntnis, von Humor und einer langsam wachsenden Zuneigung für den Mann, der so plötzlich in ihr Leben getreten ist. Wie richtig sie schon nach einer Woche die guten Eigenschaften des Kronprinzen klar erkennt, beweist der Brief an ihre Schwester in Regensburg am Tage ihrer Verlobung, dem 20. März 1793:

»... Du kannst nicht glauben, liebe Therese, wie zufrieden ich bin. Der Prinz ist außerordentlich gut /und gerade, kein unnötiger Schwarm von Worten begleiten seine Reden, sondern er ist erstaunend wahr/. Kurz mir bleibt nichts zu wünschen übrig, denn der Prinz gefällt mir; wenn er mir zum Beispiel sagte, daß ich ihm gefalle, daß er mich für gut hält, kann ich es glauben, denn er hat mir noch nie geschmeichelt...«*

Bereits in ihrer Antwort auf seinen ersten Brief weist sie mit entwaffnender Offenheit auf ihre Schwächen hin, und daß sie kleine Listen nicht scheut, wenn es gilt, sich über Anordnungen, die ihr nicht passen, hinwegzusetzen.

»Darmstadt, den 27. März 1793.

Meinem Versprechen gemäß, mein lieber Prinz, will ich Sie schnell von der glücklichen Ankunft meines geliebten Vaters benachrichtigen; er hat uns heute morgen in der denkbar angenehmsten Weise überrascht. Das erste Wort, das er aussprach, als er mich erblickte, war: /Ich gratuliere Dir, liebe Luise./ Dieser Anfang entsprach zu sehr meinen und Ihren Wünschen, als daß ich ihn Ihnen einen Augenblick verbergen könnte. Nichts steht unserem Glück entgegen, Papa ist entzückt davon und ich brauche Sie nur noch zu bitten, stets so zu bleiben und mir weiter die gleichen Gefühle entgegenzubringen, die mir den 24. zu einem so angenehmen Tag gemacht haben.

Den 28.

Ich konnte meinen Brief nicht, wie ich mir vorgenommen hatte, gestern beendigen, aus einem mir doppelt ärgerlichen Grunde: wegen eines Besuches der Prinzessin von Hohenlohe, die seit Montag zu *meinem großen Mißvergnügen* hier ist. Sie sucht jede Gelegenheit mit uns zusammen zu sein; ... sie hängt sich mir an den Hals, und ich, kühl von Natur, kann ihre Zärtlichkeiten nicht erwidern, da ich sie durchaus nicht achten kann, und das macht bei mir die Grundlage der

* Alle in Schrägstriche /.../ gesetzten Satzteile oder Sätze hat Luise in deutscher Sprache in die französisch geschriebenen Briefe eingefügt.

Freundschaft aus. Aber lassen wir sie; ich will Ihnen erzählen, was für einen köstlichen Vormittag ich heute früh gehabt habe.

Beim Erwachen erhielt ich Ihren Brief, der mich freudig entzückte. Alles was Sie mir Freundschaftliches darin sagen, ist sehr wohl geeignet, in mir den Entschluß zu stärken, daß ich mein Leben lang Ihre Freundschaft zu verdienen suche; ich beteure Ihnen, sie ist mir sehr wertvoll. Der Großmama ist Ihr Gedenken *höchst* schmeichelhaft... Sie verspricht Ihnen, Sie ohne Komplimente aufzunehmen, wenn Sie wiederkommen, was *hoffentlich* bald geschehen wird. Onkel Georg ist froh, Ihnen in etwas nützlich gewesen zu sein; das ist seine Art, denn er ist sehr gut. Ich habe Sie von Herzensgrund bedauert, als ich das schlechte Wetter sah und Sie auf dem Marsche wußte. Wenn Sie nur nicht gar im Gefecht sind; es ist so kalt, und Sie würden doppelt darunter leiden. Ihre Hoheit meine Schwester hat sehr gelacht über die /Redensarten/ und freut sich über die Fortschritte, die Sie darin machen; sie hofft bald Antwort von Ihrem Bruder zu bekommen, und bittet Sie Ihre Grüße entgegenzunehmen.

Sie fragen mich, ob ich an das Bild gedacht habe; wie können Sie daran zweifeln? Ich habe Ihnen versprochen, es so schnell wie möglich machen zu lassen, und ich halte Wort. Der Mann, der mich malt, gibt sich die größte Mühe, ich habe ihm schon dreimal gesessen und er hat mir erst die Größe der Augen (die, wie Sie wissen, recht klein sind) den Umriß der Nase und des Mundes gemacht, aber bis jetzt gleicht es mir noch gar nicht. Das Bild hat die Größe, die Sie mir an meiner Hand angegeben haben; ich habe ihm gesagt, er soll mich ganz einfach malen, nichts auf dem Kopfe, weiß gekleidet; ich weiß, Sie lieben das Einfache und glaubte Ihrem Geschmack zu entsprechen. Vergessen Sie aber bitte nicht, mir Ihr Bild zu geben; Ihre Idee, das von Schröder kopieren zu lassen, scheint mir am besten, denn ich glaube nicht, daß Sie bei der Armee einen Miniaturmaler haben...

Gesundheitlich geht es mir nicht ganz gut; ich habe einen

Ansicht des »Alten Palais«
in Hannover, in dem Königin Luise am
10. März 1776 geboren wurde.

Königin Luise
als junges Mädchen.

Königin Luise
und ihre Schwester bekränzen die Büste
Friedrich Wilhelms II.

Königin Luise im Jahre 1800.

Friedrich Wilhelm III.

König Friedrich Wilhelm III.
stellt seine Gemahlin dem Zar Alexander I. von Rußland
in Memel am 10. Juni 1802 vor.

*Königin Luise
und Friedrich Wilhelm III.
in jungen Jahren.*

Schnupfen, der mich betäubt und mich manchmal dumm macht, außerdem Zahnschmerzen, an denen ich zeitweise ungeheuer leide. Doch habe ich den Marsch, der Ihnen so sehr gefallen hat, nicht vergessen; ich schicke ihn doppelt... Denken Sie manchmal an mich, und seien Sie überzeugt, ich werde Sie nie vergessen und auf ewig Ihre *treue Freundin*

Luise.«

Ein »apartes Zettelchen«, wie Luise es nennt, liegt diesem Brief bei:

»Es wird Ihnen vielleicht auffallen, lieber Freund, daß ich viele Punkte Ihres Schreibens schweigend übergehe. Wundern Sie sich darüber nicht; Papa und Großmama wollten, ich solle ihnen meinen Brief an Sie zeigen, und letztere vor allem empfahl mir besonders, Ihnen nicht zu zärtlich zu schreiben. Ein Glück, /daß die Gedanken und die Empfindungen zollfrei sind/, dabei kann sie keine Etikette anwenden. Wissen Sie denn, lieber Prinz, die Namen Freundin, liebe Luise, all das hat mich wirklich gefreut; nennen Sie mich immer, wie Sie wollen, in meinem ganzen Leben würde es mir nicht in den Sinn kommen, das zu mißbilligen, im Gegenteil, es freut mich. Mir scheint, da wir vom ersten Augenblick unserer Bekanntschaft natürlich und ohne Scheu beisammen waren, mußte ich Ihnen den Grund sagen, weswegen in meinem Briefe ein gewissermaßen eingeschnürter Stil herrscht, der mir garnicht natürlich ist; sonst könnten Sie glauben, ich hätte mich Ihnen gegenüber gewandelt; das ist nicht der Fall. Nein, im *Gegenteil,* Sie sind mir nicht gleichgültig, und meine Gefühle für Sie sind Ihnen bekannt, so brauche ich Ihnen nicht zu wiederholen, /daß ich Ihnen recht herzlich gut bin/. Seien Sie immer ebenso zu mir. Ich beteure Ihnen, mein Herz vermag nicht zu wechseln. Wenn Sie noch in Trebur wären, würde ich mir sehr viele solche Tage wie den 24. versprechen, der einer der schönsten meines Lebens war. Ich bitte Sie, lieber Prinz, zeigen Sie dieses Billett keiner lebenden Seele, und wenn Sie darauf antworten, tun Sie es nicht in Ihrem Briefe, sondern auf einem kleinen Zettel nebenbei, damit Großmama es nicht bemerkt, sonst werde ich Kummer davon haben...

Noch eines. Großmama wollte, ich solle eine Kladde für den Brief an Sie machen, weil ich nicht korrekt und orthographisch schreibe. Ich gebe zu, das ist nicht schön; aber Sie müssen auch meine Fehler kennen. Wäre ich in der Kindheit fleißiger gewesen, so wäre ich vielleicht imstande, Ihnen fehlerlos die Gefühle meines Herzens auszusprechen, /so kann ich es nur immer fehlerhaft/. Eine Bitte: lassen sie es mich durch irgendwen wissen, wenn Sie Wiesbaden verlassen, damit ich immer weiß, wo Sie sind, *mein lieber Prinz.* Viele Grüße an Herrn von Schack und an Ihren Kammerdiener, seien Sie auf den nicht eifersüchtig. Haben Sie immer lieb Ihre Luise.«

Ein weiterer zweimal gefalteter Papierstreifen mit Siegelspuren. Auf ihm steht: »Wenn Sie diesen Brief in Gesellschaft erhalten, so beschwöre ich Sie, öffnen Sie ihn dort nicht, man könnte mich sonst für närrisch halten.«

Dieser Brief, vor allem der auf dem »aparten« Zettelchen (gemeint ist à part: beigelegt), zeigt bei aller noch kindlichen Verspieltheit schon deutlich Ansätze zu einer in sich ruhenden, geschlossenen Persönlichkeit und offenbart die Grundzüge von Luises Wesen: Ehrlichkeit, Beständigkeit, Einfühlungsvermögen, einen fröhlichen Mutterwitz, das Bedürfnis zu lieben und geliebt zu werden.

»Ich, kühl von Natur«, schreibt sie in diesem Brief und ein anderes Mal: »Mein Kopf läuft nicht mit meinem Herzen davon.« Sie ist sich über ihre Gefühle im klaren, Leidenschaft ist ihr fremd. Leidenschaftlich ist Friederike, »ihre ebenso reizende, aber viel galantere Schwester«, bemerkt Eduard Vehse in seiner *Geschichte der deutschen Höfe.* Wäre Friedrich Wilhelm, wie es zunächst schien, dem Charme Friederikes erlegen, und Luise wäre die Frau des Prinzen Ludwig geworden, so wären Temperamente aufeinandergestoßen, die sich im Laufe der Jahre todwund gerieben hätten.

Eine Hofdame in Darmstadt sagt, als sie von der Verlobung Luises mit dem preußischen Kronprinzen hört: »Prinzessin Luise wird eine ausgezeichnete Königin abgeben, sie hat einen ausgeprägten Charakter wie eine Dreißigjährige.« Was man zweifellos von Friederike nicht hätte behaupten können trotz der gesellschaftlichen Gewandtheit ihres Auftretens.

In Wiesbaden hat der Kronprinz mit seiner Truppe nur kurz Station gemacht. Der Brief erreicht ihn im Hauptquartier in Guntersblum, einem Ort südlich von Oppenheim, nicht weit von Darmstadt. Das ist ihm zur Zeit das wichtigste. Sein Interesse am Krieg, das von Anfang an nicht groß war, erlischt allmählich ganz, da er als Kommandeur der Reserve bei einer Belagerung, die sich über Monate hinzieht, zur Untätigkeit verdammt ist, ohne jegliche Aussicht, sich bei einer Kampfhandlung auszuzeichnen. So oft es ihm möglich ist, reitet er, begleitet von seinem Adjutanten Herrn von Schack, nach Darmstadt. Herr von Schack hat die Aufgabe, Prinzessin George zu unterhalten, damit die gefürchtete Geschwätzigkeit der Großmutter dem Kronprinzen keine der kostbaren Stunden stiehlt, auf die er sich gefreut hat.

Einen Tag nach dem offiziellen Besuch des Vaters der Prinzessin beim König ist Friedrich Wilhelm wieder im Alten Palais am Marktplatz »von morgens 9 bis 8 Uhr abends«. In einem Vorzimmer entdeckt er einen Stapel Kartons, in denen sich elegante, moderne Kleidungsstücke befinden, die ein Frankfurter Kaufmann zur Ansicht sandte. Er bittet Luise, sich etwas Hübsches auszusuchen, das er ihr schenken kann. »Wogegen sie keinerlei Schwierigkeiten machte«, berichtet Mademoiselle de Gélieu etwas indigniert über die Manieren ihrer Elevin. Luise wählt ein Caraco, eine vorne mit Knöpfen verschließbare Jacke mit weitem Halsausschnitt und Schoß. Das Caraco ist, nach Angaben der Erzieherin, »von feinem Schleiertuch, prächtig in offenen Rosen und Knospen gestickt, und kostet 110 Gulden.«

Die älteste Schwester Luises, Herzogin Charlotte von Hildburghausen, ist mit ihrem Mann bereits zu den Verlobungsfeierlichkeiten in Darmstadt eingetroffen, eine Woche später kommt Therese mit ihrem Gatten, dem Erbprinzen von Thurn und Taxis, an. Die Ungezwungenheit, mit der Friedrich Wilhelm von allen ganz selbstverständlich einbezogen wird in das festgefügte, glückliche, für ihn so ungewohnt zwanglose Familienleben, löst in ihm das Starre, Unzugängliche, Abweisende, den Schutzwall, hinter dem er von frühauf seine Gefühle verbirgt.

»Du würdest Dich wundern«, schreibt der Marquis Lucchesini an seine Frau nach Berlin, »wie ungewöhnlich verliebt der Prinz ist, und wie liebenswürdig er sich deshalb gibt.«

Nach einem erneuten Besuch in Darmstadt reist der Kronprinz weiter nach Mannheim und trifft dort den König. Eine offizielle Visite beim Kurfürsten Karl Theodor von der Pfalz und Bayern. Der Aufenthalt beschäftigt Luise.

»... Meine Gedanken haben Sie den ganzen Tag nicht einen Augenblick verlassen«, schreibt sie ihm am 10. April. »Ich sah Sie neben der Kurfürstin sitzen, hundsverlegen, mit Verlaub zu sagen, so daß Sie sich ein bischen langweilten; ich sah, wie Sie freudestrahlend das Militär besichtigten und jetzt bei der großen Cour die schönen Damen von Mannheim... bewundern. Noch einen Augenblick, dann werde ich Ihnen zum Theater folgen; geben Sie acht, vernarren Sie sich nicht in Madame Müller, sie singt und ist reizend wie die Liebesgötter. Wenn ich das sähe, wäre ich imstande, böse zu werden und ihr ein paar schlechte Streiche zu spielen, denn Sie wissen ––– obgleich ich *viele viele* Freundschaft für Sie hege, – und wissen Sie wohl, was Sie wissen?...

Übrigens vergaß ich Ihnen zu sagen, daß Sie in Mannheim mehrere Personen finden werden, die mir sehr wohlwollen. Wenn die Ihnen zuviel Gutes von mir sagen, glauben Sie es nicht, denn ich bin, ach! /ein unvollkommenes Wesen wie alle Menschen, habe auch meine Fehler, und wenn Sie einmal alle kennen, so sagen Sie sich: Das Herz ist nicht böse/, diese Wahrheit kann ich Ihnen wahrlich versichern: Mein Leben lang werde ich versuchen, Sie glücklich zu machen; meine größte Sorgfalt wird dahin gehen, durch alles, was in meiner Macht steht, zu erfahren, wo ich Ihnen Freude machen kann; kurz, ich schwöre Ihnen, ich werde immer *wahrhaft* die *Ihre* sein, Ihre treue Freundin Luise.

unwandelbar

Adieu, mein lieber Freund!«

Umgehend antwortet der Kronprinz, um dessen Tun und Lassen sich noch nie irgendeine Frau Sorgen gemacht hat: »... Frau M. habe ich gestern im Schauspiel gesehen, und ich versichere Ihnen feierlich, daß Sie sich mit Unrecht ängstigen würden. Im allgemeinen versichere ich Ihnen, daß ich mit keinem hübschen Fräulein von hier gesprochen habe...«

Der König Friedrich Wilhelm III., der seine Jünglingsjahre an einem Hof verbracht hat, an dem sinnliches Vergnügen jeden Seitensprung rechtfertigte, an dem es genug schöne und elegante Frauen gab, die sich mit Vergnügen bereit gefunden hätten, seine Geliebte zu werden, gesteht in seinen Erinnerungen: »Weder vor unserer Ehe noch während derselben hab ich eine andere gehabt als sie.«

Er hat auch »keinen anderen Freund als sie« gehabt, und seinen Geschwistern und Verwandten, die die Lücke hätten ausfüllen können, war er zwar »herzlich gut, aber ohne eigentlich innere Annäherung«.

Das erklärt, wie entscheidend für ihn die Begegnung mit Luise ist. Plötzlich gibt es einen Menschen, dem er seine Gedanken und Gefühle zuwenden kann, dem er nicht gleichgültig ist, – »im Gegenteil«, hat Luise ihn schon in ihrem ersten Brief wissen lassen, und jedes Wiedersehen knüpft engere Bande zwischen ihnen.

Daß seine scheue Verschlossenheit sich lockert, kommt auch in den Briefen an seine Cousinen zum Ausdruck, denen er von Luise und seinen Besuchen in Darmstadt gerne berichtet. An seine Mutter nach Berlin schreibt er: »Ich kann Ihnen nicht sagen, wie glücklich ich mich durch die Wahl fühle, die ich getroffen habe.«

Zum erstenmal in seinem Leben blickt er erwartungsvoll in die Zukunft.

Luise hingegen genießt weiterhin unbekümmert ihre liebevoll umhegte Jugend, deren wichtigstes und schwierigstes Problem nunmehr zur allgemeinen Zufriedenheit gelöst ist. Die Intensität ihrer Empfindungen konzentriert sich auf die Gegenwart. Noch denkt sie nicht an die Zukunft, noch bangt ihr nicht vor dem Abschied von Darmstadt und vor der neuen Welt, dem großen, unheimlichen, gefährlichen Berlin.

Sie ist ausgelassener denn je. Mit kindlichem Ungestüm fegt sie durch das Alte Palais, tollt im Georgeschen Garten herum mit ihren Brüdern, holt sich einen Schnupfen, wickelt sich in Tücher und Schals, stöhnt über Kopf-, Hals-, Zahnschmerzen und ist gleich darauf wieder leichtsinnig und erkältet sich erneut. Ihre Gesundheit ist von jeher labil. Mit Vorliebe schläft sie lange und verbringt den Vormittag im Bett. Zwischen den Mahlzeiten ißt sie mehr als bei Tisch. Sie nascht für ihr Leben gern Kuchen, Süßigkeiten, Obst, hemmungslos und mit gutem Gewissen, denn für das damalige Schönheitsideal ist sie zu mager.

Ihre unbändige Lebensfreude läßt ihr oft keine Zeit, mit dem nötigen Ernst an den Kronprinzen zu schreiben, und doch weiß sie, wie er auf einen Gruß von ihr wartet. So entsteht eine der liebenswertesten Flüchtigkeiten ihrer Feder.

»Darmstadt, den 16. April 1793.

/Grüne Peterzielge, grüne Peterzielge, grüne Peterzielge und Krautsalat/. Diese wenigen Worte mußt ich Ihnen unbedingt aufschreiben, trotzdem Fräulein Marico mir meine Haare dreht und mich hindert, einen Brief zu schreiben, wie es sich gehört; denn Sie müssen wissen: Ich schreibe auf meinen Knien, auf die ich mein Buch gelegt habe; es ist zwar groß, bietet aber nicht genug Platz für meine beiden dicken /Pfoten, qui comme vous savez au reste sont die zierlichsten ihrer Art/ ---.«

Ermahnungen und Bitten, auch die des Kronprinzen, schlägt sie in den Wind, verspricht Besserung und kümmert sich den Teufel um ihr Versprechen. Alle Versuche, sie zu disziplinieren, sie an geregelte Zeiten, an Ausdauer und Geduld bei ernsthafter Beschäftigung zu gewöhnen, macht sie zunichte, da sie es mit bemerkenswerter Kunst versteht, die »alte de Gélieuen« um den Finger zu wickeln, ebenso die Großmama, die in ihr ihr Ebenbild sieht und ihr alles durchgehen läßt.

Schuld an der verfahrenen Situation sind die Erzieher, einschließlich der Darmstädter Lehrer, nicht Luise. Denn es wäre ein leichtes gewesen, Interessen in ihr zu wecken und den Ehrgeiz, zu lernen. Doch gelungen wäre das nur einer Persönlichkeit, die ihr Achtung einflößt und Respekt. Im Konfirmationsunterricht ist ihr eine solche Persönlichkeit entgegengetreten, Johann Wilhelm Lichthammer. Dieser Geistliche wußte sie zu lenken und spürte als erster in ihr den aufkeimenden Wunsch nach Wissen und Erkenntnis. Das zeigt das Buch, das er ihr in die Hände gab: Moses Mendelssohns *Phädon oder über die Unsterblichkeit der Seele.*

Der Brief, mit dem sie ihm im Juni 1793 für die Lektüre dankt, beweist, daß sie lediglich einer klugen Führung bedurft hätte, um über die Oberflächlichkeit ihres Daseins hinauszuwachsen.

»den 28. Juni 1793.

/Ich reiße mich los von jenem herrlichen Buche, welches Ihre Güte mir vor einiger Zeit gab, um nicht bloß Ihnen meinen Dank nocheinmal mitzuteilen, sondern ich füge die Bitte hinzu, mir das Buch Mendelssohns von der Unsterblichkeit von Frankfurt kommen zu lassen. Sie können sich nicht vorstellen, wie sehr glücklich mich das Buch macht, die Lehren, die es enthält, sind so wahr, so treffend und gut, daß es mir ein wahrer Schatz für meine Seele geworden ist. Meine Seele wünscht außerordentlich sich zu bilden und sich nützliche Kenntnisse der Menschen, des Geistes der vergangenen Welten zu sammeln. Verhelfen Sie mir dazu, ich bitte Sie. Ich beschäftige mich immer; was ist eine Monatschrift, eine hübsche Zeichnung oder eine schöne Sonate für den Geist? Es zerstreuet sie wohl, aber gibt ihr keine Kraft, denn so gut wie der Körper nicht von Anschauen und Anhören leben kann, ebensogut kann die Seele keine Fortschritte machen, wenn sie keinen Stoff zum Denken hat. Ich verbleibe ewig Ihre Freundin Luise/.«

Ein schmerzliches Kapitel ihres Lebens: der Wunsch nach Bildung. Friedrich Wilhelm lehnt schon in der Brautzeit alle Bemühungen Luises ab, ihn mit einer Literatur bekannt zu machen, die sie für wertvoller hält, wobei ihr Maßstab naiv ausschließlich nach sittlichen, christlich-moralischen Grundsätzen ausgerichtet ist. Dafür hat der Kronprinz wenig Verständnis. Das Lagerleben sei trist genug, meint er, er benötige Bücher, die ihm keine Probleme aufgeben, die ihn fröhlich stimmen und ablenken von der Eintönigkeit des Alltags. Er zieht vor, was wir heutzutage Groschenromane nennen würden. Er ist kein Intellektueller, und Bildung ist ihm suspekt. Insbesondere bei Frauen und vor allem bei seiner eigenen. Er wittert Gefahr. Überlegenheit wäre unerträglich. Seine Insuffizienzgefühle wehren sich selbst gegen die begrenzten Möglichkeiten, die in Luise liegen. So steht er bis zu ihrem Tode allen ihren geistigen Bestrebungen ablehnend gegenüber.

Sechstes Kapitel

Die Festlichkeiten der Doppelverlobung bringen Unruhe und Tumult in das friedliche Darmstadt. Die weitverzweigte Verwandtschaft der Hessen und Leininger findet sich ein, die von Nassau, von Baden und Württemberg nehmen teil, die Erbachs und die Reuß' und aus Mannheim kommt die jüngste Tochter von Prinzessin George mit ihrem Gatten Max Joseph von Zweibrücken und ihrem siebenjährigen Sohn, dem späteren Ludwig I. von Bayern. Die kleine Residenz hat aufgeboten, was an Unterkünften zur Verfügung steht. Das schon damals bekannte Hotel »Zur Traube«, das bis nach dem Zweiten Weltkrieg existiert hat, ist überfüllt, ebenso alle anderen Gasthäuser und sämtliche Palais. Aus der Umgegend haben sich Hunderte von Schaulustigen eingefunden.

Alles ist auf den Beinen, säumt Straßen und Plätze, als am 24. April gegen Mittag der König mit großem und prächtigem Gefolge erscheint und durch die Stadt reitet. Die Feier findet im Saal des Georgeschen Palais statt. Der König selbst steckt den Brautpaaren die Ringe an die Finger und legt ihre Hände zusammen. In seiner Rede erwähnt er scherzend, daß die Prinzessinnen mit dem Haus eines »geborenen Preußen« ja bereits verwandtschaftlich verbunden seien, womit er den regierenden Landgrafen Ludwig X. meint, der in dem preußischen Prenzlau das Licht der Welt erblickt hat. Der Vater des Landgrafen ist der Bruder des Großvaters der Prinzessinnen.

Daß das Rätselraten um die eheliche Verbindung seines ältesten Sohnes ein offensichtlich glückliches Ende gefunden hat, befriedigt den König. Gutmütig wie er ist und erfahren in Herzensangelegenheiten, fürchtete er mit Recht, daß eine notwendig werdende konventionelle Heirat aus Staatsraison, was bei dem schwer zugänglichen Charakter des Kronprinzen nahelag, diesen nur noch mehr in die Enge getrieben und isoliert hätte. Prinz Ludwig allerdings verhält sich nach wie vor äußerst kühl und distanziert zu Friederike.

Am Tag nach der offiziellen Feier ist großer Maskenball im Schloß. Frankfurter Familien haben Einladungen erhalten, darunter auch von Bethmann-Metzlers. Vermutlich auf Veranlassung des Königs. Er hat Sophie unterdessen wiedergesehen. Sie ist auf seine Bitte hin ins Forsthaus zu einem Frühstück in Begleitung ihrer Mutter gekommen. Das Treffen bleibt nicht geheim. Die Damen werden in den nächsten Tagen »mit Fragen bestürmt, die manchmal mit einiger Ironie gewürzt waren«, schreibt Sophie dem König.

In der Frankfurter Gesellschaft macht der Klatsch schnell die Runde. Sophie wird vorsichtiger, doch kommt sie mit ihrer Mutter zum Maskenball nach Darmstadt. Der König hat ein langes Gespräch mit ihr, das nicht unbeobachtet bleibt. Sie deutet ihm an, daß ein ernsthafter Bewerber um ihre Hand existiere, dem sie sich verpflichtet fühle. Die Mitteilung ernüchtert ihn keineswegs, sie reizt seine Phantasie und seinen Wunsch, sie zu gewinnen, um so mehr, als er den Eindruck hat, daß jene Verbindung ihr nicht allzuviel bedeutet.

Diese Ansicht äußert er in dem Brief, den er ihr noch in der Nacht nach dem Ball schreibt. Er bittet sie, ihm über das »interessante und leidige Thema« ausführlich zu berichten. Der Brief, morgens um 8 Uhr in Darmstadt zur Post gegeben, wird abgefangen und dem Bräutigam in spe zugeleitet.

Der König wartet vergebens auf eine Antwort von Sophie, und als er Anfang Mai in Frankfurt im Theater ist, erwidert sie seinen Gruß betont abweisend. Was sich inzwischen im Hause Bethmann-Metzler abgespielt hat, ist nicht bekannt. Endlich Mitte Mai erhält der König einen Absagebrief von ihr, der zweifellos ernster gemeint ist, als der König ihn wertet, da er ihn umgehend mit einer erneuten Liebeserklärung beantwortet. Sophie läßt nichts von sich hören. Am 23. Mai hofft er sie im Theater in Frankfurt zu sehen, aber ihre Loge bleibt leer.

Nach der Vorstellung schreibt er ihr: »Wie glücklich war ich neulich, Sie in dem lieben Komödienhaus wiederzusehen, wenn ich Sie auch nicht sprechen konnte und wie unsagbar unglücklich bin ich jetzt, da ich Sie weder habe sehen noch sprechen können... Ich bin zu Pferde hierhergekommen... Ein reiner Zufall hat es gewollt, daß ich mich mit einem Mal vor Ihrem Garten befand. Ich wagte nicht Halt zu machen, ich durchflog ihn indessen mit meinen Augen... Wenn ich gefunden hätte, was meine Augen suchten, so hätte ich den Gegenstand meines Suchens gefragt, was ich tun solle: einen Augenblick bleiben oder weiterreiten, und ich wäre der Weisung gehorsamst gefolgt...

Würde es das nächste Mal, wenn ich wiederkomme, sehr ungehörig sein, wenn ich im Vorbeireiten in Ihren Garten käme... oder könnte ich mich nicht wenigstens am Gartentor am Mainufer mit Ihnen unterhalten, wobei Sie dann wie eine Nonne am Gitter wären? In irgendeiner Weise hoffe ich Abschied von Ihnen nehmen zu können. Es würde mir unmöglich sein, dies vor aller Welt tun zu müssen. Ich habe mich mehr in der Gewalt als viele andere; aber das ginge über meine Kräfte!«

Ein König! Und obendrein der Befreier von Frankfurt! Die Saiten, die Friedrich Wilhelm hier anschlägt, sind verführerisch für ein junges Mädchen, fast demütig, bittend, sehr menschlich, ohne jede Herablassung. Doch Sophie verhält sich nach wie vor ablehnend.

»Ich beschwöre Ew. Majestät bei allem, was Ihnen das Liebste auf Erden, mir nicht mehr solche Briefe zu schreiben, und sie mir nicht mehr in so äußerst gewagter Form zustellen zu lassen.«

Sie werde überwacht und sei der Gegenstand öffentlicher Spötteleien, eine herbe Erfahrung in ihrem Alter. Jetzt mache man ihr auch noch zum Vorwurf, daß es mit der Belagerung von Mainz nicht vorwärts gehe und daß sie den König von seinen kriegerischen Aufgaben ablenke.

Böse Zungen, die da am Werk sind, die die Unzufriedenheit mit dem schleppenden Fortgang der Belagerung nutzen, um die Affäre anzuheizen und hochzuspielen.

Kritik an der Heerführung hört man auch beim Militär, besonders bei den Österreichern unter Wurmser, der von seinem Oberkommando angewiesen wurde, »sich in allen Stükken nach der Direktion und Disposition zu benehmen, welcher der König von Preußen und der Herzog von Braunschweig für gut befinden würden«. Da er die Preußen nicht liebt und den Herzog für unfähig hält, ist die Zusammenarbeit mit ihm wenig ersprießlich.

Mit der Belagerungsarmee von insgesamt etwa 36000 Mann ist, im Verhältnis zu dem Umfang der Festungen Mainz und Kastel, eine vollständige Blokade nicht möglich. Eingeschlossen sind rund 22000 Mann der französischen Revolutionsarmee. Sie haben keinerlei Verbindung mit Paris oder anderen Truppenteilen und die Hoffnung, Custine käme zu Hilfe, erfüllt sich nicht. Eine Unterlassungssünde, die Custine wenige Monate später den Kopf kostet.

Kastel ist eine gut ausgebaute Festung, die Festungswerke von Mainz werden so schnell wie möglich verstärkt und ausgebessert unter der Leitung des Kommissars Merlin, den die preußischen Soldaten »Feuerteufel« nennen, weil er die Kanonen auf den Wällen der Festung selbst beaufsichtigt und kommandiert. Mainz ist über ein halbes Jahr hinreichend mit Lebensmitteln versorgt. Arzneimittel dagegen fehlen, knapp ist auch das Futter für die Pferde. Munition lagert in großen Mengen in den Magazinen.

Aushungern kann man die Festung in Kürze nicht. Es ist auch nicht damit zu rechnen, daß sie kampfunfähig wird oder daß, wie in Frankfurt, eine Revolte die Belagerten zwingt, sich zu ergeben. Die Zeit aber drängt, denn ein Angriff Custines auf die dünne Umzinglung könnte verheerende Folgen haben. Mainz muß beschossen werden, um die Kapitulation zu forcieren, von Geschützen, die mörderisch genug sind, eine Stadt in Flammen aufgehen zu lassen. Doch diese Geschütze müssen erst herbeigeschafft werden und die dafür erforderliche Munition. Frankfurt und Würzburg, Ansbach und Magdeburg liefern, was an 24-Pfündern vorhanden. Auf Kanonenbooten läßt man Geschütze aus Holland kommen, der Transport kostet ein Heidengeld, und als sie glücklich eintreffen, kommen sie nicht zum Einsatz. Die Vorbereitungen für die Beschießung der Stadt dauern bis Mitte Juni.

Unterdessen sind die Franzosen unermüdlich in ihren Ausfällen und Störungsmanövern gegen die preußischen Stellungen. Viel erreichen sie nicht, aber doch gelegentlich erhebliche Verluste an Menschen und Material.

Am 17. Mai wird Bodenheim Hauptquartier. Eine betrübliche Nachricht für Luise, denn die Besuche des Kronprinzen in Darmstadt werden infolge des längeren Weges seltner. Ein Ausflug entschädigt sie: Der König lädt die Prinzessin ins Lager ein. Solche Lagerbesuche sind an der Tagesordnung, eine Art vergnügliche Landpartie für die Bewohner der umliegenden Städte und Ortschaften. Luise scheint über das recht animierte Lagerleben orientiert zu sein.

»Sorgen Sie dafür«, schreibt sie dem Kronprinzen, »daß ich keine Klagen höre, sonst werde ich garnicht tun, als ob ich Sie kenne. Und vor allem /besaufen/ Sie sich nicht unter dem Vorwande, auf meine Gesundheit zu trinken...«

Am 28. Mai findet der Besuch statt, es hagelt, regnet und ist kalt. Gegen Mittag treffen die Prinzessinnen in Bodenheim ein und steigen beim Kronprinzen ab. Dort »befand sich auch mein Partner fürs Leben«, bemerkt Friederike in einem Brief an Therese, in dem sie den Tag anschaulich beschreibt, etwas schnippisch, offenbar bewußt Abstand wahrend. Die Fünfzehnjährige zeigt Selbstbewußtsein und weiß sich zu behaupten, und sie ist zu stolz, Glück vorzutäuschen.

Um ein Uhr bittet der König zu Tisch. Er ist am Tor des Hofes, um die Gäste zu empfangen, der ganze Hof ist angefüllt mit Militär.

»Prinz Louis Ferdinand betrachtete uns mit durchbohrendem Blick, er ist sehr liebenswürdig.« Schon damals gefällt er Friederike. Nach dem frühen Tod ihres Gatten, des Prinzen Ludwig, wird er einer ihrer ersten Liebhaber.

Beim Diner sind alle lustig, die Prinzessinnen nicht, sie verharren »in untertänigstem Respekt«, da sie auf dem »Armesünderstühlchen« sitzen und alle Augen auf sie gerichtet sind. Beim Kaffee kommt das Thema zur Sprache, das vor allem Anlaß zu dem Besuch gegeben hat: der künftige Hofstaat des Kronprinzenpaares. Auf Wunsch des Königs soll die kürzlich verwitwete Frau von Voß, Tante seiner ersten morganatischen Frau, Oberhofmeisterin werden. Sie ist vierundsechzig Jahre alt, noch gut aussehend, in Etikettefragen unschlagbar. Sie überlebt die Königin und kann ihren Erinnerungen den stolzen Titel *69 Jahre am preußischen Hofe* geben. Dem Kronprinzen ist sie zu geschwätzig. Als erste Hofdame hat sich Henrietta von Viereck um diesen Posten beworben, und der Kronprinz bittet den König, der Bewerbung zuzustimmen. Er schätzt die Viereck, sie ist klug und erfahren und, wie er richtig vermutet, sie wird seiner Frau gefallen und ihr eine Hilfe sein. Zum Kammerherrn soll Herr von Schilden, zum Hofmarschall Herr von Massow ernannt werden. Letzterer ist zur Zeit in Berlin zusammen mit dem Grafen Brühl darum bemüht, das Kronprinzenpalais mit Geschmack und Umsicht einzurichten. Peter Fontane, der Großvater von Theodor Fontane, wird zum ersten kronprinzlichen Kammerdiener bestimmt. Er hat die täglichen Ausgaben zu überwachen und den privaten Briefwechsel der Kronprinzessin zu besorgen.

Ob damals schon auch für Prinz Ludwig und Friederike der Hofstaat festgelegt wird, ist nicht ersichtlich, doch anzunehmen. Gräfin Brühl wird zu ihrer Oberhofmeisterin ernannt, Fräulein von Knobelsdorf und Karoline von Zeuner zu Hofdamen.

»Alle drei«, nach dem Urteil der Schwester des Prinzen Louis Ferdinand, »außerstande eine noch nicht Sechzehnjährige zu leiten.«

Nach dem Kaffee bringt der König seine künftigen Schwiegertöchter zum Wagen. Sie fahren zum Kronprinzen und anschließend ins Lager Marienborn. Dort erwartet sie General von Kalckreuth, »welcher – in Parathese – in einem Irrenhaus wohnt«, behauptet Friederike. Nach Angaben Goethes ist der General in einem Kloster untergebracht. Kloster und Irrenhaus haben eines gemeinsam: Zellen. Vielleicht hat sich einer der Herren Offiziere einen schlechten Scherz erlaubt, der für bare Münze genommen wurde.

Im Zelt des Herzogs von Weimar wird den Gästen Tee und Likör serviert, »und zum Überfluß der Annehmlichkeit war der Wind unverschämt genug, uns die Unterröcke bis zu den Knien aufzuheben«, Friederike hat es ihm sicherlich nicht verübelt, denn ihre Beine sind außerordentlich hübsch. Ihr Briefstil entspricht ganz der Art ihres Auftretens: anmutig, flott, spritzig.

Goethe, der am Tag zuvor im Marienborner Lager eingetroffen ist, vermerkt in seinem Tagebuch: »Gegen abend war uns, mir aber besonders, ein liebenswürdiges Schauspiel bereitet: die Prinzessinnen von Mecklenburg... besuchten das Lager. Ich heftelte mich in mein Zelt ein und durfte so die hohen Herrschaften, welche unmittelbar davor ganz vertraulich auf und nieder gingen, auf das genaueste beobachten. Und wirklich konnte man in diesem Kriegsgetümmel die beiden jungen Damen für himmlische Erscheinungen halten, deren Eindruck auch mir niemals verlöschen wird.«

Nach dem Gespräch in Bodenheim im Zelt des Königs sieht Luise zum erstenmal mit Freude und Zuversicht der zukünftigen Häuslichkeit in Berlin entgegen. Wie der Kronprinz ihr versichert hat, kann sie sich auf den Rat und die Gesinnung der Menschen ihrer nächsten Umgebung verlassen. Sie ist glücklich, als der Kronprinz ihr mitteilt, daß der König die Bewerbung der Viereck bestätigt hat, und was Frau von Voß anbetrifft, »so will ich Ihnen sagen«, erwidert sie ihm, »daß ihre Wahl mir nicht unangenehm ist; denn ich hoffe, sie wird durch Schwatzen und durch Erzählen von Neuigkeiten die Ehre vergessen, zu der Gesellschaft der erhabenen Seelen zugelassen zu sein, die ihre Erhabenheit in der Herstellung der feinsten Gewebe suchen... Dabei dürfen wir auch die Güte des Königs nicht vergessen. Seine Rücksicht auf Sie, mein lieber Prinz, muß uns mit Dankbarkeit und Liebe für diesen ausgezeichneten Vater erfüllen...«

In der damaligen Zeit gibt es Tabus, die selbst unter sich nahe stehenden Menschen unausgesprochen bleiben. So hat Luise nicht die mindeste Vorstellung, wie liebearm die Jugend Friedrich Wilhelms war im Gegensatz zu ihrer eigenen. Und überdies ist der Kronprinz ja mit dem »ausgezeichneten Vater« zur Zeit durchaus zufrieden, umso mehr, als er ihm viel Freiheit zugesteht.

Ist der Kronprinz nicht in Darmstadt, erhält er die reizendsten Briefe:

/»Ich esse eben beim Schreiben köstliche Klöße mit Brot und Butter; wenn Großmama das bei Tisch merkt, so wird Luise, obgleich sie eine Braut ist, einen tüchtigen Wischer kriegen...«/

Bezaubernd ihre Mischung von Französisch und Deutsch:

»Tout en mangeant des Kirschen bien schwarz und bonnes, je prends la plume pour vous dire que j'ai parfaitement bien geschlaffen«, und ein anderes Mal schließt sie ihren Brief mit den Worten: /»Die alten Scharteken, nämlich die Wägen fahrn vor, die alten metallenen Klocken läuten und ich, ich habe keine Lust in die Kirche zu gehen. Gott verzeih mirs. Adieu Altesse royale de mon coeur... Ich muß fort in Kirch gehn, sonst schlägt mich mey alte Großmäme.«/

Ganz offensichtlich setzt der König den Kronprinzen einer ernsthaften Gefahr nicht aus. Er bleibt in Bodenheim, solange sich das Hauptquartier dort befindet.

Das »Kriegsgetümmel« in Marienborn, von dem Goethe spricht, in dem sich zahlreiche Besucher täglich friedlich promenierend bewegen, kann im Handumdrehen zum

Kriegsschauplatz werden. Das geschieht bereits zwei Tage nach dem Besuch der Prinzessinnen, in der Nacht vom 30. auf 31. Mai, als Marienborn von den Belagerten überfallen wird. Etwa 3000 Franzosen haben sich im Dunkeln in langem Zug, geführt von einem geländekundigen Mainzer Bauern, durch die hügelige Landschaft und die nicht dicht genug stehenden preußischen und österreichischen Vorposten an das Lager herangepirscht. Erst als sie es erreicht haben, werden sie bemerkt. Sie haben den Auftrag, General Kalckreuth und den Prinzen Louis Ferdinand gefangenzunehmen oder zu töten. Durch das einsetzende Geschütz- und Gewehrfeuer werden die Schlafenden geweckt. Das Kloster und das Chausseehaus, in welchem Prinz Louis Ferdinand logiert, sind bereits umzingelt. Dank der allgemeinen Verwirrung gelingt es dem Prinzen, ins Freie zu entkommen und zwei Regimenter ins Gefecht zu führen. Der Herzog von Weimar eilt ihm mit einem Teil seiner Truppen zu Hilfe, und der Feind wird nach anderthalbstündigem Kampf zurückgetrieben. Bei der nächtlichen Verfolgung geraten die Verfolger zwischen die Flüchtenden und werden von den eigenen Batterien zusammengeschossen. Das erklärt die relativ großen Verluste bei den Preußen: etwa 90 Mann und zwei Offiziere, darunter der Adjutant des Generals, während die Franzosen nur 30 Soldaten verloren haben. Goethe erzählt: »...Die Sonne ging auf mit trübem Schein und die Opfer der Nacht lagen nebeneinander. Unsere riesenhaften wohlgekleideten Kürassiere machten einen wunderlichen Kontrast mit den zwergenhaften, zerlumpten Ohnehosen; der Tod hatte sie ohne Unterschied hingemäht.«

Die Belagerten greifen immer wieder an, die Mainspitze, die für sie am gefährlichsten ist, Weißenau, Mombach, Gonsenheim. Meist werden sie unter großen Verlusten zurückgeschlagen. Und da sie dem Teufel Merlin alles Böse zutrauen, haben sie den Verdacht, er opfere möglichst viele von ihnen, um dem Konvent melden zu können, daß aus Mangel an Verteidigungskräften die Festung nicht mehr zu halten sei. Auch die Führung ist nicht einig. Der Kommandant von Mainz, D'Oyré, gerät mit Merlin und Reubell in Streit, die ihm Vorschriften machen wollen. Aber letzten Endes siegt das französische Laisser-vivre; Theater wird fast bis zum letzten Tag gespielt, trotz des Bombardements, und getanzt, gepfiffen und gelacht wird nach Herzenslust zur Freude vieler Mainzerinnen.

Im preußischen Lager seufzt Freiherr vom Stein in Briefen an die Daheimgebliebenen, über die »zentnerschwere Langeweile«, auch der Herzog von Weimar klagt in seiner Korrespondenz über die Eintönigkeit des Alltags; doch ganz so schlimm ist es nicht. Man vergnügt sich munter abends beim Marketender oder an der Tafel der Generalität. Die Champagnerpfropfen knallen, und an Weiblichkeit ist auch kein Mangel... Der König hat Verständis für das Liebesbedürfnis seiner Offiziere und Soldaten. Es gibt Bordelle in Zelten und für höhere Ansprüche Favoritinnen, die in den verstreut liegenden Gartenhäuschen der großzügigen Anlage wohnen, die die königliche Unterkunft umgibt. Sie ist etwa 1000 Schritte oberhalb von Marienborn mit gärtnerischer Kunst angelegt: Waldstücke sind einbezogen, Terrassen aufgeschüttet mit weiten Rasenflächen und Blumenbeeten in allen Farben, Buschwerk, geschnittene Hecken, kiesbestreute Wege, Laubengänge, offene Pavillons mit Sitzgelegenheiten, um die herrliche Aussicht zu genießen.

Der König führt diesen Krieg mit einem Aufwand, der den Verbündeten und dem Westen Preußen als Großmacht demonstrieren soll. Ein Blendwerk, was sich bitter rächt.

Die Zelte der Fürstlichkeiten sind zum großen Teil sehr komfortabel. Vor allem das des Landgrafen von Darmstadt. Es übertrifft alles, was Goethe je in dieser Art gesehen hat, ist »besonders zierlich mit kiefernen Lauben ausgeputzt,... wohl ausgedacht, vortrefflich gearbeitet, bequem und prächtig.« Man lebt also nicht schlecht, und die Bauern der Umgegend sorgen dafür, daß die Herrschaften mit Lebensmitteln bestens versorgt sind.

Eine seltsame Begebenheit ist das Frühstück zwischen den

Fronten, von den Franzosen bei einem Gefangenenaustausch vorgeschlagen. Zwischen den Vorposten werden auf dem Rasen Tische gedeckt. Die Franzosen lassen ein delikates Festmahl auffahren mit Pasteten, Rebhühnern, Enten, knusprigem Weißbrot – das Kommißbrot der Preußen verachten sie –, schleppen 100 Flaschen Rheinwein und 25 Flaschen Champagner an. Sie wollen zeigen, daß in der Festung noch kein Mangel herrscht. 30 Personen nehmen teil, darunter Merlin und Reubell, von den Verbündeten sind Prinzen und Offiziere erschienen, wer, ist nicht mit Sicherheit festzustellen. Auch die Soldaten dürfen sich begrüßen, »es war rührend anzusehen, wie diese tapferen Leute sich wechselseitig umarmten, den Krieg verwünschten und dennoch zugleich versprachen, bei der nächsten Gelegenheit sich mutig gegeneinander zu zeigen«, verzeichnet eine Chronik. Nach zwei Stunden trennt man sich, und noch am gleichen Tag beginnen erneut die Feindseligkeiten. Dieses Déjeuner fand vor dem Überfall auf Marienborn statt, nachher wird ein abermaliger Verbrüderungsvorschlag Merlins abgelehnt.

Am 15. Juni teilt der Kronprinz Luise mit, daß das Hauptquartier am nächsten Tag nach Marienborn verlegt wird.

»Niemand weiß bis jetzt das geringste davon, kein Mensch ahnt, daß wir morgen das Lager beziehen; Sie sehen also, daß ich Ihnen ein großes Geheimnis anvertraue, denn die Garden werden erst morgen bei der Paroleausgabe den Befehl zum Marschieren erhalten... Ich bin tief betrübt darüber, daß dieser Wechsel unserer Stellungen mich des Vorzugs beraubt, Sie so oft wie bisher zu besuchen, aber Sie sehen wohl ein, daß es mir unmöglich ist, mich für länger als höchstens einen Tag zu entfernen... Wenn Sie es so einrichten könnten, daß die Großmama sich nach Braunshardt begibt, so wäre ich sehr zufrieden, da ich dann hoffen könnte, Sie etwas häufiger zu sehen. /Nun ist aber die Frage, ob Ihnen an mir gelegen ist? Antwort! Glücklicherweise braucht es keine mehr, um mich zu beruhigen/...«

Luise ist bestürzt über die Nachricht. Gleichzeitig setzt

plötzlich schlechtes Wetter ein, Sturm und Regen. Schon fühlt sie sich als Preußin und nimmt lebhaften Anteil an den Strapazen, Erfolgen, Rückschlägen und Verlusten der Truppen. Am 18. Juni meldet nach dem Abendessen im Alten Palais einer der Diener, man höre »eine Kanonade wie ein Gewitter«. Luise ahnt sofort, was diese Meldung bedeutet. Sie gehen hinüber ins Schloß. Von den Fenstern des obersten Stockes beobachten sie mit der Landgräfin und deren Kindern die Kanonenblitze über Mainz.

Die ersten Laufgräben – Trancheen oder Parallelen genannt – sollten am 17. Juni unter der Leitung von zehn aus Frankreich emigrierten Ingenieuren eröffnet werden, um mit dem Bombardement der Stadt zu beginnen. Die Trancheen sind so tief in den Erdboden eingegraben, daß eine Beschießung von den Festungswällen Menschen und Geschütze nicht gefährden kann.

Die Anlage der Parallelen ist das große Geheimnis der Generalität, das man sich im Lager jedoch von Ohr zu Ohr zuflüstert. In bezug auf Geheimhaltung behauptet General Kalckreuth, wenn er irgendeinen Plan in Sachen Belagerung wissen wolle, brauche er sich nur im Stall zu erkundigen, um genau orientiert zu werden. Aber hinsichtlich der Trancheen scheint man dichtgehalten zu haben, denn sonst hätten die Franzosen beim ersten durch Desorganisation mißglückten Versuch, sie zu eröffnen, ein grauenhaftes Blutbad anrichten können. Erst der zweite Versuch am 18. Juni glückt. Die bei dieser Gelegenheit erfolgte Beschießung von Mainz, die in Darmstadt zu sehen ist, hat nur geringe Schäden verursacht.

Bei einer Inspektion ist der König voll des Lobes für die Arbeit, die die Truppen geleistet haben. Annähernd 6000 Soldaten sind Nacht für Nacht im Einsatz im Schutz von 14 Bataillonen. Viele von ihnen zeichnet der König mit den neuen goldenen und silbernen Denkmünzen aus, die am schwarzen Band getragen werden. Sie sind vom König nach österreichischem Vorbild während der Belagerung für Verdienste der Unteroffiziere und Gemeinen gestiftet worden.

Am 21. Juni wird Mainz durch einen Trompeter zur Übergabe aufgefordert. Die Bevölkerung und auch die französischen Soldaten hoffen auf Kapitulation, doch die Klubbisten lehnen ab. Bis zum 27. Juni ziehen sich die Vorbereitungen noch hin. Am Abend dieses Tages beginnt das Bombardement der Festung. Feurige Kugeln und Karkassen werden abgefeuert und zünden den Kreuzgang der Liebfrauenkirche an, wodurch die ganze Kirche in Brand gerät und der schönste Turm der Stadt in rein gotischem Stil mit einem berühmten Glockenspiel in sich zusammenstürzt. Auch die Dechanei brennt ab. In der gleichen Nacht glückt es den Preußen, Weisenau zu erobern, womit die Eröffnung einer zweiten Tranchee gesichert ist.

In der Nacht darauf ergießt sich ein Feuermeer über den Dom. Drei Türme, das Schiff, der Kreuzgang und 15 Häuser in der Umgegend werden ein Raub der Flammen. Um Mitternacht gerät die Jesuitenkirche in Brand.

Goethe notiert: »Wir sahen auf der Schanze von Marienborn dem schrecklichen Schauspiel zu; es war sternenhellste Nacht, die Bomben schienen mit den Himmelslichtern zu wetteifern, und es waren wirklich Augenblicke, wo man beide nicht unterscheiden konnte. Neu war uns das Steigen und Fallen der Feuerkugeln; denn wenn sie erst mit einem flachen Zirkelbogen das Firmament zu erreichen drohten, so knickten sie in einer gewissen Höhe parabolisch zusammen und die aufsteigende Lohe verkündigte bald, daß sie ihr Ziel zu erreichen gewußt... Und wie deutete nicht ein solcher Anblick auf die traurigste Lage, indem wir uns zu retten, uns einigermaßen wiederherzustellen, zu solchen Mitteln greifen mußten!«

Die Schaulustigen kommen auf ihre Kosten. Besonders an Sonn- und Feiertagen sind sie zahlreicher denn je. Im Festtagsstaat, aus der Kirche kommend, das Gebetbuch in der Hand, sammeln sich die Bauern der Umgegend auf der obersten Schanze des Lagers. Auf der Landstraße, die dahinter über eine Höhe zieht, stehen in langen Reihen Equipagen, dazwischen wartende Pferde mit Reitknechten. In Frankfurt ist es en vogue, sich die fortschreitende Zerstörung von Mainz anzusehen. Auch Sophie von Bethmann-Metzler ist mit ihrer Mutter der Einladung des Königs gefolgt und besucht das Lager Marienborn. Der König führt sie persönlich herum.

Frau von Bethmann hat unterdessen geschickt verstanden, die Öffentlichkeit zu instruieren, das Interesse des Königs gelte nicht ihrer Tochter, sondern dem Hause Bethmann-Metzler. Briefe werden durch einen sicheren Boten befördert. Die Leidenschaft des Königs für Sophie ist unvermindert stark, und Sophie zeigt sich zur Zeit nicht geneigt, die Beziehung zum König abzubrechen, da der ungenannte Bräutigam ihr aus Eifersucht gesellschaftlich sehr geschadet hat, was sie begreiflicherweise kränkt und verärgert. Auch mag der Einfluß der Eltern eine gewisse Rolle gespielt haben, die einer Verbindung ihrer Tochter mit dem preußischen König nicht ablehnend gegenüberstehen.

Mainz wird Nacht für Nacht bombardiert. Doch die Kapitulation läßt auf sich waren. Der König ist ungehalten und ungeduldig, heftige Auseinandersetzungen mit Kalckreuth führen dazu, daß der General seinen Abschied nehmen will. Vor allen sind es die Österreicher, die drängen: sie wollen ihre Truppen anderswo einsetzen. Die dritte Tranchee, näher an Mainz, wird eröffnet, und immer neue Brände vernichten einen großen Teil der Stadt. Kostheim wird von den Preußen erobert, die Verluste beim Gegner sind so hoch, daß die Soldaten, als Merlin die Rückeroberung fordert, ihm den Dienst verweigern.

Am 14. Juli wird Waffenstillstand von 11 bis 1 Uhr gewährt. Die Franzosen feiern das Konföderationsfest, Merlin hält auf dem Schloßplatz eine feurige Rede und schwört, die Stadt bis zum letzten Mann zu verteidigen. Die Klubbisten klatschen ihm begeistert Beifall. Die Nacht darauf ist eine der schlimmsten. Während das Benediktinerkloster in Flammen steht, fliegt ein Laboratorium mit mehreren hundert Bomben und Granaten in die Luft. In weitem Umkreis zerspringen die Fensterscheiben und zahlreiche Schornsteine stürzen zusammen.

In der Nacht zum 17. Juli greifen die Preußen Fort Welsch an unter der Führung des Prinzen Louis Ferdinand. Wenige Tage zuvor hat er einen österreichischen Soldaten, der verwundet zwischen den Fronten lag und um Hilfe rief, geholt und auf den Schultern in Sicherheit getragen, da keiner seiner Kameraden es wagte, sich für ihn dem heftigen Feuer des Feindes auszusetzen. Eine Denkmünze wird geprägt mit seinem Bild und der Inschrift: »Österreichs Krieger dankt ihm sein Leben.« Wichtiger jedoch ist, daß diese Tat ihn zum Idol der verbündeten Armeen macht. Nun aber wird er bei dem Sturm auf Fort Welsch am Oberschenkel durch einen Kartätschensplitter verwundet. Nach einem Notverband kommandiert er weiter, doch der König befiehlt, ihn zurückzubringen. Bei der Behandlung der Wunde wird er ohnmächtig. Als er wieder zu sich kommt, steht der Prinz von Nassau an seinem Lager. Er könne ihm einen Gefallen tun, meint Louis Ferdinand, und zum König gehen und ihm sagen, er habe alles, was in seinen Kräften stand, für ihn getan, nun aber sei er eine Zeitlang zu nichts nutze, er bitte ihn daher, ihn zu der schönen Madame de Contandes nach Mannheim zu schaffen.

Madame de Contandes ist die Tochter des Marquis Bouillé, zwanzig Jahre alt, verheiratet, was keinen der Beteiligten stört. In sie ist der Prinz sterblich verliebt.

Den König entzückt die Bitte, für die er volles Verständnis hat. Er ernennt seinen Vetter zum Generalmajor und läßt ihn zu Schiff nach Mannheim bringen.

Prinz Louis Ferdinand ist nach der Kapitulation von Mainz, als die Bevölkerung sich an den Klubbisten rächt und ihre Wohnungen plündert, übrigens der einzige Befehlshaber der siegreichen Mächte, der daran gedacht hat, vor Forsters Haus eine Wache stellen zu lassen, um die Bibliothek, die Schriften und wertvollen Sammlungen, Forsters Lebenswerk, zu retten.

Vier Tage nach den enthusiastischen Schwüren Merlins auf dem Mainzer Schloßplatz beginnen die Verhandlungen wegen einer Übergabe der Stadt mit einem Brief des Kommandanten d'Oyré an General von Kalckreuth. Die Kommissare und die Klubbisten fürchten für ihr Leben, falls die Belagerer gewaltsam in die Stadt eindringen. Zunächst werden alle von den Franzosen geforderten »vorteilhaften und rühmlichen Bedingungen« abgeschlagen, und die Bombardierung der Stadt dauert unvermindert an. Am 22. Juli kommt d'Oyré zu Kalckreuth ins Lager. Endlich um 8 Uhr abends ist man sich einig, nachdem Kalckreuth mehrmals zum König hinübergeritten ist, um sich mit ihm abzustimmen, und d'Oyré die Pferde hat satteln lassen, um die Verhandlung abzubrechen. Am Tag darauf wird die Kapitulationsurkunde von beiden Seiten unterschrieben. Und umgehend rüsten die Franzosen zum Abmarsch. Die Klubbisten sind in dem Vertrag bei freiem Abzug nicht erwähnt. Einigen von ihnen gelingt es am 24. Juli um die Mittagszeit, als die Preußen bei »Tisch und Topf beschäftigt sind«, wie Goethe mitteilt, in »mehreren dreispännigen Wagen«, die sehr schnell davonfahren, zu entkommen. Bald darauf folgt die erste Kolonne unter Anführung von Merlin, am anderen Tag die zweite Kolonne, im Ganzen über 17000 Mann. Sie ziehen, da sie vorher noch einen Weinkeller gründlich leerten, sehr vergnügt ab. Viele junge Mainzerinnen haben ihr Bündel geschnürt und folgen ihren Ehemännern oder Liebsten.

Ob Merlin tatsächlich, wie manche Darstellungen behaupten, den Zeitpunkt der Kapitulation aufgrund von Meldungen aus Paris geschickt und bewußt gewählt hat, erscheint zweifelhaft. Paris ist ein brodelnder Hexenkessel; was heute gilt, ist morgen überholt. Bis Nachrichten Mainz erreichen – vorausgesetzt, daß es gelingt, sie durchzuschleusen –, haben sie jeden Wert für militärische Entscheidungen verloren. Glück, Zufall ist wahrscheinlicher, denn früher oder später wäre die Situation, die ihn in Paris erwartet, ungünstiger gewesen. Zunächst ist Merlin froh, mit heiler Haut davongekommen zu sein. Ob er Bestechungsgelder eingestrichen hat, ist nie eindeutig geklärt worden. D'Oyré, der in der Festung zurückbleibt, erhält später vom König ein Haus in Küstrin. Die Vermutung liegt nahe, daß Merlin auch nicht leer ausgegangen ist. Er eilt nach Paris. An der Grenze erfährt er, daß Marat von Charlotte Corday im Bad erstochen wurde. Dantons Stern ist im Sinken, Robespierre, der Gewalttätigste von allen, setzt sich brutal durch. Vor dem Konvent lügt Merlin das Blaue vom Himmel herunter, um die ihm angelastete voreilige Übergabe von Mainz als eine Tat hinzustellen, durch die er der Republik Tausende von Soldaten gerettet hat. Alle Schuld schiebt er auf Custine, der das Schafott besteigt, mit ihm seine Frau, sein Sohn und sein Adjutant. Merlin, der weiß, wie schnell der Wind sich dreht und in Paris auf glühenden Kohlen sitzt, läßt sich mit den Truppen, die durch den Fall von Mainz frei geworden sind, nach der Vendée schikken. Damit ist das grausige Schicksal der Vendée, die noch königstreu geblieben war, besiegelt.

In den zahlreichen Gefechten während der Belagerung ist es dem Kronprinzen nicht vergönnt gewesen, sich ein einziges Mal auszuzeichnen. Wie mag er Prinz Louis Ferdinand beneidet haben, dessen bravouröses Draufgängertum in aller Munde ist. Auch bei der Lösung strategischer Probleme, die ihm wesensgemäßer sind, kann er sich nicht hervortun, da er vom König zu den Beratungen nie hinzugezogen wird. Nach wie vor bleibt er an der Peripherie der kriegerischen Ereignisse. In der Gewährung von Urlaub ist der König ihm gegenüber großzügig, allerdings kann er sich in den letzten Wochen, wie er schon fürchtete, nur für Stunden vom Lager entfernen.

Prinzessin George aber hat seinem Wunsch entsprochen und ist nach einem Besuch in Marienborn am 8. Juli mit den Enkelinnen nicht nach Darmstadt zurückgekehrt, sondern hat ihr hübsches Landhaus in Braunshardt bezogen. Für ihr Entgegenkommen bedankt der Kronprinz sich bei dem Besuch im Lager überschwenglich, da er, von Luise instruiert, weiß, welch großen Wert sie darauf legt, von ihm mit ausgesuchtester Liebenswürdigkeit behandelt zu werden. Die Großmutter fühle sich sehr geschmeichelt durch seinen Dank, berichtet Luise erfreut dem Kronprinzen schon am nächsten Tag. Der Aufenthalt in Marienborn sei bezaubernd gewesen, »/und das königliche Zelt dazu... die Hautboisten, der kühle Wind, die türkische Musik, der Kirschenkuchen, das Vorlesen/, kurz alles war reizend.« Sie wünscht, sie könnte ihm ihr kleines Zimmer in Braunshardt zeigen, »so nett, /so traulich und gut/«. Von dem Fenster kann man »jede Feuerbombe, jeden Kanonenblitz sehen, und angeblich sind sogar die Trommeln vernommen worden, /woran ich einen untertänigsten Zweifel habe... Mein Lieblingsgedanke, Sie bald hier zu sehen, verläßt mich nicht, aber frühe müßten Sie aufstehen, mein lieber Prinz.../«

Luise hat einen offenen, kleinen Pferdewagen, den sie selbst kutschiert. Wenn sie den Prinzen erwartet, fährt sie ihm auf der Straße nach Groß-Gerau entgegen, denn er reitet über die Ginsheimer Brücke. Gleich nach der Ankunft in Braunshardt wird gefrühstückt: Schwarzbrot mit frischer Butter. Anschließend gehen sie in den mit schattigen Laubenwegen durchzogenen Garten oder machen einen Spaziergang in das Städtchen und seine Umgebung. Friedrich Wilhelm liebt das Landleben und ist erfreut, daß auch Luise Gefallen daran findet, allerdings mit Maßen. Vergnügungen, Festlichkeiten, Maskenbälle, Tanzen möchte sie nicht missen, das High Life, das der Kronprinz nicht schätzt. Doch diese Konflikte tauchen erst später auf, sie berühren nicht die glückliche Zeit in Braunshardt, an die beide noch nach Jahren gern zurückdenken.

Siebtes Kapitel

Am Donnerstag, dem 25. Juli 1793, teilt das *Frankfurter Staats-Ristretto* seinen Lesern mit: »Gestern Nachmittag traf der König von Preußen in dem Gasthof zum Roten Hause allhier ein. Die Freude, Friedrich Wilhelm II., den Erretter des Landes und Befreier von Mainz, wieder in höchsterwünschtem Wohlsein zu sehen, war überaus groß und verursachte einen allgemeinen Jubel. Abends verfügte sich seine Majestät nach der Komödie, wo ein freudiges Vivatrufen Höchstdieselben auf dem ganzen Weg begleitete.«

Als der König die Loge im Theater betritt, wird er von Zuschauern und Schauspielern stürmisch gefeiert. Er nimmt die Ovationen dankbar und jovial entgegen, in stolzer Siegesstimmung befindet er sich nicht. Er macht sich keine Illusionen. Mainz ist kein Ruhmesblatt in der preußischen Geschichte. Der halbe Sommer ist verstrichen, die Finanzen sind erschöpft, die Österreicher als Bundesgenossen haben ihn enttäuscht, der ganze Feldzug hat ihn enttäuscht. Er hätte den Krieg nie beginnen dürfen, er weiß es. Er hat ihn begonnen in bester Absicht, um die Monarchie gegen die Anarchie, die Ordnung gegen die Grausamkeit des Chaos zu verteidigen. Welch eine Ernüchterung nach dem überschäumenden Patriotismus, mit dem man den »Spaziergang nach Paris« inszenierte. Nun, da der Spaziergang fehlschlug, ist die Kritik ebenso heftig und leidenschaftlich wie vorher die Bereitschaft zum Kampf. Und oft genug trifft sie ins Schwarze.

In einem Brief an Sophie von Bethmann spricht der König

erstaunlich offen über die Schwierigkeiten der gegenwärtigen militärischen Situation, über die Uneinigkeit der obersten Heeresführung, die weitgehend schuld ist an der mangelnden Durchschlagskraft und Initiative der Koalitionsarmee.

»...Es ist viel Unordnung vorhanden. Wenn Mainz sich nicht ergeben hätte, wären wir in Verlegenheit gewesen. Der Feind drückt sehr auf die Österreicher und zwingt sie, sich gegen Mannheim zurückzuziehen. Ich hoffe hier eingreifen zu können. Der Herzog und der General Wurmser sind im Streite und wenn sie die Karre in den Dreck gefahren haben, geben sie mir das Vergnügen, sie wieder herauszuziehen...«

Tatsächlich greift Wurmser auf eigene Faust die französischen Regierungstruppen an, und es gelingt ihm, sie auf die Weißenburger Linie zurückzuwerfen, ein Erfolg, den der Braunschweiger ungenützt verstreichen läßt. Statt Wurmser zu unterstützen und durch gemeinsames Vorgehen den Feind zu verfolgen, lehnt er jede größere Operation ab.

Zweifellos geht damit eine günstige Gelegenheit verloren, denn die Revolutionsarmee ist zur Zeit in einem weitgehend demoralisierten und verlotterten Zustand, da viele der höheren und höchsten Offiziere übergelaufen sind oder zu Staatsfeinden erklärt wurden, Opfer der Guillotine. Die von Robespierre geschickten Kommissäre haben Vollmachten, die die militärische Zucht und Ordnung völlig untergraben, vom Kriegshandwerk verstehen sie nichts. Die überhandnehmende Disziplinlosigkeit im französischen Heer müßte, sollte man meinen, den Verbündeten bekannt sein, denn bei der allgemein üblichen Sorglosigkeit wäre es ein leichtes gewesen, wichtige, für die Strategie entscheidende Informationen zu beschaffen. Überraschend in diesem Krieg ist jedoch immer wieder, wie schlecht man auf beiden Seiten orientiert ist über die Stärke, beziehungsweise Schwäche des Gegners.

Nicht der Wunsch, als Sieger gefeiert zu werden, führt den König schon zwei Tage nach der Kapitulation von Mainz nach Frankfurt, sondern die Nachricht, daß Sophie von Bethmann mit ihren Eltern für einen Kuraufenthalt nach Bad Ems reisen wird. Er will sie unbedingt noch einmal sehen, bevor sie Frankfurt verläßt, und sagte sich für Mittwoch, den 24. Juli nachmittags um vier Uhr, zum Besuch im Landhause Bethmann-Metzler an. Er wähnt Sophie frei, da sie ihm bei der letzten Begegnung im Lager Marienborn mitteilte, daß der junge Mann, an den sie sich gebunden fühlte, Deutschland verlassen hat und nach England gegangen ist. Ein Mißverständnis, wie sie ihm am Nachmittag im Landhause deutlich zu verstehen gibt. Ihre innere Einstellung ihm gegenüber habe sich durch die neue Situation nicht geändert. Noch am gleichen Tag abends nach dem Theater schreibt der König ihr daraufhin einen Abschiedsbrief.

Sophie, anstatt den Abschied schweigend zu akzeptieren, antwortet dem König und bittet auch weiterhin um seine Freundschaft. Dieses Entgegenkommen deutet er als Zeichen, daß er ihr nicht gleichgültig ist und daß er durch einen Beweis, wie ernst er seine Gefühle für sie nimmt, sie doch noch gewinnen kann. Durch den privaten Übermittler der Briefe wendet er sich nun an die Eltern, während sie mit der Tochter in Ems sind. In einem offiziellen Antrag bietet er ihnen für Sophie den Titel einer Gräfin Brandenburg an und die morganatische Ehe. Der Vater ist einverstanden, die Mutter wünscht, daß Sophie die freie Entscheidung überlassen bleibt.

Sophie lehnt mit einer für den König sicherlich unerwarteten Heftigkeit ab. Fast wie ein Aufschrei klingt das »Nein, nein!« ihrer Erwiderung. »Sollte ich auch die Ungnade Ew. Majestät auf mich laden, sollte die ganze Welt drohen auf mich zu stürzen, sollte dieser Augenblick, in dem ich schreibe, der letzte sein: ich kann, ich darf, ich will nichts von diesen Gefühlen wissen. Ich bin mir der unendlichen Güte, die Ew. Majestät mir bewiesen hat, voll bewußt, aber – ich kann nicht anders …«

Schon zwei Tage später lenkt sie abermals ein, bittet den

König um Verzeihung wegen des Briefes, den er mit einer äußerst kühlen Absage quittiert hat.

Man fragt sich, was geht in dem Mädchen vor? Sie gehört bestimmt nicht zu den Frauen, denen das Katz- und Mausspiel mit einem männlichen Partner Spaß macht. Aus all ihren Äußerungen spricht echte Bedrängnis. Sie ist ein stolzes, selbstsicheres Geschöpf, aufgewachsen in dem Milieu des reichen Frankfurter Großbürgertums, das ein ausgeprägtes Standesbewußtsein hat. So widerstrebt ihr – ihrem Wesen und ihrer Erziehung nach – schon der Gedanke an eine morganatische Ehe mit einem verheirateten Mann, und sei es der König von Preußen! Ihr Vater hingegen betrachtet das Angebot des Königs vom rein geschäftlichen Standpunkt, eine verwandtschaftliche Beziehung zum Königshaus kann der Bank nur von Vorteil sein. Er zwingt seine Tochter nicht zu einer Ehe, die sie ablehnt, doch mit seiner unverbindlichen Zustimmung verschärft er den Konflikt und dokumentiert, daß jeder Affront vermieden werden muß, der dem Ansehen der Familie und den Geschäftsinteressen schaden könnte. In der ungestümen Ablehnung des königlichen Antrags hat Sophie die Grenze, die der Vater steckte, überschritten. Die Antwort des Königs, die sie den Eltern nicht vorenthalten kann, da ein plötzlicher Abbruch der Beziehung sie verraten hätte, beweist es. Er ist tief gekränkt. Es bleibt ihr nichts anderes übrig, als so schnell wie möglich den Fehler gutzumachen.

Auch der König bereut seinen letzten allzu schroffen Brief, deutet im nächsten die Möglichkeit einer Scheidung von der Königin an, drängt auf ein Wiedersehen an der Gartenpforte des Landhauses oder in der Ermitage. Sophie, jetzt wieder ruhig und gefestigt, wehrt ab.

»Ah Sophie, Sophie! Vous êtes une méchante personne; on est bien malheureux de vous aimer!« klagt der König am 30. August und, obwohl er bekennt, es wäre eine Schwäche, aus irgendeinem Vorwand nach Frankfurt zu kommen, kommt er am 2. September.

Am Vormittag hat er eine kurze Aussprache mit Sophie. Eigentlich wollte er vor allem mit ihrer Mutter seine Heiratsabsichten besprechen, doch Sophie bittet ihn, davon abzusehen, da sie ein unwiderrufliches »Jamais« diesen Plänen entgegensetze. In Sophie trifft der König auf eine Frau, die sich von keinem äußeren Glanz blenden läßt und mit ruhiger Würde zurückweist, was er zu bieten hat. Eine Erfahrung, die ihn bestürzt und beschämt, da ihre Haltung ihm gleichzeitig imponiert.

»Ich werde niemals die glücklichen, nur leider so kurzen Augenblicke vergessen, die ich heute Morgen mit Ihnen verbracht habe. Die Zartheit und warme Anteilnahme, die Sie zum Ausdruck brachten, indem Sie mir so viele traurige Dinge sagten, werden ebenso wenig aus meinem Gedächtnis verschwinden, wie alle die unbegreiflichen Szenen dieses Morgens, in denen sich so viel Güte, so viel Milde und so viel Härte zusammenfand... Indem Sie mich mit Freundschaft überhäuften, haben Sie mir die letzte Möglichkeit der Hoffnung genommen, die ich noch etwa hatte... Ja, Sie haben mich heute zum unglücklichsten Menschen gemacht, und trotzdem muß ich Ihnen innigsten Dank aussprechen für die Freundschaft, die Sie mir gleichzeitig bezeugt haben... Leben Sie wohl, meine Sophie, ich umarme Sie tausendmal – in Gedanken, die Tränen ersticken mich.«

Er spricht von ihrer Härte und meint die unbeirrbare Konsequenz, mit der sie sich selbst treu bleibt. Wenn auch ihr Urteil über ihn nach anfänglicher Ablehnung in freundliche Zuneigung übergegangen ist, sie liebt ihn nicht und hat, völlig unsentimental, eine andere Vorstellung von dem Glück ihrer Zukunft. Es ist nicht sein letzter Versuch, sie umzustimmen, aber schneller, als er glaubt, nötigen seine Pflichten ihn, von ihr Abschied zu nehmen.

Schon am 14. September teilt er ihr aus Burweiler mit, daß er nach Polen reisen muß, aus Gründen, die die dortige politische und militärische Entwicklung ihm diktiert, doch er fahre nicht fort, ohne noch einmal Frankfurt zu berühren, wo er am

30. September eintrifft. Am 1. Oktober wird ihm zu Ehren die *Zauberflöte* gegeben. Aus Furcht, ihn zu langweilen, werden nur vier Akte aufgeführt statt fünf, was ihn enttäuscht, da ihm eine Pause entgeht, in der er sich mit Sophie unterhalten könnte. Am Tag darauf zwischen 10 und 11 Uhr ist er ins Bethmannsche Gartenhaus zu einem Frühstück geladen. Endlich erfüllt sich sein Wunsch, mit Sophie allein zu sprechen. Auf sein Drängen hin gesteht sie ihm, daß sie einen anderen liebe.

»Seltsam, dieses Geständnis hat mich eifersüchtig gemacht, aber der Ton Ihrer Stimme ist mir ins Herz gedrungen.«

Er verläßt Frankfurt am 3. Oktober, seine Hoffnung, es wiederzusehen, erfüllt sich nicht.

»Jede Meile, die ich zurücklegte und die mich von Ihnen entfernte«, schreibt er ihr, als er die erste Station der langen Fahrt erreicht hat, »schien mir ein Dolchstoß zu sein... Ich bin absichtlich vor Tagesbeginn aufgebrochen: ich hatte ganz rote Augen wie eine alte Hexe und ich hatte glücklicherweise meinen runden Hut aufgesetzt, um mein Gesicht zu verbergen... Denken Sie: als ich in Gelnhausen ankam, traf ich einen Kurier aus Polen, der, wenn ich ihn früher erhalten hätte, meine Abreise unnötig gemacht hätte. Die Polen haben nachgegeben und der Vertrag ist unterzeichnet! Warum mußte ein Ereignis, so glücklich für die allgemeinen Verhältnisse, so verzweifelt unglückliche Folgen für meine persönlichen Verhältnisse haben? Jetzt freilich muß ich meine traurige Reise, die einmal angetreten ist, auch zu Ende bringen!«

Lange hat der König gezögert, bis er den Mahnungen der Berliner Ministerien und den Ratschlägen Lucchesinis, seines vertrautesten und einflußreichsten Beraters folgt und am 22. September den westlichen Kriegsschauplatz verläßt.

»Woran niemand gedacht hätte«, berichtet der Kronprinz Luise aus dem Lager von Landau. »Der König ist heute früh ganz plötzlich abgereist, seine Abreise war ein Geheimnis...«

Die Nachricht, die der Kurier in Gelnhausen dem König

überbringt, ist das Resultat der berühmten »stummen« Sitzung des polnischen Reichstages am 25. September, mit der er unter dem Druck drohender Waffengewalt dem Abschluß der zweiten Teilung Polens zustimmte. Nachdem Polen bereits im Sommer einen großen Teil des Landes an Rußland hatte abtreten müssen, tritt es nun nochmals ein Gebiet von 1000 Quadratmeilen und einer Bevölkerung von einer Million Menschen an Preußen ab. Damit ist zunächst das polnische Entschädigungsproblem für Preußen gelöst. Eine Entschädigung, die ohne Wissen Österreichs mit der Zarin vereinbart wurde. Katharinas Politik zielte darauf, Österreich durch den Krieg im Westen von ihren Interessen im Orient abzulenken. Es kam ihr daher gelegen, daß Friedrich Wilhelm II. sich im November 1792 an sie wandte und ihr zusagte, den Koalitionskrieg gegen Frankreich weiterzuführen, wenn Preußen seine Entschädigungsforderungen in Polen für die Teilnahme an diesem Krieg, die von Österreich völlig ignoriert wurde, mit Hilfe Rußlands erhalte. Da Katharina mit einer zweiten Teilung Polens schon liebäugelte, kam im Januar 1793 ein Geheimvertrag zwischen Rußland und Preußen zustande, der mit der Gebietsabtretung Polens am 25. September seine letzte Erfüllung findet. Die unausbleibliche Folge ist, daß die ohnehin schwierige Zusammenarbeit der Verbündeten sich nach Bekanntwerden der geheimgehaltenen Vereinbarung noch erheblich verschlechtert durch Verärgerung und Argwohn der Österreicher, was der Zarin nur recht sein kann. Bevor der König die Reise nach Polen antritt, ernennt er den Kronprinzen zum Kommandeur der gesamten um Landau stehenden Truppeneinheiten.

»Das ist viel Ehre, aber das ist auch alles«, meint der Kronprinz dazu in einem Brief an Luise, »da wir sicherlich, ohne uns von der Stelle zu bewegen, bis Ende Oktober oder vielleicht bis Anfang November hier bleiben werden, /je nachdem es mein Glücksstern wird haben wollen/. Wir frieren im Lager wie die Elenden, denn es ist eine Kälte wie im Winter...«

Häufig finden sich jetzt auch in den Briefen Friedrich Wilhelms die eingefügten deutschen Sätze, die für die Briefe Luises so charakteristisch sind.

Mit der Belagerung von Landau schließt die unbeschwert glückliche Gemeinsamkeit der Verlobungszeit ab. Die Entfernung ist zu groß geworden für einen schnellen Besuch, und die verantwortliche Aufgabe des Kronprinzen erlaubt eine längere Abwesenheit nicht. Doch dank der Großzügigkeit des Königs, der in den Monaten vor seiner Abreise reichlich Urlaub gewährte, haben Friedrich Wilhelm und Luise die letzten Sommerwochen noch in vollen Zügen genossen.

»Viktoria! Viktoria!« schrieb Luise dem Kronprinzen am 8. August aus Darmstadt. »Ein Brief meiner Tante lädt uns nach Mannheim ein, ich bin außer mir vor Freude; übermorgen reisen wir dahin ab; verstehen Sie wohl, übermorgen, den 10. werden wir in Mannheim sein. Wann werden Sie dorthin kommen?... Lassen Sie den Prinzen Ludwig mitkommen, meine arme Schwester hat ihn seit einem Monat nicht gesehen...«

Die Tante ist die jüngste Tochter der Großmutter, Prinzessin Auguste von Pfalz-Zweibrücken, die auf der Flucht vor den Franzosen nach Mannheim ins Palais Zweibrücken übersiedelt ist. Sie hat die heitere, gesellige Natur ihrer Mutter geerbt, der pfälzische Hof ist einer der fröhlichsten im rheinischen Land. Auguste ist anmutig, liebenswürdig, freimütig und großzügig, Aristokraten, Künstler, Gelehrte, Emigranten umgeben sie. Mit Ausnahme des Ehemannes sind alle entzückt von ihrem Charme. Ihr bemerkenswertester Verehrer zur Zeit ist Prinz Louis Ferdinand, der sich, während der Belagerung von Mainz bei einem Gefecht durch einen Granatsplitter verletzt, nach Mannheim hat bringen lassen zur schönen Madame de Contades – »schön wie ein Engel«, meint Luise –, um in ihren Armen zu genesen. Trotz hingebungsvoller Pflege aber verzögert der Prinz nicht ihretwegen seine Rekonvaleszenz. Der wahre Anlaß, behauptet man, sei Prinzessin Auguste. Der Altersunterschied, sie ist acht Jahre älter als er, stört den genialischen Prinzen nicht. Geschickt wie er ist, versteht er es immer wieder, seinen gesundheitlichen Täuschungsmanövern das nötige Dekorum zu geben. Sobald der König, der hin und wieder überraschend in Mannheim auftaucht, gemeldet wird, hüpft er eilends auf ein Sofa, packt sich in Decken, nimmt einen leidenden Ausdruck an und läßt sich von seinem Mohren Kühlung fächeln, worauf der König ihm sein Mitgefühl und Bedauern für das lange Krankenlager ausspricht. Gelegentlich erwähnt Luise ihn in ihren Briefen an den Kronprinzen; offenbar hat der Nimbus, der ihn umgibt, ihr Interesse geweckt.

Ein Fest reiht sich an das andere mit Musik und Tanz. In Begleitung des Kronprinzen, der oft mehrere Tage in Mannheim bleibt, erscheint auch dann und wann sein Bruder Ludwig zur Freude Friederikes. Abends trifft man sich im Theater, das mit dem gesellschaftlichen Leben Mannheims eng verbunden ist, seit Wolfgang Heribert Reichsfreiherr von Dalberg, Bruder des berühmten Karl Theodor, vor fünfzehn Jahren die Leitung übernommen hat. Dalberg, ein Aristokrat im besten Sinne des Wortes, integer, fortschrittlich, liberal, ist geistig und künstlerisch eine Persönlichkeit, die mit glücklicher Hand Mitarbeiter zu führen versteht, neue Impulse gibt, Anregungen aufgreift und auswertet. Mit Schiller befreundet, setzt er sich energisch für das deutschsprachige Schauspiel ein. Der Dichter verdankt seiner Initiative die Uraufführung der *Räuber* 1782 und des *Fiesco* 1784 an der Mannheimer Bühne. Dalberg verpflichtet außerdem mit sicherem Instinkt förderungswürdige Talente ans Theater. Seine bedeutendste Entdeckung: Iffland, der erste Franz Moor. Von 1779 bis 1796 gehört er dem Mannheimer Ensemble an. Als Schauspieler, Regisseur und Autor zahlreicher Stücke macht er sich bald einen Namen.

Im Kreise der neuen Verwandtschaft ist der Kronprinz so aufgeschlossen und fröhlich wie nie zuvor. Doch sobald der tägliche Trott des militärischen Dienstes ihn wieder einfängt, kehren die schwer zugängliche Art seines Wesens und die steife Korrektheit seines Benehmens zurück. In der Armee ist er beim einfachen Soldaten außerordentlich beliebt, im Offizierskorps hat er wenig Freunde, keinen, außer seinem Adjutanten Major von Schack, der ihm nahesteht. Er ist ein Einzelgänger, den derben Vergnügungen der Junker abgeneigt. Anerzogener Respekt schützt ihn vor Hänseleien, auch bleibt er zu unauffällig, um Kritik herauszufordern. In dem zur Verfügung stehenden Quellenmaterial der damaligen Kriegsmonate wird er kaum erwähnt. Daher ist ein Gespräch zwischen dem Herzog von Braunschweig und Christian von Massenbach, Obrist im preußischen Generalstab, interessant, das im Herbst 1793 geführt und von Massenbach aufgezeichnet wurde. Der Obrist verurteilt scharf die mangelhafte Vorbereitung des Kronprinzen auf sein zukünftiges Metier als Herrscher.

Massenbach: »Der Kronprinz, Euer Durchlaucht, ist eine Pflanze, die in den Sandwüsten Potsdams vertrocknet ist. Er muß die Vorurteile eines Gardeoffiziers ablegen. Dieses Ewige auf die Parade gehen! Welch ein unersetzlicher Zeitverlust! Der Kronprinz muß die Welt sehen! Eine Reise nach Italien und Frankreich machen. Seine Phantasie muß geweckt werden; jetzt liegt sie im Todesschlaf. Mich würde empören, daß keiner der Prinzen die Armee diesseits der Vogesen gesehen hat. Euer Durchlaucht sahen die Bataille bei Pirmasens voraus. Warum kam der Prinz nicht ihr beizuwohnen?«

Der Herzog: »Aber Herr Major! – Mannheim!!«

Massenbach: »Eben das ist es, was mich entrüstet hat und entrüstet. Jetzt muß sich der Kronprinz zum Feldherrn bilden. Mit der Fortpflanzung der Dynastie hat es noch Zeit.«

Der Herzog: »Aber Herr Major! – Die Liebe! – Haben Sie die Prinzessin Luise von Mecklenburg kennengelernt?«

Massenbach: »Nein.«

Der Herzog: »So wundert es mich nicht, daß Sie so sprechen. Die Prinzessin Luise ist sehr schön. Wir verstehen uns etwas auf die Schönheit von Frauen.« Der Herzog lächelt auf die ihm eigene unnachahmliche Weise. »Sie ist wirklich sehr schön und besitzt viel Lebhaftigkeit und Phantasie. Ist denn ein Kronprinz nicht auch ein Mensch? Ich sage Ihnen, die künftige Kronprinzessin von Preußen ist sehr schön, was noch mehr ist: sie hat Verstand. Ich kenne einige ihrer Äußerungen, die mich frappiert haben.«

Massenbach: »Wer den Kronprinzen genau beobachtet, dem ist die Bemerkung nicht entgangen, daß dieser Herr Gewohnheiten liebt. Aber diese Tendenz des Geistes ist höchst verderblich. Ein *solcher* Mann geht mit dem Zeitgeist nicht mit. Der Zeitgeist hat einen gewaltigen Schwung genommen...«

Im Bürgertum, in der intellektuellen Welt. Die Aristokratie in Preußen ist nach wie vor streng den Gesetzen der friderizianischen Tradition verhaftet.

In der Schlacht von Pirmasens am 14. September, die Massenbach in dem Gespräch erwähnt, hat der Herzog von Braunschweig einen heftigen Angriff französischer Truppen siegreich zurückgeschlagen. Der Kronprinz beklagt in einem Brief an Luise den Verlust von drei Offizieren eines Kürassier-Regiementes, »darunter zwei ihrer besten«, berichtet er.

»Die Offiziere kenne ich zwar nicht«, antwortet Luise, »aber sie haben ein Recht daran, von allen bedauert zu werden, besonders bei *uns* Preußen, weil wir kluge Köpfe verlieren. Sind nicht auch die armen Soldaten Menschen wie wir, haben sie nicht die gleichen Schmerzempfindungen wie wir? Ein General wagt diese Überlegung nicht, wenn er zu einer Tat schreitet, er würde dann mit Sicherheit verlieren.«

Schlußfolgerungen, die tatsächlich »frappieren«, wie der Herzog Massenbach gegenüber äußert, von einem jungen Mädchen, das aus keiner reichen Bildungsquelle und Erfahrung schöpft, sondern lediglich nach ihrem gesunden Menschenverstand urteilt.

Am 5. September hat Friedrich Wilhelm sich in Auerbach an der Bergstraße, wo Luise und Friederike noch einige Tage in der hessischen Sommerresidenz der landgräflichen Familie verbringen, von seiner Braut verabschiedet. Erst Ende November sehen sie sich wieder.

Der Kronprinz reitet in das Hauptquartier zurück, das nach Edenkoben in der Pfalz verlegt worden ist. Wenige Tage später hat er dort eine Unterredung mit dem Marquis Lucchesini, der ihm im Auftrag des Königs mitteilt, daß die Hochzeiten für Dezember vorgesehen sind, und zwar in Berlin.

»In Berlin wird das also stattfinden, ich gestehe, ich hätte es vorgezogen, wenn es in Darmstadt ganz still vor sich gegangen wäre und wir zusammen die Reise nach Berlin hätten machen können....«

Auch Luise wäre es lieber gewesen, doch insgeheim weiß sie, daß dem Vater ein Stein vom Herzen gefallen ist, als der König sich bereit erklärte, die Doppelhochzeit auszurichten und großzügig das heikle Problem der standesgemäßen Aussteuer löste, indem er erlaubte, daß die bescheidene Mitgift der beiden Prinzessinnen – je 15000 Taler – in voller Höhe für die Aussteuer verwendet werden darf. Die Großmutter wird, worauf sie großen Wert legt, »in aller Form« eine Einladung erhalten, und auch den vierzehnjährigen Georg lädt der König ein, für den der Kronprinz viel Sympathie hat. Da Luise und Friederike sich schon Sorgen machten, wer mit ihnen nach Berlin fährt, sind sie hocherfreut über die Nachricht, daß Vater, Großmutter und Bruder sie begleiten werden. Prinzessin George allerdings hält alle noch eine Zeitlang in Zweifel, ob sie mitkommen wird, der Ausgaben wegen. Doch kennt man sie schon zu gut, um nicht zu wissen, daß sie innerlich fest entschlossen ist, sich das festliche Schauspiel und ihr Auftreten im erlauchten Kreis preußischer Hocharistokratie nicht entgehen zu lassen.

Obwohl der Kronprinz Luise wenig Hoffnung macht, glaubt sie immer noch, daß er plötzlich überraschend in Darmstadt auftaucht. Sie ist daher recht lässig im Schreiben und enttäuscht, als er ihr aus dem Lager von Landau mitteilt, daß er, in Abwesenheit des Königs mit dem Oberkommando der Belagerungstruppen betraut, nicht daran denken kann, Urlaub zu nehmen.

Nach und nach überschattet auch der Gedanke an die Zukunft, an die Trennung von einer zur Heimat gewordenen Umgebung, die letzte Zeit in Darmstadt.

»Diese Damen«, schreibt die Gélieu Ende September nach Regensburg an Therese, die Schwester der Prinzessinnen, »können nicht an ihre Abreise denken, ohne Tränen zu vergießen, vor allem die ältere. Ich ermahne, oft daran zu denken, um zu versuchen, sich daran zu gewöhnen und sich in das Unabänderliche zu fügen. ... Predigen Sie Ihnen ein wenig, ich beschwöre Sie darum, wenn Sie ihnen schreiben, vielleicht macht es mehr Eindruck von Ihrer Seite...«

Von »vergossenen Tränen« berichtet Luise dem Kronprinzen nur ein einziges Mal. Daß sie ihm mit derartigen Sentimentalitäten nicht kommen darf, begreift sie schnell. Er macht sich lustig darüber.

»Da Sie schon jetzt anfangen, Tränen beim Gedanken an den Abschied von Darmstadt zu vergießen, während es doch noch recht lange ist bis dahin, möchte ich Ihnen raten, sich im voraus ein großes Taschentuch zurechtzumachen, bestehend aus einem Dutzend Ihrer alten, die es aufnehmen können. Man muß sie zusammennähen, es ist nicht sehr schade darum, Sie werden in Ihrer Aussteuer neue bekommen...

Auch für die Kleidersorgen zeigt er wenig Verständnis. Anfang Oktober sind die in Lyon bestellten Seidenstoffe noch nicht in Darmstadt eingetroffen.

»Wir sind in der größten Verlegenheit von der Welt«, berichtet Luise, »Denn wir haben nichts anzuziehen, absolut nichts, da Lyon blockiert oder eingenommen oder verbrannt ist, also werden wir nicht nach Berlin fahren können.«

Von solchen »Lapalien« hält der Kronprinz nichts: »Sie sind gut, die Reise nach Berlin zu verweigern wegen der Spitzen und Kleider und Gott weiß was für Dingen, die in Lyon verbrennen sollen... /ich bin nur so die Nebensache, nicht wahr, meine Werteste? Papperlapapp!«/

Schließlich treffen die Seidenstoffe doch ein, und Luise ist klug und vorsichtig genug, in ihren Briefen von Dingen nicht mehr zu sprechen, die des Kronprinzen Spott herausfordern.

Nur ihre Angst vor Berlin, vor dem großen, unbekannten, so anders gearteten Berlin klingt hin und wieder auf. Und die Berliner rüsten schon für den Empfang der Prinzessinnen. Der Kronprinz hofft – übrigens vergebens –, ihr einen »solchen Narrenaufzug« zu ersparen, er werde sich »mit Leibeskräften dagegen widersetzen«.

Luise gesteht in ihrer Antwort, sie denke unaufhörlich an die Ankunft in Berlin. »/Aller Augen warten auf die armselige Luise, und schon der Gedanke, so von allen und jedem beobachtet zu werden, ist ganz schrecklich.«/

Da Luise ihrer Veranlagung nach weder leidenschaftlich berechnend ist und auch nicht die Fähigkeit hat, etwas auszusprechen, was sie nicht ehrlich empfindet, kamen bisher in ihren Briefen die Worte Liebe und lieben kaum vor. Erst in den stillen Tagen in Darmstadt, getrennt von dem Kronprinzen und mit den Gedanken über das, was war und das, was sein wird, beschäftigt, wird ihr bewußt, daß aus der langsam gewachsenen Vertrautheit ihrer Beziehung Liebe geworden ist.

»Die Erinnerung an die glücklichen Tage, die wir in diesem Sommer und Frühling erlebten, ist unauslöschlich und die Zukunft wird gewiß glücklich sein, sicherlich, ich hoffe es ganz gewiß; Sie lieben mich, ich liebe Sie, ein wenig Nachsicht von beiden Seiten und alles wird gut gehen. Ich habe meine Fehler, die Sie noch zu wenig kennen; deshalb bitte ich Sie im voraus, haben Sie viel Nachsicht mit mir, erwarten Sie nicht zuviel von mir, denn ich bin sehr unvollkommen, sehr jung, ich werde also oft irren. Aber wir werden doch glücklich sein. Ich bin ein wenig kühl von Natur, ich kann es nicht so zeigen, wenn ich jemand liebe, das wissen Sie, aber ich liebe Sie deswegen nicht weniger...«

Die Belagerung von Landau zieht sich in die Länge. Schwere Artillerie und Munition wird herangeschafft, aber die Beschießung aus Laufgräben hat nicht den gewünschten

Erfolg. Zwei Tage dauert das Bombardement, dann wird der Kommandant aufgefordert, die Festung zu übergeben. Er lehnt ab.

»... er scheint mir nicht eingeschüchtert zu sein; er ist ein Tollkopf, wie es wenige gibt, und man wird ihn nur durch eine ganz enge Einschließung und Mangel an Lebensmitteln zwingen können...«

Dafür aber reicht der zur Verfügung stehende militärische Einsatz nicht aus. Es ist nicht einmal gelungen, die Verbindung Landaus mit der französischen Armee völlig zu unterbinden. Die Jahreszeit ist überdies so weit fortgeschritten, daß man in der zweiten Hälfte November beginnt, die Belagerungstruppen in Winterquartiere zu schicken.

Die Nachricht von der Hinrichtung Marie Antoinettes am 16. Oktober 1793 hüllt Luise in Schwarz. Hoftrauer. »Sie würden mich nicht wiedererkennen, so schwarz bin ich!«

Einige empörte Zeilen über den Tod der Königin finden sich auch in einem Brief des Kronprinzen, doch im allgemeinen ist die Anteilnahme an dem Schicksal der Bourbonen-Familie ein Opfer der Zeit geworden. Das Interesse ist erloschen.

Endlich, am 20. November, kann der Kronprinz Luise berichten, daß er ein eigenhändiges Schreiben des Königs aus Potsdam erhalten habe, in dem dieser ihm die Erlaubnis erteilt, mit seinem Bruder nach Berlin zurückzukehren. Nachdem er das Oberkommando seinem Nachfolger übergeben hat, verläßt er am 28. November den Kriegsschauplatz und bleibt noch einige Tage in Darmstadt, bevor er die Fahrt nach Berlin antritt. Sein Besuch hat Luise einen großen Teil ihrer inneren Angst genommen.

»Seitdem Sie das letzte Mal hier waren, habe ich Mut gefaßt. ... Heute (den 11. Dezember) haben wir unsere Equipagen (mit dem Gepäck) abgeschickt. Übermorgen früh werden wir nach Berlin abreisen. Der Abschied ist mir sehr schwer, aber er wird aufgewogen durch die Gewißheit, einen Freund zu finden, der mein Glück ausmachen wird. Adieu, ich liebe Sie. Luise.«

Achtes Kapitel

Darmstadt, den 13. Dezember 1793, 4 Uhr morgens.

Gegen Mitternacht fing es an zu schneien, aber bald hat es wieder aufgehört. Warnrufe der Nachtwächter weckten die Einwohner frühzeitig, eine Feuersbrunst drohte sich auszubreiten. Die Flammen sind weithin zu sehen und werfen ihren unruhig flackernden Schein auf die dünne Schneedecke über dem Marktplatz. Das geschäftige Treiben der Löscharbeiten schallt überlaut durch die nächtliche Stille.

Vor dem alten Palais am Marktplatz steht der Reisewagen, »ein ganz neuer englischer Wagen, herrlich, sehr, sehr hoch« und in den Farben wie der alte: flaschengrün mit rotem Untergestell. Das Glockenspiel der nahen Stadtkirche läutet den Choral »Jesus, meine Zuversicht«.

Der Abschied ist schmerzlich, auch für die Zurückbleibenden. Luise hofft, wohl in Erinnerung an die Eltern, die jedes Jahr Wochen und Monate in Darmstadt verbrachten, bald mit dem Kronprinzen zurückzukehren, doch es wird Jahre dauern, ehe sie Darmstadt wiedersieht.

Der Wagen ist innen komfortabel ausgestattet und hat bequem Platz für fünf Personen. Die Prinzessinnen sind elegant gekleidet. Sie tragen die damals beliebten Amazonen, wie sie der Dernier cri der Pariser Haute Couture vorschreibt: »ein schleppender Unterrock von blauem türkischem Kaschmir, eine weiß und grün gestreifte Weste, einen schwarzen Biberhelm mit goldenen Quasten und schwarzen Federn, aus London kommend, einen grünen Pelz und weißen Pelzrock.«

Bis Hildburghausen ist die Fahrt den Reisenden hinreichend bekannt, von dort bis zur preußischen Hauptstadt hat man die Route sorgfältig geprüft und lieber einen Umweg in Kauf genommen, da die Straßen vielfach schlecht sind. Jedenfalls muß jede Gefährdung der in Berlin für die Feierlichkeiten festgelegten Termine vermieden werden. Der Kronprinz beschwört Luise, vorsichtig zu sein, sich vor Erkältungen zu schützen. Das Empfangsprogramm, das die Berliner Bevölkerung mit viel Enthusiasmus vorbereitet, wird anstrengend werden.

»Der König hat es schon erlaubt, es ist mir also nicht möglich, es zu verhindern«, bekennt er resigniert.

Jedoch wird auf seine Anregung hin die große geplante Illumination der ganzen Stadt unterbleiben. Er hat gebeten, »das Geld, was ein jeder nach seinen Kräften zur Äußerung seiner Freude durch Erleuchtung seines Hauses bestimmt hat, als einen Beitrag zur Unterstützung der durch den Krieg gewordenen Soldatenwitwen und Waisen zu verwenden.«

Reichlich sind die Spenden von allen Mitgliedern des königlichen Hauses für den gleichen Zweck, auch das Hoftheater überweist die gesamten Einnahmen seiner Festvorstellung.

Wegen der Kleidung bei der Ankunft hat der König angeordnet, die Prinzessinnen »brauchten nur ganz einfach im Reisekleid anzukommen und könnten sich dann zum Diner, das er ihnen geben werde, umkleiden«.

Das Kronprinzenpalais – »unser Haus«, schreibt Friedrich Wilhelm –, dessen Ausstattung seinem Hofmarschall übertragen worden war, sei sehr hübsch geworden. »Ich habe das ganze nicht wiedererkannt, denn alles, aber auch alles, ist geändert worden und die Einrichtung macht Massow alle Ehre.«

Der Reiseweg führt über Aschaffenburg, Würzburg, Hildburghausen nach Erfurt und von dort nach Weimar, wo der Herzog, den die Prinzessinnen im Lager von Marienborn kennenlernten, sie empfängt. Die Herzogin ist die Schwester des regierenden Landgrafen von Hessen-Darmstadt, eine stark introvertierte Dame, die der lebenslustige Karl August von Anfang an nicht goutierte. Sie findet Luise »sehr hübsch«, Friederike »viel weniger« und von der Großmutter sagt sie, sie »strahle wie die Sonne«.

Von Weimar geht es weiter nach Leipzig, wo sie abends im Theater mit Händeklatschen und Hochrufen begrüßt werden. Und überall, in allen Städten, durch die sie kommen und in denen sie Halt machen, umdrängen den Wagen jubelnde Menschen.

»Wenn meine Schwestern nicht so vernünftig wären, so hätte ihnen dies wohl schmeicheln können«, notiert der Bruder in seinem Reisetagebuch.

Dessau erreichen sie am achten Tag. Hier findet Luise einen letzten Brief des Kronprinzen vor, mit Informationen über den Empfang. Nachrichten, eher dazu angetan, ihre Vorfreude zu dämpfen.

»Erinnerst Du Dich noch«, schreibt sie zwei Jahre später an den Bruder, »der Feier des heutigen Tages, wie bange mir das Herz pochte, als ich den Toren Berlins näher kam...«

Am 21. Dezember passiert der Wagen die preußische Grenze.

Die Dämmerung weicht schon dem früh hereinbrechenden Dunkel, als der Wagen in die Dorfstraße von Baumgartenbrück einbiegt und aufgehalten wird.

Die erste Begrüßung auf märkischem Boden: Eine Reiterschar in mecklenburgischen und preußischen Farben, sechzehn Postillons schmettern aus Leibeskräften ihr Willkomm, ein Voraustrupp der berühmten Garde du Corps übernimmt die Eskorte nach Potsdam.

Potsdam, nicht betroffen von Anordnungen in Berlin, ist illuminiert, alle Fenster sind von zahllosen Kerzen hell erleuchtet, und Fackeln umsäumen die Einzugsstraße, in der auf beiden Seiten die Menschen Kopf an Kopf stehen und die Freude an dem Schauspiel selbst am meisten genießen.

Um sechs Uhr abends hält der Wagen vor dem Potsdamer

Schloß, hier warten der Kronprinz und Prinz Ludwig, letzterer betont gleichgültig, der Kronprinz dagegen, äußerlich gelassen, freut sich »wie närrisch auf die Ankunft«.

Der König ist nicht erschienen, zur Erleichterung des Kronprinzen, der gern den Abend ohne Zeremoniell in heiterer Ungezwungenheit verbringen möchte. Anwesend ist der Hofstaat der Prinzessinnen, und die Offiziere der Garnison sind eingeladen.

Der 22. Dezember ist ein Sonntag, winterlich, aber freundlich und mild. Der Kronprinz und Prinz Ludwig treffen bereits mittags wieder in Berlin ein.

Die ganze Stadt ist an diesem Tag auf den Beinen. Hunderte von Menschen »kampieren«, wie ein Augenzeuge sich ausdrückt, seit dem frühen Morgen auf der Straße zwischen Potsdam und Schöneberg. Der große, goldene Galawagen steht vor dem Eingangsportal des Potsdamer Schlosses. Luise und Friederike nehmen darin Platz, ihnen gegenüber die beiden Oberhofmeisterinnen, Frau von Voß und Gräfin Brühl.

Die Schilderung des Festzuges von Friedrich Adami ist möglicherweise noch geprägt durch die Erinnerung an Erzählungen seiner Großeltern und deren Zeitgenossen, die das Ereignis miterlebten. Sein Buch *Luise, Königin von Preußen* ist 1875 erschienen.

»In Schöneberg, dem nächsten, eine halbe Meile von Berlin entfernten Dorfe auf der Straße nach Potsdam, standen von 10 Uhr morgens an die Zünfte, Gilden, Corporationen, um dem Staatswagen der Prinzessinnen bis nach Berlin voranzureiten. Sechs königliche Postsekretäre, an der Spitze von vierzig blasenden Postillionen, alle neu uniformiert, sollten den Festzug von Schöneberg aus eröffnen. Daran reihten sich: ein Corps der Frachtfuhrleute, das Schlächtergewerk, die Schützengilde, eine Schar Berliner Bürgersöhne in altdeutscher Rittertracht, die vereinigten Brauer- und Brennergilden, zwei Züge der jungen Kaufleute und zum Beschluß die Kaufherren von den drei Gilden der Kaufmannschaft. Jenseits des Dorfes Schöneberg aufgestellt, machten sie mit gezogenem Degen zur Linken am Rande der Chaussee Front gegen diese hin; zur Rechten an der Fahrstraße hielt ein Teil der königlichen Garde du Corps in großer Uniform.

Der alten Hofsitte gemäß sollten dem Staatswagen der einziehenden Prinzessinnen mehrere Kammerherren voranfahren. Doch etliche der Berliner Gilden wollten sich diese Anordnung nicht gefallen lassen, weil es dann so aussehen könnte, als seien sie die Vorreiter der Kammerherren. Vergebens suchten die Hofbedienten ihnen das auszureden. Die Bürger blieben dabei: Wir holen die Prinzessinnen ein, nicht die Kammerherrn. Endlich bewog der Hofmarschall des Kronprinzen die Kavaliere, den Bürgern nachzugeben und durch den Verzicht auf jene althergebrachte Förmlichkeit den drohenden Hader zu schlichten.

Aus Potsdam, wo ihnen ein Festzug das Ehrengeleit gab, kamen die Prinzessinnen um ein Uhr mittags nach Schöneberg. Schon aus der Ferne von dem Jubelruf der Volksmasse begrüßt, die von Berlin nach Schöneberg geströmt war, um dann im Gefolge der Prinzessinnen nach Berlin zurückzufluten; im Vorüberfahren von den berittenen Bürgerzügen links und der Garde du Corps rechts salutiert, hielten sie dicht vor dem Dorfe. Während hier dem Wagen ein neues Gespann von acht Pferden aus dem königlichen Marstalle vorgelegt wurde, zogen alle berittenen Corps in schmalen Reihen vorüber, ihre Führer nahten sich dem Kutschenschlage und baten die Prinzessinnen um die Genehmigung, ihnen vorreiten zu dürfen.

In Berlin wurden die Prinzessinnen am Potsdamer Tore von dem Magistrat empfangen; im Namen der Residenz hieß er sie willkommen. Die Leipziger Straße hinauf bis an die Ecke der Wilhelmsstraße hatten sich vier Kompagnien der bewaffneten Berliner Bürger-Brigade in zwei Reihen aufgepflanzt, sie begrüßten die Ankommenden mit klingendem Spiel. Tausende von Zuschauern füllten dahinter die Straße und die Häuser. Ein unaufhörliches Jubelgeschrei scholl den jungen Fürstinnen entgegen. Unmittelbar hinter ihrer Staatskutsche fuhr der Familienwagen mit der Großmutter, dem Vater und dem Bruder.

Die Wilhelmsstraße entlang bis dahin, wo sie Unter den Linden einmündet, waren zu beiden Seiten Geländer gezogen. Innerhalb dieser Barrièren standen die übrigen zweiundzwanzig Kompagnien der damaligen Berliner Bürgerwehr. In soldatischer Weise grüßten sie die Vorüberfahrenden, schwenkten dann von rechts und links zusammen und reihten sich dem Zuge an.

Der Brennpunkt, worin alle Strahlen der Festlichkeiten zusammenflossen, war Unter den Linden. Dort war eine prächtige Ehrenpforte errichtet. Sechzig Fuß hoch, vierzig Fuß breit mit drei Portalen nebeneinander: ein großes in der Mitte und zwei kleinere seitwärts. In dem mittleren, dem Hauptportale, schwebte ein doppelter Brautkranz von frischer Myrte. An dieser Ehrenpforte standen dreißig Knaben von der französischen Kolonie, daneben vierundfünfzig Mädchen, Töchter Berliner Bürger, in weißen Gewändern mit grünen Kränzen in den Haaren. Aus ihrer Mitte wurde der Braut des Kronprinzen ein Festgedicht überreicht, dessen Verse von einem der Mädchen gesprochen wurden. Die natürliche Anmut des Kindes erfreute Luise so, daß sie sich zu ihm nieder neigte, es in die Arme schloß und küßte.«

Welche Überraschung für die Oberhofmeisterin!

»Was haben Ew. Königliche Hoheit getan? Das ist ja gegen alle Etikette!«

»Wie?« fragte Luise. »Darf ich das nicht mehr tun?«

Die freimütige Antwort und die liebevolle Umarmung des Mädchens haben Luise die Sympathien des einfachen Volkes schon am ersten Tage gewonnen. Und es ist nicht der letzte Seufzer, den Frau von Voß einem Etiketten-Verstoß Luises nachsendet.

Von der Ehrenpforte fährt der goldene Wagen am Opernhaus vorbei, auf dessen Freitreppe eine dicht gedrängte Zuschauermenge steht, zum Schloß, das die Prinzessinnen erst um drei Uhr mittags erreichen.

Der König steht am Fenster im Schloß, als der Festzug vorüberkommt. Trotz des Gedränges von Menschen, Wagen, Pferden gerät die für den goldenen Staatswagen vorgesehene Fahrbahn nie in Gefahr, eingeengt oder gar blockiert zu werden, kein Unfall ereignet sich auf der ganzen Strecke, keine absichtlich provozierte oder unabsichtliche Störung. Der König veranlaßt, daß in seinem Namen der Bevölkerung schriftlich für die Disziplin, die sie gewahrt hat, gedankt wird und verlangt ausdrücklich: »Es muß ja darin gesagt sein, daß ich die Ordnung bewundert habe.«

Der Kronprinz und Prinz Ludwig empfangen ihre Bräute vor dem Schloß und führen sie zum König.

Die Schwester des Prinzen Louis Ferdinand, die spätere Fürstin Radziwill, hat in ihren Memoiren den weiteren Verlauf des Tages aufgezeichnet.

»Der Empfang der Prinzessinnen war sehr feierlich. Ich sah sie von den Fenstern unseres Palais vorüberfahren. Wir begaben uns dann ins Schloß, wo die beiden Königinnen (die Gemahlin Friedrich Wilhelms II. und die Witwe Friedrichs des Großen) und die königliche Familie sie in den Gemächern des Königs erwarteten. Als sie den Wagen verließen, geleiteten die Prinzen sie in das Audienzzimmer, wo der König selbst sie den Königinnen, Prinzessinnen und Prinzen vorstellte.

Niemals in meinem Leben hatte ich oder habe ich seitdem ein so hinreißendes Wesen gesehen wie die Kronprinzessin... Ihre Schwester war ebenso reizend, aber ihre Züge waren mit denen der Prinzessin Luise nicht zu vergleichen. Beide trugen weiße Atlaskleider und einen Federkranz, die eine rosa, die andere blau, auf dem Kopf. Obwohl Prinzessin Ludwig um zwei Jahre jünger war als ihre Schwester, zeigte sie sich doch minder befangen. Sie wußte allen Menschen liebenswürdige Dinge zu sagen.

Am Abend folgte Vorstellungscour für die Prinzessinnen und darauf Cour und Spiel bei der Königin. Man sagte, daß diese eine ihrer badischen oder Homburger Nichten als Schwiegertochter vorgezogen hätte und nicht besonders zufrieden mit der Wahl der Söhne wäre. Es wurde Lotto gespielt, und die Prinzessin verneigte sich gegen die Personen, die bei der Cour vorüberkamen, als die Königin mit einiger Schärfe sagte: »Wenn ich Cour abhalte, gilt sie mir allein, und ich bin die einzige, die man grüßt.« Auch Prinzessin Ludwig wurde getadelt. In ihren ausgeschnittenen, hermelinbesetzten lila Kleidern und Brillantkronen sahen die Prinzessinnen noch hübscher als am Nachmittag aus.

Am folgenden Tag war Tafel und dann Ball. Beide Bräute tanzten mit vollendeter Grazie, und der König bewunderte besonders ihren Walzer, einen Tanz, der bei Hofe, wo keine Prinzessin ihn zu tanzen wagte, bisher verboten war. Die Königin war empört über diese indécence und darüber, daß ihre Schwiegertöchter einen von ihr mißbilligten Tanz einführten. Sie ließ ein neues Verbot an ihre Töchter ergehen und wandte die Blicke ab, um ihre Schwiegertöchter nicht Walzer tanzen zu sehen.«

Am 24. Dezember 1793, am Tag des Heiligen Abends, findet die Trauung des Kronprinzenpaares statt.

Luises Brautkleid hat die modisch sehr kurze Taille, die bis zum halben Oberarm gebauschten Ärmel, den weich und füllig die Gestalt umhüllenden Rock und eine lange Schleppe, die von zwei Pagen getragen wird. Der Ausschnitt des Kleides ist mit Diamantrosetten verziert. Das Geschenk des Königs, ein brillantenes Bouquet, befestigt sie zwischen den Rosetten. Um den Hals liegt das Kronkollier im Wert von einer halben Million Taler.

Gegen sechs Uhr versammeln sich die Prinzen und Prinzessinnen des königlichen Hauses in den Zimmern der regierenden Königin, der König erscheint und der Kronprinz.

Sechs Uhr pünktlich betritt Luise den Raum. Von nun an vollzieht sich alles streng nach einem für Hochzeitsfeierlichkeiten vorgeschriebenen Hofzeremoniell.

Die Königin übergibt der Braut den kleinen goldenen, mit Brillanten besetzten Fächer aus geschlagenem Dukatengold und schmückt sie mit der diamantenen Krone der Prinzessinnen von Preußen.

Jetzt erst tritt der Kronprinz an ihre Seite und bietet ihr den Arm. Über dem Paar liegt ein eigenartiger Reiz, der die Schwester Prinz Louis Ferdinands beeindruckt:

»Die Kronprinzessin verband mit ihrer regelmäßigen und edlen Schönheit einen Ausdruck von Sanftmut und Bescheidenheit, der ihr aller Herzen gewann. Die Königskrone in ihrem aschblonden Haar stand ihr entzückend. Der Kronprinz war ungeachtet seines kühl ernsten Gesichtsausdruckes aufs tiefste von seinem Glück durchdrungen.«

Die königliche Familie begibt sich nunmehr zu der Witwe Friedrichs des Großen, um sie zur Eheschließung abzuholen. Hier formiert sich der Hochzeitszug, voran das Brautpaar, gefolgt von dem König zwischen der Königin Witwe und der Königin. Durchschritten werden die zahlreichen, üppig dekorierten Gesellschaftsräume Friedrichs des Großen, die nach seinem Tode nur bei großen Festlichkeiten geöffnet werden. Einlaßkarten sind ausgegeben worden, unter den Zuschauern befindet sich Achim von Arnim, der Luise sieht, »wie sie gesenkten Hauptes im Glanze ihrer Schönheit langsam durch die gedrängten Säle ging.«

Im Weißen Saal des Schlosses, der taghell erleuchtet ist, steht der Altar unter einem mit rotem Sammet ausgeschlagenen Baldachin. In den Samt sind goldene Kronen eingestickt. Vor dem Altar der Trauschemel, auf dem das Brautpaar kniet.

Die geladenen Gäste, Staatsminister, Generale, Diplomaten umstehen in weitem Bogen den Baldachin, die Familie gruppiert sich im Halbkreis um den Altar.

Oberkonsistorialrat Sack, der vor dreiundzwanzig Jahren den Kronprinzen taufte und vor neun Jahren ihn konfirmierte, hält die Traurede.

Das Brautpaar wechselt die Ringe, der Hofprediger legt ihre Hände zusammen, spricht das Schlußgebet, beim Amen donnert der erste der zweiundsiebzig Schüsse aus den im Lustgarten aufgestellten Geschützen. Eine Fackel aus dem

Fenster des Schlosses gibt das Signal. Die Schüsse verkünden den Berlinern, daß Friedrich Wilhelm und Luise »zu dem Bunde eingeweiht, der von nun an wie ihre Herzen, so auch ihr Schicksal vereinigt«.

Von dem Weißen Saal begibt man sich in die Empfangsräume neben dem Rittersaal. Dort sind Spieltische aufgestellt. Auf das allabendlich übliche Spiel wird auch an diesem Tag nicht verzichtet. Um neun Uhr beginnt das Diner im Rittersaal, das nicht länger als eine Stunde dauert, was Wunder nimmt, da man in der damaligen Zeit viel reichlicher aß als heutzutage und schon in kleinem Kreis ein Essen von sechs bis acht Gängen nichts Außergewöhnliches war.

Vom Rittersaal kehrt die Hochzeitsgesellschaft in den Weißen Saal zurück zum traditionellen Fackeltanz. Der Stabstrompeter des Garde du Corps komponierte die Musik. Zuerst macht das Brautpaar die Runde mit Gefolge, dann fordert die Braut den König und alle Prinzen zum Tanz auf, während der Bräutigam die Königin und alle Prinzessinnen engagiert.

Anschließend wird das Brautpaar zu dem Eingang der Galerie König Friedrichs I. geleitet, wo man wartet, bis Frau von Voß wieder erscheint und jedem Zeugen der Vermählung ein Stückchen Strumpfband aushändigt.

Das Resümee im Tagebuch der Oberhofmeisterin über die Hochzeit lautet kurz und bündig: »Die hergebrachten Feierlichkeiten, Fackeltanz, etc. Ich stand 6 Stunden lang auf meinen Füßen, ohne mich zu setzen und war todtmüde, als ich endlich um 1 Uhr nachts nach Hause kam.«

Der kühle Glanz, die steife Förmlichkeit, die hohen Beamten und Militärs mit den ernsten, verschlossenen Gesichtern, geprägt vom friderizianischen Geist, vom preußischen Drill: ein großartiges Schauspiel, doch hat es die Kraft lebendiger Ausstrahlung verloren. Der vitale, genußfreudige König hat zwar die Sitten kräftig gelockert, aber den gewaltigen Schatten des Alten Fritz hat er nicht zu verdrängen vermocht.

Erst zwei Jahre zuvor hat der Kronprinz bei der Doppelhochzeit seiner Stiefschwester Friederike und seiner Schwester Wilhelmine den strengen, nüchternen Ritus der Festlichkeiten miterlebt. Alle offiziellen Veranstaltungen sind ihm zuwider, besonders diejenigen, bei denen er selbst im Mittelpunkt steht. Verständlich, daß er daher hoffte, die Hochzeit würde in Darmstadt stattfinden. Wieviel freier und ungezwungener hätte er sich gefühlt inmitten der heiteren Fröhlichkeit der Menschen, die ihm in wenigen Monaten vertrauter geworden sind als jene, die ihn seit frühester Jugend umgeben.

Luise hingegen genießt mit der unbefangenen Sinnenfreude ihres Naturells das verschwenderische Aufgebot an Prunk und Pracht, den Luxus, in den sie hineinschlüpft, behaglich lässig, mit der ihr angeborenen Grazie, Kindfrau und Fürstin zugleich.

Am Tag darauf, am ersten Weihnachtsfeiertag, fährt das Kronprinzenpaar in den Dom zum Gottesdienst und anschließend »mit großem Pomp« in das kronprinzliche Palais, Unter den Linden, gegenüber dem Zeughaus, in ihr neues Heim. Luises häusliches Leben in Berlin hat sich ausschließlich in diesem Palais abgespielt, da der Kronprinz, als er König wurde, nicht ins Schloß übersiedelte. Bis 1840, bis zu seinem Tode, hat er in dem repräsentativen, hohen Bau gewohnt, bestehend aus dem Erdgeschoß, einer oberen Etage und einer Mansarde mit Kammern für die Dienerschaft.

Linker Hand vom Eingang befinden sich im Parterre die Wohnräume des Kronprinzen: Diele, Empfangssalon, Arbeits- und Schlafzimmer. Eine mit einem grünen Läufer belegte Treppe führt in die Beletage. Dort residiert die Kronprinzessin, und dort sind die großen Säle für Bälle, Redouten, Diners, Empfänge.

»Vom Vestibül aus«, schildert eine zeitgenössische Beschreibung, »trat man in die Gemächer der Kronprinzessin durch ein Entrée, das mit gelb und grau marmorierter Tapete tapeziert war und als Schmuck nur acht schwarzlackierte Hohlspiegel hatte.

Das Vorzimmer mit gelber Papiertapete und Blumenbordüren, die Gardinen von gelber Seide. Dann ein Salon, dessen Wände mit grünen Atlastapeten bekleidet waren, aus gleichem Stoff die Gardinen, die Decke gemalt, die Möbel aus Mahagoni mit Bezügen von schwarzem Pferdehaarstoff. Das teils nach dem Opernplatze, teils nach den Linden gelegene Eckzimmer hatte blaue Papiertapeten und gelbe Gardinen, weißlackierte Möbel, die mit blau brochirtem Atlas überzogen waren. Nun die Privatgemächer der Kronprinzessin nach der Oberwallstraße: In einem Zimmer mit gelber Tapete und blauen Bordüren stand ein Piano, ein Bücherschrank, der Schreibtisch aus Mahagoni mit dem Schreibstuhl, der weiß und gelb lackiert war und mit gelb und weiß brochiertem Atlas überzogen war. Die Möbel waren ebenfalls aus Mahagoni mit schwarzem Pferdehaarstoff gepolstert, in den wieder halbseidene Streifen eingewebt waren. Es war das Arbeits- und Schreibkabinett der Kronprinzessin. Zwischen diesem und dem Schlafzimmer lag das sogenannte türkische Kabinett. Es war mit blau und weiß gestreiftem Atlas bekleidet, die Gardinen waren von gelb-schwarz-rot gestreiftem Atlas, mit schweren Troddeln und Federbüschen verziert. Die Möbel bestanden aus in weiß und grün lackierten Gestellen und waren mit demselben Stoffe wie die Wände überzogen. Gegen die Einfachheit dieser Gemächer war die Einrichtung des Schlafzimmers der Kronprinzessin geradezu reich zu nennen. Zwei Säulen aus Gipsmarmor teilten es. Die Wände waren mit blau geblumtem Atlas tapeziert. Hinter den Festons der Säulen stand das Bett aus Mahagoni mit Bronzeverzierungen. Acht schwere Gardinen von dem genannten Stoff verhüllten dasselbe, darüber erhob sich ein Baldachin mit vier Büschen von Straußenfedern. Die Decke war gemalt, von ihr herab hing eine transparente Marmorlampe. Daran stieß das Toilettezimmer in grüner Papiertapete mit bunter Bordüre. Die Toilette war aus Mahagoni, der Toilettentisch mit gesticktem, weißem Mousselin behangen, davor ein Tabourett mit vergoldetem Gestell, bezogen mit blauem Atlas.«

Durchwandert man im Geiste nun noch einmal die anspruchslos und karg möblierten Räume, die sehr hoch und im Winter oft barbarisch kalt sind, worunter Luises zarte Gesundheit leidet, kann man sich schwerlich ein in unserem Sinne behaglich angenehmes Leben darin vorstellen. Die unterdessen in der ganzen Welt berühmt gewordene deutsche »Gemütlichkeit« ist jedenfalls damals in Preußen noch unbekannt gewesen.

Am 2. Weihnachtsfeiertag heiraten Prinz Ludwig und Friederike. Der Prinz macht durch sein »frostiges Benehmen« keinen Hehl daraus, daß nicht Zuneigung, sondern familiäre Rücksichten ihn bewogen haben, dieser Eheschließung zuzustimmen.

Es mutet merkwürdig an, daß Luise in ihrer Korrespondenz mit dem Kronprinzen nur ein einziges Mal, in dem Briefwechsel mit den nächsten Verwandten nie die Konflikte erwähnt, die die Beziehung zwischen dem Schwager und der so geliebten Schwester getrübt haben. Möglich, daß diesbezügliche Mitteilungen zur Veröffentlichung nicht freigegeben wurden, denn es entspricht so gar nicht Luises Wesensart, einen Kummer, den sie zweifellos bei dem innigen, täglichen Kontakt der Schwestern mitfühlend teilt, konsequent zu verschweigen. Dem Bruder Georg hat sie immer rückhaltlos ihr Herz ausgeschüttet, und Jahre später, als Friederike, vom Hof verwiesen, Berlin verläßt, klagt sie ihm ihren Schmerz über die Trennung.

Prinz Ludwig und Friederike beziehen das mit dem kronprinzlichen Palais durch einen Gang über einem Torbogen verbundene kleinere Palais.

So ist eigentlich alles auf das glücklichste für Luise gelöst. Doch ihr ungestümes, freiheitsgewohntes Temperament stiftet anfangs mehr Verwirrung und Unfrieden als Harmonie und häusliches Glück.

Neuntes Kapitel

Politisch und militärisch geht nichts nach Wunsch in den nächsten Wochen und Monaten, weder im Westen noch im Osten, weder mit Österreich noch mit Rußland, auch nicht mit England. Schuld daran ist vor allem die Ebbe in der Staatskasse, die die Unabhängigkeit des Handelns beeinträchtigt, aber auch das diplomatische Ungeschick, das Preußen in die Isolierung hineingesteuert hat.

Beim Neujahrsempfang am 1. 1. 1794 zieht sich der König mit dem britischen Gesandten Lord Malmesbury für kurze Zeit in sein Arbeitszimmer zurück. Der von seinem Onkel Friedrich dem Großen ererbte Fonds sei aufgebraucht, erklärt er ihm offen, das bedeute, daß er die Streitkräfte im Westen auf das Kontingent von 20000 Mann, zu dem er sich vertraglich verpflichtet habe, reduzieren müsse, es sei denn, er erhalte Subsidien. Der König verlangt 22 Millionen Thaler für das laufende Jahr, zahlbar in vierteljährlichen Raten, dafür wäre er bereit, 100000 Mann zu stellen und selbst den Oberbefehl zu übernehmen. Da Englands kontinentale Politik an der Fortführung des Krieges gegen Frankreich interessiert sei, möge England mit Österreich und dem Reich vereinbaren, wie die erforderliche Summe aufgebracht werden könne. Der Lord verspricht, die zuständigen Stellen von der Unterredung mit dem König unverzüglich in Kenntnis zu setzen.

Doch die Entscheidung läßt auf sich warten.

Der österreichische Außenminister Thugut, kein Preußenfreund, ist empört über die Höhe der Forderung. Unerwünscht ist auch der königliche Oberbefehl, da der Kaiser keine diesbezüglichen Ambitionen hegt und eine Vormachtstellung Preußens in der Kriegführung untragbar ist. Der Reichstag lehnt ebenfalls die Bewilligung von Hilfsgeldern für Preußen ab.

Da England der Ansicht ist, daß ohne die preußischen Truppen, die bisher am erfolgreichsten kämpften, der Krieg nicht zu gewinnen ist, und keiner nachgeben will, geraten die Verhandlungen ins Stocken. Friedrich Wilhelm II., der mit Recht fürchtet, daß man versucht, die lästige Subsidienfrage im Sande verlaufen zu lassen, gibt im März Möllendorff, der seit Mitte Januar Oberbefehlshaber der Rheinarmee ist, Order, sich nach Westfalen zurückzuziehen. Die Bestürzung in Österreich und England über die Reaktion des Königs, mit der man logischerweise hat rechnen müssen, ist groß und löst bei der Bevölkerung der Gebiete, die von dem Vordringen der französischen Revolutionsarmee bedroht sind, Schrecken und Enttäuschung aus.

Die Verhandlungen werden wieder in Gang gesetzt, nunmehr im Haag. Graf Haugwitz, preußischer Kabinettsminister für auswärtige Angelegenheiten, nimmt daran teil und unterzeichnet am 19. April 1794 den Vertrag: Preußen erhält umgehend 300000 Pfund und fortlaufend monatlich 50000 Pfund, ferner nach beendetem Feldzug eine Abschlagszahlung von 100000 Pfund. Als Gegenleistung bleibt es in der Koalition und verpflichtet sich, rund 60000 Mann »dort ins Feld zu stellen, wo es die Seemächte [England, Holland] ihrem Interesse nach angemessen erachten.«

Daß der König den Vertrag akzeptiert, ist lediglich durch die finanzielle Notlage zu erklären. Er braucht Geld, und zwar sofort. In Kürze aber muß es zu Konflikten kommen, das ist vorauszusehen, denn dem Wortlaut nach betrachten die Seemächte die Gelder, die sie zahlen, als Kaufsumme für preußische Soldaten.

Überdies divergieren die Ziele der Partner. Die Seemächte

und Österreich wollen Belgien nicht in die Hand der Franzosen fallen lassen, während Preußen seine Aufgabe darin sieht, die Rheinfront zu verteidigen, um ein weiteres Eindringen der Franzosen in Deutschland zu unterbinden.

Möllendorff lehnt schon die erste Forderung der Seemächte ab, preußische Truppen zum Schutze von Belgien nach den Niederlanden zu entsenden, da sie zum Schutz der Rheinlande unentbehrlich seien. England und Holland, kühle Kalkulatoren, zögern nicht. Sie stellen bald darauf, am 1. Oktober, die Subsidienzahlungen ein, die entgegen den Vereinbarungen erst Mitte Juli begonnen haben. Der König antwortet mit der Kündigung des Haager Vertrages.

Die Probleme im Westen sind für Preußen um so gravierender, als im Osten durch einen Aufstand in Polen im März 1794 ein neuer Krieg heraufbeschworen wird. Die zweite Teilung hat in Polen eine ungeheuere Erbitterung ausgelöst. Unter Kosciuszko, einem aus litauischem Adel stammendem General, der während des Unabhängigkeitskrieges in Amerika Adjutant Washingtons war, sammeln sich die Patrioten zum Kampf gegen die Russen, die zunächst erhebliche Gebietsteile, die sie annektiert hatten, wieder verlieren. Die Zarin bittet den preußischen König um Hilfe. Dieser zieht es vor, sich nicht einzumischen, da er die Gefahr für die eigenen Provinzen unterschätzt und auch die psychologische Wirkung der Ablehnung auf die Zarin, die in letzter Zeit, geschickt bearbeitet von Thugut, wieder mehr und mehr mit Österreich paktiert. Außerdem wünscht der König nicht nur aus militärischen, sondern auch aus persönlichen Gründen bald möglichst nach Westen aufzubrechen, der zivilisatorisch so viel angenehmer ist als der unwirtliche Osten – und last not least macht er sich immer noch Hoffnungen auf ein Jawort von Sophie von Bethmann. In Berlin ist sein Verhältnis mit der Baranius, dem Star der Staatsoper, stadtbekannt. Trotzdem – wenn er nicht erreicht, was er sich erträumt, kann er sehr beständig sein – hat er Sophie fast jeden Monat, seit er Frankfurt verließ, geschrieben, Liebesbriefe, auf die er nichts als enttäuschende Absagen erhielt. Erst im Dezember 1795, schon gezeichnet von Krankheit, verzichtet er endgültig. Sophie heiratet 1796 den Mann, den sie liebt. Nach zehnjähriger Ehe sterben beide Ehegatten im gleichen Jahr.

Dem Generaladjutanten von Manstein ist es zu verdanken, daß der König nach langem Zögern zur Einsicht kommt, daß die lebenswichtigen Interessen Preußens im Osten liegen, daß die Lage dort ernst, ja gefährlich ist. Mitte Mai 1794 entschließt er sich, nach Polen zu gehen, um den Oberbefehl über die dort eingesetzten Truppen zu übernehmen. Noch glaubt er, daß der polnische Aufstand in wenigen Wochen niedergeschlagen sein wird.

Die Stimmung in Berlin ist ausgesprochen kriegsmüde, nicht nur beim Volk, auch beim Militär und in den Ministerien. Friede mit Frankreich fordert man um so nachdrücklicher, als mit dem Aufstand in Polen der Zweifrontenkrieg droht.

Die politischen Schwierigkeiten und die finanzielle Misere des Staatshaushaltes werfen keinen Schatten auf das Vergnügungsprogramm der Berliner Hofgesellschaft. Nach den Hochzeitsfeierlichkeiten, die sich bis zum Jahreswechsel hinziehen – Höhepunkt dieser Tage ist die Premiere der neu inszenierten Oper *Armida* – beginnt am 6. Januar der Karneval und damit eine ununterbrochene Folge von Veranstaltungen, die sich nach streng und eifersüchtig gewahrten Vorschriften aneinander reihen. Die Feste unterscheiden sich im wesentlichen nur durch die Räumlichkeiten, in denen sie mit traditioneller Routine abrollen; Gesichter, Soupers, Getränke, Kapellen und die Themen der Unterhaltung sind überall die gleichen. Es spricht für den Kronprinzen, daß er für diese im Leerlauf stagnierende Gesellschaft nicht viel übrig hat, besonders dann nicht, wenn er repräsentieren muß. Doch nun, da allerseits Wert darauf gelegt wird, die Kronprinzessin zum erstenmal bei sich zu empfangen, kann er sich der Flut der Einladungen nicht entziehen, ohne empfindlichen Anstoß zu erregen.

Neben diesen Verpflichtungen hat das junge Paar an den zweimal wöchentlich stattfindenden Courtagen der Königin teilzunehmen und an dem einmal wöchentlich festgesetzten Courtag der Königin Witwe. Diese Besuche in Monbijou, der Residenz der Gattin König Friedrich Wilhelms II., wo man im Winter Stein und Bein friert, und in der obersten Etage des Schlosses bei der wunderlichen Alten, der Witwe Friedrichs des Großen, sind eher gefürchtet als beliebt wegen der lähmenden Langeweile. Sie stehen unter dem Zwang steifer Etikette, sind daher voller Fallstricke für jemand, der so wenig Ahnung hat vom Hof-Knigge wie Luise. Doch ihr Auftreten ist stets von so entwaffnender Unbefangenheit und Liebenswürdigkeit, ohne jegliche Anmaßung, daß sie den längst mühsam gewordenen Jours fixes verbindlichere und heitere Impulse gibt, unbewußt und unbeabsichtigt. Fehler, die sie hin und wieder macht, werden durch den Zauber ihrer Natürlichkeit und Anmut überspielt. Da ihr Intrige, Flirt, Arroganz, Herrschsucht und Freude am Klatsch offensichtlich völlig fernliegen, wird sie auch von der Damenwelt neidlos bewundert, um so mehr, als das Verlangen nach einer Neu-Orientierung der menschlichen Beziehungen anfängt, die Gemüter zu bewegen. Man ist der Ungebundenheit, der Eskapaden überdrüssig, sehnt sich nach der Ruhe eines gefestigten Familienlebens.

Selten versäumt der Kronprinz eine neue Opern- oder Schauspielaufführung. Theaterabende sind das einzige Vergnügen, das er wirklich schätzt, und dem er sein Leben lang zugetan bleibt. Sein Interesse an Musik beschränkt sich auf die Oper. Wenn der König zu den privaten Konzerten im Schloß einlädt, so ist das Erscheinen für das Kronprinzenpaar Pflicht. Beide sind nicht musikalisch genug, um daran Freude zu haben. Luise seufzte schon in Darmstadt, wenn sie an den Musikabenden des Erbprinzen teilnehmen mußte.

Was sich an Zeit zwischen den offiziellen Terminen erübrigen läßt, ist ausgefüllt mit Zerstreuungen aller Art: mit Assembleen, Empfängen, Déjeuners, mit größeren und kleineren Gesellschaften, dazu kommen die zahlreichen Bälle, die das Protokoll in der Karnevalszeit vorschreibt. Luise, glanzvoller Mittelpunkt des illusteren Kreises, hat sich ihrer Tanzleidenschaft noch nie so rückhaltlos hingeben können und ihrer Freude an Kostümierung, deren beste Ideen früher meist das Opfer des bescheidenen Taschengeldes geworden sind. Frau von Voß sieht es nicht gern, daß sie ihre Garderobe mit dem Prinzen Louis Ferdinand berät. Am 26. Januar 1794 trägt die Oberhofmeisterin in ihr Tagebuch ein: »Früh kam der Prinz Louis Ferdinand, der wegen Masken-Kostümen mit der Prinzessin sich verabreden wollte; ich kann die Freundschaft mit ihm nicht gutheißen.«

Der Kronprinz auch nicht. Immer und überall ist dieser geniale Bursche für ihn ein Rivale gewesen. Zwar ist Friedrich Wilhelm zu gerecht, um nicht Mut und Tapferkeit des Prinzen achtungsvoll anzuerkennen, auch wohl seine geistige Überlegenheit, aber nichts liegt ihm ferner als der Leichtsinn, mit dem Louis Ferdinand mit Geld um sich wirft, Schulden macht, Frauen verführt, vernascht und ihnen den Laufpaß gibt. Der Prinz kehrt schon Ende Januar an die Rheinfront zurück, wo er schärfer denn je über die lasche Kriegführung herzieht und von Möllendorff einen strengen Verweis erhält.

Wie in einem Rausch durchlebt Luise die ersten Monate des neuen Jahres, fasziniert von ihrem Erfolg, befreit von der Angst, mit der sie der preußischen Hauptstadt entgegenfuhr. Unglaublich leicht ist es ihr gelungen, alle für sich einzunehmen, die Menschen ihrer nächsten Umgebung und die Einwohner der Stadt. Schwärmen ist damals fashionable; so schwärmt man von ihr, ihrer Schönheit, ihrer Liebenswürdigkeit, ihrer Natürlichkeit und von der stilvollen Anmut ihrer Kleidung. Man ahmt sie nach, was so weit geht, daß das Tüchelchen, das sie um den Hals bindet, um eine vorübergehende Schwellung zu verbergen, zu den modischen Accessoires der Saison gehört, und daß Schadow dem Requisit soviel Bedeutung beimißt, daß er Luise mit diesem Schal abbildet, als er eines seiner bezauberndsten Werke schafft, die Marmorstatue der beiden Schwestern.

Noch nie hat ein weibliches Mitglied der königlichen Familie im nüchternen Preußen eine derartige Publicity besessen wie Luise vom ersten Tag an. Was ihr in kürzester Zeit mühelos gelingt, ist erstaunlich. Als sie ihren Mann, entgegen der höfischen Sitte, nach der ersten Nacht bittet, zueinander Du zu sagen, stimmt er mit Freuden zu. Der König, peinlich berührt durch die unkonventionelle Vertrautheit des Paares in der Öffentlichkeit, stellt den Sohn zur Rede. Dieser wahrt freundlich, aber bestimmt seinen Standpunkt: »Geschieht aus guten Gründen. Mit dem Du weiß man doch immer, woran man ist; dagegen bei dem Sie ist immer das Bedenken, ob's mit einem großen S geschrieben wird oder mit einem kleinen.«

Auf Luises Wunsch ist ihr Lieblingstanz, der Walzer, hoffähig geworden, obwohl die Königin ihn nach wie vor schokkierend findet wegen der zu nahen Berührung der Paare.

Und immer mehr wagt sie: fährt allein mit Friederike, ohne Begleitung der Oberhofmeisterin, spazieren, nimmt Einladungen an und lädt ihrerseits Gäste ein, ohne Frau von Voß zu informieren. Die fünfundsechzigjährige Voß mit ihrer Bevormundung und ihren ewigen Mahnungen übergeht sie mit Nonchalance, was nicht wundernimmt bei ihrem Temperament und der relativen Selbständigkeit, an die sie gewöhnt war.

Die anfangs zeitweise häufigen Besuche im Schloß Bellevue passen der Voß auch nicht. Dort wohnen die Eltern Prinz Louis Ferdinands, der nörgelnde, kränkelnde, geizige Vater Prinz Ferdinand, ein Bruder Friedrichs des Großen, und seine Frau, die wegen ihrer bösen Zunge gefürchtet ist, mit den Kindern. Die älteste Tochter, im gleichen Jahr wie der Kronprinz geboren, 1770, ist noch nicht verheiratet, was für das Gerücht spricht, sie habe sich Hoffnungen gemacht, Kronprinzessin von Preußen zu werden. Klug, gebildet, loyal, läßt sie sich eine Enttäuschung nicht anmerken. Zwei Jahre später heiratet sie den fünf Jahre jüngeren Fürsten Radziwill, nicht ganz standesgemäß, aber schwer reich, eine Liebesheirat, – jedenfalls von ihrer Seite als solche der Geschichte überliefert.

Die Schwester Prinz Louis Ferdinands, erfahren, gescheit, ohne Ressentiments, wäre, sollte man meinen, der Mensch, dem Luise sich freundschaftlich vertrauensvoll anschließt. Das ist nicht der Fall. Die Unbeliebtheit der »Ferdinanderie« bei der königlichen Familie mag dabei eine Rolle gespielt haben, ein anderer Hinderungsgrund liegt wohl in Luise selbst, den übrigens Frau von Voß schnell und richtig erkennt:

»Sie hatte etwas verschlossenes in ihrem Charakter, und ich muß sagen zu ihrem Glück und mit Recht eine große Zurückhaltung, die sie abhielt, sich gegen Personen offen auszusprechen.«

Ferner hat das abrupte Ende der kurzen Episode beschwingter Zuneigung für den außerordentlich attraktiven Prinzen Louis Ferdinand Luise sicherlich auch bewogen, zunächst keinen allzu nahen Kontakt mit Schloß Bellevue zu pflegen.

Am 10. März trifft Louis Ferdinand wieder in Berlin ein, am Geburtstag der Kronprinzessin, der durch einen Ball gefeiert wird. Die Schwester des Prinzen tanzt gerade, als ihr seine Ankunft gemeldet wird. Auf der Schloßtreppe findet sie ihn wartend und schließt ihn in die Arme.

»Er war größer und schöner geworden«, erinnert sie sich später, »und sein ungepudertes Haar und sein äußerst eleganter Reiseanzug verliehen ihm etwas Fremdartiges, daß ich ihn im ersten Augenblick gar nicht erkannte..., ich fand, daß mein Bruder noch sehr an Charme gewonnen hatte.«

Ausgiebig spendet er diesen Charme der neuen Verwandtschaft, Luise und Friederike.

Zunächst umwirbt er vor allem Luise. Es hätte ihm einen tollen Spaß gemacht, den langweiligen, steifen, wortkargen, als Mann, seiner Auffassung nach, völlig indiskutablen Kronprinzen auszustechen. Daß Gedanken dieser Art ihn bewegen könnten, kommt Luise gar nicht in den Sinn. Unbekümmert fröhlich genießt sie sein gewandtes chevalereskes Auftreten, seine Bonmots und die Unabhängigkeit seiner Urteile, die so vieles bespötteln, worüber auch sie sich lustig macht.

Auf die viel galantere Schwester hingegen wirkt das von Prinz Louis Ferdinand ausgehende Fluidum ungewöhnlich anziehend. Ihre Phantasie beschäftigt sich lebhaft mit seiner kühnen, blendenden Erscheinung, mit seinen Heldentaten und mit seinem schlechten Ruf. Wie könnte es anders sein bei der gerade erst sechzehn Jahre alt gewordenen Friederike, die sich nach Wärme und Zärtlichkeit sehnt und von ihrem Mann vernachlässigt und lieblos behandelt wird.

Aber offenbar bleibt auch Luise, kühl von Natur, wie sie von sich selbst sagt, nicht unberührt von den Komplimenten und der Bewunderung des Prinzen. Massenbach erzählt, daß sie noch Jahre später »blutrot« geworden sei, als in einem Gespräch zwischen König Friedrich Wilhelm III., Königin Luise und ihm die Rede auf Prinz Louis Ferdinand kommt, und er ihn ein »Chamäleon« nennt, der bei tugendhaften Frauen die Farbe der Tugend annimmt, bis er seinen Zweck erreicht hat.

Zum Geburtstag schenkt der König Luise Schloß Oranienburg, in dem sie mit Friedrich Wilhelm im Sommer 1794 und 1795 einige Wochen verbracht hat. Als ständigen Sommersitz findet der Kronprinz das Schloß zu aufwendig. Mit der ihr eigenen anmutigen Herzlichkeit bedankt sich Luise beim König für das Geschenk, lächelnd erkundigt er sich, ob sie noch einen besonderen Wunsch habe.

»Ja, Majestät, eine Handvoll Gold für die Armen der Stadt«, eine Erwiderung, die ihn freut und die er reichlich lohnt.

Noch fühlt sie sich der Gunst des Königs sicher. Aber die lässige Selbstverständlichkeit, mit der sie immer wieder und immer achtloser Etikette-Vorschriften ignoriert, hat bei Hof bereits Ärger erregt. Man ist nicht gewillt, den mutwilligen Launen eines jungen Dinges, das geradenwegs aus der Provinz kommt, Rechte einzuräumen, mit althergebrachten Sitten und Gebräuchen nach Belieben umzuspringen. Die Sympathiewelle, die Luise trägt, ebbt nach und nach ab.

Im Trubel der Festlichkeiten wird es ihr nicht bewußt.

»Unsere Lebensweise ist unerhört anstrengend«, klagt sie in einem Brief Ende Januar. Das bedeutet jedoch nicht, daß sie den Anstrengungen entrinnen möchte. Sie kostet sie mit Freuden aus, braucht sie vielleicht auch, um das Gefühl der Einsamkeit und Verlassenheit zu überwinden, das sie insgeheim quält, seit am 11. und 12. Februar Großmutter, Vater und Bruder Berlin verlassen haben.

/»Nichts kommt dem Schmerz bei«/, schreibt sie dem Bruder am 14. Februar, »den Deine Trennung meiner Seele verursacht. Ich kann mich nicht in den Gedanken finden, daß ich von Dir so weit entfernt leben muß, und dennoch zwingt mich die Wirklichkeit dazu, die mir denn auch alle Bitterkeit desselben empfinden läßt. Die Leere, die in meinem Haus ist, ist wirklich unbeschreiblich... Gestern war ein harter Tag für mich, ich war über alle Beschreibung melancholisch und traurig, kein Glied von meiner Gesellschaft war heiter, und keiner hatte das Herz, aus Schonung für mich viel zu sprechen, so daß das Mittagessen in tödlichster Stille vorbeiging. In dem Augenblick, als wir uns setzten, glaubte ich von Tränen erstickt zu werden, wie ich niemand von meinen Verwandten erblickte; ich mußte sie aber ersticken, weil Tränen öfters anders ausgelegt werden können. Genug hiervon, sonst fange ich wieder an zu brüllen, und das wäre sehr zur Unzeit...«/

Die Beziehung zu ihrem Mann hat noch keine Wurzeln geschlagen. Im Gegenteil, sie gerät in eine ernste Krise. Er kann nicht ersetzen, was sie verloren hat: das große Glück der nestwarmen Atmosphäre, die Geborgenheit in einer heilen Welt. Im Unterbewußtsein kreidet sie ihm das an und lehnt sich innerlich instinktiv gegen ihn auf.

Was nützen ihr die weisen Reden der Voß, die predigt, nur er dürfe ihr einziger Freund und Ratgeber sein. Unbedenklich setzt sie sich über seine Wünsche hinweg, beachtet ihn in der Öffentlichkeit kaum, zu Hause reagiert sie aufsässig, sobald er sich unzufrieden über ihr Benehmen zeigt. Einstweilen hält er sich zurück, warnt lediglich. Bittet sie zu beachten, daß sie nicht im heiteren rheinischen Land ist, sondern in Preußen, wo man mit anderen Maßstäben mißt. Was dort nicht auffalle, weil jeder wisse, wie es gemeint oder nicht gemeint sei, führe hier schnell zu Mißverständnissen, Klatsch und Kritik, die ihrem und seinem Ansehen schade. Er mahnt sie weniger und nicht so ausgelassen zu tanzen, Rang und Würde der Tänzer zu berücksichtigen, da sie auch Subalternoffiziere auffordert, wenn sie nur gute und flotte Tänzer sind.

Zurechtweisungen dieser Art gefallen Luise ganz und gar nicht. Sie fühlt sich im Recht, wenn sie sich Freiheiten nimmt, die in Darmstadt niemand beanstandet hat. Warum soll sie nicht nach Herzenslust tanzen, da »mecklenburgische Knochen daran gewöhnt und sehr schwer zu ermüden sind«, wie sie ihrer Schwester Therese nach Regensburg schreibt.

Ausgerechnet zu dem Zeitpunkt, da es im Kronprinzlichen Palais anfängt zu kriseln und es bei Hof Verdruß mit Luise gibt, taucht Prinz Louis Ferdinand bei den höfischen Veranstaltungen wieder auf, zweifellos der bestaussehendste aller Kavaliere und ein Tanzpartner, der es wie kein anderer versteht, der Melodie, dem Rhythmus, den Schwingungen der Musik zu folgen. Er und Luise sind ein faszinierendes Paar, schön und von vollendeter Harmonie der Bewegung.

Man tuschelt hinter dem Rücken des Kronprinzen. Er weiß es, man tuschelt mit einer gewissen Schadenfreude, seit der Adorations-Bann gebrochen ist. Er weiß auch, daß Prinz Louis Ferdinand in den Berliner Salons, im Offizierskasino, in Gegenwart von Regierungsvertretern und Diplomaten kein Blatt vor den Mund nimmt und sich über die preußische Politik und militärische Führung so abfällig und unverfroren äußert, daß der König ihm sagen läßt, auch Prinzen seien schon auf Festung gekommen. Luise ahnt von all dem nichts, doch mag die freundschaftliche Zuneigung, mit der sie ihn behandelt, manchen zu dem Rückschluß verleiten, sie halte zu dem enfant terrible der königlichen Familie und teile seine Ansichten.

Die Königin, die Luise schon halbwegs für sich gewonnen hatte, ist höchst unzufrieden mit ihr. Als sie erfährt, daß Luise schwanger ist, schreibt sie an Prinzessin George und beklagt sich insbesondere über ihre ungezügelte Tanzlust. Doch die Großmutter nimmt die Enkelin in Schutz auch gegen den Vorwurf, zu viele Einladungen anzunehmen. Schließlich könnte sie doch nicht all die freundlichen Leute enttäuschen, die sie bei sich zu sehen wünschten. Und über ihren Zustand solle sich die Königin keine Sorgen machen. Luises Mutter habe auch stets bis kurz vor der Entbindung, ohne Schaden zu nehmen, an allen Bällen teilgenommen.

Von dieser Seite ist also keine Unterstützung zu erwarten.

Die Situation verschärft sich. Immer häufiger kommt es zu heftigen Auseinandersetzungen zwischem dem Kronprinzen und Luise, die zum erstenmal auf eine harte, männliche Opposition stößt. Ihre in Darmstadt jahrelang mit Erfolg praktizierte Taktik lebhaft zu widersprechen, sich störrisch zu verteidigen, um zu guter Letzt tränenüberströmt zu schwören, sie werde keinen Anlaß mehr zu Klagen geben, hat Friedrich Wilhelm längst durchschaut. In Wahrheit ändert sich nichts.

Für diese Zeitspanne im Eheleben des Kronprinzenpaares ist das Originaltagebuch der Frau von Voß maßgebend, das Karl Griewank in den *Briefen und Aufzeichnungen der Königin Luise* erwähnt und zugrundelegt, nicht die Buchausgabe *(69 Jahre am preußischen Hof)*, die redigiert ist, wobei manches, von dem man annahm, es könne das Bild Luises trüben, den Streichungen zum Opfer fiel. Heutzutage betrachten wir die Welt mit anderen Augen, und daß auch Luise Konflikte nicht erspart blieben, rückt sie menschlich näher.

Karl Griewank berichtet über den Ernst der Spannungen, die Luises Eigenwilligkeit heraufbeschworen hat. Er zitiert aus dem Originaltagebuch der Gräfin Voß. Die beiden Schreiben, das des Königs an den Kronprinzen und dessen Antwortschreiben, tragen dasselbe Datum: den 25. März 1794.

»Oft fand die gestrenge alte Frau von Voß... sie ›unerträglich‹, und sagte ihr die ›Wahrheit‹ über ihre Unklugheit, worauf die Prinzessin trotzig wurde... Der Gemahl aber, über den sie sich ebenfalls hinwegsetzte, stand zunächst abseits; er tadelte ihre Eigenmächtigkeit, und am 22. März, gelegentlich einer Unpünktlichkeit Luises, hören wir von einer ›großen Szene‹ zwischen beiden. Luises erste Hofdame, Henriette von Viereck, erhielt am gleichen Tage einen Brief vom König mit der Weisung, die Prinzessin nicht zu schonen. Am nächsten Tag sprach sie mit ihr, ohne daß das Gespräch eine entscheidende Wirkung zeigte. Am 24. März gab es... wieder ›Szenen ohne Ende‹. Darauf wies der König den Kronprinzen in einem besonderen längeren Schreiben darauf hin, daß seine Gemahlin ›bisweilen ein bischen unbesonnen und launenhaft‹ sei, man müsse sie in aller Güte fühlen lassen, daß sie wie jede Frau dazu da sei, um dem Willen ihres Gatten zu gehorchen, ›und daß wir hier gewöhnt sind, uns von unseren Frauen gehorchen zu lassen‹. Besonders tadelte er, daß Luise sich in schlechte Gesellschaft eingelassen habe, deren Folgen sie nicht zu übersehen vermöge; sie müsse davon abstehen, sobald sie das Mißfallen des Kronprinzen bemerke. Er fand es nicht verwunderlich, daß eine Prinzessin, die die Welt noch nicht kenne, manchmal korrigiert werden müsse, der Kronprinz solle sie nur nach seiner Hand reiten und ›bisweilen den Sporen brauchen‹ und ihr nötigenfalls mit der Ungnade des Königs drohen.

Friedrich Wilhelm... bat den König in seiner Erwiderung, Luises Verfehlungen nicht ihrem Charakter, der gewiß gut sei, sondern ihrer Lebhaftigkeit und Unbändigkeit (pétulance) zuzuschreiben, und versicherte, er werde sich genau nach den Befehlen des Königs richten und sich niemals von seiner Gattin beherrschen lassen...«

Bereits eine Woche nach dem Briefwechsel zwischen König und Kronprinz, am 2. April, steht im Tagebuch der Oberhofmeisterin: »Die Prinzessin betrug sich den ganzen Tag vortrefflich.«

Wir erfahren jedoch nicht, wer oder was den jähen Wandel

in Luises Betragen herbeigeführt hat. Ist es dem Kronprinzen gelungen, eine grundlegende Änderung ihres Verhaltens durch Diskussionen, Mahnungen, Drohungen zu erreichen, nachdem sie auf alle derartige Vorstellungen bisher negativ reagierte? Als sicher kann angenommen werden, daß weder Frau von Voß mit ihren schulmeisterlichen Erziehungsversuchen, noch die Viereck, die ihr, wie sich später herausstellt, nicht sonderlich sympathisch war, Einfluß auf sie gewonnen haben.

Bemerkenswert ist, daß Luise mit der plötzlichen Bekehrung ihre liebenswerte Naivität, ihr ungetrübtes Vertrauen in die Menschen ihrer Umgebung, verloren hat. Die Vermutung liegt daher nahe, daß eine Erfahrung, die sie tief erschreckte, dem Umschwung vorausgegangen ist. Vielleicht eine Zudringlichkeit als Folge ihres arglosen Entgegenkommens oder auch nur böswillige Bemerkungen, Andeutungen, der Klatsch Mißgünstiger, der ihren Stolz verletzte, ihr ausgeprägtes Ehr- und Standesbewußtsein, ihre fest verankerten sittlich-religiösen Grundsätze.

Der Zusammenprall mit einer von Luise noch nicht realisierten Welt muß ihrer stark gefühltsbetonten Natur einen heftigen Schock versetzt haben, der ihr schlagartig bewußt werden läßt, wie groß die Gefahr ist, in der sie sich befindet, daß die Warnungen ihres Mannes kein leeres Gerede sind. Luise wie auch Friedrich Wilhelm müssen überzeugt werden, um zur Einsicht zu kommen, er durch den Intellekt, sie durch die Emotion. Erst in diesen Tagen hat Luise offensichtlich begriffen, was es bedeutet, Kronprinzessin von Preußen zu sein, und daß Berlin eben doch nicht Darmstadt ist, daß hier, wenn »alle Welt mit ihr unzufrieden«, nur ein einziger, ohne sich beirren zu lassen, für sie eintritt: ihr Mann.

Die Übersiedlung am 1. April von Berlin nach Potsdam ist eine glückliche Fügung. In Potsdam liegt das Regiment des Kronprinzen in Garnison. Seine Anwesenheit ist erforderlich, wenn die Wintermonate, die Ruhe- und Urlaubszeit, vorüber ist.

Fern allen Zerstreuungen beginnt Luise sich dem von Friedrich Wilhelm gewünschten Lebensstil anzupassen und seinen schon etwas philiströsen Gewohnheiten. Von Ausbrüchen ihres Temperamentes, von Rebellion hören wir nichts. Auch nicht in Zukunft. Aus dem unbeherrschten jungen Mädchen ist fast von einem Tag auf den anderen eine Frau geworden, die nur der Liebe zu ihrem Mann und ihren Pflichten lebt. Leicht mag es ihr nicht gefallen sein, jedenfalls nicht auf die Dauer. Um so bewunderungswürdiger ist die Konsequenz ihrer Haltung. Zu plötzlich hat sich alles zum Guten gewendet, noch traut keiner dem Frieden. Auch der Kronprinz nicht, wie aus dem Schreiben an seinen vertrautesten Freund, den Major Schack, hervorgeht:

»Wir leben hier sehr ruhig und für mein Teil sehr angenehm. Berlin regrettiere ich gar nicht, und habe ich mir hier noch nie so gefallen. Alles lebt in Einigkeit, da sich keine fremde Hand ins Spiel mischt, und wir benutzen täglich recht fleißig die schöne Gegend, die so manche anmutige Gegenstände darbietet; zumal für Personen, denen sie noch unbekannt sind... Gott gebe, daß bei unserer Rückkunft nach Berlin nicht neue Mißhelligkeiten und Klatschereien den häuslichen Frieden stören mögen...«

Interessant ist ein Brief Luises gleich zu Anfang des Aufenthaltes an ihren Bruder Georg, in dem sie den Konflikt, den sie durchgemacht hat, andeutet, der aber auch gleichzeitig den Humor widerspiegelt, den sie nie verliert. Seit vier Wochen hat sie nichts von Georg gehört und klagt, daß sie selbst kaum Zeit zum Schreiben finde:

»... Sieh mal, Du hast den ganzen Nachmittag frei und hättest mir wohl einige Augenblicke davon widmen können; ach, einige Worte nur haben soviel Trost für mich. Ich brauche ihn mannigmal. – Berlin ist viel größer als Darmstadt, es sind auch viel mehr Leute allerhand Arten darin. – Das werde ich gewahr. –

Antworte mir bald, lieber, bester Mensch, und glaube nicht, daß die Seltenheit Deiner Briefe den Wert derselben ausmache. Du kennst meine Liebe, meine Freundschaft für Dich, lieber Junge, Du kennst die Festigkeit meines Charakters, auf Ehre, Du hast keine Veränderung bei mir zu fürchten, und wirklich, Du bist zu gut, um eine Veränderung fürchten zu brauchen. Das Gute wird nicht immer erkannt, glaube mir, ich spreche aus Erfahrung; deshalb muß man aber nicht ablassen, gut zu sein. Dies ist und bleibt mein Grundsatz. –

Ich bin in Potsdam und bleibe da sechs Wochen lang, bis die kriegerischen Übungen vorüber sind, alsdann gehe ich wieder nach Berlin zu meiner englischen [engelhaften] Friederike, die ich leider habe zurücklassen müssen, nicht ohne Schmerz und Traurigkeit, aber ein Soldatenweib muß ihrem Beruf nachgehen, und das tat ich. Ich esse Punkt zwölf, ich trinke Tee nach fünf wie die alte Walbrunnen und esse zu Nacht Punkt acht. Ich gehe zu Bett mit den *Hühnern, Küken* und *Kikerikis* und stehe mit *höchstdenenselben* wieder auf. Aber ich bin besser als sie, denn ich lese Geschichte, ich mache Auszüge aus Monsieur Weiß; schreibe Dir und anderen und lebe zum Vergnügen meines Mannes. Nun Brüderchen, bald einen Brief und mir viel Freude und – Freunde...

Luise.«/

In dem nächsten Brief an den Bruder fast zwei Monate später bekennt sie, daß die sechs Wochen in Potsdam, die sie mit dem Kronprinzen zugebracht habe, unstreitig zu den glücklichsten ihres Lebens gehören:

/»Ganz ohne Gêne und Etikette, so ganz nach seinem Willen habe ich gelebt, und ich fühlte das Glück, solch ein Leben zu führen, nie lebhafter, als wenn ich von Berlin Nachricht bekam: heute ist großer Ball oder heute ist groß Konzert und Souper. Ach, da war ich vergnügt, mich an der Seite meines Mannes zu finden, in einer Linonchemise und ausgekämmte Haare, und ihm recht vorschwatzen zu können, wie sehr ich ihn liebte und schätzte, und dann so gegen sieben Uhr, gerade um die Zeit, wo die Tanzenden sich fürchterlich zerhabten und zersprangen um warm zu bekommen, setze ich mich im Wisky mit ihm, um Gottes schöne Luft zu genießen, mich dadurch gesund und frisch zu machen und ihm, unserm guten Vater, recht herzlich und inbrünstig zu danken, mich an der Seite meines Gatten gebracht zu haben...«/

Die Idylle in Potsdam endet nicht mit der Rückkehr nach Berlin. Nachdem der König den Entschluß gefaßt hat, dem Wunsch der Kaiserin Katharina zu folgen und sich nach Polen zu begeben, um den Oberbefehl der preußischen Truppen zu übernehmen, erhalten seine beiden ältesten Söhne den Befehl, ihn zu begleiten. Das bedeutet Trennung, für Luise eine schmerzliche Nachricht. Ihr graut davor, in der großen, fremden Stadt, in dem kühlen, nüchternen Kronprinzenpalais allein zurückzubleiben. Ende April, als der König ein Abendkonzert in Potsdam gibt, fragt sie ihn daher, ob er ihr und Friederike erlauben würde, während der Abwesenheit der Gatten in Sanssouci zu wohnen. Mit Freuden stimmt der König zu. Er weiß die instinktive Klugheit und Umsicht seiner Schwiegertochter zu schätzen, denn zweifellos ist ihm klar, daß sie mit dieser Bitte nicht nur sich selbst, sondern vor allem auch die Schwester dem verführerischen Milieu der Hofgesellschaft entziehen möchte.

Am 10. Mai fahren Luise und Friedrich Wilhelm noch einmal für einige Tage nach Berlin. Königin Friederike lädt die königliche Familie und die Offiziere vom Regiment des Kronprinzen zu einem Abschiedssouper ein. Ihre Besorgnis wegen der Gefahren des Krieges für den König weist dieser mit den stolzen Worten zurück: »Je crains Dieu et n'ai pas d'autre crainte.« Ein Vers aus Racines *Athalie*.

Luise und Friederike begleiten ihre Männer bis Steinhövel, um den letzten Tag gemeinsam mit ihnen auf dem Gut der Massows zu verleben. In der Morgenfrühe des 15. Mai reisen der Generalmajor Kronprinz Friedrich Wilhelm und der Oberst der Kavallerie Prinz Ludwig über Frankfurt an der Oder nach Posen, wo sie mit dem König zusammentreffen, in dessen Suite sich Manstein und Lucchesini befinden. Am 3. Juni 1794 erreicht die Heerführung das Hauptquartier in Wolla. Dort stehen die preußischen Truppen.

Die Ankunft des Königs wird lebhaft begrüßt, da er sofort die Initiative ergreift und mit dem russischen General Denisow gegen Kosciuszko vorgeht, den er am 6. Juni bei Dubienka besiegt. Der Feind verliert mehr als 1000 Mann und 16 Kanonen.

»Die Polen sollen sich gut verteidigt haben«, berichtet der Kronprinz Luise, »... unsere Truppen sind mit ihnen sogar ins Handgemenge gekommen. Das Regiment Klinckowstroem soll sehr gelitten haben, es ist ein ausgezeichnetes Regiment. Manstein wurde ein Pferd unter dem Leibe getötet, auch der König soll mitten im Feuer gewesen sein...«

Aber immer wieder wird derselbe Fehler gemacht: der Feind wird nicht verfolgt, aus dem gleichen Grund, der auch im Westen gute Chancen zerschlagen hat, man kann sich mit dem Verbündeten über die Fortführung des Feldzuges nicht einigen. Bekannt ist die Abneigung König Friedrich Wilhelms III. gegen Koalitionskriege, das Resultat der Erfahrung aus zwei Kriegen, die er als junger Mann mitmachte.

Krakau wird am 15. Juni von den Preußen besetzt, ohne Widerstand zu leisten. Endlich einigt man sich, und der König marschiert mit 25 000 Mann seiner Armee und 13 000 Mann der russischen Armee unter Fersen nach Warschau, das am 13. Juli erreicht wird. In der Stadt befinden sich 32 000 Polen mit 450 Kanonen. Die Befestigung hat man in höchster Eile betrieben, nur die Nordfront ist noch nicht fertig. Hier will der König im Sturmangriff in die Stadt einbrechen und sie erobern, doch Manstein warnt. Nur 100 Geschütze stehen den Angreifern zu Verfügung. Das Risiko des Gelingens und das Opfer an Menschenleben, meint Manstein, sei zu hoch.

Der Kronprinz behält recht. Er sagte zu Major von Schack, der ihn dieses Mal als Adjutant nicht begleiten kann, da er sehr krank ist, schon in Potsdam: »Dies scheint ganz der zweite Teil der Französischen Revolution werden zu wollen.«

Während der fünfmonatigen Trennung verbindet das Kronprinzenpaar ein lebhafter Briefwechsel. Der Kronprinz zeichnet in seinen Briefen ein anschauliches Bild des abermals mißglückten Feldzuges. Gleich zu Beginn läßt er seinem Unwillen freien Lauf über das Hin und Her der Anordnungen, über die mangelhafte Planung und die eigene Enttäuschung.

So schreibt er am 4. Juni aus dem Hauptquartier in Wolla bei Zarnowice:

»Weißt Du, liebe Freundin, ich bin jetzt wütend und höchst mißgestimmt über den Befehl, den ich für meine zukünftige Bestimmung erhalten habe. Gestern kamen wir von Czenstochau hier an; der Weg war so schlecht, wie ich noch keinen gesehen habe. Nach der Ankunft hier zeigte man mir mein Quartier, das ganz entsetzlich unsauber war; noch nicht einmal Fenster waren vorhanden, dazu ein schrecklicher Gestank, so daß ich mich gleich entschloß, mich in der Scheune einzuquartieren, aus der ich Dir jetzt schreibe. Ich begab mich ins Hauptquartier und erfuhr hier, daß ich sofort nach Petrikau zurückgehen und dort das Kommando über drei Bataillone und drei Schwadronen übernehmen solle; ich wäre dazu bestimmt, mit diesem elenden kleinen Korps nach Malagocz zu marschieren, um einen ebenso elenden Ablenkungsangriff auszuführen... Nun sage mir, was kann man mit drei Bataillonen machen, überhaupt nichts!... Im allgemeinen herrscht hier ein solches Durcheinander, /daß niemand weiß, wer Koch noch Kellner ist/... /Ich kann Dir nicht sagen und Du kannst Dir gar nicht denken, wie böse ich bin und wie unangenehm meine Lage ist... Will der König mich zu nichts ordentlichem gebrauchen, so laß er mich zu Hause. Adieu, liebe beste Luise. Ich liebe Dich von Herzen...«

Am 5. Juni aus Pertikau:

»Ich bin hier in schrecklicher Verwirrung, da ich keine Menschenseele von dem Corps, das ich kommandieren soll, kenne, außerdem keine Terrainkenntnisse habe, die man aus den in diesem Lande gewöhnlich falschen Karten nicht gewinnt; ferner widersprechen die Befehle, die ich erhalten habe, einander völlig... die Märsche, die der König vorgeschrieben hat, sind derart, daß die armen Leute daran krepieren können...«

In seinem Brief vom 7. Juni aus Pertikau berührt er Persönliches, Intimes, Äußerungen, die ihm nicht leicht in die Feder laufen: »Eigentlich kann ich Dir versichern, liebste Luise, daß seitdem ich Dich verlassen habe, ich noch keinen wirklich fröhlichen und zufriedenen Augenblick genossen habe. Sollte man nicht bald sagen, daß es töricht wäre, sich eine Frau zu nehmen, der man so mit Leib und Seele zugetan ist, daß einem alles übrige gleich bleibt. Doch nein, dafür hat man auch wieder auf der anderen Seite tausend süße Freuden und glückliche Stunden, die einem das Erlittene bald vergessen machen, wenn erst die Stunde des Wiedersehens gekommen ist... Wie mancher schöne Monat wird noch dahin fließen, den wir nicht werden zusammen genießen können. Immer denke ich mit Traurigkeit vermischt mit Freude an das vergangene Jahr und den vergangenen Sommer, wenn ich so im gestreckten Galopp durch das Darmstädter Land und über die Ginsheimer Schiffbrücke weg ritt, um zu meiner innigst geliebten Luise zu kommen, wo ich dann immer so liebevoll empfangen wurde und ich solch angenehme Zeit hatte. Wie traurig macht es mich, daß es jetzt leider nicht mehr so ist. Erinnere Dich an die angenehmen Partien, die wir dann machten und an unsere Unterhaltungen in Deiner Stube, wenn wir abends nach dem Souper von der Großmama Abschied genommen hatten und es mir immer so schwer wurde, wieder aus Deiner Stube herauszukommen. Es bleiben doch wenigstens immer recht, recht angenehme Rückerinnerungen. Lebe wohl, recht wohl, liebe Herzensluise! Gott – warum sollen wir unser junges Leben nicht in Freuden genießen. Adieu. Friedrich Wilhelm.«

Pertikau, den 16. Juni 1794: »Du hast ganz recht, wenn Du in Deinem Brief meinst, es käme Dir vor, als wäre ich hier ein Spielball... Gestern habe ich innerhalb 18 Stunden zwei Kuriere empfangen, jeder brachte völlig verschiedene Befehle mit... Man möchte vermuten, dies alles geschieht, um mir den Krieg gründlich zu vereckeln, und das ist nahezu gelungen, er steht mir schon bis an den Hals.«

Erst am 9. Juli erlauben die Befehle des Königs dem Kronprinzen, seine Truppen mit der Armee des Königs zu vereinigen.

»Der König erwies mir beim Wiedersehen unendlich viel Güte und versicherte mich mehrmals seiner vollkommensten Zufriedenheit«, schreibt er aus dem Lager Opalin bei Warschau am 14. Juli... »Die Stadt bietet einen sehr guten Anblick und ihre Umgebung ähnelt in nichts dem übrigen Polen... Ich kampiere in einer Art wildem Garten, der zwar viel Schatten von Haselstrauchwerk gibt, aber doch nicht hinreicht, die heutige, ganz ungewöhnlich große Hitze zu dämpfen... Man glaubt jetzt wiederum, daß es mit Warschau nicht so schnell gehen wird...«

Schlechte Nachrichten vom Feldmarschall Möllendorf aus den Rheinlanden und aus den Niederlanden, der König ist »sehr übler Laune«. Die Truppen werden noch näher an Warschau heranverlegt, das Hauptquartier bei Wolla wird jedoch bald wieder aufgegeben, weil ringsum die Kugeln einschlagen.

Da Warschau im Sturmangriff nicht einzunehmen ist, muß es belagert werden, Laufgräben, Trancheen sollen angelegt werden wie um Mainz. Bis Ende Juli werden »eine ganze Menge großer und großzügiger Pläne geschmiedet, die jedoch nicht ausgeführt wurden, wovon ich überzeugt war... Es fehlt uns an allen Mitteln dazu, denn man ist mit nichts von dem, was man braucht, gehörig versorgt... Das kommt daher, weil man alle Kriege zu Anfang auf die leichte Achsel nimmt...«

Wlochy, den 28. August 1794: »... Bei Tagesanbruch haben wir oder vielmehr das Corps des General Götz einige vorgeschobene Schanzen des Feindes genommen... Wenig später griff der Feind heftig an und es gelang ihm, die Unsrigen aus einem Teil dessen, was wir am Morgen besetzt hatten, zu vertreiben... Die Blessierten kamen immer haufenweise zurück... der Anblick war schrecklich, die Tränen standen mir und mehreren in den Augen...«

Vier Tage später sieht alles bereits wieder völlig anders aus: »... Heute war hierselbst eine große Krisis, in der man den ganzen Tag bis jetzt geblieben ist, ob wir den Feind morgen von allen Seiten und mit der ganzen Macht angreifen sollten oder nicht... Nun hat der König endlich den zwar harten, jedoch weisen Entschluß gefaßt, mit der Armee abzumarschieren und Südpreußen zu decken. Die Konföderationen daselbst nehmen täglich überhand...«

Am 5. September ist der Kronprinz immer noch im Lager von Wlochy, aber: »... wir werden morgen die Gegend verlassen... es ist sehr beschämend, auf diese Weise eine Unternehmung aufzugeben... Man hätte Warschau lassen oder vom Beginn des Feldzuges an mit mehr Eifer Kosciuszko daran hindern müssen, sich auf diese Hauptstadt zurückzuziehen. Aber bei der Langsamkeit, mit der wir uns bewegten, war es vorauszusehen, daß das Unternehmen von Tag zu Tag schwieriger würde, da wir dem Feinde die nötige Zeit ließen, um neue Befestigungen zu errichten...«

7. September aus dem Lager von Raszyn: »Unser gestriger Rückmarsch war sehr glücklich. Es ist hier sehr friedlich und Kosciuszko macht nicht die geringste Miene uns zu folgen... Jetzt bitte ich Dich, ein wenig aufzupassen: Sage mir zunächst, würdest Du erschrecken, wenn unerwartet einer, der Dir nicht gleichgültig ist und der von weither kommt, erscheinen würde?... Wie denkst Du darüber? Alles was *ich* Dir sagen kann, ist, daß er fast närrisch vor Freude ist, aber wagt nicht sie merken zu lassen, denn ich glaube, es ist gut, nicht zuviel Lärm zu machen...«

Auf der Heimfahrt begleitet der Bruder, Prinz Ludwig, den Kronprinzen. Der König wird sich einige Tage in Breslau aufhalten, »da er anscheinend nicht die größte Lust hat, sofort nach Berlin zurückzukehren.«

Die Kritik, die der Kronprinz an der Kriegführung übt, ist gerechtfertigt, doch hat er versäumt, aus den Erfahrungen der Feldzüge in Frankreich und Polen die Konsequenz zu ziehen. In den ersten Friedensjahren nach seinem Regierungsantritt hätte er das Militär von Grund auf reorganisieren lassen müssen.

In den Briefen Luises findet sich nichts von der Frische und Unmittelbarkeit, die den Brautbriefen ihren Reiz gibt. Larmoyant, sentimental, etwas klatschsüchtig, mißtrauisch und wenig konzilant, ist sie vermutlich auch für ihre Umgebung oft nicht leicht zu ertragen. Das mag an ihrer Schwangerschaft liegen, aber vor allem trägt die plötzliche Erkenntnis der Vereinsamung, der Verlassenheit dazu bei. Sie vermißt die behutsame Geborgenheit, mit der das Leben sie bisher verwöhnte. Der ihr an Raffinesse weit überlegenen höfischen Gesellschaft steht sie ratlos gegenüber.

Vorsichtig, ängstlich, wie sie geworden ist, sieht sie überall Gefahren. Überempfindlichkeit und Gereiztheit verleiten sie zu kläglich gefühlvollen Akzenten, steten Beteuerungen ihres Trennungsschmerzes, ihrer Liebe in rührseligen Phrasen. Immer erneut fließen ihre Tränen, »ersticken mich fast«, dann wieder seufzt sie:/»Mein Geist ist garkeiner lebhaften Freude mehr empfänglich, eine gewisse Kälte und Gleichgültigkeit entdecke ich manchmal in mir, wo mir selbst vor grauet/...«

Eine freundschaftliche Beziehung zu Frau von Voß und Henriette von Viereck stellt sich nicht ein. Sie beobachtet beide mit kühler Distanz.

Die Voß /»nimmt manchmal einen anmaßenden Ton an, den ich gar nicht leiden kann, und wenn sie das bemerkt, so ist sie manigmal so kriechend, daß ich sie treten könnte... ich behandele sie mit der größten Höflichkeit... Man sagte mir, sie hätte erwartet, daß ich sie recht maltraitieren würde, damit sie eine gültige Ausrede habe, um sich von unserem Hof zurückzuziehen und dann machen könne, was sie wolle. Sie hat sich aber sehr in ihrer Rechnung getäuscht, und auf diese Weise werden wir uns niemals trennen...«/

Luise verdächtigt die Viereck, ein Verhältnis mit dem König zu haben. Jedenfalls steht die Hofdame mit ihm in einem sehr vertraulichen Briefwechsel, und Nachrichten über das, was man in Sanssouci plant oder diskutiert, erreichen den König früher als die, die Luise dem Kronprinzen sendet.

Während Luise regelmäßig Post von Friedrich Wilhelm erhält, bekommt Friederike nur selten Nachricht von ihrem Mann. Luise bittet daher den Kronprinzen, seinen Bruder gelegentlich zu mahnen, ihrer Schwester, die auch in anderen Umständen ist, zu schreiben.

»... Sie legt noch einmal ihre Sache in Deine Hände und beschwört Dich, alles zu tun, was Du kannst, um ihn ganz zu ihr zurückzuführen. Er hat ihr geschworen, daß er die W. [Geliebte des Prinzen Ludwig] seit seiner Rückkehr weder gesehen noch gesprochen habe, er hat sie von weitem mit Friederike im Park gesehen, aber Friederike hat ihn beschworen, ihr zu sagen,/ob er sie denn ganz allein liebte, so hat Ludwig ihr gesagt: Nein, er liebte sie zwar sehr und fühlte, daß sie es über alles verdiene, aber noch wäre sie es nicht allein, aber sobald er seine alte Liebe ganz überwunden hätte, wollte er es ihr sagen, er wäre kein Schurke und sie könnte alsdann seinen Worten ganz glauben...«/

Die Sechzehnjährige sucht, verständlicherweise, einen gewissen Ausgleich für ihre unglückliche Ehe im Flirt, in noch unschuldigen Tändeleien, unterstützt von ihrer leichtfertigen Umgebung, ein Verhalten, das Luise in dieser Zeit öfters Kummer bereitet. Alle Sorgen fallen schwerer ins Gewicht, weil sie niemand hat, mit dem sie wagt, sich auszusprechen. Der Kronprinz zeigt viel Feingefühl und Verständnis für das, was sie entbehrt, wenn er ihr schreibt: »Es ist sicherlich recht traurig, daß Du keinen um Dich hast, zu dem Du Vertrauen haben könntest, ich habe schon oft mit Dir darüber gesprochen, wie mich das schmerzt, und wie wenig erstaunt ich darüber bin, bei dem Wesen und der Lebensart derjenigen Personen, die Dich umgeben, und die mit dem besten Willen der Welt keinen Anspruch darauf machen können, wenn sie sich mit einiger Sorgfalt selbst gewissenhaft prüfen würden...«

Aufregung verursacht in Sanssouci eine Reise des Prinzen Heinrich, Bruder Friedrichs des Großen, von Rheinsberg, seinem Wohnsitz, nach Berlin, um die Aufführung der *Zauberflöte*, die viel von sich reden macht, zu besuchen. Ein Novum, denn der Prinz, ausgesprochen frankophil, wie er ist, verachtete bisher die deutsche Oper. Auf der Hochzeit der Prinzessinnen war er nicht, da schwerwiegende Meinungsverschiedenheiten zwischen dem König und ihm bestehen. Aus seinem Mißfallen über das Bündnis mit Österreich und den Frankreichfeldzug macht er keinen Hehl. Nun befürchtet Luise, daß er die Abwesenheit des Königs und ihres Mannes benutzen wird, um sie in Sanssouci aufzusuchen.

Doch Prinz Heinrich, versiert in allen höfischen Belangen und überdies von vollendeter Courtoisie, kommt nicht. An den Kronprinzen schreibt er am 28. Juli 1794:

»Ich bin im Juni in Berlin gewesen; ich hatte die größte Lust nach Potsdam zu gehen, um die Prinzessin, Ihre Gattin, zu sehen; aber bei einiger Überlegung mußte ich daran denken, daß Potsdam ein geheiligter Ort ist, und daß ohne Zweifel mein Besuch den Prinzessinnen vielleicht schaden könnte, ich mußte also der Vernunft folgen, indem ich den Wunsch fallen ließ.«

Noch ein zweites Mal wird Rheinsberg zum Problem, als Luise und Friederike den Vater besuchen wollen, der durch den Tod seines ältesten Bruders am 2. Juni Herzog von Mecklenburg-Strelitz geworden ist und der sich daher von Hildburghausen sofort nach seiner Residenz begeben hat. Rheinsberg liegt nur drei Meilen von Strelitz, mit einer Einladung des Prinzen Heinrich muß folglich gerechnet werden. Aus diesem Grunde zögert sich die königliche Erlaubnis für die Reise so lange hinaus, bis Herzog Karl es vorzieht, für einige Tage nach Potsdam zu kommen, um seine Töchter zu sehen, da er die alljährliche pünktliche Ankunft in seinem geliebten Pyrmont nicht zu verschieben gedenkt wegen Familienstreitigkeiten, die ihn nichts angehen.

In einem Schreiben vom 13. Juni vermag Luise ihrem

Mann eine Erklärung zu geben, die die Kränkung mildert, die er empfunden hat, als er am 4. Juni den Befehl erhielt, weitab vom Kriegsschauplatz einen »elenden Ablenkungsangriff« zu kommandieren, der dann nicht einmal zustande kam. Der König hat an Herrn von Massow, Luises Hofmarschall, geschrieben, er fürchte, die Kämpfe würden ernsthafter, daher habe er den Kronprinzen »absichtlich entfernt, weil ich dem Lande seine Erhaltung als Erbe schuldig bin; die meinige bin ich nur mir selbst schuldig, also bleibe ich...«

Der Gesundheitszustand des Majors von Schack verschlechtert sich von Woche zu Woche, teilt Luise betrübt ihrem Mann mit. Sein Tod am 3. Juli 1794 bedeutet einen unersetzlichen Verlust für den Kronprinzen: »/Solch einen Ratgeber finde ich nie wieder, und ich als junger Mann, konnte nie einen finden, auf den ich mich mehr hätte verlassen können.../«

Einmal wird Luise, was man ihr gar nicht zutraut, finanziell recht pfiffig; als sie dem Kronprinzen den Tod des jungen Hatzfeld mitteilt: »Seine Güter fallen teilweise an den König, teilweise an den Kaiser. Die schöne Grafschaft Frankenberg in Schlesien fällt an den König; bewirke doch, daß er sie mir schenkt, ich würde dann 200000 Taler Einkommen haben; hunderttausend davon würde ich Dir geben, die andere Hälfte würde ich für mich behalten...«

Ein Echo findet der Vorschlag nicht.

Das Leben in Sanssouci ist nicht gerade amüsant. Einigen Einladungen müssen die Prinzessinnen contre coeur folgen. /»Die allerliebste und vielgeliebte Schützengilde hat sich schon zweimal die Ehre ausgebeten, uns bei sich zu sehen, mit dem angenehmen Zusatz, daß sie hätten ein Zelt aufschlagen lassen und zwei Schildwachen davorgestellt, damit wir nicht von dem Pöbel belästigt würden, hätten allerhand Eis und Kuchen backen lassen und freuen sich höchlich uns zu sehen...«/

Zwei Tage später: »Denk nur, ich bin also bei den Bürgern gewesen, abends 8 Uhr, in erstickender Hitze, in einem fürchterlichen Gedränge, und sie fanden Spaß an tausend Dummheiten... /so haben sie mich zum König geschossen, das hat mir meine Ohren gekostet, und ich habe 10 Louisdor geben müssen...«/

Hin und wieder kommt Besuch. Mama, die Mutter des Kronprinzen, die nunmehr wieder zufrieden ist mit ihrer Schwiegertochter, und die jüngeren Geschwister des Kronprinzen.

Als gute Patriotin und gute Preußin, wie sie sich gerne nennt, ist sie sehr »betrübt« über das, was Graf und Gräfin Arnim, die zur Kur in Karlsbad waren, von dem Verhalten der Österreicher erzählen: »... Glaubst Du wohl: diese garstigen Leute haben alle Nachrichten, wahre und falsche, verbreitet, die für uns nachteilig waren...«

Wie Friedrich Wilhelm hält sie nichts von Allianzen, auch nichts von der mit den Russen und meint: /»... wenn man sie braucht, lassen sie einen in der Sauce allein...«/

Seinen Brief aus dem Lager von Raszyn, der seine baldige Rückkehr ankündigt, erhält sie am 12. September. Sie antwortet noch am gleichen Tag: »/Folle, Splitter rasend toll vor Freude, kaum fähig, die Feder zu führen/, in diesem Zustand befinde ich mich, und das durch Deinen göttlichen Brief vom 7. September, den ich kurz vor Tisch erhielt. Welch göttliche Nachricht, erst recht angenehm, weil ich garnicht darauf zu hoffen wagte. Kurz, ich weiß nicht, wo mir der Kopf steht, ich weiß nicht, was ich machen soll. Ich zitterte vor Freude, als ich Deinen Brief las.../Was wird es erst geben, wenn Du kommst?.../

Am 20. September kehrt Luise nach Berlin zurück, schon am Tag darauf trifft der Kronprinz ein, am 22. September Prinz Ludwig. Die überschäumende Lebensfreude, mit der Luise ihren Mann empfängt, wird bald gedämpft durch die Geburt einer toten Tochter am 7. Oktober.

Friederike bringt am 30. Oktober einen kräftigen, gesunden Jungen zur Welt, doch erkrankt sie heftig am Milchfieber, was zu jener Zeit gefährlich ist. Doch die überaus zarte erst Sechzehnjährige ist psychisch und physisch weitaus zäher und stabiler, als man ihrem Äußeren nach annehmen möchte. Sie erholt sich rasch. Ihr Mutterglück läßt Luise das eigene Unglück noch schmerzlicher empfinden.

Zehntes Kapitel

Der König kehrt einen Tag nach seinem Geburtstag, am 26. September 1794, aus Polen zurück. Empfangsfestlichkeiten hat er untersagt. In Sanssouci, in seinem »ehrlichen Garten«, hofft er Erholung zu finden von den Strapazen und Enttäuschungen der letzten Monate. Er ist gealtert, müde, abgespannt, die Beine sind geschwollen, Kreislaufstörungen machen ihm zu schaffen. Die Leiden, denen er drei Jahre später erliegt, beginnen, ohne daß seine erotischen Bedürfnisse dadurch beeinträchtigt werden. Massenbach vergleicht ihn mit einem orientalischen Fürsten, ». . . der zurückgezogen im Innern seines Serails mit seinem Harem und Sklavinnen lebt.«

Wilhelmine ist wieder ständig um ihn, besorgt, jeden seiner Wünsche zu erfüllen. Von einer Einmischung in politische Fragen hält sie sich fern. Als es dem König im Laufe des nächsten Jahres besser geht, erscheint ihr die Gelegenheit günstig, noch zu seinen Lebzeiten die längst geplante Italienreise anzutreten. Als Maitresse des preußischen Königs erhält sie, wie sie richtig kalkuliert, Einladungen an alle Höfe Oberitaliens. Alle Persönlichkeiten von Rang und Ansehen wünschen ihre Bekanntschaft zu machen. Lediglich aus Neapel kommt eine Absage. Königin Caroline, eine Tochter Maria Theresias, wird sie nicht empfangen, da nur Adlige bei Hof zugelassen sind. Wilhelmine teilt es dem König mit, der umgehend eine um zwei Jahre zurückdatierte Urkunde schickt, die sie zur Gräfin Lichtenau erhebt, womit ihr der Weg zum neapolitanischen Thron geebnet ist.

Da 1796 die Nachrichten über den Gesundheitszustand des Königs immer beunruhigender werden, bricht Wilhelmine die Reise ab und eilt nach Potsdam zurück. Kurierpferde stehen ihr auf jeder Poststation zur Verfügung. Bis zum Tode Friedrich Wilhelms II. verläßt sie den langsam Dahinsiechenden nicht, pflegt ihn unermüdlich, begleitet ihn zweimal zu Kuren nach Pyrmont und ist nun, da adlig, auch hoffähig. Anfang Dezember 1796 wird sie von der Königin empfangen, die ihr einen Schmuck schenkt mit der Inschrift »Gabe der Freundschaft«. Das Entgegenkommen lohnt Wilhelmine ihr vierzehn Tage später schlecht, als sie zu einem Fest in ihrem Haus Unter den Linden den König, die Königin und die gesamte königliche Familie einlädt. Alle erscheinen. Die Oper *Cleopatra* von Nasolini wird gegeben, worin Octavia in rührender Szene über die Untreue des Gatten klagt. Prompt bricht die Königin in Tränen aus, was die Situation noch peinlicher macht. Prinz Heinrich nennt den Zauber »in dieser Bude hier« infam.

Was bezweckte Wilhelmine mit diesem Affront, der der Klugheit nicht entspricht, die sie in vielen schwierigen Lebenslagen bewiesen hat? Vermutlich wollte sie denen, die sie jahrzehntelang gesellschaftlich ignoriert haben, zeigen, wie stark die Position der neu gebackenen Gräfin Lichtenau ist. Das jedenfalls ist ihr gelungen, der König bleibt den ganzen Abend über bei bester Laune, unterhält und amüsiert sich, lacht und spielt mit den Kindern der Dönhoff.

Der mehr oder weniger mißglückte Polenfeldzug stellt den König vor neue, schwere Probleme und Entscheidungen im Osten. Weder der Krieg noch die restlose Aufteilung des unglücklichen Landes sind in Berlin je populär gewesen. »Man hört nur scharfe Äußerungen dagegen«, schreibt die Schwester Prinz Louis Ferdinands in ihren Memoiren. Polen als Pufferstaat gegen Rußland erscheint vielen sinnvoller.

Dem russischen Feldherrn Suworow ist im November 1794 die Einnahme Warschaus gelungen, womit das Schicksal Polens besiegelt ist. In Petersburg beginnen die Verhandlungen über den jeweiligen Anteil der Mächte an der Beute. General von Tauentzien vertritt die Forderungen Preußens. Er und seine Begleitung werden von der Zarin äußerst kühl empfangen im Gegensatz zu der österreichischen Delegation, die sie mit ausgesuchter Liebenswürdigkeit behandelt. Im Grunde gönnen Rußland und Österreich Preußen keinerlei Gebietszuwachs, doch schließlich ist Katharina bereit, wohl, damit Österreich nicht zu mächtig wird, Preußen 700 Quadratmeilen zu überlassen, rund 600 Quadratmeilen weniger als erwartet. Am 3. Januar 1795 schließt sie einen Geheimvertrag mit Österreich gegen Frankreich. Außerdem wird in diesem Vertrag vereinbart, falls Preußen sich mit der vorgeschlagenen Teilung Polens, die Rußland 2000 Quadratmeilen und Österreich 1000 Quadratmeilen zuerkennt, nicht einverstanden erkläre, werde man gemeinsam gegen den einstigen Bundesgenossen mit Waffengewalt vorgehen. Erst im Oktober 1795 entschließt sich Friedrich Wilhelm II., dem Teilungsvertrag zuzustimmen. Unter seiner Regierung hat Preußen insgesamt sein Staatsgebiet um 1910 qkm erweitert und 2 Millionen Einwohner gewonnen.

Der Ruf nach Frieden wird immer stärker, Frieden auch im Westen, Frieden um jeden Preis. Um so mehr, als der Staat sich in einer finanziell kritischen Lage befindet und die hohen Kriegskosten eine untragbare Belastung sind.

Noch kann der König sich nicht entschließen, mit den Feinden der Monarchie, den Mördern Ludwigs XVI. und Marie Antoinettes Verhandlungen aufzunehmen. Obendrein hält er nach wie vor an dem Bündnis mit Österreich fest.

Prinz Heinrich, der Onkel des Königs, mit ihm wegen seiner franzosenfreundlichen Gesinnung überworfen, hat sich trotz der bestehenden Differenzen in der letzten Zeit mehrmals brieflich an seinen Neffen gewandt, um ihn für einen Frieden mit Frankreich zu gewinnen. Endlich erklärt der König sich bereit, ihn zu empfangen. Am 25. Oktober 1794 kommt Prinz Heinrich nach Sanssouci und übergibt dem König eine Denkschrift, in der er ihm, wie nicht anders zu erwarten, empfiehlt, einen Sonderfrieden mit Frankreich zu schließen. Gleichzeitig aber solle Preußen als Friedensmittler auftreten für die übrigen kriegführenden Staaten und für das Deutsche Reich. Gelänge es Preußen im Westen Frieden zu stiften, würde ihm daraus eine mächtige, einflußreiche Stellung in Europa erwachsen.

Der König zeigt sich beeindruckt, ist nicht abgeneigt, dem Rat Prinz Heinrichs zu folgen, da überdies bald darauf Briefe aus dem rheinischen, pfälzischen, fränkischen Raum eintreffen, in denen er gebeten wird, sich für einen Frieden mit Frankreich einzusetzen.

Generalfeldmarschall von Möllendorff hat, da die militärische Lage immer ungünstiger wird, unterdessen bereits insgeheim Verbindung mit den Franzosen aufgenommen, um zu sondieren, unter welchen Bedingungen sich ein Ende des Krieges abzeichnen könnte. Am 13. Oktober 1794 schickt er seinen Adjutanten, Major von Mayerinck, zum König nach Sanssouci, um ihn von seinen Ermittlungen in Kenntnis zu setzen. Mayerinck muß sich seines Auftrages sehr geschickt entledigt haben, denn der König nimmt die Nachricht freundlich auf. Einen Übergriff des Militärs auf die Politik hätte er früher, im Vollbesitz seiner physischen Kräfte, mit rücksichtsloser Strenge geahndet. Bei der Besprechung wird vereinbart, daß mit den Mittelsmännern der Franzosen in Basel Kontakt gehalten werden soll. Doch Zugeständnisse zu machen, ist der König einstweilen nicht bereit.

Aber im Laufe der nächsten Monate, sei es unter Einwirkung seiner fortschreitenden Krankheit oder der schlechten Finanzlage des Staates und den wachsenden militärischen Anforderungen, folgt er den dringenden Vorstellungen seiner Minister und schickt Anfang Januar 1795 den Legationssekretär von Harnier nach Paris. Das Ergebnis, das Harnier mitbringt: Frankreich wünscht ein Bündnis mit Preußen gegen Österreich und fordert die Rheingrenze bis Mainz, ist jedoch willens, Preußen rechtsrheinisch für den Verlust auf dem linksrheinischem Territorium zu entschädigen. Die Ansichten über das Zustandekommen eines Friedens divergieren also stark.

Trotzdem entschließt sich der König, den früheren Gesandten in Paris, Graf von der Goltz, nach Basel zu schicken. Die ersten vorsichtigen Verhandlungen führt Goltz, doch plötzlich Anfang Februar stirbt er. An seine Stelle tritt Hardenberg, und am 5. April 1795 wird der sogenannte Baseler Frieden zwischen Preußen und Frankreich geschlossen. Die linksrheinischen Besitzungen überläßt Preußen einer französischen Besetzung gegen rechtsrheinische Entschädigung so lange, bis ein allgemeiner Reichsfriede über ihr Schicksal entscheidet. Das Wichtigste: eine Demarkationslinie wird geschaffen, hinter der Norddeutschland als neutrales Gebiet vor den Einwirkungen des Krieges geschützt ist. Schweren Herzens nimmt Friedrich Wilhelm II. die Bedingungen an. Festlichkeiten zum Friedenschluß in Berlin lehnt er brüsk ab.

Wieder ist Preußen isoliert. Österreich und England betrachten das Baseler Abkommen als Treubruch und sind im höchsten Grade verärgert. Die Zarin antwortet katzenfreundlich auf die Friedensanzeige des Königs. Die überlieferten mündlichen Äußerungen Katharinas verurteilen den Baseler Frieden auf das schärfste. Die Folge davon ist, daß Österreich, Rußland und England ein Bündnis schließen, da jeder von ihnen fürchtet, Preußen würde nunmehr gemeinsam mit Frankreich gegen sie zu Felde ziehen. Tatsächlich hat Frankreich verschiedentlich versucht, Preußen als Bundesgenossen zu gewinnen, doch jeden Versuch hat Friedrich Wilhelm II. kategorisch abgelehnt. Dieses Mal um so entschiedener, da er erkannt hat, daß Frieden für sein Land vor allem notwendig ist, um die Finanzen zu ordnen, militärische Ausgaben zu beschränken und die erworbenen Gebiete im Osten dem Verwaltungsmechanismus einzugliedern und zu entwikkeln.

Es wäre eine naheliegende und sinnvolle Aufgabe für den Kronprinzen gewesen, wenn der König, der aus gesundheitlichen Gründen auf Inspektionsreisen verzichten muß, ihn beauftragt hätte, die Durchführung der angeordneten Maßnahmen in den neuen Provinzen zu überwachen. Niemand würde die Kontrolle mit größerer Sorgfalt und unbestechlicherer Gerechtigkeit durchführen als sein ältester Sohn. Ist dem König der Gedanke je gekommen? Und wenn, hat er ihn schnell beiseite geschoben. Er bedroht das Image des absoluten Herrschers, widerspricht den Gesetzen der Hierarchie. Auch Friedrich der Große hat seinen Neffen und Nachfolger nie zu Staatsgeschäften herangezogen. Zweifellos wäre viel Unheil und Mißwirtschaft vermieden worden, hätte der König dem Kronprinzen die Revision der Verwaltung der polnischen Landstriche übertragen, da nicht genügend geschulte und zuverlässige Beamte zur Verfügung stehen, um eine zielbewußte, humane, integre Aufbauarbeit zu gewährleisten. Obendrein hätte der Kronprinz aus der Tätigkeit wichtige Kenntnisse für seinen Regierungsantritt gewonnen und ein Selbstvertrauen, das seine bisherigen Posten ihm schuldig geblieben sind.

Von Politik wird im Kronprinzenpalais kaum gesprochen. Tatsächlich weiß der künftige Regent von den Ereignissen, die sich auf der europäischen Bühne abspielen, nicht mehr, als er vom Hörensagen, durch Zeitungen oder Gerüchte erfährt. So kommt es, daß er sich ausschließlich seinen privaten Angelegenheiten widmet. Pünktlichkeit ist ihm heilig: um 1 Uhr wird zu Mittag gegessen, um 6 Uhr ist Teestunde, um halb neun Abendessen. Ist kein Verwandtenbesuch da, verlaufen die Mahlzeiten schweigend.

»Man unterhält sich mit dem Lesen der Speisekarte«, erzählt eine Schwägerin des Kronprinzen in einem späteren Brief aus Potsdam. Nach dem Mittagessen »langweilt man sich bis drei Uhr. Um vier wird spazierengefahren oder -gegangen, auch bei schneidender Kälte. Der Tee wird an einem runden Tisch eingenommen, anschließend lesen die Herren, also dürfen die Damen nicht reden, sie sticken oder stricken. Entfernt sich Luise, um in einem Nebenzimmer mit einer Freundin zu plaudern, ist Friedrich Wilhelm verstimmt.«

Doch Luise gelingt es immer wieder, seine schlechten Launen heiter zu überspielen. Abends geht der Kronprinz gern ins Theater, hin und wieder begleitet von Luise. Bleibt sie im häuslichen Kreise, läßt sie sich von einem der Herren vorlesen. Leichte, sehr leichte Lektüre. Am beliebtesten ist, auch bei ihrem Gatten, der Schriftsteller August Heinrich Lafontaine, der mit 160 sentimentalen, banalen Familien- und Liebesromanen der meistgelesenste Autor der Goethezeit ist.

Der Kronprinz betont gern, er sei glücklich, daß Luises naive, auf Instinkt und Gefühl basierende Lebenseinstellung ungetrübt von intellektuellen Einflüssen erhalten blieb, dank der bescheidenen Fähigkeiten der guten Gélieu, aber auch infolge der Abneigung Luises, sich einer Beschäftigung konsequent zu widmen. Ihr später erwachender Bildungsdrang scheitert weitgehend an dem gleichen Unvermögen, sich zu disziplinieren. Ihr fehlt jede Kenntnis historisch-politischer Zusammenhänge. Es ist fraglich, ob sie auch nur eine vage Vorstellung von der Bedeutung Friedrichs des Großen für Preußen hatte. Sie lebt ausschließlich und rückhaltlos der Gegenwart, der Liebe zu ihrem Mann und der Anhänglichkeit an ihre Familie.

Die Enttäuschung über die totgeborene Tochter überwindet Luise nur schwer. Sie sehnt sich im Winter 1794/95 nicht nach Festlichkeiten. Lediglich wenn Repräsentationspflichten zu erfüllen sind, erscheint das Kronprinzenpaar.

Nach und nach immer inniger wird die Beziehung zu dem Bruder Georg. Als er seinen Besuch für März 1795 ankündigt, da sprudelt plötzlich Luises alte, überschäumende Fröhlichkeit wieder hervor.

»Außer mir bin ich, Euch [in Begleitung des Bruders befindet sich sein Gouverneur Oberst von Gräfe] wieder zu sehen. Ihr Lieben, ihr Guten. Kommt nur früh, liebe Kinder! Sonst möchte ich vor Ungeduld des Tages Länge nicht erleben . . ., laßt nicht gar zu lange auf euch warten. Herr Oberst, ich werde mich noch einmal so tief bücken, wenn ich den Oberst sehe. Herr Erbprinz, um Gottes willen schlafen Sie nicht zu lange. Ich bin dull im Kopf . . . Ach, liebe Leute kommt nur nicht zu spät, ich bitte Euch. Nun adieu, des Unsinns ist genug. Adieu, je vous aime tous les deux.«

Im Mai kommt Prinzessin George, die Großmutter, sechsundsechzig Jahre alt, ungewöhnlich frisch und unternehmungslustig, redseliger denn je und daher der Oberhofmeisterin ein Dorn im Auge, Konkurrenz für die eigene Schwatzhaftigkeit. Während ihres ersten Aufenthaltes in Berlin bei den Hochzeitsfeierlichkeiten hat sie genug Verbindungen geknüpft, um ständig unterwegs zu sein, überall ein gern gesehener Gast, besonders in Monbijou bei der Königin, aber auch in Schönhausen bei der Königinwitwe.

Trotz aller Anhänglichkeit an die Familie lehnt Luise jeden Rat, der Konflikte in ihrer Ehe heraufbeschwören könnte, strikt ab. Als die Großmutter versucht, nach ihrer Rückkehr in einem Brief, vermutlich auf Anregung der Berliner Verwandtschaft, Luise zu bewegen, Einfluß auf politische Fragen zu gewinnen, erwidert sie, der König habe ihren Mann schon vor der Ehe gewarnt, nur ja nicht unter den Pantoffel zu kommen, ein Mann müsse regieren, und die Frau gehorchen. Womit sie einen Standpunkt akzeptiert, der zu ihrem persönlichen Glück sicherlich entscheidend beigetragen hat.

Nach dem Tode eines Bruders des Prinzen Louis Ferdinand, der Koadjutor im Johanniterorden war, wird dieses Amt dem Gatten Friederikes übertragen. Luise äußert den Wunsch, die mit der Ernennung verbundene Zeremonie mitanzusehen. Gemeinsam mit Schwester und Schwager fährt sie mit dem Kronprinzen nach Sonnenburg, wo Prinz Ludwig zum Ritter geschlagen wird. Die spätere Fürstin Radziwill erinnert sich an den Tag:

Friederike »war bezaubernd und voller Anmut, sie gefiel allen Männern mit Ausnahme ihres Mannes. Die Liebkosungen, mit denen sie ihn in etwas affektierter Weise überschüttete, waren ihm zur Last. Doch wer weiß, ob ihr Charakter sich nicht vorteilhafter entwickelt hätte und manche Klippe vermieden haben würde, wenn er sie nur geliebt hätte. Die Kronprinzessin war schöner als je und hatte sich die Offenheit und edle Schlichtheit voll bewahrt. Der Kronprinz gewann sie immer lieber, und es war eine Freude, dieses glückliche Paar zu sehen.«

Einige Wochen im Sommer verbringt das Kronprinzenpaar im Schloß Oranienburg, das der König Luise zum Geburtstag schenkte. Nach Ansicht Friedrich Wilhelms kein idealer Aufenthaltsort, um sich zu erholen und zu entspannen. Er fängt an, sich nach einem Sommersitz umzusehen, der seinen Vorstellungen entspricht, ländlicher, weniger anspruchsvoll und vor allem nicht so nah der Stadt.

1795 im Herbst, nachdem man ins Berliner Palais zurückgekehrt ist, beginnt Schadow mit der Arbeit an einem seiner schönsten Werke, der Doppelstatue der Prinzessinnen Luise und Friederike. Ein »in stiller Begeisterung« – Schadows eigene Worte – geschaffenes Kunstwerk, von dem er später nur mit Trauer und einer gewissen Erbitterung spricht. Er hat zunächst den Auftrag, Büsten der Prinzessinnen und des Kronprinzen anzufertigen, die bald als offizielle Bildnisse gelten und für zwei Friedrichsdor in Gips zu kaufen sind. Außerdem werden sie als Unterlage für die Medaillen benutzt, die bei besonderen Anlässen geprägt werden.

Die Büsten sind im kronprinzlichen Palais entstanden, wo man Schadow ein Zimmer im Seitenflügel zur Verfügung stellt. Friederike erscheint stets um die Mittagsstunde, dem Künstler zu sitzen. Der dreißig Jahre junge Schadow ist bezaubert von ihrem Charme, der Grazie ihrer Bewegungen, aber auch von der Munterkeit und spritzigen Schlagfertigkeit ihrer Konversation.

»Ihre Art zu reden, war so, daß es konnte gedruckt werden«, hat er noch nach dem Tode Friederikes ihrem Neffen König Friedrich Wilhelm IV. erzählt, der selbst ein geistvoller Gesprächspartner war.

Zu den Sitzungen, die Luise ihm gewährt, erscheint sie in

Begleitung des Kronprinzen, der gleichzeitig Audienz hält in der oberen Etage des Palais. Das ständige Kommen und Gehen der Antichambrierenden und die Gespräche, die geführt werden, lassen ein ungestörtes Versenken in das Gesicht, das er, in einer Ecke auf dem Modellierstuhl sitzend, beobachtet, nicht zu. Überdies ist Luise nie ganz ungezwungen in Gegenwart der Besucher. Daher gelingt ihm die Büste nicht so gut wie die der Schwester. Sie ist unpersönlicher, ohne den Reiz jenes Fluidums, das Luises stärkste Wirkung ist.

Als die Gipsmodelle der beiden Köpfe fertig sind, gefallen sie dem König so gut, daß er auf die Idee Schadows, eine Doppelstatue zu schaffen, eingeht und das Geld dafür bewilligt. Zeitlebens ist Schadow stolz darauf, daß die Prinzessinnen ihm erlaubten, die Maße nach der Natur zu nehmen und die Kleidung auszusuchen, die er für geeignet hält. Die Prinzessinnen haben die Arme umeinandergelegt, die jüngere Schwester schmiegt sich an die Ältere. Die Schwere des Materials, des Marmors, scheint aufgehoben in dem weichen, lebendigen Zusammenklang der Figuren.

Der Erfolg der Doppelstatue auf der Kunstausstellung 1797 in Berlin ist groß, doch im weiteren Verlauf der Jahre hat das Kunstwerk ein trauriges Schicksal. Der Tod des Königs im gleichen Jahr verzögert die Aufstellung im Weißen Saal des Schlosses, für den es geplant war. Dem neuen König, Friedrich Wilhelm III., ist der Anblick der lebensgroßen Statue seiner Frau »fatal«, wie er sich ausdrückt. Zweifellos umspielt eine verführerische Verlockung die Skulptur, die seiner strengen Korrektheit ganz und gar zuwiderläuft. Er sieht Luise anders, in der Marmorgestalt liegt »zuviel Venus und zu wenig Madonna« (Mackowski), und die innige Umschlingung der Schwestern verleidet ihm das Standbild völlig, als Friederikes leichtfertiges Verhalten nach dem Tode des Prinzen Ludwig, seines Bruders, ihre Entfernung vom Hofe nötig macht.

Das Werk bleibt eingekistet in Schadows Atelier stehen, wird erst 1801 im Schloß aufgestellt in einem kleinen Raum mit schlechter Beleuchtung. 1893 erhält es einen Platz in der

Bildergalerie im zweiten Stock, 1918 nach dem Umsturz im Parolesaal. Doch nie kommt die wundervoll konzipierte und meisterhaft in Stein gehauene Rückseite zur Geltung.

Für Preußens Zukunft ist der wichtigste Tag des Jahres 1795 der 15. Oktober. An diesem Tag wird dem Kronprinzenpaar der Sohn geboren, der fünfundvierzig Jahre später als Friedrich Wilhelm IV. den Thron besteigt. Zweiundsiebzig Kanonenschüsse künden der Bevölkerung von Berlin um 6 Uhr morgens die Geburt des Prinzen, der am 28. Oktober von Ober-Konsistorialrat Sack im Kronprinzenpalais getauft wird. Der König hält seinen Enkel über die Taufe.

Der wohlbekannte Rhythmus Weihnachten, Neujahr, Karneval reiht auch im Winter 1795/96 ein Fest an das andere. Noch ist der einundfünfzig Jahre alte König trotz seiner Krankheit in der Lage, an den Festlichkeiten teilzunehmen und Konzerte zu veranstalten. Sein Interesse für Musik bleibt bis zuletzt lebendig. In diesem Winter empfängt er Beethoven und läßt sich von ihm vorspielen. Für Mozarts Witwe veranstaltet er im März eine Benefiz-Aufführung im Opernhaus von Mozarts Oper *Titus* und unterstützt sie durch den Ankauf von fünf Streichquartetten, die ihr Gatte hinterlassen hat.

In eine neue Liebesaffaire verstrickt ihn die neunzehnjährige Schauspielerin Sophie Schultzki. Glücklich berichtet er über sie, ihr Aussehen, ihren Charakter der in Italien reisenden Gräfin Lichtenau.

Echte Freude bereitet dem König die Ankunft von ›Mimi‹, seiner Lieblingstochter Wilhelmine, die mit dem Sohn des Erbstatthalters der Niederlande verheiratet ist. Vor dem französischen Revolutionsheer ist die Familie nach England geflohen, von dort hat Mimi den Vater um Asyl gebeten. Für Luise ist ihr Erscheinen ein großer Gewinn. Beide Frauen, ungezwungen und von natürlicher Liebenswürdigkeit, verstehen sich sofort gut. Und dem Erbprinzen von Oranien, Mimis Mann, gelingt es, seinen Schwager, den Kronprinzen, aus seiner stillen Reserve hervorzulocken. Ihn zu Gesprächen anzuregen, auch über Politik.

Im Frühjahr 1796 kommt nach langen Verhandlungen, finanziellen Auseinandersetzungen, zu denen der geizige Prinz Ferdinand sich förmlich verpflichtet fühlt, die Heirat seiner Tochter, mit dem Fürsten Radziwill zustande. Da Fürst Anton keinem regierenden Haus angehört, verweigert der König den Fackeltanz, worauf die Eltern der Braut, erbost, die königliche Familie zur Hochzeit nicht einladen.

Als kluge und scharfe Beobachterin ist die Fürstin Radziwill seit einiger Zeit besorgt über den Flirt ihres Bruders, des Prinzen Louis Ferdinand, mit Prinzessin Friederike.

»Louis war seit dem Winter in die Prinzessin verliebt, und die Huldigungen, die er ihr darbrachte, und die sie bereitwillig entgegennahm, schienen ihren Gemahl ganz kalt zu lassen. Das Gemisch von Koketterie, Empfindsamkeit und Pflichttreue, das sich im Charakter der Prinzessin offenbarte, schadete ihr sehr in der Meinung der königlichen Familie, aber in der Gesellschaft fanden ihre äußerlichen Eigenschaften großen Beifall ... Die Leidenschaft meines Bruders wurde noch durch die kleinen Falschheiten gemäßigt, deren die Prinzessin trotz der rührenden Gefühle, die sie für ihn an den Tag legte, fähig war, was mich etwas beruhigte ...«

In Schwedt, wo Prinz Ludwig seinen militärischen Pflichten nachkommen muß, bessert sich vorübergehend die Beziehung zwischen den Gatten, doch kaum sind sie nach Berlin zurückgekehrt, klagt Friederike erneut über die verwünschte Stadt mit ihren Ablenkungen und Verführungen, die ihr den Mann wieder nehmen. Die Seufzer sind echter Kummer. Jung und unerfahren, hat sie sich schon in der Brautzeit und von Anbeginn ihrer Ehe einer Situation gegenüber gesehen, die ihr zartes, anschmiegsames Wesen verletzte, ohne daß sie sich zu wehren vermochte. Und sie lebt in inniger Vertrautheit mit einer Schwester, die das Glück hat, geliebt zu werden. Mit achtzehn Jahren, am 10. September 1796 bringt sie ihr drittes Kind zur Welt, nach einem Sohn und einer Tochter wieder einen Sohn.

Im Sommer, als die Ärzte die Krankheit des Königs als unheilbar bezeichnen, verfaßt der Kronprinz ein Memorandum, eine Art Regierungsprogramm, das im wesentlichen auf einer Kritik der letzten zehn Jahre basiert. Das Fazit aus den Kriegen, die er miterlebte, lautet: »Das größte Glück eines Landes besteht zuverlässig in einem fortdauernden Frieden.« Die Einnahmen des Staates gehören nicht dem Regenten, sondern dem Land. Kein Luxus, keine Verschwendungssucht, weder bei der Hofhaltung noch bei Ausgaben für das Militär. Keine Günstlinge, nur Männer, die »rechtschaffen, bieder, einsichtsvoll und uninteressiert« sind. Daß vor allem Klugheit, persönlicher Mut, diplomatische Wendigkeit notwendig sind, um in schweren Zeiten bestehen zu können, lehrt ihn erst die Erfahrung bitterer Jahre.

Sein Hauptinteresse aber gilt in jener Zeit dem neu erworbenen künftigen Sommersitz Paretz, zwei Meilen nordwestlich von Potsdam, an der Havel gelegen. Dem Kronprinzen, schreibt Theodor Fontane in seinen *Wanderungen durch die Mark Brandenburg*, »kam die Nachricht überaus erwünscht, daß das stille Paretz, das er zufällig aus seinen Kindertagen her kannte, zu verkaufen sei. General von Bischoffwerder, von dem benachbarten Marquardt aus, machte den Vemittler, das Geschäftliche wurde schnell erledigt, und unter des Hofmarschalls von Massows Aufsicht begann der Abbruch des alten Wohnhauses und der Aufbau des neuen Schlosses. Dieser erfolgte nach einem Plane des Oberbaurates Gilly, in ländlichem Stile. Nur immer dran denken, daß Sie für einen armen Gutsherrn bauen, sagte der Kronprinz, dem im übrigen die Vollendung des Baues sehr am Herzen lag . . . Um dieselbe Zeit waren Parkanlagen in Angriff genommen worden, und zwar durch den neu angestellten Hofgärtner David Garmatter . . ., der seine Aufgabe mit ziemlichem Geschick löste und, Natur und Kunst vereinend, in den drei durch Landstraßen umschlossenen Parkanlagen eine bescheidene Nachahmung der Gärten von Klein-Trianon versuchte.

Wohlangebrachte Durchblicke ließen die landschaftliche Fernsicht über die üppigen Havelwiesen und Seen nach den bewaldeten Höhen von Phöben und Töplitz hin frei. An einer anderen Stelle schweifte der Blick nach dem romantisch gelegenen Ütz, bis weit hinaus zu den Höhen von Potsdam. Von anderen Standpunkten aus blickte man über die sich schlängelnde Havel ... bis an die Wälder des Klosters Lehnin. Dazu überraschten an geeigneten Punkten kleine bauliche Anlagen: Tempel und Pavillons, Moos- und Muschelgrotten ...

So war ein Sommerschloß gewonnen, anmutig, hell, geräumig; aber in allem übrigen von einer Ausschmückung, die heutzutage [1880] kaum noch den Ansprüchen eines Torflords genügen würde ...«

In jenen Monaten geht ein lange gehegter Wunsch Luisens endlich in Erfüllung. Der König genehmigt dem Kronprinzen vierzehn Tage Urlaub für eine Reise nach Strelitz zu »Papa«, wie Friederich Wilhelm seinen Schwiegervater auch nennt, während er den eigenen Vater mit Majestät und in der dritten Person anredet. Luise ist überglücklich. Mit zwanzig Jahren betritt sie zum erstenmal das Land, dessen Name sie siebzehn Jahre lang getragen hat. In der zwanglos fröhlichen Geselligkeit dieser Tage erinnert sie viel an die Zeiten ihrer Jugend in Darmstadt, wenn sie im Kreise der Familie der Lebhaftigkeit ihres Temperamentes die Zügel schießen lassen durfte, ohne Verweis und Verstimmung fürchten zu müssen.

Das interessanteste Zeugnis der Entwicklung Luises und Friederikes am preußischen Hof stammt aus der Feder der Fürstin von Thurn und Taxis. Von Ende November bis Mitte Dezember hält Therese sich in Berlin auf und schreibt am 10. Dezember 1796 an den Bruder Georg:

»... Ich fand die Schwestern sehr hübsch, Friederike zumal verschönert und frisch wie eine Rose. Jetzt nach zwölf Tagen täglichen Umgangs läßt sich mehr sagen. Es sind wirklich liebliche Geschöpfe, sehr verschieden, aber sehr liebenswürdig. Luise ist mehr glücklich, aber sie ist es sich selbst schuldig. Wie viele Frauen an ihrer Stelle würden sich unglücklich fühlen, wenn der Kronprinz nicht alles gut in ihren Augen machte. Kleine Rauheiten, Eigenheiten des Kronprinzen, wie leicht könnten sie zur Härte werden, wie leicht plagend werden, wenn nicht dieses biegsame, aber immer elastische Rohr ihnen entgegengesetzt würde. Was das unbändige Pferd zu dem gemacht hat, was es ist, ist ein vortreffliches Herz, Vernunft durch guten Rat befestigt, Nachdenken, Erfahrung und das mächtigste aller Mittel, die Liebe. Liebe ist stark wie der Tod, beiden gehorcht Alles. Das Bewußtsein, daß man glücklich macht, ist ein göttliches Bewußtsein, das erhielt ihren heiteren Sinn, das macht, daß sie Alles belebt, Alles beglückt und dadurch alle Herzen gewinnt. Friederike ist ein einziges Geschöpf, wahrhaftig nicht weniger zu bewundern. Wie unglücklich, daß gerade das liebliche, hingebende Wesen mit so einem eiskalten Mann verbunden ist. Gott Lob, jetzt finden sie sich ganz, sie entschuldigt gewisse Schwächen und findet viel Glück, Freude und Nahrung für ihr Herz in ihren Kindern. Man weiß, wie leicht getäuschte Hoffnungen verbittern, allein das ist gar nicht der Fall. Sie hat sich und mir zugleich versprochen, daß sie sich vor Klagen und Explikationen wie vor Feuer hüten will, dabei ist ihr Dichten und Trachten, ihr ganzer Wandel, ein Bestreben ,das, ihre Pflicht zu tun und ihm wohl zu gefallen. Seit drei Wochen, daß der Mann krank ist, denkt sie an kein Ausgehen, sogar der Wunsch, mich zu sehen, hinderte sie nicht daran. Ich denke, es ist unmöglich, von dieser Beharrlichkeit, Sanftmut und Liebe nicht gerührt zu werden. Gott gebe es auch . . .«

Die Krankheit des Prinzen Ludwig, die Therese erwähnt, verschlimmert sich in den Weihnachtstagen, es ist Diphterie, damals Bräune genannt. Am 28. Dezember 1796 stirbt er trotz der liebevollen Fürsorge seiner Frau.

Die Leiche wird aufgebahrt, wie das Ritual vorschreibt. Am Abend vor der Beisetzung erscheint die Prinzessin mit ihren Kindern, legt einen Kranz auf den Sarg ihres Mannes, kniet vor der Bahre nieder und spricht ein Gebet. Die Anwesenden sind zu Tränen gerührt. Im Kreis der königlichen Familie allerdings ist man der Ansicht, daß die junge

Frau einen größeren Schmerz zeige, als sie wahrhaft empfindet.

Man sollte jedoch Friederike Gerechtigkeit widerfahren lassen. An dem Scheitern einer innigen Gemeinschaft in dieser Ehe ist sie gewiß nicht schuld. Selbst bei echter Trauer ist es verständlich, wenn sie gleichzeitig erleichtert ist bei der Vorstellung, nicht das ganze Leben an der Seite eines Mannes verbringen zu müssen, der sie nicht liebt und wohl auch nie geliebt hätte.

Der Tod des Bruders, der ihm von den Geschwistern am nächsten stand, erschüttert den Kronprinzen tief. Kurz danach erkrankt er ebenfalls an der Bräune. Tagelang sind die Symptome so ernst, daß sein Leben gefährdet ist. Dem Hofarzt Brown und Luises unermüdlicher Pflege gelingt es, ihn zu retten.

Zu Anfang des Jahres 1797, am 13. Januar, stirbt die Witwe Friedrichs des Großen. Aus ihrer Hinterlassenschaft bietet der König Friederike das Schloß Schönhausen als neuen Wohnsitz an für sie und die Kinder in Gemeinschaft mit der oranischen Familie, Friederike ist sehr einverstanden. Das entfernt gelegene Schloß entzieht sie der ständigen Beobachtung und Aufsicht durch die Schwester und den Schwager.

»Nun komm ich dran!« ruft der König aus, als man ihm die Nachricht vom Tode der Königin Witwe überbringt. Seine Reaktion ist merkwürdig. Er ändert das Trauer-Reglement, beschränkt die Zeit und den Aufwand beim Todesfall eines Mitgliedes der königlichen Familie. Am 7. Oktober 1797 tritt die neue Vorschrift in Kraft und wird zwei Monate später bei seinem Tode zum erstenmal angewandt.

Am 22. März 1797 wird dem Kronprinzenpaar der zweite Sohn geboren, Prinz Wilhelm, der vierundsiebzig Jahre später der erste Kaiser des Deutschen Reiches wird.

Die Kur im vergangenen Jahr in Pyrmont hat dem König gutgetan, so verordnen die Ärzte erneut einen Aufenthalt in dem prominenten Modebad. Wie das letzte Mal begleitet ihn die Gräfin Lichtenau, doch hat der König außerdem Friederike, seine verwitwete Schwiegertochter, eingeladen, für die er schon immer eine Vorliebe zeigte. Friederike, die, ihre neue Freiheit nutzend, eine intime Beziehung mit Prinz Louis Ferdinand begonnen hat, kokettiert in Pyrmont heftig mit den beiden Söhnen König Georgs III. von England, was sich schnell herumspricht und dem Prinzen zu Ohren kommt. Bei einem überraschenden Besuch in Pyrmont findet er das Gerücht bestätigt. Und das zu einer Zeit, da beide planen zu heiraten und die Prinzessin sich erboten hat, den König während des Kuraufenthaltes für dieses Projekt zu gewinnen. Später verkündet sie, es sei ihr nicht gelungen. Im Herbst kommt es zum Bruch zwischen ihr und Louis Ferdinand.

Erst nach vier Wochen, als auch der Herzog von Mecklenburg-Strelitz in dem Badeort eingetroffen ist, folgen der Kronprinz und Luise, um vierzehn Tage mit dem König und dem Vater zu verbringen, offenbar sehr heitere Tage mit ländlichen Festen, Illuminationen und Theateraufführungen. Friederike schließt sich auf der Rückreise dem Kronprinzenpaar an. Die erste Station ist Hannover, der Geburtsort der Schwestern. Die Erinnerung an die Kindheit im Palais an der Leinestraße ist weitgehend verdrängt durch die glücklichen Jugendjahre in Darmstadt.

Der Sommer in Berlin ist heiß, Luise kann es kaum erwarten, bis es nach Paretz geht, das sie nur einmal im Rohbau besichtigt hat und das ihr gefiel. Am 2. September notiert Frau von Voß in ihrem Tagebuch:

»Wir reisten endlich heute nach diesem berühmten Paretz, das jetzt fertig ist und wo zum erstenmal sich häuslich eingerichtet werden soll. In Potsdam hielten wir uns auf, um Köckeritz mitzunehmen und kamen um 2 Uhr an. Der Garten ist nicht übel und wenn er nicht so feucht wäre, könnte er ganz erträglich sein . . .«

Schon aus dieser kurzen Notiz geht hervor, wie wenig reizvoll die Oberhofmeisterin die neue Sommeridylle findet. Paretz ist ihr zu schlicht, der ganzen Anlage nach ein freundliches Landhaus, kein Schloß. Auch die Einrichtung ist ganz dem zwanglos ländlichen Leben angepaßt, keine kostbaren Möbel, keine wertvollen Teppiche, keine schweren Vorhänge, keine Kissen und Deckchen aus Seide oder Brokat. Natur und Einsamkeit gehen ihr auf die Nerven. Und die Langeweile. Oft ist das Kronprinzenpaar den lieben langen Tag zu Pferde unterwegs, genießt es, ziellos durch die Gegend zu streifen. Die gewohnten Zerstreuungen fehlen, Bälle, Festlichkeiten, Empfänge, Galadiners, ein Dasein, das der Voß kein sonderliches Vergnügen bereitet.

Bereits am 15. September sind Friedrich Wilhelm und Luise wieder in Berlin. Zehn Tage später ist der Geburtstag des Königs, die Königin gibt einen Ball in Monbijou. Der König erscheint, aber »versetzt alle Welt durch seine Schwäche und die mit ihm vorgegangene Veränderung in Schrecken«. Vor dem Souper verläßt er das Fest mit der Gräfin Lichtenau, die um den Hals ein Miniaturbild der Königin trägt, worüber alle Anwesenden hell empört sind.

Die Krankheit nimmt nun schnell jede Hoffnung auf Besserung. Der König leidet starke Schmerzen, Luftmangel, Depressionen quälen ihn. Die Lichtenau sorgt rührend für ihn, so aufopfernd, daß die Ärzte für ihre Gesundheit fürchten.

Luise hat gehofft, zum Geburtstag des Vaters nach Strelitz zu fahren, /»allein mein Mann (der schrecklich verdrießlich ist) will nichts davon hören«,/ teilt sie am 1. Oktober dem Bruder Georg mit. /»Du wirst mich vermutlich nie mehr so glücklich sehen, als Du mich verließest. Die Gesundheitsumstände des Königs werden täglich betrübter und der Ursachen viel zu weinen. Daher ist denn alles um mich düster; nichts als mein Fritzchen lacht mich an, und da möchte ich weinen, wenn ich den kleinen Engel sehe. Ich bin nicht zur Königin geboren, das glaube mir, doch will ich gern das Opfer werden, wenn nur sonst in Zukunft dadurch was Gutes gestiftet werden kann . . .«/

Das gesellschaftliche Leben am Hof erfährt keine Unterbrechung durch die schlechten Nachrichten über den König, der bald nicht mehr in der Lage ist, das Marmorpalais in

Potsdam zu verlassen. Zweimal besucht ihn die Königin. Als sie das Zimmer des Kranken mit der Lichtenau verläßt, ist sie so gerührt, daß sie im Vorraum die Gräfin umarmt und ihr für alles dankt, was sie für den König tut. Der Kronprinz, als einziges seiner Kinder, erhält die Erlaubnis, ihn am Tage vor seinem Tode zu sehen.

Am 16. November in den Morgenstunden meldet ein Feldjäger, der König liege im Sterben. Der Kronprinz will sofort nach Potsdam fahren, zögert jedoch, da der König ihn nicht hat rufen lassen. Er läßt den Vormittag verstreichen, fährt erst gegen Mittag. Als er sich von Luise verabschiedet, sagt er: »Meine Prüfungszeit wird beginnen und unser friedliches Glück wird ein Ende nehmen.«

Auf dem Weg nach Potsdam trifft er Bischoffwerder, der ihm mitteilt, der König sei bereits um neun Uhr morgens gestorben. Er schickt ihn zu seiner Frau, um ihr die Nachricht zu überbringen. Luise ist nicht allein. Friederike ist bei ihr, und Fürst und Fürstin Radziwill sind erschienen, um sich nach dem Befinden des Königs zu erkundigen. Durchs Fenster des Salons, in dem Luise und ihre Besucher sitzen, sehen sie Bischoffwerder ankommen und ahnen, welche Nachricht er bringt.

Die Oberhofmeisterin verläßt das Zimmer, um ihn zu empfangen. Als sie zurückkehrt, liegt die historische Bedeutung des Augenblicks in ihren wenigen, klug gewählten Worten:

»Monsieur de Bischoffwerder demande à parler à Votre Majesté.«

Elftes Kapitel

Le roi est mort, vive le roi!

Wie im Jahre 1786 wird der Thronwechsel enthusiastisch begrüßt. Damals war man froh, den Fesseln des halsstarrigen Alten in Sanssouci entronnen zu sein, nun ist man der allzu lasch gewordenen Zügel überdrüssig und erhofft sich das Heil in einem strafferen Regime, das gleichzeitig ein offenes Ohr für fortschrittliche, moderne Ideen hat. Ideen, die in den Maximen der Französischen Revolution wurzeln. Kein Blutvergießen, keine Revolution von unten nach oben wie in Frankreich, sondern eine durchgreifende Reform des in Stagnation geratenen, sich schwerfällig dahinschleppenden Verwaltungsapparates von oben nach unten. Eine frische Brise, ein neuer Kurs. Ein Garaus den überlebten Vorurteilen, der Willkür der Gesetze, der ganzen bürokratischen Engstirnigkeit.

Friedrich Gentz, zur Zeit Journalist in Berlin, wagt es in einem offenen Brief, dem jungen Mann auf dem Thron Ratschläge zu erteilen, ihm seine Meinung über die einzig richtigen Regierungsgrundsätze zu offerieren. Ein unerhörtes Unterfangen für einen Untertanen Seiner Majestät! Der Bürger, verkündigt Gentz, verlange mit Recht vor allem Sicherheit, Vertrauen in die Zukunft, daher sei die wichtigste Aufgabe, Sorge zu tragen für einen dauerhaften Frieden. Er warnt vor hohen Steuern, vor Staatsmonopolen und vor dem Einmischen der Behörden in privat-unternehmerische Initiative. Nicht Behinderung, sondern Förderung und Belebung industrieller Betriebe. Und – last not least fordert der kühne Verfasser in eigener Sache Pressefreiheit.

Der Brief erregt in der Öffentlichkeit beträchtliches Aufsehen, nicht überall Zustimmung. Goethe erbost sich in einem Schreiben an Schiller über die »liberalste Zudringlichkeit« des Herrn Gentz. Der König jedoch, liberaler als der konservative Dichterfürst, ist angenehm berührt von der Friedensliebe des Autors und entzieht ihm sein Wohlwollen nicht. Im Gegenteil, wenig später wird Gentz ein Platz im Geheimen Kabinett angeboten. Er lehnt ab mit der Begründung, er sei freier Schriftsteller und verabscheue die Ausübung der Macht.

Schon zwei Tage nach dem Tode Friedrich Wilhelms II. berichtet der französische Gesandte in Berlin nach Paris: »Die Herrschaft des Rechtes, der Ordnung und der Sparsamkeit beginnt.«

Für Publicity hat Friedrich Wilhelm als Kronprinz nie gesorgt. So wissen die Bürger der Hauptstadt wenig von ihm. Ein junger König, siebenundzwanzig Jahre alt. Eine repräsentative Erscheinung, schmal, hochgewachsen, ein schön gezeichnetes Profil, ernste Gesichtszüge, deren Herbheit gemildert wird durch eine in der Tiefe seines Wesens ruhende Güte und Menschlichkeit. Einfach, fast bürgerlich sein Auftreten, seine Häuslichkeit. Er führt – ein Novum im Königshause – eine glückliche Ehe, ein harmonisches Familienleben.

Sehr viel mehr wissen die, die ihm persönlich näher stehen, auch nicht. Es fällt schwer zu erraten, was der verschlossene, schweigsame junge Mann denkt, fühlt, plant. Zurückhaltend und beherrscht, zeigt er selten Frohsinn, spontane Freude. Außer Frage stehen seine humane Gesinnung, sein nobler Charakter, sein ehrlicher Wille, aufzuräumen mit der chaotischen Hinterlassenschaft.

Am 16. November 1797, nachdem er unterwegs durch Bischoffwerder erfahren hat, daß sein Vater in den Vormittagsstunden gestorben ist, fährt er in Begleitung von Köckritz weiter nach Potsdam zum Marmorpalais.

Die erste Verfügung, die er als König trifft, ist die Verhaftung der Gräfin Lichtenau, ihrer Mutter, ihres Sohnes und dessen Hofmeisters Oberst Dampmartin. Die Gräfin wird beschuldigt, Wertsachen des Königs, unter anderem den Krondiamanten, ferner eine große Summe Geldes und wichtige Staatspapiere beiseite geschafft zu haben. Alles, was man findet, wird konfisziert und ihr und ihren Angehörigen eine Dreizimmerwohnung in Potsdam angewiesen. Im März des nächsten Jahres bringt man sie nach der Festung Glogau mit der Erlaubnis, sich dort ungehindert zu bewegen. Sie erhält ein Jahresgehalt von 4000 Talern, kauft vom Geld ihrer Tochter ein Haus, das bald der Mittelpunkt des geselligen Lebens von Glogau ist und viele auswärtige Besucher anzieht. Bevor sie Berlin verlassen hat, hat sie einen Prozeß gegen den König angestrengt, der ihren gesamten Besitz, Vermögen und Liegenschaften, mit der Begründung beschlagnahmen ließ, alle Zuwendungen und Geschenke seien durch Erpressung erworben. Außenminister Haugwitz, zu Lebzeiten Friedrich Wilhelms II. ein Intimus der Lichtenau, hat hierbei offenbar eine hinterhältige Rolle gespielt, um seine Position bei dem so moralischen neuen Regenten zu sichern.

Bald nach der Inhaftierung der Gräfin steht fest, daß Geld und Juwelen von ihr nicht veruntreut wurden, ferner, daß die prall gefüllte Mappe, in der man Staatsdokumente vermutete, lediglich die durch achtundzwanzig Jahre geführte Korrespondenz der Enke-Rietz-Lichtenau mit ihrem königlichen Liebhaber enthält. Friedrich Wilhelm III. läßt alle Briefe ungelesen verbrennen.

Der Prozeß zieht sich drei Jahre hin und endet mit der völligen Rehabilitierung der Gräfin. Nichts Kriminelles kann ihr nachgewiesen werden, lautet das Urteil des Gerichtes. Es zeigt sich, daß der anerkennende Ausspruch eines Franzosen unter der Regierung Friedrich des Großen: »Il y a des juges à Berlin!« immer noch seine Gültigkeit hat. Die Beschlagnahme wird aufgehoben. Die Lichtenau erhält ihr Eigentum zurück, und der König meint, man habe damals wohl etwas übereilt gehandelt.

Zu den Beisetzungsfeierlichkeiten strömen aus ganz Deutschland die zahlreichen Verwandten nach Berlin sowie die Fürstlichkeiten vieler befreundeter Höfe. Er war beliebt, der galanteste Bonvivant und Grandseigneur der preußischen Krone!

Einen Tag nach seinem Tode wird der Sarg in die Hauptstadt überführt und ins Schloß gebracht. Am 11. Dezember findet das Leichenbegängnis statt. Um 9 Uhr früh beginnen die Glocken zu läuten, die Truppen bilden Spalier vom Schloß zum Dom. An der Spitze des Zuges die königliche Garde, hinter ihr der mit acht Pferden bespannte Leichenwagen, dem die Familienangehörigen folgen. Als der Wagen vor dem Dom hält, treten acht Generalmajore an, sie tragen den Sarg in den Dom, der festlich geschmückt ist, und stellen ihn auf den Katafalk. Generaladjutant von Bischoffwerder tritt neben den Sarg, auf den er seine Hand legt. Nach einer von einem großen Chor gesungenen Kantate gleitet der Sarg hinab in die Gruft und, zur Überraschung der Anwesenden, mit ihm Bischoffwerder. Eine theatralische Geste der Treue und wohl gleichzeitig der Wunsch zu dokumentieren, daß seine Zeit abgelaufen ist. Er macht sich keine Illusionen: Der Günstling des Vaters wird von dem Sohn zur Mitarbeit nicht aufgefordert werden.

Unter dem Trauersalut von 864 Kanonenschüssen verläßt die königliche Familie mit ihren Gästen den Dom und kehrt ins Schloß zurück, wo an acht Tafeln diniert wird.

Unter dem Eindruck der depressiven Stimmung ihres Mannes, der sich nur widerwillig in die Würde seiner neuen Position schickt, schreibt Luise an ihren Vater:

»Gott ... helfe meinem Mann in seinen schweren Arbeiten, die schrecklicher sind, als man glaubt«, und einige Wochen später: »Der Gang der Politik muß den müßigsten Zuschauer unruhig machen; wie soll ich es nicht sein, da mein Mann zum erstenmal handelt und sich durch seine Handlungen einen Namen fürs Leben machen soll? ...«

Aus diesen Äußerungen zu schließen, Luise habe schon damals der politischen Entwicklung mißtraut und Befürchtungen gehegt, der König könne seiner Aufgabe nicht gewachsen sein, ist irrig. Aus den Zeilen spricht lediglich ihr Mitgefühl für die Sorgen, die Friedrich Wilhelm ihr in den Stunden inniger Gemeinschaft anvertraut: seine innere Angst, nunmehr Zielscheibe des öffentlichen Interesses zu sein, die ihn bedrückende Unsicherheit infolge mangelnder Sachkenntnis und Erfahrung, quälend für einen Menschen mit seinem Verantwortungsbewußtsein, und seine Absicht, unter allen Umständen dem Lande den Frieden zu erhalten. Weder organisatorische Probleme diskutiert er mit Luise, noch berühren die kriegerischen Katastrophen, die sich im übrigen Europa abspielen, einstweilen ihre Sphäre. Der russische Gesandte in Berlin, Graf Panin, sagt 1799 nach einer Audienz bei der Königin, er sei überrascht, wie unorientiert sie über die allgemeine politische Situation sei, seiner Meinung nach eigne sie sich auch nicht für eine politische Rolle. Tatsächlich ist Luise politisch ausschlaggebend nie in Aktion getreten. Ihr Einfluß auf den König ist zu ihren Lebzeiten und auch später oft weit überschätzt worden.

Trotz allem Respekt, den der junge König ganz selbstverständlich von seiner Umwelt fordert, besitzt er eine taktvolle Bescheidenheit, eine bislang unbekannte Eigenschaft bei preußischen Königen. So mögen die Minister betroffen gewesen sein von den Worten, mit denen er zum erstenmal in ihren Kreis tritt:

»Sie haben Ihren besten Freund verloren, wollen Sie mich annehmen?«

Er dankt ihnen für ihr »Ja« und gibt jedem der Herren die Hand.

Dem patriarchalischen Zug seines Wesens fehlt der willensstarke, oft rigorose Herrscheranspruch seiner Vorfahren. Als Regent betrachtet er sich als Oberhaupt einer großen Familie, die er nach bestem Wissen und Gewissen zu betreuen bereit ist, die er vor großem Unglück bewahren möchte und die er erziehen will zu braven, rechtschaffenen, gottesfürchtigen, pflichtbewußten Menschen.

Sparsam von Natur, haßt er verschwenderischen Aufwand im täglichen Leben, vor allem Schulden. Ausgerechnet er erbt einen Staat mit einer Schuldenlast von rund 30 Millionen Talern. Unverzüglich gibt er Order, die Tilgung der Schulden mit Vorrang zu betreiben.

Er selbst geht mit gutem Beispiel voran.

»Der König wird von den Einkünften des Kronprinzen leben müssen«, erklärt er und dokumentiert seinen Ausspruch durch sein Verbleiben im Kronprinzenpalais, weil die Hofhaltung im Schloß kostspieliger ist. Der Entschluß dürfte ihm nicht schwer gefallen sein, er entspricht seinen Intentionen: kein Wechsel, der den täglichen Rhythmus stört, keine neuen Räume, keine neuen Möbel, keine neuen Bediensteten. Die Intimität des Heimes soll gewahrt bleiben, die er nun mehr denn je braucht, seitdem er aus der Isolierung seines bisherigen Daseins heraustreten muß.

Ein eigener Wohnsitz für die Königin, wie üblich, wird nie in Erwägung gezogen. Aber auch ihre monatlichen Bezüge von 1000 Talern werden nicht erhöht. Doch, wie der König selbst zugibt, kränkt ihn die Bewunderung, die überall den geschmackvollen Toiletten seiner Schwägerin Friederike, der Schwester seiner Frau, gezollt wird. Luise, auf Einfachheit bedacht, die ihr Mann anfangs forderte, nimmt sich zu Herzen, was er mit Bedauern konstatiert. Sie kann auch anders! In kürzester Zeit wird sie zur elegantesten Dame des Königreiches. Ein Aufwand, der ihr Budget weit übersteigt. Die Rechnungen häufen sich, und schließlich zahlt der König für die Frau, die ihm jeden Wunsch erfüllt, aus seiner Privatschatulle 64000 Taler an die Haute Couture.

Friedrich Wilhelm war in früher Jugend von Personen mittelmäßiger bürgerlicher Bildung umgeben. Das allein jedoch erklärt nicht seine unverbindlichen, häufig ungehobelten Umgangsformen, die ins Krampfhafte gesteigerte Abwehr gegen genialische und intellektuell hochbegabte Persönlichkeiten und die Scheu, sich zu äußern trotz seines zwar langsam arbeitenden, aber scharf analysierenden Verstandes. Diese Veranlagung seines Wesens, unter der er vielfach selbst leidet, vermochte niemand zu ändern, weder sein späterer Haushofmeister, der weltmännisch gewandte und aufgeschlossene Graf Brühl, noch sein ihm nahestehender Adjutant, Herr von Schack, gebildet, kultiviert, feinsinnig. Auch unter ihrer Ägide wurde er nicht lockerer, zugänglicher, konzilianter, doch bewegte er sich in ihrer Gesellschaft auf einem gehobenen, wenn auch nicht sehr anspruchsvollen geistigen Niveau. Als Schack aus gesundheitlichen Rücksichten 1794 den damaligen Kronprinzen nicht nach Polen begleiten konnte, trat Major von Köckeritz an seine Stelle. Schack starb, Köckeritz blieb.

Skeptische und leicht verletzliche Naturen wie Friedrich Wilhelm schließen sich nur schwer einem Menschen rückhaltlos an. In Köckeritz' biederer Anständigkeit glaubt er den Freund fürs Leben gefunden zu haben, auf den er sich in jeder Beziehung blindlings verlassen kann. Er ernennt ihn am Tage seines Regierungsantrittes zum Oberstleutnant und übergibt ihm eine »Instruktion«, die er ein halbes Jahr zuvor verfaßt hat. Darin bittet er ihn, ihm stets die Wahrheit zu sagen, ihn nach bestem Wissen aufrichtig und ehrlich zu beraten. Er wolle nach den Grundsätzen seines Großoheims regieren. Dreimal wöchentlich soll man ihm Bericht erstatten in Gegenwart von Köckeritz, und nachher werde er mit ihm gemeinsam die Fragen besprechen und Entschlüsse fassen. In dem Schreiben erwähnt er Reformen, die er durchzuführen beabsichtige, um den Staat auf eine finanziell wieder gesunde und fest fundierte Basis zu stellen. Er hofft, daß Köckeritz ihn dabei unterstützen und ihm hilfreich zur Seite stehen wird.

Ein Vertrauensposten par excellence! Für Günstlingswirtschaft, die der junge König verabscheut, öffnet sich ein weites Feld. In seiner Unerfahrenheit und Redlichkeit hält Friedrich Wilhelm Rechtschaffenheit für eine Tugend, die keinerlei

Unheil anzurichten vermag. Noch ahnt er nicht, daß Intelligenz und in hohem Maße Menschenkenntnis erforderlich sind, um den Fallstricken einer derartigen Schlüsselposition zu entgehen.

Bedauerlicherweise fehlen Köckeritz alle notwenigen Voraussetzungen für das ihm übertragene Amt. Dreiundfünfzig Jahre alt, ein bereits verknöcherter Junggeselle, nach Eduard Vehse »sehr dick, sehr unbeholfen, sehr beschränkt und sehr langweilig«, liebt er vor allem Essen, Trinken, die Tabakspfeife und seine Whistpartie. Keinen Funken schöpferischer Phantasie besitzt er, keinen Elan, keine fachliche Vorbildung, nicht einmal die nötige Diskretion, um ein Geheimnis zu wahren.

Trotzdem gelingt es lange nicht, ihn aus der Gunst des Monarchen zu verdrängen. Erst 1810 wird Boyen an seiner Statt Generaladjutant. Schon zwei Jahre zuvor hat Freiherr vom Stein den Mut, in einem Brief den König vor ihm zu warnen, indem er ihn mit Recht als »eines der Hauptwerkzeuge der inländischen Cabale« bezeichnet.

Aus dem gleichen Jahr 1808 stammt eine Charakterisierung seiner Person, die sich unter den nachgelassenen Papieren der Gräfin Voß befunden hat. Eine kurze, aufschlußreiche Notiz, klug und prägnant:

»Der General von Köckeritz ist dem König im höchsten Grade ergeben, aber befindet sich dennoch in einer Stellung, für die er nicht paßt. Er hat wenig Verstand und gar keine Kenntnisse, gar keine Erziehung, und ist deshalb oft unwirsch und unhöflich; aber vor allem hat er keine klaren, festen Grundsätze, und das macht ihn schwankend und unzuverlässig. Geistig zu borniert, um ein eigenes Urteil zu haben, tut er, obgleich er redlich das Beste will, dennoch unaussprechlich viel Schaden, indem er das nachspricht, was andere ihm vorsagen, sich von anderen irreführen und gebrauchen läßt, und sogar ohne es zu wissen, oft das Werkzeug Derer wird, die ihm geschickt etwas einreden und ihn zu ihren Zwecken zu gebrauchen wissen.«

Ein kritisches Urteil aus der unmittelbaren Umgebung der Königin.

Luise mag aus anderen, rein privaten Gründen Köckeritz ihre freundliche Zuneigung bewahrt haben: er ist ein bequemer Gesellschafter ihres Mannes, stört durch Widerspruch nicht den häuslichen Frieden, paßt sich nahtlos den pedantisch einzuhaltenden Gewohnheiten an, und als typischer »Repräsentant der Untergebenheit« ist er darauf bedacht, »die Meinung des Regenten auszuspähen«, um genau das antworten zu können, was der König gern hört. Ein serviles Verhalten, das der Freiherr vom Stein, aus dessen Feder die Zitate stammen, verächtlich findet. Luise hingegen ist für die jeden Konflikt vermeidende Taktik von Köckeritz dankbar, sie erleichtert ihr das oft mühsame Bestreben, die Stimmung des hohen Herrn zu besänftigen und aufzuhellen.

Auch ist sie sich ihrer Grenzen sehr wohl bewußt. Bevor Friedrich Wilhelm nicht selbst von einem Für oder Wider fest überzeugt ist, fällt keine Entscheidung. Beeinflussen läßt er sich nicht, auch nicht von Luise, die ängstlich vermeidet, den leistesten Verdacht bei ihm aufkommen zu lassen, sie beabsichtige, ihm Ratschläge zu erteilen. Eingedenk der Warnung ihres Schwiegervaters an den Sohn, nicht unter den Pantoffel seiner Frau zu geraten.

Die neuen Vorschriften für den Todesfall in der königlichen Familie reduzieren die Trauerzeit auf sechs Wochen. Da Friedrich Wilhelm II. Mitte November 1797 gestorben ist, kann man sich den Festlichkeiten des Karnevals, die am 6. Januar beginnen, mit vollem Genuß hingeben.

Für Luise die erste Wintersaison als First Lady des Staates. Ihre gesellschaftlichen Talente entwickeln sich überraschend schnell. Schon ein Jahr später versteht sie es, Empfänge und Bälle so prächtig und prunkvoll zu arrangieren, daß sie alle früheren Hoffeste in den Schatten stellen. In den drei Monaten des Karnevals zeigt sich der König während der neun Friedensjahre, die seinem Regierungsantritt folgen, stets großzügig, scheut keine Ausgaben, um Preußens Renommee als eine in sich ruhende, glückliche, aufbauende Nation zu festigen.

Noch vor wenigen Wochen hat Luise ihrem Bruder geschrieben: »Ich bin nicht zur Königin geboren.«

Zur Herrscherin gewiß nicht. Doch in die Rolle, die das Schicksal ihr zuspielt, gleitet sie hinein, als habe die Natur sie dafür geschaffen: Ergänzung des Königs, dem alle Repräsentation ein Ärgernis ist, Pflichten des Staatsoberhauptes, die die Königin ihm mit großem Geschick teils erleichtert, teils fernhält. Jahrelang findet sie in den gesellschaftlichen Obliegenheiten, die ihr überlassen bleiben, ihren Lebensinhalt und ihre Bestätigung. Ihr Charme und ihre natürliche, von Herzen kommende Teilnahme, die jeden und alle in ihre Aufmerksamkeit einbezieht – das Geheimnis ihres Erfolges – umgibt den Thron mit dem zarten Schimmer romantischen Glanzes, der für jede Generation einen immer wieder neuen Reiz hat. Bald dringt der Ruf des Zaubers ihrer Persönlichkeit weit über die Grenzen Berlins hinaus bis in ferne Provinzen.

Eine Popularität, die der König richtig einschätzt und wertet. Die längst fällige Huldigungsreise in die Ostgebiete des Landes hat er monatelang hinausgeschoben, weil ihm vor der Öffentlichkeit graut, in die sie ihn unweigerlich hineinzerrt. Seit Friedrich II. hat Preußen keine Königin an der Seite des Herrschers gesehen. Welch ein Evenement für das Volk! Und ihm eine unschätzbare Entlastung! Er beschließt, Luise auf die sechswöchige Reise, die für Ende Mai festgesetzt ist, mitzunehmen. Daß sie Mitte Juli ihr viertes Kind erwartet – am 10. März ist sie zweiundzwanzig Jahre alt geworden –, fällt nicht weiter ins Gewicht. Wo käme man hin, wenn man darauf Rücksicht nehmen wollte! Junge Frauen in damaliger Zeit sind permanent schwanger.

Nur Georg, ihr Bruder, denkt daran und macht sich Sorgen. In ihrem Brief vom 11. April 1798 beruhigt sie ihn: /»Den ersten Tag mache ich nur 6 Meilen, um mich allmählich ans Fahren zu gewöhnen, und das stärkste ist 12 Meilen des Tages, . . . man hat es so eingerichtet, daß ich kleine Tagesreisen mache, dieweil er (der König) Revue hält, die ihn öfters drei und vier Tage an kleinen Orten aufhalten ... Nun, warum reise ich? Dieses läßt sich leicht erraten, weil mein Mann es wünscht; dieser Wunsch, ich möchte ihn begleiten, machte mich sehr glücklich, ein neuer Beweis seiner Liebe kann mir nicht gleichgültig sein; ... sonst reiste ich nach Frankfurt, um Krönungen zu sehen, jetzt lasse ich mich *beinahe doch nun* selbst krönen. Alsdann weiß ich mit Zuverlässigkeit, daß ich meinem Mann von Nutzen bin. Du weißt, er liebt nicht Cour, Gêne, Etiquette, und wie die Dinge alle heißen, und diese Reise ist eine Kette von solchen Dingerchen; ich werde also diese Last ehrlich mit ihm teilen, und die Gêne fällt größtenteils auf mich zurück, die ich aber nicht achten werde. Ich werde alles anwenden, um *ohne Zwang die Liebe der Untertanen durch Höflichkeit, zuvorkommendes Wesen, Dankbarkeit* da, wo man mir *Beweise der Liebe* und *Anhänglichkeit geben wird,* zu *gewinnen* und zu *verdienen* ...«/

Die zahlreichen Briefe an Georg sind deutsch geschrieben. Bemerkenswert, wie viel gewandter sie sich nun in ihrer Muttersprache auszudrücken versteht. Auch ihre Französischkenntnisse haben sich im Laufe der Jahre am preußischen Hofe vervollkommnet.

Luise verspricht Verwandten und Freunden zu schreiben und sie dadurch an den Erlebnissen teilnehmen zu lassen. Es bleibt bei der guten Absicht schon nach einem kurzen Bericht der ersten Tage infolge Zeitmangels und einer Überbeanspruchung ihrer Kräfte. Dem Tagebuch der stets verläßlichen Frau von Voß verdanken wir die Schilderung der für das Königspaar, insbesondere für Luise über alles Erwarten triumphalen Huldigungsreise.

25. Mai 1798: Um 6 Uhr früh reisten wir von Berlin ab und fanden jede Meile ein Relais und jedesmal auch Blumen, Früchte und Erfrischungen aller Art. Um 3 Uhr kamen wir glücklich in Stargard an, der König kam um 6 Uhr; er wohnte

in einem anderen Hause. Er war sehr guter Laune und die Königin quartierte sich ihm zuliebe in sein Haus.

26. Mai: Die Königin zur Revue gefahren. Großes Militär-Diner. Abends Thé dansant bei General Pirch, eine Masse Menschen da.

27. Mai: Um 5 Uhr Abreise nach Plathe, wo wir übernachteten.

28. Mai: Um 8 Uhr früh weiter; bei jedem Relais Deputationen geputzter Bauern, überall Erfrischungen, Hochrufe, Tücherschwenken und Vivats ohne Ende. In Cöslin wohnten wir sehr gut.

29. Mai: Um 6 Uhr weiter gereist, begleitet von einer unglaublichen Menschenmenge, Gedränge, Ehrenpforten, Blumenkränze und Erfrischungen. In Stolpe überreichte man der Königin das Portrait des Königs in Bernstein gefaßt an einer Bernsteinkette. Um 3 Uhr ging es weiter, um 6 Uhr waren wir in Lauenburg.

30. Mai: Wir reisen immerwährend begleitet von einer Masse Menschen, die sich überall erneut. Als wir in Danzig einfuhren, donnerten die Kanonen und die Schiffe hatten alle geflaggt. Die Stadt ist groß und reinlich, in den Straßen wogte eine dichtgedrängte Menschenmenge, die mit Jubelrufen die Königin empfing. Wir wohnen im Haus des Grafen Kalckreuth. Der König kam erst um 8 Uhr, ein bißchen übler Laune von dem unaufhörlichen Vivat-Schreien.

31. Mai: Nach Oliva. Erst Truppenparade, anschließend großes Diner. Die Baulichkeiten sind wundervoll. Im offenen Wagen nach Carlsberg gefahren, wo man die schönste Aussicht der Welt hat, weithinaus die Stadt und das Meer übersieht. Abends Souper, Illumination und Herumfahren in den Straßen; wir kamen sehr spät zurück, worüber der König ganz ungehalten war.

1. Juni: Um 11 Uhr an den Strand. Eine unabsehbare Menschenmasse. Stapellauf von zwei Schiffen. Dann fuhren wir in einer Gondel ins Meer hinaus, bestiegen ein großmächtiges Schiff, aßen dort zu mittag. In meinem ganzen Leben habe ich

keinen so schönen Anblick gehabt als den dieses Hafens. Nachher nocheinmal in einer Schaluppe ganz weit hinaus in die sonnengoldene Ostsee. Es war wundervoll über das leuchtende Meer hinzusehen, belebt von der Menge der Fahrzeuge, die dem unsrigen folgten, es umschwärmten, dabei die ganze Luft zitternd von den Hurrah's für König und Königin. Es machte ihnen beiden eine große Freude. Abends Ball der Kaufmannschaft, das Fest war sehr glänzend. Lange nach Mitternacht Rückkehr.

2. Juni: Bereits um 8 Uhr Weiterreise nach Frauenburg. Beim Übergang über die Nogat ein Zelt, wo wir zu mittag aßen. Wir waren halb tot von der Hitze, den vielen Bauern und dem schrecklichen Menschengedränge dort.

3. Juni: Bei jedem Relais Bauern und Deputationen. Vom letzten Relais vor Königsberg bis zur Stadt war die Hitze, der Staub und das Menschengetümmel so arg, daß man buchstäblich nicht mehr sehen und atmen konnte. Alle Häuser der Stadt waren mit Fahnen und Kränzen bedeckt, am Strand unzählige beflaggte Schiffe, alle Matrosen in Weiß. Vor dem Schloß standen die Generale und höheren Offiziere und außerdem eine solche Menge Menschen, daß es sich nicht beschreiben läßt.

4. Juni: Diner von 60 Personen, 7 Uhr Cour mit Präsentationen ohne Ende. Souper im Schloß, der König nicht gerade sehr glänzender Laune nach all dem Spektakel.

5. Juni: Tag der Huldigung. Um 8 Uhr in die Kirche, zurück ins Schloß, wo Minister Haugwitz zwei Reden vorlas, eine lateinische an die Bischöfe, eine deutsche an die Minister. Jetzt stellte sich der König unter den Thronhimmel. Eidesleistung und wieder zwei Reden, eine polnische, eine deutsche. Alles war tief gerührt. Abends brachten Studenten einen Fackelzug.

6. Juni: Abends Fest im Moskowiter-Saal, der von fabelhafter Größe. In dem Teil des Saales, in dem die arme Königin sich befand, war ein ganz furchtbares Gedränge. Sie blieb bis 11 Uhr. Der König tanzte einen Contretanz mit der jungen Prinzessin von Holstein. Das Fest war in der Tat sehr schön,

alle Erfrischungen wurden umhergereicht durch Mädchen im National-Kostüm der Polinnen und der Dünenbewohner.

7. Juni: Die Königin dinierte im Lager. Abends Assemblée bei Ostens.

8. Juni: Die Königin fuhr zu den Manövern. Abends gaben die Stände ein wunderschönes Fest in einem herrlichen Garten. Über 3000 Menschen waren geladen. Prächtiges Feuerwerk. Man tanzte in drei Sälen; die Königin tanzte zwei Polonaisen. Erst lange nach Mitternacht zurück.

9. Juni: Abreise des Königs nach Warschau. Thé dansant bei Dönhoffs, der sehr hübsch war.

10. Juni: Der Abschied von Königsberg fiel uns allen recht schwer. Zwischen dem 3. und 4. Relais wurden wir durch die Ungeschicklichkeit unseres Postillons umgeworfen. Gott sei gepriesen, die Königin blieb unverletzt, wir anderen auch. Um 5 Uhr Ankunft beim Grafen Eulenburg, die Königin sehr angegriffen.

Luise nimmt sich gleich am Tage nach dem Unfall Zeit, um der Großmutter zu schreiben:

»Meine teure Großmama!

Ich bin nur noch 17 Meilen von Warschau entfernt . . . Indem ich Ihnen Nachricht von mir gebe, wünsche ich aus bestimmten Gründen Ihnen sichtbar zu machen und zu versichern, daß es mir völlig gut geht; denn ich fürchte sehr, daß das Gerücht, ich sei mit meinem Wagen gestürzt, sich schon bei Ihnen verbreitet hat . . . Allerdings bin ich gestürzt, und das tüchtig, denn das Wagenverdeck lag viel tiefer als die Räder; aber dabei habe ich doch Glück gehabt, denn die Sache ging so langsam vor sich, daß ich Zeit genug hatte, zu denken: Wir werden fallen, wir fallen, wir sind gefallen. Die göttliche Vorsehung und die Sorgfalt, mit der man mich so umsichtig wie möglich aus der Karosse zog, bewirkten, daß ich bei meinem Zustand keine verderblichen Folgen verspürt habe . . .«

Ein Postskriptum in Warschau am 17. kurz bevor der Kurier abgeht: »Morgen verlasse ich diese Stadt, wo es mir so gut wie nirgends noch gefallen hat. Meine Gesundheit hält wunderbarerweise den zahl- und namenlosen Anstrengungen stand, die ich durchmache. Am 29. bin ich in Charlottenburg, und der Gedanke daran ist mehr wert als alle Beruhigungsmittel der Welt.«

11. Juni: Die Königin war heute wieder ganz erholt, wir reisten um 9 Uhr weiter. Blumenspenden erfreuten uns allerwärts ohne Ende. Gegen mittag warf der zweite Wagen um, aber niemand hatte sich verletzt. Nach einer Ruhepause bis Ortelsburg gefahren, wo wir zur Nacht blieben. Dort ging es schon etwas polnisch zu; ein Offizier von den Füsilieren von Bülow war hier postiert mit 30 Mann zu unserer Bedeckung.

12. Juni: Um 8 Uhr weiter, immer begleitet von einer Eskorte berittener Jäger, von den Behörden aller Ortschaften und einer Unmasse anderer Leute zu Pferde.

13. Juni: Im reizenden Schloß des Fürsten Poniatowsky trafen wir mittags den König und erreichten gemeinsam abends 6 Uhr ganz durchgeregnet endlich Warschau. Wir fuhren durch Praga, dort sieht man nur Trümmer, Warschau selbst scheint recht stattlich und schön zu sein, das Schloß ist besonders groß und ungemein gut möbliert.

14. Juni, 15. und 16. Juni: Diners, Theater, Bälle, selten glänzende Feste bis ein und zwei Uhr in der Frühe. Man betet die Königin hier förmlich an, aber auch der König ist sehr freundlich und liebenswürdig. Er reist am 17. Juli ab.

18. Juli: Abreise der Königin. Während der Fahrt überall begrüßt mit Erfrischungen, Ehrenpforten, Deputationen, Blumen. Gegen mittag bei Fürst Radziwill.

19., 20., 21. Juni: Tag für Tag viele Stunden Fahrt über Petrikau, Celtitscheff nach Oels, wo wir erst 7 Uhr abends anlangten. Das Schloß ist schön, das Fest dauerte bis Mitternacht.

22. Juni: Die Königin morgens sehr erschöpft. Von 3 bis 5 Uhr Diner, dann Theater, Festprolog für die Königin, die Musik war charmant, aber man kam erst um ein Uhr zur Ruhe.

23. Juni: Nach vierstündiger Fahrt um 12 Uhr in Breslau. Eine Meile vor der Stadt fingen bereits Vivatrufe, Freudengeschrei, Ehrenpforten, Blumenwerfen an. Im königlichen Schloß abgestiegen. Um 7 Uhr kam der König an.

24., 25. Juni: Großartige, über alle Beschreibung prachtvolle Feste, auf denen beide Majestäten mehrere Polonaisen tanzten.

[Luise 18 Tage vor ihrer Entbindung!] Reizende Illumination der ganzen Stadt, aller Gärten der weitläufigen Vorstädte und vor allem der Kirchen und der schönen, malerischen Oderufer.

26. Juni: Nach einem Besuch beim Fürstbischoff reiste die Königin ab. Die Gemütlichkeit und Wärme, mit der sie hier aufgenommen, entzückte sie und uns alle. Der König blieb noch zu einem großen Bürger-Picknick-Ball.

27., 28. Juni: Fahrt nach Polkwitz. Von dort nach Frankfurt. Der Bürgermeister gab ein Déjeuner mit allen Generalen und Offizieren der Garnison. Dann weiter nach Steinhöfel zu Massows [Hofmarschall des Königs], wo wir mit dem König wieder zusammentrafen.

29. Juni: Wir fuhren über Pankow, nicht durch die Stadt, sondern um Berlin herum, kamen endlich glücklich in Charlottenburg an. Eine Masse Menschen hatte sich zum Empfang eingefunden.

Der Erfolg hat den Einsatz gelohnt. Nicht nur hat die Königin an Ansehen gewonnen, sie ist auch selbstbewußter, in ihrem Auftreten sicherer, souveräner geworden. Und das Wichtigste: der König ist zufrieden. Man fragt sich, ob er sich keine Gedanken gemacht hat über die Gefahr, der Luise durch ihren gesundheitlichen Zustand auf den unwirtlichen Straßen ausgesetzt war und obendrein durch die politische Konstellation? Nach dem polnischen Feldzug, den er selbst mitmachte, nach der letzten polnischen Teilung mußte da nicht mit Ausschreitungen, Krawallen, womöglich mit Attentaten gerechnet werden? Daß man besorgt war, beweist die Eskorte von 30 Mann, die die Königin auf polnischem Gebiet begleitet. Die begeisterten Ovationen, die der ersten Hohenzollern-Königin seit der Regierung Friedrichs II. entgegengebracht wurden, übertrafen zweifellos auch seine Erwartungen.

Eine Woche nach der Rückkehr des Königspaares findet am 6. Juli im Berliner Schloß die Huldigung der märkischen Stände statt. Zu der feierlichen Zeremonie sind die in Preußen akkreditierten Diplomaten geladen, unter ihnen zum erstenmal der neue französische Gesandte Sieyès, Nachfolger Caillards, der sehr beliebt war, und daher verdächtigt wurde, Frankreichs Interessen nicht nachdrücklich genug zu vertreten. Die Zeitungen haben seinerzeit Sieyès offen als Mörder Ludwigs XVI. bezeichnet, und von der Marwitz nennt ihn einen »Kerl mit einem wahren Canaillengesicht«. Prinzessin Friederike, die ihn von einer Galerie des zweistöckigen Saales während der Huldigung beobachtet, schreibt an die Schwestern in Hildburghausen und Regensburg: »Unser diplomatisches Korps hat sich um einen Teufel vermehrt, nämlich Sieyès. Unter tausend Personen würde ich, ohne ihn zu kennen, sagen: das ist ein Verbrecher ... Ihr wißt ja ohne Zweifel, daß er an dem Tode König Ludwigs XVI. schuldig ist. Bei der Abstimmung erhob er sich und rief: ›La mort sans phrase!‹«

Sieyès richtet auch nicht mehr aus als sein Vorgänger. Durch Worte ist die Neutralität des friedliebenden Königs nicht ins Wanken zu bringen.

Luise übersteht den Staatsakt, ohne, wie es heißt, sichtliche Ermüdung zu zeigen und auch den am Tag darauf stattfindenden Ball. Sechs Tage später, am 13. Juli, wird in Charlottenburg die Tochter Charlotte geboren, die neunzehn Jahre später Nikolaus Pawlowitsch heiratet, den jüngeren Bruder Zar Alexanders I., der 1825 Kaiser von Rußland wird.

Das Charlottenburger Familienidyll im ungewöhnlich heißen Sommer 1798 wird nur ein einziges Mal durch die Ankunft der beiden Bevollmächtigten von Rußland und Österreich, Fürst Repnin und Graf Cobenzl, gestört, die den König für ein Bündnis gegen Frankreich zu gewinnen hoffen. Er empfängt sie am 6. August, – schon etwas irritiert. Man kennt doch sein außenpolitisches Credo, sich in keinen kriegerischen Konflikt hineinziehen zu lassen! Was will man also von ihm! Die lang andauernde Audienz, die Cobenzl durch seine Beredsamkeit erzwingt, verstimmt ihn nur noch mehr. Sein Entschluß steht fest und ist nicht umzustoßen. Die Herren werden ungnädig und unverrichteter Sache entlassen. Wie so oft, bleibt es Luise vorbehalten, den Gatten wieder aufzumuntern.

Georg, der seinen neunzehnten Geburtstag am 12. August bei der Schwester feiert, erlebt während des Aufenthaltes in Charlottenburg manche häuslichen Szenen, in denen Luise mit zärtlicher Heiterkeit die Launen des Königs abfängt. Trotz seiner Jugend erfaßt der sensible, stark emotional veranlagte junge Mann, wie schwer die stete Bereitschaft zum Ausgleich wiegt, und daß nur »wer das unendlich große Wort *Selbstbeherrschung*« kennt, Luise gerecht werden kann.

»Ich, der ihre Lage so unverschleiert sah, wie's nur immer möglich ist«, berichtet er am 2. Oktober den beiden Schwestern Charlotte und Therese, »kann das in Wahrheit beteuern, denn so gänzlich willenlos zu sein, sobald der König den kleinsten Wunsch äußert, und täglich mit dem Bewußtsein, den größten Dank zu verdienen, humeurs mit Lächeln ertragen zu müssen, ist und bleibt hart, und wenn auch der Mann, von dem ich sie ertrage, ein verehrungswürdiger Mann und ein Mann ist, der mich wieder mit Liebe überhäuft und sein ganzes Glück in mir findet, wie dies der Fall ist. Daher fließt denn manche Träne im stillen, die nicht gesehen wird oder deren Ursache nicht klar wird . . .«

Friederike, die gleichzeitig fast täglich, ungeachtet der Hitze, von Schönhausen »durch anderthalb Meilen arabischer Sandwüste« nach Charlottenburg fährt, um mit den Geschwistern zusammen zu sein, urteilt lediglich aus dem Resumee der eigenen Erfahrungen: »Luise sieht so frisch aus und ist immer schön wie ein Engel . . . Gott erhalte sie und störe nie ihr Glück, das von der Seite ihres Gatten noch nie die mindeste Trübung erfahren hat.«

Friederike fühlt sich wohl im Schloß Schönhausen, wo auch die oranische Familie wohnt, mit der sie sich gut versteht. Mimi, die Frau des Prinzen von Oranien, Schwester Friedrich Wilhelms III., ist eine geistig anspruchslose, fröhliche, unkomplizierte Natur und eine verständnisvolle Freundin, die gerne ein Auge zudrückt, wenn ein Geheimnis zu wahren ist. Und Friederike ist eine lebenslustige junge Witwe, um deren Gunst sich viele Männer bemühen. Ernsthafter Heiratskandidat ist der Herzog von Gloucester, Neffe der Königin von England, der Tante Friederikes. Bei einem Besuch in Berlin wird die Ehe im Familienkreis erwogen. Friederike ist nicht abgeneigt, willigt aber nur zögernd in die Bedingung ein, sich von ihren drei Kindern zu trennen, die am preußischen Hofe erzogen werden sollen.

Da stirbt das jüngste Kind am 6. April 1798, ihr Sohn Friedrich Wilhelm Karl Georg. Sie sieht darin eine ihr von Gott auferlegte Sühne für die Absicht, die Kinder zu verlassen. Außerdem eine Fügung des Himmels, die es ihr erlaubt, ihr Jawort hinauszuzögern, ihre Freiheit weiter zu genießen und sich, Trost suchend, zu verlieben.

So trübt denn am Jahresende ein peinlicher Vorfall das in moralischem Hochglanz strahlende Ansehen des preußischen Hofes. Warnungen sind dem Königspaar schon zu Ohren gekommen, Gerüchte über eine Beziehung Friederikes zu dem Prinzen Friedrich zu Solms-Braunfels, »einem nachgeborenen Prinzen«, wie Vehse vermerkt, also keinem Erbprinzen, Offizier der preußischen Armee, früher in Ansbach, von wo ihn der König nach Potsdam holte ins Garde du Korps. Luise hat alle diesbezüglichen Andeutungen und Vermutungen als böswillige Verleumdungen entschieden abgelehnt. Sie glaubt, die Schwester zu kennen, und meint, sie besuche sie viel zu häufig, auch in Begleitung des Prinzen Solms, um ihr unbekümmert eine harmlose Freundschaft vorzuspielen und so ihr Vertrauen zu mißbrauchen.

Vermutlich ist es Mimi gewesen, die, nach Absprache mit Friederike, als ihr Zustand nicht mehr zu verheimlichen war, der Königin mitgeteilt hat, daß die Schwester »illegitimen Mutterfreuden« entgegensieht; nach den verbrämten Berichten der Zeitgenossen eine erfreulich klare Feststellung des Sachverhaltes durch einen Autor des 20. Jahrhunderts.

Luise ist tief verletzt über die Perfidie, mit der ihr Glaube an Aufrichtigkeit und an das, was Georg bei ihr so treffend »esprit de conduite« nennt, getäuscht wurde. Ihr bleibt es obendrein überlassen, den König, die Verwandtschaft und den immer noch auf positive Entscheidung hoffenden Herzog von Gloucester zu unterrichten.

Der König verlangt sofortige Heirat. Auf den Titel Königliche Hoheit, auf das preußische Wappen und ihren Hofstaat muß Friederike verzichten und Berlin mit ihrem Mann verlassen, der umgehend seine Zurückversetzung nach Ansbach erhalten hat. Ihr Sohn wird mit den Kindern des Königs erzogen, ihre Tochter darf sie, auf inständige Bitten Luises, vorläufig mitnehmen.

Friederike erklärt sich mit allen Bedingungen einverstanden. Am 10. Januar 1799 reist sie ab, ohne Bedauern, zufrieden und heiter nimmt sie leichten Herzens Abschied.

»Ich habe immer das Glück gesucht und ersehnt zu lieben und geliebt zu werden, endlich werde ich es genießen«, schreibt sie der Fürstin Radziwill, in deren Memoiren sich im siebenten Kapitel – 1799 bis 1801 – die Aufzeichnung einer seltsamen Episode befindet:

»Am 17. Januar fuhr ich nach Rheinsberg, um dort den Geburtstag des Prinzen Heinrich zu feiern. Da Anton unterwegs zu jagen wünschte, sollte ich erst nachkommen. Als nun unsere Leute über den Wilhelmsplatz gingen, um die Koffer aufzuladen, hörten sie mehrfach wiederholtes Kindergeschrei. Eine von meinen Kammerfrauen begab sich daher mit einer Laterne auf die Suche und fand an der Straßenecke einen mit Wachstuch bedeckten Kasten, den sie mir brachte. Anton, der eben aufbrechen wollte, öffnete den Kasten und fand darin ein neugeborenes kleines Mädchen. Man sah, daß in keiner Weise für das Kind gesorgt worden war, denn die Windeln, in die es gehüllt war, bestanden aus Kleiderresten, Besetzungen und Bändern, die wohl kaum einer Frau aus dem Volke angehört hatten. Unter dem Köpfchen fanden wir drei in Papier gewickelte Doppel-Louisdors, doch ohne ein Wort, aus dem man irgendwelche Aufklärung über die Herkunft hätte entnehmen können. Wäre nicht der glückliche Zufall unserer Abreise gewesen, so hätte das Kind bei der Kälte umkommen können. Es hingen noch Stricke an dem Kasten, die darauf schließen ließen, daß man genötigt war, ihn aus dem Fenster herabzulassen. Das Schicksal dieses Kindes interessierte uns so lebhaft, daß wir beschlossen, es mit unseren zusammen aufzuziehen.«

Vierzehn Tage später:

»Bei unserer Rückkehr nach Berlin fand ich unsere kleine Adoptivtochter wohl und munter vor. Wir ließen sie auf den Namen Malvina S. v. B. taufen, da die Tücher, in die man sie gehüllt hatte, mit diesen Buchstaben gezeichnet waren. Die Nachforschungen, die von der Polizei über die Herkunft des Kindes angestellt wurden, blieben erfolglos.«

Manches deutet darauf hin, daß es sich um Friederikes unehelich gezeugte Tochter handelt: die vornehmen Kleiderreste, die Initialen, wenn auch etwas umgestellt, der Stammbaum der Solms-Braunfels – die erste Eintragung einer Geburt: am 11. 9. 1800 –, nicht zuletzt der Entschluß der Radziwills, das Findelkind mit den eigenen Kindern zusammen aufwachsen zu lassen. Das »Neugeborene« wäre also schon wenige Tage nach Friederikes Abfahrt zur Welt gekommen, wahrscheinlich noch in unmittelbarer Nähe Berlins.

Nur noch einmal erwähnt die Fürstin Malvina, im Jahr 1806, als sie Berlin mit ihren Kindern auf der Flucht vor den französischen Truppen verläßt. »Meine arme, kleine Malvina blieb bei ihrer Bonne.« Das Schicksal des Kindes ist ungeklärt.

Luise, die zum erstenmal in ihrem Leben die Gesellschaft der Schwester entbehren muß, gibt ihren schmerzlichen Gefühlen Ausdruck in einem Brief an Georg:

»... Ach Gott helfe mir diese schwere Trennung tragen. Der Himmel allein weiß, was ich die Zeit über litt und wieviel Tränen des Nachts mein Lager netzten ... Wenn ich mir vorstelle, daß Friederike unglücklich werden könnte, so recht elend und gequält, so kann ich Augenblicke haben, wo ich ganz verzweifelt und kopflos bin. Ach gütige Vorsehung verhindere dies. Es wäre mein Tod ...«

Nun, es ist nicht ihr Tod, wenn auch ihre Befürchtungen sich schon bald bestätigen. Gefühlsausbrüche dieser Art sind en vogue und haben einen Briefstil kreiert, der in sentimentalen Übertreibungen und exaltierten Phrasen schwelgt.

Am Hof wird die amüsante, verführerische Friederike, die manche Verwirrung stiftete, nur von den Herren vermißt, die Damen trauern ihr nicht nach. Frau von Voß meint sogar: »... vielleicht war dieser Verlust dennoch ein Gewinn für die Königin, und es war besser für sie, die Prinzessin zu entbehren, als wenn dieselbe immer neben ihr geblieben wäre.«

Alle bemühen sich, die Königin aufzuheitern, was nicht allzu schwer fällt. Ihr junges, lebhaftes Temperament mit der Vorliebe für Musik und Tanz, mit der Freude an Zerstreuungen aller Art, tröstet sich schnell. Auch genießt sie die Bewunderung, die ihre Schönheit, Eleganz und die liebenswerte Anmut ihres Wesens überall findet. Es gehört zum guten Ton bei Hofe, für die Königin zu schwärmen, sie anzubeten, ihr nachzueifern.

Und endlich eine Königin, die es versteht zu repräsentieren, wozu der König finanzielle Mittel in großzügigster Weise während der ersten drei Monate des Jahres und bei festlichen Anlässen gewährt. Denn nach wie vor geschieht nichts in seiner nächsten Umgebung ohne seine ausdrückliche Genehmigung. Zu dem Charakterbild, das die Geschichte von ihm geprägt hat, paßt dieser Grundsatz »noblesse oblige« nicht, der ihm in solchen Fällen selbstverständlich war, daher verblaßt in der Rückschau sein Anteil an dem fürstlichen Aufwand im Strahlenglanz von Luises Erfolgen. Doch hätte sich ihr fast genial zu nennendes Talent zur Repräsentation nicht entfalten können, wenn die dem König zugeschriebenen Eigenschaften eines Biedermannes, Banausen und sparsamen Hausvaters den Status des Hofes doktrinär bestimmt hätten. Im Gegenteil, der König ist stolz auf den noblen, weltgewandten Stil der Königin, die Preußen den gesellschaftlichen Rahmen einer Großmacht schenkt, und ist überdies zufrieden, dem Ausland den Anschein sorgloser Neutralität bieten zu können. Daß Preußen keine Großmacht ist, diese Erkenntnis kommt zu spät und teuer zu stehen.

Die Wintersaison 1799 wird dank der Phantasie und dem Elan der Königin und der Generosität des Königs bereits eine der brillantesten, die Berlin je erlebte. Am Ende des Karnevals, am Aschermittwoch, dem 13. März, findet im Opernhaus eine wegen der prunkvollen Ausstattung berühmt gewordene Schau statt: Die Heirat der katholischen Königin Mary von England mit Don Philipp von Spanien, dargestellt von Königin Luise und dem Herzog von Sussex mit einem Gefolge von fünfzig Paaren, alle in prächtigsten Kostümen der Zeit. Die Königin und der Herzog tanzen ein Menuett, alle Mitwirkenden eine Quadrille, einen Contretanz von je zwei Paaren im Dreivierteltakt. Ein berauschender Anblick, der das Publikum zu frenetischem Beifall hinreißt.

Die Vorführung findet auch beim König so viel Anklang, daß beschlossen wird, den Karneval alljährlich mit einem spektakulären Kostümfest zu beenden. Niemand ist glücklicher darüber als die Agierenden selbst, denn begehrt vor allem sind die fröhlichen Proben, die einen Monat vorher beginnen und täglich von elf bis nachmittags vier Uhr dauern, eine angenehme Unterbrechung des gewohnten Alltags. »Sans gène«, wie Luise es liebt, geht es dabei zu, und beim »déjeuner dinatoire« sitzen die Königin und ihre Damen, die Prinzen und Generale mit den Festarrangeuren, dem Tanzmeister und Kapellmeister in bunter Reihe nebeneinander in ausgelassener heiterer Stimmung. Bei dieser Gelegenheit führt zwei Jahre später Graf Wengersky eine Neuerung ein, die begeistert aufgenommen wird: statt an langer Tafel an kleinen Tischen zu speisen. Den Vorteil dieser Variante weiß Luise geschickt zu nutzen, um gelegentlich bei offiziellen Soupers die streng nach Etikette vorgeschriebene Sitzordnung aufzulockern.

So beliebt Luise ist, so gibt es doch auch Stimmen, die einiges zu tadeln finden. Der junge Yorck von Wartenburg, im Geiste der friderizianischen Aera erzogen, trauert dem streng militärischen Zeremoniell des ehemaligen Hofes nach und stimmt nicht ein in das Entzücken über die Königin. Ihr Fuß sei häßlich, behauptet er, ihre Hand zu groß und ihr Einfluß auf den König schädlich. Zu seinem Kreis gehört der ebenfalls stockkonservative Ludwig von der Marwitz, der Luises Eitelkeit rügt.

»Luise liebte den Putz mehr als nötig«, meint er. »Sie konnte dem König nie modisch und elegant genug gekleidet sein. Die Mode war die sogenannte griechische Kleidung. Die Frauenzimmer hatten nur ein Hemde an und ein möglichst dünnes Kleid, in welchem alle Formen sichtbar waren. Die Königin ging in dieser Mode voran.

Gräfin Brühl berichtet in einem Brief an ihren Mann von dem Geburtstagsfest Luises am 10. März 1799 und schreibt unter anderem: »Ich begreife nicht, wie dieser liebe König seiner koketten Frau erlauben kann, sich so anzuziehen, wie sie es tut. Das ist nicht mehr der elegante Anzug eines eleganten Hofes, sondern der einer sehr niedlichen Schauspielerin, dekolletiert nach der Möglichkeit und coiffiert in einer Weise, wie sie nur einer so hübschen Person stehen kann, wie diese allerliebste Königin ist.«

Max von Boehn ergänzt die Mitteilung der Gräfin Brühl über jene Geburtstagsfeier: »Königin Luise war damals in einem weißen Kleide erschienen, hatte nach einer Stunde den Anzug gewechselt, um ihn vor Tisch noch einmal mit einem dritten zu vertauschen.«

Der König nimmt weder Anstoß an der von Luise bevorzugten Garderobe noch an dem Luxus, mit dem sie sich in Szene zu setzen versteht. Auch hierin ist er toleranter als der brave Spießbürger, den man gewohnt ist, in ihm zu sehen. Sein Interesse an Mode hat er bereits bewiesen. Entscheidend beeinflußte er 1797 bei dem Aufenthalt in Pyrmont die Herrenmode, als er in »Pantalon und Stiefeln« sich unter die Brunnengäste mischte. Die Hautevolee beeilte sich, ihn nachzuahmen, und das aus Amerika stammende Vorbild wurde zum Dernier cri der eleganten Herrenkleidung. Strümpfe und Schuhe waren passé.

Nach den turbulenten Wochen des Vergnügens seufzt Luise unter der Langeweile des reizlosen Lebens in Potsdam. Das Schloß hat sie nie geliebt, die hohen Räume, spartanisch einfach möbliert, sind ungemütlich und schlecht zu heizen. Das Frühjahr 1799 ist bitterkalt. Am 1. April schneit es. Luise hat sich im offenen Kamin ein »gewaltiges Feuer« machen lassen mit einem »Berg glühender Kohlen«, nur so gelingt es ihr, warm zu werden. »Gestern erlag ich fast der heftigen Kälte, die alle meine Glieder erstarren ließ ...« Das Wetter macht auch die einzige Abwechslung zunichte, die die Garnisonsstadt bietet, nachmittägliche Fahrten nach Paretz oder auf die Pfaueninsel, um dort die Natur und die Stille zu genießen.

Denn während der Anwesenheit des Königs wimmelt es in Potsdams Straßen von Soldaten, Offizieren und hohen Militärs. Vormittags glaubt man sich mitten in ein Feldlager versetzt. Unentwegte Kommandorufe, ständiges Klirren von Waffen, unaufhörliches Schießen aus Gewehren und Kanonen verursachen einen kriegerischen Lärm, dem man nirgends zu entgehen vermag. Täglich finden Paraden statt. An dem Schauspiel nimmt Luise teil, wenn es ihre labile Gesundheit erlaubt, da sie weiß, daß der König ihr Erscheinen auf dem Exerzierplatz gern sieht. Sie kommt im Wagen oder reitend. »Nie war sie schöner als zu Pferde!« Noch in der Erinnerung, bei der Aufzeichnung ihres Lebens, ist ihm das Bild gegenwärtig. Bei den Militär-Diners zeigt sie sich von ihrer charmantesten Seite, ist aber froh, wenn die wenig anregende Unterhaltung überstanden ist.

Bei den Damen-Tees im Kreise der Offiziersfrauen hingegen ist ihr schon als Kronprinzessin die Gattin des Hauptmannes von Kleist – Cousine des Dichters Heinrich von Kleist – aufgefallen durch Bildung, Klugheit und durch eine sympathische, gefühlsstarke Ausstrahlung, die für Luises Zuneigung ausschlaggebend ist. In Frau Kleist findet sie einen Menschen, der ihrem Verlangen nach geistiger Anregung, das der Bruder in ihr weckte, auf angenehme, ihren Bedürfnissen und Möglichkeiten angemessene Weise entgegenkommt. Langsam entwickelt sich zwischen beiden Frauen eine Freundschaft.

Im Kleistschen Haus wird viel musiziert, Musikabende werden veranstaltet. Luise nimmt die Einladung zu einem dieser Abende an und dankt überschwenglich für die »göttliche und köstliche Soirée, die ich gestern mit Ihnen verlebt habe . . . in so auserlesener Gesellschaft. Ich bin noch heute ganz übermütig und heiter darüber.«

Sobald sie den Pflichten in der Garnisonsstadt entrinnen kann, läßt sie Frau von Kleist rufen mit der Bitte, Lektüre mitzubringen. Jean Paul, den damals vielgelesenen Schriftsteller, lernt Luise durch sie kennen, allerdings ohne ihn sonderlich zu schätzen. Später äußert sie einmal: »Ich liebe nicht dies Amalgam von Trivialem und erhabenen Ideen, diese Mischung von Heiligem und Profanem.«

Immerhin, ein Anfang ist gemacht, der sie in dem Wunsch bestärkt, nicht abseits zu stehen, während eine gewaltige literarische Zeitströmung über Deutschland hinwegflutet. Alle ihre Bemühungen allerdings bleiben im Dilettantischen stekken. Es mangelt ihr an Zeit, an körperlicher Kraft, an Ausdauer und an einer geschulten und schnellen Auffassungsgabe. Überdies wird ihr Urteil immer wieder das Opfer von Gefühlen und moralischen Wertungen. In oft stundenlangen Gesprächen mit Frau von Kleist und in den Briefen an sie erörtert Luise ihre Gedanken und Empfindungen, die Philosophie, die sie sich als Basis für die Bewältigung der Probleme des Daseins zurechtgelegt hat.

»Ich liebe von ganzem Herzen das Gute und alle Tugenden, welche die Seele läutern und uns der Vollkommenheit nähern, aber, meine teuere Freundin, es ist doch so schwer, immer das Beste zu tun! Soviel Unterschiede muß man beachten, soviel Hindernisse überwinden, daß man sich manchmal entmutigt *glaubt,* aber man kann es auch nur *glauben,* denn eine reine Seele, ein edles Herz braucht nur einen Augenblick Überlegung, um frei von Täuschung zu sein und sich zu sagen, daß nur die Übung der Tugend uns glücklich macht, uns die Seelenruhe erhält, und uns Kraft gibt, das Unglück zu überwinden, das das Schicksal für uns bereit halten könnte ...«

Der sehr von sich eingenommene und häufig taktlos anmaßende Schwager der Frau von Kleist, Oberst von Massenbach, fühlt sich ebenfalls bemüßigt, die Königin in ihrem Wissensdrang zu unterstützen. Die Bücher, die er empfiehlt, darunter die in Übersetzung erschienenen Geschichtswerke der Engländer Robertson, Gibbon und Humes, sind fraglos wertvoll und lehrreich. Luise liest, wie sie sich ausdrückt, daß »ihr Hören und Sehen« vergeht. Viel jedoch dürfte nicht hängengeblieben sein, da ihr die Grundlage historischer Zusammenhänge fehlt.

Luises Ambition, sich zu bilden, beobachtet der König mißtrauisch. Ihr natürlicher, sicherer Instinkt, meint er, sei gefährdet, werde lediglich gestört und beeinträchtigt durch die Beschäftigung mit den Schriften der »Modeliteratoren« und durch Gespräche, in denen versucht wird, sie intellektuell zu beeinflussen. Seine Aversion gegen Frau von Kleist wird wachgehalten und fleißig geschürt von der Oberhofmeisterin, die sich zurückgesetzt fühlt. Später richtet sich die heftigste Abneigung des Königs gegen Frau von Berg, Luises beste Freundin, die sie um die Jahrhundertwende kennenlernt. Teils ist es Eifersucht, die ihn quält – ihre Interessen sollen sich ausschließlich auf ihn konzentrieren –, teils Furcht, die Adoration seiner Frau zu verlieren, weil er ihr geistig wenig zu bieten hat, teils wohl auch die Zwangsvorstellung, in einer Konkurrenz mit ihrem Streben womöglich zu unterliegen. Daraus erwächst zum Kummer für beide in ihm ein Trotz, der die Entwicklung seiner Persönlichkeit für Jahre hemmt. Erst Luises Tod, der größte Schmerz seines Lebens, befreit ihn aus den Fesseln seines Glückes, das seine Kräfte bindet, statt sie zu beflügeln. Und so wird zu guter Letzt »dieser prosaische Mensch, der in seinen jungen Jahren an der weinerlichen Plattheit Lafontainischer Romane Gefallen fand, schließlich der Mäcenas seines Hauses, ein Beschützer der Künste und Wissenschaften wie kein anderer unter den Hohenzollern ...« – (Treitschke)

Gewiß fällt es Luise oft schwer, die königlichen Launen mit Geduld zu ertragen, so daß sie einmal schreibt: »Diese goldene Kette macht mir kein Vergnügen, denn sie kostet mich Tränen.« Tränen einer momentanen Stimmung. Sie verfliegt rasch. Luise mit ihrer stets wachen Lebenslust vergißt alltägliche Reibereien schnell, ihr Wesen strebt nach Ausgleich und Harmonie. Sie braucht nur abzuwägen, was sich im allgemeinen hinter der Kulisse der Höfe – Regensburg, Hildburghausen, Weimar, Braunschweig, um lediglich die zu nennen, die ihr nahestehen – abspielt, und sie weiß, was es bedeutet, einen treuen, zuverlässigen Ehemann zu haben. Einen Gatten, der, wenn er es auch häufig an Liebenswürdigkeit fehlen läßt, doch immer wieder bemüht ist, ihr Freude zu bereiten. So überrascht er sie im Frühjahr 1799 mit dem in allen Einzelheiten bereits vorbereiteten Plan einer sechswöchigen Reise, auf der sie ihre nächsten Verwandten wiedersehen wird, ferner Darmstadt und Frankfurt, Städte, an die sich viele ihrer gemeinsamen Erinnerungen knüpfen.

»Nun denke Dir diesen Beweis seiner Liebe gegen mich zu allem anderen«, (bester Georg!) »und empfinde lebhaft was mein Herz gegen diesen edlen, durchaus rechtschaffenen guten Mann empfindet ...«

Das Familientreffen findet in Hildburghausen statt. Alle sind schon versammelt, die Großmutter, nun siebzigjährig, der Vater, Bruder Georg und Stiefbruder Karl, die Schwestern Charlotte, Therese – sogar Friederike und neun Nichten und Neffen, als Luise am 2. Juni eintrifft. Ohne Friedrich Wilhelm, der inzwischen die Truppen in Westfalen inspiziert.

Friederike verdankt ihre Anwesenheit so kurze Zeit nach der Trennung der Großzügigkeit des Königs, der ihre Teilnahme genehmigte. Sehr zum Verdruß der von dem Skandal betroffenen Höfe, die die schnelle Versöhnung mißbilligen. Daß Luises kindhafte Beziehung zu Friederike einen unheilbaren Riß hat, ahnt noch niemand, vermutlich Luise selbst nicht. Doch ihre Entwicklung geht eigene Wege, nähert sie der viel klügeren und gebildeteren Therese. Auf die Dauer bleibt die Wandlung Friederike nicht verborgen, schmerzt und kränkt sie, aber die verspielte Vertrautheit der Jugend ist endgültig vorüber, und mehr vermag sie nicht zu geben.

Der Aufenthalt der preußischen Königin in Hildburghausen lockt Ströme von Fremden in das Städtchen, wenn auch Luise nur aus respektvoller Entfernung zu beobachten ist während der Spaziergänge im Park. Jean Paul, ein häufiger Gast im herzoglichen Schloß, wird ihr vorgestellt.

Nach fünf Tagen reist Luise in Begleitung Charlottes, Thereses, Friederikes und Georgs weiter über Eisenach nach Kassel, wo der König sie erwartet. Erstaunlich das Interesse, das ihr Erscheinen in dem sonst so zurückhaltenden »Reich« auslöst. Die Göttinger Studenten marschieren in der Nacht vom 8. auf den 9. Juni auf der Landstraße, die »von Kutschen, Reitern, Menschen und Karren bedeckt war, daß man hier einer Völkerwanderung oder Emigration beizuwohnen schien«, nach Kassel, um auf der Wilhelmshöhe die Königin zu sehen und ihr zuzujubeln. Das »Ätherische ihrer Gestalt« entzückt schwärmerische Jünglinge. Doch ist die Schwärmerei auch damals nicht jedermanns Sache. Der aparte Reiz der Fürstin von Thurn und Taxis lenkt viele der neugierig bewundernden

Blicke auf sich. »Wer das Pikante dem Feinen vorzieht, würde ihr den Apfel reichen«, meint ein junger Aesthet. Therese muß in der Tat sehr schön gewesen sein mit dem vollen schwarzen Haar, den blauen, ein wenig grünlich schillernden Augen, den klaren, regelmäßigen Zügen und dem matten, leicht getönten Teint.

Das nächste Ziel sind die Markgrafschaften Ansbach-Bayreuth, damals preußisch. Dort findet der erste Kontakt zwischen Luise und Hardenberg statt, dem späteren preußischen Staatskanzler, der im Haus ihrer Eltern in Hannover verkehrt hat, als ihre Mutter noch lebte. Karl August von Hardenberg, neunundvierzig Jahre alt, eine Persönlichkeit von außergewöhnlichem Format, von bestechendem Äusseren, chevaleresk, verbindlich, dabei kein Ja-Sager. Ein Mann, der weiß, was er will, was geschehen muß. Ein Mann, der Vertrauen einflößt. Er ist Luise sofort sympathisch. Im Laufe der Jahre lernt sie ihn mehr und mehr schätzen und noch über den Tod hinaus bindet sie ihn an den König und an die Geschicke Preußens.

Weiter geht es über Würzburg nach Darmstadt. Die ganze Stadt ist auf den Beinen, die Geschwister zu begrüßen und zu feiern. »Jedes Zimmer im Palais der Großmutter erhielt einen besonderen Besuch.«

In Frankfurt gibt die Kaufmannschaft einen Ball im Roten Haus, wo König Friedrich Wilhelm II. vor sechs Jahren residierte, froh über die Verlobung seiner beiden ältesten Söhne, stolz auf die bildhübschen Bräute. Erst sechs Jahre ist es her! Welch ein Wechsel der Szenerie!

Die drei jüngeren Geschwister haben die glücklichen Kindheitstage im Haus am Hirschgraben bei Frau Aja nicht vergessen. Und so kann Goethes Mutter ihrem Sohn in einem ihrer originellen Briefe berichten:

». . . mir ist eine Ehre widerfahren die ich nicht vermuthete – die Königin ließ mich durch Ihren Bruder einladen zu Ihr zu kommen . . . – um 6 Uhr holte er mich in einem Wagen mit 2 bedinten hintenauf in den Taxischen Palast – die Königin unter hielt sich mit mir von vorigen Zeiten – erinnerte Sich noch der vielen Freuden in meinem vorigen Hauß – der guten Pannkuchen u.s.w. Du lieber Gott! was so etwas vor Wirkung auf die Menschen macht! Das war gleich in allen Coffe und Weinhäußern in großen und kleinen Gesellschaften – es wurde in den ersten Tagen nichts anderes geredet als die Königin hat die Frau Rath durch den Erbprinzen von Mecklenburg zu sich holen laßen – und wie ich Strapaziert wurde alles zu erzählen was alles da wäre abgehandelt worden mit einem Wort ich hatte einen Nimbus ums Haupt der mir gut zu Gesichte stand ...«

Auf den ersten Stationen des Rückweges verlassen Charlotte und Friederike die Reisegesellschaft, Therese und Georg begleiten Schwester und Schwager nach Weimar. Zu Ehren der Gäste wird am 2. Juli *Wallensteins Tod* gegeben. Zu der Aufführung kommt Schiller aus Jena herüber. Auf dem anschließenden Empfang unterhält sich Luise mit ihm. Sie sei »sehr geist- und gefühlvoll in den Sinn seiner Dichtung eingegangen«, äußerte er Körner gegenüber. Auch Goethe und Wieland sind Luise an diesem Abend vorgestellt worden. Auf Goethe scheint sie keinerlei Eindruck gemacht zu haben.

Während Therese in Weimar zurückbleibt, verläßt das Königspaar die Stadt am nächsten Tag. Der Herzog, der seine Gäste noch ein Stück des Weges begleitet, reitet neben dem Wagen der Königin, als auf einer steilen Abfahrt der bremsende Hemmschuh des Wagens bricht. Die erschreckten Pferde beginnen durchzugehen. Da ersticht der Herzog geistesgegenwärtig das Handpferd, wodurch der Wagen zum Stehen gebracht und ein schwerer Unfall tatsächlich vermieden wird. Daß der Herzog dann die Königin auf seinen Armen aus dem noch schwankenden Wagen hebt, findet die gestrenge Oberhofmeisterin, die die Episode erzählt, »im Grunde überflüssig«.

Das Endziel Charlottenburg wird am 8. Juli erreicht. Im Sommer bieten das Schloß und der Park den angenehmsten Aufenthalt. Auf der Terrasse wird gefrühstückt, im

Schatten der Bäume der Tee eingenommen. Die Kinder genießen das freie Umhertollen auf den weiten Rasenflächen. Im Herbst zum Erntedankfest ist die königliche Familie in Paretz.

Am 14. Oktober wird Luise von einer Tochter entbunden. Das fünfte Kind, getauft auf den Namen Friederike. Es stirbt bereits am 30. März 1800.

Im Familienrat ist beschlossen worden, daß Georg seine Studien in Berlin fortsetzt, die er in Rostock vernachlässigt hat. Schuld daran ist eine junge Dame, Fräulein Grebe, die er liebt, leidenschaftlich liebt, wie er behauptet und zu heiraten wünscht. Der Vater erklärt strikt, daß er seine Einwilligung zu der Ehe nie erteilen würde, und hält es wohl auch deshalb für besser, daß der Sohn Rostock verläßt.

Anfangs haben Freunde und offenbar sogar die Schwestern die Jugendliebe Georgs unterstützt, vermutlich, weil niemand glaubte, daß sie sich zu einem ernsthaften Konflikt ausweiten würde. Als dies geschieht, warnt Luise den Bruder in einem Brief, der zeigt, mit welch kraftvoller Überzeugung sie den dynastischen Gesetzen verhaftet ist, die sie repräsentiert.

»Ich bitte Dich um Gottes willen, ermanne Dich und spreche mit Dir, wie es einem Manne ziemt, der Festigkeit hat und lasse Dich nicht so gehen wie ein Romanheld. Denke, Du lebst in einer wirklichen Welt, dessen Vorurteile in die einmal gesetzte Ordnung Du Dich so gut unterordnen mußt wie alle andere Menschen. ... Ich sehe unzählige Chagrins für Dich in Zukunft, deren ich Dich gern überhoben sehen möchte, jetzt wo es noch Zeit ist. Höre auf meine Stimme, höre mein Flehen, Du wirst es *nie, nie* bereuen ... Wenn jedermann nach seinem Gang handeln wollte, jeder seinen Neigungen folgen; was würde da aus uns allen werden. Hätte ich nicht so gut wie Du eine Leidenschaft fassen können zu jemandem, der nicht von meinem Stande gewesen wäre, was hättest Du dann dazu sagen wollen, wenn ich von unüberwindlicher Leidenschaft gesprochen hätte wie Du jetzt ... Sei vollkommen überzeugt, daß ich bei allem nicht an mich dachte, *aber an Dich*, an unseren *guten Vater*, an alle die Hindernisse *nahe* und *ferne*. Gott, wodurch kann ich nur meiner Stimme Gewicht geben. Denke an meine Freundschaft, denke an die Zärtlichkeit, die ich für Dich habe und überlese noch einmal meinen Brief und sage Dir, was hat sie dazu bewegen können, mir diesen erschütterten Brief zu schreiben? . . .«/

Der Erbprinz löst sich um die Mitte des Jahres 1800 von der nicht ebenbürtigen Freundin.

»Mein Vater blieb fest, das Vorurteil war stärker als die Natur«, schreibt er im August an Frau von Berg, die Vertraute Luises, die auch ihm nahesteht, »mit einem Wort die Umstände zwangen mich zu *brechen* . . .«

So sehr Luise sich freut, den Bruder für längere Zeit täglich um sich zu haben – er wohnt in dem durch einen Gang mit dem Kronprinzenpalais verbundenen kleinen Palais, das seit dem Tod des Prinzen Ludwig leersteht –, so peinigt sie doch der Gedanke, er könne in dem Strudel der Vergnügungen, weich und nachgiebig, wie er von Natur ist, den Halt unter den Füßen verlieren. Der Erbprinz selbst hat, als er von dem Skandal hörte, den Friederikes Liebschaft verursachte, zornig über das »verfluchte Schlaraffenleben« in Berlin gewettert, bei dem auch »ein Heiliger in Gefahr komme«. Gerade das ist es, was sie nun für ihn selber fürchtet.

/». . . eins, lieber George, und dies lege ich Dir sehr am Herzen, hoffe und fordere ich von Dir, daß Du keine Ausschweifung keiner Art begehest; dieses wäre das sichere Mittel, uns auf ewig zu entzweien, und Du würdest in mir die kälteste, fremdeste Person finden, so wie Du jetzt keine wärmere Freundin hast; Du würdest Dir meines Mannes ganze Verachtung zuziehen und die übelste Lage Dir bereiten. Im Monat Januar kommen gerade die Geburtstage der Königin und des Königs von Engeland vor, die mit großen Diners und entsetzlichem Saufen begleitet sind, wodurch andere horreurs entstehen; wenn ich so etwas an Dir erlebte, ich heulte und schämte mich tot . . .«/

Georg gibt keinerlei Anlaß zu Klagen. Überall gewinnt er schnell Sympathien durch sein liebenswürdiges Wesen und seine Anpassungsfähigkeit. Die Damen und Herren des Hofstaates schätzen ihn, weil er gesprächig und fröhlich die so langweiligen Teestunden und Mahlzeiten belebt und immer guter Laune den König aufheitert.

Seine Studien betreibt Georg auch in Berlin nicht allzu eifrig, Fleiß und Ausdauer sind nicht seine Stärke. Mit einem beginnenden Ohrenleiden, das im Alter zur Schwerhörigkeit führt, entschuldigt er sich gern, wenn er den Vorlesungen über Rechtswissenschaft und Finanzwirtschaft, die er belegt hat, fernbleibt. Musisch veranlagt, vor allem sehr musikalisch wie sein Vater, versäumt er keine Opernaufführung.

Zweifellos hat er, auch ohne Anstoß zu erregen, sein Leben in Berlin genossen. Er entwickelt sich zu einem homme à femmes, viele Affären werden ihm nachgesagt. Zur Ehe allerdings kann er sich nach dem ersten mißglückter Versuch lange nicht entschließen, erst mit achtunddreißig Jahren heiratet er – standesgemäß. 1802 verläßt er Berlin wieder. Ganz seinen Neigungen und künstlerischen Interessen lebend, bereist er die Schweiz und Italien, nimmt längeren Aufenthalt in Rom, wo er für die preußische Residenz Kunstwerke ankauft. Im Humboldtschen Haus ist er ein gern und oft gesehener Gast.

Zwölftes Kapitel

Am 9. Oktober 1799 landet Napoleon Bonaparte in Fréjus. Selbstherrlich hat er einen Schlußstrich unter das ägyptische Abenteuer gezogen und heimlich die Armee am 22. August verlassen, drei Wochen nach der Schlacht vor Abukir, in der Nelson die französische Flotte vernichtend geschlagen hat.

Sein nüchternes Kalkül: Mit dem Seesieg gewinnt England die Herrschaft über das Mittelmeer, somit ist die französische Streitmacht von Europa abgeschnitten und der Feldzug verloren. Seine Zeit ist kostbar, zu kostbar für ein mißglücktes Unternehmen. Also läßt er das Heer im Stich, schifft sich ein und entgeht wie durch ein Wunder den Briten, die die mediterranen Gewässer bereits überwachen.

Eine Woche später ist er in Paris.

Wieder hat er Glück. Käme er als Sieger und Held, er könnte nicht jubelnder empfangen werden. Ägypten? Wer fragt schon danach?! Populär war die Expedition nie, nicht einmal die Katastrophe von Abukir hat die Gemüter sonderlich erregt. Doch auf die Erfolge der neuen Koalition – Österreich, England, Rußland – während Napoleons Abwesenheit in Italien und Deutschland reagieren die Volksmassen sehr empfindlich. Napoleon mit seinen Siegen hat sie verwöhnt, ihm vertrauen sie. Das Regime der Jakobiner wird man nach und nach leid.

Auch Talleyrand begrüßt Napoleons Rückkehr. Man hat ihn gerade als Außenminister abserviert wegen einer jener unseligen Affären, die damals an der Tagesordnung sind und die Luft verpesten. Er geht mit der Gewißheit wiederzukommen, unbeeindruckt, gelassen. Endlich hat er Zeit, über die Zukunft Frankreichs in Ruhe gründlich nachzudenken.

Der Plan, für den Thron der Bourbonen einen Anwärter im Ausland zu finden, ist gescheitert.

Das Direktorium, schlaff, ideenlos, korrupt, siecht dahin. Die schwindenden Kräfte irritieren, man spielt mit dem Gedanken an eine neue Schreckensherrschaft.

Das Resultat des Friedens von Campo Formio, die Annexion des linken Rheinufers, ist in Frage gestellt durch die militärischen Rückschläge des Jahres.

Dabei lechzt das Land nach Frieden und innerer Ruhe.

Es bedarf eines Mannes von staatsmännischem Format, der gleichzeitig die Armee hinter sich hat, um aufzuräumen und neu anzufangen. Talleyrand hat längst erkannt, daß Napoleon der einzige unter den Generalen ist, in dem mehr steckt als ein genialer Heerführer. Er besitzt Weitblick, Kühnheit der Konzeption, Phantasie, Ehrgeiz und einen sechsten Sinn für die Erfordernisse des Augenblicks.

Genau im richtigen Moment taucht er auf.

Von nun an organisiert Talleyrand systematisch den Sturz der Direktorialregierung.

Am 9. November 1799, am Tag des Staatsstreiches, ist er es, der Barras zur Demission zwingt, während Napoleon, in St. Cloud von dem Rat der Alten für vogelfrei erklärt, zitternd vor Wut, leichenblaß, keines Wortes mächtig, einer Ohnmacht nahe, die ganze Aktion fast zum Scheitern bringt. Lucien, sein Bruder, rettet die Situation, holt Hilfe. Grenadiere dringen in den Saal, die Abgeordneten fliehen durch Fenster und Türen. Die Konsularregierung wird am gleichen Abend mit allen erforderlichen Vollmachten ausgestattet.

Sie beginnt mit drei Konsuln: Sieyès, Ducos, Bonaparte.

Am 21. November bezieht Talleyrand nach einem Interim von vier Monaten wieder seinen Posten als Außenminister. Sehr bald spricht er vom »Ersten Konsul«, er soll alle Macht in seinen Händen vereinigen. Er spricht nur aus, was Napoleon insgeheim denkt und erstrebt. Ein guter Berater, solange ihre Ziele die gleichen sind. Ihre Haß-Liebe, durchtränkt von Intrigen, Heuchelei, Verrat, hält jahrelang Europas Schicksal in Atem.

Einstweilen jedoch bestätigt sich Talleyrands Prognose: der junge Mann (Napoleon ist dreißig Jahre alt, Talleyrand fünfundvierzig) bewährt sich. Die Konsulatsjahre sind die fruchtbarsten und aufbauendsten der napoleonischen Aera. »Der stolzeste, der gescheiteste, der bestgeordneteste Despotismus der neuen Geschichte (Treitschke)« sorgt für Sicherheit und wird zum Garanten einer lang entbehrten ruhigen Entwicklung. Schnell erholen sich Handel und Gewerbe, unterstützt von einer strengen Rechts- und Finanzpflege. Die neuen Eigentumsverhältnisse werden gesetzlich verankert. Alles zum Wohl des Volkes! Von den großen Bestrebungen der Revolution allerdings, der Beteiligung des Volkes an der Regierung, ist nicht mehr die Rede. In dem kleinen, hageren, energiegeladenen Korsen verkörpert sich für Frankreich der Ruhm der Nation.

Nach seiner Ernennung zum Konsul begibt sich Napoleon unverzüglich zu den Truppen, um die erlittenen Schlappen wettzumachen. Sein Sieg bei Marengo am 14. Juni 1800 und der von Moreau bei Hohenlinden beenden den Krieg zugunsten Frankreichs. Die ohnehin zerstrittene Koalition löst sich auf. Zwischen Frankreich und Österreich wird am 9. Februar 1801 der Friede von Luneville unterzeichnet. Zum zweitenmal erhält Frankreich das linke Rheinufer, 1150 Quadratmeilen mit fast vier Millionen Einwohnern. Der siebente Artikel der Friedensbedingungen verpflichtet das Reich, die Erbfürsten innerhalb seiner Grenzen zu entschädigen. In facto werden die durch den Säkularisierungs- und Mediatisierungsprozeß freigewordenen Gebiete von Napoleon im Hinblick auf seine politischen Pläne verteilt, beziehungsweise von Talleyrand und seinen Helfershelfern.

Kein schönes Kapitel in der deutschen Geschichte.

Paris begleitet den Beutezug der Fürsten oder ihrer Beauftragten mit spöttischen Kommentaren und witzigen Karikaturen. Eine Versteigerung großen Stils, um jeden Landfetzen wird gefeilscht, ohne Anspruch wird hemmungslos gefordert, echte und falsche Unterhändler erhalten Unsummen, oft genug prellt der Meistbietende den ärmeren Teufel, der vergebens auf sein Recht pocht. Um den Schein einer Reichsautorität zu wahren, wird der Besitz der erhandelten Gebiete erst rechtskräftig durch die Vorlage einer Aufstellung aller Neuerwerbungen beim Reichsdeputationshauptschluß. Nach Genehmigung trifft dann die kaiserliche Ratifikationsurkunde am 27. April 1803 in Regensburg ein. Hundertundzwölf Kleinstaaten verschwinden von der Landkarte, von den zahlreichen Reichsstädten bleiben nur die sechs größten, von den geistlichen Ständen nur drei übrig. Alles von Napoleons Gnaden! Und ihm, dem Spiritus rector der längst fälligen Neuordnung, gebührt obendrein Dank! Der späteren deutschen Aufbauarbeit hat er wertvolle Dienste geleistet, während das Heilige Römische Reich Deutscher Nation in den letzten Zügen liegt. Mühsam schleppt es sich durch weitere drei Jahre. In einer kurzen Erklärung gibt Franz II. am 6. August 1806 bekannt, daß er die Reichskrone niederlege und fortan als Kaiser Franz I. von Österreich sein Land regieren werde.

Preußen erhält für 48 Quadratmeilen mit 117 000 Einwohnern auf dem linken Rheinufer rechtsrheinisch eine Entschädigung von 240 Quadratmeilen mit 600 000 Einwohnern: die Bistümer Hildesheim und Paderborn, einen Teil von Münster mit Erfurt und verschiedene Reichsstädte. Insgesamt etwa das fünffache seines Verlustes. Würzburg und Bamberg allerdings, die Preußen forderte, fallen an Bayern, das Napoleon hofiert. Ein allzu großer Machtzuwachs Preußens ist nicht in seinem Sinn.

Den Verzicht auf die beiden Fürstbistümer könnte Preußen leicht verschmerzen, wenn sich das viel bedeutendere Projekt, in den Besitz Hannovers zu gelangen, realisieren ließe. Napoleon hat bereits mehrmals dem König Hannover als Ersatz angeboten, da ihm der kontinentale Stützpunkt der Briten ein Dorn im Auge ist. Friedrich Wilhelm lehnte jedesmal ab. Er befürchtete mit Recht Konflikte mit England, mißtraute jedoch auch von Anfang an Napoleons menschlicher und politischer Fairness.

Als er dann aber vom Zaren Paul I., der, schon an der Grenze des Wahnsinns, plötzlich seinen Haß gegen Albion entdeckt, ebenfalls gedrängt wird, Hannover zu besetzen mit dem Hinweis, daß sonst die Franzosen es okkupieren, läßt er im Einvernehmen mit Rußland seine Truppen in Hannover einmarschieren. Am 2. April 1801 – genau im falschen Augenblick!

Am Abend desselben Tages gibt der russische Gesandte in Berlin, Baron Krüdener, Gatte der später durch ihre pietistischen Neigungen bekannt gewordenen Juliane von Krüdener, dem Königspaar einen Ball. Während des Diners meldet man ihm einen Kurier aus Petersburg. In seinem Arbeitszimmer übergibt ihm dieser ein Schreiben des Zaren, in dem ohne ersichtlichen Grund die sofortige Kriegserklärung an Preußen gefordert wird.

Alle Welt weiß, daß die Geisteskrankheit Pauls immer gefährlichere Formen annimmt, aber ein Diplomat ist verpflichtet, kaiserlichen Befehlen umgehend Folge zu leisten. Seltsam nur die Schlußbemerkung, die Graf Pahlen, seit 1800 russischer Außenminister, der Depesche angefügt hat: »Seine Majestät befindet sich nicht wohl, es mag morgen anders sein.«

Ein Wink, zu schweigen und abzuwarten? Seine Karriere, vielleicht sogar sein Leben steht auf dem Spiel.

Krüdener schweigt.

Schon am nächsten Tag trifft die Nachricht vom Tod Pauls I. ein.

Das Gerücht seiner Ermordung sickert schnell durch, verdichtet sich zur Gewißheit. Tatsache ist, daß er in der Nacht vom 23. auf den 24. März nach hartem Kampf – er war ein großer und kräftiger Mann – in einem Armstuhl seines

Schlafzimmers erdrosselt wurde. Pahlen schmiedete das Komplott, ließ Alexander im Glauben, der Vater werde lediglich gezwungen, die Regentschaft auf ihn, seinen ältesten Sohn, zu übertragen, um weiteres Unheil zu vermeiden. Sicherer erschien Pahlen und seinen vier Verschworenen der Tod des wahnwitzigen Despoten.

Die Malerin Vigée-Lebrun, Portraitistin der europäischen Hocharistokratie, befindet sich damals in Rußland. Sie reiste nach Moskau und kehrte zwei Tage nach der Ermordung Pauls nach Petersburg zurück.

»Ich fand die Stadt in einem wahren Freudentaumel; es wurde getanzt, gesungen, man umarmte sich auf offener Straße. Mehrere meiner Bekannten kamen an meinen Wagen gelaufen, drückten mir die Hände und riefen: Welche Befreiung! Erlösung! Man erzählte mir, am Abend des Tages zuvor wären die Häuser illuminiert gewesen. Mit einem Wort, der Tod des unglücklichen Fürsten erregte allgemeinen Jubel. Die besonderen Umstände des furchtbaren Ereignisses waren jedem bekannt ...«

Kein Jubel herrscht in Preußen. Der Thronwechsel stürzt den König in neue Sorgen. Wenn Alexander die englandfeindliche Politik Pauls nicht weiterverfolgt, fällt der Rückhalt des russischen Schutzes für die Armee in Hannover fort. Wie wenig dieser Schutz wert war, erfährt der König, als Krüdener sein Geheimnis preisgibt. Er erntet für sein umsichtiges und mutiges Verhalten viel Anerkennung.

Der junge, kluge, tatkräftige Zar Alexander hält nichts von der letzten fixen Idee seines Vaters, die Machtstellung der Briten zu attakieren. Kurzerhand wirft er das Steuer herum und verständigt sich mit England. Wieder einmal ist Preußen isoliert. Friedrich Wilhelm zieht die Konsequenz und gibt im Oktober 1801 den Befehl, Hannover zu räumen.

Sein erster Versuch, von der sturen Neutralitätspolitik abzuweichen, ist ein mißglücktes Experiment. Seine instinktive Aversion gegen das unberechenbare Frankreich veranlaßt ihn, zunächst eine Annäherung an Österreich zu suchen, ein

Vorhaben, das, durch Ressentiments stark belastet, wenig erfolgversprechend ist.

Daher bleibt nach wie vor, trotz der anfänglich ungünstigen Auspizien, sein Blick nach Osten gerichtet, wenn er sich suchend umschaut nach einer verläßlichen Freundschaft mit einer Großmacht. Und der Zufall bietet die Möglichkeit der Verständigung ganz im Sinne des Königs, dem menschliche Sympathien stets ein Unterpfand sind für Treu und Glauben.

Die zweite Tochter des Zaren Paul und der Zarin Maria Feodorowna, am 24. Dezember 1784 geboren und getauft auf den Namen Helene Paulowna, wird mit vierzehn Jahren und zehn Monaten, am 23. 10. 1799, mit dem Erbprinzen Friedrich Ludwig von Mecklenburg-Schwerin, zwanzig Jahre alt, verheiratet. Erst als er zur Verlobung nach Petersburg kommt, lernt sie ihn kennen. Die blutjunge Großfürstin ist »eine bezaubernde Erscheinung, schlank von Wuchs, nicht groß, aber von seltenem Ebenmaß der Formen, anmutig in allen ihren Bewegungen. Das Antlitz, von regelmäßigem Oval mit sinnend blickenden Augen, einer edel geformten, von blondem Lockenhaar umrahmten Stirn, hat einen ungemein anziehenden Ausdruck«, so Ludwig von Hirschfeld in seinen *Alt-Mecklenburgischen Erinnerungen*.

Der Großfürstin gelingt es, selbst den Erbprinzen, ihren Bräutigam, zu bezaubern: »Mein Herz ist so voll von frohen Eindrücken, daß ich kaum Worte finden kann, mein Glück zu schildern. Billig sollte ich Ihnen, lieber Vater, vor allem andern von der göttlichen Großfürstin reden; allein dann würde ich nicht wieder aufhören können. Denn in Wahrheit: Worte sind nicht fähig, Ihnen eine Beschreibung von ihrer Schönheit und Liebenswürdigkeit zu machen. Ich bin der glücklichste Mensch von der Welt. Dies möge alles ausdrücken, was die Zeit mir nicht erlaubt hinzuzusetzen.«

Die Großfürstin ist russisch-deutscher Abstammung durch die Mutter, eine württembergische Prinzessin, jene, die, verlobt mit dem Erbprinzen von Hessen-Darmstadt, von Friedrich dem Großen kurzerhand mit dem Zarewitsch verheiratet wurde. Helene lebt sich schnell in der neuen Heimat ein. Ihr einfaches, natürliches Wesen gewinnt überall Sympathie. Im Herbst 1800 wird ein Sohn geboren, der spätere Großherzog Paul.

Zu den Karnevalfestlichkeiten trifft das erbprinzliche Paar am 27. Januar 1801 in Berlin ein. Zwischen »la belle Hélène«, wie der Hof die Prinzessin nennt, und Königin Luise entwickelt sich eine herzliche Zuneigung, und selbst der König, im allgemeinen konventionell und zurückhaltend, ist hingerissen von ihrem Charme. Seine Verliebtheit, aus der er keinen Hehl macht, beunruhigt Luise nicht. Sie freut sich der Aufgeschlossenheit und Bereitwilligkeit, mit denen er an allen Vergnügungen teilnimmt. Von Eifersucht keine Spur!

»Ich bin jederzeit sehr empfänglich für weibliche Anmuth und Reize gewesen«, gesteht Friedrich Wilhelm in den Aufzeichnungen über seine Frau, ». . . In der ersten Hälfte unserer Ehe gab diese Neigung Stoff zu allerley kleinen eifersüchtigen Szenen . . . Späterhin fielen dergleichen Auftritte auch fast gänzlich hinweg, da Sie sich überzeugt hielt, daß meine Liebe zu ihr durch nichts in der Welt mehr wankend zu machen wäre, ja selbst würde Sie, wenn ich mich auch würklich einmal weiter vergessen hätte, als es geschehen, mir gern durch die Finger gesehen haben. Indeßen hatte Sie es nicht nöthig . . .«

Die Karnevalsveranstaltungen in Berlin erfreuen sich bereits eines exzellenten Rufes, sind eine Attraktion für viele Fürstlichkeiten, Diplomaten und Persönlichkeiten von gesellschaftlichem Rang. Unter den Prominenten: Louis Bonaparte, der jüngere Bruder Napoleons. Er amüsiert sich großartig, es bedarf meherer Aufforderungen des Ersten Konsuls, um ihn zur Rückkehr nach Paris zu bewegen. Höhepunkt und Abschluß der turbulenten Festwochen ist der Ball am 10. März, am Geburstag der Königin. Am 19. März nehmen der Erbprinz und »la belle Hélène« Abschied von ihren Gastgebern. Die Nachricht von der Ermordung Zar Pauls, des Vaters der Erbprinzessin, trifft zwei Wochen später ein.

Zar Alexander kündigt in einem formvollendeten höflichen Schreiben Friedrich Wilhelm die Übernahme der Regierungsgeschäfte an. Preußen ist er nicht sonderlich gewogen, aber auch nicht feindlich gesinnt.

Im Sommer reisen der Erbprinz und seine Frau nach Petersburg, da Helene nach der Tragödie des Vaters die Mutter und den Bruder in seiner neuen Würde wiedersehen möchte. Noch sind sie erfüllt von den Eindrücken der erlebnisreichen Zeit in Berlin und ihrer herzlichen Beziehung zur königlichen Familie. Ihre Erzählungen wecken ein spontanes Interesse in Alexander für das preußische Königspaar. Auch er ist wie sie kein Freund des höfischen Zeremoniells. In den Gesprächen mit Schwester und Schwager wird zum erstenmal die Möglichkeit einer Begegnung beider Herrscher gestreift. Eine Anregung, die der Erbprinz aufgreift und dem König weitergibt, als er und seine Frau die Rückreise in Berlin im Oktober 1801 unterbrechen. Mehr denn je ist Friedrich Wilhelm entzückt von der Grazie, dem Liebreiz, der Eleganz der erst sechzehnjährigen Prinzessin, mit der er in der Zwischenzeit eine Korrespondenz angeknüpft hat, die unerwartete Seiten in ihm entdecken läßt. Eine Sprache, die er Luise gegenüber nie gefunden hat, humorvoll, weich, fast zärtlich in seinem Faible für die »fée bienfaisante«.

Unterdessen ist in Charlottenburg im Juni 1801 wieder ein Prinz geboren worden, nach Luises Vater Karl genannt.

Aus jener Zeit stammt die wenig bekannte Schilderung, die Vigée-Lebrun in ihren Memoiren der Begegnung mit Königin Luise gewidmet hat. Auf der Fahrt von Petersburg nach Paris bleibt sie einige Wochen in Berlin. Die Königin, benachrichtigt von ihrer Ankunft, bittet sie nach Potsdam zu kommen, da sie wünsche, von ihr gemalt zu werden.

»Ich reiste dahin; aber nun fühle ich, daß meine Feder nicht imstande ist, den Eindruck zu schildern, den diese Fürstin auf mich machte, als ich sie das erstemal sah. Der Zauber ihres himmlischen Gesichtes, das Wohlwollen und Güte ausdrückte, die so zarten und regelmäßigen Züge, die Schönheit ihrer

Gestalt, ihres Halses, ihrer Arme, die blendende Frische ihrer Hautfarbe, mit einem Wort, alles an ihr übertrifft noch das Zauberhafteste, was man sich denken kann ... Die Krone von schwarzen Jetperlen auf dem Haupte, hob, weit entfernt davon nachteilig zu wirken, die blendende Weiße ihrer Hautfarbe nur noch mehr hervor. Man mußte die Königin von Preußen gesehen haben, um zu begreifen, daß ich bei ihrem Anblick wie verzaubert dastand.

Sie bestimmte mir den Tag für ihre erste Sitzung. Ich kann sie Ihnen, sagte sie, nicht am Vormittag festsetzen, denn der König, der alle Morgen um zehn Uhr Revue passieren läßt, liebt es, wenn ich zugegen bin. ... Der Aufenthalt in Potsdam war ein wahrer Genuß für mich, denn je mehr ich die reizende Königin kennen lernte, desto mehr empfand ich das Glück, ihr nahe sein zu dürfen. Sie wünschte die Studienköpfe des Kaisers Alexander und der Kaiserin Elisabeth zu sehen ... Ich kann es gar nicht beschreiben, mit welcher Anmut sie mir ihre Zufriedenheit bezeigte. ... Während einer unserer Sitzungen ließ die Königin ihre Kinder hereinbringen; sie zeigte sie mir und sagte: ›Schön sind sie nicht.‹ Ich gestehe, daß ich nicht die Stirn hatte, es in Abrede zu stellen und begnügte mich damit zu antworten, daß sie ausdrucksvolle Gesichtszüge hätten.«

Dazu die Fußnote: »Die Kinder haben sich seit der Zeit außerordentlich zu ihrem Vorteil verändert. Die Prinzessin, die nun Kaiserin von Rußland ist, hat sich sehr verschönt.«

Bemerkenswert die Objektivität, mit der Luise ihre Kinder beurteilt. Sie ist nicht vernarrt in sie, vernachlässigt sie aber auch nicht, wie das damals an Fürstenhöfen häufig der Fall ist. Sie ist eine ausgezeichnete Mutter – aufopfernd in Krankheitsfällen –, ohne vorbildliche Erzieherin zu sein, dazu ist sie zu inkonsequent und gefühlsbetont. Außerdem bleibt sie immer in erster Linie Frau. Von ihrer Kunst des Ausgleichs hängt, wie sie genau weiß, die Harmonie der Ehe ab und damit das Glück des Familienlebens.

Die Kinder wachsen in nestwarmer Atmosphäre auf, frei, fröhlich, unbekümmert ihre Kindheit genießend wie Luise einst in Darmstadt ihre Jugend. Von frühauf bemüht sie sich, mit ihnen vernünftig zu sprechen, Einsicht und Verständnis herauszufordern für das, was von ihnen verlangt wird. Sie vergißt nie ein Lob, wenn es am Platz, tadelt, was ihr nicht gefällt, ohne je nachtragend zu sein. Charakteristisch für die Art und Weise ihrer Beziehung zu den Kindern ist ein Schreiben an die drei Ältesten aus Paretz am 9. September 1801.

/»Lieber Fritz! (5) Lieber Wilhelm! (4) Liebes Charlottchen! (3) Guten Morgen, liebe, liebe Kinderchen. Papa küßt Euch alle in Gedanken mit mir, und trägt mir auf, Euch zu sagen, daß ihm wie mir die Mohrrüben, Erbsen, Kerbel, Petersilie, Bohnen, Kohl und Salat aus Eurem Garten außerordentlich viel Vergnügen gemacht haben. Das sind recht fleißige Kinder! hat Papa gesagt, ich will alles auf ihre Gesundheit essen; und ich sagte, die guten Kinder haben alles so *gerne* gegeben, es machte ihnen so viel *Freude,* es zu schicken, weil sie wußten, Papa und Mama würden sich *recht freuen,* und das tat ihren kleinen Herzen wohl! – Nun hört einmal recht aufmerksam zu, was nun kömmt.

Papa und Mama erlauben Euch, da Ihr Euch gut und folgsam aufgeführt habt, Sonntag zum *Erntekranz* hierher nach Paretz zu kommen, um die Freude der Bauern zu sehen. Ihr müßt einen viersitzigen Wagen nehmen, und da Schwester Charlottchen wegen Karlchen nicht abkommen kann, Cousin Fritz Louis [Friederikes Sohn] mitbringen. Eine Stube ist noch leer, da könnt Ihr die Nacht schlafen, und den anderen Morgen zieht Ihr ab. Du, lieber Fritz, und Wilhelm müßt die Kosten bezahlen und den Cousin als Gast traktieren. Papa freut sich recht darauf, Euch zu küssen, und ich auch. Kommt hübsch beizeiten. Nun lebet wohl, liebe Kinder, ich liebe Euch von ganzer Seele und von ganzem Herzen und bin ewig Eure zärtliche Mutter Luise.

Das Briefchen, welches Du Delbrück diktiert hast, macht mir viel Freude, aber der Name Fritz war nicht *hübsch gemacht.*«/

Delbrück ist seit über einem Jahr Erzieher des Kronprinzen. Schon im Herbst 1799 sind die Eltern sich klar, daß ihr Ältester, hochbegabt, quicklebendig, aber eigenwillig und unbändig, dem Einfluß der Kinderfrau, die ihn maßlos verwöhnt, entzogen werden muß. Worauf der König Minister Graf Schulenburg-Kehnert beauftragt, sich nach einem »tauglichen Subjekte« für die Erziehung des Sohnes umzusehen. Empfohlen wird Schulenburg von verschiedenen Seiten der erst einunddreißigjährige Rektor am Pädagogium des Klosters Unserer Lieben Frauen in Magdeburg, Friedrich Delbrück, der in Halle bei Niemeyer promovierte. Er gilt als Schüler Basedows, jenes Mannes, der mit wechselndem Erfolg für Reformen im Erziehungswesen gewirkt hat. Als auch Gedike, der bekannte Berliner Schulmann, die Wahl befürwortet, erklärt der König sich mit dem Vorschlag einverstanden. Graf Schulenburg fährt nach Magdeburg und überrascht den völlig ahnungslosen Delbrück mit dem ehrenvollen Auftrag, Prinzenerzieher zu werden. Er muß sich sofort entscheiden und tritt bereits acht Tage später das neue Amt in Berlin an. Bei freier Unterkunft und Verpflegung erhält er ein Jahresgehalt von 1200 Talern. Aus schwierigsten finanziellen Verhältnissen kommend – sein Vater war früh gestorben und hinterließ seine Frau mit sechs unmündigen Kindern – befreit ihn die Dotierung dieser Stellung erstmals von jeder Sorge um sein Auskommen.

Delbrück ist ein ernster, fleißiger, zuverlässiger, gefühlvoller junger Mann, brav und solide. Er besitzt gute Kenntnisse, ohne daß schöpferische Ideen und Probleme ihn beunruhigen. Die geistigen Voraussetzungen für eine sich frei entwikkelnde, überragende Persönlichkeit fehlen ihm. Kinder weiß er zu nehmen. Das Vertrauen des noch nicht vierjährigen Kronprinzen gewinnt er schnell und sucht dessen unausgeglichenes Temperament mit Geduld und Strenge zu steuern. Eine schwierige Aufgabe, die in den zehn Jahren, in denen er sein Mentor bleibt, keineswegs leichter wird.

Im Juli 1801 übernimmt Delbrück auch die Erziehung des

jüngeren Bruders Wilhelm. Ein liebenswürdiges, kluges, heiteres Kind von zartester Gesundheit – er überlebt alle Geschwister, stirbt als Kaiser von Deutschland mit fast einundneunzig Jahren. Wilhelm hat das hervorragende Gedächtnis des Vaters geerbt und dessen Ordnungssinn.

Wenn die Königin nicht auf Reisen ist, verlangt sie ihre Kinder täglich zu sehen. Da sie im Bett frühstückt, Zeitung liest, den Küchenzettel mit der Oberhofmeisterin bespricht und erst um halb zwölf aufsteht, genießt sie an den friedlichen Vormittagen die Gegenwart der Kinder. Sie dürfen alles. Fröhlich lärmend kriechen sie unter Stühle und Tische, hüpfen auf die Bettdecke, verstecken sich hinter den Gardinen, befolgen eifrig Luises Vorschläge zu gewagten Springübungen. Delbrück, im strengsten Respekt vor den Eltern erzogen, kann sich nur schwer an die für ihn unerhörten Manieren seiner Zöglinge gewöhnen. Ebensowenig finden die Rasenkämpfe der kleinen Prinzen im Park des Charlottenburger Schloßes während der Teestunde seine Zustimmung. Angefeuert vom Vater, der sich zwanglos dem Spiel hingibt, tollen und balgen sich die Kinder nach Herzenslust. Der König veranlaßt sie gern zu »Ausbrüchen unehrerbietigen Scherzes«, ein Stoßseufzer Delbrücks in seinen Aufzeichnungen. Gelegentlich wagt der Erzieher einzugreifen, wenn der Kronprinz es zu wild treibt, gewalttätig und unbeherrscht wird. Manchmal straft er ihn. Am härtesten trifft den sensiblen Jungen das Verbot, die Mutter, die er abgöttisch liebt, einen Tag lang nicht zu sehen.

Delbrück hat keine schriftlichen Anweisungen erhalten, wie Friedrich der Große sie für die Erziehung der Thronfolger diktierte. Der Kronprinz solle ein »guter Mensch und Fürst« werden, mit diesem Wunsch des Königspaares beginnt er seine Arbeit. Man läßt ihm vollkommen freie Hand, er allein entscheidet, welche Lehrer angestellt, welche entlassen werden, er bestimmt Stundenplan und Freizeit, sorgt im Rahmen der höfischen Konvention für Geselligkeit, Theaterbesuche, Ausflüge, regelt die Ausgaben, kümmert sich um das leibliche

Wohl seiner Schutzbefohlenen, um ihre kleinen Sorgen und Nöte. Nie hat er das Vertrauen, das man in ihn gesetzt hat, mißbraucht.

Etwa ein Jahr nach Delbrücks Dienstantritt taucht wiederum häufig ein neues Gesicht in der Umgebung der königlichen Familie auf: Christian Wilhelm Hufeland, schon damals durch seine praktische und wissenschaftliche Tätigkeit ein anerkannter Arzt. Sein Vater war ebenfalls Arzt, Hofmedicus in Weimar. Er erblindete frühzeitig. Der einundzwanzigjährige Sohn übernahm sofort nach der Promotion seine Stadt- und weitläufige Landpraxis und damit die Sorge für den Vater und fünf Geschwister. Ein überwältigendes Arbeitspensum Tag für Tag. Kam er todmüde nach Hause, gehörte es noch zu seinen Pflichten, die Heilmittel, die er verschrieb, selbst herzustellen. Goethe, Schiller, Herder, Wieland lernte er nicht nur als Patienten kennen, der gesellige Verkehr mit ihnen regte ihn zu den ersten Aufzeichnungen über seine Erfahrungen und Methoden an. Im Herbst 1792 hielt er im Hause Goethes einen Vortrag. Unter den Zuhörern war auch der Herzog. Beeindruckt von dem Wissen und der Redegewandtheit des erst dreißig Jahre alten Mediziners, sagte er zu Goethe: »Der Hufeland paßt zu einem Professor, ich will ihn nach Jena versetzen.«

Ostern 1793 beginnt Hufeland das Lehramt an der Universität Jena mit 300 Talern Gehalt, später erhöht es sich auf 600 Taler. Neben den Vorlesungen und der Betreuung der Klinik kann er sich seiner Neigung für Wissenschaft und Forschung widmen. Er veröffentlicht populärmedizinische Artikel und Broschüren, gründet Zeitschriften. Infolge der unter den Studenten um sich greifenden revolutionären Ideen desinteressiert sich der Herzog mehr und mehr an der Universität, seine finanzielle Hilfe bleibt aus, auch das Geld für das dringend benötigte Krankenhaus. Im Jahr 1800 ist die Stimmung unter den Professoren gedrückt. Hufeland würde gern fortgehen, aber wohin? Da kommt ganz unerwartet ein Ruf nach Berlin anstelle des verstorbenen Dr. C. G. Selle als königlicher Leibarzt und erster Arzt der Charité mit einem Gehalt von 1600 Talern.

Nach Preußen, nach einem »liberalen, unter einer neuen Regierung neu aufblühenden Staat« *(Selbstbiographie)*, übersiedelt er gern, begleitet von seiner Frau und zwei Kindern. Die Frau, ein ländlich-einfaches Gemüt, ist eine theoretische Aquisition aus praktischen Erwägungen, die ihn veranlaßten, in Jena einen Hausstand zu gründen. Einer seiner Schüler, Dr. Bischof, den er in Berlin in sein Haus aufnimmt, schwärmt für die junge Frau, was ihrem vernachlässigten Herzen wohltut.

Fast täglich kommt Hufeland ins Kronprinzenpalais. König und Königin bringen ihm als Arzt und Mensch ein uneingeschränktes Vertrauen entgegen. Die Pflichten an der Charité und die schnell anwachsende Privatpraxis drängen die wissenschaftlichen Arbeiten in den Hintergrund. Zu seinem großen Bedauern. Auch die Lehrtätigkeit, der Kontakt mit den Studenten und den Kollegen anderer Fakultäten, fehlt ihm. Als ihm daher 1803 eine Professur in Göttingen angeboten wird, die seinen Wünschen entspricht, ist er nicht abgeneigt, die akademische Laufbahn einzuschlagen, und verhandelt mit den zuständigen Behörden. Der König erfährt von seiner Absicht, Berlin zu verlassen. Der Arzt ist ihm und Luise sympathisch, er würde ihn ungern verlieren und läßt ihm daher 20 000 Taler zum Bau eines Hauses zur Verfügung stellen. Hufeland zieht es vor, ein fertiges Haus zu kaufen, das ihm in der schönsten Gegend des Tiergartens angeboten wird.

»Die Dankbarkeit verpflichtete mich zu bleiben, ich hielt es für Gottes Willen und beschloß, im Vertrauen auf Ihn, mein Leben wie bisher fortzusetzen, nicht ahnend, wie bald eine Änderung eintreten würde.« *(Selbstbiographie)*

Gemeint ist Krieg und Flucht. Die Exiljahre verbringt er in nächster Nähe der königlichen Familie, sich insbesondere für die Königin in ihren zahlreichen schweren Erkrankungen unermüdlich einsetzend.

Etwa um dieselbe Zeit fesselt Friedrich Wilhelm noch eine andere Persönlichkeit an Berlin, dadurch daß er alle die gestellten Bedingungen erfüllt: Gerhard Johann David Scharnhorst, dem Preußen in den kommenden schweren Jahren die längst notwendig gewordene Reorganisation seiner Streitkräfte verdankt. In hannoverschen Diensten hat er sich einen Namen gemacht. Für den Übertritt in preußische Dienste verlangt er Beibehaltung der Anciennetät, eine Pension von 1000 Talern und Verleihung des erblichen Adels. Am 1. Mai 1801 wird er laut Kabinettsorder des Königs zum Oberstlieutnant beim Feldartilleriecorps ernannt. Schon eine Woche später empfängt ihn der König zum erstenmal. Er versteht sich gut mit diesem einfachen, klaren, klugen und zuverlässigen Mann, dessen Wissen und Charakter er schätzt.

In den Kreisen der Offiziere – mit Ausnahme Prinz Louis Ferdinands – zuckt man dagegen die Achseln über den Hannoveraner. Er legt wenig Wert auf sein Äußeres und läßt die stramme Haltung vermissen, die Zack-Zack-Allüren und die Schnoddrigkeit, auf die man stolz ist. Er macht eher den Eindruck eines Gelehrten, und gegen den aufkommenden Bildungsfimmel ist man allergisch. Seine Vorlesungen an der Militärakademie wecken Mißtrauen und Unbehagen unter den Anhängern der friderizianischen Aera. Er erzieht die junge Generation zu den strategischen und taktischen Aufgaben einer neuen Kriegführung und zu kriegswissenschaftlichem Denken. Sein genialster Schüler ist Clausewitz, der nachmals berühmte Kriegstheoretiker.

Eine mehrwöchige Reise unternimmt das Königspaar im Jahr 1801 nicht. Der Hof verlebt einen ruhigen Sommer und Herbst in Charlottenburg mit Ausflügen nach Sanssouci, zur Pfaueninsel und nach Paretz. An Weihnachten ist man wieder in Berlin und beginnt im neuen Jahr durch die Karnevalsvergnügungen zu tanzen. Prinz Karl, Luises fünfzehn Jahre alter Stiefbruder, erweist sich erstmals als talentierter Festarrangeur.

Die Anregung Alexanders aufgreifend, hat Friedrich Wilhelm dem Zaren geschrieben und eine Zusammenkunft während seiner Inspektionsreise in die Ostprovinzen im Frühsommer 1802 vorgeschlagen. Der Zar stimmt zu, und Memel wird als Treffpunkt vereinbart. Seinen Außenminister stellt Alexander vor die vollendete Tatsache, weil er Einspruch erwartet und nicht wünscht. Auch die starke polnische Partei unter Czartoryski ist dagegen.

Alexander, der von seiner Großmutter, der Zarin Katharina, den Namen des Welteroberers erhielt, ist dreiunddreißig Jahre alt und eine blendende Erscheinung. Sein Vater haßte ihn, seinen Bruder Konstantin und ihren Erzieher La Harpe. Ein Schweizer, den Grimm Katharina empfohlen hat. Entscheidend beeinflußt er den Thronfolger im Sinne der Aufklärung, begeistert ihn für Freiheit und Gleichheit, für Menschenrechte und Liberalismus. Den schillernden Zwiespalt seines Charakters vertiefen die Lehren La Harpes, gleichzeitig aber formt er ihn »wenn nicht zu der größten Gestalt nach Bonaparte, so doch mindestens zu der anziehendsten. (Chateaubriand)«.

Mit sechzehn Jahren heiratet Alexander die zwei Jahre jüngere bezaubernde Prinzessin Luise von Baden, später eine der schönsten Frauen Europas. Nach der Konvertierung nimmt sie den Namen Elisabeth Alexandrowna an. »Man kann sich unmöglich ein schöneres Paar vorstellen ... Beide sprühen von Anmut, Jugend und Güte ...«, berichtet Czartoryski, Alexanders Freund, der dunkle, feurige, gut aussehende Pole. Ein kurzes, seliges, innig vertrautes Glück, dann geht Alexander seiner Wege. Zahllos sind seine Liebschaften. Favoritin wird eine polnische Fürstin, die er mit dem schwerreichen Bojaren Dimitri Narischkin verheiratet.

Elisabeth hat zwei Töchter, die wenige Monate alt sterben. Der Vater der zweiten ist vermutlich Czartoryski. Zu dieser Liaison hat Alexander seine Frau und seinen Freund ermuntert, verziehen hat er sie nie. Elisabeth vor der Öffentlichkeit zu demütigen gewährt ihm Genugtuung. Seiner »untadeligen« Mutter läßt er zeitlebens den Vortritt vor der Kaiserin und billigt Maria Narischkin, an die ihn eine leidenschaftliche Beziehung bindet, einen fast offiziellen Platz an seiner Seite zu. Geduldig und ohne zu klagen erträgt Elisabeth die Brüskierungen. Alexander bleibt nach wie vor ihr Idol. Vor seinem Tode oder legendären Verschwinden in Taganrog finden beide noch einmal zueinander wie erschrockene Kinder auf der Flucht vor dem Leben. Würde die Legende sich bewahrheiten, wäre Elisabeths Schweigen das letzte Opfer, das er ihr abverlangte.

Güte und Grausamkeit liegen bei Alexander dicht beieinander. Er versteht es, sich jeder Situation anzupassen und mit brillanter Eloquenz zu überzeugen. Was sich hinter der »offenen Stirn, dem heiteren Auge und charmanten Lächeln (Gräfin Lieven)« verbirgt, ist nicht zu enträtseln. Theorie und Praxis zeigen bedenkliche und befremdliche Widersprüche.

Geradlinige Naturen wie die des Königs und der Königin erliegen gläubig dem geistsprühenden Feuerwerk seiner menschheitsbeglückenden Ideale. Seine spontane Herzlichkeit, die unkonventionelle Art seines Auftretens, verbunden mit weltmännischer Gewandtheit, galanter Ritterlichkeit, entzückt sie, und seine durch und durch kultivierte, fein gebildete Persönlichkeit beeindruckt sie. Aber auch Alexander ist beeindruckt von der Ehrlichkeit der Gefühle, die das Königspaar ihm entgegenbringt und von der unbedingten Zuverlässigkeit des keiner Heuchelei fähigen Königs. Ein bewegendes Erlebnis für ihn, der schon in der Jugend durch die Abgründe von Mißtrauen, Tücke und Angst ging.

Der Erfolg des Treffens, historisch gewertet, ist gering, das unfaßbare, unwägbare Ergebnis liegt im Menschlichen und hinterläßt immer wieder Spuren im Laufe der kommenden Jahre. Czartoryski, 1804/5 russischer Außenminister, der mit polnischem Fanatismus die Vernichtung Preußens anstrebt, schreibt im April 1806 an den Zaren:

». . . Diese Begegnung betrachte ich als eine der unseligsten Ereignisse, welche Rußland betroffen haben, was ihre unmittelbaren Wirkungen, wie die Folgen angeht, die sie seitdem gehabt hat und noch haben wird. Die innige Freundschaft, welche Ew. Kaiserliche Majestät dort nach einigen Tagen der Bekanntschaft mit dem König schloß, bewirkte, daß Sie in Preußen nicht mehr einen Staat im politischen Sinne, sondern eine Person erblickten, die Ihnen teuer sei, und gegen die Sie besondere Verpflichtungen zu erfüllen haben ...«

Tatsächlich liegt über der Begegnung die ungetrübte Atmosphäre einer sich vertiefenden echten Freundschaft. Glücklicher und beglückender Mittelpunkt ist die Königin. Sie ist hinreißend schön in diesen frohen Tagen einer schwärmerischen Verliebtheit, im Glauben an die Übereinstimmung des Strebens nach allem Guten, Schönen und Edlen. Fast möchte man sagen, sie holt nach, was sie einstmals versäumte, die unerfüllte Jugendliebe mit ihren himmelhochjauchzenden und schmerzlichen Phasen.

Luise hat ein Tagebuch geführt. Es ist ihr gelungen, die Intimität der Atmosphäre einzufangen, die die Zusammenkunft für die Beteiligten unvergeßlich macht. Die Aufzeichnungen, die hier stark gekürzt folgen, sind mit viel Takt abgefaßt und zeigen, daß gute Lektüre bereits auf Luises Stil Einfluß gewonnen hat.

»Der Kaiser kam am 10. Juni [1802] zwischen zwölf und ein Uhr in Memel an. Alle Truppen standen unter Waffen. Ein Viertelstunde von der Stadt lernten die Monarchen sich kennen. Der Kaiser sprang aus dem Wagen; beide umarmten sich und ritten zur Stadt. Ich erwartete den Kaiser in meinem Vorzimmer. Er küßte mir die Hände und war sehr höflich und anmutig, denn im allgemeinen ist er sehr liebenswürdig. Wir wußten schon aus aller Munde, daß er Gezwungenheit und Repräsentation nicht liebt, daß er lieber mit uns allein sein wollte. Und ebendeswegen verbrachten wir auch den ersten Abend unter uns. Um neun Uhr wurde an kleinen Tischen das Abendessen aufgetragen. Wir zogen uns zurück, froh, daß wir uns am nächsten Tag wiedersehen würden.

Am 11. morgens Parade um 7 1/2 Uhr; ich wohnte ihr bei.

Der Kaiser schritt die Front ab. Nachdem die Schulmanöver beendigt waren, defilierte die Kavallerie, der König an ihrer Spitze begrüßte zuerst den Kaiser und dieser war außer sich vor Dankbarkeit und Bewunderung für die Truppen. Nach der Parade kam der Kaiser zu mir zum Frühstück. Er trinkt Tee (den ich jedesmal selbst mache). Die Unterhaltung war belebt und interessant besonders unter den beiden Monarchen. Nachmittags machten wir einen Ritt zum Lager. Darauf ging's noch durch die ganze Stadt und zum Abendessen kamen wir zurück. Der König sprach lange abseits mit dem Kaiser, dieser redete unaufhörlich leise auf ihn ein; ich hielt mich an einem offenen Fenster auf; der König kam zu mir heran mit dem Kaiser an der Hand und sagte mir: »Das kann ich Dir versichern, die Russen haben niemals einen Kaiser wie den gehabt.« Der Kaiser sprach viel mit mir, zeigte jeden Augenblick sein gutes Herz und seine vornehme Denkweise.

Am 12. wieder Parade, wo ich auch dabei war. Darauf kam er zu uns zum Frühstück. Der Vormittag war heiter. Nach Tisch große Toilette für den Ball, den die Kaufleute dem Kaiser und uns gaben. Der Ball war sehr belebt. Nach Beendigung fuhren wir im Wagen, um die recht hübsche Illumination der Stadt zu besichtigen.

Den 13. Es fand wieder Manöver statt. Der Kaiser nahm wie immer das Frühstück bei uns ein, die Hitze war außerordentlich. Wir setzten uns auf ein Ledersofa nieder. Es herrschte ausgelassene Heiterkeit. Der König wurde mit seiner Vorliebe für die Schwester des Kaisers, Helene, geneckt, der Kaiser vom König mit den Bekanntschaften, die er in Riga gemacht hat. Am Abend fand ein kleiner Ball bei uns statt von höchstens 15 Personen. Die Musik war schlecht, die Gesellschaft nicht besonders elegant, dennoch aber vergnügten wir uns wunderbar und tanzten Polonaise ohne Ende und Aufhören. Es wurde spät, weil am nächsten Tag kein Manöver stattfand.

Um 11 Uhr kam der Kaiser am 14. zu uns zum Frühstück und die gute Laune hielt an. Ich sang einige französische Romanzen, die ihm sehr gefielen. Während des Mittagessens bekam ich zum ersten mal in meinem Leben Krämpfe und schreckliche Zuckungen. Der Arzt des Kaisers wurde geholt und nach einigen Stunden fand ich mich erholt und machte von meinem Kanapee aus wie alle Tage den Tee für den Kaiser. Wir aßen zu Abend in meinem Salon, da ich zu schwach war, um auszugehen und wir vergnügten uns recht gut.

Am folgenden Tag, den 15., befand ich mich viel besser. Um 9 Uhr lag ich in Nachtmütze und Schlafrock auf meinem Sofa ausgestreckt. Plötzlich tritt der Kaiser ein hinter dem König; ich war in äußerster Verlegenheit, aber er ist so nachsichtig, daß er den Mangel an Toilette nicht übelnahm. Nach dem Mittagessen kam er bald wieder; da es der letzte Tag war, suchte man begierig jeden Augenblick zu nutzen. Gegen 8 Uhr machten wir noch einen Spazierritt, er redete viel mit mir vom König, wie gern er ihn hätte, wie er ihn achte. Er sagte mir, er wäre sehr glücklich, unsere ganze Art zu sein, kennengelernt zu haben, daß er imstande wäre, die falschen Nachrichten und schlechten Berichte zurückzuweisen, wobei ich doch merkte, daß solche über uns vorhanden waren. Ich benutzte diesen Moment, um ihm zu sagen, was ich auf dem Herzen hatte. Ich bat ihn, so zu bleiben, wie er wäre; ich stellte ihm vor, wieviel Gefahren er zu bekämpfen habe, die Jugend, die verschiedenen den Jahren eigenen Leidenschaften. Er erkannte wohl, daß ich das alles aus Freundschaft zu sagen wagte. Wir aßen draußen zu abend. Er ließ sein Gefolge vortreten, um Abschied zu nehmen. Nachher zog er sich mit uns in mein Zimmer zurück und nahm den König in ein anderes Zimmer, wo beide lange unter vier Augen miteinander sprachen.

Am 16. nach 7 Uhr morgens erschien er äußerst bewegt wie wir alle. Er fand mich mit der Beendigung von Briefen an die beiden Kaiserinnen beschäftigt. Er siegelte sie, um mir die Mühe abzunehmen, setzte sich zu mir und wir sprachen von sehr vielen interessanten Dingen. Um 9 1/2 Uhr ging er fort mit großen Tränen in den Augen, ebenso der König, sein Schwager und ich. Alle begleiteten ihn hinunter; ich blieb oben am Fenster, das auf den Hof hinausging, wo sich sein Reisewagen befand; von dort trug mir ein letztes Neigen des Kopfes aus seinem Wagen sein Lebewohl zu und verriet seinen Schmerz, uns zu verlassen. Alle lieben den Kaiser, vor allem auch der König. Er ist gar nicht schwächlich und von Grund auf so gut und anständig, daß ich es nur mit der Denkweise des Königs vergleichen kann. Der Kaiser ist einer der seltenen Menschen, die alle liebenswürdigen Eigenschaften mit allen echten Vorzügen vereinen. Er hat die loyalsten, edelsten und gerechtesten Grundsätze und gleicht in allen wesentlichen Punkten dem König.«

Zwei Stunden nach der Abfahrt des Kaisers verläßt auch der preußische Hof Memel, König und Königin zu Pferde. Erst eine Meile vor Tilsit steigt Luise, ganz durchnäßt vom Regen, in den Wagen. Am nächsten Tag wird die Reise fortgesetzt nach Neupreußen und Warschau. Überall finden Revuen statt.

Die großen Hoffnungen, die sowohl Alexander als auch Friedrich Wilhelm in das Treffen setzen, erfüllen sich nicht, da ihre Erwartungen nicht übereinstimmen. Sie glauben jeder in dem anderen einen Bundesgenossen gefunden zu haben, der König für die Aufrechterhaltung des Friedens, der Kaiser für die immer drohender werdende Gefahr des Krieges, den er, den Ehrgeiz Napoleons richtig einschätzend, für unabwendbar hält.

Am 2. August 1802 wird Napoleon aufgrund einer Volksabstimmung mit überwältigender Mehrheit zum Ersten Konsul auf Lebenszeit gewählt. Ein Ereignis, das Alexander in einem Brief an La Harpe mit Worten kommentiert, die einen bewunderungswürdigen politischen Spürsinn und Weitblick offenbaren:

»Ich bin übrigens wie Sie, mein Lieber, von unserer Meinung über den Ersten Konsul abgekommen. Seit seinem Konsulat auf Lebenszeit ist der Schleier gefallen; seitdem ist eine

Wendung zum Schlechteren eingetreten. Er begann, sich damit des schönsten Ruhmes zu berauben: des Beweises, daß er ohne persönliche Wünsche gearbeitet hat, nur zum Ruhme des Vaterlandes, treu der Verfassung ... Stattdessen hat er es vorgezogen, die Fürstenhöfe nachzuahmen und damit der Verfassung seines Landes Gewalt anzutun ...«

In den nächsten Jahren hat es oft den Anschein, als paktiere Alexander mit dem Usurpator. Letzten Endes jedoch verliert er sein Ziel nie aus den Augen: Europa von der Tyrannei Napoleons zu befreien. Ein guter Diplomat wie er scheut Umwege nicht, auch wenn sie ihn in Mißkredit bringen bei Freunden, häufig sogar bei der eigenen Regierung. Alexander denkt europäisch, in den Maßstäben des Herrschers einer Nation, die Weltgeltung beansprucht. Ist er durch seine Geistesschulung mehr Europäer als Russe? Einmal sagt er von sich: »In Rußland bin ich ein Zufall.«

Luise beginnt bereits einen Tag nach dem Abschied in Memel ihre sehr persönliche Korrespondenz mit Alexander.

»Tilsit, den 17. Juni 1802.

Sire. Der König teilt mir eben mit, daß er einen Kurier an Ew. Majestät absendet. Sie verstehen wohl, daß ich ihn nicht abreisen lasse ohne einige Zeilen für Sie. Vergeblich würde ich versuchen, Ihnen zu beschreiben, wie schmerzlich mir Ihre Abreise war. Sie war schrecklich; nur die Hoffnung, Ew. Kaiserliche Majestät in zwei Jahren wiederzusehen, tröstet mich ein wenig. Unaufhörlich hege ich für Sie Tausende von Wünschen, lieber Vetter, und der König ebenso ...«

Schon die wenigen Sätze lassen ahnen, wie stark ihr Inneres tangiert ist von der Begegnung. Ihr erstes sinnenfreudiges Erlebnis, beglückend, beunruhigend, Gefühle, die Friedrich Wilhelm in ihr nicht zu wecken vermochte, triebhafte Sehnsüchte, die andere in Abenteuer stürzen. Luise nicht. Nicht aus moralischer Wertung. Ihr ausgeprägter Sinn für Würde bewahrt sie davor, überdies die Loyalität gegen den König, auch wenn sie ihn weniger lieben würde, als sie ihn liebt. »Mein Kopf läuft mit meinem Herzen nicht davon«, mit diesem Ausspruch charakterisierte sie schon in der Brautzeit einen Grundzug ihres Wesens.

Die Harmonie der Ehe gerät nie in Gefahr, weder durch Luises Interesse für den Zaren noch durch Friedrich Wilhelms Neigung für dessen Schwester Helene. Sie und ihr Gatte, der Erbprinz von Mecklenburg-Schwerin treffen zu einem erneuten mehrwöchigen Aufenthalt im Herbst in Berlin ein. Um Helene die Freude zu bereiten, an dem Erntedankfest in Paretz teilzunehmen, wird das Fest auf Wunsch des Königs auf einen späteren Termin verschoben. Es hat bereits eine gewisse Popularität erlangt, Fremde kommen von den umliegenden Gütern und Ortschaften, Budenbesitzer finden sich ein, und Luise, umringt von der Jugend, kauft, wie auf dem Berliner Weihnachtsmarkt, Körbe voll Leckereien, Süßigkeiten und Backwaren, verteilt sie lachend und mit vollen Händen, während Buben und Mädchen schreien: »Frau Königin mir auch was!«

Dieses Jahr, zum Empfang des Erbprinzenpaares, hat sie die Dorfkinder neu einkleiden lassen. Sie gehen dem Zug voran, der den bunt bebänderten Erntekranz aus Ähren und Blumen zum Schloß bringt unter den Klängen der Dorfmusik. Vor dem Schloß begrüßt der König seine braven Paretzer Bauern und hört sich die Rede der Großmagd an, die er mit der Erntekrone zu seiner Frau schickt, die bald darauf erscheint und den Erntetanz eröffnet. Die Hofgesellschaft mischt sich tanzend unter die einheimischen Gäste. Das Spiel der Garde-Hautboisten aus Potsdam sorgt für Tempo und lautstarke Fröhlichkeit. Später geht der Tanz der Dorfbewohner unter den Bäumen vor dem Amtshaus weiter, während im Speisesaal des Schloßes der ländliche Ball für den Hof und für Freunde aus der Umgegend stattfindet. Punkt elf Uhr ist Kehraus.

Noch kann auch der König sorglos sein Privatleben genießen, da die Hoffnung auf eine friedliche Entwicklung des politischen Trends in Europa einstweilen gerechtfertigt ist. Das Leben in Frankreich, dem Unruheherd des letzten Jahrzehnts, normalisiert und konsolidiert sich weiterhin. Viele Emigranten kehren zurück, Kirche und Staat sind ausgesöhnt, Ostern 1802 haben die Glocken von Notre-Dame das Tedeum eingeläutet, das von einer dicht gedrängten Menschenmenge im Innern der Kathedrale gesungen wurde. Das grandiose Gesetzeswerk Napoleons, der Code civil, die Festlegung der neuen französischen Gesellschaftsordnung, macht rasche Fortschritte. Zur Mitarbeit hat er die hervorragendsten Rechtsgelehrten berufen. Auch Orden sind wieder in Mode. Napoleon stiftete den Orden der Ehrenlegion. Auszeichnungen müssen sein, wenn man beginnt, in dynastischen Dimensionen zu denken. Der Citoyen mausert sich.

Im März 1802 hat der Friede von Amiens die Feindseligkeiten zwischen Frankreich und England beendet, allerdings mehr ein Waffenstillstand als ein echter Friede. Laut Vertrag sollen die Engländer Malta räumen. Sie denken nicht daran, jedenfalls nicht, solange Holland und die Schweiz von französischen Truppen besetzt bleiben und eine in den Orient geschickte mysteriöse »Handelsmission« vermuten läßt, daß sich dahinter napoleonische Eroberungsgelüste in Indien verstecken. Die Halsstarrigkeit der Briten bringt Napoleon immer mehr gegen sie auf. Er beschuldigt sie, Mörder zu dingen, um ihn aus dem Wege zu schaffen. Attentate häufen sich, denen er manches Mal nur durch Glück entgeht. Daß englische Gesandte an deutschen Höfen gegen seine Interessen konspirieren, erfährt er durch Agenten, die er überall verstanden hat einzuschleusen. Längst hat er den Krieg gegen England beschlossen, als er kurzerhand behauptet, die *Engländer* wollten ihn. Er zieht eine große Armee bei Boulogne zusammen, baut Transportkähne und droht mit einer Invasion auf der Insel. Die Briten lassen sich nicht aus der Ruhe bringen, kapern auf den Meeren munter weiter, ziehen nicht ab aus Malta und machen sich in den Zeitungen lustig über »little Boney«. Der Friede von Amiens geht innerhalb eines Jahres in die Brüche. Eine Vermittlerrolle, die Napoleon dem Zaren zuspielen will, lehnt dieser ab und wahrt Neutralität.

Am 20. März 1803 erscheint in Berlin General Duroc. Im Auftrag Napoleons kündigt er an, daß bei Ausbruch des Krieges gegen England Hannover von den Franzosen besetzt würde. Eine Nachricht, die höchste Beunruhigung auslöst. Graf Haugwitz rät dem König, den Franzosen zuvorzukommen und preußische Truppen in Hannover einrücken zu lassen. Eingedenk der schlechten Erfahrungen bei der gleichen Aktion 1801, kann der König sich zu diesem Schritt nicht entschließen, der zudem, wie er befürchtet, einen ernstlichen Konflikt mit Frankreich heraufbeschwören kann. Aus dem gleichen Grunde ist er auch nicht für eine neue Demarkationslinie zum Schutze Norddeutschlands zu gewinnen – die alte wurde durch die Abmachungen des Reichsdeputationshauptschlußes hinfällig.

Das am meisten betroffene England unternimmt nichts, um Hannover vor der Okkupation zu bewahren. Da im Falle eines englisch-französischen Krieges die Situation für Preußen gefährlich werden kann, rät Haugwitz dringend zu verstärkten Rüstungen, eine Maßnahme, die Frankreich offiziell angekündigt werden soll als Antwort auf Durocs Mitteilung. Der König verspricht, den Vorschlag während der Manöver um Magdeburg seinen Generalen zu unterbreiten und nach ihrer Ansicht zu entscheiden. Er lädt Haugwitz ein, an den Besprechungen teilzunehmen.

Im Februar 1803 kommt Luises siebentes Kind zur Welt. Vor der Geburt ist sie erstmals längere Zeit leidend und erholt sich nachher nur langsam. Erst im Frühjahr ist sie wieder kräftig, frisch und voll lebensfrohem Optimismus. Am 19. Mai berichtet sie dem Bruder Georg nach Rom auf dessen Nachfrage über ihre Kinder: /»... Ich bin so wohl und so glücklich nach meinen Wochen, als man es nur sein kann. Mein klein Töchterchen, Alexandrine Helene genannt, ist so hübsch, so fett, so rund, als ich es nur wünschen kann, und die Kuhpocken, die sie nun auch glücklich überstanden hat, geben mir für einige Zeit die große Annehmlichkeit wegen ihrer Erhaltung unbesorgt zu sein. Karl war seit einiger Zeit krank, er hat anfangs kaltes Fieber gehabt und nun kränkelt er an Zähnen; er ist dennoch das schönste meiner Kinder. Charlotte ist sehr groß, sanft und gut, und ihre Erziehung wird nicht schwer sein, Wilhelm ist ein sehr kluges, komisches Kind, possierlich und witzig, Fritz über alle Maßen lebhaft, oft unbändig, aber sehr gescheut und ein gutes Herz. Er verspricht viel und Gott wird meine heißen Gebete nicht unerfüllt lassen ... Denn in den ersten Tagen seiner Existenz bat ich Gott mit aufrichtigem Herzen, mir ihn wieder zu entreißen, wenn er ihn nicht zu einem guten Menschen wollte erwachsen lassen, der seinem Berufe leben und sich ihm weihen wollte ...«/

Am 25. Mai tritt das Königspaar die Sommerreise an »ins Reich«. Zunächst nach Magdeburg zu den Revuen. Drei Tage später findet im Dorf Cöpritz die Beratung statt, die der König Haugwitz in Aussicht stellte. Das Resultat: man begnügt sich damit, die hannoversche Grenze militärisch stärker abzusichern. Das ist alles. Das Hin und Her der Meinungen hat den König, der im Grunde von Anfang an entschlossen war, seine Friedensliebe zu dokumentieren, nervös und mißmutig gemacht. In die Zwangslage gedrängt, Entscheidungen zu treffen, die möglicherweise seiner innersten Überzeugung zuwiderlaufen, reagiert er mit schlechtester Laune. Doch verflüchtigt sie sich rasch, da das Ergebnis seinen Wünschen entspricht, im Kreise der Familie, dem Schutzwall gegen den Ansturm neuer Probleme.

»*Nichts* wird uns verhindern, nach Wilhelmsbad zu reisen«, schreibt Kabinettsrat Lombard am 31. Mai aus Erfurt an Haugwitz. Bereitet ihm, der am nachdrücklichsten die Friedenspolitik des Königs unterstützt, das schutzlos preisgegebene Kurfürstentum Hannover doch einige Sorgen für die Zukunft des preußischen Staates?

Luise bleibt von den politischen Ereignissen völlig unberührt, genießt in vollen Zügen das Zusammentreffen mit den

Schwestern Charlotte und Therese in Hildburghausen, in Fürth mit Friederike. Nur Georg fehlt, ihn fesseln die Reize der Prinzession Borghese, der Schwester Napoleons, noch an Rom. In Coburg freundet sich die Königin mit der Großfürstin Anna an, der Frau von Alexanders Bruder Konstantin. Anna hat, nachdem sie die rüden Manieren ihres Gatten einige Zeit geduldig über sich ergehen ließ, eines Tages kurz entschlossen Rußland auf Nimmerwiedersehen verlassen. Luise ist entzückt von der jungen Frau und meint, allein ihr Anblick sei der »größte Vorwurf für Konstantin«.

Am 12. Juni sind die Geschwister und der König mit seinen Brüdern Wilhelm und Heinrich in Wilhelmsbad, ». . . wo Wilhelm sich standepede in Prinzessin Marianne von Homburg verliebt . . .« Fast die ganze preußische und mecklenburgische Verwandtschaft hat sich in dem kleinen Städtchen eingefunden. Trotz der turbulenten Festlichkeiten hat Luise Goethes Mutter nicht vergessen. Sie lädt sie nach Wilhelmsbad ein und schenkt ihr eine kostbare goldene Halskette, die sie ihr selbst umlegt, wie Frau Aja überglücklich ihrem Sohn berichtet.

Zu viert im Wagen sitzend, fahren die Schwestern in Darmstadt die Rheinstraße entlang zum Schloß, jubelnd begrüßt von einer sich dicht drängenden Menschenmenge, darunter viel bekannte Gesichter. Wie innig verbunden Luise noch den Jugendjahren ist, spricht aus den Zeilen, die sie der Großmutter sendet: /»Ich war im lieben Darmstadt, ich kam bei dem lieben Palais vorüber, und tausend köstliche Erinnerungen und die vollkommenste Dankbarkeit erfüllten mein Herz. Ich war so gerührt bei dem Anblick dieser teuren Stätten und bei dem Gedanken an Ihre Güte und an Ihre Fürsorge, daß ich in Tränen das Schloß erreichte.«/

Der Rückweg führt ins fränkische Land nach Ansbach, wo der König Truppenschau hält, Paraden, Manöver, die einen Aufenthalt von mehreren Tagen erfordern, den er gleichzeitig zur Überprüfung der Verwaltungsarbeit seines Provinzialministers Karl August von Hardenberg nutzt, der hier mit fürstlichem Aufwand residiert. Das Schloß, der Wohnsitz Hardenbergs, sei auf seine Veranlassung hin auf das Verschwenderischste ausgebaut worden mit Mitteln, die aus Landeseinnahmen stammen, ist dem König hinterbracht worden. Er hielt es daher für das beste, sich persönlich zu überzeugen, inwieweit die Gerüchte den Tatsachen entsprechen. Hardenberg kann alle gegen ihn erhobenen Vorwürfe zurückweisen. Gewiß, sein Lebensstil ist und war immer aufwendig, aber auf eigene Kosten. Noch bis vor kurzem steckte er bis über beide Ohren in Schulden, trennte sich von einem Teil des Hardenbergschen Besitzes, regelte die wichtigsten Verpflichtungen und legte das übrige Geld im Kauf des Gutes Tempelberg an mit weitläufigen Liegenschaften wenige Wegstunden von Berlin. Daß er sein privates Domizil nach Preußen verlegt und ausgerechnet in die Nähe der Hauptstadt, beunruhigt Haugwitz und seine Anhänger. Sie fürchten ihn als Konkurrenten. Mit Recht, er ist ihnen geistig überlegen, und die Besorgnis liegt nahe, daß sein verbindliches Wesen den König für ihn einnimmt, mehr als es den Herren Kabinettsräten lieb ist.

Hardenberg ist 1803 im Mai dreiundfünfzig Jahre alt geworden, er hat eine sorgfältig geplante, ausgezeichnete Erziehung genossen, studierte in Leipzig und Göttingen Jura. Dem Studium schloß sich eine einjährige Reise durchs Reich und nach Österreich an. Im darauf folgenden Jahr besuchte er London und wurde von König Georg III. empfangen und zum Kammerrat in Hannover ernannt. Mit vierundzwanzig Jahren heiratete er Christiane Gräfin Reventlow, fünfzehn Jahre alt, hübsch, elegant, eine der reichsten Erbinnen Dänemarks. Ein Sohn und eine Tochter werden geboren, während er in Hannover an der Kammer tätig ist, während im Palais in der Leinestraße Prinzessin Luise von Mecklenburg-Strelitz in der Wiege liegt und ihre Eltern zum Freundeskreis der Hardenbergs zählen.

Ein mustergültiger Ehemann war Hardenberg nie. Seine temperamentvolle Frau rächte sich, die Ehe wurde wiederholt mühsam gekittet. Schließlich entfloh man dem kleinbürgerlich engen Milieu Hannovers in der Hoffnung auf ein schnelleres Avancement in England, gestützt auf die Protektion Georgs III. Das Leben in Windsor in unmittelbarem Kontakt mit der königlichen Familie war ein kostspieliges Vergnügen. Selbst die hohen Erträgnisse des Hardenberg-Reventlowschen Vermögens reichten nicht aus, um diesen Standard auf die Dauer aufrechtzuerhalten. Dazu kam eine Liebesaffäre zwischen Christiane und dem Prince of Wales, die sich zum Skandal ausweitete. Das Ehepaar mußte England verlassen. Ohne offizielle Erklärung des Königs zugunsten Hardenbergs konnte dieser nicht nach Hannover auf seinen Posten zurückkehren, von dem er sich nur hatte beurlauben lassen. Diese blieb aus, und er quittierte den Dienst. Er wurde 1783 Minister in Braunschweig und acht Jahre später in Preußen.

Die Beziehung der Ehegatten besserte sich vorübergehend, bis Hardenberg nun seinerseits die Ehescheidung forderte, um Sophie von Lenthe zu heiraten, die sich für ihn von ihrem Mann getrennt hatte. Ihre schwärmerische Liebe ging ihm alsbald auf die Nerven, in Frankfurt verliebte er sich in eine junge Sängerin, Charlotte Schönemann, die er nach Ansbach mitbringt. Auch die zweite Ehe wird geschieden. Als das preußische Königspaar 1803 nach Ansbach kommt, hat er Mademoiselle Schönemann bereits in Tempelberg untergebracht.

Daß Hardenberg nach höheren Aufgaben, nach einem verantwortungsvolleren Posten strebt, jetzt, da er über fünfzig ist und in Ansbach-Bayreuth verwaltungstechnisch Hervorragendes geleistet hat, ist verständlich und berechtigt. Seine Persönlichkeit ist geformt, gefestigt und überragend im Vergleich mit Köckeritz und anderen Personen in der Umgebung des Königs. Sprachgewandt, ein erfahrener Verhandlungspartner mit gesellschaftlicher Routine, vielseitig interessiert und gebildet, von bestechendem Äußeren und vollendeter Liebenswürdigkeit, repräsentiert er im besten Sinne den

Grandseigneur, den Mann von Welt. Dem König bringt er die gewünschte Ehrerbietung entgegen, ohne unterwürfig zu sein, und versteht es, seine Meinung zu äußern, ohne den König zu verstimmen. Vorzüge, die Luise sofort für ihn einnehmen; sie weiß sie zu schätzen. Offen bekundet sie ihre Sympathie für Hardenberg, so daß Karl Heinrich Ritter von Lang in seinen Memoiren vermerkt, daß wohl auch die Anwesenheit der Königin dazu beigetragen habe, »dem Minister wieder auf das Gnadenpferd zu helfen«.

In Potsdam erwarten den König und die Königin schlechte Nachrichten über den Gesundheitszustand der Erbprinzessin von Mecklenburg-Schwerin, sie, die noch vor anderthalb Jahren mit menschlich warmer Anteilnahme in Moskau für eine freundschaftliche Beziehung zwischen ihrem Bruder Zar Alexander und dem preußischen Herrscherpaar warb mit dem Erfolg der Begegnung der Regenten in Memel. Helene erkrankte im Frühjahr, eine Erkältung zunächst, von der sie sich nicht zu erholen vermochte. Bald ist sie so schwach, daß sie ihr Zimmer nicht verlassen kann. An einen Klimawechsel, den die Ärzte empfehlen, ist nicht zu denken, da sie die Strapazen einer Reise nicht überstehen würde. Friedrich Wilhelm schickt seinen Leibarzt Geheimrat Brown nach Ludwigslust. Seine Diagnose läßt keine Hoffnung auf Genesung der erst achtzehnjährigen, so bezaubernden »belle Hélène«, deren Schönheit und Anmut selbst das Herz des Königs zu gewinnen vermochten.

Luise am 27. Oktober 1803 an Georg: /». . . Was ich litt seit meinem letzten Brief, kann ich Dir nicht sagen. Der Tod der engelsguten, engelsreinen Erbprinzeß hat mich um vieles in dieser Welt gebracht. Ich glaube, ich sagte Dir schon einmal, daß sie sich in dem letzten Jahre ganz besonders an mich angeschmiegt hatte . . . Die Bekanntschaft mit ihrem Bruder, den sie anbetete, die näheren Verhältnisse, die dadurch zwischen ihrer Familie und der unsrigen entstanden, flößten ihr unbegrenztes Vertrauen ein. Sie war so gut gegen mich, der König war ihr mit so vielem Wohlwollen zugetan, . . . alles dieses ist dahin und wie fürchterlich dahin! Unter welchem Leiden gab sie ihren Geist auf! Ja, sogar die Agonie, die bei dieser Krankheit nie, nie stattfindet, war fürchterlich. Hier ist unserem Denken eine Linie gezogen, worüber wir nicht schreiten dürfen, denn es gibt ja eine Vorsehung, die alles leitet ... Gerade an dem Tag, wo Du mir zum letztenmal schriebst, daß Du überzeugt wärest, sie könne nicht sterben, starb sie. Den 24. September um halb zehn. Und ich, ich tanzte den Tag. Dieses ist mir eine so horrible Idee, die mich quält und plagt. Du begreifst es gewiß.

Luise.«/

Der König hat noch von Ansbach aus nach Berlin Anweisung gegeben, die strikteste Neutralität zu wahren. Bereits am ersten Tag nach seiner Rückkehr erhält er ein Memorandum von Haugwitz, das wiederum mit allem Nachdruck auf die Gefahren aufmerksam macht, die die nun erfolgte französische Besetzung Hannovers nach sich zieht. Er verlangt eine Teilmobilisierung der Armee. Der König sträubt sich nach wie vor gegen jede spektakuläre Rüstungsmaßnahme, die den Ersten Konsul zu Gegenmaßnahmen reizen könnte. Jedenfalls wird er nichts unternehmen, bevor er sich vergewissert hat, ob Napoleon tatsächlich Expansionsgelüste hegt, die Preußen bedrohlich werden können. Er schickt den Kabinettsrat Lombard nach Brüssel, wo Bonaparte sich aufhält.

Lombard ist schon aufgrund seiner französischen Abstammung stets für eine Verständigung mit Frankreich gewesen. Unter Friedrich dem Großen fungierte er als Schreiber, unter Friedrich Wilhelm II. erhielt er eine Anstellung im Kabinett, die er auf Empfehlung von Haugwitz auch unter Friedrich Wilhelm III. behielt. Die Gewandtheit seines Stiles in der Korrespondenz mit Frankreich gab den Ausschlag.

Lombard nahm seine Chance wahr, lebte sich feinfühlig in das Trachten und Denken des Königs ein, bestärkte ihn in seinem Friedenswillen, bedrängte ihn nicht mit unüberhörbaren Warnungen und ward nach und nach der beste Interpret seiner Neutralitätspolitik. Laforest, seit 1803 französischer Gesandter in Berlin, nennt ihn bezeichnenderweise »le vrai ministre«. Eine zwielichtige Gestalt im Urteil der Zeitgenossen. Die Militärpartei haßt ihn, brandmarkt ihn als unverantwortlichen Intriganten, als aalglatten Jasager und Opportunisten.

In Brüssel wird er von Napoleon empfangen. Gerüchte behaupten, dieser habe ihn mit einer ansehnlichen Summe bestochen. Lombards Bericht in Berlin über die Unterredung entspricht genau dem, was der König zu hören wünscht: Der Erste Konsul habe ihn überzeugt, daß er ausschließlich mit den Vorbereitungen für den Krieg mit England beschäftigt sei und daher auf dem Festland Ruhe und Frieden wünsche. Mit freundschaftlicher Zuneigung habe er von Preußen und dem preußischen König gesprochen. Kein Grund also, den Mahnungen von Haugwitz nachzukommen.

Daß eine Annäherung an das preußische Königshaus damals durchaus in den Plänen Napoleons liegt, eine zufällige Konstellation, um sich den Rücken zu decken, soll wohl auch die Geschenksendung für Luise zeigen, die Lombard übergeben wird mit der Bitte, sie in seinem Reisewagen zu befördern. Dazu ein Brief von Napoleons Frau Josephine vom 28. Juli aus Brüssel:

Madame Lucchesini – Gattin des Preußischen Botschafters in Paris – habe ihr erzählt, daß sie Aufträge in französischen Moden für die Königin öfters erledige. Da Madame Lucchesini sich auf einer Badereise befinde, nehme sie an, es sei der Königin angenehm, wenn Josephine sie vertrete.

»Ich packe aus«, berichtet Luise ihrem Bruder, »finde 12 Hüte und Bonnets, einen Karton voll Blumen und einen Karton mit einem Spitzenkleid von ungeheuerem Wert, ein schwarzes Spitzenkleid und ein Ballkleid in Stahl gestickt, pompös. Wer hätte das je geglaubt!«

Ja, wer hätte das je *geglaubt?!*

Dreizehntes Kapitel

Nach den *Vertrauten Briefen*, die Eduard Vehse in dem 5. Band seiner *Geschichte des preußischen Hofs und Adels* zitiert, muß Berlin in den Jahren vor dem Zusammenbruch 1806 ein wahres Sündenbabel gewesen sein. In derben Worten entwerfen die Briefe einen »Sittenspiegel«, der keineswegs den Erwartungen entspricht, die Friedrich Wilhelm und Luise in das Beispiel setzen, das sie durch ihr glückliches Ehe- und Familienleben geben.

»Die Schlemmer in Berlin spotten über die Nüchternheit des Königs; sie haschen und suchen nach irgend einer Äußerung des königlichen Ehepaares, ob nicht ein Funken von Unregelmäßigkeit in ihnen ist, ob der König oder seine Gemahlin keine geheime Liebe nähren ... Die große Popularität Friedrich Wilhelms ist ihnen zuwider; er soll einen brillanten Hof halten, wo es Intrigen und Kabalen gibt, wo man etwas Neues erfährt ...

In der Residenz hat man die physischen Genüsse so verfeinert, daß das Leben bei Hof damit grell absticht. Es gibt hier eine Menge von Leuten aus dem Militär-, Civil-, und Handlungsstande, die ein wahres Studium daraus gemacht haben, das Leben zu genießen ...

Die Weiber sind so verdorben, daß selbst vornehme adlige Damen sich zu Kupplerinnen herabwürdigen, junge Weiber und Mädchen vom Stande an sich zu ziehen, um sie zu verführen ...

Mancher Zirkel von ausschweifenden Weibern von Stande

vereinigt sich auch wohl und mietet ein meubliertes Quartier in Compagnie, wohin sie ihre Liebhaber bestellen und ohne Zwang Bacchanale und Orgien feiern, die selbst dem Regenten von Frankreich unbekannt und neu gewesen wären ...

Der Offiziersstand, der, schon früher ganz dem Müßiggang hingegeben, den Wissenschaften entfremdet war, hat es am weitesten unter allen in der Genußfertigkeit gebracht. Sie treten alles mit Füßen, diese privilegierten Störenfriede, was sonst heilig genannt wurde: Religion, eheliche Treue, alle Tugenden der Häuslichkeit der Alten. Ihre Weiber sind unter ihnen Gemeingut geworden, die sie verkaufen und vertauschen und sich wechselweise verführen ...

Diese entnervten, an Seele und Leib befleckten jungen Greise, wie wollen sie die Strapazen des Krieges aushalten, die Leute mit den erschlafften Muskeln, denen man durch angezwängte, knappe Kleidung, durch wattierte Hosen und falsche Waden ein Ansehen zu geben wußte. Ich kenne ehrenvolle Ausnahmen: es ist die Minorität ...

Selbst der Bauernstand ist verdorben, allen Lastern ergeben. Er achtet keine Sittenlehren seiner Pfarrer mehr, die Gesetze sind ihm zum Gelächter geworden, alle Bande, die das Volk fesselten, sind aufgelöst ...

Einer so verdorbenen Nation ist der sanfte, gutmütige, rechtliche Friedrich Wilhelm III. nicht zum König geschaffen. Ein Despot ohne Gleichen mußte auf Friedrich Wilhelm II. folgen, um dies Geschmeiß zu regieren.«

Mit der Kritik des Militärs haben die *Vertrauten Briefe* zweifellos recht: das ist nicht mehr die schlagkräftige Armee Friedrichs des Großen. Statt einer gründlichen Reform, einer Vorbereitung auf die neue Kriegführung, mit der Napoleon seine Siege erzielt, vergeudet man Zeit und Geld mit Paraden, die mit immer ausgeklügelteren Finessen das Auge und Ohr des Königs erfreuen. Die schmucken Uniformen, die blitzblank geputzten Knöpfe, die glänzenden Gewehrläufe, die hübschen neuen Degen, ihnen wird die gleiche Wichtigkeit beigemessen wie dem Ton und Akzent eines Kommandowortes. In der einzigartigen Präzision des Schauspiels liegt gleichzeitig die Tragik der Versäumnisse. Mit derselben Präzision marschieren 1806 bei Jena die Soldaten in den sicheren Tod.

Das Garde du Korps, die »Puppe des Königs«, und das Regiment Gendarmes sind die verrufensten und berüchtigtsten wegen ihrer rüden Manieren, wilden Trinkgelage und Frauengeschichten. Bildungsfeindlich verspotten sie jeden, der sich ihren Lustbarkeiten zu entziehen sucht.

»Es gehörte eine Kernnatur wie die Wilhelms dazu«, des Grafen Schwerin, teilt seine Frau in ihren Memoiren mit, »um sich in den beiden elegantesten Regimentern der Garde, denen er hintereinander angehörte, von der sybaritischen Genußsucht, die für die Offiziere in jener Zeit fast sprichwörtlich geworden war, so völlig frei zu halten . . .«

Doch es gibt auch ein anderes Berlin, eben das der »Minoritäten«, die, unabhängig vom Hof, in intimen Zirkeln das geistige Niveau der preußischen Hauptstadt prägen.

Da ist das Brühlsche Palais an der Weidendammer Brücke, ein geselliger Mittelpunkt für aristokratische Patrioten, Gegner jakobinischer Prinzipien und Promessen und des anwachsenden bonapartistischen Gewaltsystems, Männer und Frauen, die mit ernster Sorge die Probleme der Zeit verfolgen und erörtern. Karl Adolf Reichsgraf von Brühl, ehemaliger Gouverneur des Königs, und seine Frau Sophie – »la fière Sophie« – führen ein betont stilvolles Haus, in dem sich das Herkömmliche glücklich vereint mit der Solidarität der Meinungen und Interessen. Eine Atmosphäre, in der menschliche Beziehungen gedeihen. Hier verkehren Prinz Wilhelm von Preußen, der Bruder des Königs, die Grafen Dohna, von Roeder, von Gneisenau, von Scharnhorst [1804 geadelt], von der Marwitz, von Clauseweitz, Gräfin Moltke, die Hofdame der Königin, die Freundinnen der Königin Frau von Berg, Frau von Kleist und andere, die ein ernsthaftes Gespräch den seichten Hofgesprächen vorziehen. Die Tochter Gneisenaus wird die Frau des Brühlschen Sohnes Friedrich. Ludwig von der Marwitz, der zu den konservativsten der jungen Gardegeneration gehört, heiratet die Jüngere der Brühlschen Töchter, Clausewitz die Ältere, Marie. Sie wird zur sachkundigsten Mitarbeiterin an Clausewitz' zehnbändigem Werk *Über den Krieg,* das sie nach seinem Tode herausgibt.

Auch an der Weidendammbrücke steht das schlichte Haus, das Prinz Louis Ferdinand bewohnt, wenn er in Berlin ist, begleitet von seiner Freundin Henriette Fromme und dem gemeinsamen Söhnchen Loulou. Fast jeden Abend empfängt der Prinz Gäste, »alles was genial war oder sein wollte, suchte sich an ihn zu drängen; seine Beziehungen reichen weit hinab in die bürgerliche Geselligkeit, die in den geistreichen jüdischen Zirkeln Berlins ihren Anfang genommen . . . hatte.« (J. G. Droysen in: *Das Leben des Feldmarschalls Grafen Yorck von Wartenburg.)* Louis Ferdinand lädt ein, wer ihm gefällt, wer ihn interessiert, Diplomaten, Politiker, Gelehrte, Schriftsteller, Künstler und die Prominenz, die sich vorübergehend in der Stadt aufhält. Er nimmt kein Blatt vor den Mund, wenn er die Neutralitätsbestrebungen des Königs kritisiert oder die rückständigen Ausbildungsmethoden bei der Armee. Militärische Fragen diskutiert er gerne in einer Runde, an der Scharnhorst teilnimmt, dessen offene Ehrlichkeit und hervorragende Sachkenntnis er außerordentlich schätzt.

Befreundet ist der Prinz mit Henriette Herz, der schönen und gescheiten Jüdin, der Frau von Marcus Herz, dem bekannten Arzt und Philosphen. Ihr ebenso berühmter wie eleganter und mondäner Salon ist der Treffpunkt bedeutender Persönlichkeiten des öffentlichen Lebens und jener intellektuellen Schicht, der die Frühromantiker angehören. 1803, nach dem Tode ihres Mannes, ist Henriette nicht mehr in der Lage, ein großes Haus zu führen; sie muß auf die gesellschaftliche Rolle verzichten, die sie jahrelang spielte, was Rahel zugute kommt, die in bescheidenem Rahmen die gleichen Ambitionen hegt, Rahel Levin, später Rahel Varnhagen van Ense. Klein, häßlich, unscheinbar, dabei hochintelligent, witzig, schlagfertig, vorurteilsfrei, begeisterungsfähig, übt sie einen eminenten geistigen Einfluß auf ihre Umgebung aus. Ihr ist jeder willkommen, der über das Mittelmaß hinaus eigene Ideen verficht und nach eigenen Gesetzen lebt. In ihrer Mansardenwohnung empfängt sie ihre Besucher an einem großen, runden Tisch mit Tee und Gebäck. Schon um die Jahrhundertwende haben hier August Wilhelm und Friedrich Schlegel gesessen, Wilhelm und Alexander von Humboldt, die Brüder Tieck, Friedrich Gentz, der glänzende Publizist, ein Intimus von Rahel.

Eines Tages erscheint Prinz Louis Ferdinand.

»Ordentliche Dachstuben-Wahrheiten wird er hören«, prophezeit Rahel, als er nach dem ersten Besuch wiederzukommen verspricht. Meist taucht er erst zu später Stunde auf. Einen dieser Abende schildert Graf Salm, der ihn bei jener Gelegenheit kennenlernt.

». . . Die ganze Gesellschaft erhob sich [beim Eintreffen des Prinzen,] aber gleich rückte und setzte sich alles wieder zurecht und der Prinz nahm seinen Platz neben Dlle. Levin . . . Ich war vom ersten Augenblick bezaubert; einen so günstig ausgestatteten Menschen hatte ich noch nicht gesehen. Solche Heldenfigur gibt in der Tat eine Vorstellung von höherem Geschlecht. Beruf und Geschick . . . Seine Leutseligkeit war vornehm, und doch durchaus menschenfreundlich, ohne den Beigeschmack von Herablassung, der die Gnade der Großen meistenteils so ungenießbar macht. Auch wurde der Prinz durchaus nicht schmeichlerisch behandelt, die herkömmlichen Formen der Ehrerbietung fehlten nicht, allein außer diesen konnte ihn nichts erinnern, daß er mehr sei als die andern. Nach wenigen Augenblicken fand ich mich so unbefangen und behaglich in seiner Gegenwart, als hätte ich ihn schon jahrelang gekannt. Ihn selber schien kein Zwang befallen zu können, er verfuhr und sprach, als ob er unter geprüften Freunden sei . . .

So sprach er ohne Zurückhaltung seinen Unwillen und Grimm gegen Bonaparte und gegen die freundschaftlichen Verhältnisse aus, welche die Höfe mit ihm unterhielten. Eine der Anklagen, die er gegen ihn vorbrachte, war in dem

Munde eines Prinzen sonderbar; man war überrascht, jenem vorgeworfen zu sehen, daß er die Freiheit untergrabe! Merkwürdiger noch als in diesen Äußerungen erschien mir der Prinz in einigen andern, welche hinter scheinbarer Zerstreutheit und Unaufmerksamkeit die feinste Beobachtung und Menschenkenntnis verrieten . . .«

Als Louis Ferdinand aufbrach, gingen alle. Auf der Treppe kam ihnen Fürst Anton Radziwill entgegen und veranlaßte seinen Schwager, mit ihm in die Dachstube zurückzukehren. Salm hatte das Bedürfnis, das Erlebte noch einmal durchzusprechen. Mit Brinckmann wanderte er eine Zeitlang auf dem Gendarmenmarkt auf und ab. Der Heimweg führte sie wieder durch die Jägerstraße, wo noch der Wagen des Prinzen vor dem Hause hielt.

»In dem Zimmer oben war ein Fenster geöffnet und Klaviertöne erklangen. Wir standen still und lauschten; der Prinz phantasierte mit genialer Fertigkeit, Dlle. Levin und Fürst Radziwill standen mit dem Rücken gegen das Fenster, und wir hörten einigemal die Stimmen ihres Beifalles. Wie gern hätten wir die unsere hinzugefügt! Das Spiel des Prinzen war kühn und gewaltig, oft rührend, meist bizarr, immer von höchster Meisterschaft. Nach einer halben Stunde hörte er auf, bald nachher fuhr er mit seinem Schwager nach Hause. Die Uhr war halb eins.«

Pauline Wiesel, ein seltsam animalisches Geschöpf von verführerischer Faszination, seine letzte große leidenschaftliche Liebe, lernt Louis Ferdinand Anfang 1804 bei Rahel kennen, während eines mehrmonatigen Aufenthaltes in Berlin. Die Anwesenheit der Herzogin von Kurland und später von Madame de Staël stimulieren lebhaft in jenem Winter die Geselligkeit, verleihen ihr einen Hauch kosmopolitischen Formates.

Die Herzogin von Kurland und ihre vier Töchter gehören seit dem Tode des Herzogs zu den reichsten Frauen Europas. Die drei ältesten Töchter haben sich schnell hintereinander verheiratet, um den verworrenen Familienverhältnissen und eigenen Liebesaffären mit kompromittierenden Folgen zu entgehen. Keinem der Ehemänner, einem französischen Prinzen, einem deutschen Prinzen und einem italienischen Herzog, erteilen die klugen Damen Vollmacht über ihre stattlichen Konten. Dem Herzog – Gentz: »ein vollendetes Rindvieh« – gewährt Pauline nach verweigerter Hochzeitsnacht eine ansehnliche Apanage.

Dorothée, nach der Mutter genannt, erst elfjährig, mit an Sicherheit grenzender Wahrscheinlichkeit das Kind aus einer Liaison der Herzogin mit einem polnischen Grafen, hat laut Testament ihres chevaleresken »Vaters« das Kurländische Palais Unter den Linden – später russische Botschaft – geerbt. Die Herzogin mit ihrem Bruder und dessen Familie bewohnen den Repräsentationstrakt des Palais; Dorothée richtet sich, ganz selbständig, in einem Seitenflügel mit Gouvernante, Dienerschaft und Equipagen, eine Art Hofhaltung ein, ohne je zu vergessen, wie sie sich später erinnert, daß *sie* die Hausherrin ist. Sie ist das Produkt einer lieblosen Erziehung und eines wachen Intellektes, trotzig, eigenwillig und sehr selbstbewußt. Auf einem der vom Hof arrangierten, damals in Mode gekommenen Kinderbälle passiert es, daß Dorothée dem Kronprinzen eine schallende Ohrfeige versetzt. Der Grund: Nach der einen Version hat er sie angespuckt, nach der anderen an den langen Haaren gezogen. Eine so knallharte Reaktion auf einen seiner derben Späße hat der Respekt gewohnte Thronfolger noch nie erlebt. Mit Nasenbluten und Ohrensausen wird er nach Hause gebracht. Die Königin ist außer sich und verbietet den Verkehr mit der »rabiaten kurländischen Bestie«, was die Bestie nicht bedauert: sie ist lieber mit Erwachsenen zusammen.

Für die Mutter und ihre Gäste ein höchst ergötzlicher Vorfall. Der Beitrag des Onkels: »Meine charmante Schwester war genau so.« Charmant ist die Herzogin und immer noch eine ungewöhnlich schöne Frau. Sie besitzt das Talent, Menschen unterschiedlichen Herkommens und gegensätzlicher Ideologie im Gespräch zu vereinen: Aristokraten und

Bürgerliche, Erzkonservative und Reformbesessene, Gelehrte und Künstler, Christen und Juden, In- und Ausländer. Sie bietet ihnen, die sich bisher nur in den vom König mißbilligten »obskuren Dachstuben und Etagenwohnungen« treffen konnten, in ihren Räumen einen Rahmen, der unanfechtbar allen Ansprüchen genügt. Umschwärmt von vielen, ist ihr Favorit der nahezu zwölf Jahre jüngere Prinz Louis Ferdinand.

»Die Hähne krähen schon längst nicht mehr, wenn der Prinz das Kurländische Palais verläßt, um zu seinem Dienst zu eilen«, das Lästermaul Brinckmann hält seinen genüßlichen Freund Gentz in Wien auf dem laufenden.

Die intimste Freundin der Herzogin und Patin Dorothées ist die Fürstin Radziwill. In diesem engeren, bei Hof zugelassenen Kreis wird überwiegend Kritik an der Königin geübt. Sie gilt als hausbacken, als unfähig, eine spritzige, amüsante Konversation zu führen, mangelhaft gebildet und befangen in den Vorurteilen ihres Milieus, was sie im Vergleich mit der mondänen, espritsprühenden Kurländerin und der Literaturkoryphäe Madame de Staël wohl auch ist, deren neuester Roman *Delphine,* zur Zeit ein Bestseller, das Recht der Frau auf außereheliche Beziehungen verteidigt.

Am 10. März, an ihrem Geburtstag, wird der Königin bei den Festlichkeiten die Staël vorgestellt. Der Austausch von Höflichkeitsfloskeln ist alles, was die Damen sich zu sagen wissen. Ein Bedürfnis nach Annäherung besteht nicht, zwei Welten ohne Berührungspunkte. Am 12. März rauscht die mit großem Aufwand inszenierte Revue vor 2000 Zuschauern über die Bühne des Schauspielhauses: Eine Pantomime, der Einzug Alexanders des Großen in Babylon, in der die Königin die Tochter des Darius tanzend darstellt. Madame ist nicht beeindruckt, weder von der Pracht der Kostüme noch von den Akteuren, sie lehnt derartige Nachahmungen antiker Ereignisse als bloßen Zeitverlust rundweg ab.

Für ihr Buch über Deutschland sammelt sie Material. Man ist bemüht, Berlin im besten Licht zu präsentieren, man lädt ein, wer sie irgend interessieren könnte, auf ihren speziellen

Wunsch: Fichte. Bitter gekränkt verläßt er den Schauplatz, da sie, die von ihm geforderte Auslegung seiner Philosophie alsbald unterbrechend, ein Reiseerlebnis von Münchhausen erzählt, das ihrer Meinung nach, wie sie ihm versichert, sein philosophisches System am treffendsten veranschauliche. Aus der Begegnung mit August Wilhelm Schlegel hingegen, den Goethe als Erzieher für ihre Söhne empfohlen hat, erwächst eine lebenslange Freundschaft. Im Palais Radziwill ist die Staël ein gern und oft gesehener Gast. Die Fürstin hat sie »wirklich gern . . . auch mein Bruder Louis begeisterte sich für sie und wurde ganz besonders von ihr geschätzt« *(Memoiren)* – , vorausgesetzt, er hatte nicht zu viel getrunken.

Völlig nüchtern ist der Prinz an jenem frühen Morgen Ende März, als er um acht Uhr vor ihrer Wohnung am Ufer der Spree sein Pferd zügelt und sie zu sprechen wünscht.

Im Negligé eilt sie ihm überrascht entgegen.

»Wissen Sie«, ruft er aus, »daß der Herzog von Enghien auf badischem Territorium aufgegriffen, einer Militärkommission überantwortet und vierundzwanzig Stunden später erschossen worden ist?!«

Sie wehrt ab, ein Gerücht wie viele andere, das die Feinde Frankreichs ausgestreut haben.

»Nun, so will ich Ihnen den Moniteur schicken, da können Sie das Urteil abgedruckt lesen.«

Bald darauf hält sie die Nummer des Moniteur vom 21. März 1804 in Händen.

»C'est pis qu'un crime, c'est une faute!« Das ist schlimmer als ein Verbrechen, das ist ein Fehler, Fouchés zynischer Kommentar. Der junge Herzog von Enghien, ein Enkel des Prinzen Condé, ein Vetter des Königs, ist ohne Rechtsbeistand, ohne Beweise seiner Schuld, Napoleon nach dem Leben zu trachten, in den Festungswällen von Vincennes in der Nacht vom 20. auf 21. März füsiliert worden. Es war so finster, daß ein Windlicht an seiner Schulter befestigt werden mußte, um den Soldaten zu zeigen, wohin sie zu zielen hatten. Der Hinrichtungsbefehl ist *vor* der Urteilsverkündung von

Napoleon unterzeichnet worden. Mit diesem Mord liefert er den Königsmördern den Beweis, daß er linientreu, daß er Anschläge gegen sein Leben unnachsichtig, ohne Ansehen der Person, auch an den Bourbonen rächt. Den Weg zum Thron hat er sich freigeschossen. Der Initiator der Idee, Talleyrand, bleibt im Hintergrund, wäscht seine Hände in Unschuld.

An den europäischen Höfen schlägt die Nachricht wie eine Bombe ein. Vernichtet ist die Hoffnung, daß Frankreich ein verläßlicher Verhandlungspartner wird, Grenzen, Gesetze respektiert, bereit ist, das Gleichgewicht der Kräfte auf dem Kontinent wiederherzustellen und zu wahren.

Der Zar ist außer sich vor Empörung. Eine Protestnote an den Reichstag in Regensburg spricht von der Verletzung der Menschenrechte und der Sorge um die Sicherheit und Unabhängigkeit der Staaten. Über die Gesandtschaft in Paris fordert er eine nähere Erklärung der Umstände, die zur Erschießung des Herzogs geführt haben. Ihm wird mit dem Hinweis geantwortet, man habe auch keine Erklärung für die Ermordung Pauls I. verlangt, erwarte sie aber jetzt von seinem Sohn. Ein Freund des Zaren behauptet, diesen Affront habe Alexander nie vergessen und vergeben. Der russische Hof legt Trauer an.

Bestürzung und Unruhe hat die Nachricht auch in Berlin ausgelöst. Die in der ersten Erregung angesetzte Trauer wird jedoch wieder abgesagt, da jede ostentative Stellungnahme zu dem Ereignis vermieden werden soll

Mitte April 1804 zieht sich Graf Haugwitz aus gesundheitlichen Rücksichten auf seine Güter zurück. Hardenberg übernimmt die Leitung der Außenpolitik, ein Wechsel der in Berlin mit unterschiedlicher Resonanz aufgenommen wird. Die Anhänger von Haugwitz bangen um ihre Privilegien und den Frieden, die Kriegspartei und einige Botschaften hoffen, daß der neue Minister mehr Rückgrat zeigen wird und daß man dem Machthunger Napoleons nicht länger tatenlos zusieht.

Hardenberg hat lange genug in preußischen Diensten gearbeitet, um die Möglichkeiten, die ihm zur Verfügung stehen, richtig einzuschätzen. Nichts wäre verfehlter, als der Versuch, nun das Steuer herumzuwerfen. Beeinflussen läßt der König sich nicht, er hört lediglich auf jene, die ihm beistimmen, und behält sich stets die letzte Entscheidung vor. Überdies ist Hardenberg – von Natur kein Mann harter und riskanter Entscheidungen – noch überzeugt, daß mit kluger Diplomatie friedliche Lösungen der immer wieder auftauchenden Konflikte herbeigeführt werden können. Hierin stimmt er mit dem König und Haugwitz überein, nur im Ton vertritt er energischer die Interessen des Landes. Daß dem Ausweichen Grenzen gesetzt sind, darüber ist er sich klar.

Wenige Wochen nach seinem Amtsantritt verleiht der französische Senat Bonaparte die erbliche Kaiserwürde. Das Glückwunschschreiben Friedrich Wilhelms III. ist eines der ersten, die in Paris eintreffen. Napoleon in bester Geberlaune bietet dem König sein Einverständnis, falls dieser es für wünschenswert erachte, auch Preußen zum Kaiserreich zu erheben. Eine Zeitlang ein eifrig diskutiertes Thema unter den Regierungsmitgliedern und Hofleuten. Aussicht auf Titel und Posten bewegen die Gemüter. Der Vorteil, den Hardenberg sieht: Die Rangerhöhung würde das Ansehen und den Einfluß Preußens bei den zahlreichen Kleinstaaten des Reiches stärken. Aber der König folgt seinem gesunden Sinn für Legalität. Seine Neutralitätspolitik verpflichtet ihn, sich keiner Seite gegenüber dankbar erweisen zu müssen, so läßt er, jedes Aufsehen vermeidend, den französischen Sonderbeauftragten wissen, er sei nicht interessiert. In ihren Briefen erwähnt die Königin das napoleonische Zwischenspiel nicht, vermutlich, weil sie der Entscheidung des Königs von vornherein sicher ist und in dieser Richtung keinerlei persönlichen Ehrgeiz kennt.

Noch ist sie politisch nicht engagiert. Die Festlichkeiten der Wintersaison nehmen sie voll in Anspruch, so daß sie sich in einem Brief am 5. April 1804 sogar bei dem geliebten Bruder George wegen ihres Schweigens entschuldigen muß.

/». . . Die Zeit gebrach mir wahrlich und wenn Du Dir das nicht denken kannst . . ., so bitte ich recht sehr, an die verlebten Berliner Karnevals zu denken und Dir dazu noch eine Hochzeit – ganz pompös – zu denken, die die Kartons der Nitzen, Quittels, Michelets, Vorasts und Vibeaus [renommierte Berliner Modegeschäfte] so anhäuften, daß knapp der König durch mein Zimmer einen engen Fußsteig finden konnte . . . Denn die Bälle, Konzerts, Courses, Opern, Assembléen, die erinnerst Du Dich doch auch noch und weißt, daß sie Kräfte nehmen, und daß man Kräfte herbeischlafen muß.«/

Die erwähnte Hochzeit hat am 12. Januar stattgefunden. Der Bruder des Königs heiratete Prinzessin Marianne von Homburg, die ohnmächtig während des Festaktes zusammenbricht, als man sie mit der Krone der Prinzessinnen von Preußen schmückt. Achtzehnjährig hat sie ihre große Liebe, ein romantisches Erlebnis, bereits hinter sich, und mit den schmerzlichsten Gefühlen verließ sie ein glückliches Zuhause. Ihre stille Zurückhaltung hat die Hofkreise anfangs enttäuscht, während sich zwischen ihr und Luise bald eine innige Freundschaft entwickelt. Mit großer Herzlichkeit ist Luise auch Anna Pawlowna zugetan, der vom Bruder des Zaren getrennt lebenden Großfürstin, die sie im vergangenen Jahr in Coburg kennenlernte. Im Mai und Juni ist Anna mit ihrem Bruder mehrere Wochen in Berlin. Ein Höhepunkt des Aufenthaltes ist die Aufführung des *Wallenstein* mit Iffland in der Hauptrolle und als Ehrengast Friedrich Schiller, dessen Erscheinen im Theater mit stürmischem Beifall begrüßt wird. Das Königspaar empfängt ihn, und Luise, deren Lieblingsdichter er ist, äußert sich lebhaft erfreut über das in Aussicht genommene, von Iffland aufgegriffene Projekt seiner Übersiedlung nach Berlin, ein Plan, den Schiller, der die Großstadtatmosphäre anregend empfindet, lange erwägt: Nicht leichten Herzens hat er verzichtet, teils wegen seiner schon geschwächten Gesundheit – ein Jahr später, im Mai 1805, stirbt er –, hauptsächlich aber, weil Herzog Karl August von Weimar den berühmten Sohn seines Musenhofes nicht verlieren möchte und ihm, als Dank für sein Bleiben, eine sorgenfreie Zukunft garantiert.

Den Sommer verbringt die königliche Familie in Charlottenburg, den Herbst in Paretz, eine größere Reise wird nicht unternommen, nur Ende August, als kurze Unterbrechung des Alltags, eine Fahrt nach Schlesien. Für Luises angegriffene Gesundheit – sie ist wieder schwanger, am 13. Dezember 1804 kommt der vierte Sohn, Ferdinand, zur Welt – wäre ein Klimawechsel wohltuend gewesen.

Ende 1803 hat Österreich einen neuen Gesandten nach Berlin beordert: Graf Clemens Wenzel Lothar von Metternich. Elf Jahre sind vergangen, seit der damals Zwanzigjährige mit Prinzessin Luise von Mecklenburg-Strelitz in Frankfurt den Krönungsball eröffnete. Aus der für seine Begriffe sehr provinziellen und reichlich naiven Partnerin ist eine elegante, strahlende Königin geworden. Bei Hof wird er von ihr und ihrem Mann »wie ein guter Freund« aufgenommen.

Metternichs Berichte an die österreichische Regierung zeigen bereits die brillanten Fähigkeiten, die den künftigen Staatsmann auszeichnen. Den Verlauf des Jahres 1804 nennt er »einen kläglichen Zustand, der weder Krieg noch Frieden ist«. Die Quintessenz seiner Beobachtungen: er schlägt vor, eine Annäherung an Preußen zu suchen, da beide Staaten sich in der gleichen gefährlichen Situation befinden, und auch die kühle Reserve gegenüber Rußland fallenzulassen, denn, wie es in dem Schreiben heißt: ». . . nur in Sankt Petersburg läßt sich der Hof von Preußen gewinnen . . .«

Daß die Ratschläge befolgt werden, beweist, welches Vertrauen die österreichische Staatsführung in die Urteilskraft des jungen Diplomaten setzt. Am 6. November 1804 wird ein Geheimvertrag zwischen Österreich und Rußland geschlossen, der sich in erster Linie gegen weitere Eroberungsgelüste Napoleons richtet, und Metternich erhält den Auftrag, sich um den Beitritt Preußens zu bemühen. Ein halbes Jahr später, im April 1805, gelingt es dem Zaren, einen Vertrag mit England zu unterzeichnen, der schon konkrete Forderungen zur Wiederherstellung der europäischen Ordnung enthält. Im Falle des Krieges verpflichtet sich England, finanzielle Unterstützung zu leisten. Nunmehr wartet der tatendurstige Alexander ungeduldig auf den Entschluß Friedrich Wilhelms III., sich der Koalition anzuschließen, da die Verbündeten den Einsatz der preußischen Streitkräfte im Kampf gegen die sieggewohnte Armee des Usurpators für unerläßlich halten.

Metternich ist keinen Schritt weitergekommen. Der Friedenswille des Königs ist unerschüttert. Er erinnert an die von ihm vor einem Jahr gegebene Erklärung, er werde sich an feindlichen Vorhaben gegen Frankreich nicht beteiligen, solange Napoleon die preußischen Grenzen und die Neutralität der norddeutschen Staaten respektiere. Die öffentliche Meinung in Berlin billigt bis auf wenige Ausnahmen seine Politik; auch die Minister Hardenberg, Beyme und das Kabinett stimmen ihr zu. Luise teilt voll und ganz die Ansicht des Königs, dem Land, wenn irgend möglich, einen kriegerischen Konflikt zu ersparen.

Durch den Tod der Mutter des Königs im Februar 1805 und die damit verbundene Hoftrauer verlaufen die Wintermonate stiller als gewohnt mit privaten Festlichkeiten ohne viel Aufwand. Nach der Truppenschau Ende Mai in Cörbelitz unternimmt das Königspaar in Wernigerode einen Ausflug auf den Brocken, und anschließend geht es über Erfurt, Coburg nach Franken. Unterwegs schließen sich Luises Schwester Friederike und Anna Pawlowna den Reisenden an. Das schön gelegene Alexandersbad – damals Sichersreuth genannt – inmitten der Höhen des Fichtelgebirges hat der König als Aufenthaltsort für mehrere Wochen ausgesucht und vorbereiten lassen. Luise ist entzückt von dem kleinen Kurort und der Gegend. Hardenberg, jahrelang oberster Geschäftsträger in Ansbach-Bayreuth, kennt fast jeden Winkel des Landes und ist ein idealer Reiseleiter. Die täglichen Ausritte weiß er geschickt zu variieren mit immer neuen Wegen und Ausblicken. Wunsiedel wird besichtigt, der Geburtsort Jean Pauls, und Eger, wo Wallenstein starb. Der preußische Gesandte Lucchesini findet sich ein und berichtet seiner Frau nach Paris über die lebhaft herzliche Teilnahme der Bevölkerung, spricht von der »Freundlichkeit des Königs« und der »bezaubernden Schönheit der Königin«.

Die Sommer- und Herbstmonate in Charlottenburg und Paretz sind oft eintönig, und bedrückend dann, wenn der König mit düsterer Miene und schlechtester Laune aus Berlin zurückkehrt. Sein Geburtstag am 3. August – er wird fünfunddreißig Jahre alt – wird wie gewohnt mit militärischem Gepränge, Paraden, Janitscharenmusik und einem festlichen Diner gefeiert. Der Geburtstag des Bruders der Königin, des Erbprinzen Georg, der sich endlich schweren Herzens losgerissen hat von Rom und dem Charme der vielgeliebten Schwester Napoleons, der Prinzessin Pauline Borghese, ist einige Tage später, am 12. August. Der Italien-Enthusiast wird überrascht mit einem Orangenhain, in den man einen Teil des Schloßgartens in Charlottenburg verwandelt hat. Herren und Damen des Hofes tanzen auf Wegen und Plätzen des Hains in albanischen Kostümen Quadrillen. Ein Ball im blumengeschmückten Saal beendet das Fest. Dem König ist es recht, wenn man sich vergnügt, wenn er fröhliche, sorglose Gesichter um sich sieht; die seiner Minister sind sorgenvoll genug und mahnen ihn ständig an die Probleme der Außenpolitik, zu der er, seiner Meinung nach, alles gesagt hat, was es für ihn zu sagen gibt. Und doch lassen ihm die Ereignisse, die sich Ende September zu einem alle Nervenkraft beanspruchenden Höhepunkt zuspitzen, keine Ruhe.

Im August 1805 versucht Frankreich Preußen als Bundesgenossen ins Schlepptau zu nehmen. Der französische Gesandte in Berlin, Laforest, erklärt im Auftrage Napoleons, dieser wünsche Preußens militärischen Beistand für seine Eroberungen in Italien, falls sie ihm von irgendeiner Seite streitig gemacht werden sollten. Dafür bietet er Hannover, das er zwar besetzt hält, aber nicht besitzt. Er verweist auf einen künftigen Friedensvertrag mit England, in den die Abtretung von Hannover an Preußen als Bedingung aufgenommen werden soll. Außerdem garantiere ein Bündnis zwischen Frankreich und Preußen den Frieden auf dem Kontinent, ein Douceur für den König, um ihm den Plan schmackhaft zu machen. Preußens Gegenforderung: Bürgschaft für die Unabhängigkeit der noch italienischen Provinzen, der Schweiz und Hollands, die Napoleon kurzerhand ablehnt, worauf Friedrich Wilhelm sich in höflicher Weise von dem Plan distanziert. Er habe ihn nur erwogen, um nichts zu versäumen, was der Erhaltung des Friedens in Europa dienlich sein könne.

Die Verbündeten, Rußland, Österreich, England, denen sich auch Schweden angeschlossen hat, sind erbittert über das starre Festhalten König Friedrich Wilhelms an der Neutralitätspolitik. Des Zaren Zorn wird eifrig geschürt von seinem Bruder Konstantin und seinem vertrautesten Ratgeber, dem Polen Czartoryski. Es ist ihnen gelungen, Alexanders Zustimmung zu erwirken für den Plan, Preußen durch einen Gewaltakt zu einer eindeutigen Stellungnahme pro oder contra Frankreich zu zwingen.

Am 28. August trifft in Berlin ein Schreiben Alexanders an den König ein. Er teilt ihm mit, die Rüstungen zur Wiederherstellung der Ordnung in Europa seien in vollem Gange. Der Tenor des Briefes ist eher drohend als freundlich in der energischen Forderung nach Beistand im Kampf gegen die Expansionsbestrebungen Napoleons. Die russische Heeresleitung erwarte, daß den in Richtung Österreich vorrückenden Truppen keinerlei Hindernis in den Weg gelegt werde. Der König ist von der Loyalität seines Freundes so überzeugt, daß er eine Grenzverletzung für unmöglich hält; er will nicht einmal daran glauben, daß der Zar mit Österreich geheime militärische Abmachungen getroffen hat. Daß dies der Fall ist, erfährt Hardenberg von dem russischen Gesandten in Berlin, Maximilian von Alopeus, der im gleichen Gespräch Preußen für die Teilnahme am Krieg gegen Frankreich ansehnliche

Gebietserweiterungen und englische Subsidiengelder für die Dauer der Feindseligkeiten bietet.

Die Antwort des Königs auf das Schreiben Alexanders am 6. September enthält eine entschiedene Ablehnung jeglicher bündnisähnlicher Vereinbarungen, da Frankreich bisher keinen Anlaß geboten habe, der einen solchen Schritt rechtfertige. Um den Zustand einer bewaffneten Neutralität zu unterstreichen, gibt der König dem Zaren Kenntnis von der Mobilisierung eines 80000 Mann starken Korps. Daß dieses Marschorder nach Osten hat, darüber informiert Hardenberg Alopeus, der mit gleicher Post vom 6. September Alexander eine Warnung zukommen läßt: wie er den König kenne, werde dieser sich durch eine gewaltsame Aktion nie einschüchtern lassen. Im Gegenteil, er werde stets das, was er für recht halte, verteidigen, notfalls mit Waffen.

Unterdessen ist aus Wien Generalleutnant Graf Merveldt eingetroffen, den der König empfängt. In der Audienz weist er sehr nüchtern auf die Gefahren eines Koalitionskrieges hin, den man offenbar ohne gründliche Vorbereitung der Kooperationen beginne und ohne klar festgelegte Ziele. Unterlassungssünden, die ihn an den unglücklichen Feldzug seines Vaters 1792 erinnern. Ferner solle man nicht vergessen, daß Rußland sich ohne Friedensschluß in die Weiten seines Landes zurückziehen könne, während die übrigen Staaten auf Gedeih und Verderb der Willkür des Diktators ausgeliefert bleiben.

Am 15. September kurz vor Mitternacht wird Alopeus ein zweites Schreiben für den König übergeben, das Hardenberg in den frühen Vormittagsstunden des 16. September nach Charlottenburg bringt. Unumwunden fordert der Kaiser die Zusage für den Einmarsch in Preußen als Transit für seine Truppen. Der Wunsch nach einem Zusammentreffen mit dem König, den er äußert, soll wohl in erster Linie der schroffen Provokation eine versöhnliche Note geben. Der König fühlt sich tief gekränkt in seiner Ehre, und das durch einen Menschen, den er für seinen besten Freund gehalten hat. Er beruft den Staatsrat ein, der am 19. September zusammentritt. Der einstimmige Beschluß: Preußen wird mit Waffengewalt auch gegen Rußland die Neutralität verteidigen. Noch am gleichen Abend verfügt der König die Generalmobilmachung.

Die persönliche Antwort des Königs auf das zweite Schreiben des Zaren ist ein in seiner Würde und Eindringlichkeit großartig abgefaßtes Schreiben. Anfangs geht er auf die Anregung eines baldigen »Wiedersehens« ein:

».. . Dann, Sire, werde ich offenen Herzens mit Ihnen reden, wie ich es immer tue . . ., gewiß, . . . daß Jeder von uns in den Rechten des Freundes sich selber achten wird. Bis zu dem Augenblick, Sire, . . . habe ich einem Souverain wie Ihnen, der sich zur Rettung der Unabhängigkeit Europas waffnete, nicht nötig zu sagen, *daß der Eintritt Seiner Truppen in meine Provinzen* unter den augenblicklichen Umständen *unmöglich ist.* Er würde alle Fragen vorentscheiden, alle unsere Beziehungen durcheinanderwerfen und Europa unfehlbar zugrunderichten . . . Kein Souverain, der die schöne Rolle eines Verteidigers der Rechte der Nationen, insbesondere der *Neutralen* übernommen hat, wird sich ohne jede Herausforderung und ohne Beschwerde an denen eines befreundeten, benachbarten und verbündeten Staates vergreifen wollen, der das Bollwerk der Sicherheit des Nordens gewesen ist und nie eine andere Sprache als die der Versöhnlichkeit und des Friedens gesprochen hat . . . Und Sie, . . . Sie sollten derjenige sein, durch den meine obersten Fürstenpflichten verletzt würden! Nein, Sire, . . . ich werde ohne Furcht für das Gedeihen meiner Völker den Weg verfolgen, den Pflicht und Vernunft mir vorschreiben, . . . man wird mich niemals dahin bringen, Ihre Macht zu fürchten, und noch viel weniger dahin, Ihre Ehrenhaftigkeit in Zweifel zu ziehen, . . . Verzeihung, Sire, wenn ich Sie einen Augenblick bekümmerte (peiné), aber es ist mir nicht möglich, Ihnen gegenüber Hintergedanken zu haben. Gestatten Sie mir . . .«

Der Brief trägt das Datum des 20. September 1805. Als

Hardenberg ihn weiterleitet, weiß er, daß das Schreiben den Zaren nicht rechtzeitig erreichen kann, um unabsehbare Folgen zu verhindern. Alopeus hat ihm vertraulich mitgeteilt, daß am 29. September der russische Einmarsch in preußisches Gebiet beginnt. Dessenungeachtet verläßt der König Berlin, fährt nach Paretz, wo er zum Erntedankfest erwartet wird. Nur einmal in der nächsten Woche läßt er sich in der Hauptstadt sehen bei einer Familienfeier: die Goldene Hochzeit des Prinzen Ferdinand, ein strahlend illuminiertes, prächtiges Gartenfest wie im tiefsten Frieden. Am Tag darauf fährt er mit der Königin nach Paretz zurück trotz der kühlen und ungemütlichen Witterung, die seiner Umgebung den Landaufenthalt gründlich verleidet.

Die wildesten Gerüchte durchschwirren Berlin. Nichts ist unbemerkt geblieben, das Eintreffen des Herzogs von Braunschweig, Oberbefehlshaber der Armee, wie 1792, nunmehr siebzig Jahre alt, das Erscheinen von Haugwitz, die Rückberufung Lombards aus dem Urlaub in Italien, das Kommen und Gehen der Gesandten und Sonderbeauftragten, die ständige Abfertigung von Kurieren und der etwas konfuse Übereifer Hardenbergs, der vor allem den König irritiert.

Als der Druck der Spannung in den Ministerien den Höhepunkt erreicht, tritt unerwartet Entspannung ein. Depeschen aus Petersburg: Alexander hat den Einmarschbefehl widerrufen in der Hoffnung, das Treffen mit dem König führe zur Übereinstimmung. Die polnische Partei am russischen Hof, die mit einem siegreichen Überfall Preußens gerechnet hat, ist über den plötzlichen Wandel des Zaren, den schon der erste Brief des Königs, der sich mit dem zweiten Schreiben Alexanders kreuzte, verursachte, verärgert und aufgebracht. Später gibt Czartoryski einen großen Teil der Schuld an dem Mißlingen des russischen Feldzuges diesem spontanen Entschluß des Zaren Alexander.

Doch Hardenberg ist kein langes Aufatmen vergönnt. Neue Schwierigkeiten entstehen: Der König weigert sich, den Zaren zu treffen. Er hat, wie Lombard sich ausdrückt, einen

»Schrecken« vor der Begegnung, beabsichtigt krank zu werden und sich durch den Herzog von Braunschweig vertreten zu lassen, was wiederum die erhoffte Verständigung in eine prekäre Situation hineinsteuert. Diesen Bescheid erhält Hardenberg am 6. Oktober in Sanssouci, als er den von ihm erarbeiteten Plan für die Verhandlungen mit dem Zaren dem König vorträgt. Deprimiert verläßt er ihn.

»... Ich fühlte im Weggehen aus den Zimmern, die einst Friedrich der Große bewohnte, im Herabsteigen von der schönen Säulentreppe, die sein Fuß so oft betreten hatte, mit verdoppeltem Schmerz alles Nachteilige der Lage, in die wir uns durch unsere Schuld versetzten, ... als ich wieder zum König hereingerufen wurde ...«

Nach der Meldung eines Eilkuriers sind am 3. Oktober starke französische Heeresverbände unter Marschall Bernadotte über die preußische Grenze durch Ansbach marschiert. Was Alexander verwehrt wurde, hat Napoleon mit der unbekümmerten Banditenpraxis seiner Vorfahren kurzerhand angeordnet, ohne zu fragen, in Mißachtung der Gesetze des Völkerrechtes, ja, mitten hinein in die erneut aufgenommenen Bündnisverhandlungen mit Preußen. Der König, empört über die unerhörte Verletzung seiner Monarchenehre, will die französische Gesandtschaft ausweisen und den Russen die Grenze öffnen. Hardenberg beschwichtigt den Wutausbruch des Königs, stimmt dem Durchmarsch der Russen zu, rät zu einer Mittlerrolle mit klar formulierten Bedingungen, ferner zur Besetzung Hannovers, das von den Franzosen fast geräumt ist, verhindert aber die Ausweisung des Gesandten Laforest und des in Sondermission anwesenden Duroc, da diese Maßnahme einen sofortigen Krieg mit Frankreich heraufbeschwören könnte. Und die Mobilmachung braucht Zeit. Nach Angabe des Herzogs von Braunschweig sind die Truppen erst am 15. Dezember kampfbereit.

Die Schwerfälligkeit, mit der der preußische Militärapparat sich in Bewegung setzt, steht in krassem Gegensatz zu der geschmeidigen Wendigkeit der Streitkräfte Bonapartes nach der vorbildlichen Ausbildung in den Lagern von Boulogne. Der Kaiser war unterdessen in Italien, hat sich in Mailand die eiserne Krone der Lombarden aufs Haupt gesetzt, womit Italien kurzerhand annektiert ist, was sich Österreich nicht ohne weiteres gefallen lassen kann. Ein Ultimatum Kaiser Franz II. fordert den korsischen Usurpator auf, aus Italien zu verschwinden. Was bleibt Napoleon anderes übrig, als zu kämpfen – um Italien! Der Plan, England auf der Insel anzugreifen, unterbleibt, unverzüglich beordert er das Heer nach Westen und begibt sich nach Straßburg. Eine der österreichischen Armeen steht unter General Mack bei Ulm. Um keine Zeit zu verlieren, befiehlt er Bernadotte, sich auf dem kürzesten Weg mit ihm zu vereinen. Das bedeutet, durch Ansbach zu marschieren. Die Umzingelung Ulms gelingt. Am 17. Oktober kapituliert Mack. Für die Verbündeten ein harter Schlag.

Alexander erhält die Nachricht von dem österreichischen Fiasko wenige Tage vor seinem Eintreffen in Berlin, das er für den 25. Oktober angekündigt hat, als die Mitteilung von der Ansbacher Grenzverletzung und dem dadurch verursachten Gesinnungswechsel des Königs ihn erreichte. Ein Ausweichen Friedrich Wilhelms ist nun nicht mehr möglich, er muß sich stellen, schon weil die öffentliche Meinung in eine antifranzösische Stimmung umgeschlagen ist. Trotzdem hat er weiterhin Bedenken wegen eines Anschlusses an die Koalition, Bedenken, die die Königin teilt.

Er bleibt in Paretz, stur »wie ein Maulesel«, so Gräfin Voß in ihrem Tagebuch, wo am 15. Oktober der zehnte Geburtstag des Kronprinzen gefeiert wird, nach Hohenzollern-Tradition sein Eintritt ins Heer. Der König überreicht ihm Offiziershut und Degen. Die Königin ist zufrieden mit dem Sohn: »Er hat sich ... außerordentlich gut benommen. Gott segne ihn und seine Laufbahn und den König und die Armee und ganz Preußen.« Neue Töne, die Luise anschlägt, angstvolle. Sie verzichtet auf eine Reise nach Strelitz zum Vater, bleibt an der Seite ihres Mannes, da auch Repräsentationspflichten beim Zarenbesuch sie an Berlin fesseln.

Am 25. Oktober nachmittags erdröhnt der Donner der Kanonen, der den Einzug des russischen Kaisers begleitet. Ganz Berlin ist auf den Beinen, um ihm zuzujubeln. Er wohnt im Schloß und fährt zu den Verhandlungen nach Potsdam. Metternich, der ihm bei dieser Gelegenheit zum erstenmal begegnet, ist tief beeindruckt von seiner Persönlichkeit. Ebenso der Reichsfreiherr vom Stein, dessen Bewunderung wahrlich nicht leicht zu erringen ist. Hardenberg, der sich im auswärtigen Departement die Mitarbeit von Haugwitz hat gefallen lassen müssen, um nicht im Gefahrenmoment den Dienst zu quittieren, wird von Alexander als Gesprächspartner ausdrücklich bevorzugt. Am 3. November unterzeichnen die Monarchen einen Bündnisvertrag, der König nicht leichten Herzens. Ein Beauftragter der preußischen Regierung, Haugwitz ist vorgesehen, soll Napoleon die Aufforderung überbringen, sich in die im Luneviller Abkommen festgesetzten Grenzen zurückzuziehen. Im Falle der Ablehnung tritt Preußen der Koalition bei, dafür verpflichtet sich Rußland, England für die Abtretung Hannovers zu gewinnen. Wieder wird das für den Schutz von Norddeutschland so wichtige Hannover versprochen, wieder von einem Kaiser, der es nicht besitzt. Der englische Beauftragte, Lord Harrowby, schweigt sich beharrlich zu dem Thema aus. Ein zartbesaiteter Diplomat, der krank wird vor Schreck über das, was er in Berlin hört. In echt englischem Humor bittet er seinen Freund, Premierminister Pitt, ihm seinen Sarg per Schiff nach Hamburg zu senden.

Alle Damen des Hofes schwärmen für den charmanten Zaren, auch Luise, doch Wermutstropfen fallen in ihre Illusionen. Sie begreift, daß die Seelenfreundschaft, in die sie sich hineingesteigert hat, bei Alexander ohne Resonanz blieb, daß ihre mahnenden Worte in Memel, die er so bereitwillig anhörte, seinem Gedächtnis längst entfallen sind, wenn sie je hafteten. Er läßt es weder an Aufmerksamkeit noch an liebenswerter Ritterlichkeit fehlen, doch verlangt er nicht nach einer Aussprache unter vier Augen, die ihr den erhofften Platz einräumt, seine vertrauteste Beraterin zu sein. Der Traum, die Rolle der Frau zu spielen, die ihn in seinem Leben entscheidend zum Guten beeinflußt, der Traum ist ausgeträumt. Die Enttäuschung löst während eines Festes im Bellevue einen Tränenstrom aus.

Die »Oktober- und Novembertage von 1805 waren vielleicht die Tage größten äußeren Glanzes in der Geschichte des alten Preußen (Bailleu)«. Eine Gesellschaft von europäischem Rang durchflutet die prächtigen, üppig illuminierten Säle des Berliner Schlosses. Sie bestätigt erneut die preußischen Patrioten in ihrem Wahn, eine Großmacht zu sein. Nach der Unterzeichnung des Vertrages drängt der Zar zum Aufbruch. Am 4. November beim Abschiedssouper in Potsdam äußert er plötzlich den Wunsch, die Gruft Friedrichs des Großen zu sehen. Der König befiehlt, die Garnisonskirche zu erleuchten, da der Kaiser schon am nächsten Morgen in der Frühe abreist. Kurz nach Mitternacht spielt sich die bekannte Szene am Sarg Friedrichs des Großen ab und hinterläßt in Luise einen tiefen Eindruck. Sie wird ihr zum Symbol der unerschütterlichen Partnerschaft Rußlands und Preußens im Kampf gegen den Zerstörer Europas.

Kaum ist das belebende Moment des einsatzfreudigen Zaren und seines Gefolges, jungen Offizieren, selbstbewußt und siegesgewiß, verschwunden, weicht die dynamische Stimmung beim König und seiner Umgebung einem nüchternen Überdenken der Situation. So verzögert man die vertraglich festgelegte Reise von Haugwitz ins Hauptquartier Napoleons, um zu vermeiden, daß dessen vermutlich heftige Reaktion auf das Ultimatum Preußen vor Abschluß der Mobilmachung zwingt, zu den Waffen zu greifen. Beim Abschied mahnt der König Haugwitz, den Frieden wenn irgendmöglich zu erhalten, Luise hingegen, die ihn zu sich bittet, verlangt, er solle mit allem Nachdruck auf der Erfüllung der Forderungen bestehen. Sie hält den Krieg für unvermeidlich und im Vertrauen auf die Russen für notwendig und richtig. Ebenso ihre Damen, vor allem die Gräfinnen Voß und Moltke, enthusiasmiert für »unseren Kaiser«, wünschen nichts sehnlicher als den Ausbruch der Feindseligkeiten. Der König und seine engsten Mitarbeiter bleiben skeptisch. Köckeritz, sein vertrautester Ratgeber, hat schon gegen den Zarenbesuch gewettert und plädiert nach wie vor für die alte Taktik des Lavierens in Übereinstimmung mit Lombard, dem die öffentliche Meinung ein immer stärker werdendes Mißtrauen entgegenbringt. Anfang Dezember rücken unter dem Jubel der Bevölkerung die in Potsdam stationierten Regimenter aus, voran die Garde du Korps, und es ist beschlossen, daß Luise ihren Mann ins Feld begleitet.

Am 7. Dezember während der Teestunde bei der Königin melden sich Kuriere aus Ölmütz. Die Nachricht, die ihren im ersten Schrecken niedergeschriebenen Depeschen zu entnehmen ist, wirkt auf die Anwesenden »wie ein Donnerschlag«: Am 2. Dezember hat Napoleon bei Austerlitz das zahlenmäßig überlegene Heer Alexanders vernichtend geschlagen. Eine Katastrophe, überdies eine völlig unerwartete, da nach den Vereinbarungen mit entscheidenden Kampfhandlungen noch niemand gerechnet hat. Was ist gschehen?

Die Kapitulation von Ulm hat Österreich dem Vordrängen des französischen Heeres schutzlos preisgegeben. Am 15. November zieht Napoleon in Wien ein, das Hof und Adel verlassen haben. Die Truppen läßt er ohne Aufenthalt weitermarschieren nach Mähren, folgt ihnen bald darauf nach Brünn. Die russische Armee mit einem Kontingent von etwa 10000 Österreichern steht nicht weit davon, in und um Ölmütz. Dort findet eine Besprechung zwischen Alexander und Kaiser Franz II. statt. Sie ernennen Kutusow zum Oberbefehlshaber der verbündeten Streitkräfte.

Durch seine überall für ihn arbeitenden Agenten ist Napoleon ausgezeichnet informiert. Er weiß, daß Erzherzog Karl, der Bruder Kaiser Franz II., von Italien kommend, frühestens Mitte Dezember mit seiner Armee von 80 000 Mann die Gegend von Ölmütz erreichen kann, der gleiche Termin, an dem die Preußen kriegsbereit sind. Also wird man drüben Zeit zu

Abschied Alexanders I. von Rußland von Friedrich Wilhelm III. und der Königin Luise am Sarg Friedrichs des Großen in der Gruft der Garnisonkirche zu Potsdam in der Nacht des 3. November 1805.

Königin Luise mit ihren beiden Söhnen,
den späteren preußischen Königen Friedrich Wilhelm IV.
und Wilhelm I. im Park von Luisenwahl.

Gräfin von Voss,
seit 1800 Hofdame der Königin Luise.

Prinz Wilhelm von Preußen,
der spätere Wilhelm I., im Jahre 1806.

Rechte Seite:
Oben: Königin Luise mit ihrem Gemahl Friedrich Wilhelm III.
und der königlichen Familie im Schloßgarten zu Charlottenburg.

Unten: Der Friede von Tilsit 1807.
Napoleon empfängt Königin Luise.

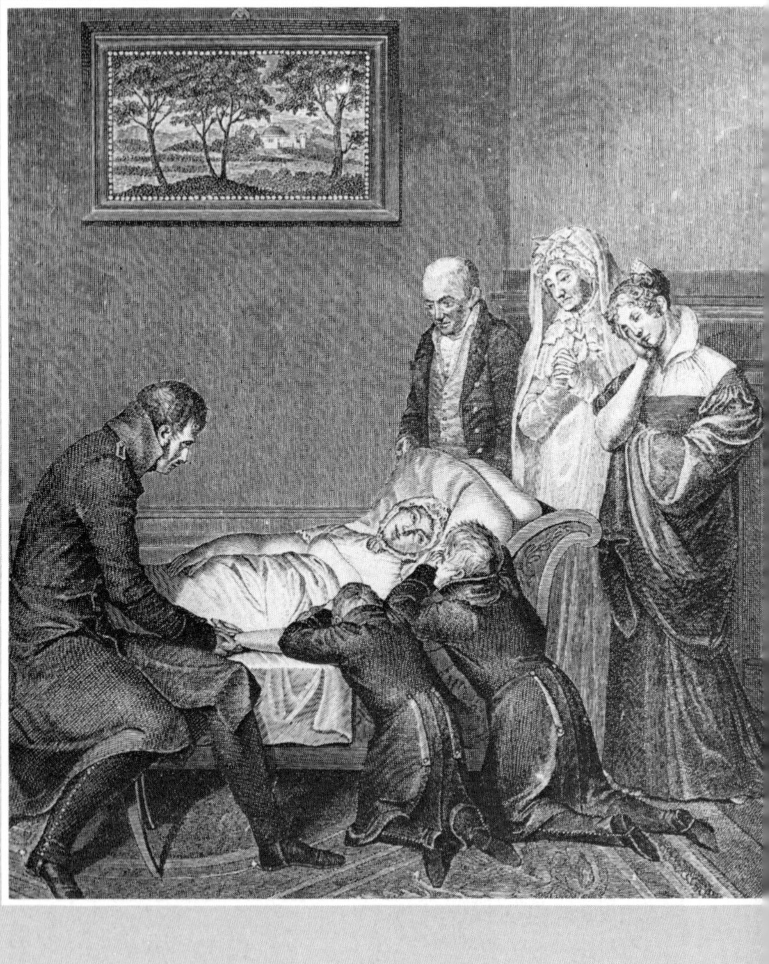

Friedrich Wilhelm III. und seine Söhne, die späteren Könige Wilhelm IV. und Wilhelm I., am Sterbebett der Königin Luise.

Rechte Seite: Paradebett der Königin Luise im Stadtschloß Potsdam, das im Zweiten Weltkrieg zerstört wurde.

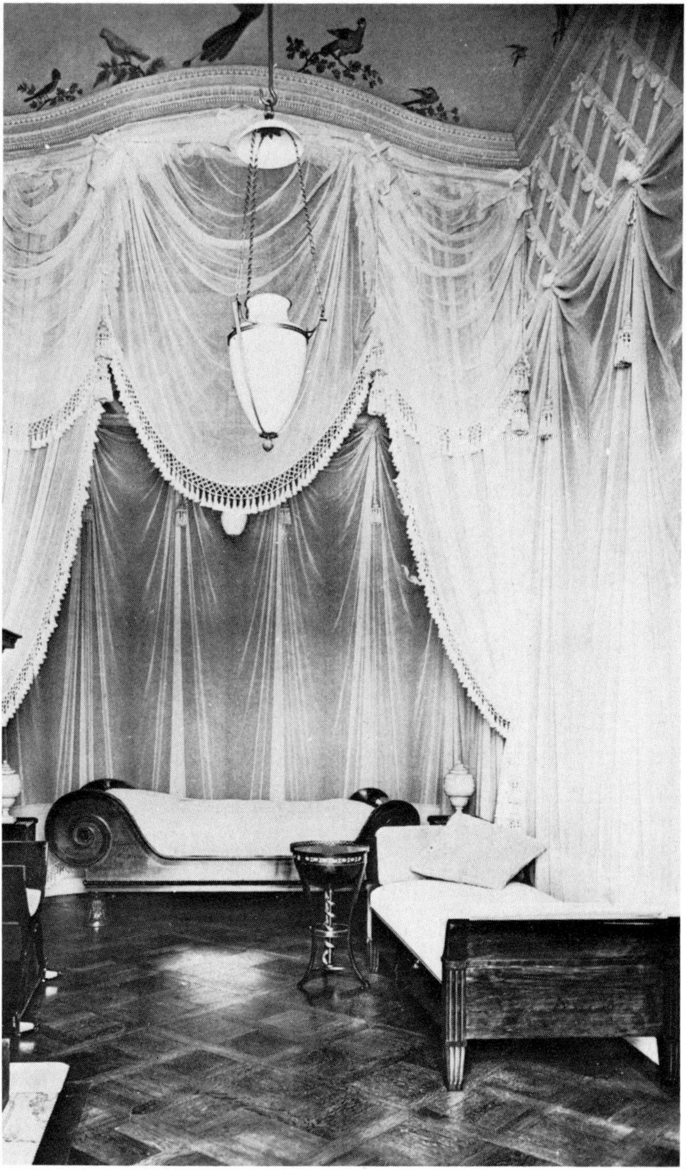

Das Mausoleum im
Park von Schloß Charlottenburg in Berlin.
Innenansicht mit den Sarkophagen der Königin Luise
und Friedrich Wilhelms III.

gewinnen trachten, ihm jedoch muß daran gelegen sein, loszuschlagen, ehe der Gegner mit Verstärkung rechnen kann. Um den Feind zum Angriff zu reizen, gibt sich Napoleon bei letzten Verhandlungen, um die er nachsucht, den Anschein der Zaghaftigkeit, als fürchte er die Stärke der Russen und ihren Kampfesmut. Seine Rechnung geht auf: dem übermütig ehrgeizigen Zaren steigt die Aussicht zu Kopf, durch ein kühnes Wagnis der Retter Europas zu werden. Er und die jungen, überheblichen Offiziere um ihn fallen auf die Täuschung herein. Kutusow, der alte erfahrene Feldherr, warnt, warnt Alexander vergebens, antwortet schließlich, als der Zar ihn wegen seiner weisen Vorsicht ungeduldig anfährt: »Dann befehlen Sie, Majestät.«

Die Schlacht beginnt 10 Uhr morgens, als die Nebel sich lichten, und endet 4 Uhr nachmittags durch die geniale Strategie Napoleons mit einem glänzenden Sieg der Franzosen. Die stolze russische Garde ist vollkommen aufgerieben, die gesamte Artillerie in die Hände des Feindes gefallen, der Rest der Armee in die Flucht geschlagen. Das Schlachtfeld ist bedeckt mit 21 000 Russen und 6000 Österreichern. Die Verluste der Franzosen dagegen sind relativ gering: 8000 Mann. Die Luft ist erfüllt von dem Jammern der Schwerverletzten und Sterbenden. Als es dunkel wird, sitzt Alexander unter einem Baum und weint, während in den französischen Lagern von Biwak zu Biwak der Ruf erschallt: »Vive l'empereur!« Es ist der 2. Dezember 1805, der Jahrestag der Kaiserkrönung in Paris.

Noch vom Schlachtfeld aus hat Napoleon Lebrun mit der Siegesbotschaft nach Paris geschickt. Er hat es eilig, den niederschmetternden Eindruck zu verwischen, den der Verlust der französischen Flotte am 21. Oktober bei Kap Trafalgar in der Hauptstadt hinterlassen hat. Der letzte großartige Seesieg Nelsons, der schwer verwundet an Bord seines Schiffes starb.

Am 4. Dezember trifft Kaiser Franz II. auf seinen Wunsch hin mit Napoleon zusammen unweit einer Landstraße am Lagerfeuer. Der Österreicher bittet um Waffenstillstand.

Napoleons Bedingungen: Die sofortige Ausweisung der Russen, ferner darf kein fremdes Heer die Grenzen Österreichs überschreiten. Das richtet sich gegen Preußen und den Potsdamer Vertrag, über den er durch seinen Geheimdienst unterrichtet ist. Somit ist die Koalition geplatzt. Alexander kehrt unverzüglich nach Petersburg zurück.

In Berlin beschließen der König und die Generäle, zunächst an den Potsdamer Vereinbarungen festzuhalten. Doch die schon ausgefertigten Marschbefehle nach Mähren werden hinfällig, als der österreichische General Stutterheim die Nachricht vom Waffenstillstand und dem Verbot der Grenzüberschreitung bringt. Fürst Dolgorukij und Großfürst Konstantin treffen mit Briefen Alexanders ein, die dem König freistellen, sich mit Napoleon zu arrangieren, und ihn seiner unverbrüchlichen Freundschaft versichern. Die Österreicher und Russen überhäufen sich gegenseitig mit Vorwürfen über die verlorene Schlacht und ihre Folgen. Noch gibt der König nicht auf, er will sich bereithalten, falls Österreich keinen Sonderfrieden schließt. Der jedoch läßt nicht lange auf sich warten. Am 26. Dezember im Friedensschluß zu Preßburg wird vereinbart, daß Österreich Venetien, Tirol und seine schwäbischen Besitzungen verliert und sich verpflichtet, 40 Millionen Francs Kriegsentschädigung zu zahlen. Ungeachtet der Rechte des deutschen Kaisers – erst im August 1806 verzichtet Franz II. auf sie –, vergibt Napoleon Königskronen an Bayern und Württemberg als Lohn für Gefolgschaftstreue.

Mit Spannung wird in Berlin die Rückkehr von Haugwitz erwartet. Dieser hat vor Austerlitz in Brünn mit Napoleon gesprochen, ohne seine wahre Mission zu offenbaren, da er den Zeitpunkt für verfrüht hält. Nach dieser Unterredung findet er Wagen und Pferde vor, mit der Order, sich zur eigenen Sicherheit nach Wien zu begeben. Zehn Tage später steht er dort dem *Sieger* von Austerlitz gegenüber, der sich lautstark empört über den Potsdamer Vertrag und, rücksichtslos seine Machtposition ausnützend, diktiert: Preußen hat Ansbach an Bayern abzutreten, Kleve und Neuenburg an Frankreich, mit dem es überdies ein Schutz- und Trutzbündnis abzuschließen hat. Dafür erhält es Hannover. Am 2. Weihnachtsfeiertag legt Haugwitz diesen Vertrag, den er ohne Vollmacht, daher nicht bindend, unterzeichnet hat, dem König vor. Seiner Ansicht nach bedeutet Ablehnung Krieg.

Ein so radikales Umschwenken des politischen Kurses hat niemand erwartet, doch relativ schnell finden die Verantwortlichen sich unter dem Druck der neuen Situation damit ab, denn Hannover ist verlockend. Ohne weiteres allerdings soll nicht nachgegeben werden, verlangt wird, daß die Ratifikation mit gewissen Einschränkungen auf das spätere Datum eines allgemeinen Friedens verschoben wird. Haugwitz reist mit dieser Antwort nach Paris. Sie veranlaßt Napoleon, seine Ansprüche zu verschärfen: Teilnahme außerdem an dem Krieg gegen England, das bedeutet Schließung der Häfen, Brachliegen der Schiffahrt, wirtschaftlich ein schwerer Schaden. Zum Einspruch ist es zu spät. Unterdessen hat Preußen demobilisiert, was der König für bedenklich hielt, da Frankreich in voller Kriegsbereitschaft verharrt. Sparsamkeitsgründe gaben den Ausschlag.

Die Rückkehr der Regimenter in die Garnisonen stiftet Unruhe und Unzufriedenheit. Heftig wird der unnütze Aufwand kritisiert, das Hin- und Hermarschieren ohne Einsatz, ohne Bewährung. Die Bevölkerung ist enttäuscht. Eben noch hat sie Alexander zugejubelt und Napoleon den Erzfeind europäischer Ordnung und Tradition genannt, jetzt ist man plötzlich mit jenem Erzfeind, dem korsischen Emporkömmling, verbündet?! Die bürgerlichen Kreise sparen nicht mit scharfen Urteilen über die Kabinettsräte Haugwitz, Lombard, Beyme, die gesellschaftlich gemieden werden. Haugwitz werden zweimal die Fenster eingeschlagen, während Hardenberg, der, sich deutlich distanzierend, die Leitung der Außenpolitik seinem Kollegen überläßt, Sympathiekundgebungen erhält.

Der König, stark depressiv, ringt sich langsam zu der Erkenntnis durch, daß er sich in eine Sackgasse hineinmanövriert hat, aus der es nur einen Ausweg gibt: Krieg! Eine Entwicklung, die ihn schwer bedrückt. Nie hat er das Militär anders als die Zierde der Krone betrachtet, die Schrecken der Schlachten wollte er ihm ersparen. Jeder Soldat, so glaubte er, wäre stolz darauf, in der Garde zu dienen, aber ausgerechnet sein Regiment ist bei der Heimkehr durch Desertionen so zusammengeschmolzen, daß er ablehnte, es zu sehen. Eine bestürzende Erfahrung. Zu alldem kommt, daß seine Beziehung zu Luise jedenfalls zeitweilig getrübt ist. Zum erstenmal vertritt sie eine eigene Meinung, die der Patrioten, und mit einer Heftigkeit, die zu ernsten Wortwechseln und Szenen zwischen ihr und dem König führt. Begierig stürzt die Hofkamarilla sich auf die Aussicht einer Ehekrise. Wie weit die Lust am Klatsch gegangen ist, zeigt ein Brief Luises vom 21. Mai 1806 an Alexander, in dem sie ihm versichert, der König beweise ihr »mehr als je die rührendste Anhänglichkeit . . ., um die falschen, aber eben so verbreiteten Gerüchte zu berichtigen, als bestände in dieser Hinsicht eine unerfreuliche Veränderung.«

Sobald Luise das Glück ihrer Ehe bedroht fühlt, weicht sie erschrocken zurück. Beeinflussen läßt der König sich nicht, das ist ihr wieder einmal klar geworden, gleichzeitig aber auch wird sie sich ihrer Aufgabe bewußt, ihm zur Seite zu stehen, als der einzige Mensch, auf den er sich unbedingt verlassen kann. Sie begreift, daß die Einsamkeit, die seine Position und Wesensart ihm auferlegen, ihr etwas schenkt, was keinem anderen zuteil wird: sein uneingeschränktes Vertrauen. Untergräbt sie es, verliert sie mehr, als sie je gewinnen kann. Aus dieser klugen Einsicht erwächst die Größe und Stärke ihrer Persönlichkeit in den schweren Jahren des Exils.

Weihnachten, Neujahr, Karneval werden glanzvoll gefeiert, schon um den übellaunigen, cholerischen Konstantin abzulenken und zu amüsieren. Die Tanzfreudigkeit der Königin, gerade in der Zeit vermeintlicher Konflikte mit dem König, fällt auf. Vermutlich möchte sie wenigstens für Stunden vergessen, was sie ängstigt. Besorgniserregend ist ihr körperliches Befinden, als die Ratifizierung des Pariser Vertrages Preußen endgültig an die Seite Frankreichs zwingt. Ihre Hoffnung konzentriert sich nun, mehr noch als ehedem, auf Rußland, auf Alexander. In dieser ihr wichtigsten politischen Tendenz stimmt sie mit dem König überein. Dieser beauftragt Hardenberg, von seinem Wohnsitz Tempelberg, ohne Wissen des Kabinetts, den Kontakt mit dem Zaren zu pflegen und zu vermitteln, womöglich durch ihn auf England einzuwirken, das auf Hannover keineswegs zu verzichten gedenkt.

Kaum hat Luise sich etwas erholt, zehrt ein neuer Kummer an ihrer geschwächten Gesundheit. Ihr jüngstes Kind Ferdinand, anderthalb Jahre alt, an dem sie mit besonderer Zärtlichkeit hängt, stirbt am 1. April. Der Verlust schmerzt sie so, daß ihre Kräfte zusehends abnehmen. Brown und Hufeland raten dringend zu einer Kur in Pyrmont. In einem rührend zartfühlenden Brief bereitet Luise Friedrich Wilhelm auf den Besuch der Ärzte vor.

»Bester Freund! ... Du kennst meine Gesinnung, meine Liebe für Dich, Du kannst Dir also leicht denken, daß eine *Trennung* von fünf bis sechs Wochen, grade in einer Zeit, wo Du meiner bedarfst, mir viel kostet, aber ich glaube, um eine *längere* zu verhüten, bin ich Dir, mir und unseren Kindern schuldig, alles zu tun, um mich zu *erhalten* ... Bin ich gestärkt, geheilt, so bin ich die alte wieder, Dir eine heitere Gesellschafterin und Freundin (denn mein frohes Gemüt ist jetzt mit einem Nebel umzogen), und meinen Kindern eine nützliche Stütze. Vergib diese Zeilen, die Dir vielleicht einen Augenblick Mißmut verursachen werden, allein die Notwendigkeit meines Zustandes machte sie nötig. Liebe immer Deine treue Luise.

Die Ärzte kommen um 10 Uhr, um mit Dir zu sprechen.«

Der König ist, ohne zu zögern, einverstanden mit dem Vorschlag der Ärzte, einstweilen jedoch ist die Jahreszeit für einen Kuraufenthalt nicht günstig. Erst zwei Monate später, Mitte Juni, reist die Königin mit den Hofdamen und den Kammerherrn von Schilden und von Buch nach Pyrmont, eine anstrengende Fahrt über schlechte und verstaubte Straßen. Am zweiten Tag trifft sie in Braunschweig ein, herzlich begrüßt vom Herzog, stürmisch von der Bevölkerung. Die Bestimmtheit, mit der der Herzog über den zu erwartenden Krieg spricht, überrascht sie von ihm, der bekannt ist für seine Unentschlossenheit. Auch Hannover wird im Gespräch gestreift, er ist überzeugt, Napoleon habe es nur als Köder hingeworfen, um England gegen Preußen aufzuhetzen.

Am nächsten Tag, dem 19. Juni, kommt Luise in Pyrmont an. Sie wohnt im »Badehaus« und fühlt sich sofort wohl in dem freundlichen Städtchen trotz des kühlen, regnerischen Wetters. Hufeland leitet mit großer Umsicht ihre Bade- und Trinkkur. Sehr genau befolgt sie seine Anordnungen, die neben den Heilmitteln viel Bewegung im Freien vorschreiben, Spaziergänge und, sobald die anfängliche Schwäche überwunden ist, Ausflüge zu Pferd in die Umgegend. Eine Therapie, die sie zusehends kräftigt. Das Wetter bessert sich, und die zunächst ruhige Saison wird schnell zu einer der lebhaftesten und brillantesten. Die Anwesenheit der preußischen Königin, der Wunsch, sie zu sehen, ihr beim morgendlichen Brunnentrinken zu begegnen, – das Wasser der Stahlquelle wird für sie mit Eselsmilch vermischt – oder promenierend in der berühmten Lindenallee, lockt viele Fremde an. Luises Vater, seit fast vierzig Jahren regelmäßiger Gast in Pyrmont, findet sich ein, ihr Bruder Georg, ihre Freundin Anna Pawlowna, Erbprinzessin von Weimar, und aus dem nahen Münster General Blücher, der ein Faible für die Königin hat, das sie mit viel Sympathie und Verständnis für sein offenes, ehrliches Naturell erwidert.

In dem Briefwechsel mit dem König erzählt Luise alles, was sie erlebt und bewegt. Die Hoffnung, daß er nach Pyrmont kommt, erfüllt sich nicht; die Zeiten sind zu unruhig, er kann Berlin nicht verlassen. Die Einsamkeit nutzt er für eine an den Zaren gerichtete Zusammenfassung seiner Gedanken über die politische Situation, in der er die Ansicht vertritt, sich still zu verhalten, nachzugeben, um Zeit zu gewinnen für eine geheime Aufrüstung nach gemeinsamen Plänen. Die Idee, nicht gerade originell, hätte vor zwei Jahren, mit Energie angepackt, ein Austerlitz verhindern können. Jetzt ist es zu spät, die Uhr ist abgelaufen. Luise wäre wohl gern noch länger in der fröhlichen sorglosen Atmosphäre des schön gelegenen Badeortes geblieben, doch bringt sie es nicht übers Herz, den König, der ihr gestanden hat, er sehe aus »wie die verkörperte und wandelnde Langeweile«, am 3. August, seinem Geburtstag, allein zu lassen. Obendrein beunruhigen sie Gerüchte über die Gründung eines Rheinbundes in Paris unter dem Protektorat Napoleons, »Schreckensmeldungen, die ganz Pyrmont in Bestürzung versetzt haben . . . Napoleon ist ein Schuft!« schreibt sie dem König auf der Rückreise aus Magdeburg und beschwichtigt seine Sorge wegen einer »Theaterszene«, wenn er ihr entgegenfahren wird: »Weder auf dem großen Wege, wo wir allein sind, noch unter dem Schloßportal, wo Neugierige stehen«, wird sie stattfinden. Gefühle in der Öffentlichkeit zu zeigen, scheut Friedrich Wilhelm, doch hat er nicht versäumt, ihr gleichzeitig zu versichern, daß sie das Liebste sei, was er auf Erden habe.

Am 1. August sind König und Königin wieder in Charlottenburg vereint, wo Luise zu ihrer Freude den sandigen Platz vor dem Schloß in eine saftige, grüne Rasenfläche verwandelt vorfindet.

Beide wissen, daß schwere Zeiten bevorstehen. Wie schwer sie werden, das zu ermessen, fehlt ihnen zu ihrem Glück noch jede Vorstellung.

Vierzehntes Kapitel

12. Juli 1806: Im französischen Außenministerium in Paris, Rue de Bac, liest Talleyrand den Abgeordneten Bayerns, Württemberg, Badens, Hessen-Darmstadt und den Vertretern einiger kleinerer Territorien die Urkunde des Rheinbundes, Confédération du Rhin, vor, die von allen Anwesenden unterzeichnet wird.

1. August 1806: Die 16 Fürsten des Rheinbundes erklären in Regensburg ihren Austritt aus dem Reichsverband.

6. August 1806: Franz II. legt die römisch-deutsche Kaiserwürde nieder, waltet nur noch seines Amtes als Kaiser von Österreich unter dem Namen Franz I. Mit seiner kurzen Erklärung an den Reichstag endet sang- und klanglos das Heilige Römische Reich Deutscher Nation.

In Berlin findet der Untergang des Reiches kaum Beachtung. Nur die Königin berührt das schmähliche Ende schmerzlich, sie, die aus dem Reich stammt, die sich Österreich verbunden fühlt, zwei Kaiserkrönungen miterlebte, sie, die das Bewußtsein in sich trägt, *deutsch* zu sein - nicht nur preußisch.

In den Juliwochen hat Napoleon mit Freundschaftsbeteuerungen gegenüber Preußen nicht gegeizt, hat die Annexion Hannovers als unwiderrufliches Faktum bestätigt und die Errichtung eines norddeutschen Bundes als Pendant zum süddeutschen Rheinbund empfohlen. Haugwitz greift die Anregung umgehend auf, sie beruhigt ihn zunächst über die Absichten Napoleons. Denn nach wie vor, trotz der Rückzugsversprechungen, die wiederholt angemahnt wurden, sind deutsche Gebiete weithin überflutet von französischen Truppen. Häufig ereignen sich Übergriffe, die gelegentlich mit Gewalt zurückgedrängt werden müssen, womit immer das Risiko eines ernsteren Konfliktes verbunden ist.

In Charlottenburg wurde der Geburtstag des Königs wie üblich mit Paraden, Janitscharenmusik und Galadiner gefeiert. Anschließend ist die Königin mit Proben einer Aufführung für den Geburtstag ihres Bruders am 12. August beschäftigt.

»Bei einer der Proben«, erinnert sich Fürstin Radziwill, »ließ Ihre Majestät sehr lange auf sich warten und war, als sie erschien, so erregt und zerstreut, daß ich sie ganz leise fragte: ›Was ist geschehen?‹ Worauf sie mit Tränen in den Augen erwiderte: ›Der König hat sehr schlimme Nachrichten aus Paris erhalten . . .‹«

Durch Indiskretion hat der preußische Gesandte in Paris erfahren, daß bei französisch-englischen Friedensverhandlungen England die Rückgabe Hannovers forderte und Napoleon sie zusagte. Ein Schock für den rechtlich denkenden König. Da obendrein von überall her Verstärkungen der französischen Armee in Süddeutschland gemeldet werden, faßt er in Übereinstimmung mit Haugwitz ganz gegen seine Gewohnheit einen schnellen Entschluß:

Am 9. August werden in Berlin 40 Kuriere abgefertigt, um das Heer schlagartig auf Kriegsfuß zu setzen.

Die zweite preußische Mobilmachung innerhalb Jahresfrist läßt Europa aufhorchen. Kein erkennbares Zeichen einer Provokation rechtfertigt den Schritt der spektakulären Machtentfaltung zu einem Zeitpunkt, in dem Preußen isoliert dasteht. Weder von England noch von Rußland kann es in Kürze mit Hilfeleistungen rechnen, ganz gewiß nicht von dem erschöpften Österreich.

Volk und Heer kümmert das nicht. Mit elementarer Wucht bricht die Kriegsbegeisterung aus. Das Bündnis mit Frankreich ist gesprengt, ehe es gelöst wird. Die übermütigen Sieger von Ulm und Austerlitz sollen erfahren, wie die ruhmreiche friderizianische Armee zu kämpfen versteht. An prahlerischen Übertreibungen fehlt es nicht. Durchgesickert ist, daß ausgerechnet der frankophile Haugwitz dem König zur Mobilisierung geraten habe; trotzdem wächst die Antipathie gegen ihn, gegen Köckeritz, Beyme und Lombard ständig, steigert sich zu einer Regierungsopposition in der unmittelbaren Umgebung des Königs und in den Kreisen der obersten Heeresführung.

Schon im Frühjahr hat Freiherr vom Stein, Minister des Finanzdepartements, eine Denkschrift verfaßt, in der er die Kabinettsregierung als »fehlerhafte Organisation« bezeichnete, die Kabinettsräte sowie Haugwitz persönlich schonungslos angriff und ihre Entlassung forderte. Hardenberg, im Prinzip einverstanden, monierte lediglich die beißende Schärfe der Formulierung, die, wie er aus Erfahrung weiß, beim König alles verderben kann. Er gab Stein den Rat, vorerst die Meinung der Königin einzuholen. Luise ließ das Schriftstück wochenlang liegen, antwortete schließlich, inhaltlich habe sie das Memorandum »mit Beifall« gelesen, doch der aggressive Ton würde beim König eher eine gegenteilige Wirkung auslösen. Auch fände sie es richtiger, Vorschläge von so einschneidender Bedeutung von mehreren maßgebenden Persönlichkeiten unterzeichnen zu lassen.

So blieb die Kenntnis des leidenschaftlichen Dokumentes Steinschen Grolles dem König erspart. Doch die Bedenken und Hinweise der Königin finden Beachtung. Prinz Louis Ferdinand, Mittelpunkt der Opposition, beauftragt Johannes von Müller, die gleiche Kritik und dieselben Forderungen in einem höfisch-ehrerbietigen Stil darzulegen. Außer von Prinz Louis Ferdinand und Stein wird die Eingabe von zwei Brüdern und dem Schwager des Königs, von anderen Fürstlichkeiten und hohen Offizieren unterschrieben und am 2. September von einem Adjutanten General Rüchels dem König übergeben, der sich gerade bei der Königin befindet. Er reagiert mit einem wütenden Zornesausbruch über die Einmischung in die Politik, die dem Militär in Preußen ausdrücklich verboten ist. Dazu kommt, daß man wagt, die Rechte seiner absolutistischen Herrschergewalt zu mißachten. Auch die Königin zeigt sich unwillig, enttäuschend für jene, die mit ihrer Zustimmung und ihrem Einfluß rechneten, doch verständlich. In der äußerst angespannten, gefahrvollen Situation, in der der Staat sich zur Zeit befindet, eine Regierungskrise heraufzubeschwören, widerspricht jeder vernünftigen Überlegung.

Der König ruft die Prinzen – ihre Unterschriften haben ihn am meisten gekränkt – zu sich, wirft ihnen Disziplinlosigkeit vor, Meuterei, Gefährdung der Krone, Irreführung der öffentlichen Meinung und entläßt sie aufs äußerste erregt, bevor sie zu Wort kommen können. Sie erhalten den Befehl, sich unverzüglich zu ihren Armeekorps zu begeben. Alle übrigen Beteiligten bekommen die Ungnade des Königs deutlich zu spüren. Es muß weit schlimmer kommen, ehe die Einsicht reift, daß der Machtvollkommenheit des Alleinherrschers Grenzen gesetzt sind. Hardenberg notiert in seinem Tagebuch: »Der Anschlag ist vollständig mißlungen«, womit er wohl gerechnet hat, denn mitunterschrieben hat er nicht.

Zu einem Abschiedsbesuch fährt Prinz Louis Ferdinand nach Charlottenburg, »aber man sagte ihm, der König habe keine Zeit, und selbst die Königin empfing ihn nicht. Beide haben ihn nicht wiedergesehen, was die Königin später schmerzlich bedauert hat. Sie sprach sich damals gegen meinen Gatten [Fürst Radziwill] aus, tadelte meinen Bruder ... Louis war ihr aufrichtig zugetan ... Er verbrachte seine letzten Augenblicke damit, an sie zu schreiben. Ich las den Brief und gab ihn Frau von Berg, um ihn der Königin zukommen zu lassen. Er schloß mit den Worten: ›Ich werde mein Blut für den König und mein Vaterland vergießen, ohne jedoch einen Moment zu hoffen, es zu retten.‹«

Die Mobilmachung, vom König und Haugwitz als Schutz der Grenzen gegen Übergriffe geplant, vollzieht sich mit so viel Aufwand und Geräusch, daß sie einer Herausforderung gleicht. Doch Napoleon hüllt sich fast einen Monat in Schweigen.

So genial der Korse als Feldherr ist, bei der Auswertung seiner Erfolge zeigt er nicht die weise Mäßigung des großen Staatsmannes. Die Friedensverhandlungen mit England haben sich zerschlagen. Ein Friedensvertrag mit Rußland wurde am 20. Juli in Paris von Oubril, dem Beauftragten des Zaren, unterzeichnet. Darin verpflichtet sich Napoleon, seine Truppen aus Süddeutschland zurückzuziehen. Anfang September erhält er die Nachricht, daß der Zar den Vertrag nicht zu ratifizieren gedenkt wegen der darin enthaltenen Diskriminierung der russischen Aristokratie. Daraufhin erklärt Napoleon am 7. September dem neuen preußischen Gesandten General von Knobelsdorff, daß er mit seinen Armeen auf deutschem Gebiet bleiben werde, bis der russische Vertrag ratifiziert sei. Von Preußen erwarte er, daß es entwaffne, dann werde er Westfalen und die Grenzen Hollands freigeben.

Vielfach wird dem König nachgesagt, daß er zu diesem Zeitpunkt immer noch auf »ein Wunder«, den freiwilligen Rückzug Napoleons, hofft. Dies widerlegt sein Brief vom 6. September an Alexander: »Ich kann den Frieden nur noch unter zwei Bedingungen halten: daß die französischen Truppen über den Rhein zurückgehen und dem Norddeutschen Bunde kein Hindernis in den Weg gelegt wird. Napoleon kenne ich zu gut, um zu glauben, daß er sich Gesetze vorschreiben läßt. Somit bleibt mir keine Wahl als der Krieg. Inzwischen hat mir Bonaparte den Gefallen getan, in keine Erörterung über meine Rüstung einzutreten. So werde ich, wie es scheint, die Initiative nehmen müssen, die entscheidenden Eröffnungen zu tun. Meine Truppen marschieren von allen Seiten, den Augenblick derselben zu beschleunigen.«

Am 16. September trifft in Berlin die Nachricht ein von der Unterredung Knobelsdorffs mit Napoleon, die alle Hoffnung auf eine friedliche Lösung zunichte macht. Und doch hätte der Friede zweifellos aufrechterhalten werden können ohne die voreilige zweite Mobilisierung Preußens, die den König in Zugzwang setzt und die Volksstimmung angeheizt hat. Napoleon ist zur Zeit an einer kriegerischen Auseinandersetzung mit Preußen nicht interessiert. Wozu sich schlagen? Eine neue Koalition gegen ihn ist nicht akut, die Wunden von Ulm und Austerlitz sind noch nicht vernarbt und:

»Der Gedanke, Preußen könnte sich allein mit mir einlassen, erscheint so lächerlich, daß er gar nicht in Betracht gezogen zu werden verdient«, heißt es noch am 12. September in seiner Instruktion an Außenminister Talleyrand.

Am gleichen Tag schreibt er an Friedrich Wilhelm, sucht ihn in versöhnlichen Tönen für sich zu gewinnen. Wäre er durch ihn gezwungen, die Waffen zu seiner »Verteidigung« zu ergreifen, so würde er diesen Krieg als einen »Bürgerkrieg« betrachten im Hinblick auf die engverknüpften Staatsinteressen. Er versichert: »Ich halte unerschütterlich fest an dem Bündnis, das ich mit Ihnen geschlossen habe ...«

Aus Erfahrung mißtraut der König der Unerschütterlichkeit aller mit Napoleon getroffenen Vereinbarungen. Lombard erhält den Auftrag, das Antwortschreiben zu konzipieren. Es enthält eine langatmige Anklage gegen Frankreich und die napoleonische Politik der letzten Jahre.

»... wahr, durchaus wahr«, seufzt Hardenberg in seinen *Denkwürdigkeiten,* »aber man muß es dennoch für sehr unklug halten, einen Monarchen an den anderen in diesem Ton schreiben zu lassen ... Höchstens war das die Sprache, die der Sieger führen konnte ...«

Daß der König dieses »Pamphlet«, wie Napoleon das Elaborat Lombards in seinem Erwiderungsschreiben zwei Tage vor der Schlacht von Jena und Auerstedt nennt, signiert hat, zeigt, daß er den Gegner herausfordern will, um – ob Sieg oder Niederlage – die Entscheidung zu erzwingen.

Inwieweit Luise in all diese Einzelheiten eingeweiht ist, wissen wir nicht. Sicher ist, daß sie jede direkte Einflußnahme auf das Geschehen meidet, doch macht sie keinen Hehl aus ihrer patriotischen Gesinnung und aus ihrer Überzeugung, auf die Dauer sei ein Krieg gegen Napoleon unvermeidlich. Ihre Bedeutung in den Wochen vor dem Zusammenbruch liegt in der mutigen Entschlossenheit, mit der sie den Ereignissen entgegensieht, in ihrem Glauben an die Kräfte und den Geist des Volkes, Ehre und Würde des Landes zu verteidigen. Mit ihrer unbeirrbaren Festigkeit gibt sie dem König den Halt, den er braucht, um seiner inneren Ängste Herr zu werden. Jedes Selbstvertrauen fehlt ihm. Den von ihm entworfenen Aufmarschplan der Streitkräfte läßt er sofort fallen, als er mit den Ansichten der Offiziere kollidiert. Das Oberkommando des Heeres wagt er nicht selbst zu übernehmen, überträgt es dem zweiundsiebzig Jahre alten Herzog von Braunschweig, traditionsgemäß. Schon 1792 hat dessen Unfähigkeit, schnelle und klare Direktiven zu erteilen, entscheidend zum Mißerfolg des Feldzuges beigetragen. Munterer dürfte er inzwischen nicht geworden sein. Hauptmann von Müffling bestätigt es: trotz geistiger und körperlicher Frische waren ihm bald »die Begebenheiten dergestalt über den Kopf gewachsen, daß, weit davon entfernt, sie zu leiten, er von ihnen beherrscht wurde.« Von dem ihm zur Verfügung stehenden Stab hält er nichts, nennt den Fürsten Hohenlohe »einen schwachen und eitlen Mann«, General von Rüchel »einen Prahlhans«, Feldmarschall von Möllendorff »einen abgestumpften Greis«, General von Kalckreuth »einen listigen Ränkeschneider«. Die Führung der Armee, statt einheitlich straff, schleppt sich mühsam dahin, ist durch und durch morsch. Längst hätte der König der Überalterung des Offizierskorps entgegenwirken müssen, aber seine Scheu vor personellen Veränderungen war stärker. Immer wieder unterliegt er der Macht der Gewohnheit. So zögert er auch lange, bis er sich dazu durchringt, Berlin zu verlassen, um sich ins Hauptquartier zu begeben, und verlangt, daß bis zum letzten Tag das Hofleben mit Bällen, Diners und Festen aller Art, mit Ausflügen auf die Pfaueninsel, zum Stralauer Fischzug seinen ungestörten Verlauf nimmt. Fast täglich sieht man ihn im

Theater, der einzigen Unterhaltung, die seine trüben Gedanken ablenkt.

Nachdem der Bericht von Knobelsdorff ihn erreicht hat, stimmt er endlich der Abreise zu. Am 20. September 1806 verläßt das Königspaar Berlin, bleibt über Nacht in Charlottenburg, um Abschied von den Kindern zu nehmen. »Er gab mir einen langen, starken Kuß«, erzählt der fünfjährige Karl voller Stolz. Am nächsten Tag in der Frühe wird die Reise fortgesetzt, über Magdeburg und Halle nach Naumburg, wo der König mit Köckeritz, die Königin mit ihren Hofdamen am 23. September eintreffen.

Über die Anwesenheit der Königin im Hauptquartier gehen die Meinungen auseinander. Die Offiziere sind überwiegend dagegen, Haugwitz und seine Mitarbeiter versprechen sich von ihr einen günstigen Einfluß auf den König. Soldaten und Einheimische umdrängen begeistert ihren Wagen, mit dem sie bei strahlendem Herbstwetter Ausflüge in die Umgegend unternimmt. Abends am Teetisch empfängt sie Generale, Minister, Diplomaten; die vertraute häusliche Atmosphäre, die der König über alles liebt.

Napoleon verläßt Paris am 24. September, auch er begleitet von seiner Frau, die jedoch mit ihrem Gefolge in Mainz zurückbleibt. Den Feldzugsplan hat der Kaiser längst klar im Kopf, er läßt sich von nichts überraschen, auch nicht von einem Preußen, das sich in Splendid Isolation gegen ihn erhebt. Schon im August beorderte er die Rheinbundtruppen, 30 000 Mann, an die Grenzen Thüringens. Anfang September erhielt die Grande Armée, 175 000 Mann, ihre Marschbefehle, genau nach strikt einzuhaltenden Tagesmärschen. Ende September werden in Würzburg und den umliegenden Ortschaften Unterkünfte requiriert, um Verwundete aufzunehmen, Chirurgen mit dem erforderlichen Pflegepersonal werden eingewiesen. Die Truppen sind in gutem Zustand, vorzüglich ausgerüstet, in Schlachten erprobt.

Preußen kann dieser Streitmacht nicht mehr als 143 000 Mann entgegensetzen, einschließlich der 20 000 Sachsen, die der Kurfürst in Angst vor Napoleon mit Zittern und Zagen schickt. Man fragt sich vergebens, weshalb der König nach so langem Zögern nicht bis November wartet, bis ihm die vom Zaren zugesagte Verstärkung von 70 000 Russen zur Verfügung steht?! Was nützt es bei dem kriegsungeübten, zahlenmäßig unterlegenen Heer, daß die Soldaten bereit sind, für König und Vaterland durchs Feuer zu gehen?! Trotz miserabler Verpflegung aus Magazinen, die jahrelang korrupt verwaltet wurden, unzulänglicher Kleidung aus billigstem Tuch oder Leinen, ungenügender Betreuung im Ernstfall. Die Lazarettversorgung ist völlig vernachlässigt.

Als zwinge eine schicksalhafte Macht den König ins eigene Verderben, stellt er am 1. Oktober Napoleon ein Ultimatum: Drei Punkte. Der wichtigste: Abzug der Franzosen aus Deutschland. Eine Frist von sieben Tagen ist gesetzt. Napoleon nutzt sie zu Umgehungsmanövern, zum Ausbau seiner Stellungen und um die der Feinde zu erkunden.

Er ist immer vorzüglich unterrichtet über die Stärke und Schwäche der Gegner durch seine zahlreichen Spione. Im preußischen Lager verachtet man solche Methoden, versäumt daher kostbare Zeit und verharrt bis zuletzt in zunehmender Ratlosigkeit und Verwirrung.

Friedrich Gentz, mit dem Hof aus Wien geflohen, trifft auf Einladung von Haugwitz im Naumburger Hauptquartier ein. Er soll das von Lombard entworfene Manifest redigieren. Selbst seinem publizistischen Können gelingt es nicht, den seichten Wortlaut in einen zündenden Aufruf umzumünzen. Er, der die österreichische Katastrophe miterlebte, fühlt die preußische kommen. Das Führungsgremium, »alte barocke Leute«, nennt Golo Mann sie, macht einen niederschmetternden Eindruck auf ihn. Mittelmäßigkeit bedrückt den politisch engagierten Gentz. Am 4. Oktober, als er dem Hauptquartier nach Erfurt folgt, notiert er in seinem Tagebuch:

»Der Weg nach Auerstedt bot eines der feierlichsten Schauspiele, die ich in meinem Leben gesehen. Der König und die Königin saßen in einem verschlossenen Wagen, von zwanzig anderen gefolgt und waren von allen Seiten von Truppen, Kanonen und Geschützwagen umringt. Großartig war der Anblick . . . der Gedanke aber, daß die Herrscher einer Schlacht zueilten, machte diesen Marsch zugleich imponierend und trauererregend.«

Am 9. Oktober empfängt ihn die Königin. Ohne auf Einzelheiten einzugehen, erklärt sie den Krieg für »ein Gebot der Ehre und der Pflicht«, betont aber, sie selber habe nie den Ausschlag zu einer Entscheidung gegeben. Sie beklagt die Lage Österreichs und spricht die Hoffnung aus, daß alle deutschen Länder sich wieder zu einem einigen Reich zusammenschließen. Ähnliche Hoffnungen hegt Gentz, der die Haltung der Königin bewundert.

Auch in Erfurt wird ständig Kriegsrat gehalten mit dem einzigen Resultat, neue Meldungen von den Kurieren, die zu den Heeresabteilungen gesandt wurden, abzuwarten, Meldungen, die sich oft widersprechen oder schon überholt sind. Im Tagebuch des Freiherrn von Schladen findet sich am 9. Oktober 1806, fünf Tage vor der Schlacht, die erschütternde Eintragung: »Die Pläne des Herzogs von Braunschweig, die man zu entdecken strebt, werden noch immer als ein großes Geheimnis behandelt.« Als das Hauptquartier nach Blankenhain verlegt wird, verbringt das Königspaar einen angstvollen Nachmittag und eine noch angstvollere Nacht unter dem Donner der Geschütze. Um neun Uhr abends trifft die Nachricht von dem Gefecht bei Saalfeld und dem Tod Prinz Louis Ferdinands ein. Der Abgott der Armee! Ein schlimmes Omen! Ein warnender Auftakt: Preußens Verluste 1800 Tote, Verwundete und Gefangene, 34 Kanonen von 40. Verluste der Franzosen: 172 Tote und Verwundete. Schon zeigt sich die Überlegenheit der neuen Kampftechnik. Der letzte Brief Napoleons an Friedrich Wilhelm aus Gera trägt das Datum des 12. Oktober. Darin bestätigt er den Bruch des Bündnisses, beschwört den König noch einmal, das Blutvergießen zu verhindern.

». . . Sire, Eure Majestät werden besiegt werden . . . Heute noch können Sie mit mir auf eine Ihres Ranges würdige Weise unterhandeln, aber noch ehe ein Monat vergeht, wird Ihre Lage eine andere sein.«

Zwei Tage später, am Abend des 14. Oktober 1806, hat die »ruhmreiche friderizianische Armee« ihr unrühmliches Ende gefunden. Napoleon hat sie bei Jena vernichtend geschlagen, Davout bei Auerstedt. Davout ist der Held des Tages. Mit 24 200 Mann und 44 Kanonen ist er auf die mehr als doppelt so starke preußische Hauptarmee mit 230 Kanonen gestoßen. Feldmarschall Boyen in seinen Erinnerungen: »Bei Auerstedt war es von preußischer Seite eine Kunst, die Schlacht zu verlieren.«

Der König und die Elite der Generalität waren bei der Hauptarmee. Anfängliche Erfolge gingen infolge der Planlosigkeit der Führung schnell verloren. Gegen Mittag wurde der Herzog von Braunschweig am Kopf tödlich verwundet. Nach ein Uhr wurde die Verwirrung immer größer, um halb fünf endet die Schlacht mit der totalen Niederlage der Preußen. Tausende sind gefallen, Tausende marschieren in die Gefangenschaft, Tausende befinden sich auf der Flucht.

Auch der König und sein Gefolge. Zunächst Richtung Weimar, doch der Weg wird ihm von Franzosen gerade dort abgeschnitten, wo er am Tag zuvor Abschied von Luise nahm. Noch am selben Tag erfährt er, daß Napoleon auch bei Jena siegreich geblieben ist. Am 15. Oktober erreicht er nach einem Ritt von 26 Stunden Sömmerda und fährt von dort quer durch den Harz nach Magdeburg. Schon am 18. Oktober verläßt er Magdeburg wieder vor den herandrängenden Franzosen und begibt sich ostwärts über Tangermünde nach Küstrin.

Die Königin hat Aufzeichnungen über den 13. Oktober, den Tag vor der Schlacht, gemacht; hier in kurzem Auszug wiedergegeben: »Ich verließ Weimar um 2 Uhr im Feldwagen des Königs. Als ich Auerstedt fast erreicht, kam der Herzog von Braunschweig mit ernster Miene an meinen Wagen:

›Was tun Sie hier, Madame? Um Gottes willen, was tun Sie hier?‹ Ich sagte ihm: ›Der König glaubt, daß ich nirgends sicherer bin als hier hinter der Armee.‹ ›Aber mein Gott, morgen müssen wir hier einen blutigen und entscheidenden Tag haben. Sie können hier nicht bleiben, das ist ganz unmöglich. Darauf ließ ich den König an meinen Wagen kommen, ich wiederholte ihm, was der Herzog mir gesagt hatte. Da sagte der König zu mir: ›Wenn dem so ist, dann reise ab.‹ Er gab mir die Hand, er drückte meine Hand zweimal und konnte kein Wort dabei hervorbringen. So stieg ich auf der Landstraße von seinem Wagen in den meinen und schlug traurig wieder den Weg nach Weimar ein . . .«

Abends um 8 Uhr in Weimar schreibt sie dem König: /». . . Gott stärke Dich und gebe Dir eine tüchtig gewonnene Schlacht! . . . Ich spreche von nichts, was uns sonst betrifft, es ist nicht der Augenblick, sich auf irgendeine Weise weich zu machen. Ich liebe Dich wahr und innig und bete für Dich! Adieu. Ich darf Dich noch einmal bitten, nehme mehr Zutrauen zu Dir selber und führe das Ganze; es geht viel besser.«/

Die Gräfin Schwerin hat notiert, was die Gräfin Lysinka Tauentzien ihr von der Rückreise der Königin erzählt hat:

»Wir reisten am Morgen des 14. Oktober von Weimar ab. Gleich hinter Weimar brach der Wagen der Königin, sie stieg mit mir in die offene Kalesche des Kammerherrn von Buch, der sich auf den Bock setzte und so machte ich die ganze Reise allein mit ihr. In Braunschweig trat uns der ganze Hof in tiefer Trauer, die schon für den Prinzen Louis Ferdinand angelegt war, entgegen. Der Eindruck aller dieser schwarzen Gestalten und der Jammer über die schwere Verwundung des Herzogs wirkte überwältigend auf uns. Dennoch konnten wir nichts Bestimmtes erfahren. Endlich in Brandenburg erreichte uns ein Brief, den der Adjutant des Königs noch auf dem Schlachtfelde geschrieben. Es waren wenige Worte: »Der König lebt, die Schlacht ist verloren.« Die Königin war wie vernichtet, doch suchte sie sich zu fassen und sagte mir: ›Wir wollen uns nur recht zusammennehmen, um nicht diesen Schreck in Berlin zu verbreiten!‹ In Berlin, wo schon volle Verzweiflung und volle Verwirrung sie empfing! Die Königin schickte zu Herrn von Dorville, der eben als Kurier angekommen war: ›Wo ist der König?‹ fragte sie ganz außer sich. ›Das weiß ich nicht, Euer Majestät.‹ ›Aber mein Gott ist der König denn nicht bei der Armee?‹ ›Die Armee? Sie existiert nicht mehr.‹«

Es ist der 17. Oktober, der Tag, an dem Graf Schulenburg, Gouverneur von Berlin, die berühmte und berüchtigte Proklamation anschlagen läßt: »Der König hat eine Bataille verloren. Jetzt ist Ruhe die erste Bürgerpflicht. Ich fordere die Einwohner von Berlin dazu auf. Der König und seine Brüder leben!«

Gleichzeitig hat er veranlaßt, daß die königlichen Kinder mit ihren Erziehern die Stadt um drei Uhr mittags verlassen auf dem Weg nach Schwedt.

Die Nachricht von der am späten Abend zurückgekehrten Königin verbreitet sich mit Windeseile. Tausende sammeln sich vor dem Palais unter ihrem Fenster, rufen nach ihr in der Hoffnung auf die schützende Macht der Krone. Die allgemeine Erregung ist verständlich, da die Regierung außer der Proklamation, die auf Siegesbotschaften folgte, keine Nachrichten über Ausmaß und Konsequenzen der verlorenen Schlacht bekanntgibt. Schon das Erscheinen der Königin und wenige ermutigende Worte, die den unerschütterlichen Willen bekräftigen, die Not mit dem Volke gemeinsam zu tragen, hätten beruhigend gewirkt, die lastende Spannung gedämpft. Doch Luise läßt nach draußen mehrmals sagen, sie sei nicht fähig, sich zu zeigen. Enttäuschung, Erbitterung nach vergeblichem Warten. Die Stimmung schlägt um. Schon rollen die ersten Wagen derjenigen, deren Mittel es erlauben, hochbepackt aus der Stadt unter dem Hohnrufen der Gassenbuben.

Die Fürstin Radziwill trifft die Königin »ganz durch Vorbereitungen für ihre Abreise, durch Anordnungen und Packereien in Anspruch genommen. Mimi [Prinzessin von Oranien], Marianne [Prinzessin Wilhelm] und ich standen in einer Fensternische und blickten traurig auf die vorm Palais versammelte ungeheuere Menschenmenge hinab. Man konnte beim Laternenschein diese übelgestimmten Leute unterscheiden, man vernahm Ausrufe des Schmerzes und dumpfes Murren und bemerkte mehr von Wißbegierde als von Teilnahme. Auf uns drei machte alles dies einen unheimlichen Eindruck, der uns mit Schrecken erfüllte. Die Königin war ganz von anderen Gedanken eingenommen . . .«

Bemerkenswert ist die Frage, die der bayerische Gesandte de Bray im Juli 1807 an Napoleon richtet, als dieser auf der Rückreise von Tilsit nach Paris sich in Dresden aufhält:

»Ich fragte den Kaiser, ob die Königin nicht *mehr* ausgerichtet hätte, wenn sie unmittelbar nach der Schlacht von Jena bei ihm erschienen wäre. ›Ja‹, erwiderte der Kaiser, ›in diesem Falle hätte ich alles bis zur Elbe wiedergegeben. Danzig und Graudenz hätte ich behalten, weil ich ihrer Rußland gegenüber bedurfte.‹« Man kennt solche der jeweiligen Situation angepaßten Aussprüche Napoleons zur Genüge; eins jedoch steht fest, Achtung zollt er nur dem, der ihm unerschrocken entgegentritt. So die Herzogin von Weimar, die im Schloß, wo Napoleon sich nach der Schlacht einquartiert, allein zurückgeblieben ist. Die Familie flüchtete, denn der Herzog ist preußischer Heerführer. Mit Gelassenheit und Würde begegnet die Herzogin den herrischen Drohungen des Siegers. Es gelingt ihr, die Plünderung der Stadt zu mildern, und ihrem Gatten, der Rheinbundfürst werden muß, bleibt von Napoleons Gnaden die Existenz des Landes »mit Rücksicht auf die tapfere Herzogin« erhalten.

Am 18. Oktober um 6 Uhr früh wird Hufeland zur Königin gerufen. »Ich fand sie mit verweinten Augen, aufgelösten Haaren, in voller Verzweiflung. Sie kam mir mit den Worten entgegen: ›Alles ist verloren. Ich muß fliehen mit meinen Kindern und Sie müssen uns begleiten.‹ . . . Um zehn Uhr saß ich im Wagen, nachdem ich in aller Eile nur das Notwendigste geordnet ... Die Pflicht gebot dem Manne seinem Beruf treu zu folgen ...« An dem Gebot der Pflicht zerbricht seine Ehe.

Gleich nach dem Gespräch mit Hufeland reist die Königin ab nach Schwedt. Dort trifft sie die Kinder. Am Tag darauf setzen sie gemeinsam die Fahrt nach Stettin fort.

Noch weiß Luise nicht, wo ihr Mann sich befindet, noch hat sie keine Zeile von ihm erhalten, aber allmählich gewinnt sie wieder Boden unter den Füßen, Haltung, Kraft. Das spiegelt sich in den täglichen Briefen wider, in denen sie versucht, dem König Mut und Trost zuzusprechen: »... Du hast noch Truppen, das Volk verehrt Dich und ist bereit alles zu tun ... Der Augenblick ist kostbar; handle, wirke, schaffe, überall wirst Du im Lande guten Willen und Unterstützung finden ... Nur um Gottes willen keinen schändlichen Frieden! ... Willst Du mich haben, spreche, ich fliege zu Dir! Gott, Du allein, das ist ein schrecklicher Gedanke! ... Als ich diesen Brief schließen wollte, kam der Deine aus Wriezen ... Ich reise sofort nach Küstrin ab und werde immer, immer weiter reisen, bis ich Dich gefunden habe ...«

Bevor sie Stettin am nächsten Vormittag verläßt, ereignet sich noch ein seltsamer Zwischenfall: Auf Veranlassung der Prinzessin von Oranien und der Erbgroßherzogin von Weimar läßt sie, sehr gegen ihr besseres Wissen, Lombard, den vertrauten Mitarbeiter ihres Mannes, der sich bei ihr gemeldet hat, in Schutzhaft nehmen. Das Volk beschuldigt ihn der Kollaboration mit Frankreich. Dementsprechend behandelt ihn das Militär, dem er übergeben wird. Erst drei Tage später wagt Luise dem König in Küstrin die abgerungene Verfügung zu beichten, der auf der Stelle befiehlt, Lombard freizulassen.

Nach dem Abschied von den Kindern, die nach Königsberg gebracht werden, fährt Luise nach Küstrin, wo sie am späten Abend eintrifft. Unterwegs ist sie Hardenberg begegnet, bestimmt ihn, sie nach Küstrin zum König zu begleiten, der seinen Rat gewiß brauchen könne. Aber der König, in sich verkrampft, starr und unzugänglich, empfängt ihn, umgeben von seinen alten Ratgebern, die für Frieden um jeden Preis plädieren, kühl abweisend. Umgehend setzt Hardenberg seine Reise nach Stargard fort.

Nachrichten von Lucchesini, den der König zu Napoleon schickte, um Waffenstillstandsverhandlungen einzuleiten, sind noch nicht eingetroffen. Überraschend für alle taucht Schulenburg auf mit den in Berlin zurückgebliebenen Truppen. In eigener Regie hat er den Posten als Gouverneur der Hauptstadt seinem Schwiegersohn übertragen und ist Hals über Kopf seinen Verpflichtungen entflohen, ohne auch nur an das Nächstliegendste zu denken: den Abtransport des im Zeughaus eingelagerten Kriegsmaterials. Allein 40 000 Gewehre, die zum Aufbau einer neuen Armee dringend benötigt werden, fallen in die Hände der Franzosen. Auch schon verpackte Kunstschätze werden in der allgemeinen Verwirrung vergessen wegzuschaffen und treten später die Reise nach Paris an. Nur ein Einziger der Verantwortlichen disponierte mit kluger Umsicht rechtzeitig: der Finanzminister Freiherr vom Stein. »In den mir anvertrauten Kassen waren sehr große Geldvorräte, ich ließ sie einpacken, und sobald die Nachricht des unglücklichen 14. Oktobers uns erreichte, sie nach Stettin, dann nach Königsberg abgehen; mit ihrer Hilfe ward der Krieg bis zum Tilsiter Frieden fortgesetzt . . .«

Am 24. Oktober bezieht Napoleon das königliche Schloß in Potsdam. Er »habe sich auf die Elite des preußischen Adels gefaßt gemacht«, erzählt Gräfin Schwerin, »und sei sehr enttäuscht gewesen, . . . nur ganz unbetitelte Leute vor sich zu sehen . . . Auch darüber, daß der König ihm nicht selbst seine Stadt empfohlen habe, äußerte er sich sehr mißfällig . . .« Viele der katastrophalen militärischen und persönlichen Folgen des preußischen Zusammenbruches wären wohl vermieden worden, hätte das Königspaar sich in Berlin dem Sieger gestellt.

Seit Napoleon auf der Kriegsschule die Schlachtenpläne Friedrichs II. studiert hat, bewundert er ihn. Er besucht Sanssouci, verweilt, ehrfurchtsvolle Pietät zeigend, in den Räumen, auf der Terrasse, vergißt auch nicht, einige Souvenirs mitgehen zu lassen. Drei Tage später hält er »unter dem Donner der Geschütze und dem Läuten aller Glocken . . . gegen zwei Uhr seinen Einzug durch das Brandenburger Tor in das eroberte Berlin. Für ihn und die Seinigen kann es wohl ein überaus imposantes und glänzendes Schauspiel gewesen sein, für uns lag in den dumpfen Tönen, die bis in die gänzlich leere Wilhelmstraße hineindrangen, etwas unaussprechlich Schauerliches.« (Gräfin Schwerin)

Seine Streitkräfte läßt Napoleon unterdessen nach Osten weitermarschieren. König und Königin verlassen vor den herannahenden Franzosen Küstrin, begeben sich nach Graudenz, verfolgt von den Hiobsbotschaften der sich ohne Schwertstreich und Schuß ergebenden Truppen und Festungen. Schon auf der Fahrt nach Graudenz hat sie die Nachricht erreicht, daß Hohenlohe sich mit den Resten der Hauptarmee bei Prenzlau ergeben hat. Die starke, gut ausgerüstete und proviantierte Festung Stettin kapituliert, ebenso Küstrin, obwohl der Kommandant Oberst von Ingersleben dem König beim Abschied versprochen hat, die Festung so lange als irgend möglich zu verteidigen.

Am 8. November wird Magdeburg, das Bollwerk der Monarchie, von General Kleist kampflos dem Feind übergeben. Die von den Befürwortern des Friedens ausgestreuten Gerüchte fressen wie eine Seuche um sich: Widerstand sei zwecklos, ja schädlich für die Verhandlungen mit Napoleon.

Die Waffenstillstandsbedingungen, die Lucchesini mit Napoleon ausgehandelt und in Charlottenburg unterzeichnet hat, sind niederschmetternd. Napoleon verlangt an Gebietsabtretungen weit mehr als der König angeboten hat, obendrein eine Kriegsentschädigung von 100 Millionen Francs. Der König ruft seine Brüder, hohe Militärs und Minister zu einer Konferenz nach Graudenz, die am 6. November zusammentritt, um über Krieg oder Frieden zu entscheiden. Auf einen Lagebericht und Vorschlag von Haugwitz wird beschlossen, die Bedingungen anzunehmen und, wenn Napoleon darauf besteht, sogar dem Rheinbund beizutreten. Nur die militärische Unterstützung Frankreichs gegen Rußland wird einstimmig abgelehnt. Der König entschließt sich nur zögernd und innerlich widerstrebend, dem allgemeinen Wunsch nach Frieden nachzugeben.

Kurz nachdem die Entscheidung gefallen ist, hat Freiherr von Schladen ein Gespräch mit der Königin. Sehr freimütig, ohne Rücksicht auf die gefaßten Beschlüsse, unbeeindruckt von der tonangebenden Untergangsstimmung äußert sie, daß ihrer Meinung nach nur »fester Widerstand« auf die Dauer Preußen retten könne. Auch die Verleumdungen, die Napoleon über sie verbreitet und die der Moniteur in Umlauf setzt, erwähnt Luise Schladen gegenüber. Am tiefsten verletzt sie, daß ihre Beziehung zum Zaren in den Schmutz gezogen wird.

Die Anschuldigungen werden von allen, sogar von Franzosen, die in Berlin bei Hof verkehrten, als unzutreffend zurückgewiesen. Beim preußischen Volk lösen sie Empörung aus und erreichen eher das Gegenteil: die Königin gewinnt noch an Popularität. Napoleon jedoch ist überzeugt, instruiert von übelwollenden Zuträgern, sie hetze Rußland erneut gegen ihn auf. Er hält sie für eine »böse Intrigantin, kriegslüsterne Amazone, die zu Pferde ihre Truppen antreibt.« Man hat dem Kaiser hinterbracht, daß sie ihn »un monstre« nennt, »einen korsischen Parvenu, einen frechen welschen Roturier«. Eitel wie er ist, rächt er sich, nicht gerade fein, aber nach der Begegnung in Tilsit hören diese »bitteren Ausfälle« gegen die Königin auf. (Zitate aus Napoleons Memoiren).

Der Brief, den Luise in diesen Tagen an Alexander schreibt, ist begreiflicher- und klugerweise durchzogen von Klagen und Sorge über die augenblickliche Situation und die Zukunft. Der König hat ebenfalls an den Zaren geschrieben und General Phul nach Petersburg gesandt. Insgeheim setzt er alle Hoffnung, sein ganzes Vertrauen auf die Freundschaft Alexanders. Die Antwort läßt lange auf sich warten, als sie endlich eintrifft, fehlt der Kodeschlüssel. Die mühsame Entzifferung ist ungenau, eindeutig geht immerhin daraus hervor, daß 140 000 Mann unter Bennigsen in Eilmärschen der preußischen Grenze zustreben.

Die Haltung des Königs in den letzten Wochen ist allen ein Rätsel, viele verurteilen sie. Er wappnet sich gegen das Unglück, indem er eine sture Gleichgültigkeit zur Schau trägt. *Er* hat den Krieg nicht gewollt; was er befürchtete, ist eingetreten. Schuld an dem Krieg tragen jene, deren patriotisches Geschrei ihn provozierte. Der eigenen Verantwortung, den Fehlern und Fahrlässigkeiten der vergangenen Jahre verschließt er sich. Hin und wieder denkt er an Abdankung, während in Luise die tief verwurzelten dynastischen Ambitionen sich aufbäumen gegen die Willkür des Usurpators. Sie wird nicht aufhören, für die Rechte ihres Mannes und ihrer Kinder zu kämpfen. Vergebens hoffen Stein und Hardenberg, die in ständiger Korrespondenz miteinander stehen und von Anfang an gegen die Annahme der Forderungen Bonapartes waren, daß Luises Einfluß den König aus seiner Lethargie herausreißt. Erst der Brief des Zaren und die Gewißheit der russischen Hilfsbereitschaft beginnen seine in Starrsinn verfallene Mentalität aufzulockern.

Die Nachrichten aus Königsberg sind beunruhigend. Typhus und ein bösartiges Nervenfieber greifen um sich, der kleine Prinz Karl ist erkrankt, bald fürchten die Ärzte für sein Leben. Luise, in Angst um den Sohn, drängt es, nach Königsberg zu fahren. Doch als Mitte November die ersten französischen Spähtrupps in der Gegend von Graudenz gesichtet werden, beschließt der König nach Osterode auszuweichen, weiter östlich den russischen Armeen entgegen, die er erwartet. Von Luise will er sich nicht trennen. Widerspruch reizt ihn, um so heftiger insistiert er auf seinen Anordnungen. Am 15. November reist die Königin nach Osterode, am 16. folgt ihr der König.

Ohne ernstlichen Widerstand hat Napoleon preußisches Gebiet bis zur Weichsel erobert; Erfolge, die ihn veranlassen, den in Charlottenburg unterzeichneten und in Graudenz bewilligten Präliminar – Friedensvertrag für hinfällig zu erklären. Er stellt weit härtere Bedingungen. Zu harte, ihm fehlt der subtile Spürsinn Talleyrands für die historische Entwicklung Europas und die Grenzen einer Machtentfaltung.

Die neue, verschärfte Verhandlungsbasis überbringt Marschall Duroc. Wiederum ruft der König seine Ratgeber zusammen. In der Konferenz am 21. November 1806 stimmen alle, außer Stein, Beyme und Köckeritz, für die Unterzeichnung des erpresserischen Diktates. Zur Überraschung der Anwesenden entscheidet der König *gegen* die Mehrheit *für* die Fortsetzung des Krieges. Zu diesem Zeitpunkt ein bemerkenswert kühner Entschluß; er verzichtet damit endgültig auf die vage Neutralitätspolitik und bekennt sich offen zu dem Anschluß an Rußland. »Nur um Gottes willen keinen schändlichen Frieden«, schrieb Luise ihm fünf Tage nach der Schlacht von Jena und Auerstedt aus Stettin. Und dieser Frieden wäre »schändlich« gewesen! Schon am Tag darauf teilt der König Duroc das Ergebnis der Konferenz mit. Napoleon hat fast zur gleichen Stunde von Berlin aus über die britischen Inseln die Kontinentalsperre verhängt. Der Kurswechsel, den der König eingeschlagen hat, beendet die Aera Haugwitz. Mit ihm verschwinden nach und nach auch Lombard und Lucchesini von der Bildfläche.

Bereits am 23. November verläßt das Königspaar Osterode. In Ortelsburg bleibt die Königin, während der König nach Pultusk weiterreist zu Besprechungen mit Bennigsen, dem Heerführer der russischen Hilfstruppen. Im Verlauf der Beratungen erkennt der König die Notwendigkeit der Reorganisation des preußischen Heeres. In Ortelsburg verfaßt er ein »Publikandum«, worin er mit der Armee abrechnet und Verfügungen erläßt, die einen neuen Kurs verheißen. Entlassung ohne Abschied erhalten eine Reihe von Offizieren, die bei den Kapitulationen der Festungen und Truppeneinheiten verantwortlich mitwirkten. Oberst von Ingersleben, Kommandant von Küstrin, wird für die Übergabe der Festung mit dem Tode bestraft. Erschossen wird künftig jeder, vom General bis zum Gemeinen, der seine Pflicht nicht bis zum äußersten erfüllt. Solange der Krieg dauert, kann auch der einfache Soldat, wenn er sich auszeichnet, ebensogut Offizier werden wie der Adlige.

Bekanntgegeben wird die Verordnung in Königsberg. In seinen Aufzeichnungen seufzt Freiherr von Schladen am 12. Dezember: »Warum nicht einige Wochen früher?!«

Ortelsburg ist ein ungemütlicher Aufenthalt. Fiebrige Krankheiten und Ruhr grassieren. Luise hat auf einem Gutshof, der etwas abseits gelegen ist, Unterkunft gefunden. Besorgt ist sie immer noch um ihren Sohn, wartet von Stafette zu Stafette auf die Krankheitsberichte, die Gräfin Voß aus Königsberg schickt. Hufeland, von Danzig herbeigerufen, bannt die unmittelbare Gefahr durch ein heißes Kräuterbad, doch dauert es lange, bis er eine konstante Besserung im Gesundheitszustand des kleinen Patienten melden kann.

»Eine Prüfungszeit, aber der gerechte Gott wird bessere Tage schaffen«, schreibt Luise dem Vater. ». . . Ich sehe mit Ruhe auf alles, was mich umgibt. Denn in mir ist Friede, das sei Ihnen Bürge, daß das Äußere nicht viel auf mich vermag . . .«

In ihr Tagebuch, das nicht mehr existiert, soll sie damals das Lied des Harfners aus Goethes Wilhelm Meister eingetragen haben, das mit den Verszeilen beginnt: »Wer nie sein Brot mit Tränen aß,/ Wer nie die kummervollen Nächte/ Auf seinem Bette weinend saß,/ Der kennt euch nicht, ihr himmlischen Mächte.«

Endlich genehmigt der König die Abreise aus Ortelsburg. Nach kurzem Aufenthalt in Wehlau trifft Luise am 9., Friedrich Wilhelm am 10. Dezember in Königsberg ein. Ein ruhiges Appartement mit den Fenstern zum Schloßhof ist für sie hergerichtet. Gleich nachdem Luise die Kinder – ihr Jüngster liegt noch zu Bett, doch geht es ihm wesentlich besser – und alle, die sie ungeduldig erwartet haben, begrüßt hat, fährt sie zu ihrer Schwägerin, der Prinzessin Wilhelm. Ein trauriges Wiedersehen! In Danzig, wo Hufeland bei ihr zurückgeblieben war, wurde sie unter schweren Krämpfen von einer Tochter entbunden, die neun Tage nach der Geburt starb. Die zweieinhalbjährige Tochter erkrankte kurz danach an Ruhr und starb ebenfalls. Die kühle Reserve, die Marianne anfangs der Königin gegenüber wahrte, erliegt allmählich Luises warmer Zuneigung und ihrem Wunsch nach Freundschaft.

Einige Tage nach der Ankunft beginnt Luise zu fiebern. Bald zeigen sich die Symptome des Typhus, der schon viele Opfer unter den Flüchtlingen gefordert hat. Hufeland ist in großer Sorge.

»Sie lag sehr gefährlich darnieder und nie werde ich die Nacht des 22. Dezember vergessen, wo sie in Todesgefahr lag, ich bei ihr wachte und zugleich ein so fürchterlicher Sturm wüthete, daß er einen Giebel des alten Schlosses herabriss ...«

Weihnachten hat Luise die Krise glücklich überwunden. Am Abend darf die Familie sich um ihr Bett versammeln zu einer intimen Feier. Am Neujahrstag gibt der König der Hofgesellschaft – Friederike, Luises Schwester, und ihr Mann Prinz Solms, ebenso auf der Flucht wie Fürst und Fürstin Radziwill, gehören dazu – ein Diner, das unter dem Eindruck von Siegesmeldungen der Russen überraschend fröhlich verläuft. Zwei Tage später bereits sinkt die erwachte Hoffnung in sich zusammen. Die Russen unter Bennigsen und die neuen preußischen Regimenter unter L'Estocq sind nach anfänglichen Erfolgen trotz tapferem Widerstand gezwungen worden, sich zurückzuziehen, so daß nunmehr Königsberg den herannahenden Franzosen preisgegeben ist.

»Ich will lieber in die Hände Gottes als dieser Menschen fallen«, erklärt die Königin, die immer noch sehr leidend ist, Hufeland. »... Und so wurde sie«, erzählt er, »den 8. Januar 1807 bei der heftigsten Kälte, bei dem fürchterlichsten Sturm und Schneegestöber in den Wagen getragen und 20 Meilen weit über die Kurische Nehrung nach Memel transportiert. Wir brachten drei Tage und drei Nächte, die Tage teils in den Sturmwellen des Meeres, teils im Eise fahrend, die Nächte in elendesten Nachtquartieren zu – die erste Nacht lag die Königin in einer Stube, wo die Fenster zerbrochen waren und der Schnee ihr auf das Bett geweht wurde, ohne erquickende Nahrung – . . . Ich dabei in der beständigen ängstlichen Besorgnis, daß sie ein Schlagfluss treffen möchte. – Und dennoch erhielt sie ihren Muth, ihr himmlisches Vertrauen auf Gott aufrecht, und er belebte uns alle. Selbst die freie Luft wirkte wohltätig, statt sich zu verschlimmern, besserte sie sich auf der bösen Reise. Wir erblickten endlich Memel am jenseitigen Ufer, zum ersten Mal brach die Sonne durch und beleuchtete mild und schön die Stadt, die unser Ruhe- und Wendepunkt werden sollte. Wir nahmen es als ein gutes Omen an.«

Fünfzehntes Kapitel

Den Posten des Außenministers, der durch Haugwitz' Ausscheiden frei geworden ist, hat der König dem Freiherrn vom Stein angeboten. Stein lehnt ab. Mit Recht. Er will ein ihm völlig fremdes Ressort nicht im Augenblick schwerwiegendster Entscheidungen übernehmen. Er ist kein Diplomat, das fühlt er selbst und schlägt Hardenberg als die geeigneteste Persönlichkeit vor. Gleichzeitig greift er in Übereinstimmung mit Hardenberg abermals das System der Kabinettsregierung an. Er fordert persönlichen Vortrag beim König für die in ihrem Geschäftsbereich verantwortlichen Minister. Ein zweites Angebot des Königs, das weder die Regierungsumbildung noch die Mitarbeit Hardenbergs gewährt, refüsiert er ebenfalls. Gereizt sagt ihm der König in einem Handschreiben »auf gut deutsch« seine Meinung, er sei »als ein widerspenstiger, trotziger, hartnäckiger und ungehorsamer Staatsdiener anzusehen«, auf dessen fernere Dienste der Staat keinen Wert legen würde, falls er sein »respektwidriges und unanständiges Benehmen« nicht ändert. In einem kurzen Schreiben bittet Stein um seine Entlassung, die er am Tag darauf, am 4. Januar 1807, in Königsberg erhält.

Auch Hardenberg, der unterdessen vergebens auf einen Ruf des Königs gewartet hat, reicht am 30. Dezember ein Entlassungsgesuch ein. Die Antwort läßt auf sich warten. Als er sie in Memel endlich erhält, ist von Verabschiedung nicht die Rede. Im Gegenteil, der König nimmt die Gelegenheit wahr, ihm sein Vertrauen auszusprechen, ohne ihn jedoch zu den

Geschäften heranzuziehen, da er fürchtet, daß seine antifranzösische Tendenz die Verhandlungen mit Napoleon erschweren könnte.

Beyme hat in der Zwischenzeit die Vertretung von Haugwitz übernommen. General Zastrow regelt die auswärtigen Angelegenheiten. Ein krasser Dilettant. Als Verfechter des Friedens um jeden Preis ist er der Freundschaft mit Rußland abgeneigt und keineswegs bestrebt, reorganisierende Maßnahmen durchzuführen. Nach Steins Demission, der in Königsberg zurückblieb, das wider Erwarten nicht angegriffen wird, hofft jeder, der für Fortsetzung des Krieges ist, auf Hardenbergs Rückkehr ins Amt.

In Memel bewohnt das Königspaar das Haus des dänischen Konsuls, die Kinder, ihre Erzieher und Bediensteten sind anderweitig untergebracht. Das hübsch gelegene, tief verschneite Hafenstädtchen ist überfüllt mit Militär, Diplomaten, Ministern, mit Ausländern, vor allem Engländern, Schweden, Dänen. Quartiere sind kaum mehr zu finden trotz härtester Requisitionen, in die die Einwohner sich oft nur murrend schicken. Nach der gut überstandenen Reise ist die Königin doch noch so schwach, daß sie, wenn das Wetter eine Ausfahrt erlaubt, die Treppen herunter und hinauf getragen werden muß. Abends bleibt sie häufig mit Gräfin Voß auf ihrem Zimmer. Gemeinsam mit den Kindern wird das Mittagessen eingenommen. In ihrem Tagebuch stöhnt die Oberhofmeisterin über den »unglaublichen Lärm, den die Kinder dabei machen. Der König erlaubt Alles; er ist zu gut . . .« zu nachsichtig, meint sie. Die Zerstreuungen des täglichen Lebens beschränken sich auf Geselligkeit. Man besucht sich fleißig auch bei eisiger Kälte und Schneegestöber. Lebhaft diskutiert wird jede Meldung von Bennigsen und der preußischen Einheit unter L'Estocq. Gefechte mit wechselndem Erfolg sind an der Tagesordnung, aber vergebens wartet man wochenlang auf einen russischen Großangriff, ein Grund mehr für die depressive Stimmung des Königs. Auf ihm lastet auch schwer der Gedanke an das Leiden der Landbevölkerung in den Provinzen, in denen die schlecht verproviantierten Truppen, ob Feind oder Freund, mit grausamer Willkür hausen. Ganze Dörfer verschwinden, werden gebrandschatzt, die Güter beraubt und verwüstet, die Viehherden abgeschlachtet, die Magazine geleert. Ein unabsehbares Elend!

Napoleon, der sich von Berlin nach Warschau begeben hat, wo er jubelnd empfangen wurde als Befreier, ist zur Armee zurückgekehrt, um die Russen entscheidend zu schlagen. Bei Preußisch-Eylau, südlich von Königsberg, beginnt am 7. Februar 1807 eine der blutigsten Schlachten der Geschichte. Ein mörderisches Ringen. Zwei Tage dauert das furchtbare Gemetzel. Scharnhorst mit 5000 Mann trifft gerade noch rechtzeitig ein, um die Russen, die heldenmütig, unerschrocken, zäh bis zur Erschöpfung kämpfen, mit frischen Kräften zu unterstützen. Die Schlacht endet unentschieden. Napoleon jedenfalls kann sie nicht als Sieg buchen.

Den Vorteil, den Bennigsen zweifellos errungen hat, nutzt er nicht. Noch in der Nacht zieht er sich vom Schlachtfeld zurück, setzt sich vom Feind ab, der ihn nicht verfolgt.

Napoleon stationiert seine Truppen zwischen Passarge und Weichsel, das Hauptquartier verlegt er nach Osterode. Die ungeheueren Verluste an Toten und Verwundeten, der harte Winter, die schwierige Verpflegungslage veranlassen ihn, seinen Adjutanten Bertrand nach Memel zu Friedrich Wilhelm zu schicken, um ihm auf Grundlage der Charlottenburger Waffenstillstandsbedingungen einen Sonderfrieden anzubieten. Bertrand unterbreitet dem König den Vorschlag und verlangt anschließend eine Audienz bei der Königin. Im Auftrag Napoleons bittet er sie, ihren Einfluß für den Friedensschluß geltend zu machen. Die Königin erwidert kühl, er wisse doch, daß Frauen über Krieg und Frieden nicht mitzureden hätten, eine Entgegnung, die auf Napoleons Anschuldigungen abzielt, sie habe Preußen in den Krieg gehetzt.

Das Angebot des Kaisers ist verlockend; Zastrow und mit ihm die zahlreichen Anhänger der Friedenspartei drängen auf Annahme. Unmißverständlich sucht Napoleon durch den

»Sonderfrieden« Preußen von Rußland zu trennen. Wie hoch ist ein Entgegenkommen Napoleons zu veranschlagen, wenn es die Freundschaft mit Alexander gefährdet, vielleicht zerstört?

In dieser kritischen Stunde wendet der König sich zum erstenmal wieder an Hardenberg, beauftragt ihn, die Situation zu analysieren und über das Ergebnis zu berichten. Nach gründlicher Prüfung aller Konsequenzen pro oder contra rät Hardenberg dem König abzulehnen, da die Machtgier des Korsen ebenso gefährlich sei wie die Unzuverlässigkeit seiner Versprechungen. Für den König nur eine Bestätigung, denn sein Entschluß ist bereits gefaßt. Oberst von Kleist überbringt Napoleon die abschlägige Antwort.

Die Unterredung mit Hardenberg hat dazu geführt, daß der König ihn zur Mitarbeit auffordert, ohne jedoch Zastrow zu entfernen. Schon in der ersten Konferenz stoßen beide heftig zusammen. Wesentlich konziliantер als Stein fügt sich Hardenberg eine Zeitlang in die unerfreuliche Zwitterstellung, fühlt aber bald, daß er ohne die von ihm und Stein geforderte Reform des Regierungssystems nicht im Amt bleiben wird. Schon verfaßt er eine Denkschrift, um den König vor die Alternative zu stellen, da kündigt Kaiser Alexander, der ihn und seine Pläne stets protegierte, seinen Besuch in Memel an. Die bereits konzipierte Denkschrift wird ad acta gelegt.

Am 2. April um 11 Uhr vormittags verkündet der Donner der Kanonen die Ankunft des Kaisers. Der König hat ihn bereits am Tag zuvor in dem Grenzort Polangen begrüßt. Die Freude Alexanders über diesen Freundschaftsbeweis war so groß, daß er, als er hörte, der König komme, ihm ohne Hut und Degen dreihundert Schritt entgegengelaufen ist.

In Memel gewinnt der Zar mühelos alle Sympathien.

»Es erschien die Persönlichkeit, die er für sich entworfen hatte, . . . Gottesstreiter und Diplomat, Wiederhersteller des Rechts, Lichtbringer für die Völker, Tröster der unglücklichen Opfer, Schützer der aus ihrem Land geflohenen, um ihre Krone trauernden Fürsten«, ein ironisches Image, das Sorel zeichnet. Wenn er damit auch den Nagel auf den Kopf trifft, so ist die Konsequenz doch bewunderungswürdig, mit der Alexander stets die Rolle, die er mimt, meistert. Tief bewegt, stumm ergeben in ihren Schmerz, steht er vor der Königin, die mit tränenerstickter Stimme mehrmals versucht, ihm zu danken, daß er gekommen ist. Er umarmt Gräfin Voß »mit warmem Gefühl und voller Rührung« und spendet den koketten jungen Hofdamen die galanteste Aufmerksamkeit. Gewandt, liebenswürdig, unkonventionell entfaltet der geniale Schüler La Harpe's alle Vorzüge seiner Erziehung.

Hardenberg hat er seinen Besuch ankündigen lassen, noch am selben Nachmittag sucht er ihn auf. Eine lange Unterredung unter vier Augen. Hardenberg, exakt vorbereitet, gibt einen kurzen Überblick seiner bisherigen und jetzigen Tätigkeit, erwähnt seine Rücktrittsabsichten, wenn der König weiterhin an dem Regierungssystem festhält und auf der Mitarbeit Zastrows besteht. Ein gefährlicher Mann. Letzthin hat er einen Brief aus England, der Klagen über ihn enthielt, dem König unterschlagen. Das Bild der Situation, das Hardenberg entwirft, zeigt unmißverständlich, daß eine einheitlich straffe Führung der Geschäfte vor allem angestrebt werden muß. Übereinstimmend beurteilen beide Gesprächspartner auch die außenpolitischen Probleme. Bleibt also lediglich abzuwarten, ob es dem Zaren gelingt, den König von der Notwendigkeit der von Hardenberg empfohlenen Maßnahmen zu überzeugen.

Am 4. April in der Frühe verläßt Alexander Memel. Einige Stunden später folgen Friedrich Wilhelm und Luise seiner Einladung zu den Truppenrevuen nach Kydullen. Auch Hardenberg und Zastrow sind aufgefordert. Zastrow lehnt ab, da er nicht wünsche, als Sekretär Hardenbergs zu fungieren. Bald darauf verspielt er die letzte Chance, die der König ihm trotz seiner Verfehlung bietet, ins Militär zurückzukehren, und erhält seinen Abschied.

Am 10. April verläßt Luise Kydullen wieder, um über Königsberg nach Memel zurückzukehren, am selben Tag wird Hardenberg vom König als Erster Minister bestätigt unter Vermeidung eines offiziellen Titels, doch in den Kreisen der Kollegen spricht man von ihm als dem Premierminister. Er begleitet die Monarchen ins Hauptquartier des russischen Oberbefehlshabers Bennigsen nach Bartenstein, wo am 26. April 1807 ein russisch-preußisches Abkommen von den Herrschern unterzeichnet wird. Der Vertrag bestätigt die Fortführung des Kampfes bis zu einem Frieden, der das Gleichgewicht der Kräfte in Europa wiederherstellt. Das von Hardenberg vorgelegte europäische Reorganisationsprogramm klingt schon an die Ziele des Wiener Kongresses an. Wenige Tage später erhält Hardenberg vom König umfassende Vollmachten für alle Angelegenheiten, die mit dem Kriegszustand zusammenhängen, abgesehen von den speziellen Aufgaben des Militärs.

Die Königin hat unterdessen »die schrecklichste Reise« ihres Lebens hinter sich. »Jeden Augenblick lief ich Gefahr, umgeworfen zu werden und zweimal in der Arge zu ertrinken, die in einigen Stunden so gewaltig über ihre Ufer getreten ist . . . mehr tot als lebendig« ist sie in Königsberg angekommen. Sie muß sich zunächst von den Anstrengungen erholen, auch sind die Wege an der Nehrung entlang nach Memel zur Zeit unpassierbar. Aus dem geplanten Aufenthalt von wenigen Tagen werden zwei Monate. Glückliche Monate, die glücklichsten in den Jahren des Exils.

Luise wohnt bei Friederike, ihrer Schwester, im Hause des Grafen Schlieben. Kurz zuvor hat Friederike einen Sohn geboren. »Unsere Lebensweise ist so, wie es sich in einer Wochenstube gehört. Damen, die zu mir wollen, kommen, wie sie sich anmelden lassen. Ich habe nicht Hof halten wollen, und wie es die Höflichkeit gebietet, warte ich mit einer Tasse Tee auf . . . Es wäre nicht Dein Geschmack; aber bei Frauen liegt die Sache ganz anders . . .« Ein zaghaftes Geständnis, das sie dem König macht, der erwartete, daß sie im Schloß absteigt, wodurch die Hofhaltung sich von selbst ergeben hätte.

Doch stört er die Freude des langentbehrten Zusammenseins der Schwestern nicht, die das durch keine Etikettevorschriften eingeengte Dasein dankbar genießen. In der Ungezwungenheit des häuslichen, öffentlichen und gesellschaftlichen Lebens entfaltet sich Luises Persönlichkeit mit überraschender Vitalität. Zum erstenmal treten ernste Aufgaben an sie heran, die an ihre persönliche Initiative appellieren. Alles, was sie an Geldmitteln erübrigen kann, spendet sie den Verwundeten und Kranken. Jeder, der ein ernsthaftes Anliegen hat, wird empfangen. Sie hilft mit Ratschlägen, mit ein paar Friedrichsdors, wenn es am Nötigsten fehlt, mit Empfehlungen bei den vorgesetzten Stellen, wenn die Klagen gerechtfertigt sind. Die Tätigkeit verschafft ihr Genugtuung und Sicherheit des Urteils, die sich in dem Briefwechsel mit dem König widerspiegelt. Freimütig vertritt sie ihren Standpunkt, ohne die zarte Rücksichtnahme zu vergessen, mit der solche Äußerungen präsentiert werden müssen. Nur selten nimmt sie seine Unterstützung in Anspruch, nur dann, wenn ihrer Ansicht nach sein Ansehen auf dem Spiel steht wie im Falle Goercke, der bahnbrechend auf dem Gebiet des Lazarettwesens gewirkt hat und in Königsberg wegen seiner Menschlichkeit und chirurgischen Geschicklichkeit einen fast legendären Ruf genießt. Nach den Kämpfen bei Preußisch-Eylau haben viele Russen ihm ihr Leben, ihre Gesundheit zu verdanken. Der Zar verleiht ihm den St. Annenorden II. Klasse, mit dem der Anspruch auf Adel verbunden ist.

»Jetzt richtet das Publikum seine Blicke auf Dich«, mahnt Luise den König, »was Du tust, um den würdigen Mann zu belohnen . . . Geld wünscht er nicht, aber das Portepee und einen Rang in der Armee . . . In allen Armeen haben die Chirurgen Offiziersrang, nur bei uns nicht . . .«

Jeder Einbruch in das Reglement des Militärs widerstrebt dem König, doch der Notwendigkeit dieser Maßnahme kann er sich auf die Dauer nicht verschließen. So erhält Goercke alsbald die Beförderung zum Obersten und das Portepee (Quaste am Degen des Offiziers). Nach seinem Vorschlag werden später Rangstufen für die Militärärzte eingeführt.

Anfang Mai verbringt Friedrich Wilhelm drei Tage in Königsberg und begibt sich anschließend abermals ins russische Lager zum Zaren. Kurz nach ihrem Wiedersehen sendet er Luise ein Geschenk, das »wirklich ganz neuartig« ist: seinen abgeschnittenen Zopf! »Ich habe bis zu Tränen gelacht über das Zöpfchen und es soll unangetastet aufbewahrt bleiben bis an der Welt Ende ... Ich wünschte diese Toilettenänderung längst, und im Kriege ist alles, was die Toilettenbedürfnisse vereinfachen kann, wirklich gut.«

Eine Freundschaft schließt die Königin in dieser Zeit mit Frau von Krüdener, die sie bereits in Berlin kennenlernte, als ihr Mann, der 1802 starb, dort russischer Gesandter war. Die damals allen weltlichen Untugenden zugeneigte Dame bekehrte sich inzwischen zu einem christlich charitativen Lebenswandel. Zusammen besuchen sie die Hospitäler, wo Luise erschrocken ist über die Grausamkeiten des Krieges beim Anblick der Schwerverwundeten, oft Verstümmelten. »Großer Gott, welch ein Schlag ins Gesicht der Menschlichkeit!« Der religiöse Eifer Frau von Krüdeners, ihr Vertrauen in eine höhere Gerechtigkeit, die über Menschen und Völkern wacht, beeindrucken sie so tief, daß sie zwei Jahre später sich gedrängt fühlt, ihr zu schreiben, sie schulde ihr ein Bekenntnis:

»Sie haben mich besser gemacht, ... ich vertiefte mich in ernstere Dinge, trat näher zu Gott, mein Glaube wurde stärker, und so bin ich mitten im Unglück nie ganz unglücklich gewesen ... Mit dem Scharfblick der Wahrheit habe ich die Eitelkeit der irdischen Größe erkannt. Ja, ich bin zu einer Seelenruhe und zu einem inneren Frieden gelangt ...«

Mit Freude widmet Luise sich der Geselligkeit, deren Mittelpunkt sie in Königsberg ist. Viele Ausländer sind da, insbesondere Engländer und Russen. Der preußenfeindliche Pole Czartoryski, vertrautester Freund Alexanders, wird mit seiner Begleitung ebenso zuvorkommend empfangen wie der russische Außenminister Budberg und Lord Hutchinson, englischer Diplomat, dessen wortkarge Würde »den Kreis unendlich erheitert«. Aber auch Nicht-Adlige gehen in ihrem Salon ein und aus, der Chirurg, »der gute Goercke«, der ohne viel Umstände Freunde mitbringt, und Borowski, der Pfarrer, dessen Predigten »nach alter Art« sie schätzt, der Kriegsrat Scheffner, »ehrwürdig und vortrefflich«, seine klugen Ratschläge akzeptiert das Königspaar gern. Sehr geschickt flicht Luise in ihren Briefen an Friedrich Wilhelm all die »Dinge« ein, »die von der Regel der Voß zum Beispiel abweichen«, verschweigt nicht, daß sie sich »tatsächlich sehr gut unterhalte«, setzt aber schnell hinzu: »und habe doch niemand, der mir den Hof macht, ich versichere es Dir.« Noch nie in ihrer Ehe hat sie sich so frei bewegen, so nach eigenem Ermessen handeln können wie in diesen Wochen, die ihr außerdem die Hoffnung geben, sich einzusetzen für einen neuen Aufbau Preußens. Wesentlich zu ihrer inneren Ausgeglichenheit trägt bei, daß der König gleichzeitig mehrere Wochen mit dem Zaren verbringt, die beide Monarchen freundschaftlich noch enger verbinden, und daß mit Hardenberg als Erster Minister ihr Vertrauen in die Zukunft wächst. Am 19. Mai 1807 schreibt sie ihm: »Sie sollen überzeugt sein, mein lieber Baron, wie glücklich und ruhig ich bin, Sie an der Spitze der Geschäfte zu wissen. Der König konnte gewiß nie eine bessere Wahl treffen . . . Ich preise Gott jeden Tag, die Dinge dahingeführt zu haben, wo sie jetzt stehen.«

Alles Hoffnungen, die sich schnell zerschlagen.

Danzig kapituliert am 26. Mai ehrenvoll; den Truppen in voller Ausrüstung wird freier Abzug gewährt. Der Ring der Belagerer ist immer undurchdringlicher geworden, und Bennigsen hat nichts Entscheidendes getan, ihn zu sprengen. Auch die Nachrichten des Königs aus dem russischen Hauptquartier halten nicht, was er sich von der Anwesenheit des Zaren versprach.

Er hat erwartet, das Machtwort des Zaren genüge, um die Ausplünderung des Landes zu verhindern. Nichts ändert sich. Die miserable Verpflegungslage zwingt die hungrigen Soldaten zur Selbsthilfe, sie nehmen mit, was Haus, Hof und Keller bieten. Auf die Proviantierungsschwierigkeiten schiebt Bennigsen die Hauptschuld für seine Inaktivität. Vermutlich teilte er von Anfang an nicht die Interessen Alexanders an Europa, sicherlich ist er kein Freund Preußens. Nach den ungeheuren Verlusten, die der Feldzug gekostet hat – ohne daß er Rußland nennenswerte Vorteile bringen könnte –, wird der Wunsch nach Frieden bei der Generalität und auch im Heer immer stärker, Konstantin, Bruder des Zaren und Führer der Opposition, steht unter dem Einfluß von Czartoryski, dem die Freundschaft Alexanders mit Friedrich Wilhelm schon einmal einen Strich durch die Rechnung gemacht hat. Er ist der »wirkliche Macher« der Außenpolitik, hat man Luise in Königsberg gesagt, »Budberg gebe nur den Namen«.

Nach dem Fall Danzigs rafft Bennigsen sich noch einmal auf zu einer kriegerischen Aktion, an der die preußische Kavallerie teilnimmt. Zunächst verläuft sie erfolgreich. Bei Heilsberg werden am 10. Juni die Franzosen besiegt. Nach dem Kampf zieht sich Bennigsen an der Alle zurück, um die rechte Flanke zu schützen. Vier Tage später wird er von Napoleon bei Friedland vernichtend geschlagen.

Als der Zar die Nachricht von der schweren Niederlage erhält, soll er zu Boden gesunken sein. Er weiß, was ihm droht. Nicht nur, daß man ihn vor dem Schicksal seines Vaters Pauls I. warnte, er fühlt selbst, es gibt nur einen einzigen Ausweg für ihn, das Ruder fest in der Hand zu behalten, den entgegengesetzten Kurs anzusteuern, Zeit zu gewinnen.

Die Meldung von der siegreichen Schlacht bei Heilsberg erreicht die Königin kurz nach ihrer Rückkehr in Memel. Überglücklich läuft sie persönlich zu Köckeritz, um dem alten Miesmacher Wind aus den Segeln zu nehmen, denn mit Eifer schürt er den Unmut der Defaitisten. Im tiefsten Innern freilich bleibt Luise skeptisch. »Gott wolle jede Hiobsbotschaft verhüten, es wäre zu grausam«, schreibt sie dem König, bevor er am 15. Juni in Memel eintrifft, ohne zu ahnen, daß bereits am Tag zuvor sich Preußens Schicksal für die nächsten Jahre entschieden hat. Die Katastrophe von Friedland öffnet den Franzosen den Weg nach Königsberg, das am 16. Juni besetzt wird. Nun ist auch Memel nicht mehr sicher. Die Koffer werden gepackt, die Equipagen bereitgestellt, um gegebenenfalls über die russische Grenze zu fliehen.

In diesen kritischen Stunden fahren Fürstin Radziwill und Prinzessin Wilhelm abends zur Königin, »um zu erfahren, was aus uns werden würde. Als wir bei Graf Hardenbergs Wohnung vorbeikamen, sahen wir zu unserer Verwunderung, daß sie festlich erleuchtet war. Unsere Leute sagten uns: ›Graf Hardenberg heiratet. Der Pastor, der ihn trauen soll, ist eben geholt worden.‹ Die Königin wußte davon. Der Graf hatte an den König geschrieben: im Augenblick, in welchem er Preußen verlassen müsse, halte er sich für verpflichtet, einer Frau die er liebe, einen Namen zu geben, der ihr in der Fremde die Achtung verschaffen werde, mit der er sie umgeben zu sehen wünscht ...« Die dritte Ehe schließt Hardenberg mit Charlotte Schönemann, der langjährigen Lebensgefährtin.

Napoleon ist in Tilsit, bleibt dort, verzichtet darauf, dem Feind den letzten Zipfel preußischen Bodens abzuringen. Der Generalarzt der Armee, Baron Percy, hofft, daß die Friedensgerüchte sich halten. »Alles freut sich auf die Rückkehr nach Frankreich. Wenn die Truppen unglücklicherweise Befehl erhielten, den Njemen [Memel] zu überschreiten, ... den Feldzug fortzusetzen, so weiß ich nicht, was daraus entstehen würde, weil alle nur den Wunsch haben, heimzukehren, alle an Heimweh leiden ...«

Der Zar hat Friedrich Wilhelm, auch Hardenberg und Kalckreuth gebeten, nach Szawl zu kommen, einem verwahrlosten, düsteren Jagdschloß, das einst einem Günstling Katharinas II. gehörte. Die neue franzosenfreundliche Tendenz der Russen registriert Hardenberg sofort mit Besorgnis, doch der tragische Ernst der Situation wird ihm in vollem Umfange nicht klar, das beweisen seine Friedensvorschläge auf der Basis des Bartensteiner Vertrages. Er ahnt nicht, daß Alexander in eine Zwangslage geraten ist, seinen Bundesgenossen fallen lassen muß, um Leben und Ansehen zu retten. Fürst Lobanow wurde bereits zu Bennigsen gesandt mit der Vollmacht, einen Waffenstillstand abzuschließen. Die Übergabe der preußischen Festungen Graudenz, Pillau, Kolberg verweigert der Zar, da er über sie nicht zu bestimmen habe. Napoleon besteht nicht auf der Forderung, und so wird der französisch-russische Waffenstillstand am 21. Juni unterzeichnet. Damit löst sich Alexander von seinen Preußen gegenüber eingegangenen Verpflichtungen. Peinlich genug für ihn, da noch vor wenigen Monaten Friedrich Wilhelm im Vertrauen auf die russische Freundschaft einen günstigen Sonderfrieden mit Frankreich abgelehnt hat. Offenbar ist es Alexander gelungen, den leicht verletzlichen König von der Notwendigkeit seines Vorgehens zu überzeugen, denn so bitter die Demütigungen in den nächsten Tagen auch sind, nie ist ein einziges kränkendes oder anklagendes Wort über das Verhalten des Freundes über die Lippen des Königs gekommen.

Der Zar atmet auf, als Lobanow zurückkehrt und berichtet, wie liebenswürdig Napoleon ihn aufgenommen hat. Lediglich Friedensverhandlungen gemeinsam mit Preußen hat er strikt abgewiesen, im übrigen aber die Erwartungen Alexanders weit übertroffen. Statt Gebietsforderungen zu stellen, spricht er von Gebietszuwachs für Rußland – auf Kosten Preußens – und von den Vorteilen eines Bündnisses zwischen beiden Staaten. Die wahren Absichten allerdings sind leicht zu durchschauen: er will Alexander von Friedrich Wilhelm trennen und ihn als Verbündeten gewinnen, um Rußland die Kontinentalsperre zu diktieren, die zu Feindseligkeiten mit England führen muß. Einerlei, es wird Mittel und Wege geben, sich zu arrangieren, zunächst ist das Wichtigste für den Zaren eine Aussprache mit Napoleon »ohne Mittelsmänner«, wie er sich in der Instruktion für Lobanow ausdrückt. Doch noch ehe Lobanow abgeht, erhält der Zar eine Einladung nach Tilsit.

Friedrich Wilhelm schließt sich ihm an in Begleitung von Hardenberg, der als Hauptbevollmächtigter von beiden Herrschern anerkannt wird, und Kalckreuth. Bekannt ist, daß Hardenberg bei Napoleon wegen seiner antifranzösischen Haltung in Berlin in Mißkredit geraten ist, doch man hofft, daß er die Sympathien des Kaisers durch sein gewandtes, weltmännisches Auftreten zurückgewinnen wird. Dazu allerdings wird sich in Tilsit keine Gelegenheit bieten, denn kurz und bündig verlangt Napoleon seine Entlassung.

In der Mitte der Memel soll nach Napoleons Vorstellung die Trennungslinie zwischen seinem Machtbereich und dem des Zaren liegen, daher läßt er dort ein breites Floß verankern mit einem Holzhaus, hübsch bemalt und dekoriert, der Umgang mit Laubgirlanden geschmückt, auf dem Dach zwei Fahnen, den französischen und russischen Adler darstellend. Die beiden Räume des Hauses sind geschmackvoll möbliert, über der einen Eingangstüre ein A, über der anderen ein N.

Am 25. Juni um halb ein Uhr bringen Ruderboote die Kaiser von der jeweiligen Flußseite zum Floß. Wie vorgesehen, kommt Napoleon zuerst an, um seinem Gast beim Aussteigen behilflich zu sein. Anderthalb Stunden verbringen die Monarchen ohne Zeugen in einem der Empfangszimmer, während im Nebenzimmer die Begleitpersonen sich aufhalten, Konstantin im intensiven Gespräch mit Murat.

Friedrich Wilhelm ist am Ufer zurückgeblieben, gehüllt in einen russischen Mantel, umgeben von russischem Militär. Durch den strömenden Regen sieht er das Floß in der Mitte des Flusses, und aus der Ferne erkennt er Napoleon, der den Zaren begrüßt.

Erst am nächsten Tag wird ihm gestattet, Alexander zu den Verhandlungen zu begleiten. Das A und N über den Türen dokumentiert die Mißachtung, mit der der Besiegte im eigenen Land behandelt wird. Schon die erste Begegnung verspricht nichts Gutes. Schweigsam, reserviert, sichtlich gepeinigt von Groll und Trauer stellt der König den Zaren, der bemüht ist, zwischen den Antipoden zu vermitteln, vor eine schwierige Aufgabe. Er kann sich nicht verstellen, er kann niemandem schmeicheln, den er verachtet, und für Verachtung hat Napoleon einen untrüglichen Instinkt. Der Kaiser lädt den König nicht zum Diner ein, an dem der Zar teilnimmt. Ein neuer Affront! Aber im Grunde ist Friedrich Wilhelm froh, nach Piktupöhnen zurückzukehren. Er wohnt im Schulhaus, schreibt von dort Tag für Tag an Luise, seine Erlebnisse minuziös genau berichtend.

In Tilsit finden die weiteren Verhandlungen statt. Es wird zur neutralen Zone erklärt, von Franzosen, Russen, Preußen besetzt. Alexander zieht am 27. Juni mit Pomp ein. Der König benutzt das ihm zugeteilte Haus nur, um sich umzukleiden und Besucher zu empfangen, abends fährt er nach Piktupöhnen zurück. Er ist täglich mit Napoleon und Alexander zusammen, manchmal, wenn er allzu griesgrämig ist, ein lästiges Anhängsel, worauf beide sich unter dem Vorwand wichtiger Geschäfte von ihm trennen, um sich bald darauf wieder zu treffen. Einmal gerät Napoleon dem König gegenüber in einen seiner theatralischen Zornesausbrüche über die preußische Politik und über Hardenberg. Der König wagt trotz Luises ständigen Mahnungen nicht gegen die Entlassung des Ministers zu protestieren. Der Zar übrigens auch nicht! Da Napoleon vermeidet, sich über die Zukunft Preußens zu äußern, schneidet keiner das heikle Thema an.

Zur Tafel ist der König jetzt zugezogen. Man redet ihm zu, konzilianter, liebenswürdiger zu sein, um so mehr, als Napoleon es gelegentlich an Höflichkeit nicht fehlen läßt, sich nach der Königin erkundigt und auf ihr Wohl trinkt. Diese Geste mag Marschall Murat auf die Idee gebracht haben, die Königin kommen zu lassen. Eine Anregung, die Kalckreuth sofort aufgreift und die Hardenberg unterstützt. Für wie aussichtslos muß er die Lage halten, daß er einen solchen Schritt befürwortet! Der König ist dagegen, doch überläßt er der Königin die Entscheidung.

Ohne Zögern erklärt sie sich bereit zu kommen, wenn auch schweren Herzens im Zwiespalt ihrer Gefühle: einerseits ihr exaltierter Haß gegen Napoleon, andererseits der Wunsch, »Gutes zu wirken« für den Staat, für den König und die Kinder. In Napoleon sieht sie den »Quell alles Bösen«, »ein Ungeheuer«, ein »höllisches Wesen, das sich aus dem Kot emporgeschwungen hat«. Im angstvollen Meditieren übersteigert sich ihre Phantasie, wenn sie an die Kränkungen denkt, denen Friedrich Wilhelm ausgesetzt ist, die sein ohnehin labiles Selbstvertrauen vollends zerstören müssen. Das Gebot der Stunde ist, sich diplomatisch den Gegebenheiten anzupassen; dazu gehört die geschmeidige Flexibilität Alexanders. Sein abrupter Gesinnungswechsel hat keine Zweifel in ihr hinterlassen an der Echtheit seiner Freundschaft. »Notgedrungen« habe er gehandelt, schrieb der König. Alle Schuld häuft Luise auf Bennigsen, »ich könnte ihn schlagen und seinem Freund und Beschützer [Großfürst Konstantin] ins Gesicht speien.« Unter den heftigen Emotionen leidet ihre Gesundheit, die überdies angegriffen ist durch die ersten Wochen einer Schwangerschaft.

In ihren letzten Briefen hat sie hie und da, mehr spöttisch als ernsthaft, mit der Möglichkeit einer Einladung nach Tilsit geplänkelt. Die Realität erschreckt sie, doch ist ihr Entschluß sofort gefaßt. »Ich komme, ich fliege nach Tilsit, wenn Du es wünschst«, sie fügt jedoch mit vollem Recht hinzu, »aber meine Ankunft muß geziemend begründet werden. Ich frage Dich: Warum sollte ich mich nach Tilsit begeben, wenn nicht jemand aus der gekrönten Gesellschaft den Wunsch danach ausdrückt? Der Kaiser von Rußland hat genugsam bezeugt, er wolle aus den Dir bekannten Gründen [Verdächtigung Napoleons gegen die Beziehung des Zaren mit der Königin] kein Zusammensein mit mir. Auch sagt er, bei der Abhandlung von Geschäften dürften Frauen nicht zugegen sein. Soviel ich weiß, habt ihr alle nur mit Geschäften, und zwar mit den allerfolgenreichsten, zu tun. Das sind durchaus nicht meine Angelegenheiten, und ich kann nur hinkommen, wenn Napoleon Dir seine Wünsche darüber persönlich zu erkennen gibt.«

Alexander stimmt vage zu; eine offizielle Aufforderung Napoleons erfolgt nicht. Am 3. Juli erhält sie einen Brief des Königs mit der dringenden Bitte, der Hardenberg sich anschließt, so schnell wie möglich die Reise anzutreten.

Sie verläßt Memel bereits am nächsten Tag in Begleitung der Gräfinnen Voß und Tauentzien und erreicht Piktupöhnen nach einer Fahrt von zehn Stunden. Am Abend hat sie eine lange Unterhaltung mit Hardenberg. Er »unterrichtete mich über die Lage, über unsere Befürchtungen und Hoffnungen, klärte meine Ideen sehr und gab mir die Grundlage für mein Gespräch mit Napoleon.« Luise hat zu Anfang der Reise Aufzeichnungen gemacht, die bereits mit der Ankunft in Tilsit enden. Der König kehrt erst gegen Mitternacht ins Schulhaus zurück, wo Luise ihn erwartet, während ihre Begleitung im gegenüberliegenden Pfarrhaus untergekommen ist.

Am nächsten Vormittag, dem 5. Juli, besucht Kaiser Alexander die Königin, später erscheint der Großstallmeister und Adjutant Napoleons, Herr von Coulaincourt, mit Empfehlungen seines Herrn. Er bedauere, die neutrale Zone nicht verlassen zu können, werde aber die Königin, wenn sie nach Tilsit komme, besuchen und einladen. Die Entschuldigung für sein Fernbleiben ist reiner Formalismus. Um nicht zuviel Eifer zu zeigen, wird beschlossen, daß die Königin erst am nächsten Tag nach Tilsit fährt.

6. Juli 1807: Der König ist vorausgefahren. Um vier Uhr folgt die Königin mit ihren Hofdamen. Sie wird von einer Eskorte des Garde du Corps über die Fähre nach Tilsit geleitet, wo sie um fünf Uhr eintrifft.

Die Schilderung der Gräfin Tauentzien, von ihrer Cousine aufgezeichnet, gibt ein lebendiges Bild dieser Stunden.

»Die Königin trug einen weißen Crêpe mit Silber gestickt, ihren Perlenschmuck und ein Diadem von Perlen im Haar. Sie war in der ängstlichsten Spannung, aber trotz aller Gemütsbewegungen dieser Zeit erinnere ich mich kaum, sie schöner gesehen zu haben als gerade in diesen, für sie so schweren Tagen.«

Kalckreuth empfing sie an der Fähre, »überflutete sie so mit seinen freudigen Hoffnungen und Verheißungen, daß die Königin ganz erschöpft sagte: ›Ach, jetzt bitte ich, schweigen Sie, daß ich zur Ruhe komme und meine Gedanken sammeln kann!‹«

Der König befindet sich in Gesellschaft des Zaren, als sie sein Zimmer betritt. Auch Graf Goltz, Nachfolger Hardenbergs als Außenminister, ist anwesend, alle tief deprimiert. Jeder spricht auf sie ein, sie zu informieren, zu ermutigen –

»Indem heißt es: Der Kaiser kommt!

Der König war ihm mit allen Adjutanten bis an die Haustüre entgegengegangen. Gräfin Voß war oben an der Treppe stehen geblieben, ich war mit dem König hinuntergegangen. ›La Reine est là haut?‹ sagt Napoleon, die Treppe hinaufsteigend, wie um anzudeuten, daß er nur für sie gekommen. Wenn seine totenähnliche Färbung nicht gewesen, mußte sein Kopf für Züge und Ausdruck angenehm erscheinen. Als ich hinaufkam, war der König, der den Kaiser nur zur Königin hineingeführt und sie dann beide allein gelassen hatte, wie auch Gräfin Voß verschwunden, und ich stand nun im Vorzimmer mit der enormen Suite des Kaisers unter allen Marschällen allein da. Als der Kaiser aus dem Zimmer der Königin kam und sich ohne weitere Begleitung unsererseits entfernte, stürzte ich zur Königin hinein und fand sie in gänzlich veränderter Stimmung, wahrhaft beglückt durch die Hoffnungen, die Napoleon ihr gegeben. Sie hatte im Verlauf der Unterhaltung Magdeburg, sie hatte Schlesien und Westfalen zurückgefordert. ›Vous demandez beaucoup‹, [Sie verlangen viel] hatte er geantwortet, ›mais je Vous promets d'y songer‹ [aber ich verspreche Ihnen, darüber nachzudenken].

Der König soll die Unterredung, die schon fast eine Stunde dauerte, durch sein Eintreten in einem Moment unterbrochen haben, in dem Napoleon sich geneigter zeigte, konkrete Zusagen zu machen. Selbst wenn diese Zusagen gemacht worden wären, Napoleon ist nicht der Mann, der sich scheut, sein Wort zu brechen. Versprechungen bedeuten ihm nichts, er versteht sie zu umgehen, zu vernichten, zu vergessen. Auch seinen neuen Freund Alexander düpiert er hinsichtlich der Erwartungen, die er in ihm weckte über die Teilung des Osmanischen Reiches und über das künftige Schicksal von Moldau und Walachei. Sein Außenminister Talleyrand hat sich strikt an die von ihm erteilten Instruktionen gehalten, nichts von diesen Absprachen in den russisch-französischen Friedensvertrag aufzunehmen.

Für die Königin ist der erste Anblick Napoleons eine Überraschung gewesen. Das »Ungeheuer« gefällt ihr. Ein Cäsarenkopf, gut geschnitten, imponierend die breite, klare Stirn, die Intensität des Blickes, der prüfend, wägend, sinnend dem ihren begegnet, und dieser Mund! Wenn er lächelt, hat er einen Anflug von Güte. Napoleon nutzt das Lächeln mit derselben Kaltblütigkeit wie die Härte und Grausamkeit, die sich abzeichnen, wenn sein herrischer Wille durchbricht. Luises Befangenheit der ersten Sekunden löst sich. Das Geniale in Napoleon rührt an ihr Gefühl, überbrückt mühelos die Abgründe, die sie von ihm trennen.

Am zuverlässigsten gibt der Bericht, den der schwedische Gesandte Karl Gustav von Brinckmann am 10. Juli seinem König sendet, das Gespräch zwischen Luise und Napoleon wieder:

»Da ich voraussehe, wie viele falsche und übertriebene Gerüchte sich bald über diese Zusammenkunft verbreiten werden, so beeile ich mich, Euer Königl. Majestät alle interessanten Einzelheiten zukommen zu lassen, die die Königin selbst die Gnade hatte, mir mitzuteilen, und ich halte es für meine Pflicht, dabei soviel als möglich die eigenen Ausdrücke Ihrer Majestät beizubehalten. Ich notierte sie gleich nach der Unterredung mit der Königin in meine Schreibtafel und kann mich auf die Treue meines Gedächtnisses verlassen.

Nach den ersten Komplimenten und einigen nichtssagenden Redensarten begann die Königin eine sehr ernste Unterhaltung. ›Ich lerne Ew. Majestät in einem für mich höchst peinlichen Augenblick kennen. Ich sollte vielleicht Bedenken tragen, zu Ihnen über die Interessen meines Landes zu sprechen. Sie haben mich einst angeklagt, mich zuviel in Politik zu mischen, obgleich ich wirklich nicht glaube, diesen Vorwurf je verdient zu haben.‹

›Seien Sie ganz überzeugt Majestät, daß ich niemals das alles geglaubt habe, was man während unserer politischen Zwistigkeiten so indiskret verbreitet hat.‹

›Sei dem, wie ihm wolle, ich würde es mir nie vergeben, wenn ich diesen Moment nicht benutzte, freimütig mit Ihnen zu sprechen, als Gattin und Mutter. Ich schmeichele mir, daß ich beständig die Pflichten zu erfüllen gesucht habe, die mir diese Eigenschaften auferlegen.‹

›Alle Welt, Majestät, muß das zugeben.‹

›Nun wohl, wäre ich dem König aufrecht ergeben, wenn ich nicht in diesen grausamen Tagen seinen Kummer und seine Besorgnis teilte? Wir haben einen unglücklichen Krieg geführt, Sie sind der Sieger, aber soll ich annehmen, daß Sie Ihren Sieg mißbrauchen wollen?‹

›Eure Majestät wollen mir gestatten, freimütig zu antworten. Warum haben Sie mich gezwungen, die Dinge aufs äußerste zu treiben? Wie oft habe ich Ihnen Frieden angeboten? Österreich, das sich ungefähr in derselben Lage befand wie Sie nach der Schlacht von Auerstedt, glaubte vernünftige Bedingungen nicht zurückweisen zu sollen, Sie aber haben stets jedes freundschaftliche Abkommen abgelehnt. Man hat die Vorschläge, mit denen ich Bertrand nach der Schlacht von Eylau beauftragt hatte, kaum anhören wollen.‹

›Was die ersten Verhandlungen nach der Schlacht von Auerstedt betrifft, so war es gewiß nicht der König, der sie abgebrochen hat, und in letzter Zeit – Sie wissen es ja besser als ich – hing es nicht mehr von uns ab auf Sonderverhandlungen einzugehen. Doch genug, ich wage nicht, die großen politischen Interessen zu erörtern; ich spreche Ihnen nur meine Besorgnisse aus über das Schicksal meiner Familie und meiner Kinder.‹

›Aber Majestät glauben doch nicht etwa, daß von der Vernichtung Preußens die Rede ist.«‹

›Nein, aber der Friede, den man in Aussicht stellt, kann die Vernichtung für die Zukunft vorbereiten. Eine Frau darf Ihnen sagen, was einem Manne nicht wohl anstehen würde. Erwerben Sie sich Rechte auf unsere Dankbarkeit, und Ihre Siege werden Ihnen doppelte Ehre machen.‹

›Aber haben nicht Ew. Majestät selbst meine Freundschaft für Preußen zurückgewiesen?‹

›Allerdings habe ich daran nicht geglaubt in einem Augenblick, wo Sie, der Sie uns erst gezwungen hatten, Hannover anzunehmen, allein mit England über die Rückgabe des Landes verhandelten.‹

›Ich habe nie die Absicht gehabt, den Engländern Hannover zurückzugeben.‹

›Gegenwärtig handelt es sich nicht mehr um dies Land, sondern nur um einen Zustand der Dinge, der uns nicht gerade den Frieden, den wir so sehr nötig haben, unerträglich macht. Ich weiß, daß wir Opfer bringen müssen, aber wenigstens trenne man von Preußen nicht Provinzen, die ihm seit Jahrhunderten gehören.‹

›Leider, Majestät, stehen die allgemeinen Kombinationen oft den besonderen Rücksichten entgegen.‹

›Ich verstehe nichts von den großen politischen Kombinationen, aber ich glaube der Würde einer Frau nichts zu vergeben, wenn ich den grausamen Schmerz des Königs betone, falls er einige der ältesten Provinzen seines Hauses abtreten müßte . . .‹«

Da das negative Ergebnis des Gespräches bereits bekannt war, sind die Provinzen, die die Königin forderte, und die wenigen Worte Napoleons, die sie hoffnungsfroh stimmten, nicht erwähnt.

Um 8 Uhr hat Napoleon zum Diner geladen. Die Königin sitzt zwischen den Kaisern. Die Unterhaltung ist lebhaft, unbeschwert, amüsant. Luise in bester Stimmung, charmant und schlagfertig, erwidert auf Napoleons Frage, weshalb sie sich bei Jena und Auerstedt so exponiert habe, statt ihn in Weimar zu erwarten: »Wirklich, Sire, dazu hatte ich nicht die geringste Lust.« Es sei ihm überhaupt unbegreiflich, fährt Napoleon fort, daß eine so kleine Macht wie Preußen gewagt hätte, sich gegen ihn zu erheben. Luise: Der Ruhm Friedrichs II., Sire, erlaubte uns, unsere Kräfte zu überschätzen.« Eine stolze Antwort, die Talleyrand auffängt, anerkennend wiederholt, was Napoleon ärgert: »Ich weiß nicht, was Sie an diesem Wort so Schönes finden. Sie täten besser daran, von etwas anderem zu reden.« Nach dem Essen spricht die Königin noch einmal längere Zeit mit Napoleon. Als Gräfin Tauentzien sie bei der Rückkehr empfängt, ist sie voller »Hoffnung und Zuversicht. Sie kam noch zufriedener wieder, als sie gegangen war. ›Kommen Sie!‹ rief sie mir zu. ›Ich muß Ihnen erzählen!‹«

Dem Zaren gegenüber äußert sich Napoleon mit Hochachtung über die Königin, über ihre Würde und Haltung. An Josephine, seine Frau schreibt er: »Gestern hat die Königin von Preußen mit mir diniert. Ich mußte mich tüchtig wehren, da sie mich zwingen wollte, ihrem Mann noch einige Zugeständnisse zu machen. Aber ich war nur höflich und habe mich an meine Politik gehalten. Sie ist sehr reizvoll . . .« Und einen Tag später: »Die Königin von Preußen ist wirklich bezaubernd, sie ist voller Koketterie zu mir. Aber sei ja nicht eifersüchtig, ich bin eine Wachsleinwand, an der alles nur abgleiten kann. Es käme mir zu teuer zu stehen, den Galanten zu spielen.«

Gräfin Tauentzien: »Der folgende Tag« – der 7. Juli – »ging unter anderen Auspizien auf. Schon hielt der Wagen, der uns nach Tilsit bringen sollte. Wir warteten auf die Königin. Ich wagte endlich hineinzugehen und fand sie in Tränen, ein Billett des Königs in der Hand: ›Die Dinge haben sich völlig geändert‹, schrieb er ihr, ›und die Bedingungen sind erschreckend.‹ – Wir mußten dennoch fahren. Die Königin trug ein Kleid mit ponceau châle [hochrotem Schal], Gold durchwirkt und einen Turban von indischem Musselin, dessen lang herunterhängenden Enden mit Fransen von Perlen besetzt waren. Wie verschieden war ihre Stimmung von der des gestrigen Tages! Und die des Königs war nicht gemacht, sie zu beruhigen . . .«

Was ist unterdessen geschehen? Am Vormittag hat Napoleon den Grafen Goltz rufen lassen. Er überreicht ihm den Friedensvertrag, den er Talleyrand diktierte, ohne jede Änderung. Die Bitten der Königin sind vergeblich gewesen, Napoleon ist zu keinerlei Konzession bereit. Preußen verliert alle Provinzen westlich der Elbe – das aus ihnen neu gebildete Königreich Westfalen wird Jérôme, dem Bruder des Kaisers, verliehen –, den größten Teil der polnischen Erwerbungen, den Landkreis um Bialystok erhält Rußland, das übrige Gebiet wird als Herzogtum Warschau dem König von Sachsen unterstellt. Preußen muß der Kontinentalsperre beitreten, die Könige von Holland, Neapel und den Rheinbund anerkennen; versprochen wird der Abzug der Truppen aus den verbliebenen Provinzen: Preußen, Pommern, Schlesien und Brandenburg. Die Höhe der Kriegsentschädigung ist noch zu errechnen.

Goltz versucht zu verhandeln, wird aber schroff abgewiesen. Eine Herabsetzung der Forderungen sei nicht zu erwarten. Alles, was dem König zugebilligt worden sei, verdanke er einzig und allein der Fürsprache des Zaren. Dieser hat seine Zustimmung zur völligen Vernichtung Preußens nicht nur aus Freundschaft für Friedrich Wilhelm verweigert, er wünscht das preußische Bollwerk zwischen seiner und der napoleonischen Interessenssphäre zu erhalten. Auf Veranlassung Alexanders läßt sich der König, nach Kenntnis der endgültigen Entscheidung, zum erstenmal auf eine politische Diskussion mit Napoleon ein, die zu einem heftigen Wortwechsel führt. Die Lautstärke beider Stimmen mahnt schließlich den Zaren herbeizueilen, um den Streit zu schlichten. Er findet den König »ganz rot vor Zorn«, den Kaiser »grün vor Wut«.

Alle Einzelheiten der Vorfälle erfährt die Königin bei ihrer

Ankunft in Tilsit. Zweimal reitet Napoleon mit Gefolge ostentativ am Haus vorbei. Ein Besuch erfolgt nicht. Schließlich erscheint der Marschall, um sie zum Diner abzuholen. Sie sitzt wieder zwischen den Kaisern. Napoleon versucht zu scherzen, ihr Turban werde dem Zaren wohl schwerlich gefallen, da er im Krieg mit der Türkei sei. »Aber Rustan wird er gefallen«, erwidert die Königin gelassen, sich dem Mameluk-ken zuwendend, der hinter Napoleons Stuhl steht. Man wahrt die Formen, mehr nicht. Gräfin Voß, deren Erscheinen – nach Etikette – die Russen überraschte, spricht »während des ganzen Essens kein Wort und die Konversation war im allgemeinen sehr gezwungen und einsilbig.« Nach Tisch hat die Königin noch ein kurzes Gespräch mit Napoleon, dann geleitet er sie zum Wagen. »Ihre Gefühle nicht länger bezwingend, sagte sie ihm: ›Sire, vous m'avez cruellement trompée!‹ [Sire, Sie haben mich grausam getäuscht] worauf ein Lächeln, das ihr wahrhaft satanisch schien, seine einzige Antwort war.«

Sowohl in den zuletzt angeführten Aufzeichnungen der Gräfin Tauentzien, als auch im Tagebuch der Gräfin Voß fehlt die Rose, die Napoleon ihr zum Abschied überreicht haben soll. In sentimentaler Gefühlsregung habe sie sich zu einem letzten Versuch hinreißen lassen, ihn zu erweichen, als sie die dargebotene Rose annimmt: »Zum mindesten mit Magdeburg!« Die Erwiderung des Kaisers: »Festungen sind kein Spielzeug für Damen, Majestät.«

Zahllose Varianten existieren von dieser Episode. Die patriotische Königin-Luise-Poesie des vorigen Jahrhunderts hat sich ihrer mit Emphase bemächtigt. Die Historiker verweisen sie in das Reich der Legende. Schon die instinktive Sicherheit, mit der Luise stets ihre Würde wahrt, spricht dafür.

Nach Unterzeichnung des französisch-russischen Friedensvertrages reist Napoleon über Dresden nach Paris, Alexander kehrt nach Petersburg zurück, wo er mit Vorwürfen überschüttet wird. Die Kaiserinmutter, der Adel, der Klerus sind in heller Empörung über das Bündnis mit Frankreich, mit dem verhaßten Korsen.

Der französisch-preußische Friedensvertrag wird in den Abendstunden des 9. Juli unterschrieben. Am nächsten Tag verläßt das Königspaar Piktupöhnen mittags. Nach Sonnenuntergang trifft die Wagenkolonne in Memel ein. Der König fühlt sich zunächst erleichtert, den täglichen Begegnungen mit Napoleon entronnen zu sein. Die Königin, enttäuscht und trauernd, ahnt nicht, daß gerade das vergebliche Opfer ihres Bittgangs im Volk die Feindschaft gegen den Unterdrücker schürt. Ihre Schönheit, die Anmut ihres Wesens, ihr Kampfgeist, verbunden mit dem auf Ausgleich und Menschlichkeit gerichteten Sinn, ihr nun von Tragik überschattetes Schicksal, all das entspricht in seltener Vollkommenheit den Idealen der Zeit, die, aus den Wirren der Gegenwart sich lösend, nach Leitbildern sucht. Politisch hat Luise nichts erreicht, aber die Genugtuung, daß die verleumderischen Ausfälle gegen sie in der französischen Presse aufhören, und daß Napoleon sich nicht mehr anders als mit anerkennendem Respekt über sie äußert, ja sogar ihren politischen Scharfsinn rühmt. Was lediglich beweist, mit welch feinfühliger Anpassung an ihre Möglichkeiten Hardenberg die Königin instruierte, denn er weiß aus Erfahrung, daß die geistige Grundlage für sachliche Auseinandersetzungen ihr fehlt wie auch die rhetorische Gewandtheit, auf unerwartete Angriffe kühl und ausweichend zu reagieren. Luise hat sein für sie vorbereitetes Exposé so präzise in sich aufgenommen, daß sie seine Anweisungen fast wörtlich wiederholte. Das bewirkte, daß Napoleon ihr einen entscheidenden Einfluß auf die Regierungsgeschäfte zuschrieb, den sie nie besessen hat.

»Sehr befremdend waren uns«, schreibt die Gräfin Schwerin in ihren Erinnerungen, »die Worte voll tiefen Sinnes und bewundernswerter Feinheit, die man aus dieser Zusammenkunft anführte, ja vor allem Napoleons eigene Äußerungen über die tiefen politischen Ansichten der Königin, da sie unter uns weder für eine Meisterin der Rede noch für besonders vertraut mit irgendeiner Wissenschaft galt.«

Um so mehr müsse man anerkennen, meint sie nach Kenntnis der Vorgänge mit Recht, die Fähigkeit der Königin, sich die Ideen und Formulierungen Hardensbergs so genau einzuprägen und zum Ausdruck zu bringen. »Wer die Königin kennt, kann sich lebhaft vorstellen, was der Ton ihrer Stimme, ihr Blick, ihre Haltung aus dem einfachen Wort gemacht haben mögen.«

Der Verlust Hardenbergs trifft Luise persönlich am härtesten. Bei den vielfach schwankenden Stimmungen des Königs war er ihr oft ein Trost und eine Hilfe gewesen.

Als Nachfolger hat Hardenberg Freiherr vom Stein empfohlen, den seltsamerweise auch Napoleon mit Schulenburg und Zastrow zusammen nannte, als der König sich erkundigte, wer ihm denn als Minister genehm sei. Daß er mit seiner Nominierung Preußen einen großen Dienst erweist, entsprach sicherlich nicht der Absicht Napoleons. Vermutlich gönnte er Friedrich Wilhelm die harte Nuß, sich wieder diesem schwierigen Charakter anpassen zu müssen, da ihm die Gründe seiner Entlassung zweifellos bekannt waren.

Beim Abschied in Piktupöhnen bittet der König Hardenberg, in seinem Namen an Stein zu schreiben, ihn zur Rückkehr zu bewegen. Einen weiteren Hilferuf sendet er Hardenberg nach, als dieser schon auf dem Weg zur russischen Grenze ins Exil ist, durch Rüchel und Beyme, die letzte Richtlinien verlangen für die nunmehr zu ergreifenden Maßnahmen und die Fortführung seines begonnenen Reformwerkes. Hardenberg hat bereits in Memel die nötigsten Anordnungen getroffen und verspricht nach Prüfung der neuen Sachlage einen Bericht. In Riga verfaßt er die Denkschrift: »Über die Reorganisation des preußischen Staates«, die zwei Monate später sein Mitarbeiter Altenstein, der ihn nach Riga begleitet hat, dem König in Memel übergibt.

Sechzehntes Kapitel

»Wo bleibt denn Stein?!«

Eine Frage, die nicht nur die Königin in ihrem Brief an Frau von Berg stellt. Er hat sein Kommen im August zugesagt, doch läßt er auf sich warten, da er erkrankt ist. Endlich am 30. September 1807, nach anstrengender Reise, trifft er in Memel ein. Bereits mit der Kabinettsorder vom 4. Oktober überträgt ihm der König die Leitung aller Zivilangelegenheiten, die Verwaltung der Zentralbank und der Seehandlung. Er wird dem König persönlich Bericht erstatten, doch verweigert dieser die von Stein verlangte Entlassung Beymes. Als ein ernster Konflikt droht, ist Beyme einsichtig genug, von sich aus sein Amt als Kabinettsrat niederzulegen. Er wird zum Kammerpräsidenten in Berlin ernannt, bleibt aber vorläufig auf Wunsch des Königs in Memel. Luise beschwört Stein, Geduld zu haben, »daß das Gute um Gottes willen nicht über den *Haufen falle.*«

Die nach den Tilsiter Verhandlungen eingetretene Beruhigung – man hoffte mit dem Friedensvertrag eine Grundlage zu haben, um langsam wieder einen lebenskräftigen Staat aufzubauen – weicht sehr bald der Erkenntnis, daß die Ausbeutungspolitik Napoleons unerbittlich weitergeht. Schon an der Passarge ist der Rückzug der französischen Armee zum Stillstand gekommen, die weitere Räumung des Landes erfolge erst nach Zahlung aller Kontributionsschulden, die der französische Generalkommissar in Berlin, Daru, auf 150 Millionen Francs veranschlagt. Aus den völlig ausgebeuteten

Provinzen, deren wichtigste Einnahmequelle, die Landwirtschaft, Jahre brauchen wird, um wieder gewinnbringend zu arbeiten, ist diese Summe unmöglich herauszuholen. Außerdem muß die Besatzungstruppe von 150 000 Mann mit 50 000 Pferden verproviantiert werden.

Der König, in stiller Dulder-Resignation, denkt an Abdankung, die Luise »mit aller Indignation« zurückweist, oder will /»bei Nacht und Nebel nach Berlin einschleichen, sich nicht zeigen, weil er sich schämt.«/ Ihre geheimsten Sorgen gesteht Luise nur dem Bruder Georg mit der Bitte: /»Verbrenne dieses gleich, damit außer Du und ich es niemand weiß . . .«/

Sie ist stolz auf den König, der nicht wie der Zar um Napoleons Gunst geworben hat, in ihren Augen ist er größer als diejenigen, /»die über ihn triumphieren . . . Aber der gegenwärtige Augenblick macht nicht alles aus; um diese Größe zu bewahren . . . müssen wir handeln, und dafür fürchte ich.«/ Sie führt einen ständigen Kampf gegen die Apathie und Unentschlossenheit des Königs, der immer wieder dem Mißtrauen gegen die eigene Urteilskraft unterliegt. Hardenbergs verständnisvoll ausgleichender Zuspruch fehlt. »Über den Verlust von Hardenberg heule ich Tag und Nacht! Der König hatte ihm endlich das so lange verdiente Vertrauen *ganz* geschenkt . . .« Die Bedeutung des Verlustes für die Königin kann Frau von Berg in vollem Umfang ermessen, sie mahnt Stein aus der Ferne zu Geduld und Nachsicht: »Die Königin ist nicht geeignet, in das Einzelne der Verwaltung einzugehen . . . Aber sie muß eine Stütze finden . . . Seien Sie also die Stütze. Lassen Sie sich durch die ersten Unbequemlichkeiten nicht aufregen und abstoßen! . . .«

Luise sieht in Stein ihren »letzten Trost« – »großer Kopf, umfassenden Geistes, weiß er vielleicht Auswege, die uns jetzt verborgen liegen.« Sie empfängt ihn mit herzlicher Zuvorkommenheit, zeigt ihm, wie sehr sie schätzt, daß er, die Zwistigkeiten vergessend, dem König seine Anhänglichkeit bewiesen hat. Auch Stein ist anfangs um eine freundschaftliche Beziehung zur Königin bemüht, beeinflußt vielleicht auch durch das Urteil Napoleons. Die Fürstin von Thurn und Taxis, die in Paris die Interessen ihres Hauses erfolgreich vertritt, berichtet der Schwester, der Kaiser habe von ihr als einer außergewöhnlich charmanten und interessanten Frau gesprochen und bedauere, daß die politische Lage ihm nicht erlaubt habe, ihre Wünsche zu berücksichtigen. Schon ist Luise wieder bereit, an diese und ähnliche Mitteilungen die Aussicht zu knüpfen, auf den Kaiser zugunsten Preußens persönlich einwirken zu können. Sie erklärt sich bereit, nach Paris zu fahren zu neuen Verhandlungen, ein Plan, dem Stein ein energisches Veto entgegensetzt.

Ein Brief des Zaren kündigt den Besuch des Grafen Tolstoi an, des neuen russischen Botschafters in Paris, der auf der Durchreise mehrere Tage in Memel bleibt. Ihn erschüttert die Einfachheit des Lebensstils der königlichen Familie, ihrer Angehörigen, des Hofstaates und das Elend des Landes. Der hereinbrechende Winter bringt grimmige Kälte, unter der Luise leidet. Ihrer Niederkunft in dem unwirtlichen Klima und den primitiven Verhältnissen sieht sie mit Angst entgegen. Sie sehnt sich mehr denn je nach Berlin, schon Königsberg, das die Fanzosen geräumt haben, wäre eine Erleichterung, doch der König ist zur Übersiedlung noch nicht zu bewegen.

Graf Tolstoi hat von Alexander ausdrückliche Anweisungen erhalten, sich bei Napoleon für die in Tilsit getroffenen Vereinbarungen mit Preußen einzusetzen. Er verspricht dem Königspaar, sich dieses Auftrages unverzüglich anzunehmen. Ein Hoffnungsschimmer von kurzer Dauer. Nachrichten aus Berlin, die bald nach der Abreise des Botschafters eintreffen, zielen klar ersichtlich auf die Vernichtung Preußens und seiner Dynastie.

Am 29. Oktober liegt der von Daru überprüfte Kontributionsbescheid vor: Nach Abzug bereits bezahlter Raten beträgt die Kriegsentschädigung 112 Millionen, 12 Millionen sind in bar zu entrichten, 50 Millionen in Pfandbriefen (zur Sicherung der Einlösung erfolgt die Besetzung von fünf Festungen), die übrigen 50 Millionen in preußischen Domänen zwischen Elbe und Oder.

Selbst Stein, seufzt Luise, ist »zu Stein« geworden über die Grausamkeit der Forderungen. Aber nicht lange. Er sucht auszuweichen, Zeit zu gewinnen, macht den Vorschlag, den Bruder des Königs, Prinz Wilhelm, nach Paris zu schicken, um eine direkte Verbindung mit dem Kaiser herzustellen, dem es schmeicheln wird, daß ein Hohenzollernprinz die Vermittlerrolle persönlich übernimmt. Ein Kalkül von Stein, das auf die Eitelkeit Napoleons abzielt. König und Königin zweifeln an der Eignung des Prinzen für eine derartige Mission. Steif, konventionell, geistig weder rege noch geschmeidig, ist er ein grundanständiger, vorzüglicher Offizier, aber keine Persönlichkeit, die eine diplomatische Aufgabe mit subtilem Geschick durchzufechten versteht. In Ermangelung eines Besseren stimmt der König schließlich zu. Luise bleibt ebenfalls skeptisch: /»Die Entsendung Wilhelms ist auch einer dieser Verzweiflungsakte. Es ist alles, was uns übrigblieb.«/

Am 6. November reist der Prinz ab. Als Wegbereiter begleitet ihn Alexander von Humboldt. Eine Idee des Königs, der den Gelehrten bittet, dem Bruder durch seine zahlreichen einflußreichen Verbindungen in Paris behilflich zu sein. Niemand ist glücklicher als Humboldt, der nichts sehnlicher wünscht, als Berlin zu verlassen, nach Paris »heimzukehren«, in diese Stadt, aus der ihn keine Macht der Welt in den nächsten fünfzehn Jahren zu vertreiben vermag.

Prinz Wilhelm überbringt Napoleon einen Brief der Königin, in dem sie an die Großmut des Kaisers appelliert. Sie bittet ihn, den »glühendsten Wunsch« ihres Herzens zu erfüllen: Die Räumung des Landes, »welches durch die Anwesenheit der Armeen entsetzlich leidet; seine Hilfsquellen werden unwiederbringlich vernichtet, wenn das so fortgeht . . . so berauben Sie sich selbst der Mittel, auf die Sie sicher rechnen dürfen. Die nahe Rückkehr nach Berlin ist besonders für mich wünschenswert, die mehr als irgendein anderer körperlich und geistig leidet . . . Eure Majestät kennen mein Vertrauen zu Ihnen; ich habe Ihnen darüber in Tilsit gesprochen, und ich schmeichle mir, daß Sie diesmal der Stimme Ihres Herzens folgen und Preußen, dem König und mir das Glück zurückgeben werden dessen Wert wir doppelt schätzen werden, wenn wir es aus den Händen Ew Majestät empfangen . . .«

Nach all den Erfahrungen von Tilsit *diesen* Brief! Hardenberg hätte ihn nicht zugelassen, Stein hat daran mitgearbeitet im fanatischen Willen, koste es, was es wolle, Preußens Existenz zu sichern. Der König, indolent, schreitet nicht ein, da er sich von der Intervention gar nichts verspricht, womit er recht hat. Eine Antwort erfolgt nicht.

Graf Tolstoi hält sein Versprechen. Schon in der ersten Audienz Anfang November setzt er sich so nachdrücklich für die Belange Preußens im Namen des Zaren ein, daß Napoleon aufhorcht. Er braucht zur Zeit Ruhe im Osten, um sich ungestört seinen Eroberungsplänen in Spanien und Portugal widmen zu können, er darf Alexander nicht ernstlich verstimmen. So lockert er den Druck, trifft Vorbereitungen für den Rückzug der Truppen, tatsächlich ist bis Ende des Jahres das rechte Weichselufer frei von Besatzung; die Willkür, mit der das Land ausgepowert wird, läßt nach, nicht fünf, nur drei Festungen verlangt er als Unterpfand für die Zahlungen, aber die Höhe der Kontributionsforderungen ermäßigt er nicht. In Memel ist man für die geringfügigen Erleichterungen schon dankbar. In einem Schreiben versichert der Zar dem Königspaar seine Freundschaft und sagt weiteren Beistand zum Wohle Preußens zu.

Die für die Kontinentalsperre erforderlichen Maßnahmen hat man hinausgezögert, vor allem, um den Hafen von Memel, das belebende Element der Stadt, so lange wie möglich dem Schiffsverkehr mit England offen zu lassen. Englische, hannoveranische Diplomaten und ihre Besucher sind gern gesehene Gäste bei Hof. Bald jedoch drängen Frankreich und Rußland, das am 7. November England den Krieg erklärt hat, auf Schließung der Häfen. Es bleibt nichts anderes übrig, als sich den Friedensbedingungen zu beugen und die Kontinentalsperre zu verfügen, worauf die englischen und hannoveranischen Delegationen Memel verlassen. Für die preußische Wirtschaft bedeutet der Verlust der Handelsbeziehungen mit England einen harten Schlag, ebenso für die russische. Die Politik des Zaren wird heftiger denn je angegriffen.

Seit seiner Amtsübernahme am 4. Oktober arbeitet Stein fieberhaft, um das gigantische Reformwerk, mit dem er sich schon lange geistig beschäftigt, dessen Grundlagen er in Nassau in einer Denkschrift zusammengefaßt hat, durchzuführen. Der König, durch Hardenberg vertraut mit den Ideen einer Reorganisation des Staatswesens, wird dennoch überraschend schnell von der willensstarken Persönlichkeit Steins für dessen Pläne gewonnen. Am 9. Oktober 1807 unterzeichnen der König und sein Minister das erste große Reformgesetz zur Befreiung des Bauernstandes. Es gibt in Preußen schon »freie Bauern«, die Domänenpächter, etwa 50 000, alle übrigen leisten Frondienste, können von heute auf morgen vom Hof verjagt werden. Um den Übergang zu erleichtern, wird eine Frist gesetzt: »Mit dem Martinistage (dem 11. November) 1810 hört alle Gutsuntertänigkeit in Unseren sämtlichen Staaten auf.«

In dem Erlaß wird ferner allen Ständen der Erwerb von Grundbesitz, der bisher den Adligen vorbehalten war, gewährt und freie Berufswahl. Wählte der Sohn eines Aristokraten einen bürgerlichen Beruf, so riskierte er im Preußen vor Jena seinen Adelstitel. Für die Offiziere, die aus der Armee ausscheiden müssen, weil der Tilsiter Frieden das Heer auf 42 000 Mann beschränkt, ist die Bestimmung der freien Berufswahl von ungeheuerer Bedeutung, denn viele von ihnen sind gezwungen, um den Lebensunterhalt zu verdienen, eine Existenz zu gründen, die der Tradition ihres Herkommens nicht entspricht.

Erzkonservative wie die Generale von der Marwitz und von York verdächtigen Stein, von der französischen Revolution beeinflußt, adelsfeindlich zu sein, um so mehr, als er seine Mitarbeiter ohne Rücksicht auf ihren Stand lediglich nach Fähigkeit und Zuverlässigkeit aussucht.

Die zweite wichtige Reform von Steins vierzehnmonatiger Tätigkeit ist die Städteordnung. Die Städte erhalten Selbstverwaltung. Den Bürgern wird die Regelung der öffentlichen Angelegenheiten überantwortet, ihre Abgeordneten haben sie durch Wahl jedes Jahr neu zu bestimmen. Erst in späteren, besseren Zeiten begreift der Städter in vollem Umfange, welche Vorteile, aber auch welche Pflichten ihm aus den übertragenen Rechten erwachsen. Lediglich eine »oberste Aufsicht übt der Staat dadurch aus, daß er die Rechnungsextrakte ... der Städte über die Verwaltung ihrer Gemeinden einsieht, die Beschwerden einzelner Bürger oder ganzer Abteilungen ... entscheidet, neue Statuten bestätigt und zu den Wahlen der Magistratsmitglieder die Genehmigung erteilt.« Die meisten Ämter sind Ehrenämter, nur der Bürgermeister und die Ratsherrn sind fest besoldet.

An der von Hardenberg begonnenen Reorganisation der Verwaltung wird von den durch ihn berufenen Geheimen Räten Altenstein, Schön, Niebuhr und Stägemann, die von Stein in ihren Amtsbereichen sofort bestätigt wurden, intensiv weitergearbeitet nach den Anweisungen der Rigaer Denkschrift. Mitte September ist Hardenberg von Riga nach Libau übersiedelt, im Februar 1808 kehrt er nach Preußen zurück, nach Tilsit, wo er bis November bleibt, viel länger als beabsichtigt, um dem König nahe zu sein, der ihn immer wieder zu Rate zieht, ihm jeweils die Pläne für den Aufbau des neuen Regierungssystems sendet mit der Bitte um Prüfung. In jedem Schreiben klingt an, wie sehr er die Aussprache mit dem vertrauten Ratgeber vermißt. So sehr der König Stein schätzt, warm ist er nie mit ihm geworden. Stein fühlt es, doch steht er auf dem Standpunkt, es sei wichtiger, wenn der König ihn fürchte, als wenn er ihn liebe.

Mit großer Loyalität und Fairness unterstützt Hardenberg aus der Ferne das Reformwerk Steins. Die Beziehung beider Männer zueinander beruht auf einer achtungsvollen Freundschaft mit der Basis gleicher fachlicher Bestrebungen. Erst nach der zweiten Entlassung Steins treten Unstimmigkeiten auf, die sie mit der Zeit völlig entfremden.

/»Gottlob, daß Stein hier ist, ... mit Stein geht alles gut«,/ Luise an Frau von Berg aus Memel. Man spürt die Erleichterung in diesen Zeilen. Luise bespricht alles mit Stein, er unterstützt auch ihren Wunsch, die Residenz nach Königsberg zu verlegen. Nicht nur persönliche Gründe sind für sie maßgebend, ihrer Ansicht nach ist es unwürdig für den König, sein Reich von einem Städtchen am äußersten Ende des Landes unweit der russischen Grenze zu regieren. Der König zögert, zögert so lange, bis es für Luise, die kurz vor der Entbindung steht, fast zu spät ist, die winterliche Fahrt zu unternehmen. Endlich wird der Termin auf Mitte Januar festgesetzt. Nach zweitägiger Reise trifft das Königspaar am 16. Januar 1808 in Königsberg ein. Die Räume im Schloß sind zum Empfang renoviert worden, mit besonderer Sorgfalt ist das Zimmer der Königin ausgestattet. Dankbar und froh genießt sie die lang entbehrte behagliche und »fürstliche Umgebung«, wie Delbrück seinen Eindruck wiedergibt, »rund umher Gemälde aus dem Schloß in Berlin und an der Mitte der Wand ein Ruhebette, mit grünem Samt beschlagen, welches die Bürgerschaft der Königin geschenkt hat . . .« und an eine Wiege hat man auch gedacht.

Fünfzehn Tage später, am 1. Februar 1808 – nach leichter Geburt – liegt in der Wiege eine Tochter, auf Wunsch des Vaters nach der Mutter genannt. Alle Taufnamen, die sie am 28. Februar erhält: Luise Auguste Wilhelmine Amalie. Steins Vorschlag, Napoleon die Patenschaft anzubieten, lehnt der König ab und bestimmt als alleinige Taufzeugen die Stände Ostpreußens. So haben zum erstenmal in Preußen bei einer königlichen Taufe die Deputierten der Stände die bevorzugten Plätze sowohl bei der feierlichen Handlung als auch bei dem festlichen Diner.

Luise hat Frau von Berg die Unbequemlichkeiten der Reise und des Aufenthaltes in Memel ersparen wollen. Nach Königsberg hat sie sie umgehend eingeladen. Am 4. Februar kommt Frau von Berg an und bleibt zur Freude der Königin fast ein Vierteljahr, eine Freude, die der König nicht teilt. An seiner eifersüchtigen Aversion gegen diese Freundin hat die lange Trennung nichts geändert, weiterhin verdächtigt er sie eines ungünstigen intellektuellen Einflusses auf Luise. So fügsam diese sonst ist, von Frau von Berg läßt sie sich nicht trennen. Geschickt jonglierend, hält sie sich peinlich genau an die vom König gewünschte Tagesordnung und findet doch die Muße, ihre Erlebnisse, Gefühle, Sorgen, Befürchtungen der Berg anzuvertrauen. Ein unerschöpfliches Thema: der Zar. Ihr gegenüber hat die Königin sich zweifelsohne rückhaltlos ausgesprochen, denn im Herbst desselben Jahres ruft sie Frau von Berg abermals zu sich, als das Wiedersehen mit Alexander sie mehr denn je beunruhigt. Einstweilen hüllt der Kaiser sich in Schweigen, beantwortet auch nicht den Brief, in dem Luise ihn, wieder dem Herzen, nicht kluger Besonnenheit folgend, um Hilfe für Mecklenburg-Strelitz bei Napoleon gebeten hat.

Die in den letzten Monaten oft weit über ihre Kräfte gehende Anspannung wirkt sich nun aus in einem körperlichen und seelischen Bedürfnis nach Stille und Konzentration. Sie zieht sich, so oft es die Repräsentation erlaubt, in ihre private Sphäre zurück. Eine Periode geistiger Verarbeitung beginnt, ein Überdenken des schicksalhaften Geschehens der Exiljahre. Sie gewinnt Abstand und innere Ausgeglichenheit. Sind Sentiments und Ressentiments nicht im Spiel, überrascht ihr Urteil durch Reife und Klarheit. Zu dem Besten, was sie je schrieb, gehört ein Brief an den Vater aus jener Zeit, ohne genaues Datum, irgendwann im April 1808:

»/Bester Vater!

Mit uns ist es aus, wenn auch nicht für immer, doch für jetzt. Für mein Leben hoffe ich nichts mehr . . . Die göttliche Vorsehung leitet unverkennbar neue Weltzustände ein, und es soll eine andere Ordnung der Dinge werden, da die alte sich überlebt hat und in sich selbst als abgestorben zusammenstürzt. Wir sind eingeschlafen auf den Lorbeeren Friedrichs des Großen, welcher, der Herr seines Jahrhunderts, eine neue Zeit schuf. Wir sind mit derselben nicht fortgeschritten, deshalb überflügelt sie uns. Das siehet niemand klarer ein als der König ... Auch das Beste und Überlegteste mißlingt, und der französische Kaiser ist wenigstens schlauer und listiger ... Es wäre Lästerung zu sagen, Gott sei mit ihm; aber offenbar ist er ein Werkzeug in des Allmächtigen Hand, um das Alte zu begraben ...

... Es kann nur gut werden in der Welt durch die Guten. Deshalb glaube ich auch nicht, daß der Kaiser Napoleon Bonaparte fest und sicher auf seinem, jetzt freilich glänzenden Thron ist. Fest und ruhig ist nur allein Wahrheit und Gerechtigkeit, und er ist nur politisch, das heißt klug, und er richtet sich nicht nach ewigen Gesetzen, sondern nach Umständen, wie sie nun eben sind ... Dabei ist er ohne alle Mäßigung, und wer nicht Maß halten kann, verliert das Gleichgewicht und fällt. Ich glaube fest an Gott, also auch an sittliche Weltordnung. Diese sehe ich in der Gewalt nicht; deshalb bin ich der Hoffnung, daß auf die jetzige böse Zeit eine bessere folgen wird ... Ganz unverkennbar ist alles, was geschehen ist und was geschieht, nicht das Letzte und Gute, wie es werden und bleiben soll, sondern nur die Bahnung des Weges zu einem besseren Ziel hin ... Ich finde Trost, Kraft, Mut und Heiterkeit in dieser Hoffnung, die tief in meiner Seele liegt. Ist doch alles in der Welt nur Übergang! ...

Hier, lieber Vater! haben Sie mein politisches Glaubensbekenntnis, so gut ich als eine Frau es formen und zusammensetzen kann ... Gern werden Sie, lieber Vater, hören, daß das Unglück, welches uns getroffen, in unser eheliches und häusliches Leben nicht eingedrungen ist; vielmehr dasselbe befestigt und uns noch werter gemacht hat. Der König, der beste Mensch, ist gütiger und liebevoller, als je. Oft glaube ich in ihm den Liebhaber, den Bräutigam zu sehen ... Es ist mein Stolz, meine Freude und mein Glück, die Liebe und Zufriedenheit des besten Mannes zu besitzen, und weil ich ihn von Herzen wieder liebe, und wir so miteinander eins sind, daß der Wille des einen auch der Wille des anderen ist, wird es mir leicht, dies glückliche Einverständnis, welches mit den Jahren inniger geworden ist, zu erhalten. Mit einem Worte, er gefällt mir in allen Stücken und ich gefalle ihm und uns ist am wohlsten, wenn wir zusammen sind ...

Unsere Kinder sind unser Schätze ... Der Kronprinz ist voller Leben und Geist. Er hat vorzügliche Talente, die glücklich entwickelt und gebildet werden. Er ist wahr in allen seinen Empfindungen und Worten, und seine Lebhaftigkeit macht Verstellung unmöglich ... Unser Sohn Wilhelm wird, wenn mich nicht alles trügt, wie sein Vater, einfach, bieder und verständig. Auch in seinem Äußeren hat er die meiste Ähnlichkeit mit ihm; nur wird er, glaube ich, nicht so schön. Sie sehen, lieber Vater, ich bin noch in meinen Mann verliebt. Unsere Tochter Charlotte macht mir immer mehr Freude; sie ist zwar verschlossen und in sich gekehrt, verbirgt aber, wie ihr Vater, hinter einer scheinbar kalten Hülle ein warmes, teilnehmendes Herz ... Erhält sie Gott am Leben, so ahne ich für sie eine glänzende Zukunft. Karl ist gutmütig, fröhlich, bieder und talentvoll ... Er wird, ohne die Teilnahme an dem Wohl und Wehe anderer zu verlieren, leicht und fröhlich durchs Leben gehen. – Unsere Tochter Alexandrine ist, wie Mädchen ihres Alter und Naturells sind, anschmiegend und kindlich ... Für das Komische hat sie viel Sinn und Empfänglichkeit ... Von der kleinen Luise läßt sich noch nichts sagen. Sie hat das Profil ihres redlichen Vaters und die Augen des Königs, nur etwas heller ...

Da habe ich Ihnen, geliebter Vater, meine ganze Galerie vorgeführt; Sie werden sagen: das ist einmal eine in ihre Kinder verliebte Mutter, die an ihnen nur Gutes siehet und für ihre Mängel und Fehler kein Auge hat ... Sie haben, wie andere Menschenkinder, auch ihre Unarten; aber diese verlieren sich mit der Zeit, so wie sie verständiger werden. Umstände und Verhältnisse erziehen den Menschen, und für unsere Kinder mag es gut sein, daß sie die ernste Seite des Lebens schon in ihrer Jugend kennenlernen. Wären sie im Schoße des Überflusses und der Bequemlichkeit groß geworden, so würden sie meinen, das müsse so sein ...

Ich schreibe Ihnen dies, mein geliebter Vater, damit Sie mit Beruhigung an uns denken ... Ich bin und bleibe, bester Vater, Ihre dankbare Tochter Luise./«

Unterdessen kann die Mission Prinz Wilhelms in Paris als gescheitert betrachtet werden. Am 9. Januar hat Napoleon ihn in Privataudienz empfangen und mit heftigen Worten seinen Bruder, den König, attackiert. Dessen ungeachtet, offeriert der Prinz weisungsgemäß ein Bündnisangebot. Für die korrekte Erfüllung der Allianz bietet er sich und seine Frau als Geiseln an. Napoleon geht auf ihn zu, umfaßt ihn und sagt: »Das ist sehr edel, aber es ist unmöglich!« Welch eine Idee! Was soll er mit diesem Prinzen? Ihn erschießen bei Vertragsbruch? An die Erschießung des Prinzen von Enghien erinnert er sich ungern. Hochverrat ist eine Frage des Datums, bemerkte Talleyrand zynisch. Nunmehr gehört Bonaparte zu jenen, die er damals zu verachten vorgab, und hegt Prätentionen, den Thron durch Gründung einer Dynastie zu festigen.

Alle Versuche Prinz Wilhelms, die Kontributionsforderungen herabzusetzen, schlagen fehl. Er kommt keinen Schritt weiter trotz der besten Beziehungen zum Hof, trotz der Einladungen zu Jagden, Bällen und Soupers. Die finanzielle Regelung habe Preußen mit Daru, dem französischen Bevollmächtigten in Berlin, zu vereinbaren, läßt man ihn wissen. Erst im Spätherbst kehrt er nach Königsberg zurück.

Stein begibt sich im Februar 1808 nach Berlin, um dort mit Daru über die Zahlungsmodalitäten der Kriegsentschädigung zu einer Einigung zu kommen. Daru, nicht ohne Verständnis für die Lage Preußens, weist Napoleon auf die Armut des Landes hin, worauf der Kaiser antwortet, der König solle die Armee auflösen. Wozu unterhalte er sie?! Er führe ja mit niemandem Krieg.

Ein Vorschlag, den Stein nicht eine Sekunde in Erwägung zieht. Nichts ist ihm wichtiger, als das nötige Geld zu beschaffen für Gneisenau und Scharnhorst, die in Königsberg unermüdlich tätig sind, um das Heer und seine Verwaltung zu modernisieren. Scharnhorst ist es zu danken, daß neben dem auf Napoleons Befehl reduzierten stehenden Heer ständig neue Gruppen junger Männer zum Militärdienst beordert und in viermonatigen Lehrgängen ausgebildet werden, um sie im Bedarfsfall zur Verfügung zu haben. Mit dem Eintritt Steins in die vom König berufene »Militärreorganisations-Kommission« finden Gneisenau und Scharnhorst in ihm den eifrigsten Förderer ihrer Pläne. Als daher sein Berliner Aufenthalt ohne befriedigendes Resultat sich immer länger hinauszieht, drängen sie auf seine Rückkehr, die endlich nach fast einem Vierteljahr am 31. Mai erfolgt.

Was er vorfindet, ist nicht erfreulich. Die Opposition gegen ihn hat sich verschärft. Es gärt und brodelt an allen Ecken und Enden. Der Adel murrt gegen die Reformbestrebungen des Ministers, die Beamten grollen wegen der Kürzung ihrer Bezüge, die Geschäftsleute stöhnen über die Restriktionen, die die Kontinentalsperre diktiert und über den Schleichhandel, der blüht und gedeiht. Die Landbevölkerung leidet nach wie vor unter der rücksichtlosen Ausbeutung durch die Besatzungsmacht.

Die allgemeine Unzufriedenheit und der unverminderte Druck, der lastet, morgen vielleicht schon Untertan Napoleons oder seines Bruders Jérôme zu sein, erzeugt Kräfte und Spannungen, die im Laufe des Sommers sich zur Brisanz einer nationalen Erregung steigern, wie Preußen sie vor Jena erlebte. Patrioten, Militärs schüren die Stimmung, die gleiche, die in ganz Deutschland die Menschen in Geheimbünden vereinigt. Die Hoffnung auf Befreiung wird genährt durch Nachrichten aus Österreich, wo man »tüchtig aufrüstet«, wie Napoleon sich ausdrückt, als er den österreichischen Botschafter Metternich vor versammeltem diplomatischem Corps zur Rede stellt. Auch die Nachrichten aus Spanien klingen hoffnungsvoll. Nachdem Napoleon die Bourbonen zur Abdankung gezwungen und seinen Bruder Joseph inthronisiert hat, kommt es zu Revolten. Es gelingt den Aufständischen, den französischen General in Baylen zur Kapitulation zu zwingen, worauf Joseph nach neuntägiger Regentschaft entflieht und die französischen Streitkräfte sich in den nördlichsten Teil der Pyrenäenhalbinsel zurückziehen.

Eine empfindliche Schlappe für den sieggewohnten Imperator. Seine Gegner frohlocken und, in Überschätzung des eigenen Potentials, halten sie den Zeitpunkt für gekommen, zum Widerstand aufzurufen. Die Führung der nationalen Bewegung liegt in den Händen Gneisenaus und Scharnhorsts. Ihr Enthusiasmus ist ansteckend. Stein wird in den Taumel der Begeisterung mit hineingerissen. Die Aufrüstung Österreichs weckt in ihm Spekulationen über ein gemeinsames Vorgehen: Anschluß an Österreich, eine Idee, mit der er sich schon lange befaßt, und die er dem König nahezubringen sucht. Mit wenig Glück. Während die Königin, aus dem Reich stammend, sich aufgeschlossen zeigt, ohne jedoch ihren Einfluß geltend zu machen, was Stein erwartet hat. Seiner Bitte, einen persönlichen Kontakt zwischen dem preußischen und österreichischen Hof herzustellen, entspricht sie mit Briefen an die Kaiserin Maria Ludovica und an deren Mutter. Von Stein redigiert, enthalten sie Hinweise auf die gleichgerichteten politischen Interessen.

Anfang Juni zieht das Königspaar vor die Tore der Stadt. Das Sommerhäuschen in Hippels Garten, »auf den Huben« genannt, ist eine bescheidene Unterkunft. Zwei Zimmer hat die Königin, der König eins, drei Kammern für die Bedienung, ein größerer Raum, in dem bei kühler Witterung gegessen wird. Sonst ißt man draußen im Garten unter einem Zelt. Die nächtlichen Stürme sind gelegentlich so heftig, daß der Wind durch alle Fensterritzen bläst und die Königin sich mit dem Bettzeug auf den Gang flüchtet. »Sie verstand zu entbehren«, mit diesen Worten charakterisiert Friedrich Wilhelm später ihre Haltung in jenen Zeiten der Not.

Täglich kommen die Kinder, tollen in dem Garten, täglich sind die Tische im Zelt für zahlreiche Besucher gedeckt. Fast ständige Gäste sind die Radziwills, Prinzessin Wilhelm, Stein, Gneisenau, Scharnhorst, der querköpfige Yorck, Natzmer, der Kommandant der neu gebildeten Garde und im Zuge der Zeit auch Bürgerliche, Hufeland, der Kriegsrat Scheffner, der Prediger Borowski. Eine vertrautere Beziehung verbindet Luise nur mit Stein. Mit ihm bespricht sie auch familiäre Probleme wie die Erziehung des Kronprinzen, die ernstliche Sorgen macht. Luise muß zugeben, daß seine Manieren »noch detestabel« sind; er ist herrisch, trotzig, vorlaut, oft gewalttätig beim Spiel, so daß die Jugend sich von ihm zurückzieht. Ermahnt von der Mutter oder von Delbrück, ist er reumütig, bricht in Tränen aus, verspricht Besserung, ohne sich zu bessern. Geistig und künstlerisch hochbegabt, bedarf es einer starken Persönlichkeit mit fundiertem Wissen, um ihn zu entwickeln und zu lenken. Der nun Zwölfjährige, der mit großer Liebe an Delbrück hängt, ist den begrenzten Fähigkeiten seines Erziehers entwachsen, dem jeder Ideenreichtum fehlt. Seine trockene Schulweisheit genügt nicht, die Phantasie und den Intellekt des Jungen einzufangen und ihn für seine künftige Aufgabe vorzubereiten.

Stein empfiehlt Friedrich Ancillon, Professor für Geschichte an der Kriegsakademie in Berlin. Ohne Wissen des Königs hat Stein während seines Aufenthaltes in der Hauptstadt mit Ancillon gesprochen, der bereit ist, die weitere Ausbildung des Kronprinzen zu leiten. Luise hat dem König den Vorschlag unterbreitet, im Prinzip ist er mit Ancillon als Mentor einverstanden, doch vor der Rückkehr nach Berlin will er keine endgültige Entscheidung treffen. Nach langem Zögern entschließt sich Luise, auf Drängen von Stein, das Thema erneut anzuschneiden und erhält vom König eine vage Zustimmung. Stein informiert umgehend den ahnungslosen Delbrück, der nichts Eiligeres zu tun hat, als dem Kronprinzen sein schlechtes Benehmen vorzuhalten, das nun zu einer baldigen Trennung führen werde. Ein Tränenstrom ist die

Folge. Und gerade diesen Schock wollte Luise dem Sohn ersparen.

»Stein ist zu sehr Stein. Er sagt ein Kind muß gehorchen und nicht raisonnieren. Die Frauen empfinden feiner . . . vor allem muß man sich hüten, einen Kopf und ein Herz zu verbittern, die in allen Punkten ausgezeichnet sind«, schreibt sie Frau von Berg und bittet sie, Ancillon mitzuteilen, daß sie seine Gedanken zu wissen wünsche, wie man am besten dem Kronprinzen die Notwendigkeit eines Wechsels begreiflich machen kann. Ein paar Tage danach beschwört sie in einem zweiten Brief die Freundin, um eine schnelle Antwort Ancillons besorgt zu sein. »Sonst schlägt mich Stein. Ich habe versprochen, daß in 12 Tagen ich Antwort hätte, lassen Sie mich nicht im Stich . . . Stein me tue et me taxe sans cela de femmelette qui est très superficielle.« [Stein tötet mich, er hält mich ohnehin für ein Weibchen, das sehr oberflächlich ist.]

Die Sympathie, die Stein anfangs der Königin entgegebrachte, ist im Schwinden. Ihre allzu überschwenglichen Gefühlsäußerungen berühren ihn peinlich. Er mißbilligt die ängstliche Behutsamkeit, mit der sie den König behandelt, ihre Nachsicht gegen die Kinder, ihre oft mangelnde Sachkenntnis, ihre Unbeständigkeit, die viele gute Vorsätze zunichte macht. Sie fühlt sein Kritischerwerden, fürchtet sein unverbindliches, cholerisches Naturell, doch bleibt sie nach wie vor ihm freundschaftlich so lange zugetan, bis auch das Urteil anderer, denen sie vertraut, sich gegen ihn wendet.

Die Verhandlungen mit Ancillon ziehen sich in die Länge, werden im Herbst durch wichtigere Ereignisse zurückgedrängt und erst wieder aktuell im nächsten Jahr.

Neben seiner rastlosen Tätigkeit als Reformer verfolgt Stein in diesem Sommer 1808 politisch einen gefährlichen Weg. In Übereinstimmung mit Gneisenau und Scharnhorst versucht er den König für den Kampf gegen die napoleonische Gewaltherrschaft zu gewinnen, für einen Krieg zusammen mit Österreich und Rußland, unterstützt von der nationalen Volksbewegung, die im Untergrund in allen deutschen

Ländern gärt. In diesem Sinne verhandelt er mit Österreich und sucht Verbindungen zu den Geheimbünden. Der König jedoch lehnt am 23. August die Pläne entschieden ab, die auf Vorbereitung eines Volksaufstandes hinzielen. Wohl mit Recht, das Risiko ist nicht abwägbar. Das angeschlagene Österreich hält er für einen unsicheren Faktor, dessen Kräfte sich erst beweisen müßten. Rußlands Stellungnahme, für ihn die ausschlaggebende, soll angefordert werden. Zwei Wochen nach dieser Besprechung sickern die ersten Nachrichten durch, daß in Erfurt ein Treffen stattfinden werde zwischen Napoleon und dem Zaren.

Die Königin ist außer sich. Eine Wiederholung der Schmach von Tilsit prophezeit sie. Sie argwöhnt, daß Alexander den Einflüsterungen Napoleons erliegen und sich gegen Österreich aufhetzen lassen wird; fällt auch er über das Land her, ist Europa verloren. Sie mißtraut der Standhaftigkeit des Zaren, hinzu kommen die wirren Gefühle einer unerfüllten Leidenschaft, die sie erschrecken, erregen, die ihr nie so bewußt geworden sind wie jetzt in ihrer Angst, daß er ihrem Einfluß gänzlich entgleitet, einem Einfluß, der von Anfang an nur in ihren Wunschvorstellungen existierte.

Mit persönlichen Schreiben an Friedrich Wilhelm und Luise kündigt Alexander seinen Besuch in Königsberg auf der Durchreise nach der Kongreßstadt an.

Luise an Frau von Berg: ». . . seit ich den Brief habe, bin ich in einem eigenartigen Zustand. Der Schlaf hat mich verlassen, ich habe fiebrige Augenblicke, und im allgemeinen fürchte ich diese Augenblicke sehr . . . Das herrschende Gefühl in mir ist Schmerz und tiefer Kummer, mit einem Wort eine wirklich grauenhafte Betrübnis. Könnte ich nur allein zu ihm, nicht immer öffentlich mit ihm erscheinen, Gott und seine Tugend anflehen, diesem unmenschlichen Menschen zu widerstehen, seinem Herzen und seiner ursprünglichen Neigung zu folgen . . .« Das Renommee des Zaren hat in Preußen durch den Umschwung der russischen Politik schwer gelitten: ». . . alle Blicke werden auf ihn gerichtet sein, /jeder

Blick wird ein kaltes Urteil sein, denn es sind lauter Preußen, lauter Unglückliche./ Ich an seiner Seite werde das sehen und es schmerzt mich bitter im voraus; denn ich gestehe Ihnen, er wird mir niemals gleichgültig sein, es bringt mich zur Verzweiflung, daß er diesen Niedergang der Achtung verdient hat . . . das wird mein Lebenlang einer der grausamsten Prüfungen sein, die ich erduldet habe . . . Ich will versuchen, so gut zu wirken, wie ich kann . . . Stein wird eine kleine Ausarbeitung für mich machen, um alles zu memorieren, was ich sagen soll, denn eine Frau kann vieles sagen, was ein Mann nicht sagen mag und darf . . .«

Aus Paris läßt Prinz Wilhelm in diesen Tagen wissen, daß trotz aller Bemühungen seine Verhandlungen über die Friedensbedingungen zu keinem günstigeren Resultat geführt haben.

Am 18. September gegen Abend trifft Alexander ein. Der König reitet ihm entgegen, die Königin empfängt ihn im Schloß. Er ist offensichtlich verlegen, gehemmt, doch wie früher von bestechender Liebenswürdigkeit. Die Königin hat die erhoffte Unterredung ohne Zeugen mit ihm. Er versäumt nicht, alle Prinzen und Fürstlichkeiten aufzusuchen. Er interessiert sich für die sozialen und verwaltungstechnischen Reformen Steins, dessen geniale Fähigkeiten ihn fesseln. Dreieinhalb Jahre später wird er ihn als Berater zu sich rufen und ihn vor große Aufgaben stellen. Seinen Koalitionsvorschlägen jedoch ist er nicht zugänglich, ausgerechnet jetzt, da Napoleon mächtiger ist denn je. »Er rennt uns alle über«, mit diesen Worten lehnt er jede Beteiligung ab. Doch verspricht er, sich in Erfurt bei dem Kaiser für die Belange Preußens einzusetzen. Am 20. September abends verläßt er Königsberg.

In der Nacht wird der König geweckt. Ein Eilkurier aus Paris ist angekommen: Französische Agenten haben einen Brief Steins an den auf Reisen in Holstein befindlichen Fürsten Wittgenstein abgefangen. Am 9. September hat der *Moniteur,* die im Ausland verbreitetste französische Zeitung, das Schreiben veröffentlicht. Darin weist Stein auf die zunehmende Erbitterung in Deutschland hin, es sei »ratsam, sie zu nähren«, er erwähnt Beziehungen zu Gleichgesinnten in Hessen und Westfalen, zu anderen Ländern suche er sie. Ein kompromittierender Brief, den er nie durch das besetzte Gebiet befördern lassen durfte, die strengen Postzensuren sind ihm genau bekannt. Wollte er provozieren, hoffte er in seiner Ungeduld, daß der Funke zündet? Eins jedenfalls hat der *Moniteur* erreicht: Stein gewinnt eine Popularität, die er früher nie besessen hat. Und als Napoleon »den Mann genannt Stein« im Dezember ächtet, gilt er den Patrioten als Vorkämpfer der Freiheit.

In Paris haben die kaiserlichen Beauftragten das Schreiben Steins zusammen mit dem Friedensvertrag, in dem die Forderungen auf 140 Millionen Francs erhöht wurden, Prinz Wilhelm unter Kriegsdrohungen vorgelegt. Die Festungen Stettin, Küstrin, Glogau bleiben Unterpfand, bis die Zahlungen erfolgt sind. Einzige Erleichterung: die Besatzungstruppen werden zurückgezogen – Napoleon braucht sie in Spanien! Prinz Wilhelm, eingeschüchtert, unterzeichnete. Ungeachtet der unerfüllbaren finanziellen Belastung, ratifiziert der König am 29. September den Vertrag, um die Erfurter Gespräche nicht zu belasten.

Stein, der eine bemerkenswerte Gelassenheit zur Schau trägt, hat unverzüglich angeboten, zurückzutreten. Die Empörung über seinen Leichtsinn schlägt in Königsberg hohe Wellen. Man ist überzeugt, Napoleon werde seine Entlassung fordern und der König ihm zuvorkommen, um seine Loyalität zu beweisen. Friedrich Wilhelm hingegen beschließt abzuwarten und schickt Außenminister Graf Goltz dem Zaren nach mit einem Schreiben, das ihn über den Vorfall unterrichtet.

Mit banger Sorge sind Luises Gedanken mit dem Kongreß beschäftigt und mit ein wenig Sehnsucht im Herzen, einmal wieder strahlender Mittelpunkt solcher Festlichkeiten zu sein. Die Nachrichten sind spärlich, doch lassen sie den Glanz des Luxus und der Zerstreuungen, die geboten werden, ahnen. Wird Alexander sich einfangen lassen von der Atmosphäre, die geschaffen wurde, ihm Sand in die Augen zu streuen? Bei Fürstin Radziwill und Prinzessin Wilhelm, ihr herzlich zugetane, aber nüchterne Frauen, findet Luise kein Verständnis für ihre wechselnden Stimmungen, ihre Gefühlsergüsse. Ihre Zuflucht bleibt Frau von Berg, die sie zu sich ruft.

Das prunkvolle Schauspiel der Macht, das Napoleon in Erfurt hat inszenieren lassen, soll dem illusteren Gast so imponieren, daß er sich im Netz seiner Berechnungen verfängt. Paraden, Theateraufführungen, Konzerte, Bälle; eine Woche lang sind die Tage bis zum Rand ausgefüllt mit rauschenden Festlichkeiten. Senkt sich nächtliche Stille über die Stadt, verlöschen die Lichter noch lange nicht im Salon der Fürstin von Thurn und Taxis, Therese, Schwester der Königin. Zu mitternächtlicher Stunde treffen sich bei ihr der Zar und Talleyrand. Napoleon selbst empfahl Talleyrand, so oft wie möglich sich mit dem Zaren über den Bündnisvertrag, den er nach Angaben Napoleons entworfen hat, zu unterhalten, noch bevor die Arbeit – nach den Vergnügungen – beginnt. Die geheimsten Pläne Napoleons kennt Talleyrand, kennt seine Machtgier, seine Eroberungsgelüste, die er, vom Blickpunkt historischer Tradition, aus innerer Überzeugung für verderblich hält. Später wird er sagen, er habe Europa in Erfurt gerettet. Statt Alexander zu umschmeicheln, warnt er ihn, weist ihn auf die Schwächen des Vertrages hin, die ihn wirkungslos machen, Einwände, von Talleyrand präpariert, an die der Zar sich halten soll, ohne nachzugeben. Und der Zar gibt in einer dreistündigen Konferenz mit Napoleon nicht in einem einzigen Punkt nach. Um seine eigenen Vorteile in dem Vertrag, der schließlich zustandekommt, zu sichern, verpflichtet er sich, im Falle eines österreichischen Angriffes Frankreich zu unterstützen, schreibt aber gleichzeitig dem österreichischen Kaiser, er habe nichts von Rußland zu befürchten.

Talleyrands zweiter Auftrag: Napoleon beabsichtigt, sich von Joséphine zu scheiden und die Schwester des Zaren,

Großfürstin Katharina, zu heiraten. »Der hinkende Teufel«, wie Talleyrand insgeheim genannt wird, läßt durchblicken, daß eine so intime Beziehung zwischen Frankreich und Rußland ihm nicht empfehlenswert erscheine. Worauf der Zar sein Einverständnis mit der Ehe erklärt, vorausgesetzt, daß seine Mutter, die das alleinige Verfügungsrecht über die Töchter besitzt, zustimmen werde. Daß sie, die Napoleon, den Emporkömmling, leidenschaftlich haßt, nie zustimmen wird, darüber besteht kein Zweifel.

Für Preußen gelingt es Alexander, dem Kaiser zwanzig Millionen abzuhandeln. Hinsichtlich Stein hat er den Eindruck, Napoleon wolle Gras über die Angelegenheit wachsen lassen, denn er hat andere Sorgen. Gleich nach dem Kongreß eilt er mit einem großen Heer nach Spanien. Erfolgreich kämpft er die Aufständischen nieder und setzt seinen Bruder Joseph wieder als König ein.

Kein Wunder, daß der Zar auf der Rückreise in Königsberg siegesbewußt auftritt, was allgemein mit mehr oder weniger Kritik registriert wird, da sein gutes Einvernehmen mit Napoleon offenkundig ist. Die Hintergründe seiner neuen Freundschaft mit Talleyrand aber darf er nicht preisgeben. Friedrich Wilhelm und Luise sind wohl die einzigen, die von den seltsamen Gesprächen im Thurn und Taxisschen Salon etwas erfahren haben, denn Luise berichtet ihrem Vater, daß »die Vorsorge des guten Kaisers noch zugenommen hat . . . Er ist unser Schutz und unser Leitfaden in dieser trüben Zeit . . .« Beim Abschied lädt der Zar das Königspaar nach Petersburg ein, zur großen Freude der Königin, während der König Bedenken hat, die Stein teilt: Die Kosten einer solchen Reise sind enorm.

Auch nach der Briefaffäre und der Koalitionsabsage Alexanders hat Stein weiter auf eine Volkserhebung hingearbeitet, womit er nicht nur die politische Lage gefährdet. Vor allem braucht Preußen Ruhe für den neuen Auf- und Ausbau seines Staatswesens. Die Stimmen mehren sich, die gegen ihn opponieren, seine nächsten Mitarbeiter schließen sich an. Die

Schroffheit seines Auftretens nimmt durch den Widerstand, den er spürt, zu, und die Härte, mit der er seine Ziele verfolgt, ist vielen unheimlich. Auch der Königin. Muß man nicht damit rechnen, daß sein fanatischer Wille sich über die Dynastie hinwegsetzt, um alle Deutschen aufzurufen zum Kampf für die Freiheit?! Die Königin distanziert sich. Frau von Berg sucht zu vermitteln, ohne Erfolg.

Eine unerwartete Begegnung trägt zur endgültigen Entscheidung bei. Hardenberg hat Tilsit verlassen, er muß sich endlich um seine märkischen Besitzungen kümmern. Am 10. November holt er die vom Ministerium beschafften Pässe in Königsberg auf der Durchreise ab. Sein Wagen kreuzt, vermutlich nicht ganz zufällig, den des Königspaares. Die im Vorüberfahren ausgetauschten Grüße sind lebhaft und herzlich. Der Wunsch nach einem Wiedersehen führt am Tag darauf zu einem geheimen Treffen auf freiem Feld, unweit einer Ausfallstraße, bei stürmischer, kalter Witterung. Die alte Vertrautheit ist nicht geschwunden. Die liebenswürdige Ritterlichkeit Hardenbergs empfindet die Königin dankbar, und sie merkt, wie auch der König sie entbehrt hat.

Das lange klärende Gespräch protokolliert Hardenberg auf seiner nächsten Station in Braunsberg. Er, der selbst erlebte, wie nachtragend Napoleon ist, wie unbarmherzig er zuschlägt in gefährlichen Situationen, rät dringend ab, den »sonst so verdienstvollen Staatsminister Freiherr vom Stein an der Spitze der Geschäfte« zu lassen, verlangt jedoch für ihn eine hinreichende finanzielle Sicherstellung. Als hätte Hardenberg es vorausgesehen: wenige Wochen danach muß Stein, von Napoleon mit dem Tod durch Erschießen bedroht, flüchten, seine Güter werden beschlagnahmt, und im Exil ist er mit seiner Familie auf die Pension angewiesen. Auch die Nachfolger bestimmt Hardenberg, der jeden Einzelnen und dessen Fähigkeiten kennt. Er betont, wie wichtig es ist, das Reformwerk Steins und die Reorganisation des Militärs fortzusetzen, aber ohne Aufsehen zu erregen, alles muß vermieden werden, was einen revolutionären Verdacht erwecken könnte.

Der König folgt den Direktiven Hardenbergs. Am 19. November erläßt er die Städteordnung, am 24. November, an dem Tag von Steins Entlassung, unterzeichnet er das »Publikandum betreffend die veränderte Verfassung der obersten Staatsbehörden der preußischen Monarchie«. An die Stelle der Kabinettsregierung tritt das sogenannte »Ministerium«, das aus fünf Fachministern besteht. In der Zeit größter Not und Schwäche hat das auf die Hälfte reduzierte Preußen sich in intensivster Arbeit zu einem der am modernsten regierten Staaten Europas entwickelt. Die Bedeutung dieser gewaltigen Leistung ist Luise nie zum Bewußtsein gekommen; niemand hat sich die Mühe gemacht, sie einzuweihen, im Rahmen der Grenzen, die ihrem Auffassungsvermögen gesetzt sind, in den tiefgreifenden Sinn des Geschehens. Ihr schwankendes Vertrauen in die Zukunft hätte sich gefestigt.

Die zweite Demission Steins ist eine ehrenvolle. In seinem Schreiben drückt der König sein »höchst schmerzliches Gefühl« aus, einem Mann seiner Art »entsagen zu müssen, der die gerechtesten Ansprüche und mein Vertrauen hatte ...« und bestätigt, daß er »die ersten Impulse zu einer erneuten, besseren und kräftigeren Organisation des in Trümmer liegenden Staatsgebäudes gelegt« habe.

Die Reise nach Petersburg hat Hardenberg gutgeheißen als sichtbaren Beweis für die freundschaftlichen Beziehungen beider Länder dem Ausland gegenüber. Die gleiche Ansicht vertreten der preußische Gesandte in Petersburg und der Außenminister, die es obendrein für taktisch falsch halten im Hinblick auf die Bemühungen des Zaren für Preußen, sich der Einladung zu entziehen. Luise, erwartungsvoll und froh, betrachtet die Reise als Entschädigung für zweieinhalb Jahre Unglück. Glücklicher wird sie nicht zurückkehren.

Siebzehntes Kapitel

»Pour tous ceux que j'aime«, »für alle, die ich liebe«, zeichnet Luise die Erlebnisse der Petersburger Reise auf als Tagebuch, ausführlich und vollständig, nicht wie bisher ein Fragment, das, kaum begonnen, abbricht. Die Beharrlichkeit, zu der sie sich zwingt, ist um so bewunderungswürdiger, als die Strapazen die Kräfte ihrer labilen Gesundheit oft übersteigen.

Das Königspaar verläßt am 27. Dezember 1808 Königsberg, fährt über Memel zur russischen Grenze. Dort beginnt bereits die Fürsorge des Zaren. Sie werden von Militär begrüßt und eskortiert. Auf jeder Station erwartet sie ein von kaiserlichen Köchen zubereitetes Diner, abends geben Stadtverwaltung oder Adel Empfänge, Bälle, Theatervorstellungen. Nach den langen eisigkalten Fahrten eher eine Qual als eine Freude.

30. Dezember in Riga nach dem Souper: »Ermüdet, angegriffen, erhitzt, tanzte ich neun oder zehn Polonaisen, und um Mitternacht zog ich mich todmüde zurück . . . Von Riga ab stehen die Wagen auf Kufen, das geht sehr schnell und gut. Die Kälte ist enorm: 22 Grad. Im Wagen hatten wir bei geschlossenen Fenstern 14 Grad. Die schönen, guten Pelze des Kaisers tun wohl. Seine Aufmerksamkeiten übersteigen alles Ausdrückbare . . .«

Ankunft am 7. Januar 1809. Vor den Toren von Petersburg erwarteten sie der Kaiser und sein Gefolge. »Ein Galawagen mit sieben Scheiben und acht Pferden nahm mich auf . . . 46 Infanteriebatallione und 4 Reiterregimenter standen in Parade bis zum Schloß. Der Kaiser gab mir den Arm, und so wurden wir oben von dem ganzen Hof, der Stadt und auf die reizendste und liebenswürdigste Weise von den Kaiserinnen empfangen ...«

Die Kaiserinmutter, die Gattin des Kaisers und Luise, sie alle drei waren deutsche Prinzessinnen, in Süddeutschland aufgewachsen. Das verbindet, schafft schnell eine Atmosphäre inniger Vertrautheit. »Wir leben hier alle miteinander«, schreibt Kaiserin Elisabeth ihrer Mutter nach Karlsruhe, »als ob wir uns seit Monaten kennten. Unsere Gäste sind wirklich die besten Menschen von der Welt, sie haben eine Herzlichkeit, die ich mit dem größten Vergnügen wiedergefunden habe ...« Die sanfte, anmutige Elisabeth lebt einsam und traurig in der kalten Pracht des Winterpalais, umgeben von einem immensen Luxus. Alexanders Untreue trieb sie in die Arme seines besten Freundes Czartoryski. Er kehrte nach Polen zurück. Alleingelassen, sehnt sie sich nach Alexanders Liebe. Er behandelt sie kalt, rücksichtslos, bewußt kränkend. Selbst bei offiziellen Soupers sitzt der Zar zwischen der Kaiserin und seiner Favoritin, der Fürstin Narischkin. Auch die Anwesenheit der Königin ändert daran nichts.

Die Fürstin Narischkin versteht sich mit Raffinement in Szene zu setzen. So erscheint sie am 9. Januar bei der großen Cour zu Ehren des preußischen Besuches völlig schmucklos, ein Effekt, der ihre dunkle slawische Schönheit, die ebenmäßige Figur, die elegante Robe inmitten der Juwelen überladenen Damen eindrucksvoll zur Geltung bringt. Luise, die die wertvollsten Schmuckstücke der Not der Zeit opferte, behielt nur die Perlen. Bei dem Empfang entzücken die zahlreichen prachtvollen Perlenketten, die auch die Fülle ihrer blonden Haare durchziehen, Gastgeber und Gäste, ebenso wie ihre majestätische Erscheinung in einem weißen Samtkleid.

Spät am Morgen beginnt das Leben in dem Palast. In den Vormittagsstunden besucht man sich. Die für Luise mit dem erlesensten Geschmack und allem erdenklichen Komfort neu hergerichtete Wohnung liegt im Winterpalais nahe der Eremitage, der ersten Bildergalerie, einem Anbau der Zarin Katharina. Viermal täglich und mehr muß Luise »das Labyrinth« der Gänge und Räume durchwandern, um zu den Kaiserinnen und den abendlichen Festlichkeiten zu gelangen. Der ganze Schloßkomplex »ist ohne Ende und Aufhören, die Säle enorm und alle schön, erschreckend für ermüdete Beine ... Ich werde immerfort sozusagen gejagt von einem Ort zum anderen in großer und vornehmer Gesellschaft ... Souper in einer ungeheueren Galerie. Märchenhafter Blick über die gedeckten Tafeln und die Beleuchtung des Saales ... Ball im St. Georgsaale. 38 Polonaisen. Diamanten regnet es überall, die Damen sind davon bedeckt ... Prächtiges Fest bei der Kaiserin-Mutter, weißer, zauberhaft erleuchteter Saal der Chevaliers-Garden. Die Kaiserin Mutter macht unübertreffliche Honneurs ...«

Vor und nach den Festen Theater, Ballett, Konzert, Feuerwerk, – »hundsmüde ... man begräbt mich in Alexandrenewsky, wenn das so fort geht ...« Die verschwenderische Pracht »übersteigt alle Vorstellung in Silber, Bronze, in Spiegeln, Kristallen, Gemälden, Marmorsachen. Alle Größenverhältnisse dem Kaiserreich entsprechend, das heißt kolossal.« Kronen, Krondiamanten, die gefaßten und ungefaßten Diamanten im Besitz der Zarenfamilie zeigt die Kaiserinmutter dem Königspaar in einem großen Saal, »voll von Tischen. Eine Flut von Steinen, Monster-Steine!«

Der König ist tagsüber mit Alexander unterwegs. Paraden, ein Schauspiel, an dem beide sich nie sattsehen können, Besichtigung von Krankenhäusern, Schlössern der Umgegend, des Arsenals, militärischen Einrichtungen. Gemeinsam mit der Königin Spazierfahrt durch die Stadt. »Sie übertrifft jeden Ausdruck, die Gebäude in einem so gewaltigen Stil, die Kanäle so riesig, daß man niemand einen Begriff davon geben kann, denn diese Stadt gleicht keiner anderen.«

Während des Aufenthaltes ist Luise oft leidend. Anfangs, überanstrengt von der Reise, schläft sie schlecht, fühlt sich obendrein krank durch den Beginn einer Schwangerschaft, – der zehnten mit zweiunddreißig Jahren! Später erkältet sie sich, Kopfschmerzen, Husten, »im Pelz ins Theater, da ich fieberte.« Am nächsten Tag »hundekrank«. Nicht lange. Zwei Tage danach tanzt sie auf einer »Maskerade von 18 000 Personen«, besucht die von der Kaiserinmutter geschaffenen sozialen Einrichtungen: das St. Katharinenstift mit 65 bürgerlichen Waisen, das Institut, in dem 740 junge Damen erzogen werden, und das Heim für Mädchen, die den Hebammen-Beruf erlernen.

Der Kaiser weicht der Königin offensichtlich aus, ein oder zwei kurze Gespräche über »Geschäfte«, eine einzige »sehr eifrige Unterhaltung mit ihm, die mich wegen einer geliebten Person betrübte«, wegen Elisabeth. Hoffte sie tatsächlich, ihn zu ihr zurückführen zu können? Ihn, diesen unverbesserlichen homme à femmes, »an dem Hopfen und Malz verloren ist«, wie die nüchtern beobachtende Prinzessin Wilhelm ihr in Königsberg unumwunden erklärt hat.

Am 31. Januar treten Friedrich Wilhelm und Luise die Rückreise an. Der ganze Hof begleitet sie bis Strelna, dem Schloß des Großfürsten Konstantin. »Das Diner war noch heiter«, danach kam »der schreckliche Abschied. Ich war aufgelöst von Dankbarkeit, und nur ein Gedanke, du gehst in dein Unglück zurück, störte mich manchmal. So stiegen wir die Treppe hinab ... Der Kaiser konnte nicht mehr sprechen. Ich konnte noch sagen: ›Ich empfehle Ihnen unser Schicksal und das Glück meiner Kinder und alles, was mir teuer ist, Sie sind unsere Stütze.‹ Und so unter tausend Tränen im Wagen. Der Großfürst neben dem Wagen zu Pferde bis zu der Stelle, wo die Eskorte wechselte. Der Kaiser war uns gefolgt und stieg aus dem Schlitten, um uns ein letztes Mal zu umarmen. Dann wurde die Türe geschlossen, alles war gesagt ...«

Luise und Alexander haben sich nicht wiedergesehen.

Am 10. Februar 1809 erreicht die Wagenkolonne Königsberg. Als der König und die Königin durch das Tor fahren, läuten die Glocken der Stadt »Nun danket alle Gott.«

Luise erkrankt, seelisch und körperlich erschöpft. Langsam gewinnt sie in der Stille des Krankenzimmers Klarheit über das, was sich in ihrem Innern während der Reise vollzogen hat: die Abkehr von Alexander. Sie erkennt, welchen Täuschungen sie sich hingab. Die hohen menschlichen, ethischen Ziele, zu denen sie ihn leiten wollte, liegen fernab seines Weges. Seine slawische Welt, ihre Macht- und Prachtentfaltung, ihre so anders geartete Mentalität ist Luise fremd und erschreckend. Seine kühle Distanz hat sie tief verletzt. Die Illusion bricht zusammen, das Idol verliert seinen Glanz. Auch ihr Vertrauen in Alexanders politische Integrität ist geschwunden.

Anders der König. Mehr denn je ist er überzeugt von der Politik des Zaren, die mit seiner Auffassung der Lage übereinstimmt: Geduld, abwarten, aber die Zeit nutzen, unauffällig weiter Kräfte sammeln, sich stärken, um bereit zu sein, wenn Napoleons Stern im Sinken ist. Genau das, was Talleyrand in Erfurt dem Zaren predigte, was sein vertrautester Mitarbeiter Coulaincourt, französischer Gesandter in Petersburg, ihm immer wieder empfiehlt.

In diesem Sinne ist der König bemüht, die Ruhe im Land zu wahren. Napoleons überraschend schnelle Rückkehr aus Spanien läßt befürchten, daß die Spannungen zwischen Frankreich und Österreich zunehmen. Bricht ein Krieg aus, können die leicht entzündlichen nationalen Emotionen nicht nur in Preußen, in ganz Deutschland aufflammen, um sich in einen wilden Kampf um die Freiheit zu stürzen. Friedrich Wilhelm hat gar nichts übrig für Aufständische, für Revolutionäre, für Hitzköpfe, die mit übermütigem Selbstbewußtsein auf eigene Faust loszuschlagen drohen wie der durch die Verteidigung von Kolberg berühmt gewordene und als Held gefeierte Schill.

Die Übersiedlung nach Berlin rückt zum großen Kummer Luises in immer weitere Ferne. Französische und Rheinbund-Truppen stehen dicht an den Grenzen Preußens, im Falle eines sich ausdehnenden Krieges ist Berlin Angriffen und Besetzung preisgegeben. Die Gefahr ist groß. Der König, trotz Drängen des Berliner Magistrats und sogar von seiten Frankreichs, schiebt die Rückkehr hinaus. Wiederholt warnt er Österreich, das fieberhaft aufrüstet, vorzeitig loszuschlagen. Einen von ihm Rußland unterbreiteten Defensivvertrag mit Preußen und Österreich lehnt Alexander ab, da er Verpflichtungen gegen Frankreich habe. Scharnhorst und Gneisenau grollen, sind enttäuscht. Am enttäuschtesten ist Luise. Wie nah ihr die Absage geht, läßt ihr Brief an Frau von Berg vom 12. März, zwei Tage nach ihrem Geburtstag, ahnen:

»... Rußland wird Frankreich helfen, Österreich auszuplündern, und das wird mich noch um den Verstand bringen. Ich bin in einem unbeschreiblichen Zustand, die Niederträchtigkeit des Menschen spricht sich so stark aus, daß ich anfange, an alles Infame zu glauben ... Ermessen Sie die Folgen dieser Handlungsweise, /da wir, wenn es wirklich so weit kommt, auch zu der infamen Partei übergehen müssen. Ich verzweifle/ ... /Nein, ich kann es nicht aussprechen, was ich fühle, wie es in mir tobt, die Brust zerspringt mir fast/ ... Mein Geburtstag war schrecklich für mich. Abends eine große Fête, die die Stadt mir gab. Das Herz war zerfleischt. J'ai dansé, j'ai souris, j'ai dit des choses honnêtes et je ne savais vor Unglück nicht wohin. [Ich habe getanzt, ich habe gelacht, ich habe freundliche Dinge gesagt, und ich wußte vor Unglück nicht wohin.] /Wem wird Preußen in einem Jahr gehören? Wo werden wir alle zerstreut sein? Gott, allmächtiger Vater, erbarme Dich.«/

Sechs Tage später – in einem vertraulichen Schreiben hat Alexander mitgeteilt, er werde nur einen Scheinkrieg gegen Österreich führen – Luise an Frau von Berg: /»... Ich bin ruhiger... Es gibt nun gute Worte an Österreich von Rußland, dieses, glaub' ich, hat den Waffenstillstand in meinem Innern bewerkstelligt ...«/

Ihre übersteigerte Sensibilität erklärt sich aus dem gesundheitlichen Zustand, unter den Schwangerschaftsbeschwerden leidet sie mehr als sonst. Hinzu kommen Angst und Sorgen über die Erkrankung der ein Jahr alten jüngsten Tochter. Zwei Wochen lang fürchten die Ärzte für das Leben des Kindes. Einen Tag vor Ostern, am 1. April 1809, trifft eine neue alarmierende Nachricht ein: König Gustav IV. von Schweden, einer der erbittertsten Gegner Frankreichs, ist durch eine Militärrevolte, bei der, wie Luise vermutet, Napoleon seine Hand im Spiel hatte, abgesetzt worden. Bisher verschonte Napoleon, der in Spanien die Bourbonen verjagte, den Hohenzollernthron. Wie lange noch?! Oder wird das eigene Volk den König stürzen, wenn er sich nicht an die Spitze der nationalen Bewegung stellt? Immer heftiger regen sich die patriotischen Leidenschaften der Bevölkerung, als Österreich Anfang April zum Angriff übergeht. Außenminister Graf Goltz, der mit anderen Regierungsmitgliedern bereits nach Berlin übersiedelt ist, fürchtet den Ausbruch eines Aufstandes. Nicht nur er. Selbst ausländische Gesandte und die Generalität sind der gleichen Ansicht. Polizeipräsident Gruner schreibt am 3. Mai dem König: ». . . es gilt die Ruhe des Landes, den Thron des Monarchen – die Armee wankt.« Da aus Königsberg keinerlei Antwort auf alle Mahnrufe erfolgt, wendet sich Goltz am 5. Mai beschwörend an die Königin, beschuldigt Freiherr vom Stein, von langer Hand eine Revolution vorbereitet zu haben, die ausbrechen wird, »wenn der König noch schwankt, im Sinne der für den Krieg mit Frankreich entflammten öffentlichen Meinung einen Entschluß zu fassen . . .«

Friedrich Wilhelm ist düsterster Stimmung, nicht weil er unentschlossen ist, sondern weil er trotz aller Entschlossenheit, nicht nachzugeben, fühlt, daß er nachgeben muß, contre cœur, wie 1806. Am 18. Mai beauftragt er Goltz, mit Österreich Verhandlungen aufzunehmen: Preußen beabsichtige an dem Krieg gegen Frankreich teilzunehmen, sobald seine Vorbereitungen beendet und die Armee imstande sei zu agieren. Mit einem Schreiben im gleichen Sinne wird Erzherzog Ferdinand benachrichtigt, in einem weiteren Schreiben orientiert der König Alexander, bittet ihn, Verständnis zu haben für die ihm abgerungene Entscheidung und seine Freundschaft ihm, seiner Familie und Preußen nicht zu entziehen. Die Antwort des Zaren ist herzlich, aber ernst, er rät nach wie vor von einem Anschluß an Österreich dringend ab.

Am 21. und 22. Mai schlägt Erzherzog Karl Napoleon in der Schlacht von Aspern, ein Erfolg, der in ganz Deutschland großen Jubel auslöst. Der König bleibt skeptisch, da der Sieg nicht ausgenutzt, die »Grande Armée« nicht zurückgeschlagen und verfolgt wird, so daß Napoleon Zeit gewinnt, Verstärkungen aus allen Teilen seines Herrschaftsgebietes herbeizuholen. Bedenken, die die Königin teilt. Doch hütet sie sich vor jeder Äußerung pro oder contra, das geht aus einem Brief an den Bruder Georg hervor: /»... ich kann nichts schreiben, als daß die Meinungen in der Politik sehr geteilt sind, wie Anno 5. Ich weiß, was ich will, doch es kommt nichts mehr über meine Lippen, da mein Rat, solch fürchterliche Folgen gehabt. Ich weiß zwar wohl, daß er nicht der Sache den Ausschlag gab, allein es wird mir doch vorgesagt, als wäre es so. Die Folgen beweine ich oft – nicht aber das Prinzip der Handlung und nicht die Handlung selbst ...«/

Anfang Juni kommt endlich, wie schon lange von Luise erhofft, Erbprinz Georg, ihr Bruder, zu Besuch nach Königsberg. Während seines dreimonatigen Aufenthaltes leidet Luise an immer wiederkehrenden Fieberanfällen. »Das ist ein Jahr, ein Sommer, eine Schwangerschaft, die werde ich zeit meines Lebens nicht vergessen. Zehn Tage sah ich George gesund und acht Wochen bin ich nun krank.«

Wieder hat das Königspaar das Landhaus »auf den Huben« bezogen. Dort wohnt auch Georg trotz des beschränkten Raumes. Sein Adjutant findet die sommerliche Unterkunft »so beengt, daß es kaum einem genügsamen Privatmann hinreichen dürfte.« Aber die Geschwister sind glücklich über die Nähe, über den freien, unkonventionellen Stil der Geselligkeit. Gelegentlich fahren sie in die Stadt, wenn Luises Gesundheit es erlaubt, zu Besichtigungen, zu Besuchen oder ins Theater. Die Sensation der Saison ist das Gastspiel der berühmten Berliner Schauspielerin Friederike Bethmann in Lessings *Emilia Galotti,* eine überschwenglich gefühlsbetonte Darstellung im Geiste der Romantik.

Mit großer Freude hat Georg Wilhelm von Humboldt begrüßt, mit dem er sich in Rom angefreundet hatte. Nun ist Humboldt vom König zum Direktor der Sektion für Kultus und Unterricht im Ministerium des Innern ernannt worden und seit April in Königsberg. Dort legt er die Grundlage für die Reorganisation des gesamten Erziehungswesens in Preußen. Persönlich erscheint er in den Schulen, nimmt am Unterricht teil, gibt Ratschläge zur Verbesserung der Lehrmethoden. Dem König und der Königin erklärt er das System Pestalozzis, von dem Luise sehr angetan ist. Außerdem ist Humboldt mit der Neugründung der Universität in Berlin beschäftigt. Ihre Stiftungsurkunde datiert vom 16. August 1809. Im Herbst 1810 beginnen die Vorlesungen mit Professoren, die das Weltbild des 19. Jahrhunderts geprägt haben: Schleiermacher, Fichte, Savigny, Niebuhr, Süvern, um nur einige zu nennen. Daß Humboldt in dem Dreivierteljahr seiner Tätigkeit ein so gewaltiges Pensum bewältigen konnte, verdankt er dem hochqualifizierten, von Hardenberg und Stein geschulten Mitarbeiterstab, der mit Verständnis und lebhafter Anteilnahme die Fülle seiner Ideen zu verwirklichen strebt.

Die Anwesenheit Humboldts hat das geistige und gesellschaftliche Leben Königsbergs bereichert. Er »verkehrte täglich bei uns«, schon in ihrer Jugend in Berlin ist die Fürstin Radziwill mit den Brüdern Humboldt gut bekannt gewesen, »er war sehr beliebt bei den Majestäten und war uns, ebenso wie Herr von Gneisenau ... ein wahrer Trost. Beide wurden für uns zu treuen und aufrichtigen Freunden, deren beständiges Interesse mein Leben verschönt hat und uns stolz machen konnte.«

In diesem Zusammenhang schildert sie in ihren Memoiren eine seltsame Begebenheit. Etwa um Mitte Juni »erschien eine Frau aus Hessen-Darmstadt, die sich für einen in Königsberg zur Entscheidung gelangenden Prozeß der Protektion des Königs versichern wollte. Die Hofdame der Königin, Gräfin

Tauentzien, erzählte dieser, daß die Frau in Frankfurt a. M. als Wahrsagerin berühmt sei, und überredete die Königin, sie kommen zu lassen. Die Königin sah sie denn auch in Gegenwart ihres Bruders, des Prinzen von Strelitz, und Wilhelm von Humboldts, indem sie nur zur Bedingung machte, es dürfe weder vom Tode des Königs noch von dem ihren oder dem eines ihrer Kinder die Rede sein. Zuerst fragte die Königin: ›Werden wir vor Ende dieses Jahres nach Berlin zurückkehren?‹ Die Frau legte ihre Karten und antwortete: ›Ja, zweifellos.‹ In der Tat sind wir dort am Weihnachtsabend eingetroffen. Die Königin fragte weiter: ›Werden wir in Berlin bleiben oder wieder genötigt werden, es zu verlassen?‹ Die Antwort lautete: ›Euer Majestät werden nicht sehr lange in Berlin bleiben, werden aber nach kurzer Abwesenheit dahin zurückkehren und das Land nie wieder verlassen.‹ Zum Schluß fragte die Königin: ›Was wird aus Napoleon werden? Wird er immer siegreich sein?‹ Die Frau erwiderte: ›Die Jahre 1810 und 11 werden noch sehr schwer für Preußen sein, aber im Jahre 1812 wird Napoleons Stern erbleichen, und Preußen wird einen Ruhmesgipfel ersteigen, wie es ihn noch nie erreicht hat.‹ Die Königin kehrte tatsächlich nach Berlin heim, reiste dann nach Strelitz, um ihren Vater zu besuchen, und kehrte nur als Tote zurück. Das Jahr 1812 hat dann die Erfüllung aller Vorhersagen dieser Frau gebracht.«

Der Brief des Zaren, in dem er vor einer Beteiligung an dem Krieg gegen Frankreich warnt, hat den König wieder bestärkt in seiner Politik vorsichtiger Zurückhaltung. Der Zwiespalt verdirbt ihm die Laune und dem österreichischen Abgesandten Oberst von Steigentesch, im Nebenberuf Lustspielautor, die Audienz. Kaum daß er begonnen hat, den Grund seines Erscheinens zu erklären, unterbricht ihn der König unwillig: »Ich weiß schon, es soll vermutlich sein, damit ich die Ehre habe, zugleich mit Österreich zugrunde zu gehen.« Überdies sollen die preußischen Truppen unter das Kommando eines Erzherzogs gestellt werden! Die Arroganz des Obersten mißfällt dem König gründlich. Gewiß werde er der »guten Sache beistehen«, aber zunächst müsse Österreich einen überzeugenden Sieg erringen und Preußen seine militärischen Vorkehrungen beendet haben.

Etwa zwei Wochen nach dem Gespräch wird Erzherzog Karl am 5. und 6. Juli bei Wagram vernichtend geschlagen. Er muß Napoleon um Waffenstillstand bitten. Lange ziehen sich die Verhandlungen hin, bis Österreich sich entschließt, auf die Fortführung des Krieges zu verzichten. Am 14. Oktober wird der Friede zu Schönbrunn geschlossen. Österreich verliert 2000 Quadratmeilen Land und muß 75 Millionen Francs Kriegsentschädigung zahlen.

Die Truppen des Zaren sind so langsam vorgerückt, daß sie, als Napoleon bereits in Wien einzieht, in Galizien kämpfen. Nach dem Friedensschluß mit Österreich schlägt Napoleon ganz Neugalizien mit anderthalb Millionen Einwohnern dem von ihm gegründeten Herzogtum Warschau zu, während Alexander für seine seltsame Auffassung von Kooperation mit einem Landstrich um Tarnopol abgefunden wird und sich aus den gerade eroberten Gebieten zurückziehen muß. Er ist empört. Die Beziehung der beiden Imperatoren ist merklich abgekühlt. Alexander beklagt sich bei Coulaincourt, dem französischen Gesandten, worauf Napoleon ihm am 31. 12. 1809 schreibt: ». . . Ich überlasse es Eurer Majestät zu beurteilen, wer sich besser auf die Sprache von Freundschaft und Bündnis versteht, Sie oder ich. Einander mißtrauen heißt Erfurt und Tilsit vergessen . . .«

In den Monaten vor dem Frieden zu Schönbrunn zeigt sich Napoleon nachgiebiger als sonst Preußen gegenüber, wider Erwarten, da die am 8. Mai fällige Kontributionszahlung zum erstenmal nicht überwiesen wurde. Doch Napoleon beginnt bereits den Rußlandfeldzug zu planen, ein Projekt, das es nicht ratsam erscheinen läßt, Preußen zum Feind zu haben. Der König, eingedenk der Mahnungen Alexanders, sich möglichst geschmeidig dem Trend der französischen Politik anzupassen, versucht die freundlichere Gesinnung Napoleons auszunutzen, um die preußischen Friedensbedingungen zu erleichtern. Am 18. Oktober sendet er mit einem persönlichen Schreiben an Napoleon Oberst Krusemark nach Paris. Am 5. November wird dieser in Fontainebleau vom Kaiser empfangen, nicht gerade gnädig. Erregt beschwert er sich über die Unzuverlässigkeit Preußens – durch seine Agenten ist er bestens orientiert über das, was sich hinter seinem Rükken abgespielt hat. Allmählich jedoch lenkt er ein, betont, er habe keinerlei kriegerische Absichten gegen Preußen, werde auch neue Gebietsforderungen nicht stellen, nur auf den Zahlungen besteht er mit Nachdruck. Diktatorisch verlangt er die Rückkehr des Königs nach Berlin. Ein freundlich gehaltenes Antwortschreiben auf den Brief des Königs bringt Krusemark bei seiner Rückkehr mit. Trotz der finanziellen Misere atmet man erleichtert auf. Der Übersiedlung nach Berlin steht nun nichts mehr im Wege.

Die Königin ist fast den ganzen Sommer über krank gewesen. Fieberanfälle, Atemnot, Brustkrämpfe haben Hufeland oft sehr beunruhigt. Am Geburtstag des Königs, am 3. August, fühlt sie sich wohler, so daß eine Spazierfahrt nach Schloß Medenau unternommen wird. Nachmittags bekommt sie Fieber, man fährt schleunigst zurück, doch ist sie so leidend, daß sie darauf verzichtet, den Abend, wie verabredet, bei dem Kronprinzen zu beschließen. Der König und sie bleiben »auf den Huben«. Ein Jahr später, am gleichen Tag, besucht die Fürstin Radziwill den einsamen König, der ihr sagt, an jenem Abend »habe sich die Furcht vor seiner traurigen Zukunft zum ersten Male seiner Seele bemächtigt.«

Immer wieder sucht und findet Luise Trost in der Religion. Sie hat sich einen kindlich reinen Glauben bewahrt.

/»Manchmal droht der Verstand stillezustehen. Doch ein Moment Überlegung, und alles hat wieder seinen angewiesenen Platz in der Welt, die Gottes Vorsehung lenkt. Das Auge emporgehoben, die Seufzer zum Himmel geschickt, ein Gebet um neue Stärke, so geht es gewiß, denn Gott verläßt nicht die, die ihn lieben und vertrauen.«/ Ein Bekenntnis an Frau von Berg Anfang August, kurz danach schreibt sie an den alten

Kriegsrat Scheffner: /»... Nur große Szenen sind imstande, große Wirkungen hervorzubringen, und daher werden noch große Opfer fallen müssen, damit das Gute für die Welt bewirkt werde. Die Gemüter sind zu verhärtet durch Egoismus und falsche Bildung, als daß man hoffen dürfte, daß sie leicht zu erschüttern und zu bessern wären ... Sie sehen, lieber Herr Scheffner, daß in denen zwei Jahren, die ich Sie kenne, ich die Welt von ihrer ernsten Seite habe beobachten lernen. Irr ich mich und wirds besser mit der Welt, so wird es wohl kein Mensch mit heitererm Sinn und dankbarerem Herzen aufnehmen als ich. Trifft aber mein Ahnden ein, dann hoff' ich auch die Stärke zu besitzen, die allein dem Menschen wird durch Glaube und Hingebung.«/

Ihre Korrespondenz mit dem Zaren endet mit einem Dankesbrief für den Petersburger Aufenthalt, schon auf der Rückfahrt in Memel geschrieben. Die Enttäuschung klingt leise an in einem Satz, den sie der Unterschrift folgen läßt: »Alles in Petersburg war herrlich, nur habe ich Sie zu wenig gesehen.« Von da ab empfiehlt sie hin und wieder jemand seiner besonderen Aufmerksamkeit, aber nie mehr wendet sie sich wie früher vertraulich an ihn, wenn politische Probleme sie bedrängen. Ein reger Briefwechsel entsteht jedoch zwischen ihr, der Kaiserin Mutter und Kaiserin Elisabeth. Insbesondere für die junge Kaiserin fühlt sie viel freundschaftliche Sympathie und teilt ihr ihre Gedanken und Sorgen mit.

20. September 1809: »... Ich bin immer sehr niedergeschlagen, denn was wir erfahren, beunruhigt immerfort, und nur die Überzeugung, daß wir den Zorn des Siegers nicht verdienen, sondern wie alle übrigen sein *Spielzeug* sind, macht ein schales und erschreckendes Leben erträglich ... Das Los des Königs von Spanien und des Papstes« – im Mai ist der Kirchenstaat in den französischen Machtbereich eingegliedert und Pius VII., der Napoleon krönte, als Gefangener nach Savona gebracht worden – »beweist zur Genüge, daß alles von seiner guten oder schlechten Laune, von dem Interesse des Augenblicks oder seinem persönlichen Haß abhängt ...«

Auf ihrer Gesundheit und Stimmung lastet schwer, daß sich die Aussicht der Rückkehr nach Berlin im Frühjahr zerschlagen hat. Die Sehnsucht ist übermächtig: /»Ging ich nur nach Berlin, dahin, dahin möchte ich jetzt gleich ziehen; es ist wirklich ein Heimweh, was mich dahin zieht. Und mein Charlottenburg! Und alles mein, sogar mein lieber tiefer Sand, den lieb' ich.«/

Mitte August, als sie sich besser fühlt, hört sie mit Georg zusammen Konzerte, die Fürst Radziwill gibt und Zelter, der Goethefreund und Professor der Kunstakademie in Berlin, der sich vorübergehend in Königsberg aufhält. Um dem König eine Freude zu machen, fährt sie mit zu Manövern in der Umgegend der Stadt. Am Geburtstag des Bruders, am 12. August, nimmt sie zum erstenmal wieder an einem Fest teil in Friedrichstein im Schlosse der Dönhoffs. Kurz zuvor ist die Nachricht von der österreichischen Niederlage bei Wagram bekannt geworden. Ein harter Schlag für alle kriegsbegeisterten Patrioten. /»Der König triumphiert, weil alle seine Prophezeiungen eingetroffen sind ... Ich möchte weinen, so beklommen ist mir ...«/, gesteht sie Frau von Berg, die bis zuletzt die einzige bleibt, der sie sich offen ausspricht. Um so enthusiastischer äußert sie sich über die Erhebung in Tirol. Ohne Rücksicht auf den Waffenstillstand wird dort der Kampf fortgesetzt gegen die Rheinbundtruppen und den französischen General Lefebvre. /»Welch ein Mann, dieser Andreas Hofer. Ein Bauer wird ein Feldherr und was für einer!«/ Doch auch er muß, von Österreich preisgegeben, im November kapitulieren und wird im Februar 1810 von den Franzosen in Mantua standrechtlich erschossen. Wiederum sind alle Hoffnungen auf ein vom napoleonischen Terror befreites Europa vernichtet.

Am 6. September verläßt Erbprinz Georg Königsberg. Luise vermißt den Bruder schmerzlich, wird aber vierzehn Tage später durch die Ankunft ihrer Schwester Friederike freudig überrascht. Am 4. Oktober 1809 kommt ein Prinz zur Welt, der nach dem ersten Herzog Preußens auf den Namen

Albrecht getauft wird. Länger als sonst braucht Luise, um sich von der Entbindung zu erholen. Wie stets befolgt sie die Weisungen Hufelands peinlich genau, doch erst als die Rückkehr nach Berlin in greifbare Nähe rückt, kräftigt sie sich zusehends. Überglücklich kündigt sie Ende November dem Bruder die Termine der Reise an: »Wir denken am 14. oder 15. Dezember hier abzufahren und mit Gottes Hilfe am 23. gegen Mittag in Berlin einzutreffen. /Es wird einem ganz elend vor Seligkeit, wenn man recht daran denkt . . . An zwei Augenblicke vor allem kann ich nicht denken, ohne daß mir die Tränen in die Augen kommen, nämlich, wenn ich zum erstenmal die Türme von Berlin wiedersehen werde, und dann, wenn mein Wagen von der Brücke nach links abbiegen wird, und ich fühle, wie ich die Rampe des Schlosses hinauf fahre . . .«/

Ein früher Winter ist eingebrochen, seit acht Tagen fällt Schnee, und seit dem Abend zuvor ist die Kälte auf einmal so gestiegen, daß es morgens um acht Uhr 10 1/2 Grad minus sind, eine Temperatur, die selbst für Königsberg im November außergewöhnlich ist. Der Magistrat von Berlin teilt der Königin mit, daß die Stadt ihr zum Einzug einen Wagen und Pferdegeschirr in ihren Lieblingsfarben Lila und Silber zum Geschenk mache. In einem bei aller Förmlichkeit herzlich gehaltenen Schreiben dankt sie den Herren des Magistrats und den Bürgern der Stadt für diesen Beweis »erprobter Liebe«.

So geht alles nach Wunsch, nur der Kronprinz macht Schwierigkeiten. Er wehrt sich gegen die Trennung von Delbrück, die nun erfolgen soll, macht heftige und unbeherrschte Szenen. Am 3. Dezember wird Delbrück entlassen »mit Dankbarkeit und vorzüglicher Zufriedenheit«, erhält die Titel Geheimrat und Regierungsrat und persönliche Schreiben von dem König und der Königin. Wiederholt hat der König seinem ältesten Sohn die Bitte abgeschlagen, in Gesellschaft Delbrücks nach Berlin zu reisen, worauf der Kronprinz erkrankt und im Bett weint und schreit. Die Ärzte sind ratlos, fürchten für seine Gesundheit, bitten den König schließlich nachzugeben. Daß dieser zu guter Letzt seine Entscheidung widerruft, ein Verhalten, das ihm grundsätzlich zuwider ist, zeigt, mit welch eminenter Leidenschaft der Junge seinen Willen durchzusetzen versteht. Sicherlich ist Delbrück nicht der ideale Erzieher für den intelligenten, musisch begabten Kronprinzen gewesen, aber eine Forderung, auf die er mehrmals zurückgekommen ist, ohne daß sie je ernstlich erwogen wurde, ist sicherlich richtig gewesen: den Kronprinzen vom Hof abzusondern. Der Einfluß des Hoflebens fordert immer wieder Unarten bei ihm heraus, die allen Bemühungen widerstehen, ihn durch Güte oder Strenge zur Einsicht zu bringen.

Nach zahlreichen Abschiedsfeierlichkeiten setzen sich nach und nach im Abstand von zwei Tagen die »Karawanen« der königlichen Familie mit Gepäck, Gefolge, Bediensteten in Bewegung. Die Straßen bis zur Weichsel sind fürchterlich. Die Wagen der Radziwills bleiben abends in einem Hohlweg stecken, und erst am nächsten Morgen können sie unter großen Anstrengungen herausgezogen werden. Prinzessin Wilhelm weiß, wie begierig die Mutter auf Mitteilungen aus der »großen Welt« wartet, nach der sie sich im stillen Homburg sehnt. Und so berichtet Marianne auch getreulich von der Fahrt und muß zugeben, daß nach Überwindung der ersten Strecke die Annehmlichkeiten überwiegen, »weil alle Welt uns mit Aufmerksamkeiten überhäuft und mit Eifer, sowohl um uns ohne Unfall voranzubringen, als auch um den Aufenthalt, wo wir übernachteten, angenehm zu machen, trotzdem daß alles, wie Sie oft sagten, liebe Mama, bel et bon war, so hat's uns doch manchmal müde gemacht: überall Eskorten bei der Abreise und andere Menschen, die uns empfingen, Frühstücke, nachmittägliche Erfrischungen usw., usw. Vivats, Musik, Glockengeläute, Illuminationen. In Frankfurt a/Oder mußte ein großes Abendessen gegeben werden – die Stadt war beleuchtet, die verschiedenen Offizierscorps, der Magistrat, die Professoren der Universität und einige Damen – all das empfing uns in einem sehr schönen Hause – die Studenten kamen mit Musik und brachten uns Vivats ohn' Ende

– hier war's noch schlimmer, es würde zu lange werden, wenn ich das alles beschreiben wollte und würde Sie, liebe Mama, langweilen. Aber ich weiß, daß ich nie dies Treiben und diese Rufe von dem Tor an bis zum Schloß vergessen werde, die Schützengilde und andere Personen mit Fackeln haben uns begleitet. Gestern fand der Einzug des Königs und der Königin statt, Sie können sich vorstellen, was das gewesen ist, wenn man sich schon so sehr über unsere Ankunft freute – wahrlich, dieses Schauspiel war sehr rührend. Während dieser ganzen Zeit, von dem Tor bis zum Palais, läuteten die Glocken und die Kanonen donnerten. Zuerst eine Menge Postillone, gefolgt von der Schützengilde, dann die Garde du Corps, nach ihnen der König mit seinen Brüdern zu Pferde, die Königin im Wagen mit Charlotte, Karl, Alexandrine und der Voß – dann die Garden zu Fuß mit den kleinen Prinzen, dann die ganze hiesige Garnison, der Prinz August an der Spitze der Artillerie. Der König ließ das Militär vorbeiziehn, was folgte, sah er vom Balkon, die Nationalgarden und die Zünfte. Nachdem die Garden die Fahnen ins Innere des Palais gebracht, ging man zum Mahl zum Prinzen Ferdinand. Die Stadt war erleuchtet und so endete der Tag.«

Frau von Berg und Erbprinz Georg sind der Königin bis Freienwalde entgegengefahren, Herzog Karl von Mecklenburg-Strelitz erwartet die Tochter im Kronprinzenpalais, ein Wiedersehen, das Luise tief bewegt.

Unter den Zuschauern ist auch Gräfin Schwerin, die 1806 nach der Schlacht von Jena und Auerstedt Berlin nicht flüchtend verlassen hat. Tapfer schlug sie sich durch in der französischen Besatzungszeit, hörte monatelang nichts von ihrem Mann, der Offizier im Garde du Corps war. Als die Armee auf Napoleons Geheiß reduziert werden mußte, schied er aus und kehrte heim. Zweieinhalb Jahre sind verflossen, seit Gräfin Schwerin die Königin zum letzten Mal sah.

»Wir schauten dem feierlichen Einzuge aus den Fenstern des Zeughauses zu. Es war der klarste, sonnenhellste Dezembertag. Die weißen Fahnen, die von allen Türmen und von den Zimmern des Schlosses wehten, spielten in der reinen Bläue der Luft – Endlich, wie durch die wogende Volksmasse getragen, zogen acht reichbeschirrte Pferde den schönen Wagen heran, den die Stadt Berlin der Königin zum Geschenk entgegensandte. – Wir sahen sie wieder die Schwelle des Hauses begrüßen, das sie nicht mehr zu betreten gedachte, – das sie nur noch wenige Monate bewohnen sollte! – Auf dem Balkon des Palais erscheinend, sah sie von dort die Truppen und die Bürgergarden vorbeidefilieren. Sie hatte so viel geweint, daß sie in diesem ersten Moment sehr verändert schien; doch fand man bald die lieben Züge wieder, die durch den tiefen, ernsten Eindruck, den die schwere Zeit ihnen eingeprägt, nur veredelt waren.«

Es ist der 23. Dezember 1809.

Fast auf den Tag genau vor sechzehn Jahren ist Luise als Braut jubelnd von den Berlinern empfangen worden.

Achtzehntes Kapitel

Einige Tage nach der Rückkehr der königlichen Familie erregt eine Veröffentlichung Ärgernis. Darin ist die Rede von »Hoffähigkeit«, »Hofkleidung«, »Courordnungen«, »neuem Pagencorps« und ähnlichem. Als hätte man keine anderen Sorgen! Ein großer Teil der Bevölkerung nimmt kein Blatt vor den Mund, ist empört, daß in solchen Zeiten solche Nichtigkeiten eine Rolle spielen. Andere stimmen eifrig zu, verpassen jedoch keine Gelegenheit, zu praktizieren, was sie als gänzlich überflüssig brandmarken, da es sich zeigt, daß Damen und Herren, die nie im Traum daran dachten, hoffähig zu sein, Einladungen ins Schloß erhalten. Dieser plötzliche Stilwandel verstimmt wiederum jene, die gewohnt waren, in Hofgesellschaften immer nur einem auserwählten Kreis von Freunden und Bekannten zu begegnen.

»Bei Hofe sich im Gedränge und von der Foule getragen zu fühlen, war eine ganz neue Erfahrung«, über die Gräfin Schwerin keineswegs erbaut ist, sie schätzte die Exklusivität der Hofzirkel. Fast entschuldigend fügt sie hinzu, »man kann es schwerlich lassen, das Gewohnte zu vermissen, und um so mehr, wenn es aus einer schönen und glänzenden Zeit stammt.«

Luise vermißt nichts, endlich wieder fühlt sie sich »sehr glücklich«, teilt sie der Kaiserinmutter nach Petersburg mit. »Das Volk hat uns mit rührender Freude aufgenommen; wohin ich mein Auge wende, sehe ich freundliche Gesichter und der König ist beliebter denn je.«

Bis in die Nähe der Königin dringt der rauhe Ton der Wirklichkeit nicht, den auch die Fürstin Radziwill deutlich wahrnimmt. Sie erinnert sich, daß der erste Winter in Berlin »recht traurig« war trotz der vielen Festlichkeiten, oder gerade weil diese Festlichkeiten auf dem Hintergrund der drohenden europäischen Konflikte keine echte, impulsive Freude auszulösen vermögen. Der erste große Empfang am Neujahrstag 1810 versucht sich mühsam im alten Glanz zu präsentieren. Die Königin, stilvoll angepaßt dem Gebot der wirtschaftlichen Lage, trägt bei dieser Cour eine einfache lila Samtrobe ohne Stickerei, ohne Diamanten. Ihr einziger Schmuck: die birnenförmigen Perlen der Krone. Fürstin Radziwill: »Ich habe sie nie schöner gesehen. Es gelang ihr sehr bald, die Bewegung zu bezwingen, die sich ihrer bemächtigte, als sie den Rittersaal betrat, wo alle Augen auf sie gerichtet waren.«

Das Fest des erweiterten Roten Adlerordens, eine Stiftung des Königs, wird am 18. Januar, dem Jahrestag der Krönung Friedrichs I., mit viel Aufwand gefeiert. Die Institution erfreut sich keiner Beliebtheit. Sie gilt als Nachahmung derartiger russischer Feste, und die öffentliche Meinung ist seit Tilsit auf Rußland nicht sonderlich gut zu sprechen. »Überhaupt konnte man sich nicht verhehlen«, stellt die Fürstin fest, »daß die Berliner von einem recht kritischen Geist befallen worden waren.«

Drei Tage später wird das Ordensfest im Dom zelebriert. Nach der Predigt geht der König zu Fuß, gefolgt von sämtlichen Rittern, zum Schloß. Für die 200 Neudekorierten, darunter 20 einfache Soldaten, ist eine Tafel in der Galerie gedeckt, die 600 bereits mit dem Orden ausgezeichneten Militärs sämtlicher Regimenter essen im großen Saal. Offensichtlich scheint der König bestrebt, den Forderungen der Zeit entgegenzukommen, die unterschwellig gärende revolutionäre Stimmung abzufangen und zu besänftigen.

Der Orden hat zwei Klassen, eine für Militär- und eine für Zivilpersonen. Der erste, der für außerordentliche Verdienste im geistigen und künstlerischen Leben der Stadt ausgezeichnet wird, ist Iffland. Seit vierzehn Jahren ist er als Theaterdirektor, Regisseur und Schauspieler in Berlin unermüdlich tätig. Berühmt sind seine Aufführungen der Schillerschen Dramen, aber auch Dramen von Lessing, Shakespeare, Molière, Lustspiele von Kotzebue brachte er in glänzenden Inszenierungen heraus. Goethe bezeichnet ihn als »unerreichten Meister«. Am 10. März 1807, dem Geburtstag der Königin, hatte die französische Besatzung jede Sympathiekundgebung verboten. Iffland erschien bei seinem Auftritt mit einem riesigen Blumenstrauß auf der Bühne. Der stummen Geste spendeten die Berliner begeistert stürmischen Applaus. Nach zwei Tagen Haft entschuldigte er sich beim Publikum, er habe nicht früher kommen können, er sei dienstlich verhindert gewesen, was wiederum mit frenetischem Beifall zur Kenntnis genommen wurde.

Am Abend des Stiftungsfestes wird Iffland in die königliche Loge gebeten. Als er die Königin begrüßt, dankt sie ihm, daß er damals ihren Geburtstag *durch die Blume* gefeiert habe. Der König heftet ihm den Orden an.

Bälle, Redouten, Paraden, Audienzen, Kinderbelustigungen folgen in schnellem Wechsel. Sehr zuvorkommend begrüßt das Königspaar den neuen russischen Gesandten und seine Frau, Graf und Gräfin Lieven, bei ihrem Antrittsbesuch. Der Graf ist von dem ernsten, offenen Wesen des Königs angetan, die Gräfin entzückt von der Königin, nicht jedoch von Berlin. Sie findet es langweilig. Eine Frau mit Charme und Esprit, besitzt sie diplomatisches Fingerspitzengefühl, das ihrem Gatten fehlt. Sie verbindet gern das Nützliche (für ihren Mann) mit dem Reiz galanter Abenteuer, eine Neigung, die Metternich teilt, und die der europäischen Hocharistokratie auf dem Aachener Kongreß die Sensation einer bemerkenswerten Liaison beschert.

Die stillen Tage nutzen der König und die Königin, um nach Charlottenburg zu fahren, nach Potsdam, Sanssouci, die Pfaueninsel in der Havel wiederzusehen. Orte, mit denen viel Erinnerungen verbunden sind. Mit größtem Interesse werden die Nachrichten aus Paris verfolgt über die Scheidung Napoleons und über die Pläne einer neuen Ehe. Am 20. Februar trifft die Mitteilung ein, daß er die älteste Tochter des österreichischen Kaisers heiraten wird, die Erzherzogin Marie-Louise, achtzehn Jahre alt. Napoleon ist vierzig.

»Man hat von seiten Österreichs Schritte unternommen, um das zustande zu bringen. /Nun ist alles möglich!« schreibt Luise dem Vater. »Im Grunde ist es, um blutige Tränen zu weinen, daß es soweit gekommen ist mit den Menschen ...«/ Nun ist sie dankbar, daß ihr erstes Kind, eine Tochter, tot zur Welt kam. Sie wäre jetzt fünfzehn, also im heiratsfähigen Alter. Welche Gewissenskonflikte sind dem »guten König und mir« erspart geblieben!

Den französischen Gesandten in Berlin St. Marsan, ehemaliger sardinischer Offizier von noblem Charakter, hat der König noch am Einzugstage empfangen. Seinem wohlwollenden Verhalten hat Preußen viel zu verdanken. Der König schätzt St. Marsan außerordentlich. In der Audienz verspricht er die Erfüllung der Verpflichtungen, die er übernommen hat, er erwarte aber auch vom Kaiser ein gewisses Entgegenkommen hinsichtlich der Zahlungsbedingungen. Im gleichen Sinne schreibt er an Napoleon, benachrichtigt ihn, daß der Gesandte von Brockhausen, über den er sich beschwerte, ersetzt werde durch den ihm genehmen General von Krusemarck und daß der franzosenfreundliche General von Kalckreuth Kommandant von Berlin wird.

Schon am 8. Januar wird Krusemarck zu Napoleon befohlen, der ihm in äußerst gereiztem Ton Vorwürfe macht wegen der rückständigen Kontributionszahlungen. Tatsächlich sind die seit Frühjahr vorigen Jahres fälligen Raten nicht überwiesen worden. 98 Millionen Francs verlangt der Kaiser, eine Summe, von der er genau weiß, daß Preußen nicht in der Lage ist, sie fristgemäß aufzubringen. Napoleon braucht Geld, und wenn Preußen zahlungsunfähig sei, solle der König ihm eine Provinz abtreten. Schlesien! Im Grunde zielt er auf diese Lösung ab. Welch ein Imperium! Mit Sachsen und dem Herzogtum Warschau würde sein Herrschaftsgebiet vom Atlantischen Ozean bis zum Bug reichen. Eine zweckmäßige Erweiterung nach Osten, da die Verhandlungen über Polen vermuten lassen, daß die Differenzen mit Rußland sich weiter zuspitzen.

Krusemarcks Bericht über das Gespräch mit Napoleon trifft in Berlin am 19. Januar ein. Der König, erschrocken und erregt, verlangt vom Finanzminister Baron Altenstein, daß er zumindest für eine Abschlagszahlung sofort Geld beschafft, eine Landabtretung komme nicht in Frage. Altenstein hofft durch eine Zwangsanleihe, eine Holländische Anleihe, über die schon lange verhandelt wird, und eine Jahresrente auf die Domänen eine Summe von etwa 67 Millionen Francs aufzutreiben. Dieses wird Krusemarck Ende Januar mitgeteilt. Für die Restsumme möchte er um Stundung nachsuchen.

Der König ist unzufrieden, da die Holländische Anleihe fragwürdig ist und das Projekt seiner Meinung nach dilettantisch. Er zweifelt, daß Altensteins Fähigkeiten und die seines engsten Mitarbeiters Nagler einer so heiklen Situation gewachsen sind. Altenstein fehlt die geistige Überlegenheit und die Phantasie, aus den Gegebenheiten das Letzte herauszuholen, die Hardenberg besitzt. Der ehemalige Minister hat dem König Glückwünsche zu seiner Rückkehr nach Berlin schon im Dezember gesandt, jetzt beantwortet der König sie mit der Bemerkung, er hätte Hardenberg noch lieber persönlich in seiner Hauptstadt begrüßt. Ein unmißverständlicher Wink, Schritte bei den zuständigen französischen Stellen zu unternehmen, daß der Befehl Napoleons, der ihn aus der Umgebung des Königs noch verbannt, aufgehoben wird. Auch Luise, der Hardenberg gleichzeitig schrieb, dankt ihm Ende Januar im gleichen Sinne:

»Hätte ich Sie, statt eines Briefes hier getroffen, so wäre meine Freude größer gewesen, denn meine Sorgen hätten sich vermindert. Es ist eine der peinlichsten Bedingungen unserer gegenwärtigen Existenz, daß Sie dem König und der Politik fernbleiben müssen, und ich, insbesondere wäre wahrhaftig glücklich, Sie bei uns zu wissen, da ich Sie gründlich kenne und eine Freundschaft für Sie empfinde, die nur der Achtung gleichkommt, die Sie in *jeder* Hinsicht verdienen.«

Über Altenstein und Nagler, die beide aus Hardenbergs Schule hervorgegangen sind, äußert sie sich freundlich anerkennend, fügt jedoch hinzu: »Indessen die Erfahrung, diese große Lehrmeisterin, fehlt dem ganzen Ministerium von heute.«

Mitte Februar hat der König nochmals eine Unterredung mit St. Marsan. Er versichert dem französischen Gesandten, seine Minister seien nicht in der Lage, die erforderlichen Gelder flüssig zu machen. Wenn der Kaiser ihm gestatten würde, Hardenberg wieder einzustellen, würde dieser zweifellos Mittel und Wege finden, die Zahlungsfähigkeit Preußens wiederherzustellen. St. Marsan unterrichtet Napoleon umgehend, da die Ansicht des Königs ihm gerechtfertigt erscheint. Die Antwort, die er am 7. März aus Paris erhält, dringt rücksichtslos auf Überweisung der von Frankreich errechneten Schulden. Altensteins ohnehin vages Angebot lehnt Napoleon rundweg ab. Er verlangt die Kriegsentschädigung in voller Höhe oder eine Provinz. Schlesien ist nicht genannt, aber, wie jeder weiß, gemeint.

Der König, in die Enge getrieben, ist außer sich über seine Minister. »Ich habe es ja immer gesagt«, ruft er aus, als St. Marsan ihm die Note aus Paris übergibt, »daß sie nichts als Dummheiten machen, daß sie nichts taugen, und weder bei mir, noch beim Publikum Vertrauen besitzen.« Aber woher soll er andere nehmen, bessere? Einen konstruktiven, alle Möglichkeiten ausschöpfenden Finanzierungsplan aufzustellen, traut er nur Hardenberg zu, und der ist einstweilen unerreichbar.

Drei Tage später, am 10. März 1810, wird Luise vierunddreißig Jahre alt. Ihr Geburtstag, der letzte, ist überschattet von den erpresserischen Forderungen Napoleons, die durchgesickert sind und auf der Stimmung lasten. Der König hat eine Überraschung für sie vorbereiten lassen: der Weiße Saal des Schlosses, der sonst nur bei Hochzeitsfeierlichkeiten benutzt wird, ist geöffnet und festlich geschmückt. Nach dem Souper an kleinen Tischen in der Bildergalerie ist dort die Gratulationscour und anschließend der Ball. Unter den Gästen befindet sich auch der Freund des Königs, Fürst Wittgenstein, der als früherer Teilhaber eines Kreditinstitutes und durch Beziehungen zu Banken sich in Finanzgeschäften auskennt. An diesem Abend erklärt er im Gespräch mit dem Königspaar, er halte eine finanzielle Lösung des Kontributionsproblems für möglich durch eine Zwangsanleihe, durch Verpfändung der Domänen und Säkularisierung der geistlichen Güter Schlesiens. Er verspricht, sich sofort mit Bankexperten in Verbindung zu setzen.

Schon zwei Tage später leitet er dem König einen von ihm und zwei Bankiers ausgearbeiteten Entwurf zu, durch den die erforderlichen Geldmittel zur Verfügung gestellt werden können. Worauf der König Wittgenstein am 14. März zu sich bittet, um in seiner Gegenwart mit Altenstein die von ihm vorgeschlagenen Maßnahmen zu diskutieren. Altenstein, irritiert über die Einmischung des Fürsten, lehnt das Projekt als undurchführbar ab, kritisiert es mehrfach verletzend. Wittgenstein, sich rechtfertigend, beruft sich auf Hardenberg, der einen ähnlichen Plan dem Kurmärkischen Landtag vorgelegt habe. Ein Hinweis, den der König augenblicklich aufgreift: Hardenberg soll befragt werden und ein Gutachten abgeben.

Hardenberg hält sich zur Zeit in Hannover auf. Der König fertigt einen Kurier an ihn ab. Die Königin weiß durch einen von Hardenberg an Gräfin Voß geschriebenen Brief, daß er beabsichtigt, demnächst, im Einvernehmen mit den französischen Behörden, sein Gut Tempelberg in der Nähe von Berlin aufzusuchen, um seine märkischen Besitzungen zu inspizieren. Der Verwalter dieser Liegenschaften ist der vom König gewählte und instruierte Kurier, dem Luise ein kurzes Schreiben mitgibt; die Bitte, Hardenberg möchte sein Kommen beschleunigen.

Hardenberg hat bereits Vorkehrungen zur Abreise getroffen, als er erfährt, mit welcher Dringlichkeit man ihn in Berlin erwartet und welcher Entscheid ihm zugespielt werden soll. Ohne genaue Kenntnis der Vorgänge und ohne ausreichende Unterlagen verhält er sich zunächst zurückhaltend, doch tritt er von Anfang an energisch dafür ein, daß jeder Gebietsverlust Preußens vermieden werden muß. In diesem Punkt geht er konform mit dem König, der, erfreut über die eindeutige Stellungnahme seines ehemaligen Ministers, ihm in Begleitung von Scharnhorst bis Beeskow, eine Tagereise von Tempelberg, entgegenfährt. Luise hätte gerne teilgenommen an dem Wiedersehen, doch die jüngste Tochter erkrankt so heftig, daß sie in ihrer Angst um das Kind auf diese Freude verzichtet.

Hardenberg weiß genau, was er will, jedenfalls will er nicht mit Altenstein zusammenarbeiten, was ihm bei der Begegnung in Beeskow angetragen wird, sondern verlangt die Vorlage des von Altenstein aufgestellten Finanzprogrammes, um es zu prüfen. Das ist alles, was der König und Scharnhorst einstweilen erreichen.

Das Treffen bleibt nicht unbemerkt. Napoleons Agenten melden es St. Marsan, der nach Paris berichtet, daß mit Hardenbergs Hilfe die finanzielle Notlage Preußens vermutlich überbrückt werden könne, so daß mit einer Schuldentilgung in absehbarer Zeit zu rechnen sei.

Mit der Ankunft Hardenbergs wachen die Ministerialbeamten aus ihrem alten Trott auf. Sie sind nur zu bereit, dem früheren Chef, der frischen Wind in die Segel bläst, die nötigen Unterlagen zu besorgen und jede gewünschte Auskunft zu erteilen. Von französischer Seite geschieht nichts, um die offenkundige Geschäftigkeit zwischen Berlin und Tempelberg zu stören oder zu unterbinden.

Die Königin hat unterdessen ihre Absicht, nach Strelitz zu fahren, um den Vater und die Großmutter zu besuchen, zunächst aufgegeben. Sie schreibt dem Vater, sie könne den König in dieser Krise nicht verlassen. /»Er ist sehr unglücklich und bedarf einer treuen Seele, auf die er bauen kann . . .«/

Gleichzeitig dankt sie dem Vater für sein Geburtstagsgeschenk, einen Schreibtisch, /»ich arrangiere den ganzen Tag, beseh' ihn mir von allen Seiten, sitze dafür und freue mich alle Augenblicke mehr über seine Schönheit und Bequemlichkeit ...«/

In jener spannungsreichen Zeit ist Luise voller Eifer tätig, verfaßt eine »Aufzeichnung für das Ministerium«, in der sie den Standpunkt, »Preußen ist doch verloren«, den viele Minister vertreten, als unrichtig und kleinlich bezeichnet. »Dieser Gedanke wird nicht nur alle großen Maßregeln hemmen, sondern er macht den Menschen, der davon ausgeht, ganz unbrauchbar, weil er immer sich sagt: ›Deine Mühe ist doch umsonst.‹ ... Ein wahrer Staatsdiener muß von dem Geist beseelt sein, alle Mittel erstlich aufzufinden und zweitens in Gange zu setzen, um den Forderungen, die dem Staat gemacht werden und obliegen, Genüge zu leisten ...«

Sie sendet die Aufzeichnung an Nagler mit einem Begleitschreiben, in welchem sie noch einmal mahnt, »jetzt muß gehandelt werden, und nicht die alte Leier abgeleiert, die zu nichts hilft. Geld will der Mensch. Und Geld zu schaffen, muß jetzt das Augenmerk Ihres Schwagers [Altenstein] sein ...« Dieser solle Kontakt mit Wittgenstein und den Bankiers halten, »tut er das nicht, erschöpft er nicht alle Quellen, woraus ihm Rat und Hilfe kommen kann, so genügt er nicht seiner Pflicht und handelt eigensinnig ...«

Luise meint es gut, vernünftiger wäre gewesen, sie hätte sich jeder schriftlichen Äußerung enthalten. Die Lektion, die sie erteilt, bewirkt nichts – nichts als Verärgerung in einem Augenblick, in dem Altenstein und Nagler im höchsten Grade verunsichert sind. Immer deutlicher zeichnet sich ab, daß die Holländische Anleihe nicht zustandekommt, die Altenstein viel zu lange hochgespielt hat. Er spürt, daß der König ihm mehr und mehr sein Vertrauen entzieht, daß sein Ansehen bei Kollegen und Untergebenen schwindet, ja, daß das ganze Ministerium ins Wanken gerät. Niebuhr, mit ihm und Humboldt überworfen, scheidet aus, um einem Ruf an die

Universität zu folgen. Ende April reicht Humboldt ein Entlassungsgesuch ein, da die vorgesehene Neuordnung des Ministeriums die Stellung der Geheimen Staatsräte gegenüber den Ministern verschlechtert. Über Frau von Berg wendet er sich an die Königin und begründet diesen Schritt; er könnte weder die fachliche noch geistige Überlegenheit der Herrn Minister – vor allem Dohna, Altenstein, Beyme – anerkennen, daher halte er es für richtiger, seinem Ehr- und Pflichtgefühl zu folgen und sich von den Staatsgeschäften zurückzuziehen.

Nach Rücksprache mit dem König bittet die Königin den Fürsten Wittgenstein in einem Schreiben, Hardenberg über die Absicht Humboldts zu orientieren: »Er will abgehen, wir haben leider keine eminenten Köpfe zuviel, und es wäre schade, wenn wir diesen, bewährt er sich als solcher, verlieren.«

Frau von Berg ist in dieser Zeit fast ständig um Luise, liest mit ihr, kopiert für sie Briefe, benachrichtigt täglich die Familie in Strelitz über alles, was sich ereignet. Nicht nur der König, auch Fürstin Radziwill und Gräfin Schwerin beurteilen ihren Enthusiasmus für die Königin, ihren Bildungseifer und fanatischen Patriotismus nicht immer wohlwollend. In dieser Hinsicht findet sie mehr Anklang beim Prinzen Georg, der die Schwester schwärmerisch vergöttert.

Einstweilen ist der König nicht bereit, irgendeine Entscheidung zu treffen. Erst will er die wichtigste Frage geklärt wissen: Gelingt es Hardenberg, Schlesien vor dem Zugriff Napoleons zu bewahren. Er gibt dem Ministerium in diesem Sinne Order, abzuwarten. Da ein Teil der Beamten sich zur Verfügung Hardenbergs zu halten hat und das Arbeitsklima unter dem drohenden Regierungswechsel leidet, wird die Erledigung selbst der dringendsten Angelegenheiten immer schleppender und die Verdrießlichkeit immer lebhafter, ein fruchtbarer Boden für Intrigen, Parteilichkeiten, Anklagen aller Art, berechtigte und unberechtigte. Selbst die Königin wird in die Verleumdungen hineingezogen. Nagler behauptet, »Zeilen« von ihr in Händen zu haben, die sie »verderben könnten«. Vermutlich impulsive Äußerungen über Napoleon. Er schadet lediglich sich selbst, da er sich das Wohlwollen der Königin verscherzt.

Trotz der schweren Erkrankung der kleinen Luise verlangt der König, daß die Königin mit ihm am 10. April, dem gleichen Datum wie in den Jahren vor dem Exil, nach Potsdam übersiedelt. Wie früher beginnen dort die Paraden, Manöver und Truppenübungen. Luise, die die Atmosphäre des Heerlagers nie mochte, fährt, so oft es ihre Gesundheit erlaubt, nach Berlin, um nach der Tochter zu sehen. Aber es ist nicht dasselbe, nicht »Tür an Tür«. Bleibt sie über Nacht, versäumt sie nie durch Boten dem König einen Gruß zu schicken mit Nachrichten über das Befinden des Kindes.

Sorgen macht nach wie vor der Kronprinz. Die politischen Ereignisse haben seine Trennung von Delbrück abermals verzögert. Seine Heftigkeit und Unbeherrschtheit verursachen wiederholt unerfreuliche Szenen. Luise fürchtet, daß später durch die so verschiedenen Temperamente von Vater und Sohn Konflikte entstehen könnten, die ihr Mühe bereiten würden, beide miteinander auszusöhnen. Sie spricht mit der Fürstin Radziwill darüber, die in ihren Memoiren hinzufügt: »Ich habe seitdem oft (und nicht ohne Bewegung) daran denken müssen, welche Freude die Königin empfunden haben würde, wenn sie hätte sehen können, welche rührende Eintracht sich allmählich zwischen dem König und dem Kronprinzen entwickelte, wie nah sie einander standen, und wie sehr ihre Wünsche in Erfüllung gegangen sind.«

Um den Jungen langsam und vorsichtig an den neuen Erzieher zu gewöhnen, nimmt Luise ihn mitunter nach Potsdam mit, wo Ancillon ihn am Vormittag unterrichtet. Ancillon ist eine umfassend gebildete Persönlichkeit. Luise unterhält sich gerne mit ihm, er empfiehlt ihr Bücher *L'esprit de l'histoire* von Ferrand und *Le Génie du Christianisme* von Châteaubriand, die sie mit Interesse liest. Aus letzterem macht sie Auszüge für den Kronprinzen. Diese schickt sie ihm am 26. April von Potsdam nach Berlin mit einem Brief, der zeigt, wie ernsthaft sie über die Probleme seiner Erziehung nachdenkt.

»... Höre meine mütterliche Stimme, mein lieber Fritz; bedenke das wohl, was ich Dir zärtlich so oft wiederhole; zähme das jugendliche Feuer, mit dem Du alles, was Du *möchtest, haben willst,* und für alles, wa Du Dir *denkst,* gleich die *Mittel* zur *Verwirklichung* verlangst. Wer Dir vorredet, daß dies Charakter sei, daß dies *wahre Freiheit* sei, ist ein Narr oder ein falscher Freund. *Wirkliche Freiheit* besteht nicht darin, daß man alles *tut,* was man *kann,* sondern daß man das *Gute tut* und was man als solches erkennt ... Charakter haben heißt: nach reiflicher Prüfung des Guten oder Bösen das ins Werk setzen, was man als das Gute erkennt und *alle Willenskraft daran setzen,* um sich nicht durch die *Leidenschaften* abwenden zu lassen, die der höchsten Wahrheit des Guten widerstreben könnten.«

Erst am 23. Juni 1810 wird Ancillon mit seiner Ernennung zum Staatsrat die Erziehung des Kronprinzen endgültig anvertraut.

Napoleon heiratete am 2. April Erzherzogin Marie-Louise von Österreich. Therese, Fürstin von Thurn und Taxis, Schwester der Königin, nimmt in Paris an den Hochzeitsfestlichkeiten teil. Auch Metternich, seit Oktober 1809 Außenminister Österreichs, ist dort. Er habe dazu beigetragen, meldet Therese, daß eine freundlichere Gesinnung sich für Preußen anbahnt. Napoleon, Ironie des Schicksals, nunmehr legitimer Großneffe Marie Antoinettes, will sich den alten Dynastien, die er übrigließ, gewogen zeigen, außerdem Ruhe in Deutschland haben. Immer wieder überraschen ihn die Kräfte dieses brüchigen, dekadenten Europas. Selbst in der Gefangenschaft beharrt der Papst mit stoischer Geduld auf seinen Rechten. Die Spanier, statt sich dankbar zu erweisen, daß er sie von den Bourbonen und der Inquisition befreite, meutern weiter. Er muß Truppen aus Deutschland abziehen, um sie nach Spanien zu schicken. Am gründlichsten hat er sich verrechnet mit der Kontinentalsperre. England ist nach wie vor keineswegs erschöpft. Die Herrschaft über die Meere, die Frankreich nicht brechen konnte, schafft England neue

Kolonien und der glänzend organisierte schwarze Markt auf dem Kontinent unkontrollierbare Einnahmen. Peinlich die Erkenntnis, daß selbst Frankreich englische Waren so dringend benötigt, daß Napoleon gezwungen ist, beschlagnahmte Güter zum Verkauf freizugeben.

Die Nachrichten aus Paris bestätigen sich während eines Besuches von Hardenberg bei St. Marsan, der ungewöhnlich höflich und zuvorkommend ist. Hardenberg übergibt dem französischen Gesandten ein Schreiben, in dem er seine Loyalität Napoleon versichert und verspricht, für die Erfüllung der finanziellen Verpflichtungen Preußens Sorge zu tragen. Gleichzeitig bittet er St. Marsan, sich dafür zu verwenden, daß die Teilnahme an den Regierungsgeschäften ihm gestattet werde.

Zu diesem Schritt hat sich Hardenberg zwei Tage nach einem Treffen mit dem Königspaar entschlossen. Die Königin hat ihn und Wittgenstein im Namen des Königs für den 2. Mai auf die Pfaueninsel in der Havel eingeladen. Ein verschwiegener Platz, das Schlößchen im Stile einer Burgruine, das der Vater des Königs, Friedrich Wilhelm II., für sich und seine Maitresse, die Gräfin Lichtenau, hat erbauen lassen, in dem die Zusammenkunft stattfindet. Hardenberg spricht mit dem »größten Freimut«, präzisiert klar seinen Standpunkt, lehnt jede »geheime und indirekte Influenz« ab. Altensteins Finanzplan hat er »unzulänglich, unzuverlässig und unbrauchbar« gefunden und ist mit der Aufstellung des eigenen Finanzierungsprogrammes beschäftigt. Er rät dem König zu einem neuen Start, zur Entlassung der Minister, die durch die Bereitwilligkeit, Schlesien zu opfern, das Vertrauen der Öffentlichkeit verloren hätten. Er selbst sei durch seine zunehmende Taubheit und durch sein Alter – am 31. Mai wird er sechzig – eher geneigt, sich ins Privatleben zurückzuziehen. Lediglich der Appell an sein Pflichtgefühl könne ihn bestimmen, noch einmal in den Staatsdienst zurückzukehren.

Der König, der stets in solchen Fällen hinhaltend zu reagieren pflegt, stellt sich schützend vor seine Minister, bietet

Hardenberg viel, aber nicht genug. Hardenberg kennt die Scheu des Königs vor durchgreifenden Maßnahmen, auf einen Kompromiß jedoch wird er sich nicht einlassen, was ihm um so leichter fällt, als er, wie aus den Tagebüchern ersichtlich, mit seiner Karriere innerlich bereits abgeschlossen hatte. Wiederum trennt man sich, ohne daß etwas festgelegt wird. Vor allem muß zunächst die Antwort Napoleons vorliegen, ob er sich mit den geforderten Zugeständnissen einverstanden erklärt.

Am 27. Mai, einen Tag bevor Hardenberg seine Arbeit abschließt und dem König sendet, wird er zu St. Marsan gebeten, der ihm hocherfreut mitteilt, der Kaiser stimme seinem Wiedereintritt in die preußische Regierung zu, und es sei sogar nichts dagegen einzuwenden, wenn er die auswärtigen Angelegenheiten übernehmen würde. Abermals ein Zeichen, daß Napoleon daran gelegen ist, daß Ordnung und Sicherheit den Frieden im Bereich der deutschen Länder gewährleisten.

Luise ist glücklich, sie schreibt noch am selben Tag an Wittgenstein: »Ich habe Ihren Brief mit der unbegreiflich angenehmen Nachricht bei der Rückkehr eines Manövers bekommen, und war so müde, daß ich Ihren Boten habe müssen warten lassen. Meine Freude ist unaussprechlich ... dem König und dem Lande einen klugen, vortrefflichen Mann wiedergegeben zu sehen ...«

Das Erstaunen der französischen Behörden ist groß, als die Ernennung Hardenbergs auf sich warten läßt. Der König zaudert. Das Entweder-Oder Hardenbergs hat ihn erschreckt: Altenstein, Nagler, Beyme müssen gehen, gehen sie nicht, wird er in Zukunft sich ausschließlich der Verwaltung seiner Güter widmen. Am 2. Juni in einer langen Audienz in Sanssouci stellt er den König vor diese Alternative. Womit dem König eine eindeutige Entscheidung abverlangt wird, zu der er sich von jeher ungern entschließt. Dazu kommt, daß es ihm widerstrebt, Menschen, die er lange um sich hat, zu verabschieden. Doch die Konsequenzen einer Ablehnung, das dürfte ihm klargewesen sein, kann er unmöglich auf sich nehmen. Er würde sich selbst desavouieren. Auf die Berufung Hardenbergs, nach allem was vorangegangen ist, wartet man nicht nur in Preußen, auch im Ausland, in Frankreich, Österreich, Rußland.

Am 4. Juni empfängt er ihn im Charlottenburger Schloß und überreicht ihm eine schon unterschriebene Kabinettsorder, in der er ihn zum Staatskanzler ernennt und ihm unter seinen »unmittelbaren Befehlen die obere Leitung aller Staatsangelegenheiten« überträgt. Bei der Durchsprache der Ministerliste kommt es zu einer niemals ganz geklärten Unstimmigkeit. Die Königin, die Humboldt protegiert, behauptet, Hardenberg habe ihr versprochen, ihm das Außenministerium zu übergeben. Hardenberg jedoch erklärt plötzlich, er wolle Goltz, der sich bewährt habe, im Amt belassen. Ein Mißverständnis aufgrund der Schwerhörigkeit Hardenbergs, wie der König meint? Unwahrscheinlich. Die Königin ist ihrer Sache sicher, und falsche Nachrichten zu verbreiten, entspricht nicht ihrer Wesensart. Fürchtet Hardenberg den Rivalen, die kongeniale Persönlichkeit? Nicht unberechtigt sind Bedenken, daß der eigenwillige Charakter Humboldts zusätzliche Konflikte heraufbeschwören könnte, denen Hardenberg bei der ohnehin schwierigen Aufgabe, die er übernimmt, aus dem Wege gehen möchte. Humboldt erhält den Ministertitel und wird Gesandter in Wien.

Noch einmal hat die Königin im Mai in Begleitung des Königs Paretz wiedergesehen, ein nachmittäglicher Besuch, der sie den Frieden und die Schönheit des stillen Platzes genießen läßt. Sie meidet Anstrengungen, denn seit dem Sommer letzten Jahres, seit den heftigen Brustkrämpfen, die Hufeland so beunruhigten, kann sie sich nicht erholen. Doch nimmt sie keine Rücksicht auf ihre Gesundheit, sobald der König, die Repräsentation, die Kinder Ansprüche stellen. Eine Kur in Pyrmont, die ihr vor vier Jahren die Kräfte wiedergab, wäre ihr »sehr nötig«, aber im Frühjahr sind der König von Westfalen, der jüngste Bruder Napoleons, und seine Frau dort, /» das geht nicht mit mir zusammen ... mein Herz blutet, daß ich darauf Verzicht tun muß, da mir diese Zerstreuung und Stärkung an Seele und Leib so wohltätig gewesen wäre ... Meine Seele ist grau geworden durch Erfahrung und Menschenkenntnis, aber mein Herz ist noch jung ...«/

Nicht nur in diesem Brief an Therese, ihre Schwester, klagt sie über die körperliche Schwäche. Daß ihr Herz jung geblieben, beweist der nach und nach wieder durchbrechende urwüchsige Humor, dessen frische, fröhliche Unbekümmertheit an frühere Zeiten erinnert. So schreibt sie von Potsdam an die Kaiserin Elisabeth von Rußland:

»... Ich sitze auf einem Balkon vor meinen Fenstern bei göttlicher Wärme und dem köstlichsten Geruch von tausend Fliedern, mit denen ich meinen Tisch umgeben habe. Ich lasse mich malen für Sie, liebe Kusine, und wenn es gelingt, werde ich es Ihnen schicken. Bis jetzt scheint der Mann, trotzdem er im Kleinen malt, im Grossen zu sehen, denn mein Kopf hat fast zwei Fuß Durchmesser ...« Und an die Schwägerin, Prinzessin Wilhelm, die in Homburg die Eltern besucht:

/»... Gestern, Dienstag, war der König in Berlin wegen dem Prinz Louis von Wartenberg, der sich gemeldet hatte. Wir haben einen unmenschlichen Fraß gehabt, die ganze Familie hat bei uns gekaut ...«/ Und mit der überströmenden, ein wenig närrischen Freude der Darmstädter Zeit kündigt sie dem Vater die Reise nach Strelitz an:

/»Berlin, 19. Juni 1810 [einen Monat vor ihrem Tod]

Bester Päp! Ich bin tull und varucky. Eben diesen Augenblick hat mir der gute, liebevolle König die Erlaubnis gegeben, zu Ihnen zu kommen, bester Vater! Ich bin ganz toll ... Den Montag komme ich, bleibe den Dienstag und Mittwoch allein, dann kommt der König den Donnerstag, bleibt den Freitag, wünscht den Sonnabend nach Rheinsberg zu gehen, bleibt noch den Sonntag bei Ihnen und gehet Montag wieder mit mir weg! Halleluja! Mit Gottes Hilfe so wird alles so geschehen. Ich habe nur ganz grob ohne Fasson das so dahin geschmiert, weil ich fürchtete, für Glück es in Ordnung zu vergessen ... Ich glühe vor Freude und schwitze wie ein Braten ... ich weiß nicht, was ich alles sagen soll für Dankbarkeit gegen Gott und den König, der mir die Freude bereitet ...«

Seltsam, nun nachträglich, mutet die Unterschrift eines Billettes an die Fürstin Radziwill vom gleichen Tage an. Luise unterschreibt mit allen ihren Namen:

»Luise Auguste Wilhelmine Amalie, Königin von Preußen, geboren 10. März 1776, † – ja, das weiß ich noch nicht.«

Der König dehnt den Aufenthalt in Potsdam länger als in früheren Jahren aus. Der Juni ist unfreundlich, kalt und regnerisch, das nahegelegene Sanssouci bietet bei dieser Witterung mehr Annehmlichkeiten als das Charlottenburger Schloß. Trotz dieser Vorteile, Luise ist am liebsten in Charlottenburg und froh, als am 21. Juni endlich übersiedelt wird. Für Montag, den 25. Juni, ist ihre Abreise nach Neustrelitz vereinbart.

Sonntag ist großes Familiendiner im oberen Saal des Schlosses. Als die Königin bei Tisch ihre Freude äußert, morgen die lang ersehnte Reise anzutreten, wirft der König ein: »Du vergißt, daß wir morgen Montag haben, und daß es gegen Deine Grundsätze ist, am Montag fortzufahren.« Worauf sie lachend erwidert: »Oh, nichts bringt Unglück, wenn man zu seinem Vater fährt.«

Den Tee trinkt die Königin mit den Prinzessinnen in der getäfelten Galerie im Erdgeschoß, während die Musikkapelle der Garde zu Fuß vor den Fenstern des Billardzimmers spielt. Auf der Terrasse vor dem Schloß promenieren Spaziergänger, die an Feiertagen dort ungehindert Zutritt haben. Die Königin mit ihren Gästen mischt sich unter sie. Seit langem hat man sie nicht so vergnügt gesehen wie an jenem letzten Nachmittag in Charlottenburg. Die Blicke des Königs folgen ihr: »Nie war sie schöner als Heute, ein neuer Strohhut stand ihr allerliebst.«

Nachdem die Gesellschaft sich verabschiedet hat, soupieren König und Königin allein im Freien. Es fängt bereits an, kühl zu werden. Später glaubt Luise, sie habe sich an jenem Abend erkältet.

Früh sechs Uhr am nächsten Morgen, nachdem sie noch am Bett des Königs fröhlich von ihm Abschied nahm, fährt Luise ab, begleitet von Gräfin Voß und Gräfin Truchseß, eine ihrer Hofdamen. In Fürstenberg wird zu Mittag gegessen, um vier Uhr geht es weiter. In zwei Stunden kann man in Neustrelitz sein, die Königin braucht dreieinhalb, denn schon auf der Landstraße wird sie von einer »Kompanie Bürger zu Pferde« begrüßt, die sie zum Stadttor eskortiert, wo ein Triumphbogen errichtet ist, Musik sie empfängt und der Bürgermeister eine Rede hält. Ohne daß der Herzog es wußte, haben die Bewohner ihre Häuser mit Blumen geschmückt, und Girlanden hängen von einem Fenster zum anderen über die Straße.

Als sie in den Schloßhof einfährt, erwarten sie, auf der Freitreppe stehend, der Vater, die Geschwister Georg, Friederike und Karl, die Großmutter und die Freundin Frau von Berg. Gerührt schließt die einundachtzigjährige »Mabuscha« ihre Lieblingsenkelin nach den langen Jahren der Trennung in die Arme. Luise findet sie wenig verändert, nur macht das Gehen ihr Mühe. Noch am Abend der Ankunft, »zitterig und beberig« von den Anstrengungen der Reise, berichtet Luise dem König von ihrem »Einzug«, von dem Wiedersehen, von der Fahrt, die angenehm war, lediglich »der Sand vor Oranienburg und vor Fürstenberg übersteigt alle Vorstellung und alles Erlaubte, /und ein Staub! fürchterlich!/«

Gerne wäre Luise ganz privat nur Tochter, Enkelin, Schwester und Freundin geblieben, aber das hätte der Adel in Stadt und Land verübelt. So hält sie am Mittwoch Cour. Man bewundert, wie so oft, ihre Perlen. »Ich liebe sie auch sehr«, erwidert sie, sie würden besser zu ihr passen als Diamanten. Sie bedeuten Tränen, und sie habe viele geweint.

Am Tag darauf trifft der König um fünf Uhr nachmittags ein. Alle sind im Hof zu seiner Begrüßung versammelt, Luise stolz in dem Bewußtsein, ihn im Hause des Vaters willkommen zu heißen. Nachdem er sich erfrischt hat, führt sie ihn durch die Räumlichkeiten des Schlosses, die repräsentativen Säle, die Zimmer des Vaters, des Erbprinzen, der Großmutter. Für den König hat sich Luise »en beau« frisieren lassen, sie trägt ein dunkelblaues Seidenkleid, ist guter Dinge, klagt aber schon an jenem Nachmittag über Kopfschmerzen. Auf der Schloßkoppel inmitten eines Wäldchens, das einen weiten Rasenplatz umgibt, unter der hohen, Schatten spendenden Eiche wird Tee getrunken und anschließend ein Spaziergang unternommen. Auf Wunsch des Königs, der den Landsitz Hohenzieritz dem städtischen Strelitz vorzieht, werden die Tage seines Aufenthaltes dort verbracht. Luise fühlt sich gegen abend schlechter, nimmt jedoch an dem Souper in Hohenzieritz noch teil.

Nach einer unruhigen Nacht steht sie spät auf, ist beim Mittagessen heiter und gesprächig. An dem Spaziergang beteiligt sie sich nicht, erscheint noch einmal, als sie die Gesellschaft heimkommen hört, bittet dann, sie beim Abendessen zu entschuldigen, sie fühle sich krank. Sie hoffe, durch die Ruhe sich zu kräftigen, da sie am nächsten Tag mit dem König nach Rheinsberg fahren soll.

Schon am Morgen beim Erwachen erfährt der König, daß es ihr nicht gut geht, daß der Arzt des Herzogs, Hofrat Hieronimy, wünsche, daß die Fahrt nach Rheinsberg unterbleibt. Sie wird auf den Tag der Rückreise verschoben, auf Dienstag, den 3. Juli. Nach einem Aderlaß bessert sich das Befinden Luises. Sie verbringt die beiden folgenden Tage teils im Bett, teils auf dem Sofa, immer lebhaft, immer ihre Leiden verbergend, sobald der König bei ihr ist, bekümmert nur, daß sie gerade hier krank geworden ist.

Die Nächte sind schlecht, das Fieber steigt. Bereits am Montag ist an eine Rückreise mit dem König nicht zu denken. Draußen ist es sehr heiß geworden, man bettet die Königin in ein kühleres Zimmer auf der Nordseite im Erdgeschoß. Als der König sie nach dem Abendessen aufsucht, ist sie »unmutig«, in Hohenzieritz bleiben zu müssen. Der Arzt versichert, die Krankheit verlaufe normal, aber fünf bis sechs Tage werde es dauern, ehe sie reisefähig sei. Der König, der wegen dringender Staatsgeschäfte nach Berlin zurückkehren muß, beschließt Ende der Woche wiederzukommen, um Luise abzuholen.

Auch er klagt vor der Abreise über Kopfschmerzen. Während der Fahrt und der Visite in Rheinsberg fühlt er sich immer elender und kommt in Charlottenburg mit heftigem Fieber an. »Ein Wechselfieber mit anhaltender Hitze, aber ohne Frost.« Nach drei Anfällen bleibt es aus, doch er ist sehr angegriffen und erholt sich nur langsam.

Täglich erhält er »bulletins« von Hieronimy, die ihm nicht gefallen, er findet sie »auf Schrauben gestellt«, man kann sie auslegen, wie man will. Von Gefahr ist nie die Rede, leider auch nicht von Besserung, ernstlich besorgt äußert sich auch niemand aus Luises nächster Umgebung. Nur ein Verwandter Friederikes, Prinz Solms-Lych, zu Besuch in Hohenzieritz, schreibt ihm, er halte es für richtiger, einen Arzt aus Berlin hinzuzuziehen, bittet gleichzeitig über den Rat Stillschweigen zu wahren. Wie sehr mag der König Hufeland vermißt haben, dem Luise am meisten vertraute; kurz zuvor hat er ihn nach Holland gesandt zu König Louis Napoleon, der an Lähmungen der Hände und Füße leidet.

Geheimrat Heim, der königliche Leibarzt, reist sofort von Berlin ab mit der Weisung, der König wünsche genauen mündlichen Bericht über den Krankheitszustand seiner Frau. Drei Tage später kommt Heim zurück. Er und Hieronimy stimmen überein, die Königin hat eine Lungenentzündung, die ohne beunruhigende Symptome verläuft, er werde jedoch nach einiger Zeit, etwa gegen den 21. Tag seit Ausbruch der Krankheit, wieder nach ihr sehen.

Der König, beruhigt, will nun seine völlige Genesung geduldig abwarten. Er weiß Luise in bester Pflege, und sie selbst hat ihm sagen lassen, er möchte nicht kommen, bevor es ihr besser gehe, da seine Ankunft, nach Ansicht der Ärzte, »durch zu große Erschütterung ihr nachteilig werden könnte«. Daraufhin setzt er seine Abreise auf Freitag, den 20. Juli, fest. Als Luise den Brief, der ihr den Zeitpunkt seines Eintreffens mitteilt, in Händen hält, sagt sie beklommen: »Erst den Freitag, ach, das ist noch lange hin, und es ist mein 21. Tag.« Offenbar hat Heim davon gesprochen, daß an diesem Tag eine Krise eintreten könnte.

Heim ist am 12. Juli abgereist. Es stellen sich zunächst keinerlei besorgniserregende Komplikationen ein. Die Lungenentzündung geht langsam zurück. Doch plötzlich am 16. Juli treten Kreislaufstörungen auf und mit ihnen Brustkrämpfe und Atemnot. Hieronimy benachrichtigt Heim, der in der Nacht zum 17. zusammen mit Goercke, dem zur Zeit bedeutendsten Chirurgen Deutschlands, umgehend nach Hohenzieritz aufbricht. Unterwegs begegnet er dem Prinzen Solms-Lych, der nach Charlottenburg fährt. Heim läßt dem König ausrichten, die Brustkrämpfe bedeuteten, seiner Meinung nach, keine akute Gefahr, Hieronimy übertreibe. Am selben Tag teilt Gräfin Truchseß einer anderen Hofdame mit, die Krämpfe seien nicht schlimmer als in Königsberg, der König möge sich nicht unnötigerweise aufregen.

Heim hat sich getäuscht. Als er die Königin sieht, erkennt er augenblicklich, daß sie in Lebensgefahr schwebt. Durch Eilkurier benachrichtigt er den König. Dieser ist am 18. morgens nach Potsdam gefahren. Um 12 Uhr erhält er dort das Schreiben von Heim, er möchte so schnell wie möglich kommen, dies sei auch der sehnliche Wunsch seiner Frau.

»Über diese Schreckenspost verlor ich dermaßen die Fassung, daß ich gar keinen vernünftigen Entschluß fassen konnte . . . Den Zustand, in dem ich mich befand zu beschreiben, ist unmöglich, ich war wie wahnsinnig, und wollte mir doch äußerlich nichts merken lassen.«

In Sanssouci nimmt er in Eile etwas zu sich, fährt nach Charlottenburg zurück, wohin er Hardenberg für fünf Uhr bestellt hat, um mit ihm das Nötigste abzusprechen. Hardenberg ist noch nicht da, als er ankommt. Er setzt sich an seinen Schreibtisch, allein mit seinem Schmerz und seiner Angst:

»Die heutigen Nachrichten drohen mir mit Vernichtung ... Mit Beben denke ich an das Wiedersehen. Gilt es Leben oder – Tod. Oh! Nein, nein. Erbarmen, erbarmen, der Schlag wäre fürchterlicher und schrecklicher als alle, alle, die mich je treffen könnten, wenn wir nur beisammen bleiben, dann ergehe über uns was Gottes Wille ist. Amen!

Ch(arlottenburg) 18. Juli 10.«

Auf sämtlichen Relaisstationen hat Oberstallmeister von Jagow schon am Tag zuvor Pferde, Wagen und Dienstpersonal bereitgestellt, um den Aufenthalt durch schnellen Wechsel zu kürzen. Um halb sieben Uhr abends reist der König mit dem Kronprinzen und Prinz Wilhelm ab. Nachts in Fürstenberg zwischen 2 und 3 Uhr klingen die ihn erwartenden Berichte »sehr schlecht«.

»Endlich erblickte ich schon von fern den Hohengiebel des Hohenzieritzer Wohnhauses. Er lag im Halbdunkel mit trüben Regenwolken umgeben; für mich eine schwarze Vorbedeutung, ich zerfloß innerlich in Tränen, die ich äußerlich zu verbergen mich bemüht.« Der König läßt in der Nähe der Kirche halten, zu Fuß geht er mit beiden Söhnen zum Schloß. Es ist dreiviertel fünf. Heim kommt ihm entgegen und führt ihn sogleich zu Luise.

»Wie erschrak ich, als ich sie bereits durch die heftigen anhaltenden Krämpfe und anderen Leiden äußerst verändert aussehend fand.« Sie ist wach, seit Mitternacht ständig in qualvoller Atemnot, begrüßt ihn, küßt ihn, »gut, daß Du wieder da bist, es ist doch besser beieinander zu sein, es ist doch mehr Trost.« Sie will die Söhne sehen.

Im Nebenzimmer setzt Heim dem König die Lage auseinander, die so gut wie hoffnungslos ist. Die Königin habe ihn gefragt, ob sie in Gefahr sei, er habe ihr versichert, das sei nicht der Fall, aber da man mit dem Schlimmsten rechnen müsse, rate er dem König, noch einmal mit ihr allein zu sprechen, vielleicht habe sie noch einen Wunsch.

Der erste Versuch des Königs scheitert schnell, Luise fühlt sich beunruhigt, läßt jemand rufen. Ein zweiter Versuch: er kniet neben dem Bett nieder, küßt ihre Hand und spricht »ungefähr folgende Worte: ›Es ist nicht möglich, daß es Gottes Wille sein kann, uns zu trennen. Ich bin ja nur durch Dich glücklich. Du bist mein einziger Freund, zu dem ich Zutrauen habe‹, ›und Hardenberg‹, fiel sie ein. Als ich sie fragte, ob sie etwas auf dem Herzen habe, sagte sie zuerst ›Nein‹, nach wiederholter Frage aber: ›Dein Glück und die Erziehung der Kinder.‹ Das Gespräch, wobei mir allerdings öfter die gehörige Fassung mangelte, hat sie gerührt und angegriffen, bald nachher sagte sie: ›Mach mir nicht so eine Szene, und bedauere mich nicht, sonst sterbe ich.‹ Sie küßte mich zum letztenmale mit dem Munde mit der größten Zärtlichkeit.«

Die Totenblässe und der Angstschweiß nehmen merklich zu, die Fingerspitzen werden eiskalt und beständig mit warmen Servietten gerieben. Die Beklemmungen durch die Krämpfe widerstehen allen Versuchen, sie zu lindern. Zuletzt, als sie beinah schon ihr den Atem nehmen, stöhnt sie, nach Luft ringend: »Herr Jesus mach es kurz.«

»Wenige Augenblicke nachher, nachdem sie einigemale konvulsivisch mit dem Gesicht gezuckt hatte – verschied sie. – Ich drückte ihr die starren, gebrochenen Augen zu.«

Eine Embolie endete das Leben der Königin.

Um neun Uhr morgens ist Luise gestorben, zwei Stunden später kommen Prinzessin Charlotte und Prinz Karl an. Der König nimmt weder am Mittag- noch am Abendessen der Hofgesellschaft teil, er widmet sich ausschließlich den Kindern. Auch am nächsten Tag. Morgens geht er mit ihnen in den Garten, Charlotte bindet einen kleinen Kranz aus weißen Rosen. Der Kronprinz, Prinz Wilhelm und Prinz Karl pflükken jeder für sich eine weiße Rose, der König wählt eine der schönsten mit drei Knospen, »als Anspielung auf die drei jüngsten abwesenden Kinder, Alexandrine, Luise und Albrecht.« Den Kranz und die Rosen legen sie im Sterbezimmer auf das Bett. Um sechs Uhr abends fährt der König mit den Kindern nach Charlottenburg zurück.

Nach seiner Abreise nimmt der Bildhauer Wolff aus Strelitz den Abdruck für die Totenmaske der Königin.

Die zitierten Stellen sind den Aufzeichnungen des Königs *Vom Leben und Sterben der Königin Luise* entnommen. Die Schilderung der letzten Stunden hat der König am 19. Juli, an ihrem Todestag, dem »unglücklichsten Tag meines Lebens«, nachmittags in Hohenzieritz niedergeschrieben.

Am 25. Juli, früh vier Uhr, verläßt der Trauerzug Hohenzieritz. Zahlreiche Wagen folgen dem Sarg »Schritt vor Schritt« nach der Notiz im Tagebuch der Gräfin Voß. In Gransee und in Oranienburg wird übernachtet. Am 27. Juli gegen abend erreicht der Zug das königliche Schloß in Berlin. Unter den Klängen eines Chorals heben 24 Kammerherren den Sarg vom Wagen und tragen ihn die Treppe hinauf, dem König und seinen Kindern folgend, in den Thronsaal, wo sie ihn auf eine mit violettem Samt ausgeschlagene Erhöhung unter den Thronhimmel stellen. Sechs Kandelaber mit Kerzen erleuchten den Raum. In den nächsten drei Tagen ziehen Tausende an ihm vorüber. Der österreichische Gesandte in Berlin berichtet nach Wien, es sei unmöglich, die allgemeine Erschütterung in Worten wiederzugeben, niemals sei eine Fürstin so aufrichtig betrauert worden.

Am 30. Juli abends wird der Sarg in die Sakristei der Domkirche feierlich überführt und beigesetzt. Dort bleibt er, bis das Mausoleum fertiggestellt ist, das der König im Park von Charlottenburg am Ende der Fichtenallee, die Luise so liebte, erbauen läßt. Am 23. Dezember 1810 wird der Sarg aus der Sakristei nach der Charlottenburger Gruft gebracht. Ein Gedenktag: vor 17 Jahren ist die 17jährige Luise als Braut in Berlin eingezogen.

Der Schmerz, der den König zeichnet, den er mit Würde trägt, hat vielen erst offenbart, wie weich, wie sensibel er ist, dieser Monarch, der selbst dem Bruder Prinz Wilhelm aus »Stahl und Eisen zuweilen schien«.

Als Herzog Karl, Luises Vater, nach Neustrelitz zurückkehrt, findet er auf seinem Schreibtisch einen Bogen Papier mit den Schriftzügen Luises, datiert am Tage der Ankunft des Königs:

»Mon cher père!

Je suis bien heureuse aujourd'hui, comme votre fille et comme l'épouse du meilleur des époux!

Neustrelitz, ce 28. Juni 1810.«

Mein Lieber Vater! Ich bin sehr glücklich heute als Ihre Tochter und als die Frau des besten Gatten!

Am 30. Juli, am Tage der Beisetzung, erhält der König vom Herzog diese letzten Zeilen Luises.

Zeittafel

1770 *3. August: Prinz Friedrich Wilhelm als ältester Sohn des Thronfolgers Friedrich Wilhelm von Preußen in Berlin geboren.*

1776 *10. März: Prinzessin Luise von Mecklenburg-Strelitz als vierte Tochter des Prinzen Karl von Mecklenburg-Strelitz und seiner Frau Friederike von Hessen-Darmstadt in Hannover geboren.*
März: Erbprinz Ludwig von Hessen-Darmstadt verlobt sich mit Prinzessin Dorothea Auguste von Württemberg.
April: Großfürstin Wilhelmine, Schwester des Erbprinzen Ludwig und Frau des Großfürsten Paul von Rußland, gestorben.
Dorothea Auguste heiratet den Großfürsten Paul.
4. Juli: Unabhängigkeitserklärung der dreizehn nordamerikanischen Kolonien (»Vereinigte Staaten von Amerika«).
Adam Smiths »Inquiry into the Nature and Causes of the Wealth of Nations« erschienen.
Friedrich Maximilian Klinger: »Sturm und Drang«.
Jakob Michael Reinhold Lenz: »Die Soldaten«.

1777 *Februar: Erbprinz Ludwig von Hessen-Darmstadt heiratet seine Kusine Luise.*
7. Oktober: Im Nordamerikanischen Unabhängigkeitskrieg Niederlage der englischen Truppen bei Saratoga/New York.
Antoine Laurent Lavoisier erklärt die Verbrennung als chemische Verbindung eines Elements mit Sauerstoff (Oxidation).
Johann Heinrich Jung: »Heinrich Stillings Jugend«.

1778/79 Bayerischer Erbfolgekrieg.

1778 6. Februar: Handels- und Bündnisverträge zwischen Frankreich und den Vereinigten Staaten.
2. März: Geburt von Luises Schwester Friederike Karoline Sophie Alexandrine.
11. Mai: William Pitt d. Ä., englischer Staatsmann, gestorben.
30. Mai: Tod Voltaires (François-Marie Arouets) in Paris.
2. Juli: Jean-Jacques Rousseau gestorben.

1779 13. Mai: Mit dem Frieden von Teschen endet der Bayerische Erbfolgekrieg. Österreich erhält das Innviertel von Bayern.
12. August: Luises Bruder Georg geboren.
Spanien tritt in den Nordamerikanischen Unabhängigkeitskrieg ein.
Gotthold Ephraim Lessing: »Nathan der Weise«.

1780–1784 Seekrieg zwischen England und den Niederlanden.

1780 29. November: Kaiserin Maria Theresia gestorben.
Friedrich der Große: »De la littérature allemande«.
Gotthold Ephraim Lessing: »Ernst und Falk, Gespräche für Freymäurer« (1778–1780), »Die Erziehung des Menschengeschlechts«.

1781 *7. Januar: Luises Bruder Friedrich geboren (gestorben 1783).*
15. Februar: Gotthold Ephraim Lessing in Braunschweig gestorben.
19. Oktober: George Washington siegt bei Yorktown. Kapitulation der englischen Armee.
Beginn der Josephinischen Reformen in Österreich.
Friedrich Wilhelm Herschel entdeckt den Planeten Uranus.
Wolfgang Amadeus Mozart: »Idomeneo«.
Immanuel Kant: »Kritik der reinen Vernunft«.

1782 *21. April: Prinz Georg Wilhelm, Luises Großvater, gestorben.*
19./20. Mai: Schwester Auguste stirbt kurz nach der Geburt.
22. Mai: Tod von Luises Mutter.
Friedrich Schillers »Räuber« in Mannheim uraufgeführt.

1783 5. Juni/21. Oktober: Erster Aufstieg eines Heißluftballons der Brüder Jacques und Joseph Montgolfier (»Montgolfière«). Jacques Charles startet einen Wasserstoffballon (»Charlière«).
3. September: Friede zu Versailles. England erkennt die Unabhängigkeit der Vereinigten Staaten an.
19. Dezember: William Pitt d. J. wird englischer Premierminister (bis 1801).
Friedrich Schiller: »Kabale und Liebe« (Uraufführung 1784).

1784 20. Mai: Friede von Paris. Ende des englisch-niederländischen Seekriegs.
31. Juli: Denis Diderot gestorben.
28. September: Luises Vater heiratet Charlotte von Hessen-Darmstadt, die jüngere Schwester der verstorbenen Friederike.
4. November: Friedrich Wilhelm wird Secondeleutnant beim Garde-Bataillon in Potsdam.
Englisches Ostindien-Gesetz. Staatliche Kontrolle der East India Company.
Uraufführung von Schillers »Fiesco« (2. Fassung) in Mannheim.

1785 23. Juli: Gründung des »Deutschen Fürstenbundes«.
3. September: Luises älteste Schwester Charlotte heiratet Herzog Friedrich von Sachsen-Hildburghausen.
Fräulein von Wolzogen, bisher Erzieherin der Kinder, geht mit Charlotte nach Hildburghausen. Erzieherin und Vertraute wird Fräulein Salomé von Gélieu.
Oktober: Luises Tante Auguste von Hessen-Darmstadt heiratet Prinz Maximilian Joseph von Zweibrücken, den späteren König von Bayern.
30. November: Luises Stiefbruder Karl geboren.
12. Dezember: Tod der Stiefmutter Charlotte.
Ballonfahrt Blanchards in Frankfurt.
Erste Überquerung des Ärmelkanals im Freiballon.
Halsbandaffäre um die französische Königin Marie Antoinette.
In Preußen wird die erste deutsche Dampfmaschine gebaut.

1786–1788 Italienische Reise Goethes.

1786	*Frühjahr: Übersiedelung der drei Schwestern Therese, Luise und Friederike zur Großmutter nach Darmstadt.* *17. August: Friedrich II., der Große, in Sanssouci gestorben. Sein Neffe Friedrich Wilhelm II. wird König von Preußen.* Edmund Cartwright erfindet den mechanischen Webstuhl. Wolfgang Amadeus Mozart: »Figaros Hochzeit«.
1787–1792	Letzter Krieg Rußlands und Österreichs (1788–1791) gegen die Türken.
1787/88	Adelsrevolution in Frankreich. Wirtschaftskrise.
1787	*Karl Adolf Reichsgraf von Brühl übernimmt die weitere Erziehung des Kronprinzen.* 22. Februar–25. Mai: Französische Notabelnversammlung in Versailles (erstmals seit 1626). *Mai: König Friedrich Wilhelm II. geht (ohne offizielle Scheidung) mit Julie von Voß eine morganatische Ehe ein.* *4. Juli: Konfirmation des Kronprinzen.* *Friedrich Wilhelm wird Stabskapitän beim Garde-Bataillon.* 17. September: Die Verfassung der Vereinigten Staaten wird vom amerikanischen Konvent verabschiedet. 15. November: Christoph Willibald von Gluck gestorben. Wolfgang Amadeus Mozart: »Don Giovanni«. Johann Wolfgang von Goethe: »Iphigenie«. Friedrich Schiller: »Don Carlos«.
1788–1790	Schwedisch-russischer Krieg.
1788	*Luise und Friederike fahren nach Straßburg zur Tante Auguste von Hessen-Darmstadt.* *Reise nach Holland.* *Friedrich Wilhelm zur Truppenschau in Schlesien.* *Der Kronprinz wird volljährig.* 9. Februar: Österreich erklärt Rußland den Krieg. *3. September: Prinz Friedrich von Hessen-Darmstadt heiratet Karoline Seitz, die Tochter eines Kammerdieners.* 14. Dezember: Köng Karl III. von Spanien gestorben. Karl IV. folgt auf den Thron.

Agrarkrise in Frankreich. Mißernte, Teuerung.
Immanuel Kant: »Kritik der praktischen Vernunft«.
Johann Wolfgang von Goethe: »Egmont«.

1789 30. April: George Washington zum Präsidenten der Vereinigten Staaten gewählt.
5. Mai: In Versailles treten die französischen Generalstände erstmals seit 1614 zusammen.
25. Mai: Luises Schwester Therese heiratet den Fürsten Karl Alexander von Thurn und Taxis.
15./17. Juni: Der Dritte Stand konstituiert sich in Versailles als Nationalversammlung.
14. Juli: Sturm auf die Pariser Bastille. Beginn der Französischen Revolution.
26./27. August: Erklärung der Menschen- und Bürgerrechte in Frankreich.
Herbst: Pockenepidemie in Berlin. Der Kronprinz und sein Bruder werden geimpft.
Friedrich Wilhelms II. Frau Julie gestorben.
Abbé Sieyès veröffentlicht seine Schrift »Was ist der Dritte Stand«.
Luigi Galvani entdeckt das Phänomen der Berührungselektrizität.
Wolfgang Amadeus Mozart zu Besuch am königlichen Hof in Berlin und Potsdam.

1790 Jahresanfang: Unabhängigkeitserklärung der Österreichischen Niederlande (»Vereinigte Belgische Staaten«).
20. Februar: Kaiser Joseph II. gestorben. Sein Bruder Leopold II. wird Nachfolger auf dem Thron.
April: Friedrich Wilhelm II. von Preußen geht mit Gräfin Dönhoff eine morganatische Ehe ein.
17. April: Benjamin Franklin gestorben.
17. Juli: Adam Smith, Volkswirtschaftler und Philosoph, gestorben.
27. Juli: »Reichenbacher Konvention« zwischen Preußen und Österreich.
9. Oktober: Krönung Kaiser Leopolds II. in Frankfurt. Luise und ihre Geschwister sind anwesend. Sie wohnen im Hause Goethes.
2. Dezember: Besetzung Brüssels durch österreichische Truppen.

Kronprinz Friedrich Wilhelm wird Oberst und übernimmt die Führung des Potsdamer Regimentes Preußen.
Edmund Burke verfaßt »Reflections on the Revolution in France«.
Wolfgang Amadeus Mozart: »Cosi fan tutte«.

1791 *Frühjahr/Juni–September/Oktober: Luise und ihre Geschwister reisen nach Broich an der Ruhr und nach Holland.*
2. April: Graf Mirabeau gestorben.
20.–25. Juni: Die französische Königsfamilie flieht aus Paris und wird in Varennes zur Rückkehr in die Tuilerien gezwungen.
4. August: Friedensschluß zwischen Österreich und der Türkei.
27. August: »Pillnitzer Deklaration«. König Friedrich Wilhelm II. von Preußen und Kaiser Leopold II. beschließen, die französische Monarchie zu unterstützen. Kronprinz Friedrich Wilhelm nimmt an dem Treffen in Pillnitz teil.
3. September: Die französische Verfassung tritt in Kraft.
30. September: Auflösung der Nationalversammlung.
1. Oktober: Einberufung der Legislative (Gesetzgebenden Versammlung) in Frankreich.
Wolfgang Amadeus Mozart: »Die Zauberflöte«, »Requiem«.
5. Dezember: Mozart in Wien gestorben.
Thomas Paines Werk »The Rights of Man« erschienen.

1792–1797 Erster Koalitionskrieg Frankreichs gegen Österreich und Preußen.

1792 9. Februar: Friedensschluß zwischen Rußland und der Türkei.
Februar: Bündnis Preußen–Österreich.
1. März: Tod Leopolds II. Sein Sohn Franz II. wird Kaiser des Reiches.
20. April: Frankreich erklärt Österreich den Krieg.
15. Juni: Konfirmation von Luise und Friederike.
14. Juli: Kaiserkrönung in Frankfurt. Luise und ihre Schwester sind bei den Feierlichkeiten anwesend.
10. August: Erstürmung der Pariser Tuilerien.

13. August: König Ludwig XVI. von Frankreich und seine Familie werden im Temple inhaftiert.
2.–6. September: Massaker in den französischen Gefängnissen (»Septembermorde«).
20. September: Kanonade von Valmy. Rückzug der preußischen Truppen. Die Revolutionsheere besetzen das linke Rheinufer.
21. September: In Frankreich wird das Königtum durch den Nationalkonvent abgeschafft. Das Jahr I der Französischen Republik beginnt.
Oktober: Luises Großmutter Prinzessin George (Marie Luise) flieht mit Enkelinnen und Enkeln nach Hildburghausen zur vierten, ältesten Enkelin, Herzogin Charlotte.
21. Oktober: Frankfurt wird von den Franzosen besetzt.
6. November: Französischer Sieg bei Jemappes. Besetzung der Österreichischen Niederlande (Belgiens).
2. Dezember: Rückeroberung Frankfurts. König Friedrich Wilhelm II., der Kronprinz, Prinz Ludwig und Prinz Louis Ferdinand ziehen in die Stadt ein.
Claude Chappe konstruiert einen optischen Telegraphen.

1793 4./23. Januar: Rußland und Preußen verständigen sich über die zweite Teilung Polens.
21. Januar: Ludwig XVI. von Frankreich hingerichtet. England, Holland, Spanien, Portugal und mehrere italienische Staaten schließen sich daraufhin der antifranzösischen Koalition an.
24. Januar: Beförderung des Kronprinzen zum Generalmajor.
31. Januar/1. Februar: Kriegserklärung Frankreichs an England und Holland.
Februar: Beginn des Vendée-Aufstandes in Frankreich.
13. März: Auf der Rückfahrt nach Darmstadt Ankunft der Großmutter mit den Prinzessinnen in Frankfurt. Empfang beim König.
14. März: Vorstellung beim Kronprinzen.
19. März: Kronprinz Friedrich Wilhelm verlobt sich mit Luise. Verlobung des Prinzen Ludwig mit Friederike.
22. März: Das Reich erklärt Frankreich den Krieg. – *Beginn des dreijährigen Briefwechsels zwischen König Friedrich Wilhelm II. und Sophie Bethmann-Metzler.*

27. März: Preußische Truppen erobern den Rheinübergang bei Bingen.
24. April: Offizielle Verlobungsfeierlichkeiten in Darmstadt.
28. Mai: Luise und Friederike auf Einladung des Königs im Heerlager Bodenheim.
31. Mai–2. Juni: Unruhen in Paris. Sturz der Girondisten.
8. Juli: Luise trifft mit Schwester und Großmutter zu einem längeren Aufenthalt in Braunshardt ein.
13. Juli: Jean Paul Marat ermordet.
23. Juli: Rückeroberung von Mainz. Abzug der französischen Truppen.
23. August: Dekret über die allgemeine Wehrpflicht in Frankreich. Der Nationalkonvent beschließt die »Levée en masse«.
September: Beginn der »Schreckensherrschaft« in Frankreich.
16. Oktober: Königin Marie Antoinette von Frankreich hingerichtet.
13. Dezember: Abreise von Darmstadt.
21. Dezember: Ankunft im Königreich Preußen. Treffen mit dem Prinzenpaar in Potsdam.
22. Dezember: Empfang in Berlin.
24. Dezember: Trauung des Kronprinzen mit Luise.
25. Dezember: Einzug ins Kronprinzliche Palais Unter den Linden.
26. Dezember: Prinz Ludwig heiratet Friederike.

1794 *10. März: Luise erhält vom König Schloß Oranienburg als Geburtstagsgeschenk.*
24. März/5. April: Hébert, Danton und Desmoulins werden hingerichtet.
24. März: Aufstand in Warschau.
1. April: Übersiedelung von Berlin nach Potsdam.
15. Mai: Abreise des Kronprinzen und des Prinzen Ludwig zur Teilnahme am Polenfeldzug.
18. Mai/26. Juni: Österreichische Niederlagen bei Tourcoing und Fleurus.
1. Juni: Verkündung des Allgemeinen Landrechts in Preußen.
2. Juni: Luises Vater wird – durch Erbfolge – Herzog von Mecklenburg-Strelitz.

15. Juni: Krakau von Preußen besetzt.
27. Juli: Sturz Robespierres.
28. Juli: Robespierre und Saint-Just werden hingerichtet. Ende der »Schreckensherrschaft« in Frankreich.
20. September: Rückkehr des Kronprinzen.
7. Oktober: Eine Tochter Luises wird tot geboren.
30. Oktober: Friederikes Sohn Friedrich geboren.
6. November: Russische Truppen nehmen Warschau ein.
Johann Gottlieb Fichte: »Grundlage der gesamten Wissenschaftslehre«.

1795–1799 Regierung des Direktoriums in Frankreich.

1795 3. Januar/24. Oktober: Dritte Teilung Polens zwischen Österreich, Preußen und Rußland.
5. April: Friede von Basel zwischen Frankreich und Preußen.
8. Juni: König Ludwig XVII. von Frankreich im Temple gestorben. Daraufhin nimmt der Graf von Provence den Titel Ludwig XVIII. an.
Herbst: Schadow beginnt mit der Arbeit an einer Doppelstatue der Prinzessinnen Friederike und Luise.
15. Oktober: Prinz Wilhelm, der spätere König Friedrich Wilhelm IV., geboren.
25. November: Der polnische König Stanislaus II. Poniatowski muß abdanken.
Tochter Friederikes geboren (Friederike).
Johann Wolfgang von Goethe: »Wilhelm Meisters Lehrjahre« (1795/96).

1796 9. März: Napoleon Bonaparte heiratet Joséphine Beauharnais.
26. März: Beginn des französischen Italien-Feldzugs.
10. Mai/5. August/8. September/15.–17. September: Napoleon siegt bei Lodi, Castiglione, Bassano und Arcole über die österreichischen Truppen.
10. September: Sohn Friederikes geboren (Friedrich Wilhelm Karl Georg).
17. November: Katharina II., die Große, von Rußland gestorben. Paul I. wird Zar.
28. Dezember: Prinz Ludwig, Friederikes Mann, gestorben.

Der Gesundheitszustand Friedrich Wilhelms II. verschlechtert sich.
Kronprinz Friedrich Wilhelm läßt das neuerworbene Gut Paretz ausbauen.
Der Kronprinz und Luise reisen nach Strelitz zu Luises Vater.

1797–1799 Kongreß von Rastatt.

1797 *13. Januar: Elisabeth, Witwe Friedrichs des Großen, gestorben.*
Friederike bezieht Schloß Schönhausen.
14./15. Januar: Sieg Napoleons bei Rivoli.
Februar: Mantua kapituliert.
4. März: John Adams wird 2. Präsident der USA.
22. März: Prinz Wilhelm, der spätere deutsche Kaiser Wilhelm I., geboren.
18. April: Vorfriede von Leoben.
17. Oktober: Friede von Campoformio zwischen Frankreich und Österreich. Belgien (Österreichische Niederlande), die Lombardei und das linke Rheinufer gehen an Frankreich; Österreich erhält Venedig.
16. November: Friedrich Wilhelm II. von Preußen gestorben. Der Kronprinz wird als Friedrich Wilhelm III. preußischer König.
11. Dezember: Begräbnisfeier.
König Friedrich Wilhelm III. läßt die Gräfin Lichtenau (Wilhelmine Enke-Rietz) und ihre Familie verhaften. Beginn eines drei Jahre währenden Prozesses, der zur vollen Rehabilitierung der Gräfin führt.
16. Dezember: Major von Köckeritz wird zum Oberstleutnant ernannt.
Friedrich Wilhelm Schelling: »Ideen zu einer Philosophie der Natur«.
Johann Wolfgang von Goethe: »Hermann und Dorothea«.
Johann Wolfgang von Goethe/Friedrich Schiller: »Xenien«.
Friedrich Hölderlin: »Hyperion« (fortgesetzt 1799).

1798/99 Ägypten-Feldzug Napoleons.

1798 12. Februar: Stanislaus II. Poniatowski, ehemaliger König von Polen, gestorben.

6. April: Friederikes jüngster Sohn Friedrich Wilhelm Karl Georg gestorben.

25. Mai–29. Juni: Huldigungsreise in die preußischen Ostgebiete. Luise begleitet den König.

4. Juni: Giacomo Casanova in Dux/Böhmen gestorben.

13. Juli: Prinzessin Charlotte, die spätere Frau des Zaren Nikolaus I., geboren.

1. August: Nelson siegt bei Abukir über die französische Flotte.

Spätsommer: Bruder Georg zu Besuch bei Luise.

Friederikes Liaison mit Prinz Friedrich zu Solms-Braunfels wird offenkundig. Auf Drängen des Königs heiratet Luise den Prinzen Friedrich und verläßt Anfang 1799 Berlin. Sie muß auf den Titel »Königliche Hoheit«, auf Wappen und Hofstaat verzichten.

Friedrich Schiller: »Wallenstein«.

1799–1804 Forschungsreise Alexander von Humboldts nach Lateinamerika.

1799–1802 Zweiter Koalitionskrieg gegen Frankreich.

1799 *Freundschaft Luises mit Marie von Kleist.*

Syrien-Feldzug Napoleons.

24. Februar: Georg Christoph Lichtenberg gestorben.

12. März: Beginn des Zweiten Koalitionskrieges.

Frühjahr: Sechswöchige Reise Luises zu Verwandten.

2. Juni: Familientreffen in Hildburghausen.

Luise lernt Jean Paul und Karl August von Hardenberg kennen. Wiedersehen mit Frau Rat Goethe.

2. Juli: Begegnung mit Friedrich Schiller in Weimar.

9. Oktober: Napoleon kehrt nach Frankreich zurück. Landung in Fréjus.

9. November: Staatsstreich Napoleon Bonapartes.

14. Oktober: Prinzessin Friederike geboren (gestorben am 30. März 1800).

4. Dezember: Napoleon wird Erster Konsul auf zehn Jahre.

Friedrich Delbrück wird Erzieher des Prinzen Friedrich Wilhelm, 1801 auch des Prinzen Wilhelm.

Friedrich Schleiermacher: »Über die Religion. Reden an die Gebildeten unter ihren Verächtern«.

1800 *Luises Bruder Georg verläßt Rostock und zieht für zwei Jahre nach Berlin.*

Christian Wilhelm Hufeland wird Königlicher Leibarzt.
5. Mai: Napoleon beginnt seinen zweiten Italien-Feldzug.
14. Juni: Schlacht bei Marengo. Sieg Napoleons über die Österreicher.
3. Dezember: Österreichische Niederlage bei Hohenlinden.
Novalis: »Hymnen an die Nacht«.
Friedrich Schiller: »Maria Stuart«.

1801 9. Februar: Friede von Lunéville zwischen Frankreich und Österreich. Bestätigung der Vertragsbedingungen von Campoformio (1797). Frankreich behält das linke Rheinufer.
4. März: Thomas Jefferson wird 4. Präsident der USA.
23. März: Zar Paul I. ermordet. Alexander I. folgt auf den russischen Thron.
25. März: Novalis (Friedrich Leopold Freiherr von Hardenberg) gestorben.
2. April: Seeschlacht bei Kopenhagen. Sieg des britischen Admirals Nelson über die dänische Flotte. – Okkupation Hannovers durch Preußen (bis Oktober).
1. Mai: Gerhard Johann David Scharnhorst zum Oberstleutnant des Feldartilleriecorps ernannt.
29. Juni: Prinz Karl geboren.
Carl Friedrich Gauß begründet die moderne Zahlentheorie.
Friedrich Schiller: »Die Jungfrau von Orleans«.

1802 25./27. März: Friede von Amiens zwischen England und Frankreich. Ende des Zweiten Koalitionskrieges.
10. Juni: Das preußische Königspaar trifft in Memel Zar Alexander I.
2. August: Napoleon wird Konsul auf Lebenszeit.
Novalis: »Heinrich von Ofterdingen« (posthum).
Friedrich Schiller wird in den Adelsstand erhoben.

1803–1814 Seekrieg zwischen England und Frankreich.

1803 *23. Februar: Prinzessin Alexandrine geboren.*
25. Februar: Der »Reichsdeputationshauptschluß« zu Regensburg bringt das Ende des alten deutschen Reiches. Säkularisation und Mediatisierung. Gebietsneuordnung in Deutschland.

10. März: Madame de Staël wird der Königin vorgestellt.
14. März: Friedrich Gottlieb Klopstock gestorben.
25. Mai: Sommerreise des Königspaares »ins Reich«. Treffen mit den Schwestern Luises.
12. Juni: Aufenthalt in Wilhelmsbad.
Oktober: Freundschaftsvertrag zwischen Spanien und Frankreich.
18. Dezember: Johann Gottfried von Herder in Weimar gestorben.
Metternich wird österreichischer Gesandter in Berlin.
Die USA kaufen einen Teil Louisianas von Frankreich.
Jean Paul: »Titan«.
Friedrich von Schiller: »Die Braut von Messina«.

1804 *12. Januar: Wilhelm, der Bruder des Königs, heiratet Marianne von Hessen-Homburg.*
12. Februar: Immanuel Kant gestorben.
9. März: Franzosen dringen in Baden ein und verhaften widerrechtlich den Herzog von Enghien.
21. März: Hinrichtung des Herzogs.
10. Mai: William Pitt d. J. wird erneut englischer Premierminister.
18. Mai: Napoleon ernennt sich zum »Kaiser der französischen Republik«.
27. Oktober: Freiherr vom Stein zum wirklichen Geheimen Staats-, Kriegs- und dirigierenden Minister in Preußen berufen.
6. November: Geheimabkommen zwischen Österreich und Rußland. Metternich bemüht sich um den Beitritt Preußens.
2. Dezember: Kaiserkrönung Napoleons.
13. Dezember: Prinz Ferdinand geboren (gestorben am 1. April 1806).
Hardenberg wird Minister des Äußeren in Preußen (bis 1806).
Ludwig van Beethoven: 3. Sinfonie.
Friedrich Wilhelm Schelling: »Philosophie und Religion«.
Jean Paul: »Flegeljahre«, »Vorschule der Ästhetik«.
Friedrich von Schiller: »Wilhelm Tell«.

1805 Dritter Krieg der Koalition (England–Österreich–Rußland) gegen Frankreich.

25. Februar: König Friedrich Wilhelms Mutter Friederike von Hessen-Darmstadt gestorben.
11. April: Englisch-russische Allianz (im August Beitritt Österreichs).
9. Mai: Friedrich von Schiller in Weimar gestorben.
19. September: In Preußen wird die Generalmobilmachung verfügt.
3. Oktober: Französische Truppen dringen in Preußen ein.
21. Oktober: Admiral Nelson siegt bei Trafalgar über die französisch-spanischen Seestreitkräfte und fällt im Gefecht.
25. Oktober: Zar Alexander in Berlin.
3. November: Preußisch-russisches Freundschaftsbündnis.
13. November: Französische Truppen ziehen in Wien ein.
2. Dezember: »Dreikaiserschlacht« bei Austerlitz. Sieg Napoleons über die russischen und österreichischen Heere.
15. Dezember: Vertrag von Schönbrunn. Schutzbündnis zwischen Preußen und Frankreich.
26. Dezember: Friede von Preßburg zwischen Österreich und Frankreich. Gebietsverluste für Österreich. Italien bleibt als Königreich unter französischer Herrschaft. Bayern und Württemberg werden Königreiche.
Prinz Georg, Luises Bruder, kehrt aus Italien zurück.
Blücher: »Gedanken über die Bildung einer preußischen Nationalarmee«.

1806/07 Vierter Koalitionskrieg gegen Frankreich.

1806–1808 Achim von Arnim/Clemens Brentano: »Des Knaben Wunderhorn«.

1806 23. Januar: William Pitt d. J., englischer Staatsmann, gestorben.
15. Februar: Vertrag von Paris zwischen Frankreich und Preußen.
Juni: Luise geht für sechs Wochen zur Kur nach Pyrmont.
12. Juli: »Rheinbund-Akte«. Sechzehn deutsche Fürsten schließen sich unter dem Protektorat Frankreichs im Rheinbund zusammen und lösen sich vom Reichsverband.

6. August: Franz II. dankt als römisch-deutscher Kaiser ab; er ist seit 1804 als Franz I. Kaiser von Österreich.
20. September: Das Königspaar verläßt Berlin.
23. September: Aufenthalt in Naumburg.
10. Oktober: Prinz Louis Ferdinand von Preußen vor Rudolstadt gefallen.
13.–18. Oktober: Luise reist von Auerstedt über Weimar und Berlin nach Schwedt zu den Kindern.
14. Oktober: Schlacht von Jena und Auerstedt. Frankreich siegt über die preußischen und russischen Truppen. Der Herzog von Braunschweig, Oberbefehlshaber der preußischen Armee, wird schwer verwundet (gestorben am 10. November).
24. Oktober: Napoleon zieht in Berlin ein.
8. November: Magdeburg ergibt sich kampflos den Franzosen.
Friedrich Wilhelm und Luise halten sich in Graudenz auf, die Kinder in Königsberg.
Mitte November: Flucht nach Osterode.
21. November: Napoleon verfügt die »Kontinentalsperre«. – Der König weist die harten Friedensbedingungen Napoleons zurück.
23. November: Fahrt von Osterode nach Ortelsburg.
10. Dezember: Das Königspaar trifft auf der Flucht in Königsberg ein.
Dezember: Schwere Typhus-Erkrankung Luises.

1807 4. Januar: Freiherr vom Stein wird entlassen.
8. Januar: Friedrich Wilhelm und Luise auf der Flucht in Memel.
7./8. Februar: Schlacht von Preußisch-Eylau.
2./4. April: Zar Alexander beim preußischen Königspaar in Memel.
Frühjahr: Nassauer Denkschrift des Freiherrn vom Stein (»Über die zweckmäßige Bildung der obersten und der Provinzial- und Polizeibehörden in der preußischen Monarchie«).
April–Juli: Hardenberg Außenminister in Preußen.
April/Mai: Luise in Königsberg bei ihrer Schwester Friederike.
26. April: Schutz- und Trutzbündnis zwischen dem preußischen König und dem Zaren erneuert.

	29. April: Beginn der neunwöchigen Schlacht um Kolberg. Gneisenau hält die Festung gemeinsam mit Nettelbeck bis zum Waffenstillstand. 26. Mai: Kapitulation von Danzig. 14. Juni: Französische Truppen schlagen ein russisches Heer bei Friedland. 16. Juni: Königsberg wird besetzt. 21. Juni: Waffenstillstand. *25. Juni: Beginn der Verhandlungen zwischen Napoleon und Zar Alexander in Tilsit. Auch König Friedrich Wilhelm III. ist anwesend.* *Juli: Königin Luise in Tilsit. Begegnung mit Napoleon.* 7.–9. Juli: Friede von Tilsit zwischen Frankreich einerseits, Rußland und Preußen andererseits. Bildung des Königreichs Westfalen (unter der Herrschaft Jérôme Bonapartes) und des Großherzogtums Warschau. Danzig wird Freie Stadt, Rußland erhält ostpreußische Gebiete. 25. Juli: Einrichtung einer militärischen Reorganisationskommission. Heeresreform in Preußen. 9. August: Hardenberg entlassen. Oktober: Freiherr vom Stein wird leitender Minister in Preußen. 9. Oktober: Erstes preußisches Reformgesetz zur Bauernbefreiung (»Edikt den erleichterten Besitz und den freien Gebrauch des Grundeigentums sowie die Verhältnisse der Landbewohner betreffend«). Winter 1807/08: Johann Gottlieb Fichte hält in Berlin seine »Reden an die deutsche Nation«. Georg Wilhelm Friedrich Hegel: »Phänomenologie des Geistes«. Heinrich von Kleist: »Amphitryon«. Madame de Staël: »Corinne«.
1808–1814	Krieg Napoleons gegen Spanien und Portugal.
1808	*16. Januar: Rückkehr der königlichen Familie nach Königsberg.* *1. Februar: Prinzessin Luise geboren.* Mai/Juli: Aufstände in Madrid. *Anfang Juni: Umzug in das Sommerhäuschen »auf den Huben«.*

6. Juni: Joseph Bonaparte wird als König von Spanien eingesetzt.
3. August: Abschaffung der Prügelstrafe in Preußen.
18.–20. September: Zar Alexander in Königsberg.
27. September–14. Oktober: Fürstentag zu Erfurt.
12. Oktober: Napoleon und Zar Alexander I. schließen auf dem Erfurter Fürstentag einen französisch-russischen Allianzvertrag.
19. November: In Preußen wird die Städteordnung verkündet.
24. November: Entlassung des Freiherrn vom Stein aus dem Amt. – Vom Stein: »Verordnung die veränderte Verfassung der obersten Verwaltungsbehörden in der Preußischen Monarchie betreffend«.
27. Dezember: Friedrich Wilhelm III. und Luise reisen auf Einladung des Zaren nach Sankt Petersburg.
Alexander von Humboldt: »Ansichten der Natur«.
Ludwig van Beethoven: 5. und 6. Sinfonie.
Friedrich Arnold Brockhaus begründet sein Konversationslexikon.
Johann Wolfgang von Goethe: »Faust. Erster Teil«.
Heinrich von Kleist: »Der zerbrochene Krug«, »Das Käthchen von Heilbronn«, »Penthesilea«.

1809/10 Wilhelm von Humboldt leitet das Kultus- und Unterrichtsressort im preußischen Innenministerium.

1809 Krieg Österreichs gegen Frankreich (Fünfter Koalitionskrieg).
Tiroler Aufstand unter Andreas Hofer.
10. Februar: König Friedrich Wilhelm und Königin Luise kehren aus Rußland zurück.
4. März: James Madison wird Präsident der USA.
13. März: Sturz Gustavs IV. Adolf von Schweden.
März: Errichtung eines preußischen Kriegsministeriums.
18.–23. April: Französische Siege bei Hausen, Abensberg, Landshut und Eggmühl.
13. Mai: Napoleon in Wien.
21./22. Mai: Schlacht von Aspern (Eßling). Niederlage Napoleons.
31. Mai: Joseph Haydn gestorben.
Mai–Juli: Frankreich annektiert den Kirchenstaat.

Juni–September: Luises Bruder Georg zu Gast im Sommerhaus »auf den Huben«. Anschließend Besuch der Schwester Friederike.
5./6. Juli: Schlacht bei Wagram. Napoleon besiegt die österreichischen Truppen.
16. August: Gründung der Friedrich-Wilhelms-Universität in Berlin.
Oktober: Metternich wird österreichischer Außenminister.
14. Oktober: Friede von Schönbrunn zwischen Frankreich und Österreich. – *Prinz Albrecht geboren.*
16. Dezember: Scheidung Napoleons von Joséphine Beauharnais.
23. Dezember: König Friedrich Wilhelm und Königin Luise ziehen feierlich in Berlin ein.
Rußland erobert Finnland von Schweden.
Friedrich Wilhelm von Schelling: »Philosophische Untersuchungen über das Wesen der menschlichen Freiheit«.
Johann Wolfgang von Goethe: »Die Wahlverwandtschaften«.

1810 20. Februar: Andreas Hofer in Mantua erschossen.
2. April: Napoleon heiratet Erzherzogin Marie-Louise, die Tochter des österreichischen Kaisers Franz I.
4. Juni: Hardenberg zum leitenden Minister in Preußen berufen.
25. Juni: Abreise Luises von Charlottenburg nach Neustrelitz. Besuch bei Vater und Großmutter.
28. Juni: Ankunft Friedrich Wilhelms in Neustrelitz. Das Königspaar wohnt in Hohenzieritz.
Luise erkrankt an Lungenentzündung.
19. Juli: Königin Luise in Hohenzieritz gestorben.
25./27. Juli: Überführung nach Berlin.
30. Juli: Beisetzung in der Domkirche.
27. Oktober: Hardenberg wird preußischer Staatskanzler.
23. Dezember: Überführung in die Charlottenburger Gruft.
Scharnhorst muß das Kriegsministerium verlassen.
Hermann von Boyen tritt an die Stelle Karl Leopold von Köckeritz' als Generaladjutant.
Madame de Staël: »De l'Allemagne«.

Mecklenburg-Strelitz

Adolf Friedrich II.
*1658 † 1708
1701 Hzg. zu Strelitz
⚭ (1.) Marie v. Mecklenburg-Güstrow
*1659 † 1701
(2.) Johanna v. Sachsen-Gotha
*1680 † 1704
(3.) Christiane v. Schwarzburg-Sondershausen
*1681 † 1751

(1.)
Adolf Friedrich III.
*1686 † 1752
1708 Hzg.
⚭ Dorothea v. Holstein-Plön
*1692 † 1765

2 Töchter

(3.)
Karl
*1708 † 1752
⚭ Elisabeth Albertine v. Sachsen-Hildburghausen
*1713 † 1761

5 Töchter

Adolf Friedrich IV.
*1738 † 1794
ab 1752/53 Hzg.

Karl II.
*1741 † 1816
1794 Hzg.
1815 Ghzg.
⚭ (1.)
(2.)

Ernst
*1742
†1814

Sofie Charlotte
*1744 † 1818
⚭ Georg III.
*1738 † 1820
1760 Kg. v. Großbrit.
②

7 weitere Kinder

(1.)
Charlotte
*1769 † 1818
⚭ Friedrich v. Sachsen-Hildburghausen
*1763 † 1834

(1.)
Karoline
*1771 † 1773

(1.)
Georg
*1772
†1773

(1.)
Therese
*1773 † 1839
⚭ Karl Alexander v. Thurn u. Taxis
*1770 †1827

(1.)
S.
*u. †
1774

(1.)
Friedrich
*u. †
1775

Ludwig IX.
*1719 † 1790
1768 Ldgf.
⚭ (1.) Karoline v. Zweibrücken-Birkenfeld
*1721 † 1774
(2.) Marie Adelaide de Cheirou
*1752 † ...
Gfn. v. Lemberg

alle (1.)

S.
totgeb.
1742

Karoline
*1746 † 1821
⚭ Friedrich v. Hessen-Homburg
*1748 † 1820

Friederike
*1751 † 1805
⚭ Friedrich Wilhelm II.
*1744 † 1797
1786 Kg. v. Preußen
(s. T. 2)

Ludwig X. (I.)
*1753 † 1830
1790 Ldgf.
1806 Ghzg.
⚭

Ludwig
*1749 † 182
⚭ Friederike Schmidt
*1751 † 18
1793 Frn. v
Hessenheim

① vgl. Heyne Biogr. Bd. 40, Conte Corti, Elisabeth v. Österreich, Stammtafel
② vgl. Heyne Biogr. Bd. 72, Wocker, Königin Victoria, Stammtafel

Hessen-Darmstadt

Tafel 1

Ludwig VIII.
*1691 †1768
1739 Ldgf. v. Hessen-Darmstadt
⚭ Charlotte v. Hanau-Lichtenberg
*1700 †1726

Georg Wilhelm
*1772 †1782
⚭ Marie Luise v. Leiningen-Heidesheim
*1729 †1818

Karoline Luise
*1723 †1783
⚭ Karl Friedrich v. Baden
1728 †1811

3 Kinder

Amalie
*1754 †1832
⚭ Karl v. Baden
*1755 †1801

Wilhelmine (Natalie)
*1755 †1776
⚭ Paul (I.)
*1754 erm. 1801
1796 Ks. v. Rußl.

K.
totgeb.
1776

Luise
*1757 †1830
⚭ Karl August v. Sachsen-Weimar
*1757 †1828

Friedrich
*1759
†1802

Christian
*1763
†1830

---

riederike
*1752
1782

Georg
*1754
†1830

Charlotte
*1755
†1785

Karl
*1757
†1795

Friedrich
*1759 †1808
⚭ Karoline Seitz
*1768 †1812
»von Friedrich«

Luise
*1761
†1829

Auguste Wilhelmine
*1765 †1796
⚭ Maximilian Joseph v. Zweibrücken
*1756 †1825
1805 Kg. v. Bayern
①

(1.)
Luise
***1776 †1810**
⚭ Friedrich Wilhelm III.
*1770 †1840
1797 Kg. v. Preußen
(s. T. 2)

(1.)
Friederike
*1778 †1841
⚭ (1.) Ludwig v. Preußen
*1773 †1796
(s. T. 2)
(2.) Friedrich zu Solms-Braunfels
*1770 †1814
(3.) Ernst August
Kg. v. Hannover
*1771 †1851
②

(1.)
Georg
*1779 †1860
1816 Ghzg.
⚭ Marie v. Hessen-Kassel
*1796 †1880

(1.)
Friedrich
*1781
†1783

(1.)
Auguste
*u.†
1782

(2.)
Karl
*1785
†1837

Könige v. Preußen
1713–1888

Friedrich Wilhelm I.
*1688 †1740
1713 Kg. v. Preußen
⚭ Sofie Dorothea
v. Großbritannien
*1687 †1757

Friedrich
*1707 †1708

Wilhelmine
*1709 †1758
⚭ Friedrich v.
Brandenburg-
Bayreuth
*1711 †1763

Friedrich
Wilhelm
*1710 †1711

Friedrich II.
der Große
*1712 †1786
1740 Kg.
⚭ Elisabeth v.
Braunschweig-
Wolfenbüttel
*1715 †1797

Charlotte
*1713 †1714

Friederike
Luise
*1714 †1784
⚭ Karl v.
Brandenburg-
Ansbach
*1712 †1757

Philippine
Charlotte
*1716 †1801
⚭ Karl I. v.
Braunschw.-
Wolfenbüttel
*1713 †1780

Karl
*1717 †1719

Friedrich Wilhelm II.
*1744 †1797
1786 Kg.
⚭ (1., ab 1769) Elisabeth
v. Braunschweig-
Wolfenbüttel
*1746 †1840
(2.) Friederike v.
Hessen-Darmstadt
*1751 †1805
(3., morg. 1787) Julie v. Voß
*. . . †1789
»Gfn. Ingenheim«
(4., morg. 1790) Gfn. Dönhoff

nat. K.
(Mutter: Wilhelmine Enke)

S.
*1770
† jung

Alexander
*1779
†1787
Gf. v. d. Mark

T.
*1780
Gfn. v. d.
Mark

2 K.
† jung

Heinrich
*1747
†1767

Wilhelmine
*1751 †1820
⚭ Wilhelm V. v.
Nassau-Oranien
*1748 †1806

Emil
*1758
†1759

(1.)
Friederike
*1767 †1820
⚭ Friedrich
Hzg. v. York
*1763 †1827

(2.)
Friedrich Wilhelm III.
*1770 †1840
1797 Kg.
⚭ (1.) **Luise v. Mecklenburg-Strelitz**
***1776 †1810**
(s. T. 1)
(2.) Auguste v. Harrach
*1800 †1873
Fstn. v. Liegnitz

(2.)
Wilhelmine
*1772 †1773

(2.)
Ludwig
*1773 †1796
⚭ Friederike v.
Mecklenburg-
Strelitz
*1778 †1841
(s. T. 1)

(2.)
Wilhelmine
*1774 †1837
⚭ Wilhelm I.
Kg. d. Niederlande
*1772 †1843

Friedrich
*1794 †1863
⚭ Luise v. Anhalt-Bernburg
*1799 †1882

2 S.

Karl Georg
*1796 †1798

Friederike
*1795 †1850
⚭ Leopold v.
Anhalt-Dessau
*1794 †1871

---

alle (1.)

T.
totgeb.
1794

Friedrich Wilhelm IV.
*1795 †1861
1840 Kg., 1857 reg.-unf.
⚭ Elisabeth v. Bayern
*1801 †1873

Wilhelm I.
*1797 †1888
1858 Rg., 1861 Kg., 1871 Ks.
⚭ Auguste v. Sachsen-Weimar
*1811 †1890

Charlotte (Alexandra)
*1798 †1860
⚭ Nikolaus I., Ks. v.
Rußland
*1796 †1855

Friederike
*1799 †1800

Ergänzend siehe Heyne Biogr. Bd. 26,
Cowles, Wilhelm II., Stammt.

Sofie
*1719 †1765
⚭ Friedrich Wilhelm v. Brandenburg-Schwedt *1700 †1771

Ulrike
*1720 †1782
⚭ Adolf Friedr. Kg. v. Schweden *1710 †1771

August Wilhelm
*1722 †1758
⚭ Luise v. Braunschw.-Wolfenbüttel *1722 †1780

Amalie
*1723 †1787
Äbtissin in Quedlinburg

Heinrich
*1726 †1802
⚭ Wilhelmine v. Hessen-Kassel *1726 †1808

Ferdinand
*1730 †1813
⚭ Luise *1738 †1820 (T. v. Friedrich Wilhelm v. Brandenburg-Schwedt, s. links)

Friederike
*1761
†1773

Friedrich
*1769
†1773

Luise
*1770 †1836
⚭ Anton von Radziwill *1775 †1833

Heinrich
*1771
†1790

Louis Ferdinand
*1772
gef. 1806

nat. K.

Friedrich
*u. †1776

August
*1779
†1843

(2.)
S.
totgeb.
1777

(2.)
Auguste
*1780 †1841
⚭ Wilhelm II. v. Hessen-Kassel *1777 †1847

(2.)
Heinrich
*1781
† 1846
Großmeister d. preuß. Johanniter

(2.)
Wilhelm
*1783 †1851
⚭ Marie Anna v. Hessen-Homburg *1785 †1846

(3.)
S.
*1789

(4.)
S.
*1791/2

(4.)
T.
*1793

Adalbert
*1811 †1873
⚭ Therese Elßler *1808 †1878 Frfr. v. Barnim

Elisabeth
*1815 †1885
⚭ Karl v. Hessen-Darmst. *1809 †1877

Waldemar
*1817
† 1849

Marie
*1825 †1889
⚭ Maximilian II. Kg. v. Bayern *1811 †1864

①

5 K.
† jung

Karl
*1801 †1883
⚭ Marie v. Sachsen-Weimar *1808 †1877

Alexandrine
*1803 †1892
⚭ Paul Friedr. v. Mecklenburg-Schwerin *1800 †1842

Ferdinand
*1804 †1806

Luise
*1808 †1870
⚭ Friedrich d. Niederlande *1797 †1881

Albrecht
*1809 †1872
⚭ (1.) (⚮1849) Marianne d. Niederlande *1810 †1883
(2.) Rosalie v. Rauch *1820 †1879 Gfn. v. Hohenau

Bibliographie

Der Versuch, das Andenken der Königin von dem Adorationskult des 19. Jahrhunderts zu befreien, beruht vor allem auf dem reichen Material ihrer Briefe und Aufzeichnungen, den Mitteilungen des Königs, niedergeschrieben nach ihrem Tod, ferner auf Tagebüchern, Memoiren, Briefen, Notizen, Aussagen etc. der Zeitgenossen. Meinen besonderen Dank sage ich den Damen und Herren der Universitätsbibliothek Mannheim, die sachkundig und stets hilfsbereit meine Arbeit unterstützten. M. v. T.

Adami, Friedrich: Luise, Königin von Preußen. Berlin 1875.

Aner, K.: Der Aufklärer Friedrich Nicolai. Gießen 1912.

Aretz, Gertrud: Königin Luise. Dresden 1927.

Aretz, Gertrud: Die Frauen um Napoleon. Dresden 1924.

Arnim, C. O. L. von: Flüchtige Bemerkungen eines Flüchtig-Reisenden. Leipzig 1845.

Arnim, Hans von: Königin Luise. Berlin 1969.

Atzenbeck, Karl: Pauline Wiesel, Geliebte des Prinzen Louis Ferdinand. Leipzig o. J.

Atzenbeck, Karl: Die deutsche Pompadour. Leipzig 1925.

Augenzeugenberichte: Die Französische Revolution. Hrg. von Georges Pernoud und Sabine Flaissier. Düsseldorf 1962. Deutschland unter Napoleon. Hrg. von Eckart Kleßmann. Düsseldorf 1965.

Bailleu, Paul: Briefwechsel König Friedrich Wilhelm und Königin Luise mit Zar Alexander I. Leipzig 1900.

Bailleu, Paul: Der preußische Hof im Jahr 1798. Berlin 1898.

Bailleu, Paul: Haugwitz und Hardenberg. In: Deutsche Rundschau 20, 1879.

Bailleu, Paul: Königin Luise, ein Lebensbild. Berlin 1926.

Bailleu, Paul: Königin Luise in Pyrmont. Hohenzollern-Jahrbuch, Leipzig 1898.

Bailleu, Paul: Königin Luise in Tilsit. Hohenzollern-Jahrbuch, Leipzig 1899.

Baur, Wilhelm: Prinzessin Marianne von Preußen. Hamburg 1886.

Beguelin, Heinrich und Amalie von: Denkwürdigkeiten aus den Jahren 1807–1813. Berlin 1892.

Belli-Gontard: Lebenserinnerungen. Frankfurt 1872.
Berliner Merkwürdigkeiten. Berlin 1789.
Bieberstein, Oskar von: Memoiren der Gräfin Potocka. Leipzig 1899.
Bismarck, Otto Fürst von: Prinz Wilhelm und Napoleon. Dresden 1929.
Bissing, W. M. Freiherr v.: Friedrich Wilhelm II., König von Preußen. Berlin 1967.
Blasendorff, C.: Die Königin Luise in Pommern. Stettin 1879.
Bleich, Erich: Der Hof Friedrich Wilhelms II. und Friedrich Wilhelms III. Berlin 1914.
Blennerhassett, Lady: Frau von Staël. Berlin 1889.
Bode, Wilhelm von: Amalie von Weimar. 3 Bde. Berlin 1907.
Boehn, Max von: Die Mode, Bd. 5. München 1964.
Boyen, Hermann von: Denkwürdigkeiten und Erinnerungen 1771–1813. Stuttgart 1899.
Braun, I. W. (Hrg.): Luise, Königin von Preußen in ihren Briefen. Berlin 1888.
Bray, Frau von: Aus der Berliner Hofgesellschaft 1805 und 1806. In: Deutsche Rundschau, Bd. 114. Berlin 1902.

Coelln, Friedrich von: Vertraute Briefe über die inneren Verhältnisse am Preußischen Hofe seit dem Tode Friedrichs II. Leipzig 1807–09.
Cohnfeld, Adalbert: Ausführliche Lebens- und Regierungsgeschichte Friedrich Wilhelms III. Berlin 1840–42.
Corti, E. C. Graf: Ludwig von Bayern. München 1960.
Corti, E. C. Graf: Metternich und die Frauen. Bd. 1. München 1948.

David, Siegfried: August Wilhelm Ifflands Schauspielkunst bis Abschluß der Mannheimer Zeit, 1796. Dissertation 1931.
Delbrück, Friedrich: Die Jugend des Königs Friedrich Wilhelm IV. und des Kaisers u. Königs Wilhelm I. In: Monumenta Germaniae paedagogica, Bd. 36, 37, 40. Berlin 1907.
Diehl, Robert: Frankfurt im Spiegel alter Reisebeschreibungen vom 15.–19. Jahrhundert. Frankfurt 1939.
Diehl, Wilhelm: Alt-Darmstadt. Darmstadt 1913.
Diehl, Wilhelm: Hessische Chronik, 3. Jahrgang 1914.
Ditfurth, Maximilian von: Aus dem Leben des Königl. Bayerischen Oberst Karl Freiherr v. Ditfurth. Beitrag zur Geschichte der Kriege 1792–1809. Cassel 1864.

Elbin, Günther: Macht in zarten Händen. München 1968.
Erforschtes und Ererbtes aus dem alten Berlin. In: Schriften des Vereins für die Geschichte Berlins, Heft 50, 1917.
Esselborn, Karl: Darmstadt zur Zeit der Zopfzeit. Darmstadt 1915.
Eulenberg, Herbert: Der Guckkasten. Stuttgart 1921.
Eylert, R. Friedr.: Charakterzüge und historische Fragmente des Königs Friedrich Wilhelms III. Magdeburg 1844–46.

Fahrner, Rudolf: Gneisenau. München 1942.

Förster, Friedrich: Preußische Geschichte Bd. 1 u. 2. Berlin 1851–54.
Fontane, Theodor: Wanderungen durch die Mark Brandenburg. München 1967–68.
Forster, Georg: Sämtliche Schriften, Bd. 8 u. 9. Leipzig 1843.
Frankfurter Staats-Ristretto. Winter 1792/93.
Freitag, Gustav: Bilder aus der deutschen Vergangenheit, Bd. 4. Leipzig 1882.
Friedenthal, Richard: Goethe, sein Leben und seine Zeit. München 1963.
Friedrich Wilhelm III: Vom Leben und Sterben der Königin Luise, eigenhändige Aufzeichnungen ihres Gemahls. Berlin 1926.
Fuchs, Oskar: Marie Luise Albertine zu Leiningen-Heidesheim. In: Hessische Chronik, 3. Jahrgang 1914.

Geiger, Ludwig: Berlin 1688–1840, Geschichte des geistigen Lebens, Bd. 2. 1786–1840. Berlin 1893.
Gelbe Hefte, 5. Jahrgang, 1929: Metternich in Berlin.
Gentz, Friedrich von: Schriften. München 1838–40.
Goethe, Frau Rat (Kath. Elis.): Briefe an ihren Sohn. Weimar 1889.
Goethe, Joh. Wolfgang: Campagne in Frankreich 1792. Belagerung von Mainz 1793. Sämtl. Werke, Bd.25. Stuttgart 1840.
Goethe, Joh. Wolfgang: Dichtung und Wahrheit. Sämtl. Werke Bd. 21, 22. Stuttgart 1840.
Griewank, Karl: Briefwechsel der Königin Luise mit ihrem Gemahl Friedrich Wilhelm III. 1793–1810. Leipzig 1929.
Griewank, Karl: Briefwechsel der Königin Luise mit ihrem Gemahl Friedrich Wilhelm III. Leipzig 1926.
Griewank, Karl: Königin Luise, Briefe und Aufzeichnungen. Leipzig 1925.
Griewank, Karl: Königin Luise, ein Leben in Briefen. Leipzig 1943.

Haase-Faulenorth, Berthold: Gräfin Lichtenau. Berlin 1934.
Hahn, Werner: Friedrich Wilhelm und Luise, König und Königin von Preußen. Berlin 1850.
Hartmann, G. von: Königin Luise und die Frau Rat. In: Jahrbuch des Freien Deutschen Hochstifts, Jahrgang 1910.
Hausherr, Hans: Die Stunde Hardenbergs. Hamburg 1943.
Hausherr, Hans: Stein und Hardenberg. In: Historische Zeitschr. 1960.
Heigel, K. Th. von: Deutsche Geschichte vom Tode Friedrichs des Großen bis zur Auflösung des Reichs, 2 Bde. 1792–1806. Stuttgart 1899–1911.
Heigel, K. Th. von: Über Mannheims Übergabe 1795. München 1893.
Heimat und Welt, 3. Jahrgang, Weimar 1913: Zwei alte Gartenanlagen, eine Erinnerung an die Jugend der Königin Luise in Darmstadt.
Hellwig, Leo: Schulenburg-Kehnert unter Friedrich Wilhelm III. Berlin 1936.
Hertwig, Hugo: Johann Christoph Hufeland, der Arzt, der das Leben verlängerte. Berlin 1941.
Hildburghausen: Chronik der Stadt von Dr. Rudolf Arnim Human. Hildburghausen 1888.
Hildburghausen: Schriften des Vereins für Sachsen-Meiningsche Geschichte

und Landeskunde, Hefte 57–59, 1908–09 und 65, 1912.
Hirschfeld, Ludwig von: Geschichtliche Erinnerungen aus Alt-Mecklenburg, o. J.
Historische Studien: Schulenburg als Gouverneur von Berlin. Berlin 1936.
Hohenzollern-Jahrbuch 1899: Luise in Tilsit.
Hufeland, Christ. Wilh.: Eine Selbstbiographie. Berlin 1863.

Jagemann, Karoline: Erinnerungen. Hrg. von Prof. Dr. Ed. Bamberg. 1926.
Jagow, Kurt: Königin Luise, Briefe der Freundschaft. Leipzig 1940.

Kayser, Walther: Friedrich August von der Marwitz. Hamburg 1936.
Kiaulehn, Walther: Berlin. Berlin 1958.
Kircheisen, Friedr. M.: Die Königin Luise in der Geschichte und Literatur. Jena 1906.
Klein, Karl: Geschichte der Stadt Mainz während der ersten französischen Occupation 1792/93. Mainz 1861.
Kleßmann, Eckart: Prinz Louis Ferdinand von Preußen. München 1972.
Klinckowstroem, C. von: Der erste Ballonaufstieg in Deutschland. Umschau 40. Jahrgang 1935.
Klötzer, W., H. Heym u. W. Treue: Bankiers sind auch Menschen. Frankfurt 1973.
Knetsch, Karl: Tagebuch einer Reise nach Frankfurt zur Kaiserkrönung 1792. In: Alt-Frankfurt 5, Heft 1, 1913.
König, Heinrich: Die Clubbisten in Mainz. Leipzig 1847.
Körner, Christ. Gottfried: Schillers Leben. Stuttgart 1850.
Kretzschmer, I. C.: Friedrich Wilhelm III., sein Wirken und seine Zeit. 1841/42.
Krieger, Bogdan: Königin Luise und der Geh. Kabinettsrat Lombard. In: Dt. Revue 26. Jahrgang 1901.
Krieger, Bogdan: Russischer Besuch am preußischen Hof vor 100 Jahren. In: Dt. Revue, 29. Jahrgang, 1904.
Kriegk, G. L.: Deutsche Kulturbilder aus dem 18. Jahrhundert. Leipzig 1874.
Kupferberg, Herbert: Die Mendelssohns. Tübingen 1973.

Landsberg, Hans: Henriette Herz, ihr Leben und ihre Zeit. Weimar 1913.
Lang, Karl Heinrich Ritter von: Memoiren. Hrg. von Hans Hausherr. Stuttgart 1954.
Lebensbilder, Mitteldeutsche: Bischoffwerder. 3 Bde. Magdeburg 1928.
Lehnert, Johann Heinrich: Das Leben König Friedrich Wilhelms III. in Paretz. Potsdam 1845.
Ligne, Fürst von: Erinnerungen und Briefe. Wien 1920.
Lonke, Alwin: Königin Luise von Preußen. Leipzig 1904.

Mackowsky, H.: Christian Daniel Rauch. Berlin 1916.
Mackowsky, H.: Häuser und Menschen im alten Berlin. Berlin 1923.
Mackowsky, H.: Johann Gottfried Schadow, Jugend und Aufstieg. Berlin 1927.

Mann, Golo: Deutsche Geschichte des 19. und 20. Jahrhunderts. Frankfurt 1959.
Mann, Golo: Friedrich von Gentz. Zürich 1947.
Mann, Golo: Geschichte und Geschichten. Frankfurt 1961.
Massenbach, Christian v.: Memoiren. 3 Bde. Amsterdam 1809.
Merck, Johann Heinrich: Briefe an und von Merck. Darmstadt 1838.
Merck, Johann Heinrich: Briefe an die Herzogin Amalie und an Herzog Karl August von Sachsen-Weimar. Leipzig 1911.
Metternich: Nachgelassene Papiere, Bd. 1 und 2. Wien 1880.
Mommsen, W.: Geschichte des Abendlandes von der Franz. Revolution bis zur Gegenwart. München 1960.

Napoleon: Briefe an Josephine. München 1967.
Napoleon: Memoiren seines Lebens. Von Boulogne bis Ulm und Austerlitz. Der Feldzug gegen Preußen bis zur Schlacht bei Jena (Band 5). Fürstenkongreß zu Erfurt. Feldzug in Spanien (Band 6). Wien o. J. (um 1930).

Onken, Wilhelm: Das Zeitalter der Revolution, des Kaiserreiches und der Befreiungskriege, Bd. 2. Berlin 1886.
Oppeln-Bronikowski, Friedrich von: Abenteurer am preußischen Hofe 1700–1800. Berlin 1927.
Oppeln-Bronikowski, Friedrich von: Liebesgeschichten am preußischen Hofe. Berlin 1928.
Orieux, Jean: Talleyrand. Paris 1970, Frankfurt 1972.

Paléologue, M.: Der rätselhafte Zar. Berlin 1937.
Paulig, F.: Friedrich Wilhelm III. Frankfurt/O., Berlin 1905.
Pauls, Eilhard Erich: Das Ende der galanten Zeit. Lübeck 1924.
Perthes, C. Th.: Politische Zustände und Personen in Deutschland zur Zeit der Französischen Revolution. Gotha 1862.
Pertz, Georg Heinrich: Das Leben des Ministers Freiherr vom Stein. 5 Bde. Berlin 1849–55.
Petersdorff, Hermann von: Königin Luise. Leipzig 1920.
Petersdorff, Hermann von: Sophie Marie Gräfin Voß. Leipzig 1896.
Poseck, Ernst: Louis Ferdinand, Prinz von Preußen. Berlin 1938.

Radziwill, Fürstin, Luise geb. Prinzessin von Preußen: 45 Jahre aus meinem Leben 1770–1815. Braunschweig 1912.
Ranke, Leopold von: Zeitbilder und Charakteristiken. o. J.
Ranke, Leopold von: Preußische Geschichte. Leipzig 1879–81.
Redern, Hedwig: Zwei Welten. Das Leben der Juliane von Krüdener 1764–1825. Schwerin (Mecklenburg) 1927.
Reicke, R.: Kriegsrat Scheffner und Königin Luise. In: Altpreußische Monatsschrift 1864.

Scherr, Johannes: Blücher. Seine Zeit und sein Leben. 2 Bde. Leipzig 1886.
Schladen, Heinrich Leopold von: Preußen in den Jahren 1806/07. Ein Tagebuch. Mainz 1845.

Schnabel, Franz: Deutsche Geschichte im 19. Jahrhundert. Freiburg 1929–37.

Schurig, Arthur: Das galante Preußen gegen Ende des 18. Jahrhunderts. Berlin 1910.
Schwebel: Geschichte der Stadt Berlin. Berlin 1888.
Schwemmer, Richard: Der Liebesroman eines preußischen Königs. Frankfurt 1930.
Schwerin, Sophie Gräfin: Vor 100 Jahren. Berlin 1909.
Scurla, Herbert: Wilhelm von Humboldt. Düsseldorf 1976.
Seidel, Ina: Königin Luise von Preußen. Leipzig 1942.
Solms: Geschichte des Grafen- und Fürstenhauses von Rudolph Graf zu Solms-Laubach. 1865.
Srbik, Heinrich Ritter von: Metternich, der Staatsmann und der Mensch. München 1954.
Sybel, Heinrich v.: Geschichte der Revolutionszeit. Frankfurt 1878–1879.
Sybel, Heinrich v.: Kleine historische Schriften. München 1863–1881.
Sydow, Anna von (Hrg.): Wilhelm und Caroline von Humboldt in ihren Briefen. Berlin 1906–1916.

Taxis-Bordogna, Olga Gräfin: Frauen von Weimar. München 1950.
Thielen, Peter Gerrit: Karl August von Hardenberg. Berlin 1967.
Treitschke, Heinrich von: Deutsche Geschichte im 19. Jhdt. Leipzig 1913.
Tritsch, Walther: Metternich, Glanz und Versagen. Berlin 1934.

Vaihinger, Hans: Königin Luise als Erzieherin. Halle 1894.
Valloton, Henry: Alexander I. Hamburg 1967.
Valloton, Henry: Metternich. München 1976.
Varnhagen van Ense: Aus dem Nachlaß. Tagebücher von Friedrich von Gentz. Leipzig 1861.
Varnhagen van Ense: Denkwürdigkeiten. Leipzig 1871.
Vehse, Eduard: Geschichte des preußischen Hofes, des Adels und der Diplomatie. Hamburg 1851.
Vigée-Lebrun: Die Erinnerungen der Malerin, Bd. 2. Weimar 1912.
Voß, Sophie Marie Gräfin: 69 Jahre am preußischen Hof. Leipzig 1887.

Wahl, Hans: Prinz Louis Ferdinand. Weimar 1917.
Walther, Ph. A. F.: Darmstadt wie es war und geworden ist. Darmstadt 1865.
Wescher, Paul: Kunstraub unter Napoleon. Berlin 1976.
Wild, Erich: Mirabeaus geheime diplomatische Sendung nach Berlin. Heidelberg 1901.
Winkler, Martin: Zarenlegende. Berlin 1941.
Woltmann, Karl Ludwig (Hrg.): Memoiren des Freiherrn S-a. Leipzig 1815.

Ziegler, Philip: Die Herzogin von Dino, London 1962, München 1965.
Ziekursch, F.: Zur Geschichte des Feldzuges in der Campagne von 1792. In: Forschung zur Brandenburgisch-Preußischen Geschichte, Bd. 47. 1935.

Register